U0574534

明道淑人、化民成俗

——陆王心学中的教育哲学研究

李不洋◎著

人民出版社

目 录
CONTENTS

第一章
陆王心学的教育哲学概述

谈起儒学，一般人会联想起三纲五常之类的封建礼教；谈起儒者，一般人头脑中往往会浮现一批手持经书、摇头晃脑地念着"子曰诗云"的古代书生的形象。客观地讲，自新文化运动之后，很长时间内，人们对于儒学和儒者的印象都不太好，曾经把他们视为阻滞近现代中国文化发展进步的保守势力。然而，这种对于儒家思想的看法实在有太多误解的成分。在近现代社会中，阻碍中国文化与世界潮流接轨的其实只是儒家的一翼——成为官方哲学的程朱理学，这个学派的确是以维护封建等级制度为根本目的，以尊崇三纲五常为核心理念（并且把"三纲"思想上升到"天理"的层次），在中国近现代社会中，它所起的作用主要是负面的，被打倒也是理所当然。可是，在以程朱理学为代表的官方儒学之外，还存在着另一种儒学形态，即以陆王心学为代表的士人儒学（广义上讲是民间儒学），它们所提倡的思想观念和价值主张，与程朱理学为代表的官方儒学有着根本的不同。从某种意义上讲，这种不依赖于政府势力而独立存在和发展的民间儒学，恰恰是中国文化内在的生命活力的载体，也是促使近现代中国社会走向自立、自强的主要动力之一。对于21世纪的中国人而言，很有必要在官方儒学解构之后，再来重新审视一下宋明时代儒学的另一种面貌。

所谓陆王心学，指的是由南宋陆九渊开创、由明代王阳明发扬光大的一种与程朱理学宗旨和风格截然不同的儒学形态。事实上，陆九渊和王阳明二人之间相去三百余年，没有任何的师承和道统关系，只是因为二人的思想见解十分接近，属于同一性质的学派，后人才将他们合称为陆王心学。而且，在陆王心学的发展历程中，除了陆九渊和王阳明二人之外，还有许多重要人物作为传承者，因此，所谓陆王心学，事实上是一个体系十分庞大的学术派别。在这一学术派别中，众多的时代精英纯粹是因为思想理念的一致而汇集到一起，成为后人所说的陆王心学一系。他们所阐述的儒学思想，和被官学化了的程朱理学有很大的不同，某些方面甚至可以说是针锋相对。当然，笔者无意于在本著中一一阐述陆王心学和程朱理学的差异性，只是想就陆王心学一系的教育哲学思想展开探讨，使今人明白中国文化的精神慧命是如何被代代传承与弘扬的。毋庸置疑，进入 21 世纪的中国经济实力日益壮大，科学技术突飞猛进；然而，在这个时代中，应试教育独霸天下，工具理性片面发展，人们纷纷感觉到自己的生活领域和精神世界中缺少了点什么东西。我们不妨以温故而知新的方式，梳理一下历史上曾经出现过的陆王心学一系的教育哲学理念，或许对于重构国人的精神世界、促使教育事业的健康发展，有着不容小觑的思想启发作用。

第一节　陆王心学是宋明理学的重要组成部分

一、宋明理学是儒家教育哲学发展的成熟期

说起儒家的创始人孔子（前 551—前 479 年），不同的人会持有不同的看法。诚然，孔子周游列国，希望得君行道，直接推行自己的政治主张，这个愿望并没有实现，因此，孔子不是一个成功的政治家。然而，从来没有人敢于否认，孔子是一个杰出的教育家。他生前开创私学，秉持"有教无类"

的理念，广收门徒，因材施教，形成"弟子三千，贤者七十二"[①]的繁荣局面。在周游列国的十余年中，孔子身边始终追随着数十名门人，如果没有他们的帮助，很难想象孔子一人可以走遍中原各国。这批嫡传弟子，允文允武，各有所长，但是，他们有一个共同点，那就是深受孔子所传的人文主义精神的影响，完全是以道义之心来辅佐自己的老师，希望实现天下大治。在帮助孔子周游列国的过程中，这些弟子并没有得到什么现实的好处，然而，他们笃信孔子的思想主张，不离不弃地围绕在老师身边。古往今来，不依靠宗教式的彼岸信仰来诱惑他人，却能够长期团结一批门人留在自己身边，这样的教育成就是十分少见的。从这个意义上讲，孔子是一位史上罕有其比的成功教育家。他的教育理念，直接影响了后代儒者，使得儒家思想除了应用于社会政治之外，能够别有施展，那就是在教育领域中发挥培育人才的积极作用，完成"觉民行道"的历史使命。

当然，儒家的教育思想不可能在孔子一人手上就达到成熟的水平，其间还经历了许多复杂曲折的道路。在孔子之后，子思、孟子、荀子……一代又一代的儒家哲人相继登上历史的舞台。他们的生平作为内容各异，思想贡献也不一而足，然而，一个共同点：他们都孜孜不倦地继承了孔子"木铎"[②]传道的精神，使得儒家的教育哲学不断向前发展，内涵也日益丰富。

西汉中期，汉武帝采纳了大儒董仲舒的"罢黜百家，表彰六经"的建议，使得儒家学说上升为官方意识形态，并且采取一系列措施，确保只有精通儒家经籍者，才有资格入仕为官。其实施效果是："自此以来，则公卿大夫士吏斌斌多文学之士矣"。[③]与这种选拔制度相适应的，便是儒家教育成为官学

---

① 这是从司马迁评价孔子的话引申出来的通俗说法，原文是："孔子以诗书乐教，弟子盖三千焉，身通六艺者七十有二人"。（司马迁：《史记》卷47《孔子世家》，中华书局1959年版，第1938页）

② 语出《论语·八佾》。原文是："天将以夫子为木铎"。

③ 司马迁：《史记》卷121《儒林列传》，第3119—3120页。

教育，通经明礼成为读书人的必修功课。然而，随着儒学的官学化，呆板、保守、空疏、傲慢等诸多毛病也随之滋长。在两汉时期，从儒学一门中分化出来的今文经学和古文经学，虽各有其学术风格之所长，但也都存在着自己的缺陷。大致而言，古文经学失于僵化繁琐，而今文经学失于空疏荒诞；而且随着时间的推移，这种缺陷也愈发严重。他们之所以能够在两汉时期得以维持，主要依靠的就是国家政权的力量。

公元184年，黄巾起义爆发，虽然其主力不过9个月时间便被镇压下去（余部活动了二十余年），但是，东汉王朝随之瓦解，各地军阀蜂拥而起。在军阀混战的动荡岁月，连末代君主汉献帝和近侍大臣们有时都流离颠沛，居无定所，谁还有闲心去照管什么古文经学和今文经学呢？于是，各地官学纷然倒坍，读书人也进入了思想混乱、莫衷一是的时代。然而，人类是需要有精神支撑的，随着曹魏政权在北方巩固了自己的统治，士族知识分子又开始营造起新的思想形态——玄学。玄学思潮以儒道兼综为基本特征，以自由活泼的清谈活动为传播方式，一改汉代经学教育繁琐僵化的弊端，一时蔚然成风。然而，由于过分崇尚玄虚，导致清谈误国，西晋王朝很快在八王之乱和少数民族的进攻中瓦解。从此，中原地区进入五胡十六国时代，直到439年，才由鲜卑族创立的北魏王朝统一了中原及北方地区。北方少数民族在入主中原之后，逐渐汉化，既接受了儒家学说为官方意识形态，同时又崇奉佛、道二教，因此，儒学只能算是三教中的一翼，失去了以往独尊的局面。同样，在南方，由南渡的士大夫建立起来的东晋王朝以及随后的宋、齐、梁、陈等南朝，虽然也奉儒学为官学，重新建立起中央及地方学校机构，但是，并没有恢复儒学在汉代定于一尊的局面。以较为稳定的刘宋王朝为例，元嘉十五年（438年），宋文帝建立起儒、史、文、玄四馆，延聘当时的著名学者入主其中，表明了自己重视文教的心愿，亦称一时盛事。据《资治通鉴》记载：

> 豫章雷次宗好学，隐居庐山……是岁，以处士征至建康，为开馆于鸡笼山，使聚徒教授。（宋文）帝雅好艺文，使丹阳尹庐江何尚之立玄学，太子率更令何承天立史学，司徒参军谢元立文学，并（雷）次宗儒学为四学。①

儒、史、文、玄四馆之并立，表明了虽然南朝时期社会形势有时比较安定，但是，儒学再没有以往"定于一尊"的身份，而是不得不与其他学派并立。对此，以儒学为思想根基的司马光感慨地评价道：

> 史者儒之一端，文者儒之余事；至于老、庄虚无，固非所以为教也。夫学者所以求道；天下无二道，安有四学哉！②

隋代开国君主杨坚，由于年幼时受冯翊般若寺尼姑抚养照料，非常崇敬佛教。他虽然也认可儒学的治世功能，但骨子里更加崇信佛教。其子隋炀帝，在即位之初，"复开庠序，国子郡县之学，盛于开皇之初。征辟儒生，远近毕至……"③然而，隋炀帝不过是把儒学当作点缀统治的文饰而已。很快，他的暴虐面目显露无余，穷奢极欲，大兴土木，外加远征高丽，导致天下大乱。对此，史家评价道："既而外事四夷，戎马不息，师徒怠散，盗贼群起……空有建学之名，而无弘道之实。其风渐坠，以至灭亡，方领矩步之徒，亦多转死沟壑。凡有经籍，自此皆湮没于煨尘矣。"④在寿数仅有37年的隋朝，儒学及其教育事业显然没有勃兴，甚至仅仅居于释道二教的陪衬地位，用隋代学者李士谦的话来形容："佛，日也；道，月也；儒，五

---

① 司马光编著：《资治通鉴》卷123《宋纪五》，中华书局2013年版，第3237页。
② 司马光编著：《资治通鉴》卷123《宋纪五》，中华书局2013年版，第3238页。
③ 魏征等：《隋书》卷75《儒林》，中华书局1973年版，第1707页。
④ 魏征等：《隋书》卷75《儒林》，中华书局1973年版，第1707页。

星也。"①

因有贞观之治、开元盛世而被誉为封建社会鼎盛时期的唐王朝，前期有
数位开明君主问世，他们虽然认可儒家思想的重要性，但是，由于素有的鲜
卑血统，并没有将儒学独尊，而是采取道、释、儒三教并重的政策。以唐太
宗李世民为例，他曾公开说："朕今所好者，惟在尧、舜之道，周、孔之教，
以为如鸟有翼，如鱼依水，失之必死，不可暂无耳。"② 不过，他同时给予从
天竺取经归来的玄奘以极高的礼遇，表明了对待三教的公平和开放态度。此
后，唐高宗、武则天以及唐玄宗等君主，基本都奉行三教并重的治国方略。
为了"消泯"自己出身于鲜卑族的血统，攀上一位声名显赫的先祖，唐高宗
于乾封元年（666 年），追封先秦老子（李耳）为"太上玄元皇帝"，把李氏
家族当成老子的后代。唐玄宗更于开元二十四年（736 年）下令将道士、女
冠隶属宗正寺管辖，相当于把道教人士当成皇族宗亲来看待；开元二十九年
（741 年），还把《老子》《庄子》《列子》《文子》四部道教经典列入"明经科"
的考试内容之一。在这一系列政策的扶植下，道教在唐朝的尊崇地位可想而
知。同样，佛教也得到唐高宗、武则天等历代皇帝的大力扶持，由此愈发兴
盛，并最终形成中国化的佛教八大宗派③，这一势头一直持续到晚唐武宗时
期。在佛道二教异常兴盛的局面下，儒家思想及其教育事业反而显得相对没
落。虽然唐太宗于贞观四年（630 年）曾诏颜师古编撰《五经定本》，又诏
孔颖达等学士编撰《五经正义》，在形式上统一了多年分歧的儒家南北经学
义例，并诏"令天下传习"④。然而，由于唐代的科举制度是真正的分科取士，
大体上有秀才、明经、进士、明法、明书、明算、道举、童子等八科，其中

---

① 魏征等：《隋书》卷 77《隐逸传》，第 1754 页。

② 吴兢原著，叶光大等译注：《贞观政要全译》卷 6《慎所好第二十一》，贵州人民出版社
1991 年版，第 351 页。

③ 包括：律宗、密宗、三论宗、天台宗、唯识宗、华严宗、净土宗和禅宗。

④ 刘昫等：《旧唐书》卷 189《儒林上》，中华书局 1975 年版，第 4941 页。

以考诗赋为主的进士科最为人瞩目，这样的考试模式，实际上并未把儒家经典放在绝对至上的地位，所以，儒学及其教育事业在唐代算不上兴旺，比起佛道二教来，依然处于中衰的境地。尽管在中唐时期有韩愈等儒家士人奋起反佛，然而响应者寥寥，就连白居易、李翱、柳宗元、张志和等著名儒家士人都深受佛道理论影响，思想上沾染了浓厚的佛道二教的气息。总之，在李唐王朝近三百年的时间中，虽然儒家思想形式上被认可为官方哲学，但是，不得不与佛道二教共尊，在实际影响力上，更是明显不及佛道二教。

历史的脚步进入了宋代。一谈起赵宋王朝，史学家往往会用强干弱枝、重文抑武、冗官冗兵、积贫积弱等词语来描绘。诚然，这是对北宋王朝建立伊始就形成的一系列制度及其负面效果的客观评价。直至南宋时期，这些弊端丛生的制度大多也没有得到根本的改观，而是一直延续下来，与南宋王朝相伴终始。不过，并非整个宋代的政治制度都一无是处，有些开明的统治方略长期实施，成为习俗和惯例，使得宋朝的社会文化环境比较宽松，活跃了思想学术，促进了儒家思想的复兴和教育事业的繁荣。其中，最耐人寻味的是，"重文抑武"的国策虽然使得宋朝武力不强，却使得文人儒者的社会作用得到较充分的发挥，最突出的表现是科举制度和教育事业的长期兴盛。

宋太祖赵匡胤在立国之初，鉴于唐朝后期藩镇割据的历史教训，把各地节度使的兵权、财权和行政权都收归中央朝廷，由朝廷派出有任职期限的知州、通判等文官前往各地治理一方。与抑制武将的做法相反，赵宋王朝十分注重选拔和任用大批文官来充实官僚队伍，因为在皇帝的心中，文官文化素质较高，信奉儒家的三纲五常、忠君爱民之说，加上又不熟悉兵事，使用起来更加放心可靠。为了保证统治集团有大批素质较高的文人充实队伍，宋朝空前地扩大了科举制度，非常重视这一制度选拔人才的社会作用。科举制度虽然在隋唐已经出现，但是，在门阀士族制度仍然残存的时代，它所选拔人才的数量是十分有限的。以唐代为例，进士科三年一试，每次考中的进士不过三十人左右，还要等待吏部的第二次考试，才能正式走上仕途。到了宋代，门阀士族制度早已荡然无存，不存在阻挠科举考试的利益集团，严格而公平的科举考试十分有利于统治阶级选拔自己所需要的人才。为此，统治阶级大幅度扩充了科举选才的规模，三年一科，每次考中的进士多达三百人左右，而且，考中之后立即授官，不需要再到吏部候职守选。为了保证考试的公平性，朝廷还采取了"糊名""誊卷""锁院"等制度，使得考场作弊的可能性大大降低，考试的公平性和严格性得到了社会的普遍认可。宋代的科举取士制度，使得一大批寒素出身的读书人有了出人头地的机会。以北宋为例，范仲淹、欧阳修、苏轼、王安石、程颢、张载、曾巩、黄庭坚……许多著名人物都是科举考试中的幸运儿。到了南宋，这种科举制度继续发挥它不拘门第、选拔人才的积极作用。以南宋著名的思想家为例，杨万里、张九成、朱熹、吕祖谦、陆九渊、杨简、叶适、陈亮……这些儒者原本出身布衣，都因高中进士而声名鹊起，进而在思想界赢得大名。

不仅如此，宋代统治集团还对科举考试的内容和方式进行了较多的改革。例如，王安石在熙宁变法期间，推出贡举法，将明经诸科皆废除，只保留进士一科，考试内容取诸儒家五经（后编撰《三经新义》颁行天下，作为标准教材），文体则以策论为主，代替了以往的诗赋、贴经等形式。这些改革措施，无疑突出了儒家思想及其经典的重要性，使得天下读书人只能将佛道思想、诗词歌赋变成个人的爱好，而把主要精力放在研读儒家经典上来。由于大批熟读儒家经典、信奉儒家思想的知识分子登上了历史舞台，所以，儒家思想超越佛道二教、重新振兴于世具有了现实的可能性，而儒家的教育事业及其思想理论也终于在新的历史条件下达到了长足发展并趋于成熟的历史高度。

在宋代比较宽松的文化环境中，还有一个现象值得注意，那就是最高统治者坚持广开言路、一般不对士大夫进行杀戮的开明作风。据《宋史》记载：宋徽宗被掳至北方后，密遣随臣武义大夫曹勋遁归南方，带来了写在衣领上的密诏，同时令曹勋转告宋高宗："有清中原之策，悉举行之，毋以我为念。"又言："艺祖（即太祖）有誓约藏之太庙，不杀大臣及言事官，违者不祥"。①从两宋士大夫大胆公开评议朝政的一贯风气来看，这一誓约的存在是客观真实的，起到了支持士大夫敢言国事、自由研讨学术的作用。纵观两宋时期，称得上"文字狱"的著名案例不过两起，一是北宋的"乌台诗案"，时在元丰二年（1079年），苏轼因写诗讽刺王安石新法给百姓生活造成的困难，被朝廷逮捕至御史台狱中加以拷问，但是，宋神宗最终还是饶他一命，贬其为黄州团练副使（不得签书公事），实际上将其当作政治犯发配至黄州由地方官员监管。与苏轼同时代的理学家程颐，同样受到新党的政治迫害，也不过得到"送涪州编管"的处分，并无性命之虞。苏轼、程颐等人之所以敢于直斥王安石新法之弊端，除了忠义耿直的性格之外，与宋朝历代君主"不杀士大夫"的惯例也直接相关。程颐的《又上太皇太后疏》曾透露出这一历史事实，他说："朝廷宽大，不欲以言罪人。"②可见，当时的士大夫敢于直言政事是有底气的。南宋时期，规模最大的文字狱无疑是庆元元年（1195年）由韩侂胄一手制造的"伪学逆党籍"了。韩侂胄将赵汝愚、朱熹、杨简、叶适、蔡元定等59人列入"伪学逆党"的名单之中，罢官者有之，发配者有之，但是，没有对任何一人施以极刑。由是可见，由于遵循"祖制"，宋代帝王实施开放言路、不杀士大夫的开明政策，使得士大夫阶层敢于直抒己见、进而自由研讨学术，成为两宋社会政治生活的特殊景观。

有了这些制度的保证，一种旨在超越佛道二教、重振儒学真精神的宋代理学的兴起，就成为应运而生的事情。北宋时期，先有由进士出身、胸怀政治理想的范仲淹、欧阳修等名臣提携学者胡瑗、孙复、石介、李觏等人进入太学主讲，为培养符合儒家标准的人才做出了重要的贡献，胡瑗、孙复、石介还被称为"宋初三先生"。特别值得一提的是，胡瑗（993—1059年）是

---

① 脱脱等：《宋史》卷379《曹勋传》，中华书局1977年版，第11700页。
② 《又上太皇太后疏》，载程颢、程颐：《二程集》，王孝鱼点校，中华书局2004年版，第548页。

一位杰出的教育家，长期主讲太学，弟子甚众，史载："是时礼部所得士，先生弟子十常居四五，随材高下而修饰之，人遇之，虽不识，皆知为先生弟子也。"① 对于范仲淹、欧阳修等人重振儒学的先驱之功，清代全祖望给予了很高的评价：

> 有宋真、仁之际，儒林之草昧也……亦会值贤者在朝，安阳韩忠献公（琦）、高平范文正公（仲淹）、乐安欧阳文忠公（修），皆卓然有见于道之大概，左提右挈，于是学校遍于四方，师儒之道以立。②

经过近百年的思想积累，到了北宋中期，各种学派如雨后春笋般地涌现，成为中国文化史上的一道奇观。简而言之，最著名的有周敦颐的濂学、张载的关学、邵雍的象数学、程颢与程颐的洛学，以及王安石的新学、苏轼的蜀学、司马光的涑水学。在学术风格上，这些学派鼎足而立，各有侧重，如"涑水学"重史，其重要成果便是皇皇巨著《资治通鉴》；蜀学重文，三苏文名，天下无及焉；洛学重道，旨在阐发久被湮没的先秦儒家的心性义理之说；王安石的荆公新学，崇尚功利，一意为国家开辟更多的财源。对于这种多元繁荣的学术格局，有两个问题值得注意：其一，这一时期各个学派的代表人物，具有多重身份，经常随着仕途的进退而发生角色的转换。当他们入朝为官时，王安石、司马光都曾居于相位，就是苏轼也曾位居礼部尚书、翰林学士这样的清要之职。当他们罢官归里后，开门授徒，著书讲学，俨然是在野的清流领袖，同时又是传道明德的教育家。其二，北宋时期，虽然程颢、程颐兄弟官位并不高，但他们所创立的"洛学"因为思想深邃而产生了广泛而久远的影响。二程门人众多，谢良佐、游酢、尹焞、吕大临等人均为

---

① 黄宗羲原著，全祖望补修：《宋元学案》卷1《安定学案》，中华书局1986年版，第25页。
② 黄宗羲原著，全祖望补修：《宋元学案》卷3《高平学案》，第134页。

一代名儒。其中，高足杨时（1053—1135 年）传道于东南，成为跨越两宋之际的重要思想家和教育家，其学脉亦被称为"道南学派"，其大致沿革是：杨时→罗从彦→李侗→朱熹。到了南宋中期，朱熹在二程的思想基础上，将周敦颐、张载、邵雍等人的思想要素吸纳进来，构成了堪称集理学之大成的"闽学"，从此，思想史上诞生了一个影响久远的学派——程朱理学。毋庸置疑，从二程到朱熹，不仅是博大精深的思想家，而且还是传道明德、有教无类的教育家。在他们的推动下，两宋儒学在一定程度上恢复了先秦孔孟时代的人文主义和理性精神，成为有补于世教的重要学派。虽然程朱理学在上升为统治阶级的官方哲学之后，失于僵化保守，但无可否认的是，朱熹在世之时，他所拥有的难以数计的众多门人，证明了他毕生从事的教育事业的成功。

南宋时期，除了朱熹的闽学十分兴旺以外，还有为数不少的其他儒家学派。它们主要包括：张栻的湖湘学派、吕祖谦的婺学、叶适的永嘉学派、陆九渊的象山心学（又称"江西之学"），等等。其中，最值得注意的是能与朱子闽学分庭抗礼的象山心学，陆九渊是一位天赋聪慧的真儒，他的思想渊源是"因读《孟子》而自得之"[①]，以发明本心为出发点，在此基础上，明体而达用，成为贯通内圣外王之道的新型儒学。虽然学术思想不同，但是，陆九渊有一点和朱熹十分相似，那就是一生孜孜不倦地从事教育事业，无论是在槐堂书屋，还是在象山精舍，他教诲了无数门人，其中包括杨简、袁燮、舒璘等心学翘楚。陆九渊的思想学术，与朱熹有很大的差别，主要体现在：不事繁琐的纸上学问，提倡简易工夫，注重阐发主体自身的道德自觉性。公元1175 年，朱陆二人举行鹅湖之会，向世人公开了他们的思想学术分歧，从此，程朱理学和象山心学的双水分流成为历史的一道奇特风景。不过，无论是程朱理学，还是象山心学，都属于宋明理学的范畴，都是为了阐发儒家先

[①] 《陆九渊集》卷 35《语录下》，钟哲点校，中华书局 1980 年版，第 471 页。

圣之道，为了继承并弘扬先圣的教育事业，从这一点上讲，它们又具有共同的思想基础。综观整个宋明理学的教育事业及其理论成果，我们不难发现，无论是朱学还是陆学，都将先圣的教育理念运用得圆熟自如——建立书院、聚徒讲学、著书立说——都做得风声水起，卓有成效，将儒家固有的教育理念阐发得愈加清晰、透彻。因此，在这一时期，儒家教育哲学步入成熟阶段，其中包含的思想成就永远值得后人学习和借鉴。

二、陆王心学是独立于科举教育制度之外的民间儒学

客观地讲，在南宋时期，影响最大的学派首推程颐一脉的洛学。在此基础上，朱熹又加以整合、扩充，形成了体系庞大的程朱理学。程朱理学最早也是民间私学之一，士子学人对它的关注和爱好是自主自愿的。虽然朱熹晚年受到奸相韩侂胄一手炮制的"伪学逆党籍"的迫害，但是，死后九年（1209年）便被平反昭雪，从此，程朱理学地位日益隆升，受到统治阶级不断升级的褒奖，到了南宋晚期，不仅获得了合法地位，而且成为事实上的"准官学"。程朱理学之所以受到统治集团的认可和推崇，究其实，是因为它构建了一套以"天理"为形上根据的积极维护封建礼教和等级制度的政治哲学，核心要旨仍不外是"三纲五常"之类的道德规范，甚至明确提出了"存天理，灭人欲"的道德戒律，对此，头脑稍微清醒一点的帝王都不难发现程朱理学在维护封建王朝统治上的有益作用。到了元代中期，统治阶级更加意识到扶植程朱理学的必要性。元仁宗延祐元年（1314年），朝廷恢复科举取士制度，规定以程朱理学的有关著作为科举考试的指定教材及标准答案。这样一来，程朱理学正式获得了官方哲学的地位，从此以后，一家独尊，其思想性质与社会作用也在悄悄地发生质的变化。明朝初年，明太祖不仅延续了元代科举考试以程朱理学著作为标准答案的制度，而且规定了八股文的文体格式，其目的在于钳制读书人的思想，将其完全纳入到封建礼教的轨道中来。明成祖时期，又颁布了钦定的《五经大全》《四书大全》和《性理大全》三部"煌

煌"巨著，完全以程朱理学的思想为旨皈，更加突出了程朱理学天下独尊的特殊地位。这一系列制度和措施的颁行，一方面巩固了程朱理学的官方意识形态地位；另一方面，使得程朱理学中原有的人文主义和理性精神被湮没在服从封建礼教的政治功能之下，其性质出现了根本的异化。随后，明朝前期的一百多年间，"此亦一述朱，彼亦一述朱"[①]，读书人的思想被完全限制在程朱理学的范畴中，没有丝毫的自由和活力可言。程朱理学事实上变成了读书人通过科举考试而改变身份地位的必经阶梯，至于它倡导的一系列道德规范是否真的为人们所遵守，反而变成了无人关心的问题。面对程朱理学的异化过程及其结果，后人不禁感叹：任何一个学派固然希望为执政当局所认可，可是，一旦成为官学之后，其思想性质往往发生不可避免的异化，背离了原有的初衷，失去了本身的活力，这实在是人类思想史上一个两难抉择的"悖论"。

然而，对思想自由和真理奥秘的向往，是人类内心不可或缺的精神需要。由于程朱理学一开始就有某种思想的内在缺陷，所以，当它还是私学的时候，就出现了另一种学派为之救正。当它身为官学异化到无可救药的程度时，人们必然会主动地寻找另一种学问（或思想路径）来弥补它的不足。这种学派思想的功能替代现象历来就存在，在宋明时代，它的表现形态便是陆王心学，一种独立于科举教育制度之外、保留了孔孟真精神的民间儒学。

所谓陆王心学，首先是指南宋陆九渊创立的象山心学及其后学，其次是指明代中期王阳明创立的阳明心学及其后学，合称"陆王心学"。事实上，陆王心学只是近现代思想史研究者的通行说法，陆九渊和王阳明之间没有任何的师承关系。一些哲学史家百般费心地寻找过陆王之间是否存在遥远的师承关系，结果都证明是徒劳。陆象山和王阳明之间的学脉相通，完全是因为思想见解的一致性。就像陆九渊叙述自己的思想渊源是"因读《孟子》而自

---

① 黄宗羲：《明儒学案》卷10《姚江学案》，沈芝盈点校，中华书局1985年版，第179页。

得之"一样，王阳明也是经过生活的磨炼和反复的探索，才得出了和陆九渊十分接近的思想观点。概而言之，陆九渊的哲学思想以"发明本心"为核心，主张学者[①] 觉悟自己灵妙的先天本心，将其应用于日用人伦乃至治国平天下的"外王"事功上。为此，他提倡笃实践履的心性修养和与之相应的"易简工夫"，反对朱熹"道问学"式的繁琐哲学。陆九渊比朱熹小9岁，名声原本没有朱熹大，但是，经过1175年的鹅湖之会，陆九渊声名大振，独树一帜，从此与程朱理学分庭抗礼，吸引了无数有志于求真问道的儒家学者。陆九渊去世后，陆氏门人杨简、袁燮、舒璘、沈焕[②] 四人，被称为"甬上（明州）四先生"，继承了陆九渊的思想血脉，积极传播、弘扬心学思想，同样赢得了"斯文宗主"[③]、"天下第一教官"[④] 等美誉，在读书人心目中享有很高的地位。不过，明州四先生谢世之后，已是南宋晚期，蒙古骑兵南下，很快灭亡了南宋小朝廷。元朝前期，任何一个学派在异族统治下，都无法振兴；元代后期，程朱理学随着科举制度的恢复，借助政权的力量一跃成为独尊的官方哲学，其影响力自然绝非象山心学的余脉可相比拟。即便如此，在元代并不封闭的社会环境中，象山心学及其余脉仍在读书人中间具有一定的影响力，"和会朱陆"便成为元代许多思想家（尤其是南方）的共同价值取向。以元代三大儒[⑤] 之一的吴澄（1249—1333年）为例，从学统上讲，他可以算作朱熹的四传弟子，但其思想见解却能诚明通达，他对学者说："朱子之学于道问学之功居多，而陆子以尊德性为主。问学不本于德性，则其蔽必偏于

---

① 古代的学者，是指求学之人；今天的学者，是指学有所成者。古今含义之别，需要从具体语境中辨析。

② 沈焕其实是陆九渊之兄陆九龄的门人，因其学术思想一致，都属于心学范畴，故亦被视为陆氏门人。

③ 钱时：《宝谟阁学士正奉大夫慈湖先生行状》，杨简：《慈湖遗书》附录，载纪昀等编纂：《四库全书》第1156册，上海古籍出版社1989年版，第942页。这是时人称赞杨简的话。

④ 黄宗羲原著，全祖望补修：《宋元学案》卷76《广平定川学案》，第2545页。这是时人称赞舒璘的话。

⑤ 一般认为是许衡、刘因和吴澄。

语言训释之末，故学必以德性为本，庶几得之。"① 因此言论，有些持门户之见的朱学后裔把吴澄视为陆氏之学。其实，吴澄也讲过这样的话："朱陆二师之为教，一也。而二家庸劣之门人，各立标榜，互相诋訾，至于今学者犹惑。"②

　　继元代而起的明王朝，空前加强了意识形态领域的思想钳制。如前所述，明太祖为了巩固君主专制制度，不仅沿用程朱理学为科举考试的标准教材，而且规定以八股文体取士，严重束缚了读书人的思想自由。因此，在明代前期一百多年的时间里，教育事业和思想活动被严格束缚在程朱理学的范畴之中，整个知识界的面貌显得单调、沉闷。直至明朝中叶，由于各种政治及社会因素的影响，来自中央朝廷的思想束缚客观上松弛了许多，使得一批具有独立思考能力和自主探索精神的儒者获得了自由活动的空间。在这种背景下，陈白沙、王阳明等心学大师应运而生。王阳明（1472—1529 年）本是官宦子弟，少年时也曾苦读程朱理学的著作。为了搞明白朱熹所说的"格物致知"的内涵，他曾面对庭院内的竹子沉思冥想长达 7 天之久，试图推理出竹子背后所隐含的"天理"来。当然，这番"格竹"活动只换来大病一场，以及那些只把朱学当成求取利禄的"敲门砖"的读书人的讥讽嘲笑。可是，王阳明是真心希望搞清楚"格物致知"之道的，这是他与那些以朱学为取禄工具的人的不同。经此挫折之后，王阳明存疑心中，又经历了许多官场和生活的磨难，于 1508 年（正德三年）来到偏远的贵州龙场驿担任驿丞。因龙场地僻职闲，王阳明"日夜端居默坐，以求静一，久之，胸中洒洒……忽中夜大悟'格物致知'之旨，寤寐中若有人语之者，不觉呼跃，从者皆惊，始知圣人之道，吾性自足，向之求理于事物者误也"③。从此，王阳明与曾经笃信的程朱理学分道扬镳，自成一体，构建起影响久远的阳明心学。

---

① 黄宗羲原著，全祖望补修：《宋元学案》卷 92《草庐学案》，第 3037 页。
② 黄宗羲原著，全祖望补修：《宋元学案》卷 92《草庐学案》，第 3046 页。
③ 吴光等编校：《王阳明全集》卷 33《年谱一》，上海古籍出版社 1992 年版，第 1228 页。

龙场归来后，虽然王阳明官职一路升迁，但他始终不改讲学传道的爱好，门人络绎不绝，逐渐形成一个影响甚大的学派。王阳明的思想内涵十分丰富，包括心外无物（理）、一体之仁、知行合一等诸多命题。到了晚年，他将自己的思想概括为三个字——"致良知"，并总结说："我这个话头自滁州到今，亦较过几番，只是致良知三字无病。"① 关于阳明心学，有三点问题值得一提：其一，王阳明不是一位成天埋在故纸堆中的学问家，而是一位文武全才的政治家、军事家。他多次受命于危难之际，参与指挥了许多剿灭盗匪、平定叛乱的战事，善出奇兵，无往不胜，建立了赫赫事功，在宋明时期的文人儒士中，其事功堪称首屈一指。这些不世之功的建立，表明了王阳明的思想不是那种纯粹思辨的纸上学问，而是知行合一、经得起实践检验的真功夫。因此，他的后半生门人广进，遍及天下，形成了明代中后期学术界的一大奇观。当然，由于不尚著述，注重践履，这注定了阳明心学不可能取代程朱理学成为官方哲学，但是，在当时的儒林之中，阳明心学事实上变成了大多数人心目中的儒学正脉，倒把官方的程朱理学冷落在一边了。其二，王阳明是一位悟境深邃、教法灵活的教育家。王阳明并不反对读书人参加科举，而是主张在科举之外要实地践履和体悟儒家先圣所提倡的天人性命之道。其核心内容便是"致良知"。在他的影响之下，无数的读书人纷涌前来，求学问道，当他晚年住在浙江绍兴（古称越城）时，由于前来求教的读书人太多。连王家附近的寺庙都住满了人，"每当一室，常合食者数十人，夜无卧处，更相就席，歌声彻昏旦"② 。最后，由绍兴知府南大吉和山阴知县吴瀛出面，扩建学舍，这才解决了众多学者的食宿问题。其三，众多儒生前来向王阳明求教，本身与科举考试无关，他们只是秉持一颗求真向道之心而来，希望领悟儒家先圣的思想真谛。在王阳明门下，放弃或推迟科考者大有人在，

---

① 吴光等编校：《王阳明全集》卷3，第105页。
② 吴光等编校：《王阳明全集》卷3，第118页。按：这是门人钱德洪的追忆。

原因就在于他们把觉悟良知之道看成更为重要的事情。当然，也有些门人把阳明心学当成超越朱学之上的灵妙适用的治学方法论，其门人魏良政、魏良器就说过："以吾良知（之学）求晦翁之说，譬之打蛇得七寸矣，又何忧乎不得（第）耶？"①事实结果验证了这句话的正确性，王阳明门下的诸多弟子，由于悟得心学之真谛，以轻松无碍、洒脱自如的心态去参加科举考试，高中进士者（有的还进入前三甲）不胜枚举，其中，很多人都成为明代中晚期政坛或学界的翘楚。

关于象山心学和阳明心学之间的联系，实质上只是思想见解的不谋而合。这一点，连王阳明本人也看到了。1521 年，他在担任江西巡抚②时，下令抚州金溪县官吏巡访陆九渊的嫡传后代，"免其差役"③，并给予其他照顾。他还重刻《象山文集》，并为之作序。在序中，他说："圣人之学，心学也。尧、舜、禹之相授受曰：'人心惟危，道心惟微，惟精惟一，允执厥中。'此心学之源也。"④又说："有象山陆氏，虽其纯粹和平若不逮于（周、程）二子，而简易直截，真有以接孟子之传。……故吾尝断以陆氏之学，孟氏之学也。"⑤这番评价，表明了王阳明认可象山心学乃是承接孟子之传的儒学正脉，与自己的思想见解是一致的。简单地说，象山心学的核心要旨是发明本心，阳明心学的核心要旨是致良知，而究其实，所谓良知就是人类共同的先天本心，在这一点上，王阳明和陆九渊的思想别无二致。不过，王阳明的致良知思想内涵更为丰富，表述更为圆融，包括了觉悟良知、践履良知、应用良知、推广良知等多个层面。相较而言，阳明心学的思想见地更加细致入

---

① 吴光等编校：《王阳明全集》卷 35《年谱三》，第 1292 页。

② 明朝的巡抚不是定制，只是一种临时性、可裁撤的官职，应称为"巡抚江西"，本著姑从习惯性说法。

③ 吴光等编校：《王阳明全集》卷 34《年谱二》，第 1279 页。

④ 吴光等编校：《王阳明全集》卷 7《象山文集序》，第 245 页。

⑤ 吴光等编校：《王阳明全集》，第 245 页。按：该引文中，周、程二子，指的是周敦颐和程颢二人，与程颐无关。笔者根据上下文义补之。

微、灵动多方。因此，如果有人问起象山心学和阳明心学之间有何差异？王阳明指出："濂溪、明道之后，还是象山，只是粗些。"① 又说："他心上用过功夫，……但细看有粗处，用功久当自见。"② 主要差异就在于此。然而，这些差异实际无关紧要，象山心学和阳明心学的根本宗旨一致，故而人们将其并称为"陆王心学"，是颇有几分道理的。

在宋元明三代，程朱理学和陆王心学长期处于双峰并峙的局面。起初这只是儒学内部的学派分化而已，然而，在程朱理学成为官方哲学，依附于封建专制王朝之下，失去了原有的独立精神之后，陆王心学就成为古代儒者追求真理（"道"）和自由境界的主要思想阵地。由于程朱理学沦为科举制度的"传声筒"，所以，陆王心学就成为独立自主的民间儒学教育的主要承担者（还有其他一些影响较小的学派）。在南宋时期，陆九渊和他的诸多门人，除了为官一方、造福百姓外，一生的主要事业就是开门授徒、讲学传道。陆九渊先在家乡开辟槐堂书屋，后又修建起象山精舍，"从容讲道，歌咏愉愉，有终焉之意"③，仅象山精舍一地，门徒多达数千人。无独有偶，陆氏高足杨简曾在碧沚书院、慈湖书院讲学；沈焕曾在竹洲书院讲学；舒璘任徽州学正时，被誉为"天下第一教官"④；袁燮仕途比较亨通，仕至国子祭酒，"延见诸生，必迪以反躬切己、忠信笃实为道本。每言人心与天地一本，精思以得之，兢业以守之，则与天地相似"⑤，注重以心学理念来教诲诸生，其效果是"闻者竦然有得，士气益振"⑥。在明代，王阳明"龙场悟道"之后，便在偏僻之地修葺起了简陋的龙冈书院，开始以心学理念教导附近的年轻士子，因其讲学风格不同于僵化呆板的程朱理学，引得贵阳乃至湘西一带的读书人都

---

① 吴光等编校：《王阳明全集》卷3，第92页。
② 吴光等编校：《王阳明全集》，第92页。
③ 《陆九渊集》卷35《年谱》，第501页。
④ 黄宗羲原著，全祖望补修：《宋元学案》卷76《广平定川学案》，第2545页。
⑤ 黄宗羲原著，全祖望补修：《宋元学案》，第2526页。
⑥ 黄宗羲原著，全祖望补修：《宋元学案》，第2526页。

跑来听讲，冀元亨、蒋信等人便是这一时期的著名弟子。后来他四海为官，官做到哪里，学便讲到哪里，随从的弟子也越来越多，直至不可数计。到了晚年，王阳明的门徒遍布海内，其中俊杰亦为数不少，以至于黄宗羲在撰写《明儒学案》时，不得不将其划分为七大门派，人数几乎占了该书所述人物的一半之多。王阳明身后，众多的嫡传门人纷纷以薪火相传的精神，继续在各地讲学。例如，活了86岁的王畿（号龙溪）曾在稽山书院、天真精舍、水西精舍、豫章书院等多地讲学。他的后半生，完全以讲学传道为业，史载："先生林下四十余年，无日不讲学，自两都及吴、楚、闽、粤、江、浙，皆有讲舍，莫不以先生为宗盟。年八十，犹周流不倦。"[1] 又如，颇有狂者风范的王艮（心斋），在阳明去世后独立讲学，其门下听众甚为博杂，从致仕的朝廷元老，到民间的走卒贩夫，各色人等，不一而足。与王龙溪相比，王心斋更注重在底层民众中传播圣贤之道，形成了历史上最具有平民色彩的泰州学派，成为儒学民间化的成功典范。至于其他嫡传门人，邹守益（号东廓）、欧阳德（号南野）、刘邦采（号君亮）、黄弘纲（号洛村）、何廷仁（号善山）等，无论出仕或在野，都致力于讲学传道。其中，仕途多舛、却官至高位的欧阳德由于"立朝大节，在国本尤伟"[2] 等原因，更有"南野门人半天下"[3] 的令名。值得一提的是，王阳明及其门人的讲学活动，经常受到来自朝廷权臣或者居于正统地位的程朱理学的干扰或打击，但是，他们仍然锲而不舍，如同岩石缝隙中顽强生长的小草一样，力尽所能地开辟独立自由的讲学空间。他们的努力没有白费，阳明心学的实力不断成长壮大，最终创造出明代中晚期声势浩大的思想解放潮流。

回顾中国古代教育史的发展，我们不难发现，陆王心学是宋明时代独立于科举制度之外的民间儒学的重要一翼，是独立自主的"大学之教"的重要

---

① 黄宗羲：《明儒学案》卷20《浙中王门学案二》，第238页。

② 黄宗羲：《明儒学案》卷17《江右王门学案二》，第359页。

③ 黄宗羲：《明儒学案》卷17《江右王门学案二》，第360页。

表现形态。他们继承和弘扬了先秦儒家思想中的人文主义和理性精神，培养出许多既有圣贤风范、又具有文韬武略和经世能力的杰出人才，并且直接影响到同时代社会思潮的演变和走向。仅仅从教育效果的角度来评价，陆王心学也是中国历史上教育事业的成功范例，它的教育实践活动和教育哲学理论，都值得后人认真研究、虚心借鉴，足以为当今教育事业的健康发展提供更多思想上的"源头活水"；而阐明这些内容，也正是本著所期望达到的基本目的。

第二节　陆王教育哲学的本质是人文主义教育

自古以来，人类社会的教育内容，无非是两种取向——知识技能教育和人文素质教育。毋庸置疑，陆王心学的本质是旨在明道成圣的人文主义教育，它是中国古代"大学之教"的重要表现形态。明道与成圣，可以说是陆王心学一系从事大学之教的基本宗旨和根本目的。不过，这两个简洁的命题实际上是在从不同角度阐述同一个问题，这从以下的分析便可知晓。

一、明道与成圣是陆王教育哲学的基本宗旨

早在先秦时期，"道"便是诸子百家所崇尚的最高学术范畴，犹言真理二字。儒家也把"道"视为教育活动和从事学问的根本目标，孔子曾说："朝闻道，夕死可矣。"[①] 不过，由于各家都使用"道"这一范畴作为自己的最高理念，所以，同样一个"道"字，在不同学派那里内涵并不相同，孔子亦坦然承认："道不同，不相为谋。"[②] 那么，对于儒家学派而言，所谓明道，究竟指的是什么呢？这个问题的确很复杂。不过，到了宋明理学时代，由于陆九

---

① 《论语·里仁》。

② 《论语·卫灵公》。

渊、王阳明等人横空出世，根据自己的修道实践，并依照先秦儒家的经典，阐释儒家之道，这个问题竟然有了十分明确的答案。

先秦儒家经典《中庸》开篇即说："天命之谓性，率性之谓道，修道之谓教。"这句话是儒家关于"道"之内涵的最早明确的解释。不过，由于其语焉不详，后儒长期未能理解其内涵。到了宋代，二程夫子问世，把"理"作为自己思想体系的核心范畴，于是，"道"和"理"在宋明理学体系中经常混用，其实都是指宇宙的最高本体和终极规律。那么，这个"道（理）"的真实内涵指的是什么呢？直到陆九渊之时，才将这一谜底揭开。他说：

> 道塞宇宙，非有所隐遁，在天曰阴阳，在地曰柔刚，在人曰仁义，故仁义者，人之本心也。①

又说：

> 仁即此心也，此理也。求则得之，得此理也；先知者，知此理也；先觉者，觉此理也。②

由上可知，道在人间社会表现为仁义，这就是人的先天本心，换句话说，也就是"理"在人心上的表现，因此，知晓和觉悟这一本心，便是每个学者求"道"的实际内容。关于学者的基本任务，陆九渊曾说："塞宇宙间一理耳。学者之所以学，欲明此理耳。"③ 不过，由于他一向禀持"天人合一"的认识论和本体论，在他心目中，要想明理，不应盲目向外寻求，关键是要觉悟本心（亦称"发明本心"），因为"心即理"。对此，他有一段名言：

---

① 《陆九渊集》卷1《与赵监》，第9页。
② 《陆九渊集》卷1《与曾宅之》，第5页。
③ 《陆九渊集》卷12《与赵咏道》之四，第161页。

> 心，一心也；理，一理也。至当归一，精义无二，此心此理，实不容有二。故夫子曰："吾道一以贯之。"①

需要注意的是，所谓心即理，指的是人的先天本心乃是"理"的体现，而不是说人的所有后天意识都是"理"的内容。由于语言表述之故，后人大多误解了"心即理"之意。事实上，陆九渊明确反对"师心自用"，他曾说：

> 学者大病，在于师心自用。师心自用，则不能克己，不能听言……为过益大，去道益远，非徒无益，而又害之。②

根据这样的思维路径，陆九渊讲学的核心内容，便是"发明本心"这一关键任务。这里的"发明"，不是指从无到有地去创造一项新事物，而是打开、阐明之意，亦即自我发现、觉悟本心所具有的道德与智慧。陆九渊认为，人心之中具有无穷的道德内涵与智慧功能，只是一般人并不知晓而已，儒家先圣揭示了人心中的一些道德内涵，其实并不止这些。他说：

> 万物森然于方寸之间，满心而发，充塞宇宙，无非此理。孟子就四端上指示人，岂是人心只有这四端而已？③

从终极意义上讲，人心之容量无限广大，直至"天人合一"的境界，它就是"理"的体现。对此，陆九渊讲过一段话：

> 孟子云："尽其心者知其性，知其性则知天矣。"心只是一个心。某

---

① 《陆九渊集》卷1《与曾宅之》，第4—5页。
② 《陆九渊集》卷3《与张辅之》，第36页。
③ 《陆九渊集》卷34《语录上》，第423页。

之心，吾友之心，上而千百载圣贤之心，下而千百载复有一圣贤，其心亦只如此。心之体甚大，若能尽我之心，便与天同，为学只是理会此。①

总之，在陆九渊的思想体系中，理即道，心即理，要想明道，关键是要觉悟自己的先天本心。他的门人毛必彊概括其教育理念，说：

先生之讲学也，先欲复本心以为主宰。既得其本心，从此涵养，使日充月明。读书考古，不过欲明此理，尽此心耳。其教人为学，端绪在此。②

既然陆九渊的教育理念是以"发明本心"作为"明道"之具体内涵，那么，王阳明的教育理念是否也以"明道"为根本宗旨？其具体内涵又是怎样的呢？可巧，王阳明中年时写过《修道说》一文，全文如下：

率性之谓道，诚者也；修道之谓教，诚之者也。故曰："自诚明，谓之性；自明诚，谓之教。"《中庸》为诚之者而作，修道之事也。道也者，性也，不可须臾离也，而过焉，不及焉，离也，是故君子有修道之功。戒慎乎其所不睹，恐惧乎其所不闻，微之显，诚之不可掩也。修道之功若是其无间，诚之也夫！然后喜怒哀乐之未发谓之中，发而皆中节谓之和，道修而性复矣。致中和，则大本立而达道行，知天地之化育矣。非至诚尽性，其孰能与于此哉！③

---

① 《陆九渊集》卷34《语录上》，第444页。

② 《陆九渊集》卷36《年谱》，第502页。

③ 吴光等编校:《王阳明全集》卷7，第265页。按:此文作于戊寅（1518年），是年王阳明在赣。

回顾《中庸》开篇之语"天命之谓性，率性之谓道，修道之谓教"，其意是说：上天赋予的先天心体便是性，遵循这一性体而行事便是道（率，遵循之意），把修道工夫传给世人便是教。王阳明此文，紧扣《中庸》开篇之语而发论，表明了所谓"道"，就是遵循天命之性以行事，这便是修道之功，便是恢复先天本心的工夫路径。其中，"道修而性复"一句，表明了与陆九渊思想一致的见解，即所谓修道功夫，就是为了恢复先天原本的心性。此后，王阳明经过进一步的深入思索，终于将所谓"修道"二字的具体内涵，明确化为"致良知"①一语，这是比"发明本心"更准确、深入地概括了儒家明"道"思想内涵的重要命题。那么，"致良知"三字的内涵指是什么呢？首先，良知即是本心，即是天理（道）。这一点，王阳明有过明确的论述，他说：

> 道心者，良知之谓也。②
> 良知者，心之本体，即前所谓恒照者也。③
> 良知是天理之昭明灵觉处。故良知即是天理，思是良知之发用。④
> 天命之性，粹然至善，其灵昭不昧者，此其至善之发现，是乃明德之本体，而即所谓良知也。⑤

可见，从本体论上讲，王阳明讲的良知，即是天命之性，即是天理，即是先天原本的心体（心之本体），其实和陆九渊所说的"本心"二字完全一样。其次，从良知内在的功能角度来讲，它具有一种先天的知善知恶、知是知非的道德判断力。对此，王阳明曾经加以概括，他说：

---

① 有时，王阳明将其简称为"致知"，符合《大学》中"格物致知"之论。
② 吴光等编校：《王阳明全集》卷2《答顾东桥书》，第52页。
③ 吴光等编校：《王阳明全集》卷2《答陆原静书》，第61页。
④ 吴光等编校：《王阳明全集》卷2《答欧阳崇一》，第72页。
⑤ 吴光等编校：《王阳明全集》卷26《大学问》，第969页。

> 良知者，孟子所谓"是非之心，人皆有之"者也。是非之心，不待虑而知，不待学而能，是故谓之良知。是乃天命之性，吾心之本体，自然灵昭明觉者也。凡意念之发，吾心之良知无有不自知者。①

王阳明认为，这种知是知非、知善知恶的能力是天赋的，只要人们成年之后，其良知的这种道德判断力会自然呈现，只是由于后天的欲望、意见等因素的蒙蔽，良知的灵妙作用才被湮没，因此，学者就要通过"致良知"的修养功夫，把良知固有的道德内涵和智慧功能重新发掘出来。

"致良知"之"致"，大致有三层内涵：第一，达到，求得。这是"致良知"之教的初步要求。一般人由于受到后天社会风习等因素的熏习和污染，已不知道自家还有"良知"这一心性本体，因此，当他们在生活中遇到各种困扰而苦苦寻找出路时，首先应该让他们明白自己本身即有判断是非、解决问题的良知本体，只要达到、求得这一良知本体，便可以自动发挥其判别是非善恶的灵妙功能，如火炬烛照一般，指引自己走出人生的困境。从这一点上讲，"致良知"和"发明本心"的意义是完全一样的。

第二，应用，践履。阳明心学历来强调知行合一，因此，应用践履是"致良知"的题中应有之义。对此，王阳明有过许多论述，如：

> 决而行之者，致知之谓也，此吾所谓知行合一者也。②

又说：

> 以是而言，可以知致知之必在于行，而不行之不可以为致知也明

---

① 吴光等编校：《王阳明全集》卷26《大学问》，第971页。
② 吴光等编校：《王阳明全集》卷8《书朱守谐卷》，第277页。

矣。知行合一之体，不益较然矣乎？①

关于第二层含义，黄宗羲在编撰《明儒学案》时曾点评道："（阳明）先生致之于事物，致字即是行字，以救空空穷理。"②所释虽不全面，但可谓鞭辟入里。与朱子学埋头于故纸堆中去"穷理"的学风不同，阳明心学一贯注重实践，不仅包括心性修养的道德践履，也包括经世济民的社会实践，这也是王阳明及其后学能够安邦定国、屡建事功的原因所在。

第三，推广扩充。王阳明说："我辈致知，只是各随分限所及。今日良知见在如此，只随今日所知扩充到底；明日良知又有开悟，便从明日所知扩充到底。如此方是精一功夫。"③所谓推广扩充，就是运用自己的良知于事事物物之中，"致吾心良知之天理于事事物物，则事事物物皆得其理矣"④。这种推广良知的范围可小可大，小到安顿好自己身边的人与物，大到治国平天下，都是应用和推广良知的表现，其前提只是"各随分限所及"而已。

需要指出，阳明心学本是浑沦一体、高度综合的思想，其"致良知"之教尤其如此。上述"致"的三层含义，其实是彼中含此、此中含彼的，哪里能够截然分得开？因此，明代思想家罗汝芳概括"致"的含义说"致也者，直而养之，顺而推之"⑤，亦不失为一种简明扼要的阐释。合而言之，"致良知"之教实际上就是先秦儒家《中庸》"天命之谓性，率性之谓道，修道之谓教"思想的延续和阐发，也是对陆九渊"发明本心"理念的深化和扩展。如果回溯到先秦儒家旨在明"道"的根本目标，我们不难发现：整个陆王心学教育理论的根本宗旨，不过是将明"道"思想加以具体化、明晰化而已。

---

① 吴光等编校：《王阳明全集》卷2《答顾东桥书》，第50页。较通皎，明显之意。
② 黄宗羲：《明儒学案》卷10《姚江学案序》，第179页。
③ 吴光等编校：《王阳明全集》卷3，第96页。
④ 吴光等编校：《王阳明全集》卷2《答顾东桥书》，第45页。
⑤ 罗汝芳原著，方祖猷等编校：《罗汝芳集》，凤凰出版社2007年版，第86页。

由此亦可推知，有的学人将先秦思孟学派视为陆王心学的源头，确实是有道理的。

在中国古人的思维习惯中，凡是透彻地觉悟"道"的人，都可以视为圣人，也就是说，圣人是"道"的人格化象征。早在先秦时期，孟子就说过"人皆可以为尧舜"①，荀子亦言"涂之人可以为禹"②，这些话语都表明了圣人境界是一种人们可以达到的真实人格。可是，自从西汉"罢黜百家、独尊儒术"之后，儒家思想取得了官方哲学的地位，"圣人"的形象也被一步步神化，直至高不可攀的境界。人们说起圣人，以为他不仅德行高深，而且必是无所不知、无所不能。渐渐地，人们情愿供奉起这样一尊神化的圣人偶像，并跪下去顶礼膜拜。到了宋代，理学家开始重新提倡以圣人这一可以企及的人格境界作为治学的终极目标。如被后人誉为理学"开山祖"的周敦颐，在其《通书》中以设问的方式讲了这样一段话：

> 圣可学乎？曰：可。有要乎？曰：有。请闻焉。曰：一为要。③

在宋明理学史上，这是第一个明确指出"圣可学"的命题。受周敦颐影响，弟子二程亦提出"圣人可学而至"的理念。年方弱冠的程颐（1033—1107 年）游太学之时，国子监直讲胡瑗给他出了一道题，程颐提笔成文，写下了《颜子所好何学论》。在此文中，他明确地指出：

> 圣人之门，其徒三千，独称颜子好学。……然则颜子所独好者，何学也？学以至圣人之道也。圣人可学而至与？曰：然。④

---

① 《孟子·告子下》。
② 《荀子·性恶》。涂，通"途"，道路。
③ 周敦颐：《通书·圣学第二十》，《周敦颐集》，陈克明点校，中华书局 2009 年版，第 31 页。
④ 程颢、程颐：《二程集》，第 577 页。

又说:

> 凡学之道,正其心,养其性而已。中正而诚,则圣矣。君子之学,必先明诸心,知所养,然后力行以求至,所谓自明而诚也。故学必尽其心。尽其心,则知其性。知其性,反而诚之,圣人也。[1]

在上述两段话中,程颐不仅肯定了"圣人可学而至"的道理,而且指出了其方法路径,那就是通过"正其心,养其性"的修养工夫,力行实践,"反而诚之",最终达到"自明而诚"的效果,这也就是圣人的境界了。针对有些人以为圣人只是"生而知之"的误解,程颐特意加以说明:

> 孟子曰:"尧舜,性之也,汤武,反(同'返')之也。"性之者,生而知之者也;返之者,学而知之者也。[2]

程颐的这番论述,在宋代影响很大。他告诉世人,有些圣人(如商汤、武王)是通过后天的学习而达到圣者境界的,这就是"返之"的效果。由于周敦颐、二程的发轫之功,此后,整个宋明理学都认可"圣人可学而至"的道理。然而,耐人寻味的是,随着程朱理学的官学化,圣人人格再次被祭上了高不可攀的神坛,而朱熹所倡导的"道问学"式的格物方法,使得无数读书人皓首穷经,在故纸堆中耗尽一生,既不敢说自己觉悟了什么天理,更不敢奢望成为什么圣人。这一为学根本目标的迷失,直至明代中叶王阳明问世讲学,才得到了真正的改观。王阳明自从提出"致良知"宗旨之后,又以此为出发点,阐述了自己独到的圣人观,揭示了圣人人格的真实内涵。他说:

---

① 程颢、程颐:《二程集》,第 577 页。
② 程颢、程颐:《二程集》,第 578 页。

> 心之良知是谓圣。圣人之学，惟是致此良知而已。自然而致之者，圣人也；勉然而致之者，贤人也；自蔽自昧而不肯致之者，愚不肖者也。虽其蔽昧之极，良知又未尝不存也。苟能致之，即与圣人无异矣。此良知所以为圣愚所同具，而人皆可以为尧舜者，以此也。①

在这段话中，王阳明以独到的发现揭示了圣人人格的真实内涵，即"心之良知之谓圣"，能够把自家良知本心中的道德内涵与智慧功能充分地发掘出来，这就是致良知的功夫，"苟能致之，即与圣人无异矣"。换句话说，良知是圣人的真实内涵，而致良知是学至圣人的必由之路。

王阳明的圣人观具有十分突出的心学特色。首先，他强调圣人与凡人的平等性和一致性。他说："良知良能，愚夫愚妇与圣人同，但惟圣人能致其良知，而愚夫愚妇不能致，此圣愚之所由分也。"② 这句话既揭示了圣人与凡夫人格平等的内在根据——"良知良能，愚夫愚妇与圣人同"，又表明了圣凡之间的差别所在——"但惟圣人能致其良知，而愚夫愚妇不能致，此圣愚之所由分也"，厘清圣凡的异同之处，显示出一种睿智的辩证思维。

其次，王阳明揭示了所谓"圣"是指对于天理良知有着透彻的觉悟，而对于"形而下"的器物，圣人并非无所不知。他说：

> 圣人本体明白，故事事知个天理所在，便去尽个天理。不是本体明白后，却于天下事物便都知得，便做得来也。天下事物，如名物度数、草木鸟兽之类，不胜其烦，圣人虽是本体明了，亦何缘能尽知得？但不必知的，圣人自不消求知。其所当知的，圣人自能问人。③

---

① 吴光等编校：《王阳明全集》卷8《书魏师孟卷》，第280页。
② 吴光等编校：《王阳明全集》卷2《答顾东桥书》，第49页。
③ 吴光等编校：《王阳明全集》卷3《语录三》，第97页。

再次，王阳明特别强调衡量一个人是否达到圣人境界的正确方法，那就是坚持道德标准而不是知识才能标准。他说：

> 圣人之所以为圣，只是其心纯乎天理而无人欲之杂；犹精金之所以为金，但以其成色足而无铜铅之杂也。人到纯乎天理方是圣，然圣人之才力亦有大小不同，犹金之分两有轻重。……才力不同而纯乎天理则同，皆可谓之圣人；犹分两虽不同而足色则同，皆可谓之精金。[①]

综上所述，王阳明提出了别具一格的圣人观，迥异于当时世俗观念及官方儒学，在明代中叶具有反传统的特色。他的"心之良知是谓圣"和"人胸中各有个圣人"[②]的思想，不仅破除了官方理学神化的圣人观对士人思想的束缚，而且在一定意义上反而澄清、复归了先秦儒家的圣人观，终于使"圣人"形象从天上回落到了人间，成为人们可以企及的人格榜样。

既然明确了圣人境界的真实内涵，搞清它是一种可以企及的理想人格，于是，王阳明就经常要求门人树立"必为圣人之志"，而他的一些门人也真的照此去实践，获得了令人钦佩乃至惊讶的效果。例如：绍兴知府南大吉（字元善），陕西渭南人，是王阳明的门人之一，嘉靖五年（1526 年）前往北京入觐，结果被当道者罢官（当权者因妒忌王阳明而迁怒于其门人）。遭此厄运，南大吉返回关中故里，构建湭西书院，"以教四方来学之士"[③]。罢官归里后，南大吉给王阳明写信，在信中娓娓"千数百言"，只请教如何修养人格、以臻圣人境界，对于自己罢官之事一字不提。对此，王阳明感叹道：

> 近得中途寄来书，读之怳然如接颜色。惟以得闻道为喜，急问学为

---

① 吴光等编校：《王阳明全集》卷 1《语录三》，第 27 页。
② 吴光等编校：《王阳明全集》卷 3《语录三》，第 93 页。
③ 黄宗羲：《明儒学案》卷 29《北方王门学案》，第 654 页。

事，恐卒不得为圣人为忧，娓娓千数百言，略无一字及于得丧荣辱之间，此非真有朝闻夕死之志者，未易以涉斯境也。[①]

此时的南大吉是否达到了圣人境界，或许难以断定，但是，他已确立"朝闻夕死之志"，以"卒不得为圣人为忧"，这是毫无疑问的。此外，南大吉归乡后示门人诗云："昔我在英龄，驾车词赋场。朝夕工步骤，追踪班与扬。中岁遇达人，授我大道方。归来三秦地，坠绪何茫茫。前访周公迹，后窃横渠芳。愿言偕数子，教学此相将"。[②]其中，"中岁遇达人，授我大道方"一句，体现了南大吉对于王阳明所授心学理念的真诚信仰，"愿言偕数子，教学此相将"表明了他誓将阳明心学传播于关中地区的坚定决心。有了这份信仰和决心，南大吉此时是否已达到圣人境界，应该说不再是一个重要问题了。

值得注意的是，阳明心学的修道工夫，并不是一个纸上辩诘的问题，通过笃实的心性修养，学者往往会产生超越于常规经验的特异感受，这一点，在王阳明的许多弟子身上都有体现。例如：王艮（1483—1541 年），字汝止，号心斋，后为泰州学派创始人，曾是王阳明门下之高足；董沄（1457—1533 年），字复宗，号萝石，以诗闻名于士林，年长王阳明十五岁而诚心拜师。此二人在王阳明门下受教已久，产生了心灵升华的体验。史载：

> 一日，王汝止出游归，（阳明）先生问曰："游何见？"对曰："见满街都是圣人。"先生曰："你看满街人是圣人，满街人倒看你是圣人在。"又一日，董萝石出游而归，见先生曰："今日见一异事。"先生曰："何异？"对曰："见满街人都是圣人。"先生曰："此亦常事，何足为异！"盖汝止圭角未融，萝石恍见有悟，故问同答异，皆反其言而进之。[③]

---

① 吴光等编校：《王阳明全集》卷 6《答南元善》，第 210 页。
② 黄宗羲：《明儒学案》卷 29《北方王门学案》，第 654 页。
③ 吴光等编校：《王阳明全集》卷 3，第 116 页。

由是可见，在王阳明门下，通过笃实的致良知工夫的修习，从而达到或接近圣者境界的人士，并非个别、偶然现象。正是因为胸有成竹之故，王阳明总是告诫门人摒弃杂念，"立下必为圣人之志"。例如：

> 何廷仁、黄正之、李侯璧、（王）汝中、（钱）德洪侍坐。先生曰："汝辈学问不得长进，只是未立志。"侯璧起而对曰："琪亦愿立志。"先生曰："难说不立，未是必为圣人之志耳。"对曰："愿立必为圣人之志。"先生曰："你真有圣人之志，良知上更无不尽，良知上留得些子别念挂带，便非必为圣人之志矣。"洪初闻时心若未服，听说到不觉悚汗。①

关于立志与为学的关系，王阳明曾说："立志者，为学之心也；为学者，立志之事也。"②因此，立下必为圣人之志，乃是学者求闻大道的第一步。事实上，王阳明早12岁时，就已认定"学圣贤"为读书人"第一等事"③。17岁时，隐居广信（今上饶）的大儒娄谅告诉他"圣人必可学而至"的道理，王阳明"深契之"④。此后，他一直按照这一理念默默践履，终至圣人境界。他所教给门人的，不过是他多年修道实践的成功经验罢了。

由于王阳明具有集"立德、立功、立言"于一身的杰出表现，所以，他的明道论与圣人观在中晚明时期影响甚广，为儒林所熟知，并且被一些真诚服膺圣人之道的儒者奉为圭臬。下面仅举一例，便可窥其大略。晚明儒者周汝登（1547—1629年），年轻时师事王阳明的弟子王龙溪，后又师从泰州学派的罗汝芳，无论从哪个角度看，他都是阳明心学的继承者。周汝登在教诲弟子时，也非常强调要自信"人胸中各有个圣人"。他和门人有一段对话：

---

① 吴光等编校：《王阳明全集》卷3，第104页。按：李琪，字侯璧，浙江永康人。
② 吴光等编校：《王阳明全集》卷8《书朱守谐卷》，第276页。
③ 吴光等编校：《王阳明全集》卷33《年谱一》，第1221页。
④ 吴光等编校：《王阳明全集》，第1223页。

先生教人贵于直下承当，尝忽然谓门人刘塙曰："信得当下否？"塙曰："信得"。先生曰："然则汝是圣人否？"塙曰"也是圣人"。先生喝之曰："圣人便是圣人，又多一也字。"①

综上所述，无论是王阳明本人，还是周汝登等后学，都非常强调"学为圣人"，因为所谓圣人，不过是"道"的人格化表述而已——倘能明道，则必臻于圣人；若成圣人，则必已明道。明道与成圣，正是陆王心学的根本宗旨。当然，陆九渊平生讲的主要是"发明本心"等初级内容，尚未及于"明道成圣"这一终极目标，或许这正是王阳明评价象山心学"只是粗些"的缘由之一。然而，象山心学和阳明心学在根本目标上是完全一致的。无论是"发明本心"还是"致良知"之教，言殊而旨一，都是明道成圣的具体修习内容。从这个意义上讲，近代思想史家将"陆王心学"并称，确实是非常有道理的。

二、"外王"之道是"内圣"本旨的逻辑延伸

从先秦开始，儒家就形成了"三纲领八条目"的思想体系。其中，"格物、致知、诚意、正心、修身、齐家、治国、平天下"被称为"八条目"，由内至外，层层推进，不断扩充，形成了一个"内圣外王"的完整体系。前文所述的陆王心学以明道成圣为根本宗旨，如果放在这个体系架构中来看，只属于"内圣"范畴。陆王心学属于儒家，而儒家是主张积极入世的，因此，陆王心学必然在"内圣"基础上提出经世济民、安邦定国等"外王"主张。这是"内圣"本旨的逻辑延伸，也是儒家人文主义教育精神的自然体现。

以陆九渊为例，他一生仅活了54岁，在大半生中，虽享大儒之美誉，

---

① 黄宗羲:《明儒学案》卷36《泰州学案五》，第855页。

却没有施展才能、经世济民的机会。他在象山精舍讲学 5 年，"从容讲道，歌咏愉愉，有终焉之意"①，内心确实淡泊宁静。不过，一旦有用世的机会，他便会欣然出山，以求得遂治国平天下的理想抱负。其实，陆九渊一直怀有这样的想法，只不过是等待历史赋予机遇的到来。他曾说：

> 儒者虽至于无声无臭、无方无体，皆主于经世；释氏虽尽未来际普度之，皆主于出世……则儒释之辨，判然截然，有不可同者矣。②

陆九渊认为，"主于经世"和"主于出世"，这是儒家和佛家思想的泾渭之别。从内心讲，他一直盼望有得世用世的机会，只不过乐于听从命运的安排而已。对于那些有出世倾向的士大夫，如北宋以闲适、优游闻名的邵雍（1011—1077 年，字尧夫），陆九渊委婉地予以批评。他说：

> （邵）尧夫只是个闲道人。圣人之道有用，无用便非圣人之道。③

正是因为怀有经邦济世的真诚愿望，1191 年（宋理宗绍熙二年）秋季，陆九渊被任命为知荆门军，他丝毫不嫌这是一个处于"次边"④之地的"硬骨头"，为表示与城池共存亡的决心，毅然携家眷前往就任。在荆门期间，陆九渊修城墙、缉盗匪、整伍卒、兴学校，做了许多巩固边防、赈济民生的事情。经过短短一年的治理，荆门军出现了焕然一新的面貌——盗匪销声匿迹，治安显著好转，社会风气也随之改善，连一些官吏都改变了作风。

---

① 《陆九渊集》卷 36《年谱》，第 501 页。
② 《陆九渊集》卷 2《与王顺伯》，第 17 页。
③ 《陆九渊集》卷 34《语录上》，第 426 页。
④ 南宋时期，以襄阳为抵抗金国的一线边境，荆门为次边之地，形势不安稳，一般人不愿来此为官。

史载：

> 至是风一变，督役官吏，布衣杂（于）役夫佐力，相勉以义，不专
> 以威。盛役如此而人情晏然，郡中恬若无事。[1]

值得一提的是，陆九渊本是文官，不谙军旅之事，但是整肃起边防部队来也
颇有一套。他关心士卒，明确赏罚，刹住了士卒大量逃窜的现象，"役之后
加佣值，无饥寒之忧，相与悉心弓矢，逸者绝少"[2]，从此安心戍边。就在这
一年，"兵官按阅，独荆门整习，他郡所无"[3]，陆九渊的军事才能略显端倪。
由于陆九渊"荆门之政"的突出成效，他在朝野上下都赢得很好的口碑。当
时的丞相周必大在书信中称赞："荆门之政，可以验躬行之效。"[4] 遗憾的是，
陆九渊素有血疾，由于过度操劳，旧疾大作，于 1193 年（绍熙三年冬十二
月）[5] 溘然长逝于荆门任上。细算起来，陆九渊在荆门执政的时间不过一年
半而已，然而，由于政绩突出，世所罕见，失去这样一位好官，百姓和下属
都无比悲哀，"郡属棺敛，哭泣哀甚；吏民哭奠，充塞衢道"[6]。直到今天，荆
门人仍然没有忘记陆九渊，把他视为本邑地方官中的第一人，并用难以数
计的以"象山"二字命名的道路、建筑和景点，来寄托对这位大儒的怀念和
景仰。

无独有偶，陆王心学的另一位宗师王阳明的"外王"事功，比起陆九渊
来，更是有过之而无不及。如前所述，"致良知"之"致"，本身就具有推

---

① 　杨简：《象山先生行状》，载《陆九渊集》卷 32，第 392 页。

② 《陆九渊集》卷 36《年谱》，第 510 页。

③ 《陆九渊集》卷 36《年谱》，第 510 页。

④ 《陆九渊集》卷 36《年谱》，第 512 页。

⑤ 绍熙三年冬十二月十四日，按阳历已是公元 1193 年 1 月 18 日，这是陆九渊逝世的准确
时间。

⑥ 《陆九渊集》卷 36《年谱》，第 513 页。

广应用之意，因此，"致吾心良知之天理于事事物物，则事事物物皆得其理矣"①，这是"致良知"工夫的必然要求。如果把这种推广应用良知的工夫落实于实际生活中，那就必然涉及经世济民、安邦定国等具体内容，而这些也恰恰是儒家"外王"之道的实践范围。而且，对于王阳明这样的大儒而言，由于透彻觉悟良知，内心自然产生出一种"天地万物一体之仁"的博大情怀，有着经世济民、安邦定国以及讲学传道、化民成俗的真诚愿望。王阳明曾说：

> 夫圣人之心，以天地万物为一体，其视天下之人，无外内远近，凡有血气，皆其昆弟赤子之亲，莫不欲安全而教养之，以遂其万物一体之念。②

这种"安全而教养之"的涉略范围很广，既包括剿匪平乱、赈济民生，也包括讲学传道、化民成俗的教育活动。儒家圣人之所以产生这样强烈的心理冲动，根源在于："盖其天地万物一体之仁疾痛追切，虽欲已之而自有所不容已。"③ 因此，一个觉悟良知本心的儒者，只要条件许可，他必然会走向社会，努力做好经世济民的各项"外王"事业，这不过是"内圣"之心的自然彰显和逻辑延伸而已。王阳明一生事功，最令人惊讶者，就是他以文武兼具之才，数度剿匪平乱，建立了举世瞩目的卓越功绩。1517 年，王阳明奉命巡抚赣、粤、闽三边之地，所率不过是数千人的地方部队，仅用一年零三个月，彻底剿灭了为患多年的匪寇，人数多达数万之众。对此，《明史》记载："守仁所将皆偏裨小校，平数十年巨寇，远近惊为神。"④1519 年夏，南昌的

---

① 吴光等编校：《王阳明全集》卷 2《答顾东桥书》，第 45 页。
② 吴光等编校：《王阳明全集》卷 2《答顾东桥书》，第 54 页。
③ 吴光等编校：《王阳明全集》卷 2《答聂文蔚》，第 81 页。
④ 张廷玉等：《明史》卷 195《王守仁传》，中华书局 1974 年版，第 5162 页。

宁王朱宸濠发动叛乱，王阳明在仓猝间得到消息，他临危不惧，镇定自若，回到吉安府调兵遣将，只用 40 天时间，就将兵力数倍于己的宁王叛军（约七八万人，号称十万）悉数歼灭，实际决战时间不过 3 天。本来，时人以为宁王叛乱将会如同唐代安史之乱一样为患多年，可是，王阳明在不过一个多月的时间里，就将蓄谋十余年的宁王叛军完全歼灭，这种用兵如神的指挥才能实在令人惊叹。多年后，担任内阁首辅的名臣杨一清这样评价："自古奸雄构乱，虽有忠臣义士，必假以岁月，乃能削平祸难。伯安奋戈一呼，以身临不测之渊，呼吸之间，地方大定。"①1527 年，王阳明再次奉命出征广西，兵不血刃，招抚了壮族部落的两位头领，并以真诚恻怛之心，感动得两位头领甘愿效命。随后，他调用壮族和苗族土兵，以突然袭击的方式，一举荡平了八寨和断藤峡两个为患百余年的匪寇巢穴，用兵之道近于炉火纯青。就有明一朝而言，文人带兵、屡战屡胜者，没有一人可以超过王阳明。即使在整个儒家思想史上，集"立德、立功、立言"于一身者，王阳明也堪称首屈一指。这一点，就是先圣孔孟也无法相比。由是可见，经世济民、治国安邦的"外王"之道，的确是陆王心学"内圣"之旨的延伸。

或许有人会问：不可能人人都有王阳明那样的非凡才智，也不可能人人都遇上那种建功立业的机会，那么，对于一般的儒者而言，外王之道又从何体现呢？对此，王阳明的嫡传弟子王龙溪做出了解答。他说：

> 古之人达则为卿为相，得君行道，泽加于民；穷则为师为友，修身以见于世。由所遇之时不同，祸福非所论也。②

又说：

---

① 杨一清：《海日先生墓志铭》，载《王阳明全集》卷 38，《世德纪》，第 1386 页。按：王守仁，字伯安，号阳明。
② 吴震编校：《王畿集》卷 15《自讼问答》，凤凰出版社 2007 年版，第 432 页。

　　　　随其力之所及，在家仁家，在国仁国，在天下仁天下，所谓格物致
　　知，儒者有用之实学也。①

王龙溪的解答可谓切要——"随其力之所及，在家仁家，在国仁，在天下仁
天下"。一个儒者，无论所做事情是大还是小，皆须根据个人力量而为之，
究其动机，都是儒家"一体之仁"根本理念的实践和体现。因此，一个儒者
在生活中可做的事情非常之多，无论是政治活动，还是教育事业，抑或其他
的行业，只要是有益国计民生，有益于人心教化，都是在践履"外王"之道，
从内在根源上讲，都是良知本心的发露流行。王龙溪说：

　　　　夫吾人以经世为学，乃一体不容已本心，非徒独善其身，作自了
　　汉。经纶之学，原立于本（心）……此学脉也。②

又说：

　　　　吾儒之学原与物同体，非止为自了汉。此念本天授，不以世界穷达
　　有加损、人类同异有拣择，大丈夫为大事因缘出来救世一番，皆吾分内
　　事也。③

总之，经世之道有很多，每个儒者都可以根据实际情况和能力大小而有选择
地为之；不管从事什么行业，经世之学（亦即"外王之道"）都是儒者分内
的使命。对此，王龙溪做了一句精辟的概括：

---

① 吴震编校：《王畿集》卷13《王瑶湖文集序》，第351页。
② 吴震编校：《王畿集》卷11《答刘凝斋》，第274页。
③ 吴震编校：《王畿集》卷9《与陶念斋》，第224页。

*儒者之学，务为经世，学不足以经世，非儒也。*①

在历史上，陆王心学一系的大多数儒者，除了入仕为官、治世安民之外，往往选择讲学传道为主要的经世途径。他们坚定地相信"化民成俗，其必由学"②的古训，矢志不渝地从事教育事业，为端正世风、培育人才做出了不可磨灭的历史贡献。正因为一生潜心于教育事业，他们才得以总结出丰富而深刻的教育思想。这些教育思想，独立于功利性的科举制度（应试教育）之外，是先秦儒家人文主义和理性精神的继承和发扬，从更广阔的视域来看，也是中国文化精神慧命的传承。因此，单是从教育事业的角度来评价，陆王心学一系的外王之道无疑是成功的，在中国文化史上留下了浓墨重彩的一笔。

三、以"师道"矫正"君道"的历史功能

在陆王心学所提倡的"外王"事功中，有一项内容应当引起后人的注意，那就是以师道矫正、辅翼君道的社会政治功能。从历史的角度看，这也是陆王心学教育哲学理论中十分重视、积极提倡的思想内容。

中国古代非常重视教育，尊崇师道，这是一个广为人知的事实。先秦的《国语》一书。就讲过这样的话："'民生于三，事之如一。'父生之，师教之，君食之。非父不生，非食不长，非教不知。生之族（类）也，故壹事之。"③这已经把父、师和君并列为三，可见古人对于师道的重视程度。然而，由于历史的复杂性，师道在中国古代的传承却经历了曲折的历程。如果把眼光回

---

① 吴震编校：《王畿集》卷13《王瑶湖文集序》，第350页。
② （汉）郑玄注，（唐）孔颖达疏：《礼记正义》卷36《学记第十八》，载（清）阮元校刻：《十三经注疏》（三），中华书局2009年版，第3296页。
③ 徐元诰：《国语集解》卷7《晋语一》，王树民、沈长云点校，中华书局2002年版，第248页。

溯到西周初期，就会发现，在周公完成"制礼作乐"活动后，就形成了官师合一、政教一体的社会制度格局。在西周时期，官吏本身就是教师，负责教导贵族子弟读书明道，为日后从政打下知识学问的基础。西周前期的几位君主都比较贤明，如成王、康王等，他们本身虚心好学、励精图治，继承了先祖周文王和武王的思想精髓，堪称"道统"的代表，同时，又身为天下共主，负责治理江山社稷，因此，在他们身上形成"道统"和"政统"的合一，与之相伴，便是西周前期出现了"成康之治"这样的盛世，据《史记》记载："成康之际，天下安宁，刑措四十余年不用。"① 这种道统与政统合一的历史时期，一直为后世儒者津津乐道。

春秋战国之后，政统与道统分裂，从此很难再合而为一。儒家人士普遍认为，只有孔子、孟子继承了自尧、舜、禹、汤、文、武以来的先圣思想真谛，代表了道统，而历代王朝的君主虽然世代相传，只不过是一种靠血缘和强力维持的政统，要想天下长治久安，就要明白"居马上得天下，不可居马上而治之"② 的道理，所以，需要有德才兼备的儒者来辅佐君主治理天下，这样的人物，实际上就是帝王之师。儒家人士认为，与夏商周三代相比，后世君主由于本身不能承续道统，所以，需要由当世大儒来辅佐，这些世所公认、德才俱优的儒者身上所传承的便是"道统"，其作用表现在政治生活中，即是以"师道"自任，用师道来矫正、辅翼"君道"，这样才能保证封建王朝的顺利延续和天下百姓的民生福祉。诚然，与高高在上的君主相比，儒者来自民间，了解社会民情，熟悉广大百姓的普遍需要，因此，他们对君主发出的声音，在一定程度上代表了广大民意。虽然统治阶级自诩"奉天承运"，宣扬"君权神授"，可是，稍许明智之人都懂得，"天视自我民视，天听自我

---

① 司马迁:《史记》卷4《周本纪卷四》，第134页。
② 司马迁:《史记》卷97《郦生陆贾列传》，第2699页。原文是："居马上得之，宁可以马上治之乎取？"这是陆贾告诫汉高祖之语，为其采纳。

民听"①，所以，能够顺从"师道"，在某种程度上也就是顺应了民意，这样一来，江山社稷才有了更加巩固的基础。总之，虽然儒者无力直接夺取政权，但是，他们设想：如果能以师道辅佐君道，便可最大限度地将儒者的社会作用发挥出来。这种理念形成之后，很快成为儒家士人的共识，而且代代传承，变成历代儒者所秉持的政治理念。

然而，要想以师道自任，辅翼和挟持君道，前提是儒者本身具有独立的人格。春秋战国时期，孔子、孟子到列国游说，与君主合则留之，不合则去之，保持了独立自主的精神，其人格境界也为人所称道。然而，很少有人注意到，到了西汉中期，当汉武帝意欲采取"罢黜百家，独尊儒术"的政策之际，大儒董仲舒为了获取儒家的独尊地位，将一套精致的"三纲"和"五常"思想进献给了汉武帝。其中，"三纲"思想明确承认"君为臣纲，父为子纲，夫为妻纲"，这便将封建社会中的尊卑等级关系上升到绝对服从和单向人身依附的高度。既然"君为臣纲"，那么，君主专制制度便是至高无上的，包括师儒在内的任何人都要无条件服从君主专制这一至上权威。在这种情形下，以师道来辅翼和矫正君道，就成为一个难以操作的"悖论"。在汉代，"独尊儒术"和"三纲"规范的同时确立，使得师道和君道之间的矛盾关系从此成为历代封建王朝政治生活中的一大难题。那么，什么样的儒者还可能成为真正意义上的帝王之师，能够用师道来辅翼君道呢？简而言之，那些不盲目恪守封建伦理规范（特别是"三纲"思想），仍然保持着独立精神和自由人格的儒者，方有可能完成这样的历史使命。于是，同样是儒者集团，内部必然出现分化：有的学派和个人，由于思想的保守和奴化，不堪成为师道的代表；而有的学派和个人，却一直勇于以师道来辅翼和挟持君道，敢于矫正君主之失。客观地讲，在宋明理学时期，真正能够起到这种以师道矫正君

---

① （汉）孔安国传，（唐）孔颖达疏：《尚书正义》卷11《泰誓中》，载（清）阮元校刻：《十三经注疏》，中华书局2009年版，第385页。

道的学派和个人，是陆王心学而不是程朱理学。

本来，崇尚师道，并希望以此来匡正君道，这是儒者阶层的共识。早在先秦时期，《礼记·学记》中就说："君子如欲化世成俗，其必由学乎！"又说："建国君民，教学为先。"到了北宋时期，儒学复兴，师道精神也重新被提起，而且上升到了关乎治国之道的高度。例如，周敦颐曾说：

> 故先觉觉后觉，暗者求于明，而师道立矣；师道立，则善人多；善人多，则朝廷正而天下治矣。①

程颢亦说：

> 古者自天子达于庶人，必须师友以成就其德业。故舜禹文武之圣亦皆有所从学。今师傅之职不修，友臣之义未著，所以尊德乐善之风未成于天下，此非有古今之异者也。②

显然，周敦颐和程颢有着共同的思想逻辑，他们认为，"师道立"则"善人多"，"善人多"则"朝廷正而天下治矣"。这种"师道"之师，早已不是指"授之书而习其句读"的经师之类，而是指能够辅翼君主、成就德业的大儒。如果他们能够得到应有的尊重，必然导致政治管理、社会风气的改良，使整个天下形成"尊德乐善之风"，最终达到化民成俗、清平安泰的目的。客观地讲，在程朱理学一系中，程颐曾为崇政殿说书，朱熹亦任焕章阁待制兼侍讲，虽然为时不长，都曾一度以大儒身份擢升为帝师，其忠言恳进的态度亦不失其儒者风范。不过，随着元代和明初程朱理学上升为官方意识形态，这

---

① 周敦颐：《通书·师第七》，《周敦颐集》，第 7 页。
② 程颢、程颐：《二程集》，第 452 页。

一学派的思想迅速地趋于僵化保守。那些饱读程朱理学典籍的儒者，虽然不乏跻身为帝师之人，但基本上只知恪守"三纲五常"的训诫，尸位素餐，虚应故事，什么以师道匡正君王之失的历史使命，早就忘在了脑后。从内心动机上讲，这些人是为了保住自己的高官厚禄，于是多磕头、少说话，不敢以师道去匡正君道；从理论根源上讲，程朱理学十分强调"三纲"伦理，把它抬升到"天理"的高度，导致自身失去了人格的独立性，于是，对于君主的所作所为只能盲目服从、随声附和，至于师道的应有作用，只好弃之如敝屣了。例如，朱熹曾说：

> 宇宙之间，一理而已，天得之而为天，地得之而地。……其张之为三纲，其纪之为五常。盖皆此理之流行，无所适而不在。[1]
>
> 三纲五常，礼之大体，三代相继，皆因之而不能变。[2]
>
> 三纲五常，亘古亘今不可易。[3]
>
> 纲常千万年，磨灭不得。[4]

类似的言论在朱子的著作中比比皆是。由是可见，程朱理学和汉代董仲舒一样，把"三纲五常"思想奉为圭臬，结果是"阉割"了自己的独立人格和自由精神，终究沦为君主专制制度下的"奴才"。对于这样的奴才而言，欲以师道自任，匡正君主之失，根本是一种不敢奢望的幻想。

相比之下，虽然同为儒家，陆王心学一系在学术宗旨上的微妙差别，使得他们对于以师道矫正君道的治世理念一直认同，而且坚定不移地予以弘扬。如前所述，陆九渊思想的核心理念是"发明本心"，尽管他并不否认现

---

① 朱熹：《读大纪》，《晦庵集》卷70，载《四库全书》第1145册，第383页。

② 朱熹：《四书章句集注》，中华书局2012年版，第59页。

③ 黎靖德编：《朱子语类》卷4，杨绳其等点校，岳麓书社1997年版，第536页。

④ 黎靖德编：《朱子语类》卷24，第538页。

实生活中的尊卑等级制度，但是，从来没有把它们绝对化、神圣化，更不会上升到"天理"的高度。在整个《陆九渊集》中，涉及"三纲五常"的文字仅有一处，属于客观性表达，这是陆九渊在太学中讲《春秋》的话：

> （鲁）宣公即位九年，两朝于齐，乃一使其大夫聘于周室。王迹既熄，纲常沦，逆施倒置，恬不为异。①

至于王阳明，其学术宗旨乃是"致良知"三字，言简而意赅，更没有把"三纲"思想视为至上的伦理规范。在《王阳明全集》中，提到"三纲五常"的文字仅有一处，而且还是"废稿"，原文如下：

> 改元年者，人君改过迁善，修身立德之始也，端本澄源，三纲五常之始也；立政治民，休戚安危之始也。②

除此之外，整个《王阳明全集》中，再无一处涉及"三纲"的文字。由是可知，王阳明一生讲学，并不讲什么"三纲"法则。比起"致良知"宗旨来，这种意在强调绝对服从和单向依附关系的道德教条实在不入王阳明的法眼。事实上，无论是赵宋王朝，还是朱明王朝，就连统治阶级本身也不会遵守"三纲"思想，否则，就不会出现那么多争夺君位的血腥纷争了。

由于"三纲"思想在陆王心学一系中并不具有至上崇高的地位，所以，秉持心学理念的儒者，保持了独立的人格和自由的精神，勇于以师道自任，以天下公认的是非准则来匡正君道之失，意在使封建王朝的政治更加合乎民意、趋向合理。值得注意的是，这种以"师道"矫正"君道"的理念，并不

---

① 《陆九渊集》卷23《太学春秋讲义》，第279页。
② 吴光等编校：《王阳明全集》卷26《五经臆说十三条》，第976—977页。按：在王阳明逝世后，门人钱德洪"偶于废稿中得此数条"，命之曰《五经臆说十三条》，特为之记。

是一定要成为帝王之师才能付诸实践。如果有幸成为帝师，当然可以"得君行道"，这是一种直接的道路；如果身处江湖之远，同样可以"觉民行道"，通过聚徒讲学的方式明道淑人、化民成俗，这本身也是儒者应尽的使命和职责。倘若在民间造就了广泛的舆论基础，那么，就有可能影响到最高统治者，从而达到以师道辅翼、矫正君道的目的。对于最高统治者而言，虽然他们对外宣称"奉天承运"，实际上内心很清楚，没有广大士民百姓的拥护爱戴，任何帝王都不过是孤家寡人而已。唐太宗曾说："天子者，有道则人推而为主，无道则人弃而不用，诚可畏也。"① 这才是头脑清醒的见解。因此，明代中叶以后，受到阳明心学的影响，许多士大夫都在书院、精舍讲学传道，兼论时局政事，形成了一股广泛的"清议"风习，对于中晚明的社会政治产生了强大的影响力。这种"讽议朝政，裁量人物"② 的士林风习一直延续到东林党人时期，终于达到高潮。

在陆王心学一系中，普遍存在着这样一些人物，他们虽然希望能够经世济民，实现外王之功，但不屑于在官场中熬资历，于是，把更多（或者全部）精力放了在授徒讲学的教育事业上，积累之久，便在民间形成一股"师道"的社会舆论，对于当时的朝政产生了间接的影响。以陆九渊为例，他于 1172 年（乾道八年）已高中进士，不等授官即返回故里，开槐堂书屋讲学；这是因为，宋代进士名额较多，只能授以县尉、县主簿等低级官职，这不是陆九渊所稀罕的东西。因此，他情愿返回家乡讲学，以师道名于天下，行外王经世之功能。1182 年（淳熙九年），当朝廷授予他国子正一职时，他觉得这是明道育才的好机会，方才前往临安太学。1186 年（淳熙十三年），陆九渊因受宰相王淮之嫉，被免去实职，给予"主管台州崇道观"③的名义，实际上罢官归里。他不以个人进退荣辱为意，重新开始讲学。第

---

① 吴兢原著，叶光大等译注：《贞观政要全译》卷 1《政体第二》，第 31 页。
② 张廷玉等：《明史》卷 231《顾宪成传》，第 6032 页。
③ 《陆九渊集》卷 36《年谱》，第 498 页。

二年，又在门人的帮助下，在贵溪县应天山建立象山精舍，专心在此讲学传道。居山五年，前后来学者有数千人之多。对于这种讲学生活，陆九渊甘之如饴，"有终焉之意"①。直至 1191 年（绍熙二年），宋光宗一朝的执政者有感于这位在野大儒的声誉，任命其为荆门知军，算是一个独当一面的职位。在此情形下，陆九渊再次出山，前往荆门就任，施展才干，创造了"几于三代"的荆门之政。由于过度操劳和寿数有限之故，他鞠躬尽瘁，卒于任上。

明代中叶，王阳明门下的亲传弟子，大多数都有官职屡次升降（甚至罢官、坐牢）的经历，究其原因，就在于他们不以个人官职高低为意，而是以"致良知"宗旨作为自己为官的根本理念，因此，面对嘉靖皇帝等最高统治者的缺失，敢于犯颜直谏，不惜舍生忘死，这正是以师道匡正君道的道义精神的体现。翻阅《明儒学案》等史籍后，今人不免惊讶，历史上果真有这样一些真诚的儒者，能够将师道精神付诸实践，仗义执言，为民请命，成为那个时代的"民族脊梁"。其次，至于某些不曾为官的王门后学，在弘扬师道精神方面的贡献也并不比为官的王门儒者要低。以泰州王艮（1483—1541年）为例，他在阳明逝世之后独立授徒讲学，数次谢绝了地方官员的推荐，究其原因，一旦受到荐举，只能被授以中下级官职，然后要在官场中年复一年地熬资历，这是风节凛然的王艮绝不情愿的。王艮当然希望有用世的机会，但是，他的基本理念是：

> 大丈夫存不忍人之心，而以天地万物依于己，故出则必为帝王师，处则必为天下万世师。……进不失本，退不遗末，"止至善"之道也。②

---

① 《陆九渊集》卷 36《年谱》，第 501 页。

② 王艮原著，陈祝生编校：《王心斋全集》卷 1《语录》，江苏教育出版社 2001 年版，第 13 页。

王艮所言，堪称对"师道"精神的高度自信。他一生讲学，门徒无数，上至缙绅大夫，下至贩夫走卒，都成为他忠实的听众。虽然王艮本人并没有对中晚明的中央朝政起到什么作用，但是，他用自己一生的行迹告诉了世人，世上还有保持独立人格、坚持师道精神的真儒存在！虽然对于中央朝政无能为力，但是，王艮以乡贤大儒的身份，对于苏北一带的地方政务却有着直接的影响。例如：嘉靖二年（1523年），淮扬大饥，真州（今江苏仪征）商人王某因为"敬重先生"之故，贷给王艮2000石大米，王艮返乡后，又说服当地巡抚赈灾济民，使得淮扬一带的百姓度过灾荒。嘉靖十四年（1535年），淮扬再次大饥，王艮除了"以所食粟赈之"以外，又谒见巡抚徐九皋，请求发赈，得到应允。这一次，又有一位叫卢澄的东台富豪，有感于王艮之诚，主动拿出1000石豆麦帮助施赈，王艮因其善举，与之结为亲家（以其孙女许配给卢的儿子）。又如：泰州安丰场本是海盐产地，因境内"灶产（主要是草荡等土地）不均，贫者多失业"①，面对"居民争讼，几十年不决"的困境，嘉靖十七年（1538年），漕运官员王某、泰州知州陈某主动找到王艮请求帮助，于是，"先生悉心经划，二公喜得策，一均之而事定，民至今乐业"②。由是可见，王艮的一生，履行了一位儒者应尽的"师道"使命，对于地方政务和社会风俗都起到了积极的改良作用。他虽然未能得遇贤明君主，却依然以师道自任。其门人后学（如林春、徐樾、乃至赵贞吉），都为官清正，颇有作为，成为明代政坛上的杰出人物。

心学一系所秉持的"师道"精神，到了明清之际，思想上已发展到了顶峰，主要表现在黄宗羲所著的《明夷待访录》一书。黄宗羲既是东林党人的后裔（其父为黄尊素，死于阉党迫害），又是心学思想的继承者，还经历了明末满清入侵的亡国巨变，因此，本着"致良知"的理念，终于将"师道"

---

① 《王心斋全集》，第75页。

② 《王心斋全集》，第75页。

精神阐发到了极致。黄宗羲认为,弘扬师道精神,不应只限于个别大儒对帝王本人的教诲和规谏,而应该把学校这一教育机构的功能扩大,使之成为一个议政机关,从而起到彰显公议、限制和规范君权的作用,他说:

> 必使治天下之具皆出于学校,而后设学校之意始备。……天子之所是,未必是,天子之所非,未必非。天子亦遂不敢自为非是,而公其非是于学校,是故养士为学校之一事,而学校不仅为养士而设也。①

在从中央到地方的具体设置上,黄宗羲也做了一系列设想,他说:

> 太学祭酒,推择当世大儒,其重与宰相等,或宰相退处为之。每朔日,天子临幸太学,宰相、六卿、谏议皆从之。祭酒南面讲学,天子亦就弟子之列。政有缺失,祭酒直言无讳。②

这样的太学,实际上已成为国家议会,兼具教诲天子及诸大臣的作用。至于地方学校,也同样具有这样的功能,黄宗羲说:

> 郡县朔望,大会一邑之缙绅士子。学官讲学,郡县官就弟子列,北面再拜。师弟子各以疑义相质难。其以簿书期会,不至者罚之。郡县官政事缺失,小则纠绳,大则伐鼓号于众。③

这样的地方学校,其实也演变成为地方议会,同时兼有教导、质询和考察地方主政官的功能。"郡县官政事缺失,小则纠绳(纠察矫正),大则伐鼓号于

---

① 黄宗羲原著,李伟译注:《明夷待访录译注》,岳麓书社 2008 年版,第 39 页。
② 黄宗羲原著,李伟译注:《明夷待访录译注》,第 43—44 页。
③ 黄宗羲原著,李伟译注:《明夷待访录译注》,第 44 页。

众"，就是让地方官员的政务接受缙绅士人的普遍监督，必要的时候，在公众舆论一致的情况下，可以弹劾、更换地方执政官。

作为一个心忧天下的士大夫，黄宗羲认为"清议者，天下之坊也"①，充分肯定了缙绅士子的清议作用。不仅如此，他还希望将"清议"从一种民间自发、随意的形式上升为合法化、程序化的行为。其基本途径就是将学校的议政功能予以法律的规定和保障。这样一来，封建王朝的"一家之法"就可以拓展成为"天下之法"，具有广泛的民意代表性。总之，黄宗羲在《明夷待访录》中将"师道"精神推演到了极致，已经具备近代民主政治的思想雏形。在黄宗羲心目中，"天下之治乱，不在一姓之兴亡，而在万民之忧乐"②，因此，他心目中的理想学校，理应具有议政功能、监督权力，还有培养舆论、公开是非等职能，是知识分子参与政治生活的合法平台。无疑，这种政治设计，远远超出了封建君主专制的容许范围，明显具有思想启蒙的性质。也正因为如此，《明夷待访录》一书在清代长期被列为禁书，至近代方才得以重新刊行。

如果追本溯源，无论是王心斋的师道观，还是黄宗羲的学校议政思想，其出发点都不过是以师道矫正君道的固有理念。这些饱含着人文主义精神的政治理念，恰好是陆王心学一系的思想宗旨的体现和运用，都是"发明本心"或"致良知"之教的逻辑延伸。从这个意义上讲，陆王心学的教育哲学不单单属于狭义的教育范畴，而且具有改良政治的现实社会功能，事实上，这才是完整的"内圣外王"之道，亦即陆王心学一系理想的教育目标。

---

① 黄宗羲:《明儒学案》卷58《东林学案一》，第1375页。
② 黄宗羲原著，李伟译注:《明夷待访录译注》，《原臣》，第14页。

第三节　书院与讲会是陆王心学教育活动的重要形式

在研究陆王心学教育思想的过程中，有一种特殊事物是无法回避的，那就是：书院和讲会是陆王心学教育实践活动的重要形式。虽然书院与讲会并不是陆王心学发展过程中独享的事物，但是，对于陆王心学而言，脱离了书院以及与之密切相关的讲会活动，就失去了讲学传道的主要阵地和基本手段，因此，我们有必要先来探讨一下宋明时期书院和讲会的发展概况。

一、宋明时代的书院教育概述

"书院"一词，最早出现于唐代，原本是官方设置的宫廷修书、藏书之所。例如：唐玄宗时期，朝廷创设丽正书院，后又设立集贤书院，这两个书院的基本职能是收藏整理、校勘修订各类图书，在此基础上，又兼具为皇帝提供咨询、顾问、侍读、侍讲等职能。可见，书院本是宫廷藏书、校书之所，没有教育功能，"非士子肄业之所也"①。到了中晚唐，一些士大夫选择山林幽胜之地隐居读书，因此，把自己所居住的地方也称为书院。例如：著名的白鹿洞书院，坐落于庐山脚下东南方的海会镇，在唐代贞元年间（785—805 年），原本是洛阳人李渤和兄长李涉的读书之地，因其驯养了一只白鹿朝夕相伴，故称为白鹿洞。唐末五代时期，天下纷争离乱，一些有学问的儒者寻找偏僻安静之所读书养性，践履"隐居以求其志"②的圣训，时间一长，乱世中无处求学的读书人慕名而来，于是，这些儒者开始在所居的书院聚徒讲学，虽然规模尚小，但已然使得书院具有了新型教育组织形式的雏形。

北宋初期，由于"重文事、抑武备"成为既定国策，加之政府财力不足，

---

① 袁枚：《随园随笔·典礼类下·书院》，载顾廷龙等编纂：《续修四库全书》第 1148 册，上海古籍出版社 2003 年版，第 286 页。
② 《论语·季氏》。

在一定程度上鼓励民间创办书院，发展教育事业。白鹿洞书院（江西星子县）、岳麓书院（湖南长沙）、应天书院（河南商丘）、石鼓书院（湖南衡阳）等著名书院都在当地官员和士绅的支持下建立起来，而且聘请山长、购置图书、拨给学田，形成了初具规模的新型教育组织形式，客观上起到了"补官学之不足"的效果。不过，到了北宋中后期，统治阶级内部有人认为应加强官学教育，即扩大各地的府州县学，重视中央朝廷的太学，以为封建王朝提供更多符合要求的人才，于是，出现了三次"兴（官）学"运动。其一，1044年（庆历四年），范仲淹在庆历革新中突出官学教育的重要性，规定不入官学读书者得不应举。其二，王安石变法期间，增扩太学生名额，并创立太学"三舍法"，规定"上舍生"学行优秀者可以直接授官，意在弥补科举考试选拔人才不重品行之弊端。其三，宋徽宗崇宁元年（1102年），奸相蔡京再次扩充太学生名额，同时续增州县官学生员名额，为达到这一目的，强行向地方民众摊派名额，借机索取钱粮，引起广大民众的强烈反对。由于这一系列的兴官学措施，北宋初建的各书院遭到冷落，相继废弃，屋宇圮坏，学田荒芜，社会影响力趋于沉寂。

南宋时期，书院教育迎来了难得的黄金时期。原因是多方面的：其一，南宋仅有半壁江山，财力更不及北宋，因此，筹办官学力不从心，不如让民间有能力及财力者多办私学；其二，北宋末期的三万太学生聚众事件[①] 使得统治集团意识到在都会之地官学规模过大的危险性，不如让读书人到林泉幽胜的偏僻之所读书养性为宜；其三，第二位国君宋孝宗思想开明，励精图治，他的"乾淳之治"[②] 不仅保证了南宋社会的安定，而且推动了思想学术和教育事业的繁荣。在乾淳时期，朝廷允许各种学派自由探讨学术，并宣讲自己的思想理论，于是，学术和教育事业得到了蓬勃发展。其中，朱熹的闽

---

① 指以陈东为首的三万太学生聚众抗议北宋王朝向金国妥协、要求任用主战派李纲抗金的政治活动。

② 宋孝宗有三个年号，分别是隆兴（2年）、乾道（9年）和淳熙（16年），合称"乾淳之治"。

学、陆九渊的心学(又称"江西之学")、吕祖谦的婺学以及陈亮与叶适的事功之学等学派,都在此时勃然兴起,并且各自建立书院(又称"精舍"),作为宣讲本派思想的教育基地。对于乾淳之际的宽松学术氛围,南宋晚期的思想家黄震(1213—1280 年)评价道:"乾、淳正国家一昌明之会,诸儒彬彬辈出而说各不同。"①在宋孝宗之后,光宗、宁宗、理宗等君主虽然平庸暗弱,但并未改变这种统治方略,因此,南宋时代思想学术的繁荣与书院教育的兴旺局面得以长期保持、蔚为大观。

下面以南宋最为著名的几位理学大儒为例作以说明。朱熹在福建武夷山下,先后创建了寒泉精舍、武夷精舍(后称紫阳书院)、考亭精舍(后称考亭书院),特别值得一提的是,他在淳熙六年(1179 年),奉命知南康军,到任后即勘察已经荒芜的白鹿洞书院旧址,随后凭借自己的行政权力,在当地士大夫的支持下,第二年(1180 年)三月即修复白鹿洞书院,招徕四方儒生,亲自主讲其中,还订立了《白鹿洞书院揭示》(即学规章程),成为后世各个书院竞相模仿的学规范本。陆九渊中进士之后,先在金溪县家乡的槐堂书屋授徒讲学,后来到邻县贵溪的庆天山开辟了象山精舍,居山中讲学五年,四方来学者逾数千人。与朱熹不同的是,陆九渊在家乡槐堂讲学时,"即去今世所谓学规者"②,依靠自己"发明本心"的独特教法,使得"诸生善心自兴,容礼自庄"③,起到了不严而自威、不令而自化的效果。湖湘学派的张栻(1133—1180 年),本为名相张浚之子,少蒙荫封而嗜学好道,先在长沙创建城南书院,又于乾道元年(1165 年)促使湖南安抚使刘珙修复岳麓书院,主讲其中,声闻天下。居于婺州(今浙江金华)的吕祖谦(1137—1181 年),学问自成一体,在明招山中创建丽泽

---

① 黄震:《读文集十》,《黄氏日钞》卷 68,载纪昀等编纂:《四库全书》第 708 册,上海古籍出版社 1989 年版,第 639 页。
② 《陆九渊集》卷 36《年谱》,第 488 页。
③ 《陆九渊集》,第 488 页。

书院，既讲述身心性命之学，"复以中原文献之统润色之"①，以儒为本，经史俱通。后来，白鹿洞书院、象山精舍、岳麓书院和丽泽书院并称为南宋四大书院。

到了元代，由于一部分蒙古统治者（如元世祖忽必烈）意识到自己的文化水平明显低于汉地民族，所以，采取了"尊孔崇儒"的汉化措施。在南征灭宋的过程中，有意识地保护了南宋境内的一些书院，在完成统一后，还出现了"南学北移"的风气。不过，元代统治者对于书院教育的保护和鼓励措施是有条件的，主要表现在：其一，多由官方出资兴建或修复书院，这样直接加强了官府对于书院的控制程度。其二，即使是民间私人兴建之书院，也要履行严格的报批手续，层层上报，直至礼部"会议其事，有司以闻中书。命下，行省遣官来主教，始以其地建书院"②，亦即由各级官府负责委派山长、讲师等职务。其三，加强对书院所属学田及其他经费的管理和控制，限制其自主权。在这些严格制度的限制下，元代书院和过去的官学没有多大区别，空有书院之名，缺乏书院之实，与南宋独立自主、欣欣向荣的书院根本不可同日而语。

明王朝建立之初，明太祖就确定了程朱理学为官方哲学，尊其著作为科举考试的唯一教材，并以八股文体作为考试的规范样式。虽然明朝建国之后也很重视教育，"天下府州县卫所皆建儒学，教官四千二百余员，弟子无算，教养之法备矣"③，但是，这里所指的"儒学"都是指官学。明代前期一百年左右，"此亦一述朱，彼亦一述朱"④，思想界的面貌单调沉寂，同样，书院教育也备受冷落。例如：曾经著名的白鹿洞书院、岳麓书院自

① 黄宗羲原著，全祖望补修：《宋元学案》卷51《东莱学案》，第1653页。按：此为全祖望之评语。
② 钟桐山主修：《武昌县志》（光绪十一年重修）卷7《学校篇·龙川书院》，湖北鄂城县档案馆、博物馆1981年11月翻印，第253页。
③ 张廷玉等：《明史》卷69《选举一》，第1686页。
④ 黄宗羲：《明儒学案》卷10《姚江学案》，第179页。

元末毁于兵火后，便一直处于荒废状态，仅剩断垣残屋隐没于荆榛草莽之间，四周唯有山鸟鸣叫，余音不绝于山谷。这种面貌，直至明朝中叶正德、嘉靖两朝才发生了根本的改观。明代中叶正德、嘉靖年间，由于先后两位皇帝的昏庸无道、疏理朝政，客观上相对放松了对士人百姓的思想钳制，加上东南地域商品经济的发展，活跃了社会大众的头脑，因此，一股不同于僵化保守的程朱理学的新儒学形态又应运而生，这就是以王阳明为代表的心学思潮。[①] 阳明心学兴起之后，自然会选择创建或修复书院，作为振兴儒学的主要基地。以王阳明为例，他在龙场悟道后（1508 年），就在当地夷人的帮助下，以竹木等材料构建起简陋的龙冈书院，开始教诲当地读书人。随后，贵州提学副使席书特意修葺贵阳书院，礼聘王阳明至此，席书竟然"身率贵阳诸生，以所事师礼事之"[②]。王阳明从贵州返回内地后，虽然官职步步擢升，却从未放弃讲学一事，甚至"聚徒于军旅之中"[③]，带着一批门人剿匪平乱。在赣州为官（任南赣巡抚）时，他修复了濂溪书院，使得四方学者辐辏于此后有一个安定的居住和学习环境。在南昌为官（任江西巡抚）时，他修复了豫章书院，并在此"始揭致良知之教"[④]，随后，又集门人于白鹿洞，"欲与同门久聚，共明此学"[⑤]。1521 年农历八月，王阳明返回故乡，赋闲六年。余姚士子钱德洪引同邑子弟七十余人，纳赘拜师。为此，王阳明在余姚城内龙山书院的中天阁开讲，至今书院遗址完好保存。王阳明晚年定居在绍兴（偶回余姚），由于四方来学者甚众，连王宅附近的寺观都容纳不下，于是，嘉靖三年（1524 年），其门人绍兴知府南大吉，特意修建稽山书院，"聚八邑彦士，身率讲习以督

---

① 明代中叶的心学思潮还有陈献章（白沙）、湛若水（甘泉）一系，相较于阳明心学而言影响力较小。

② 吴光等编校：《王阳明全集》卷 33《年谱一》，第 1229 页。

③ 张廷玉等：《明史》卷 231，第 6053 页。

④ 吴光等编校：《王阳明全集》卷 34《年谱二》，第 1278 页。

⑤ 吴光等编校：《王阳明全集》卷 34《年谱二》，第 1280 页。

之"①。嘉靖五年十月，一些门人又专门修建起阳明书院，地址在绍兴城西郭门内光相桥之东。② 总之，晚年依托于龙山书院、蕺山书院和阳明书院等基地，王阳明挥洒自如地宣讲自己的心学思想，形成了思想史上著名的阳明学派。1527 年，王阳明以左都御史、总督四省军务的职位出征广西，兵不血刃地平定了壮族酋长的叛乱。随后，他积极实施恢复经济、安定民心的各项举措，其中就包括"兴南宁学校"。他亲自前往府学开讲，告诫诸生："理学不明，人心陷溺，是以士习日偷，风教不振"③。他不顾公务烦忙与身患疾病，"日与各学师生朝夕开讲，已觉渐有奋发之志"④。不过，由于所辖属邑众多，不可能事必躬亲，所以，他还聘请了一批学行兼备的名儒来广西各地的书院讲学。例如，弟子季本受聘于南宁之敷文书院，禀承阳明心学的理念，"勤勤开诲，务在兴起圣贤之学"⑤，希望化边徼之地为邹鲁之乡。遗憾的是，王阳明由于过度操劳，旧疾复发，于 1529 年 1 月 9 日病逝于返乡途中。虽然今天的人们不一定熟悉他曾经在哪些书院讲过学，但是，许多城市都存在的"阳明路"依稀保存着这位大儒的生平痕迹。

王阳明逝世后，阳明心学虽经波折，总体上仍在继续发展壮大，至中晚明时期已蔚为大观，几乎取代了程朱理学在读书人心目中的位置。他的众多门人，纷纷兴建书院，以此为传播阳明心学的基地。例如，门人薛侃在其他同门的帮助下，于嘉靖九年（1530 年）九月在杭州城南修建天真精舍，⑥ 这是王阳明生前非常瞩意的地方。天真精舍设施完备，"斋庑庖湢具备，可居

---

① 吴光等编校:《王阳明全集》卷 35《年谱三》，第 1290 页。
② 参见吴光等编校:《王阳明全集》卷 35《年谱三》，第 1297 页。
③ 吴光等编校:《王阳明全集》卷 35《年谱三》，第 1316 页。
④ 吴光等编校:《王阳明全集》卷 35《年谱三》，第 1316 页。
⑤ 吴光等编校:《王阳明全集》卷 35《年谱三》，第 1317 页。
⑥ 天真精舍亦称"天真书院"。参见钱明编校:《徐爱、钱德洪、董沄集》，凤凰出版社 2007 年版，"附录"第 418 页。

诸生百余人"①。薛侃与同门商定，"每年春秋二月仲丁日，四方同志如期陈礼仪"②，共同祭祀阳明先师，"祭毕，会讲终月"③。至于其他阳明嫡传弟子为讲学传道所建或者所居的书院，多得不胜枚举。兹举二三例于此：江右门人邹守益，在任广德州（今属安徽）通判时，建复初书院，致仕回乡后，又建复古书院于江西安福。在此之前，嘉靖五年（1526 年），安福门人刘邦采集合同门，首创惜阴会，约定"间月为会五日"④；王阳明对此深为赞赏，作《惜阴说》以勉励之。有了复古书院之后，邹守益、刘邦采等人决定以此为基地，开展大规模的会讲活动。从嘉靖十三年（1534 年）开始，他们"春秋二季，合五郡，出青原山，为大会，凡乡大夫在郡邑者，皆与会焉"⑤。浙中王门弟子以钱德洪（1496—1574 年）和王龙溪（1498—1583 年）最为著名。钱德洪自嘉靖二十二年（1543 年）革冠带归里后，专以讲学著述为事。同门评价他："自闻学以来，无一息不在于道，切切以取友论学为事。时江、浙、宣、歙、楚、广，会城名区，皆有讲舍书院，随地结会，同志士友咸设皋比以待。"⑥ 同样，王龙溪自四十五岁罢官归里后，"（居）林下四十余年，无日不讲学，自两都及吴、楚、闽、粤、江、浙，皆有讲舍，莫不以先生为宗盟（犹言盟主）"⑦，其影响更为广泛。除了杭州的天真书院外，许多门人修筑书院以待龙溪的到来，如开讲书院（广信）、怀玉书院（广信）、南谯书院（全椒）、水西精舍（宁国）、斗山书院（新安），等等。总之，在中晚明时期，王阳明及其后学诸儒纷纷借书院作为宣读和传播心学思潮的重要基地，各地书院规模和数量也由此激增，呈现出一派兴旺发达的热闹

① 吴光等编校：《王阳明全集》卷 36《年谱附录一》，第 1328 页。
② 吴光等编校：《王阳明全集》卷 36《年谱附录一》，第 1328 页。
③ 吴光等编校：《王阳明全集》卷 36《年谱附录一》，第 1328 页。
④ 吴光等编校：《王阳明全集》卷 36《年谱附录一》，第 1330 页。
⑤ 吴光等编校：《王阳明全集》卷 36《年谱附录一》，第 1330 页。
⑥ 吴震编校：《王畿集》卷 20《绪山钱君行状》，第 591 页。
⑦ 黄宗羲：《明儒学案》卷 12《浙中王门学案二》，第 238 页。

局面。

进入清朝之后，由于满清贵族原处于低势能的文化地位，所以，他们采取了比较积极的汉化政策。不过，清王朝延续了明代以程朱理学为官方哲学的基本国策，此时的程朱理学早已僵化凝滞，毫无生命活力可言，加之满清统治者长期实施高压性的文字狱政策，因此，清代的思想学术和教育事业变得万马齐喑、暮气沉沉。清朝初期，为强化思想统治，清廷规定在官学之外，"不许别创书院，群聚徒党"[①]，唯恐读书人聚在一起商量反清复明。到了雍正时期，这条禁令始得放松，清廷鼓励各地兴建书院，举办教育。从表面上看，各府州县均有书院，数量超过了前代，然而，清廷对于各地书院采取了严格的控制措施，包括财务、课业、山长及教师选拔等等，其结果是：清代书院基本官学化，和宋明时期的书院相比，谈不上有什么思想学术的独立性，只不过是沿用了"书院"这个旧有的名称罢了。到了19世纪末，中国社会面临着严重的民族危机，加之西方列强所掌握的先进科学技术的强大威胁，因此，有识之士纷纷主张改革书院，建立新式学堂，在教学内容上引进近代自然科学和社会科学等课程。虽然受到一些封建顽固派的阻挠，到了戊戌变法时期，废书院、改学堂已渐成社会的主流呼声。在这种舆论的强大影响下，1901年9月14日（光绪二十七年），清廷下诏各地废止书院，相应改建为大学堂、中学堂和小学堂。于是，存在千余年的书院终于为新式学堂所代替，中国教育事业也开始步入近代化的轨道。

二、书院精神与中国文化基本精神的传承

从性质上讲，宋明时期的书院是中国古代私学教育发展的高级形态。从先秦至汉唐时期，民间儒学大师开门授徒本是一件很平常的事情，不过，这

[①]　陈梦雷编纂:《古今图书集成》第66册，《经济汇编·选举典第十七卷·学校部汇考第十一》，中华书局、巴蜀书社1985年版，第79884页。

一时期的民间私学具有很大的随意性、松散性和个人依赖性。例如：在印刷术发明以前，读书人获得书籍的难度很大，即使得到书籍之后，也必须师从某位耆儒，否则连该书的字音字义都未必能够理解。同样，在某位耆儒过世之后，其门下之学则难以为继，门人从此天各一方、四散游离。到了唐宋时期，随着印刷术的发明和普及，这种私学随意松散、难以持久的状况得以发生根本的改观。一些士大夫选择山林胜地读书养性，丰富的藏书使自己的书院成为一方图书馆，引得四方学子慕名而来，在此基础上，聚徒讲学成为可能。有些重视教育的地方乡绅明白以往私学难以为继的原因在于没有比较固定的经费来源，于是捐出或筹买田地，成为书院所属的学田，从此，书院获得了比较可靠而持久的经费支持。有了图书资源和学田经费，某些具有远见卓识的师儒还制定了相应的学规、教约，这样一来，即使某位大儒辞世或离职，该书院仍然可以办下去，因为它已形成了一套正常运转的经营管理机制。如果有幸得到官府或朝廷的某种扶持，那么，这样的书院往往可以办得规模很大，聚集数百位士子（不是蒙童）在僻远幽静之地读书讲学，的确是一个增长学识、涵养德性的绝佳场所。

除了元代和清代官学化的书院以外，在宋代和明代，书院教育和各府州县的官学教育有着本质的区别。从培养目标上讲，无论是中央官学还是地方官学，主要是培养出一批服从"三纲五常"、甘心为君主效命的封建士子，其进身途径便是科举制度，因此，官学中的诸生往往带着极强的功利心，读书的目的就是为了科举过关，由此进身官场，步步高升。如前所述，先秦儒家思想真正可贵的地方在于真挚的人文主义和理性精神，旨在培养一种趋于至善的圣贤人格，并且由内及外，实现经世济民、治国平天下的社会理想，合而言之，这便是"内圣外王"之道。可是，在历朝历代的官学教育中，这种内圣外王之道基本上被金榜高中、升官发财之类的功利性愿望所湮没了，因此，儒家的有识之士希望在官学之外，重新建立一种教育组织形式，能够将先圣的"内圣外王"之道继承、弘扬，并且薪火不绝、代代相传。在这种需求下，加之印刷术等技术性辅助条件的成熟，书院这种私学的高级组织形式就应运而生了，在宋明之际，这几乎是一种历史的必然进程。对此，黄宗羲有一段精辟的评述：

> 所谓学校者，科举嚣争，富贵熏心，亦遂以朝廷之势利一变其本领（犹"本业"）。而士之有才能学术者，且往往自拔于草野之间，于学校初无与也。究竟养士一事亦失之矣，于是学校变而为书院。[①]

与同时期的官学相比，宋明时代的民间书院大致具有以下三个不可比拟的特性：一是真正以传道明德、化民成俗为目标。那些著名书院的山长或主讲教师，都是饱读经书、闻名于世的耆儒，有很多还是致仕返乡的士大夫。与一般只知功名利禄的官员不同，这些士大夫真诚服膺先圣之教，胸怀经世济民的愿望，虽然不能在朝为官、得君行道，即使返乡在野，也要把觉民行道的事业进行到底，因此，他们矢志于书院教育，就是要把先圣的真精神传递下去。同样的道理，在广大的年轻士子中间，也不乏真诚求道之人，他们在功利化、教条化的官学教育之外，希望获得一些精神上的源头活水，因此，不惮千里，裹粮远足，来到处于山林僻静之地的某处书院，虚心求学，乐此不疲，不知不觉地，在超越一般世俗功利的特殊环境中实现了人格的升华。

二是坚持独立之精神，禀承自由之思想。虽然"独立之精神、自由之思想"的命题是 20 世纪初期由史学家陈寅恪率先提出，但耐人寻味的是，这一理念其实在宋明时代的书院教育中早就存在，而且事实上一直是书院教育的基本理念之一。在两宋时期，程朱理学尚属民间私学之一派，程颢曾说："吾学虽有所受，'天理'二字，却是自家体贴出来。"[②] 所谓"自家体贴出来"，

---

① 黄宗羲原著，李伟译注：《明夷待访录译注》，第 40 页。
② 程颢、程颐：《二程集》，第 424 页。

就是指并非依照前人的成说随声附和，而是通过独立自主的探索和思考得出自己的明确结论。这种坚持"自家体贴出"某种卓见的治学路径，即是践履"独立之精神、自由之思想"学术理念的表现。在这种理念的支配下，陆九渊提出"发明本心"的工夫论，王阳明提出"知行合一""致良知"等著名命题，都是"自家体贴出来"的真知灼见。即使是朱熹所倡导的"存天理、灭人欲"的修养论，虽然失之迂腐，在当时也属于"自家体贴出来"的独立见解。与之相应的是，从事书院讲学的各位大儒，大多反对门人追随官学诸生学而不思、盲目信从的僵化学风。这一点，陆王心学表现得尤为突出。陆九渊告诫门人说："为学患无疑，疑则有进。"① 又说："小疑则小进，大疑则大进。"②王阳明在坚持独立思想、反对盲目信从方面，更是发出了震聋发馈的言论。他说：

> 夫学贵得之心，求之于心而非也，虽其言之出于孔子，不敢以为是也，而况其未及孔子者乎？求之于心而是也，虽其言之出于庸常，不敢以为非也，而况其出于孔子者乎？③
>
> 夫君子之论学，要在得之于心。众皆以为是，苟求之心而未会焉，未敢以为是也；众皆以为非，苟求之心而有契焉，未敢以为非也。④

上述言论，即使在今天也颇有思想解放的意义。不唯众是从，不惟权威是从，只以"道"之所在为依归，这是由王阳明首先讲出的，却不只是他一人的见地，更像是激荡在各个书院之间一种时代精神的回响。

三是提倡素质教育、坚持开放办学。自有科举考试以来，应试教育和素

---

① 《陆九渊集》卷35《荆州日录》，第472页。
② 《陆九渊集》卷36《年谱》，第482页。
③ 吴光等编校：《王阳明全集》卷2《答罗整庵少宰书》，第76页。
④ 吴光等编校：《王阳明全集》卷21《答徐成之》，第809页。

质教育就成为不同向度的教育模式。对于宋、明两代的书院而言，提倡素质教育是一个毫无疑义的指导理念，具体表现为以一种强调知行合一、注重笃实践履为原则的道德修养方式，最终目的在于明道成圣。

值得注意的是，素质教育和应试教育不是截然对立、水火不容的两种教育模式。即使是陆九渊、王阳明的门徒，也有相当多的人数考中进士或举人。然而，书院教育与一般官学教育的差别在于：由于其山长或教师的言传身教，书院的诸生把德性培养放在了整个求学生涯的第一位，更加注重笃实践履、知行合一，把理想人格的培养当成一件首要任务来对待、完成；相比之下，官学教育注重的是如何写好应试文体（明代固定为八股文），以及如何通过科举考试，早日获得功名利禄，在这种动机的支配下，什么德性培养、人格完善，都成了一句空话。这一点，早在宋代，许多思想家甚至统治集团的高层人物都看得很清楚。例如，南宋光宗时期，吏部尚书赵汝愚在奏章中说：

> 中兴以来，建太学于行都，行贡举于诸郡，然奔竞之风胜，而忠信之俗微。亦惟荣辱升沉，不由学校；德行道艺，取决糊名；工雕篆之文，无进修之志；视庠序如传舍，目师儒如路人；季考月书，尽成具文。①

"视庠序如传舍，目师儒如路人"，这便是中央及地方官学培养出来的许多学生的品行作风的真实写照。一个国家的教育搞到这种程度，真可以说是莫大的悲哀。无独有偶，思想家朱熹也坦率地说：

> 所谓太学者，但为声利之场，而掌其教事者，不过取其善为科举之文而尝得隽于场屋者耳。……师生相视，漠然如行路之人，间相与言，

---

① 脱脱等：《宋史》卷 157《选举三》，第 3671 页。具文，即徒有形式的空文。

> 亦未尝开之以德行道艺之实，而月书季考者，又只以促其嗜利苟得、冒昧无耻之心，殊非国家之所以立学教人之本意也。①

"师生相视，漠然如行路之人"，这句话和赵汝愚所奏如出一辙，可见绝不是个别、偶然的现象。既然无力改变官学中这种固有应试教育的价值取向，那么，许多大儒干脆在书院这一私学组织中实践自己的教育理念。由于程朱理学后来本身成为享有独尊地位的官方哲学，所以，在明代真正实践素质教育的学派只能是陆王心学一系了。令人欣慰的是，陆、王二人的门下的确培养出为数甚多的德才兼备的优秀人才，有些门人的道德与智慧，实际上已臻圣人境界，只不过自己不便以此标榜罢了（前文多有列举，此不赘述）。从这个意义上讲，宋明时代的众多书院，堪称古代人文主义素质教育的模范基地。

要想成功地进行素质教育，不仅需要山长、教师等人具有高屋建瓴的理论修养和道德示范，而且需要切合实际的教学方法。总体而言，书院教育是一种自学指导型的教学模式，其中特别值得称道的，便是它摒弃官学的封闭模式，坚持开放式教学，吸引民间大众前来听讲，甚至兴起学术交流的热潮。无论是哪个朝代，太学、国子监等官学机构，一般民众是没有资格进入听讲的，这种拒人于门墙之外的傲慢态度，正是封建王朝的官学等级地位的表现。对于众多民间书院而言，从来不拒绝社会上的听众入内，相反，这些书院往往热衷于举办讲会（又称"会讲"），吸引更多的民众前来听讲，既可以化民成俗，又可以扩大书院和本学派的社会影响力。学术界一般认为，会讲模式的开启，源于南宋乾道三年（1167年）的朱张会讲。湖湘学派的张栻，其思想渊源可以上溯到程颐，②与朱熹本是同一学脉。在他主讲岳麓书

---

① 朱熹：《学校贡举私议》，《晦庵集》卷69，载纪昀等编纂：《四库全书》第1145册，第374页。

② 大致而言是：程颐—谢良佐—胡安国—胡宏—张栻。也有说是胡安国私淑于程颐之学。

院期间，朱熹从武夷山来到长沙，与他会面，共同讨论"《中庸》之义"。两月中间，双方既有分歧，又互相尊重，都感到学术上大有进益。在此期间，数以千计的儒生不顾路途远，前来听讲，车水马龙，盛况空前，连山门外饮马池的水都喝干了。朱张会讲，求同存异，共明道学，成为岳麓书院历史上的一段佳话。1175 年（淳熙二年），在吕祖谦邀请下，朱熹和陆九渊各带门徒，前往江西铅山县的鹅湖寺会讲。与朱张会讲不同，陆九渊和朱熹的学术分歧更大，在会上形成了争论。陆九渊还吟诵了"易简工夫终久大，支离事业竟浮沉"的诗句，引得朱熹"大不怿"①。从此，朱学和陆学的思想分歧公之于众，二人分庭抗礼，各自形成了自己的学派。不过，朱陆的学术争论没有影响到二人的正常交往。1181 年（淳熙八年），当朱熹主讲白鹿洞书院时，特意邀请陆九渊前来讲学，体现出宽容的胸襟。陆九渊也明智地抛开二人的分歧，以所见略同的"义利之辨"为题开讲，凭着真挚的情感和流畅的口才，引得白鹿洞书院的诸生大为感奋，听众中"至有流涕者"②。朱熹听了也深为感动，"天气微冷，而汗出挥扇"③，并对诸生说："熹在此不曾说到这里，负愧何言！"④正是这种互相交流、开放包容的教学模式，使得书院教育比起官学教育来，具有明显活跃的氛围，有利于人们对于不同学术思想的理解和接受。到了明代，这种会讲模式进一步扩大、完善，几乎成为书院教育的必须活动内容，形成一种讲会热潮，更加促进了陆王心学人文主义教育的蓬勃发展。

　　正是上述三个特性，构成了宋明时代的书院精神。换一个角度看，这一时期的书院精神和中国传统文化的基本精神有很多的重合之处。从这个意义上讲，书院精神的形成，本身也是中国文化基本精神代代传承的时代表现。

---

① 《陆九渊集》卷 34《语录上》，第 428 页。
② 《陆九渊集》卷 36《年谱》，第 493 页。
③ 《陆九渊集》卷 36《年谱》，第 493 页。
④ 《陆九渊集》卷 36《年谱》，第 492 页。

它激励着有志于"明道成圣"的众多儒者，坚定不移地走着自己的治学道路，向着心目中的圣者人格和理想社会的终极目标不断地迈进。

三、讲会活动是陆王教育哲学的重要传播手段

宋明时代，在书院纷纷设立的同时，一项与书院教育职能相关的活动——讲会（亦称"会讲"），也在蓬勃兴旺地开展，这也是陆王心学一系传播自己的教育理念的重要手段。所谓讲会，就是具有共同价值信仰（至少有共同的信仰基础）的儒者以及士民百姓，聚合在一起，讲习讨论学问功夫，以求提高自己的心性修养，同时对社会风习传递良性影响。本来，讲会地点不限于在书院一地，根据其规模大小和与会者的身份，可以在家庙、宗祠、佛寺、道观、书院等各种场合举行。由于一些大儒考虑到自己的身份，内心更愿意在书院这个名实相符的地方举行讲会，所以，到了明代中后期，讲会的地点更多归于书院，这也是合乎情理的趋势。于是，书院和讲会的关系可以大致概括为：书院为体，讲会为用。两者的结合，是中晚明时期一道靓丽的学术景观。

关于讲会的由来，可以上溯到先秦时期。孔子曾说："德之不修，学之不讲，闻义不能徙，不善不能改，是吾忧也。"[①] 可见，孔子生前很重视与弟子开展讲习讨论的活动。明代大儒纷纷以孔子之言论为根据，阐述了师生和同门之间开展讲习讨论的必要性。例如，王阳明曾说：

> 夫德之不修，学之不讲，孔子以为忧。而世之学者稍能传习训诂，即皆自以为知学，不复有所谓讲学之求，可悲矣！夫道必体而后见，非已见道而后加体道之功也；道必学而后明，非外讲学而复有所谓明道之事也。然世之讲学者有二：有讲之以身心者；有讲之以口耳者。讲之以

---

① 《论语·述而》。

口耳，揣摸测度，求之影响者也；讲之以身心，行著习察，实有诸己者也，知此则知孔门之学矣。①

在这段话中，王阳明答复了罗钦顺（号整庵）自己坚持从事于讲学的原因，并且告诉罗钦顺，世之讲学者有两种：一种是"讲之以口耳"者，其做派是"揣摸测度，求之影响者"，所言根本不入其心，不过是在附庸风雅、谈玄说妙而已。另一种则是"讲之以身心"者，其特点是"行著习察，实有诸己者"，亦即注重身体实践，把先圣的理论转化自己身心内在的素质。显然，这种有益于身心涵养的讲学活动是非常值得提倡的。王阳明提倡"讲之以身心"的思想，在其嫡传门人王龙溪那里得到了进一步的阐发，他说：

> 夫学必讲而后明，务为空言而实不继，则亦徒讲而已。仁者切于言，惧其为之难也，古者言之不出，耻其躬之不逮也，此孔门家法也。故曰讲学有二：有以口耳者，有以身心者。入耳出口，游谈无根，所谓口说也；行著习察，求以自得，所谓躬行也。君子可以观教矣。②

王龙溪坚定地认为，"学必讲而后明"，同门之间开展讲习讨论活动是非常必要的。他同样反对"务为空言而实不继"的浮夸学风，认为这种"出耳入口，游谈无根"的讲论，不过是骋口舌之快、行哗众取宠的空谈而已，完全不是阳明心学所提倡的讲习讨论。王龙溪所期望的讲论活动，乃是"行著习察，求以自得，所谓躬行也"的身心实践之学，通过讲习讨论而明白道理，继而躬行实践，这才是引导学者迈向明道成圣境界的有益教法。

　　针对当时某些儒林中人将讲会搞成了社交圈子的做法，王龙溪明确地予

---

① 吴光等编校：《王阳明全集》卷2《答罗整庵少宰书》，第75页。
② 《龙溪会语》卷6《书同心册后卷》，载吴震编校：《王畿集》，第782页。按：子曰："古者言之不出，耻躬之不逮也。"（《论语·里仁》）这是王龙溪所言的经典依据。

以反对。他说："会所以讲学明道，非徒崇党与，立门户也。"①也就是说，王阳明及其门徒所倡导的讲会，始终坚持平等性、开放性，目的就是为了促进自己的心性道德修养，进而达到改善风习、化民成俗的治世目标。正是在王阳明及其门徒②的大力推动下，明代中晚期讲会活动已成为儒林中的一大盛景，随地举会，士庶咸与。在一些德高望重的儒者倡议下，士大夫联舟共车，同赴讲会，各地士子（甚至普通百姓）也纷纷赶来听讲，既体现出明代心学思潮的巨大影响力，又反映了那个时代人们追求真理和自由的真诚心愿。

如前文所述，讲会活动在宋代就已出现，朱张会讲（又称"潭州会讲"）、鹅湖之会，都可以视为早期讲会的滥觞。不过，真正使讲会活动发展壮大、直至蔚为大观的，还是要归于中晚明时期。在这一时期，讲会活动几乎遍及全国，已成为士大夫习以为常的家常便饭。其规模和层次也有若干不同，如家会、族会、邑会、郡会、联郡之会、留都大会、京师大会等。从乡村部曲，直至京师之会，都有各式各样的讲会活动。

例如，泰州学派后裔的罗汝芳（1515—1587 年）之父罗锦（1490—1565 年，字崇纲，号前峰），本是一个民间的布衣儒者，他在家乡南城县泗石溪（今称罗坊），创办了里仁社会，参与讲会者都是同村、同乡乃至同邑之人。罗崇纲一生服膺圣贤之教，为人古道热肠，为同族乡邻办了许多好事。其行状记载：

> （前峰公）创祠堂以祀先，置义仓、义馆以恤乏。补修宋、元列祖墓田，醵祭费约千金，期垂永久。③

---

① 吴震编校：《王畿集》卷 2《约会同志疏》，第 53 页。

② 这一时期，热衷于讲会活动的还有以湛若水为代表的甘泉心学一系。这一学派基本上可以视为阳明心学的同道，因其思想比较特殊，故不在本著的讨论范围内。

③ 罗汝芳：《先府君前峰公行状》，《罗汝芳集》，第 657 页。

因为有众多的善事义举，罗崇纲创办的"里仁社会"，一直持续了数十年，而且影响愈发广泛。罗汝芳 63 岁致仕返乡后，接过其父的接力棒，继续在本村坚持办好"里仁社会"。罗汝芳回忆说：

> 间里中处自前峰先生偕碧崖、纯斋诸公讲里仁社会，将数十余年，今更通诸一乡一邑，真是君子之德风也。①

某次讲会，参会者有百十余人，大多是乡村百姓，却恭敬整肃，无丝毫杂音。对如此静定的场面，罗汝芳颇有感慨地说：

> 吾乡老幼，聚此一堂，有百十余众，即使宪司在上，也不免有些喧嚷。是岂法度不严，奈何终难静定？及看此时，或起而行礼，或坐而谈论，各人整整齐齐，不待分付一言，从容自在，百十之众，浑如一人。天时酷暑，浑如凉爽；虽自朝至暮，浑如顷刻，更无一毫声息扰动，亦无一毫意思厌烦。②

究其原因，罗汝芳认为，就在于这种讲会唤醒了人们沉睡已久的良知良能，从而自觉改变了自己的举止。他说：

> 盖是吾人之生，不止是血肉之躯，其视听言动，个个灵灵明明，有一良知之心以主宰其中。往常乱走乱为，只是听凭血肉，如睡梦一般，昏昏懵懵，不自觉知，以故刑罚也齐一不来，……然一时感通，光景宛然，良知良能，如沉睡忽醒，则中心耿耿，便于血肉形躯顿尔做得主

---

① 方祖猷等编校：《里仁乡约训语》，《罗汝芳集》，第 763 页。按：古代 25 家为 1 社，是最低级的地方行政单位。

② 方祖猷等编校：《里仁乡约训语》，《罗汝芳集》，第 764 页。

> 起，……故自然不待拘检，而静定胜如官府在上，岂止一身受用！①

罗汝芳的这番话，既是借景抒情，向听众点明了自己良知的存在和妙用，又是对本村"里仁社会"成效的充分肯定。他认为，由于长年坚持基层村社的讲会活动，改良了本乡的风气，由此亦证明了先圣的一个理念——"善政不如善教之得民，而政刑不如德礼之有耻且格也"②。

除了这种乡村基层的讲会，士大夫阶层也兴办了许多声闻一方的讲会活动。如前所述，王阳明的江右高第刘邦采，在家乡安福发起了惜阴会，"间月为会五日"；另一同邑弟子邹守益致仕回乡后，又办起了复古书院（一说由时任安福知县的王门弟子程文德所建）。邹守益借惜阴会之名义，扩大了讲会的规模，自嘉靖十三年始（1534年），"春秋二季，合五郡，出青原山，为大会。凡乡大夫在郡邑者，皆与会焉。于是四方同志之会，相继而起。"③这种青原讲会，已远远超出一县之范围，成为联郡大会，体现出江右王门强烈的崇道精神和广泛的社会影响。又如，罗汝芳在任宁国知府期间，崇尚"以讲会、乡约治郡"④。1563年（嘉靖四十二年），他建起志学书院，又修葺水西书院，每逢公事稍毕，便集合郡内缙绅"相与讨论"心性道德工夫，堂下不仅有郡邑庠生坐听，甚至还令监狱里的囚犯前来听讲，时间一久，"人各感动"。罗汝芳本人经常亲自主讲，"开导不倦，多至夜分，精神契合，民亦潜孚，且日迁善"⑤。坚持不过数年，所属六邑大治，"宛陵六邑，一时有三代之风"⑥。值得一提的是，罗汝芳不仅自身全力以赴地讲学传道，而且懂得积极借助其他王门翘楚的力量来帮助教化，例如：王龙溪是比罗汝芳辈分

---

① 方祖猷等编校：《里仁乡约训语》，《罗汝芳集》，第 764 页。
② 方祖猷等编校：《里仁乡约训语》，《罗汝芳集》，第 764 页。
③ 吴光等编校：《王阳明全集》卷 36《年谱附录一》，第 1330 页。
④ 杨起元：《罗近溪先生墓志铭》，载《罗汝芳集》，第 922 页。
⑤ 曹胤儒：《罗近溪师行实》，载《罗汝芳集》，第 838 页。
⑥ 罗怀智：《罗明德公本传》，载《罗汝芳集》，第 830 页。

高的心学巨擘，"甲子，郡守罗公即开元寺故址，建志学书院，先生数过之。深山穷谷，戴白垂髫，围法堂观听者数千人，而弦歌之化遍四境矣。"① 罗汝芳的这种治世方略，赢得了百姓、士人的广泛拥戴，以至于1565年他闻父丧之后，按制回家丁忧，"士民缙绅送逾百里，无不泣别。……亦有追随不舍至家者，如梅井郭君及胥吏辈数十人。"② 同样的道理，他在宁国三年的为政实践也使得讲会的社会教化功能深为世人瞩目。

在明代，如果说最高级别的讲会，应当是非京师的灵济宫讲会莫属。灵济宫本是一处规模宏伟、堪比宫掖的道观（原址在北京西城区灵境胡同），但在嘉靖时期，经常被用来举办讲会，罗汝芳就参加过数次。例如：1544年（嘉靖二十三年甲辰），罗汝芳进京参加会试，高中金榜，会试结束后，"师同波石徐公、二华谭公及诸同志大会于灵济宫。俄闻前峰公有疾，遂不应廷试归。"③ 这里所说的波石徐公，是指泰州学派的徐樾（号波石）；二华谭公，是指后来的抗倭名将谭纶（号二华）④。从性质上讲，这是一次纯粹由中试举子自己发起的民间讲会，罗汝芳参会之后，便以"父病为由"飘然而归，连廷试都不参加了，令各地举子瞠目结舌，从此"寻师问友、周流四方者十年"⑤，足见其向道之诚。1553年（嘉靖三十二年癸丑），罗汝芳赴北京廷试，中试后，"时内阁存斋徐公、部院双江聂公、南野欧阳公、俨山周公，皆以兴起斯学为己任，乃定会所于灵济宫，师（指罗汝芳）集同年桂岩顾公、近麓李公……数十百人，联讲两月，人心翕然，称盛会也。"⑥ 这里的几位讲会主办者，分别是指徐阶（时任礼部尚书兼东阁大学士，但非首辅）、聂豹（号

---

① 沈懋学：《王龙翁老师八十寿序》，载《王畿集》，第854页。
② 曹胤儒：《罗近溪师行实》，载《罗汝芳集》，第840页。
③ 曹胤儒：《罗近溪师行实》，载《罗汝芳集》，第835页。
④ 谭纶（1520—1577年），字子理，号二华，江西宜黄人。督戚继光、俞大猷抗倭有功，仕至兵部尚书。
⑤ 罗怀智：《罗明德公本传》，载《罗汝芳集》，第829页。
⑥ 曹胤儒：《罗近溪师行实》，载《罗汝芳集》，第836页。

双江）、欧阳德（号南野），都是王门弟子或后学（徐阶曾是聂豹的门人），他们对于举办讲会、推广心学，都有着发自内心的热忱，因此，他们在灵济宫举办了为期长达两个月的讲会，反响热烈，"称盛会也"。对于此次灵济宫讲会之盛况，《明史》亦有记载：

> 当是时，德与徐阶、聂豹、程文德并以宿学都显位，于是集四方名士于灵济宫，与论良知之学。赴者五千人。都城讲学之会，于斯为盛。①

嘉靖三十二年的讲会，刚中进士的罗汝芳只是一个普通的听众。十余年后，1565 年（嘉靖四十四年乙丑），当他以宁国知府的身份进京入觐时，原为座主的徐阶已是内阁首辅大学士，人称"徐政府"。此时，徐阶和罗汝芳二人对于举办讲会的热忱仍然不减当年，史载：

> 乙丑入觐。（师）谒政府存斋徐公，公访以时务。师曰："此时人才为急，欲成就人才，其必由讲学乎！"公是之。遂属师合部寺台省及觐会诸贤，大会灵济宫。徐政府手书程子《定性》一书"学者先须识仁"一条，令长子携至会所。兵部南离钱公出次朗诵。诸公恳师申说，师亦悉心推演，听者跃然。②

嘉靖四十四年的灵济宫讲会，是明代中叶的又一次盛会，与以往不同的是，学已证道、功夫深邃的罗汝芳，从一名普通的听众变成了主讲者之一。他向内阁首辅徐阶阐述举办讲会的理由竟然是"此时人才为急，欲成就人才，其

---

① 张廷玉等：《明史》卷 283《儒林二》，第 7277 页。
② 曹胤儒：《罗近溪师行实》，载《罗汝芳集》，第 839 页。

必由讲学乎！"徐阶也很赞同这一观点，于是，一场大规模讲会得以开展。这次讲会的听众，基本上都是各部、寺、台、省的在朝官员以及各地前来入觐的地方官员，其级别之高前所未有。也许在徐阶的心中，提高各级官员的素质，是走向治世的捷径，因此，很有必要举办这样一次讲会。

如上所述，里仁会、惜阴会、青原讲会、灵济宫讲会，都是明代中叶不同层次的讲会活动，类似的活动数不胜数，不再赘述。正如《明史》所述："正、嘉之际，王守仁聚徒于军旅之中，徐阶讲学于端揆之日，流风所被，倾动朝野。于是缙绅之士，遗佚之老，立书院，联讲会，相望于远近。"①《明史》的这段评述，生动地反映出当时讲会风气之盛况。从举办这些讲会的动机和效果可以看出，阳明心学的同门及其后学，为了达到教化人心、移风易俗的目的，积极借助书院等基地，坚持开展这样一种兼有教育和治世双重功能的活动，其成效非常令人瞩目。在中国文化史和教育史上，我们都不应忘记这样一种特殊的活动形式——讲会，它曾是陆王心学传播教育、明道淑人的重要手段。

当然，讲会活动的普及开展，也会产生一些始料不及的负面作用，从而遭到最高统治集团的残酷镇压。明代中后期，一共有三次大规模毁书院、禁讲学的诏令，分别是在嘉靖、万历和天启年间，有学者称之为"明季三毁书院"②。表面上是因为书院"倡其邪学，广收无赖"或者"群聚党徒""空谈废业"；究其实，是因为书院和讲会成为士大夫和广大民众的"清议"之所，对朝廷的政务得失进行道义评判，事实上成为社会舆论中心。以晚明的东林党为例，"讲习之余，往往讽议朝政，裁量人物。朝士慕其风者，多遥相应和。由是东林名大著，而忌者亦多。"③面对这种情况，一些固守专制独裁政策的最高统治者不能容忍书院和讲会的存在，于是捏造种种罪名，必欲去之

---

① 张廷玉等：《明史》卷231，第6053页。

② 邓洪波：《中国书院史》（增订版），武汉大学出版社2012年版，第396页。

③ 张廷玉等：《明史》卷231，第6032页。

而后快。然而，防民之口，甚于防川，统治者把书院和讲会禁得越彻底，民众的反弹就越强烈，到了最后，明王朝人心尽失，被农民起义的巨大洪流冲垮。

本章所论，阐述了陆王心学的由来及其学术宗旨、开展教育的基本形式和手段。陆王心学是宋明时代独立于科举制度之外的民间儒学的重要一翼，是非官学化的"大学之教"。它以明道成圣为内在目标，以经世济民为外在目标，合而言之，禀承了先秦儒家固有的"内圣外王"之道，在陆王心学内部，又具体表现为"发明本心""致良知"等表述虽异而实质不二的思想宗旨。在经世之道上，陆王心学主张"随其力之所及，在家仁家，在国仁国，在天下仁天下"，根据儒者的特长，非常重视教育事业，以此作为化民成俗的基本途径，而且，提倡以师道辅翼、矫正君道，体现出独立的人格意识和以天下为己任的仁者胸怀。在陆王心学明道淑人的教育事业中，书院和讲会是其重要形式和有效手段。经过数百年的教育实践，书院精神逐渐形成，包括三个方面：以传道明德、化民成俗为目标；坚持独立之精神，禀承自由之思想；提倡素质教育、坚持开放办学。从另一个角度看，书院精神的形成，正是中国文化基本精神代代传承的真实表现。至于讲会活动，往往与书院结合在一起，至明代中叶达到鼎盛，成为陆王心学一系传播心学思想的重要方式，也是中国教育史上的独特风景。总之，陆王心学既是独立的儒家学派，也是儒家教育思想的成熟形态，它所弘扬的道德主义和理性精神，是中国古代人文主义素质教育的重要组成部分。

第二章
陆九渊的教育哲学思想

在人类历史上，任何堪称真知灼见的思想理论都不是凭空产生的，它们都有一个思想积淀和传承的过程。当然，这种传承不一定必须是狭义的师承关系或道统血脉，而是指包括整个社会环境和思想氛围在内的纵向影响。社会一旦形成了某种思想氛围，一些聪明颖悟的哲人，自身就可以上与古人为友，读古人之书而自得其真谛，从而产生一脉相承的思想学派。陆王心学的产生也不例外，单从陆九渊本人讲起，他的心学思想虽然并无明确的师承，却与北宋几位具有心学倾向的大儒（周敦颐、程颢等）见解相近、异曲同工。从这个意义上讲，这几位大儒堪称心学的先声，也直接影响了象山心学的教育思想。

第一节　心学在北宋的滥觞

目前，学术界公认北宋是理学的奠基时期。其中，周敦颐、邵雍、张载、程颢和程颐被称为"北宋五子"，是宋明理学的奠基人。然而，就在这五位先哲中，周敦颐和程颢又具有比较鲜明的心学思想倾向，他们的思想可以视为心学的滥觞，对于象山心学的形成具有潜移默化的影响。因此，我们有必要率先简要揭示周敦颐和程颢二人的教育哲学的思想内涵。

一、北宋周敦颐的教育理念

（一）周敦颐的生平

一般人说起周敦颐，总会联想起他的散文名作《爱莲说》，并以为周敦颐就是一位闲云野鹤式的隐士，类似于东晋的陶渊明。实际上，这是因对宋明理学的无知而造成的模糊认识。周敦颐的一生，长期处于宦海飘零之中，他的主要职务乃是管理讼狱的法官，其断案能力属于当世一流水平。

周敦颐（1017—1073 年），字茂叔，号濂溪，道州人（今湖南省道县，毗邻广西），少孤，与其母依附于舅舅郑向（任龙图阁学士）而生活。郑向感念其才德俱优，特意将荫封的名额给了这个外甥。于是，周敦颐没有经过科举考试，直接走上仕途。由于生性忠直，周敦颐在仕途上升迁得很慢，但在许多地方做过官，主要担任通判、司理参军、提点刑狱等司法官职，例如洪州分宁（今江西修水县，任县主簿）、洪州南昌（任知县）、南安军（今江西南康，任司理参军）、虔州（今江西赣州，任通判）、湖南永州（任通判）、郴州（任知州）、合州（今重庆合川，签书判官公事）、潮州（任广南东路转运判官、后任提点刑狱），等等。周敦颐为官清正廉明，初到分宁县时，"有狱久不决，（周）敦颐至，一讯立辨。邑人惊曰：'老吏不如也。'"[1] 他在广东担任提点刑狱时，"虽荒崖绝岛，人迹所不到者，冲瘴而往，以洗冤抑"[2]，其敬业精神令人感佩。周敦颐虽然为官多年，始终两袖清风。他在分宁时，"尝得疾，更一日夜始苏。友人潘兴嗣视其家，服御之物，止一敝箧，钱不满百。"[3] 到了后来，职位提高了，"平日俸禄，悉以周宗族，奉宾友。及分

---

① 脱脱等：《宋史》卷 427《道学一》，第 12711 页。
② 黄宗羲原著，全祖望补修：《宋元学案》卷 11《濂溪学案上》，第 481 页。
③ 度正：《周敦颐年谱》，载《周敦颐集》，第 104 页。

司而归，妻子饘粥或不给，旷然不以为意。"① 他就这样一生保持着清廉俭朴的作风。周敦颐晚年，"爱庐山之胜，贫不能归（故乡），遂卜居其下。因溪流以寓故乡之名，筑室其上，名曰'濂溪书堂'。"② 由于定居在庐山脚下，并将书堂附近的一条溪流命名为"濂溪"，因此，周敦颐获得了一个后世的尊称——"濂溪先生"，他的学说也被称为"濂学"。

从严格意义上讲，周敦颐一生从事司法工作，学术研究方面只是一个"票友"而已。然而，由于他生性睿智，在天人性命之学上有着精深的造诣，事实上成为宋明理学的开山祖。《宋史》对他的评价是："得圣贤不传之学，作《太极图说》《通书》，推明阴阳五行之理、命于天而性于人者，了若指掌。"③ 或许正是因为业余爱好之故，周敦颐并没有像古代的一些鸿儒一样皓首穷经，埋头著述，而是抓住儒家先圣之道的要害，以简明扼要的文字加以概括，与那种文字浩繁、著作等身的学风迥然不同。他的代表性著作是《太极图说》和《通书》，前者仅仅只有 249 字，《通书》分为 40 篇，也不过 2600 多字。他以极其精炼、简洁的语言，阐发天人性命之奥义，令后人读之，先是爱不释手，继而掩卷长思。正因为如此，《宋元学案》的作者之一黄百家评述说：

> 孔孟而后，汉儒止有传经之学，性道微言之绝久矣。……若论阐发心性义理之精微，端数元公（周敦颐之谥号）之破暗也。④

除了学术造诣精深之外，周敦颐在教育实践上也有收获。客观地讲，周敦颐一生没有传授很多门人，不过，他在 30 岁时收下两位特殊的弟子，后

---

① 度正：《周敦颐年谱》，载《周敦颐集》，第 111 页。
② 度正：《周敦颐年谱》，载《周敦颐集》，第 99 页。
③ 脱脱等：《宋史》卷 427《道学一》，第 12710 页。
④ 黄宗羲原著，全祖望补修：《宋元学案》卷 11《濂溪学案上》，第 482 页。

来深刻影响了宋明时期的思想界。当时，周敦颐任南安司理参军，有一位兴国知县程珦在南安军临时任职，结识了周敦颐。程珦"视先生气貌非常人，与语，果知道者。因与为友，令二子师事之"①。这两个孩子不是别人，正是年少的程颢和程颐两兄弟，"二子即明道、伊川也，时明道年十五，伊川年十四"②。周敦颐教授二程兄弟的入门功夫，便是令其寻"孔颜乐处"。程颢自己回顾说："昔受学于周茂叔，每令寻颜子、仲尼乐处，所乐何事。"③得到周敦颐的指点，程颢"遂厌科举之业，慨然有求道之志"④。多年后，他总结此次受教之益："某自再见茂叔后，吟风弄月以归，有'吾与点也'之意。"⑤按道理讲，程颢和程颐兄弟俩都受到了周敦颐的熏陶和点化，不过，由于各自禀赋和气质的差异，程颐的思想后来更多地偏向了理性主义和唯道德主义范畴，与清新、活泼的濂学渐行渐远。正因为如此，南宋陆九渊一针见血地指出："二程见周茂叔后，吟风弄月而归，有吾与点也之意。后来明道此意却存，伊川已失此意。"⑥

综观周敦颐的一生，他是一位出色的法官，更是一位深邃的思想家，同时，还是一位善于诲人、影响久远的老师。当然，最为人钦佩的还是他的一生正气、高风亮节，正如北宋后期的黄庭坚（分宁人）所论："人品甚高，胸中洒落，如光风霁月。"⑦因此，他也完全配得上《爱莲说》自述的那段话——"出淤泥而不染，濯清涟而不妖，……莲，花之君子者也。"⑧

---

① 度正：《周敦颐年谱》，载《周敦颐集》，第 103 页。
② 度正：《周敦颐年谱》，载《周敦颐集》，第 103 页。
③ 程颢、程颐：《二程集》，第 16 页。
④ 程颢、程颐：《二程集》，第 638 页。
⑤ 程颢、程颐：《二程集》，第 59 页。
⑥ 《陆九渊集》卷 34《语录上》，第 401 页。
⑦ 脱脱等：《宋史》卷 427《道学一》，第 12711 页。
⑧ 周敦颐：《周敦颐集》卷 3《杂著》，第 53 页。

（二）周敦颐的哲学思想与教育理念

周敦颐的哲学名篇首推其《太极图说》。这篇仅有 249 字的短文，以言简意赅的表述方式，融易学和道家思想于一炉，阐述了一幅无极→太极→阴阳→五行→万物的宇宙生成图示，在思想史上有着深远的影响。由于这些哲学思想与教育学本身距离较远，笔者在此不作探讨。不过，周敦颐在《太极图说》中，仍然用几句话简明扼要地表达了自己的价值立场，这些文字可以视为他本人乃至后来整个宋明理学的基本教育理念。原文如下：

> 无极之真，二五之精，妙合而凝。"乾道成男，坤道成女"。二气交感，化生万物，万物生生而变化无穷焉。惟人也得其秀而最灵，……圣人定之以中正仁义而主静（自注：无欲故静），立人极焉。①

在这段话中，周敦颐告诉人们一个涉及天人关系的问题——"惟人也得其秀而最灵"。也就是说，在人的生命系统中，微缩了整个宇宙的"无极之真，二五之精，妙合而凝"（二五之精，即阴阳五行之气的精华）的信息集成。从这个意义上讲，人就是一个小宇宙，宇宙则是一个大的人。正因为人是宇宙的缩影，所以，从信息传感上讲，人是天地万物的灵长，具有觉知宇宙万物实相的能力，其枢纽便是人的心灵。不过，大多数人在纷纭复杂的社会生活中往往迷失了自己的先天本心，在很大程度上荒废了这种"灵秀"的智慧和功能。针对这种情况，圣人为人类社会生活制定了基本的准则规范，那就是"定之以中正仁义而主静"。只要恪守这一规范，人类就不会迷失自己的本心，也就确立了在现实生活中如何安身立命的价值标准。"中正仁义"四个字，是典型的儒家价值观念。在《通书》中，周敦颐又明确地说："圣人

---

① 《周敦颐集》卷 1《太极图说》，第 6 页。

之道，中正仁义而已矣。"① 由此可见，周敦颐的思想，虽然吸纳了释道二教之精华，但是，在价值取向上坚定执守着儒家的价值立场。"主静"一语，则体现出周敦颐个人的治学心得。首先，周敦颐的静坐功夫可谓深造有得。史载：

> 初与东林（常）總游，久之无所入。總教之静坐，月余，忽有得，以诗呈曰："书堂兀坐万机休，日暖风和草自幽。谁道二千年远事，而今只在眼前头。"總肯之，即与结青松社。②

《周敦颐集》亦载录这首诗，名为《读易象》。③ 它表达的是周敦颐在习练静坐一个多月之后的体悟，此时的周敦颐，获得了超越时空的特异感知，至少达到了佛家所说"慧眼通"的功夫。其次，由于并非人人都能够通过习练静坐得到深邃的体会，而且成天枯坐禅定也不符合人们日常生活的习惯和要求，所以，周敦颐通过深入反思，得出了"无欲故静"的结论，这样一来，就突破了具体的禅定形式，只要把握好内心的动向，节制欲望，一样可以达到淡泊宁静的效果，而且与日常生活相融无碍。总之，周敦颐"中正仁义而主静"的思想，为整个宋明理学价值观定了调子，成为后世效法的基本准则。

第二，周敦颐以"生意"释仁的思想为儒家的仁学观注入新鲜活水，弘扬了传统文化中的人文主义精神。"仁"是儒家最具代表性的思想，在《论语》一书中，"仁"字就出现了108次之多，大多是孔子回答弟子什么是仁的话语。由于孔子惯于因材施教，针对弟子的个性欠缺和问题所在而做答，所以，关于"仁"的解释各式各样，没有定论。当然，人们讲的最多的，还是"仁者

---

① 《周敦颐集》卷2《通书·道第六》，第19页。
② 黄宗羲原著，全祖望补修：《宋元学案》卷12《濂溪学案下》，第524页。
③ 参见《周敦颐集》卷3《杂著·诗》，第75页。

爱人""克己复礼为仁"等基本释义。由于讲得太多太滥的缘故，到了北宋前期，人们对于何谓仁的理解越发趋向模糊。周敦颐根据自己的理解，以世间的通俗用语为根据，首先以"生意"释仁，别开生面。他说：

> 天以阳生万物，以阴成万物。生，仁也；成，义也。故圣人在上，以仁育万物，以义正万民。[①]

在中国民间，数千年来有一个习惯性称谓，把果核称为"仁"或"果仁"（有儿化音）。无论什么果仁，虽然个头很小，却集成了某种植物的全部遗传基因，换句话说，即使是一棵参天大树，其生命信息也都浓缩在一颗小小的果仁之中，从这个意义上讲，果仁就意味着生命。周敦颐抛开过去汉唐诸儒对于"仁"字的种种释义，直接说"生，仁也"，可以说抓住了"仁"字最原始的含义。这种不泥古训、以"生意"释仁的定义，实际上旨在提倡一种爱护生命、尊重生命的人文主义精神，因此，自它问世以来，历代理学大儒不以为怪异，反而诚恳地继承其说。显然，只有具有了尊重和爱护生命的基本理念，才有"仁者爱人"的道德行为；否则，很多扶危济困、关爱弱者的做法，其动机为何就值得怀疑了。需要指出，周敦颐以"生意"释仁的思想并不是成天枯坐书斋、殚精竭虑而得出的理性认识，实际上，它来源于对活生生的现实事物的观察。程颢曾回忆周敦颐说："周茂叔窗前草不除去，问之，云：'与自家意思一般。'"[②] 周敦颐之所以不愿剪除窗前丛生的小草，并不是因为懒惰，而是他从嫩绿的小草身上看出了一种盎然生机，与自己热爱生命的情怀存在着一种难以言说的感应关系，因此，他任由窗前小草生长，不忍除之。深得"仁"之心传的程颢，成年后也说过这样的话："切脉最可体仁。"[③]

---

① 《周敦颐集》卷 2《通书·顺化第十一》，第 23 页。
② 程颢、程颐：《二程集》，第 60 页。
③ 程颢、程颐：《二程集》，第 59 页。

又说："观鸡雏，此可观仁。"① 其思想与周敦颐如出一辙；略有不同之处，就是从观察和体会植物的生机转移到动物和人类自身上来。到了南宋时期，本来非常强调"道问学"的朱熹，一次在外出游历的途中做了一首诗，诗曰："川原红绿一时新，暮雨朝晴更可人。埋头书册何日了，不如抛却去寻春。"② 与朱熹学术理念有违的陆九渊听说了这首诗后，喜曰："元晦至此有觉矣，是可喜也。"③ 陆九渊所说的"可喜"是有原因的。在他看来，朱熹以往注重于在故纸堆中"道问学"，因此，并未真切体会到"仁""本心"等范畴的真实内涵；可是，当他在山道中看到春雨过后的红花绿叶时，感受到万物的勃勃生机，终于认识到深陷书册的弊端，产生了"不如抛却去寻春"的念头，因此，陆九渊认可了朱熹的这一觉醒，称为"是可喜也"。总之，无论是植物还是动物，只有具备了盎然生机，方可称之为"仁"。耐人寻味的是，《周易·系辞下》中也说"天地之大德曰生"，与周敦颐的"生，仁也"遥相呼应，它们都在昭示后人：只有爱护生命、尊重生命，才能成为实践"仁"德的起点。这些命题汇聚在一起，构成了中国古典人文主义精神的代表性话语。

第三，周敦颐阐述了"先觉觉后觉"的"师道"的重要性，表明只有确立"师道"、尊师重教，才能使社会走向治世。他说：

> 或问曰：曷为天下善？曰：师。……故圣人之教，俾人自易其恶，自至其中而止矣。故先觉觉后觉，暗者求于明，而师道立矣。师道立而善人多，善人多，则朝廷正而天下治矣。④

---

① 程颢、程颐：《二程集》，第 59 页。
② 朱熹：《出山道中口占》，《晦庵集》卷 9，载《四库全书》第 1143 册，第 147 页。
③ 《陆九渊集》卷 36《年谱》，第 506 页。
④ 《周敦颐集》卷 3《通书·师道第七》，第 20—21 页。

早在先秦时期，孟子就提出了"以先知觉后知，以先觉觉后觉"的主张，表明儒者应该负有"觉民行道"的社会使命。北宋之前，中国经历了唐末与五代的分裂和战乱，在长期的社会动荡中，礼义廉耻等伦理观念被扫荡殆尽，因此，对于北宋王朝而言，如何维持社会的长治久安是一个需要认真思索的问题。站在儒家立场上，周敦颐绝不赞成以严刑酷法来约束百姓的做法。他认为，应当弘扬师道精神，教化天下百姓，"俾人自易其恶，自至其中而止矣"，这样一来，社会上自觉为善的人们就多了；善良的人们多起来，社会就有了安定和谐的内在保证。当然，在周敦颐心目中，最希望确立师道之后，让更多有德有才的儒者进入朝廷，担任各种官职，既能以身垂范，又可化民成俗，令整个社会达到有所师法的和谐有序局面。在这种理念的指导下，周敦颐一再强调能够引人入道的师友之教的重要性。他说：

> 道义者，身有之则贵且尊。人生而蒙，长无师友则愚，是道义由师友有之，而得贵且尊。其义不亦重乎！其聚不亦乐乎！①

客观地讲，北宋统治集团对于周敦颐提倡"师道"的建议并未认真对待，但是，周敦颐所说"道义由师友有之"的思想却给了后世儒者极大的启发和鼓舞，宋明两代书院和讲会的兴旺，在某种意义上正是继承和践履周敦颐这一思想的结果。特别是明代中叶的泰州学派，虽然其创始人王艮布衣终身，但是，他一生矢志于讲学传道，非常重视"道义由师友有之"的古训，用实践行动来证明"其义不亦重乎！其聚不亦乐乎"的真实性。他说：

> 此至简至易之道，然必明师良友指点，功夫方得不错。故曰：道义

---

① 《周敦颐集》卷3《通书·师友下第二十五》，第34页。

由师友有之。不然，恐所为虽是，将不免行不著，习不察。①

子中当于明师良友处求之，成就此学，此天下古今大事，尧舜孔曾相传授受，只是如此。所谓道义由师友有之，子中其念之。②

自明诚谓之教，苟非师友讲明功夫头脑，并出处进退时宜，焉能自明而诚也如此？故曰：诚则明矣，明则诚矣。是故学者之于师友，切磋琢磨，专在讲明而已，故曰：学不讲不明。③

上述言语，一再重复周敦颐的"道义由师友有之"的思想，可见，这一思想深为王艮所服膺（凡重视讲学者皆然），以至于屡次引用。回顾历史，王艮讲学半生，门徒众多，史籍载有名姓者即有487人。④上至公卿大夫，下至盐丁田夫，虽然出身不同，却能聚集一堂，共明道义。这种热闹场面的确印证了"其义不亦重乎！其聚不亦乐乎"的真实性，堪称古代私学教育的空前盛况。倘若寻其源头，恰恰是周敦颐关于"师道"思想的寥寥数语。

第四，无欲成圣说。如前所述，中国儒家哲学以明道成圣为根本目标。二程曾说"体道，少能体即贤，尽能体即圣"⑤，体现出两者之间相互依存、同步共进的关系。关于"道"的生命价值，周敦颐也曾说过"君子以道充为贵，身安为富，故常泰无不足，而铢视轩冕，尘视金玉，其重无加焉尔"⑥，表达了一种超凡脱俗的价值取向。如果能够彻底明道，那便达到了圣人境界。周敦颐认为，圣人是可以通过学习而达到的，关键是要掌握正确的方法。在《通书》中，他以自问自答的方式表达了如何学至圣人的思想：

---

① 《王心斋全集》卷2《与俞纯夫》，第43页。
② 《王心斋全集》卷2《答刘子中》，第50页。
③ 《王心斋全集》卷2《与林子仁》，第60页。
④ 参见王士纬：《心斋先生学谱·学侣考》，载《王心斋全集》附录，第114页。
⑤ 程颢、程颐：《二程集》，第96页。按：此处无法区分程颢或程颐，故统曰二程。
⑥ 《周敦颐集》卷3《通书·富贵第三十三》，第41页。

　　"圣可学乎?"曰:"可"。曰:"有要乎?"曰:"有"。"请闻焉",曰:"一
为要"。"一者,无欲也。无欲则静虚动直。静虚则明,明则通;动直则
公,公则溥。明通公溥,庶矣乎!"①

　　周敦颐认为,唯无欲可以使心灵达到"静虚动直"的状态,由此出发,"静虚则明,明则通;动直则公,公则溥",如果一个人的心性和作为达到了"明通公溥"的境界,那么,说他具备圣人人格,也就差不多了。在儒家思想史上,先秦孟子有过"养心莫善于寡欲"②之说。周敦颐其实是继承孟子思想,以强调的口吻提出了"无欲成圣"的命题,第一次把"无欲"作为心性修养工夫的必备内涵,在宋明理学史上具有开创性地位。究其原因,很可能是周敦颐看到了当时的统治阶级追求奢华、纵欲无度的危害,因此提出了"无欲"的工夫论。此后,程朱理学发展其说,提出"存天理,灭人欲"的修养论,引起了后世很多争议,溯其源头,很大程度上也是受到周敦颐的影响。到了近代,"存理灭欲"的修养论受到社会的批判和抛弃。由是可见,个人的修道经验能否上升为普遍适用的修养论,这是一个值得商榷的问题。

　　周敦颐的思想还有很多闪光之处,如:"淡则欲心平,和则躁心释"③,讲述了心性修养的要领;"文,所以载道也。文辞,艺也;道德,实也。不知务道德而第以文辞为能者,艺焉而已"④,表达了反对以形式损害内容的作文之道。总而言之,周敦颐开创性地阐发了许多宋明理学非常关注的思想问题,从中体现出较为明显的心学倾向,因此,"濂溪之学"可以视为心学之渊源,对于陆王心学教育哲学的形成,具有不可忽略的发轫之力。

---

① 《周敦颐集》卷3《通书·圣学第二十》,第31页。
② 《孟子·尽心下》。
③ 《周敦颐集》卷3《通书·乐上第十七》,第29页。
④ 《周敦颐集》卷3《通书·文辞第二十八》,第35—36页。按:此句对原文有压缩。

二、北宋程颢的教育理念

（一）程颢与程颐的生平

程颢（1032—1085 年），字伯淳，世称明道先生，祖籍河北中山，徙居河南洛阳。程颐（1033—1107 年），字正叔，世称伊川先生，是程颢的亲弟弟。后来，世人分别以"大程子"和"小程子"并称之。兄弟二人出生在一个儒者家族，其父程珦在任江西兴国知县时，结识了周敦颐，令兄弟二人师事之，在周的指点下，二程"慨然有求道之志"①。程颢"逾冠，中进士"，开始步入仕途，然而，由于为人廉洁自守，加上与王安石的变法理念根本不同，因此，升迁甚缓，长期为中下层官吏。虽然在官场上并不得志，但是，程颢以其纯粹的品质和出色的学问，赢得了士人阶层的广泛推崇，门下弟子众多，成为一代私学教育家。程颢去世时年仅 54 岁（虚龄），追谥曰"纯"。

程颐年轻时也参加会试得中，因朝廷有哀，暂罢廷试，本来就不在意科举功名的程颐"遂不复试"，②从此屡荐不起。直至朝廷诏其为崇正殿说书，成为直陈皇帝的经筵讲官，方才前往就任。程颐比程颢多活了二十多年，学问渊深，其兄逝世后，门下弟子悉归程颐，连关中张载的弟子大多数也做如是选择，因此，在士大夫阶层中声望卓著。然而，程颐和程颢一样，反对刻意追求财利的王安石变法，政治生涯颇为坎坷，在北宋后期新党（变法派）和旧党的相互倾轧中，由于其社会影响巨大，程颐注定逃脱不了屡次遭受迫害的命运，晚年被流放涪州等地，接受编管。徽宗即位后，官府逼其"尽逐学徒，复隶党籍"③，仍有一些学者"相从不舍"④。程颐最后在凄凉的晚境中离

---

① 程颢、程颐：《二程集》，第 638 页。
② 程颢、程颐：《二程集》，第 338 页。
③ 黄宗羲原著，全祖望补修：《宋元学案》卷 15《伊川学案上》，第 590 页。
④ 黄宗羲原著，全祖望补修：《宋元学案》卷 15《伊川学案上》，第 590 页。

开人世。南宋嘉定十三年（1220 年），理学得以正名，程颐被追谥为"正公"。

（二）二程的思想与气象之异同

程颢和程颐在世时，二人认为在哲学思想上是一致的。但是，这是从"大同"之处而言，实际上，二程的思想和气象有很多差别，这就决定程颢影响了后世的心学，而程颐直接影响了朱熹一脉的理学。

1.二程思想的共同之处

先来看一下二程思想的共同之处。二程之学，大体上可以用明理与诚敬来概括。

所谓明理，就是提炼出"理"（又称"天理"）这个范畴作为自己思想体系的核心理念。程颢认为，虽然二人向周敦颐等前辈学习过，但是，"天理"思想完全是自己独到的创见，他说："吾学虽有所受，天理二字却是自家体贴出来。"① 关于"天理"内涵，主要有三：一是宇宙万物的本原；二是自然和社会的根本规律；三是封建伦理纲常的"形上"根据。程颢曾说："天者理也，神者妙万物而为言者也。"② 程颐亦说："只是理，理便是天道也。"③ 与程颢相比，程颐更为强调"理"是封建伦理纲常的"形上"根据，他说："视听言动，非理不为，即是礼，礼即是理也。"④ 又说："父子君臣，天下之定理，无所逃于天地之间。"⑤ 二程认为，"理"赋予在人心之上，便是天命之性，如果透彻地觉悟天理，就可以复性成圣。因此，门人总结说："二程之学，以圣人为必可学而至，而己必欲学而至于圣人。"⑥ 在明理成圣的目标上，二程可以说完全一致。

---

① 程颢、程颐：《二程集》，第 424 页。
② 程颢、程颐：《二程集》，第 132 页。
③ 程颢、程颐：《二程集》，第 290 页。
④ 程颢、程颐：《二程集》，第 144 页。
⑤ 程颢、程颐：《二程集》，第 77 页。
⑥ 程颢、程颐：《二程集》，第 420 页。

至于达到圣人境界的修习方法，二程都看重"诚敬"二字，程颢说："学者须先识仁。仁者浑然与物同体，义、礼、知、信皆仁也，识得此理，以诚敬存之而已。"① 相比之下，程颐更加强调一个"敬"字，并说了许多阐释"敬"的话语，例如：

> 敬，只是主一也。主一，则既不之东，又不之西，如是则只是中。既不之此，又不之彼，如是则只是内。存此，则自然天理明。②
>
> （人心）如何为主？敬而已矣。有主则虚，虚谓邪不能入。无主则实，实谓物来夺之。③
>
> 大凡人心，不可二用……若主于敬，又焉有此患乎？所谓敬者，主一之谓敬，所谓一者，无适之谓一。④

类似的话语还有很多，兹不赘述。总之，二程都注重以诚敬（或曰"主敬"）的方式达到明理成圣的终极目标，并付诸生活实践中。程颢自述曰："某写字时甚敬，非是要字好，只此是学。"⑤ 至于程颐，即使面临危难之际，也不忘持敬，体现其心性功夫达到了较高境界。史载：

> 伊川先生贬涪州，渡汉江，中流船几覆。舟中皆（应为"大多"）号哭，伊川独正襟安坐如常。已而及岸，同舟有老父问曰："当船危时，君正坐色甚庄，何也？"伊川曰："心存诚敬耳"。老父曰："心存诚敬固善，然不若无心"。伊川欲与之言，而老父径去。⑥

---

① 程颢、程颐：《二程集》，第 16 页。
② 程颢、程颐：《二程集》，第 195 页。
③ 程颢、程颐：《二程集》，第 215 页。
④ 程颢、程颐：《二程集》，第 216 页。
⑤ 程颢、程颐：《二程集》，第 112 页。
⑥ 程颢、程颐：《二程集》，第 423 页。

对一般人而言，心存诚敬只是在平时做做而已，而程颐在面临生命危险时仍然如此，可见其内心对于"诚敬"功夫的深度认同。当然，那位老父的道行或许更高一筹，告诉程颐的是："心存诚敬固善，然不若无心。"如果无心，连把持自己也不需要了，因为无心可动才是真正的安心。

2. 二程在思想和气象上的微妙差别

如果细看二程的思想和气象，实际上存在着许多差别。首先，程颢为人胸怀宽阔，性格灵活通达，与人既能坚持原则，又能平易和善；程颐为人严毅不苟，坚持原则而不善变通，持敬过严而不知洒脱。程颢常说："人心常要活，则周流无穷，而不滞于一隅。"[①]又说："惟善变通，便是圣人。"[②]这种个性，决定了程颢与人交往酬应，容易为他人所接受。连性格刚愎、好"与言者为敌"的宰相王安石，在旧党之中，唯独多少能听进程颢的意见，史载："荆公与先生虽道不同，而尝谓先生忠信。先生每与论事，心平气和，荆公多为之动。"[③]当然，程颢绝不是无原则地迁就新党，当他看到"兴利之臣日进，尚德之风浸衰"的局面已不可挽回时，便请求外补，离开朝廷中枢这一是非之地。虽然程颢也提倡持敬工夫，但是，善于辩证地理解"敬"字，他说：

> 执事须是敬，又不可矜持太过。[④]
>
> 谓敬为和乐则不可，然敬须和乐，只是中心没事也。[⑤]

这些话语，无意间恰好说中了程颐的不足。程颐为人，严毅不苟，持敬太

---

① 程颢、程颐:《二程集》，第76页。
② 程颢、程颐:《二程集》，第80页。
③ 程颢、程颐:《二程集》，第634页。
④ 程颢、程颐:《二程集》，第61页。
⑤ 程颢、程颐:《二程集》，第31页。

过，甚至影响到某些门人。例如：程颐曾经给年龄尚小的宋哲宗讲课，"一日讲罢，未退。上折柳枝，先生进曰：'方春发生，不可无故摧折'"。① 小皇帝认为他小题大做，十分不悦。北宋后期，程颐和苏轼二人在朝廷均颇有声望，其门人亦相互攻诘。例如："朱光庭（字公掞）为御史，端笏正立，严毅不可犯，班列肃然"，活脱脱是程颐的做派，苏轼对他人说："何时打破这个敬字？"② 其意在于讽刺程颐及其门人持敬过于严苛、缺乏洒脱自在的气象，这一点，正好和程颢所说"执事须是敬，又不可矜持太过"有所吻合。

第二，程颢接引门人非常平易和善，门人有春风化雨的感觉；而程颐教诲门人则直来直去，严毅如秋风肃杀。史载："明道先生坐如泥塑人，接人则浑是一团和气。"③ 需要指出，程颢所教授的弟子都是成年人，有的已高中进士，学识广博，他们之间的授受属于"大学之教"，因此，有时候会出现师徒之间意见不一的情况，面对这种情况，二程表现出完全不同的反应。史载："明道先生每与门人讲论，有不合者，则曰：'更有商量。'伊川则直曰：'不然。'"④ 正因为两人有如此的差别，所以，后人以"如沐春风"形容在程颢面前受教的感受，而以"程门立雪"来形容程颐的师道之尊严。史载：

> 朱公掞来见明道于汝，归谓门人曰："光庭在春风中坐了一个月。"游酢、杨时初见伊川，伊川瞑目而坐，二子侍立。既觉，顾谓曰："贤辈尚在此乎？日既晚，且休矣。"及出门，门外之雪深一尺。⑤

对于兄弟二人风格上的差异，程颢在生前已有察觉，他说："异日能尊师道，

---

① 黄宗羲原著，全祖望补修：《宋元学案》卷15《伊川学案上》，第590页。
② 程颢、程颐：《二程集》，第414页。
③ 程颢、程颐：《二程集》，第426页。
④ 程颢、程颐：《二程集》，第416页。
⑤ 程颢、程颐：《二程集》，第429页。

是二弟；若接引后学，随人才成就之，则（某）不敢让。"① 程颢所言，后来应验。程颐受命为崇政殿说书之后，提出根据祖制，经筵讲官应该是"殿上坐讲"② 而不应是"立侍"，要求恢复坐讲以尊师道。朝廷果然听从其议，恢复讲官坐讲的制度。不过，若论接引门人之广，则程颢明显超过程颐。只是因为兄弟二人亲情笃厚，从未论及二人之间的思想差别，所以，拜在他们门下的弟子统称为二程门人，并未细作区分。程颢英年早逝之后，程门弟子悉归程颐，因此，给人以程颐也很善教的错觉。实际上，除了晚年所收的尹焞等少数弟子外，大多数门人都是早年受教于程颢的，如杨时、谢良佐等人。在《宋元学案》等著作中，作者将曾将杨时、谢良佐等人笼统属于二程门下，如果细作区分，不难发现他们实际上大多是得益于程颢之教而臻于德业有成。

第三，最能体现二程思想差别的还是在于他们持有不同的心性工夫论和道德修养观。与二程同时代的张载（1022—1077 年）本是程颢父亲的表弟，③为人谦逊诚恳，他曾向晚辈程颢虚心求教心性修养问题——"定性未能不动，犹累于外物"④。对此，程颢坦诚地回答说：

> 所谓定者，动亦定，静亦定，无将迎，无内外。……夫天地之常，以其心普万物而无心；圣人之常，以其情顺万物而无情。故君子之学，莫若廓然而大公，物来而顺应。……与其非外而是内，不若内外之两忘也；两忘则澄然无事矣。无事则定，定则明，明则尚何应物之为累哉！⑤

① 程颢、程颐：《二程集》，第 427 页。按：二弟，原作"二哥"，依当代语言习惯改。
② 黄宗羲原著，全祖望补修：《宋元学案》卷 15《伊川学案上》，第 589 页。
③ 《明道先生行状》中有述："先生所荐数十人，而以父表弟张载及弟颐为首。"（《二程集》，第 633 页）
④ 程颢、程颐：《二程集》，第 460 页。
⑤ 程颢、程颐：《二程集》，第 460—461 页。

这封回信被后世称为《定性书》，典型地体现出程颢在心性工夫论上所秉持的心学向度。简而言之，程颢没有重复"三纲"或"诚敬"之类的老生常谈，而是直截了当地告诉张载："与其非外而是内，不若内外之两忘也；两忘则澄然无事矣。"他诚恳建议张载要学会无心，学会顺应，学会放下，只要凡事放得下，那么，心中便可"澄然无事"，果能如此，"无事则定，定则明，明则尚何应物之为累哉！"用他的另一句话来表达，便是："万变皆在人，其实无一事。"① 如果一个人心胸宽阔、懂得放下，学会物来顺应、内外两忘，那么，无论是身处何地，所居何位，都能够随遇而安，乐在其中。

相比之下，程颐更注重道德修养的规范性，强调克制个人私欲，自觉服从封建礼教所规定的各项道德准则。他曾说：

> 视听言动，非理不为，即是礼，礼即是理也。不是天理，便是私欲。人虽有意于为善，亦是非礼，无人欲即皆天理。②

在"天理"和"人（私）欲"之间，程颐认为没有中间地带，"不是天理，便是私欲"，或者说"无人欲即皆天理"。根据这一带有独断论色彩的命题，南宋朱熹进一步得出了"存天理，灭人欲"的主张，他说：

> 学者须是革尽人欲，复尽天理，方始是学。③
>
> 人之一心，天理存，则人欲亡；人欲胜，则天理灭，未有天理人欲夹杂者。学者须要于此体认省察之。④

---

① 程颢、程颐：《二程集》，第83页。
② 程颢、程颐：《二程集》，第144页。
③ 黎靖德编：《朱子语类》卷13《学七》，第200页。
④ 黎靖德编：《朱子语类》卷13《学七》，第199页。

尽管朱熹本人曾对"人欲"一词的内涵作过种种界定，如"饮食者，天理也；要求美味，人欲也"①，但是，既然采用了"灭人欲"的语辞形式，后人就切莫以为程朱二人只是犯了用词不当的错误，实际上，这表明程颐和朱熹一脉相承，本质上是一个禁欲主义者，就是主张人们要恪守封建礼教的各项规范。从程颐的另外一段话语中，我们更可以窥见其本来面目：

> 问："孀妇于理似不可娶，如何？"曰："然。凡娶，以配身也。若娶失节者以配身，是己失节也。"又问："或有孤孀贫穷无托者，可再嫁否？"曰："只是后世怕寒饿死，故有是说。然饿死事极小，失节事极大。"②

孀妇是否可以再嫁，今天早已不是什么问题，无须再做什么辨析，然而，最令人吃惊的还是程颐的那个推论——"饿死事极小。失节事极大！"无论什么道德规范，如果强制性达到如此地步，竟然可以漠视一个弱者的生存权，那么，这种道德规范本身的合理性就太值得怀疑了。通过这个例子我们也不难知晓："存天理，灭人欲"的道德戒律，是程颐思想中根深蒂固的价值取向，它为朱熹所继承，表明了二人思想观念的一致性。关于这一命题的负面历史作用，笔者无须再作什么评述，历史早已给出了定论。仅从这段话语来看，我们可以充分体会到二程在道德修养和心性工夫论上的本质差别。

程颢虽然寿数不长，但是，他既有儒者的积极入世精神，又有"孔颜真乐"式的超越与洒脱。这种"上下与天地同流"③的圣者气象，从他的一些诗作中就可以看出。例如，诗《秋日偶成二首》云：

---

① 黎靖德编:《朱子语类》卷13《学七》，第200页。
② 程颢、程颐:《二程集》，第301页。
③ 《孟子·尽心上》。

　　寥寥天气已高秋，更倚凌虚百尺楼。世上利名群蟻蠓，古来兴废几浮沤。退居陋巷颜回乐，不见长安李白愁。两事到头须有得，我心处处自优游。

　　闲来无事不从容，睡觉东窗日已红。……富贵不淫贫贱乐，男儿到此是豪雄。①

这些诗句，表明了程颢面对政治生涯中的种种困厄险阻，能够通达自适的广阔胸襟。究其实质，这种胸怀正是圣者气象的表征，也是通过笃实的心性修养而达到的尽性至命、超凡脱俗的心灵诣境。

　　关于二程思想和气象之差异，南宋陆九渊评价说："二程见周茂叔后，吟风弄月而归，有'吾与点也'之意。后来明道此意却存，伊川已失此意。"②又说："元晦似伊川，钦夫似明道。伊川蔽固深，明道却通疏。"③这些评价是中肯的。二程虽然是兄弟，但在思想和风格上有着种种不同。如果论及与陆王心学的关联，只能说程颢一人具有心学化的思维方式和价值取向，他和周敦颐一起，称得上是心学的先声，而程颐与其后学朱熹一起，因为固守呆板僵化的价值观念与思维方式，于是构建起另一种学派——程朱理学。

三、张载思想中的心学因素

　　除了周敦颐和程颢，北宋其他一些理学家的思想体系中，也不乏心学化的思维方式和价值取向。仅以张载为例，便可见一斑。

　　张载（1020—1077年），字子厚，因久居陕西郿县横渠镇讲学，世人称为横渠先生。少年时好谈论兵事，有侠义精神，弱冠时因逢范仲淹经略西

---

① 程颢、程颐:《二程集》，第482页。
② 《陆九渊集》卷34《语录上》，第401页。
③ 《陆九渊集》卷34《语录上》，第413页。元晦，指朱熹；钦夫，指张栻。

北，告之以"儒者自有名教可乐，何事于兵?"①转而奋发读书，尝泛观释老，返而求之六经，思想上终于自成一体。张载于1057年（嘉祐二年）中进士，担任过知县等基层地方官吏，因博学之名受到推荐，被任命为崇政院校书。此时，王安石推行新政，张载与之意见不合，于是辞官返回横渠镇，讲学著述终老。主要著作有《张子正蒙》《横渠易说》《经学理窟》等。

张载素以坚持"气一元论"而闻名，阐释了"虚空即气"②的深奥哲理。在此基础上，他又提出"天地之性"和"气质之性"的划分，对于宋明理学的人性论思想的形成，具有开创性作用。由于气质之性同样根于人心，因此，张载非常注重变化气质，以此为道德修养之关键。他说：

> 为学大益，在自能变化气质。不尔，卒无所发明，不得见圣人之奥。故学者先须变化气质。③

由于变化气质的道德修养始终要围绕人心这一主体进行，因此，张载同样论述了许多重视心性修养的工夫论思想，例如他说：

> 虚心然后能尽心。……虚心则无外以为累。④
> 静者善之本，虚者静之本。静犹对动，虚则至一。⑤

张载虽然被朱熹奉为理学奠基者之一，但是，他丝毫没有程朱理学的繁琐治学倾向。相反，在坚持元气论的基础上，他比较崇尚简易朴实、勇于更

---

① 脱脱：《宋史》卷427《道学一》，第12723页。
② 张载：《正蒙·太和篇第一》，《张载集》，中华书局1978年版，第8页。
③ 张载：《经学理窟·义理》，《张载集》，第274页。
④ 张载：《张子语录·语录中》，《张载集》，第325页。
⑤ 张载：《张子语录·语录中》，《张载集》，第325页。

新的治学风格，这一点从他的一些语录便可窥见。他说：

> 学贵心悟，守旧无功。①
> 心解则求义自明，不必字字相较。②

张载还有一首咏芭蕉的诗作，颇能反映他的工夫论思想，诗曰：

> 芭蕉心尽展新枝，新卷新心暗已随。愿学新心养新德，旋随新叶起新知。③

在此诗中，张载以芭蕉树为喻，表明了自己不断追求新知、涵养新德、更新其心的愿望，体现出一位真诚的理学家自我严格要求、迈向崇高境界的价值理想。由于张载生前门人众多，形成了名重一时的"关学"。他的心性工夫论，旨在宣扬一种明道成圣的教育理念和实践道路，不仅在当时激励了关中一带的士人群体，而且，在南宋时期也化为一种影响广泛的社会思潮，在潜移默化之间成为象山心学等后世学派可资借鉴的思想资源。

四、周敦颐和程颢是心学思潮的滥觞

北宋时期，在理学思想形成过程中，由于不同先哲在思想、个性和气象上的差异，已然暗存了理学和心学分流的潜在可能性。至于周敦颐和程颢二人，无疑是心学思潮的滥觞。对此，王阳明评述道：

> 颜子没而圣人之学亡。曾子唯"一贯"之旨传之孟轲，终又二千

---

① 张载：《经学理窟·义理》，《张载集》，第274页。
② 张载：《经学理窟·义理》，《张载集》，第276页。
③ 张载：《芭蕉》，《文集佚存·杂诗》，《张载集》，第369页。

余年而周、程续。自是而后，言益详，道益晦；析理益精，学益支离无本，而事于外者益繁以难。……则今之所大患者，岂非记诵词章之习！而弊之所从来，无亦言之太详、析之太精者之过欤！①

这篇文章作于正德七年（1512 年），所说"言之太详、析之太精者之过"一句实际上就是对程朱理学的学术范式弊端的委婉指摘。就在同一篇文章中，王阳明又表明自己心中的学术正脉，他说：

某幼不问学，陷溺于邪僻者二十年，而始究心于老、释。赖天之灵，因有所觉，始乃沿周、程之说求之，而若有得焉。②

同一篇文章两次提起周、程二人，不仅肯定他们接续圣人之学的血脉，而且承认自己也是"沿周、程之说求之，而若有得焉"，可见周敦颐和程颢在王阳明心目中的崇高地位。客观地讲，陆王心学的历史渊源，的确可以上溯到周敦颐和程颢。他们以其风标独特的思想理论和功夫诣境，开辟了与一般世俗儒学迥然不同的心学路径，虽然尚未发扬光大，但为后世儒者深入理解天人之际、性命之原等"形上"问题指点了一条道路，只待后世有志者"就心地上着实用工夫"③，通过自己的生命历程去勘验这条道路的可行性。换一个角度讲，这正是周敦颐和程颢向后人揭示的一种人文主义教育理念。

第二节　陆九渊的生平与教育活动

陆九渊（1139—1193 年），字子静，因自号象山翁，世人称之为象山先

---

① 吴光等编校：《王阳明全集》卷 7《别湛甘泉序》，第 230—231 页。
② 吴光等编校：《王阳明全集》卷 7《别湛甘泉序》，第 231 页。
③ 吴光等编校：《王阳明全集》卷 2《答聂文蔚》（二），第 86 页。

生，是南宋中期著名的思想家和教育家。陆九渊开创的心学思想，恢复并提炼出儒家思想中固有的人文主义精神，在中国思想史上具有重要的地位。作为一位教育家，陆九渊的讲学活动几乎贯穿一生，影响巨大。他的心学教育观，与一般世俗儒学有着很大的区别，非常值得后人总结、借鉴。

一、南宫登第

陆九渊的家乡在江西省金溪县延福乡之青田（今陆坊乡）。他出生于一个耕读传家的普通乡村家族。其父名陆贺，是一位民间儒者，虽未获取功名，但"究心典籍，见于躬行"，"家道整肃，闻于州里"[①]。陆九渊有六兄弟，他排行最末，3岁时生母饶氏卒，但是，他和诸兄承事继母丁氏"曲尽孝道"，宋孝宗曾表扬说："陆九渊满门孝悌者也。"[②] 由是可见，儒家道德观念对陆九渊一家有着深刻的影响。陆九渊生有异禀，4岁时"静重如成人"[③]，5岁时"入学读书，纸隅无卷摺"[④]。他少小时学习便非常用功，夜间读书常至凌晨四更一刻，而且具有独立思考、敢于怀疑的精神。他听闻北宋理学家程颐的语录，质疑道："伊川之言，何为与孔孟之言不类？"[⑤] 听兄长陆九龄阅读《论语》时，便指出"夫子之言简易，有子之言支离"[⑥] 的区别。

陆九渊年轻时本无意于功名，"未肯赴举"[⑦]，在父兄的督促下，还是走上了应考的道路。与一般的读书人不同，陆九渊自言："吾自应举，未尝以得失为念，场屋之文，只是直写胸襟。"[⑧] 他24岁时，秋试以《周礼》中乡举，

① 《陆九渊集》卷36《年谱》，第479页。
② 《陆九渊集》卷36《年谱》，第491页。
③ 《陆九渊集》卷36《年谱》，第481页。
④ 《陆九渊集》卷36《年谱》，第481页。
⑤ 《陆九渊集》卷36《年谱》，第481页。
⑥ 《陆九渊集》卷36《年谱》，第483页。
⑦ 《陆九渊集》卷36《年谱》，第485页。
⑧ 《陆九渊集》卷36《年谱》，第485页。

考官批注其试卷曰"毫发无遗恨，波澜独老成"①，给予了很高的评价。在此后的会试中，陆九渊并没有金榜题名，但他丝毫不以为意。公元 1171 年（宋孝宗乾道七年），陆九渊再次应乡试，②以《易经》再获乡举之资格。第二年（乾道八年），34 岁的陆九渊进京参加会试，"春试南宫"，其试卷深得考官尤延之和吕祖谦赏识，蟾宫折桂，高中进士。③由于有了两位考官的大力奖掖，陆九渊得中进士后即"名声震行都"④，前来登门拜访乃至求教的读书人不计其数。对此，陆九渊一律以礼相待，热心而诚恳地解答求教者的各种问题。据《年谱》记载："先生朝夕应酬问答，学者踵至，至不得寝者余四十日。"⑤也就是说，陆九渊连续 40 天没有睡过一个囫囵觉，既可见其门庭之盛况，亦可见陆九渊养生功夫之深邃，致使精力充沛，远超常人。

二、槐堂授徒

按常理，陆九渊中进士后便可授官，但是，南宋王朝因循旧例，授给新科进士的只是县主簿之类的小官，这是陆九渊所不屑的职位。他考中进士只是为了证明自己，不负父兄厚望，本人并不想在官场上熬资历，因此，不待授官，即返回故乡金溪。从名义上讲，他也先后被授予过江西靖安县主簿、福建崇安县主簿等职，但从来没有前往就任。由于考中进士、声震行都之故，陆九渊一回到故里，便有很多读书人前来拜师求教。陆九渊遂以其家东圃"槐堂"为地点，开始授徒讲学，这也是他正式从事私学教育的开端。

陆九渊槐堂授徒之始，便展现出一种鲜明的心学教育观。史载："先生

---

① 《陆九渊集》卷 36《年谱》，第 485 页。

② 宋代的科举制度与明清不同，乡试获得会试资格后，不能延用，一次未中，下次必须重考。

③ 陆九渊在廷试时因遵循"见君之初，岂敢过直"之礼，不欲慷慨畅言，故仅获同进士资格。

④ 《陆九渊集》卷 36《年谱》，第 487 页。

⑤ 《陆九渊集》卷 36《年谱》，第 487 页。

既受徒，即去今世所谓学规者，而诸生善心自兴，容礼自庄，雍雍于于，后至者相观而化。"①与一般的书院不同，陆九渊的槐堂书屋，不立学规，完全靠诸生的自我约束，这是因为陆九渊相信人的本心具有知是知非、知善知恶的判断力，既然诸生能够主动前来求教，就应该充分相信、善于发掘他们的本心之明。虽然未立学规，槐堂门下诸生却有着严谨的行为风范，史载：

> 有一生饭次微交足。饭既，先生从容问曰："汝适有过，知之乎？"生略思，曰："已省"。先生曰："何过？"对曰："中食觉交足，虽即（当作"既"）改正，即放逸也。"②

"饭次微交足"，在今天根本不算是问题，然而，在陆九渊门下，这样的举止也算有过，需要反省更正，可见槐堂书屋具有十分严谨、端庄的言行风范。对于自己去除学规的做法，陆九渊曾加以说明：

> 许昌朝集《朱吕学规》一册……固好，然亦未是。某平时未尝立学规，但常就本上理会，有本自然有末。若全去末上理会，非惟无益。今既于本上有所知，可略略地顺风吹火，随时建立，但莫去起炉作灶。③

可见，陆九渊不立学规，是为了"就本上理会"。只要门人懂得"发明本心"，作为教师，只需"略略地顺风吹火"，便能够促使学生建立良好的行为习惯，并不需要设立大量的行为准则加以限制。那种"起炉作灶"的管理方法，往往引起学生的逆反心理，所起的约束作用也将有限。

陆九渊在槐堂所收门人甚多，有的终身追随，未敢忘怀。《宋元学案》

---

① 杨简：《象山先生行状》，载《陆九渊集》卷33，第389页。
② 杨简：《象山先生行状》，载《陆九渊集》卷33，第389页。
③ 《陆九渊集》卷35《语录下》，第457页。

一书中，收录了有名姓而声闻于世者 65 人（列为《槐堂诸儒学案》，主要是江西、福建门人，至于杨简、袁燮等浙中高足未算在内，另设学案）。其中，既有傅梦泉（字子渊）、傅子云（字季鲁）这样的睿智之才，也有邓约礼（字文范）、詹阜民（字子南）这样的笃行之士。值得注意的是，陆九渊收授门徒，并不限于文士，而且有意识地点化了一些武人，以为抗金保国的大业服务。在《槐堂诸儒学案》中，就记载了两位智勇之士：其一，"黄裳，字元吉，宁德人。少有奇节，师事象山。应淳熙二年（1175 年）武举，魁南宫。三历郡守，俸入多以给亲旧。"① 其二，"李云者，兴国人也，将家子。少时，欲合数百人为盗，一日，见象山，翻然自悔，遂请业焉。"② 后来，李云成为南宋名将毕再遇（官至太尉）帐下的军官，"称良将"。对于陆九渊，李云终身感念，"其家祠事先生"③。有人问他原因，李云说："云少时尝欲率五百人打劫起事。一日，往见先生，蒙诲，幡然而改；不然，此身不得为人矣。"④

在槐堂讲学期间，陆九渊还参加了著名的鹅湖之会，时在 1175 年（淳熙二年）。当时，吕祖谦（字伯恭）邀请陆九渊兄弟（其兄陆九龄）和朱熹（字元晦）前往铅山县的鹅湖寺相会，目的在于："虑陆与朱议论犹有异同，欲会归于一，而定其所适从。"⑤ 在会上，陆九渊吟诵了自己的诗作，其中两句云"易简工夫终久大，支离事业竟浮沉"⑥，讽刺了朱熹的治学理路是一种繁琐杂乱、抓不住道脉之要的"支离事业"，引得朱熹"失色"乃至"大不怿"⑦。从此，朱陆学术分歧不但没有消弭，反而公之于天下。对于鹅湖之会的思想

① 黄宗羲原著，全祖望补修：《宋元学案》卷 77《槐堂诸儒学案》，第 2574 页。
② 黄宗羲原著，全祖望补修：《宋元学案》卷 77《槐堂诸儒学案》，第 2591 页。
③ 《陆九渊集》卷 36《年谱》，第 496 页。
④ 《陆九渊集》卷 36《年谱》，第 496 页。
⑤ 《陆九渊集》卷 36《年谱》，第 491 页。这段话是陆九渊的门人朱亨道事后所作的总结。
⑥ 《陆九渊集》卷 34《语录上》，第 427 页。
⑦ 《陆九渊集》卷 34《语录上》，第 427 页。

分歧，随同前往的象山门人朱亨道做了很精辟的总结，他说：

> 鹅湖之会，论及教人。元晦之意，欲令人泛观博览，而后归之约；二陆之意，欲先发明人之本心，而后使之博览。朱以陆之教人为太简，陆以朱子教人为支离，（故）此颇不合。①

朱泰卿，字亨道，金溪人，与其兄朱桴（字济道）"年皆长于象山，而师事之"②，可见其虚心求道之诚。他的这段概括十分准确，而且提炼出陆九渊教育哲学的核心理念——"发明本心"。当然，从另一个角度讲，朱陆之争也可以概括为尊德性和道问学之间先后轻重的问题。朱熹的治学理路，偏向于"道问学"为重（不是面向自然之物），陆九渊则以"尊德性"为重。朱熹曾经反思自己的偏差；陆九渊则不改其说，始终如故，他说：

> 朱元晦曾作书与学者云："陆子静专以尊德性诲人，故游其门者多践履之士，然于道问学处欠了。某教人岂不是道问学处多了些子？故游某之门者践履多不及之。"观此，则是元晦欲去两短，合两长。然吾以为不可，既不知尊德性，焉有所谓道问学？③

无论是"发明本心"为先，还是"尊德性"为重，表述不同，实质则一，都体现了陆九渊教育思想的人文主义价值取向。说到底，自孔孟伊始，儒家教育本质上就是一种古典人文主义教育，旨在教会学生如何做人，到了宋明时期，更是明确化为如何明道成圣的学问功夫。既然以明道成圣为目标，那么，离开了"尊德性"的躬行实践，而一意去做纸上问学的事情，岂非水中

---

① 《陆九渊集》卷36《年谱》，第491页。
② 《宋元学案》卷77《槐堂诸儒学案》，第2581页。
③ 《陆九渊集》卷34《语录上》，第400页。

捞月？因此，陆九渊坚持以"尊德性"为本，而以"道问学"从之，合乎先圣立教之初衷，否则，元典《中庸》也不必表述为"尊德性而道问学"了。

三、临安岁月

陆九渊在槐堂授徒讲学，名声愈来愈大，引起了南宋统治集团的注意。于是，1182 年（淳熙九年）秋，朝廷任命陆九渊为国子正（相当于太学教授）。这是一个符合陆九渊性格并能发挥其才学特长的职位，因此，陆九渊不再推辞，前往临安就职，开始了长达 5 年的行都仕宦生涯。

在太学中，陆九渊负责讲授经典《春秋》，当诸生请教之时，他"孳孳启谕，如家居教授，感发良多"①。第二年(1183 年)冬天，陆九渊被调任敕令所删定官，这是一个修饰、润色朝廷政令、诏告的职位，大概是看重了陆九渊的文笔优长（事实上，陆九渊从不在意辞章文墨，一生未尝著书）。到了敕局之后，陆九渊除了完成公务，不减讲学之好，史载："先生在敕局，同志之士相从，讲切不替，僚友多贤，相与问辩，大信服。"②由于坚持讲习讨论圣学之要，渐渐地，陆九渊成为士林清流中的翘楚，无形中引起了某些当权者（主要是宰相王淮）的嫉妒。在临安数年，陆九渊始终得不到升迁，而且愈加清晰地目睹了朝廷政务中的种种弊端。他在给座主尤袤（字延之）的信中坦承，自己在临安无法施展才能，"至不容着脚手处"，只能"郁郁度日而已"③。淳熙十一年（1184 年）时，陆九渊曾逢君臣轮对④的机会，上呈《轮对五札》的表章，得到了宋孝宗的口头奖励。因此，他指望再借君臣轮对之机，向皇帝宋孝宗当面陈情，表达自己对国家大政的见解，希望能够引

---

① 《陆九渊集》卷 36《年谱》，第 493 页。
② 《陆九渊集》卷 36《年谱》，第 494 页。
③ 《陆九渊集》卷 36《年谱》，第 498 页。
④ 南宋制度，每五日由一名侍中以下的臣子轮值，向皇帝进言关于时政的意见，称为"轮当面对"，简称"轮对"。这种制度使中下级官员每隔二三年有面见皇帝、直陈政见的机会，算是皇帝广开言路的表现。

起宋孝宗的重视。可是，在南宋错综复杂的政局中，下层官员的愿望很难实现。淳熙十三年（1186年），在距对班五日时，陆九渊被调任将作监丞之职，旋即，"十一月二十九日得旨，主管台州崇道观"①。南宋时期，如果朝廷欲将某位官员免去实职，一般给予"主管某某道观（宫）"的名义，实际上是将其开缺回籍（保留后补官员资格）。因为害怕陆九渊再次见到宋孝宗，唯恐皇帝受到这位大儒的影响，宰相王淮借故将陆九渊免职奉祠。这样一来，陆九渊寄托期望的面君陈情的心愿就完全落空了。

陆九渊不是一个看重个人进退荣辱的官员。在他心目中，觉民行道和得君行道的事业同样重要。因此，一回到家乡，他又开始了讲学传道的生活，并且较以往做得更加出色，无意中奠定了象山心学的历史地位。

四、象山讲学

从临安归来后，由于声望更加卓著，陆九渊一回到家乡金溪，就受到众星捧月般的礼遇，桑梓父老纷纷要求其升座开讲。史载：

> 先生既归，学者辐辏愈盛。虽乡曲长老亦俯首听诲，言称先生。……每诣城邑，环坐率一二百人，至不能容，徙寺观。县大夫为设讲席于学宫，听者贵贱老少，溢塞途巷，从游之盛，未见有此。②

时间一长，陆九渊感到有择地兴建书院的必要，原因在于：一是家中槐堂书屋的容纳力有限，而今听众较以往更多；二是在城邑闹市中讲学，由于听众中鱼龙混杂，难以辨别虚心求教者和追逐时髦者，不便帮助前者深造有得。或许真是天从人愿，陆九渊的一位门人名叫彭兴宗（字世昌），在

---

① 《陆九渊集》卷36《年谱》，第498页。
② 杨简：《象山先生行状》，载《陆九渊集》卷33，第390页。

邻邑贵溪县的应天山发现了一个好去处。此山位于道教名山龙虎山的上游，"陵高而谷邃，林茂而泉清"①。彭世昌和当地的张氏族人相议，"结庐以迎先生讲学"②。陆九渊前往观看，也感到"泉石之胜，云山之奇，平生所鲜见"③。于是，在诸门人的帮助下，很快在山中修建起一座崭新的书院。因为"顾视山形，宛然巨象"④，陆九渊更其名为象山，并为书院命名为"象山精舍"。

象山精舍建成后，因其距离青田尚有 60 里之遥，所以，陆九渊并非终年居住山中，史载："先生大率二月登山，九月末治归，中间往来亦无定。"⑤不过，精舍一旦建成，声名四处传播，"郡县礼乐之士，时相谒访，喜闻其化，故四方学徒大集。先生从容讲道，歌咏愉愉，有终焉之意。"⑥面对四方来学之士，陆九渊表现出极大的热忱与耐心。据门人回忆：

> 每旦精舍鸣鼓，（先生）则乘山轿至。会辑，升讲座，容色粹然，精神炯然。……首诲以收敛精神，涵养德性，虚心听讲。诸生皆俯首拱听，非徒讲经，每启发人之本心也。间举经语为证，音吐清响，听者无不感动兴起。初见或欲质疑，或欲致辩，或以学自负，或有立崖岸自高者，闻诲之后，多自屈服，不敢复发。其有欲言而不能自达者，则代为之说，宛如其所欲言，乃从而开发之。至有片言半辞可取，必奖进之，故人皆感激奋励。⑦

---

① 《陆九渊集》卷 36《年谱》，第 499 页。
② 《陆九渊集》卷 36《年谱》，第 499 页。
③ 《陆九渊集》卷 11《与尤延之》，第 154 页。
④ 《陆九渊集》卷 9《与王谦仲》，第 119 页。
⑤ 《陆九渊集》卷 36《年谱》，第 502 页。
⑥ 《陆九渊集》卷 36《年谱》，第 501 页。
⑦ 《陆九渊集》卷 36《年谱》，第 501—502 页。

陆九渊此时的教学艺术，已臻炉火纯青。首先，他完全摒弃一般经师的老生常谈，直接以启发人之本心为要。由于其功夫深邃，且"音吐清响"，所以，"听者无不感动兴起"。其次，陆九渊特别善于答疑解惑。他所面对的学者都是成年人，有些人以学自负，本欲前来辩难，没想到听了陆九渊的教诲，"多自屈服，不敢复发"。而且，陆九渊没有繁文缛节的客套，如果学者"有欲言而不能自达者"，陆九渊就直接"代为之说，宛如其所欲言"，一旦能够点中学者的心思，那么，他所讲述的理论，就更容易为学者所接受。再次，陆九渊懂得适时肯定学者的进步，"至有片言半辞可取，必奖进之，故人皆感激奋励"。有了如此纯熟自如的教学艺术，象山心学的声名自然也就流传开来，前来求教者络绎不绝，"居山五年，阅其薄，来见者逾数千人"①。另外，陆九渊以从容自适的生活态度，为学生树立了人师的典范，进一步赢得了门人的尊重和信从。

本来，陆九渊是被贬谪回乡的，但他没有一点怨天尤人的态度。在象山期间，除了讲学之外，他生活得非常惬意，"平居或观书，或抚琴。佳天气，则徐步观瀑，至高诵经训，歌楚辞及古诗文。（先生）雍容自适，虽盛暑，衣冠必整肃，望之如神。"②有了如此雍容的圣者气度，又加以直指人心、简易直截的教学艺术，陆九渊赢得了众多门人的衷心爱戴。这从一件事情上便充分反映出来：淳熙十六年（1189 年），陆九渊"主管台州崇道观"的三年祠禄期已满，按朝廷规定，若再无新的任命，就停止向该官员发放俸禄，这就意味着陆九渊即将断绝经济来源。听说这一消息，众门人各尽财力，"聚粮相迎"，解除了陆九渊的后顾之忧，使得象山精舍能够继续办下去。对此，陆九渊向亲族讲述：

① 《陆九渊集》卷 36《年谱》，第 502 页。
② 《陆九渊集》卷 1《与侄孙浚》，第 12 页。

山间近来结庐者甚众，吾祠禄既满，无以为粮，诸生始聚粮相迎。今方丈前又成一阁，部勒群山，气象益伟。第诸生中有力者寡，为此良亦不易，未能多供人耳。今夏更去迭来，常不下百人，若一时俱来，亦未有着处。①

由是可见，虽然陆九渊的祠禄断绝，但是，在众门人帮助下，象山精舍仍然照常运转，甚至还修造起新的亭阁建筑。如果不是诸生"聚粮相迎"，倾囊相助，很难想象家境清寒的陆九渊如何将它继续办下去。

五、荆门之政

淳熙十六年（1189 年）二月，宋孝宗内禅于太子，是为宋光宗。第二年改元，年号绍熙。宋光宗即位之初，也做出一些选贤举能、振兴朝纲的姿态。于是，一批隐逸民间的硕儒名士再次进入了最高统治集团的视野。朝廷下诏，拟调陆九渊担任荆湖北路的荆门军知军。②不过，直到绍熙二年（1191年）六月才正式任命，并催促"疾速之任"③。这样一来，陆九渊在象山精舍闲适而愉快的讲学生涯戛然而止，他又踏上了北去的征途。

在南宋，荆门军属于次边之地，北面毗邻与金国接壤对峙的襄阳。由于长年战乱影响，荆门地僻民穷，治安混乱，这是那种只为升迁发财的封建官员不愿意去的地方。然而，对于陆九渊而言，这却是可遇而不可求的施展抱负、经世济民的绝佳机会。为了表示与荆门同存亡的决心，陆九渊毅然携家眷前往就任，冒着酷暑，从农历七月四日启程，至九月三日到达荆门。

陆九渊接手的荆门军，积弊甚多，无人理睬。第一，这个城邑连城墙都没有，一旦外敌入侵，将毫无招架之力；第二，盗匪横行，民好诉讼，风

---

① 《陆九渊集》卷 1《与侄孙浚》，第 12 页。
② 宋代的军是一个地方行政级别，相当于现在的地级市，下辖若干县份。
③ 《陆九渊集》卷 36《年谱》，第 508 页。

气不正，治安不佳；第三，虽有一支员额为四千人的地方厢军，但是逃卒甚多，纪律松散，难以管束；第四，税务之弊突出，致使当地经济萧条，官府"库藏空竭"，财政收入"日缩"；第五，官吏奢侈成风、而且惰性严重。针对这种情况，陆九渊一刻不停地开始了兴利除弊的工作。他召集义勇，优给酬劳，亲自监督工程，经过一个冬天的苦干，修成了一座砖砌的城墙。由于精打细算，厉行节约，原先预算需要用钱 20 万缗，结果完工之后，仅仅花费 3 万缗，已使得"城壁一新，形势益壮"①。在修葺城墙的同时，陆九渊又将原本破败不堪的郡学、贡院、客馆、官舍等建筑一并修缮，使得荆门城邑面貌焕然一新。

在肃清盗匪、改善治安方面，陆九渊到任后马不停蹄地开展整治工作。首先，他废除了士民分日递状陈情的旧规，"接宾受词无早暮，下情尽达无壅"②，加上四处微服寻访，很快，陆九渊对于当地民情了如指掌，甚至超过本地的小吏。对于穷凶极恶的惯匪，陆九渊以雷厉风行的手段予以镇压；对于一般的民间诉讼，陆九渊则多以儒家人伦义理晓谕之，"至人伦之讼既明，多使领原词自毁之，以厚其俗"③。在这种宽猛相济的措施的作用下，荆门的治安明显趋向好转，很快，"境内盗贼绝少，有则立获；讼谍有无以旬计"④。有一次，陆九渊对属吏说："某所某人尤暴。"属吏也不知道他说的是何人，"翌日有诉遭夺掠者，即其人也。（先生）乃加追治。吏大惊，郡人以为神"。⑤

在整顿伍卒方面，陆九渊不仅是重申严明的纪律，而且考虑到许多士卒家境贫困的实情，对于刻苦习练、武艺突出的士卒，"役之则加佣值，（使）

---

① 《陆九渊集》卷 19《与朝堂乞筑城札子》，第 226 页。
② 杨简：《象山先生行状》，载《陆九渊集》卷 33，第 390 页。
③ 杨简：《象山先生行状》，载《陆九渊集》卷 33，第 390 页。原，本作"元"，据文义改。
④ 《陆九渊集》卷 17《与邓文范》，第 217 页。
⑤ 参见杨简：《象山先生行状》，载《陆九渊集》卷 33，第 391 页。

无饥寒之忧"。有了这种政策的导向，士卒们"相与悉心弓矢，逸者绝少。他日兵官按阅，独荆门整习，他郡所无。"① 陆九渊虽然是个文人，16 岁时曾听老辈人说过北宋末年靖康之耻的故事，"乃剪去指爪，学弓马"②，以思有所报国。到了荆门，他小试自己统兵的才能，不仅把荆门厢军带得纪律严明，虎虎生风，而且"奖拔奇才亦多"③，体现出一位真儒文武兼备的雄才大略。

在整顿税务方面，陆九渊废除了城门、道隘的重重关卡，大幅度消减了各种附加税额（旧称"正税援例"），既方便了商旅之行，又减轻其负担。各地商旅听说了荆门的简化政策和低税率，"莫不以手加额，誓以毋欺，私相转告，必由荆门"④。由于商品流通的增加，反而促进了荆门的经济发展，"（正常）税收倍增，酒课亦如之"⑤。这种简化手续，降低税率的做法，体现出陆九渊具有深谋远虑的经济头脑，为荆门之政又添了出彩的一笔。

在整顿吏治方面，陆九渊注重以身作则，感化下属。他到任之后，"延见僚属如朋友，推心豁然，论事惟理是从"⑥。值得一提的是，身为一郡长官，陆九渊颇有民主作风。"每日同官禀事，众有所见，皆得展其所怀，辩争利害于前，太守（指陆九渊）惟默听，候其是非，既明乃从赞叹，……太守所判，僚属却回者常有之。"⑦一个堂堂知军，他的判决竟然可以被下属驳回重审，可见，在陆九渊的大堂之上，确实有着一股畅所欲言、唯理是从的清明之风。除了一般僚属，即使对于底层小吏，陆九渊也一视同仁，悉心教诲。"先生教民如子弟，虽贱隶走卒，亦谕以理义。"⑧在这种真诚恻怛的精

---

① 《陆九渊集》卷 36《年谱》，第 510 页。
② 《陆九渊集》卷 36《年谱》，第 484 页。
③ 《陆九渊集》卷 36《年谱》，第 496 页。
④ 杨简：《象山先生行状》，载《陆九渊集》卷 33，第 392 页。
⑤ 杨简：《象山先生行状》，载《陆九渊集》卷 33，第 392 页。
⑥ 杨简：《象山先生行状》，载《陆九渊集》卷 33，第 390 页。
⑦ 杨简：《象山先生行状》，载《陆九渊集》卷 33，第 390 页。
⑧ 杨简：《象山先生行状》，载《陆九渊集》卷 33，第 390 页。

神感召下，荆门一地的吏治风气有了根本的改观，"吏卒亦能相勉以义，视官事如家事"①。有一件事情特别能说明这种风气的改变，史载：

> （荆门）初俗习惰，人以执役为耻，吏惟好衣闲观。至是风一变，督役官吏，布衣杂役夫佐力，相勉以义，不专以威。盛役如此而人情晏然。②

这段话表明，在陆九渊的感化下，荆门官吏在督造城墙、郡学等工程时，脱下官袍，穿上布衣，夹杂在普通役夫中一起干活，以道义精神相互勉励，完全革除了以往盛气凌人的做派。对此，陆九渊在家信中亦有描述："近来吏卒多贫，而有穷快活之说。"③诚然，跟着陆九渊这样的清廉官员，属吏不可能再像以前那样大捞外快，但是，他们在精神上却更加舒畅愉快，因为从陆九渊那里获得了一种特殊的能量，过着充实而有意义的生活，自己戏称为"穷快活"，倒是非常贴切的。对于陆九渊荆门之政的突出成效，曾经的宰相周必大（估计就是他推荐的陆九渊）予以高度的评价，他说："荆门之政，可以验躬行之效。"④又说："荆门之政，如古循吏，躬行之效至矣。"⑤

当然，除了上述善政，陆九渊在荆门期间从未忘记教化士民百姓这一儒者的根本使命。事实上，他经常履行一位教师的职责，史载：

> 朔、望及暇日，诣学讲诲诸生。郡有故事，上元设斋醮黄堂，其

---

① 《陆九渊集》卷36《年谱》，第511页。
② 《陆九渊集》卷36《年谱》，第509页。
③ 《陆九渊集》卷36《年谱》，第512页。
④ 《陆九渊集》卷36《年谱》，第511页。
⑤ 《陆九渊集》卷36《年谱》，第511页。

说曰为民祈福。先生于是会吏民，讲《洪范》"敛福锡民"一章，以代醮事，发明人心之善，所以自求多福者，莫不晓然有感于中，或为之泣。①

在这段话中，"朔望及暇日，诣学讲诲诸生"，表明陆九渊至少每月都会在朔、望两日前往郡学中讲学，这是一位儒者的本职工作；如果有闲暇之日，他还会更多地来到郡学开讲。除了面向一般士子之外，陆九渊还有针对性地向广大民众施行教诲。按照荆门的旧例，每逢上元佳节，郡守及诸官员都要"设斋醮黄堂，其说曰为民祈福"，这不过是一场虚应故事的形式罢了，但是，陆九渊大胆改革了它的形式及内容，他召集吏民，为他们讲授《尚书·洪范》一文中"敛民锡福"一章②，代替了以往的醮事。既然是面向普通大众，陆九渊所讲的内容应该是通俗易懂，但是，"发明人心（固有）之善"的宗旨是毫无疑义的。在这一特殊的讲会上，陆九渊又一次展现出他的口才之长，百姓们听了，"莫不晓然有感于中，或为之泣"，就像当年白鹿洞书院的场景一样。

遗憾的是，陆九渊虽然身体一向"顽健"③，却"素有血疾"④，或许是寿数之限，或许是过度操劳之故，他来荆门主政不过一年半，绍熙三年冬十二月初七日，旧疾突然发作，仅仅七日后，便溘然长逝。此前的十一月，陆九渊似乎有所预感，他告诉家人说："吾将死矣。"家人说："安得此不详语？骨肉将奈何？"陆九渊回答说："亦自然。"⑤看得出，陆九渊对待死亡持一种坦然自若的态度。在患病间歇，陆九渊"宴息静室，命洒扫焚香，家事亦不挂

---

① 杨简:《象山先生行状》，载《陆九渊集》卷33，第392页。
② 应该是对《洪范》第九章"向用五福"的有关内容加以发挥，添加了儒家的人伦道德精神。
③ 《陆九渊集》卷9《与王谦仲》，第118页。
④ 《陆九渊集》卷36《年谱》，第512页。
⑤ 《陆九渊集》卷36《年谱》，第512页。

齿"①。适逢一场冬雪降临，陆九渊"命具浴。浴罢，尽易新衣，幅巾端坐。家人进药，却之，自是不复言。"②由是可见，陆九渊的临终表现显得十分从容。十二月十四（阳历已在1193年1月18日），陆九渊卒于荆门任上。听说人人爱戴的好太守病故，"郡属官敛，哭泣哀甚。吏民哭奠，充塞衢道"③。陆九渊逝世后，他的灵柩由其子陆持之护送回故乡金溪。由于陆九渊被视为清官循吏的典范，历代官府都派专人守护其坟墓，所以，他的陵墓至今保存完好。

如果要研究陆九渊的历史影响，就应该注意到他的多重性身份。从政治史的角度讲，他是一位践履儒家修、齐、治、平理念的政治家，是古今清官循吏的楷模。至今，荆门市中仍有无数的以象山命名的街道、公园、店面等建筑物，当地人民以这种特殊的方式来纪念这位主政荆门不过一年半的清廉官员。从思想史角度讲，陆九渊是陆王心学一脉的开创者，在南宋时期又称"江西之学"，是能与朱熹的闽学分庭抗礼的著名学派，其粲然的思想成就在历史上绝不多见。如果从教育史角度讲，陆九渊是一位杰出的教育家，他先后构建槐堂书屋、象山精舍，向士人百姓传播简易、清晰的象山心学，发明本心，尊崇德性，告诉了世人如何"堂堂正正做个人"④的生活哲理。事实上，这些多重身份和历史作用是交织在一起的，因此，我们在研究陆九渊的生平及思想成果时，应当懂得综合性地看待这一问题，这样方能更好地揭示陆九渊教育哲学的思想内涵和特色，进而搞清陆王心学一系在古代教育史上的独特贡献。

---

① 《陆九渊集》卷36《年谱》，第512页。

② 《陆九渊集》卷36《年谱》，第513页。

③ 《陆九渊集》卷36《年谱》，第513页。

④ 原话是："若某则不识一个字，亦须还我堂堂地做个人。"（《陆九渊集》卷35《语录下》，第447页）

第三节 陆九渊的教育哲学思想

陆九渊毕生从事的是大学之教。在中国古代，由于农耕社会对于科技知识更新换代的需求并不高，所以，知识技能教育在小学阶段就已基本完成。在此基础上，大学之教则是致力于对人文素质的培养，以养成合乎儒家观念的理想人格为根本目标。与儒家固有的教育理念相一致，陆九渊教育哲学的基本宗旨就是"学为人"，这是对"明道成圣"理念的不同表述。

一、"学为人"的教育宗旨

陆九渊一生门徒甚众。其中，詹阜民（字子南）是其在临安国子学时所收的高徒。詹阜民概括了象山心学的教育宗旨，他说：

> 阜民癸卯十二月初见先生，不能尽记所言。大旨云："凡欲为学，当先识义利公私之辨。今所学果为何事？人生天地间，为人自当尽人道。学者所以为学，学为人而已，非有（他）为也"。[1]

由是可见，陆九渊认为大学之教的内容早已不是什么射御书数之类的知识技能，而是以"学为人""尽人道"为根本目的，其核心内涵则是儒家的伦理道德和心性修养。陆九渊又从另一角度概括说：

> 仁义忠信，乐善不倦，此夫妇之愚不肖，可与以知能行，圣贤所以为圣贤，亦不过充此而已。学者之事，当以此为根本。[2]

---

[1] 《陆九渊集》卷 35《语录下》，第 470 页。注：癸卯十二年，1183 年。詹阜民，字子南，仕至徽州知府。

[2] 《陆九渊集》卷 15《与陶赞仲》，第 153 页。

关于这一"学为人"的人文主义教育目的，陆九渊经常向门人说起。例如，他说：

> 人须是闲时大纲思量：宇宙之间，如此广阔，吾身立于其中，须大做一个人。①
>
> 上是天，下是地，人居其间。须是做得人，方不枉。②

有时候，为了突出"尊德性""学为人"的目的，陆九渊故意将此教育理念推向极致。他说：

> 若某则不识一个字，亦须还我堂堂地做个人。③

当然，要想正确地学会为人之道，就必须以"明道"为前提，正如孔子所说："朝闻道，夕死可矣。"④ 在宋明理学时期，被沿用了几千年的"道"字悄悄地被"理"字所取代，实际上内涵所指并无变化。无论是朱熹，还是陆九渊，都认可用"理"字来概括儒家的本体论范畴，并把明"理"作为从事教育活动的基本目标。例如，陆九渊曾说：

> 塞宇宙间一理耳。学者之所以学，欲明此理耳。⑤
>
> 宇宙间自有实理，所贵乎学者，为能明此理耳。此理苟明，则自有实行，有实事。⑥

---

① 《陆九渊集》卷35《语录下》，第439页。
② 《陆九渊集》卷35《语录下》，第450页。
③ 《陆九渊集》卷35《语录下》，第447页。
④ 《论语·里仁》。
⑤ 《陆九渊集》卷12《与赵咏道》（四），第161页。
⑥ 《陆九渊集》卷14《与包详道》，第182页。

不过，在认识"理"的方法和途径上，陆九渊与朱熹产生了重大的分歧。朱熹认为，欲明此理，需要广泛地阅读圣贤经典，做好"道问学"的"下学"工夫，这样才能逐渐领会先圣的思想，由博返约，由浅入深，达到明明德、止至善的目的。陆九渊认为，这是一种繁琐支离的外求之法，难以达到明道成圣的理想目标。为此，他提出了"心即理"的思想，他说：

> 心，一心也；理，一理也。至当归一，精义无二，此心此理，实不容有二……古人自得之，故有其实。①
>
> 万物森然于方寸之间，满心而发，充塞宇宙，无非此理。②

应当注意的是，陆九渊所讲的"心"，并不是一般的思想念头，而是指人类共同的先天原本的心体，亦即"本心"。过去很多学人把"心"肤浅地理解为一般的思想念头，因此，把陆九渊的"心即理"思想当成了自以为是的主观唯心主义，这实在是一种误读。陆九渊认为：欲明此"理"的根本途径，是通过笃实的践履和修养，到自己内心去发掘、验证天赋之"理"的存在；只要觉悟了自己先天原本的心体，也就明白了"理"的固有内涵。从这个意义上讲，"发明本心"便成为陆九渊教育哲学的根本方法论。对于陆九渊的这一教育理念，他的门徒毛必彊（字刚伯）做了一段精辟的总结，他说：

> 先生之讲学也，先欲复本心以为主宰。既得其本心，从此涵养，使日充月明。读书考古，不过欲明此理，尽此心耳。③

① 《陆九渊集》卷1《与曾宅之》，第4页。
② 《陆九渊集》卷34《语录上》，第423页。
③ 《陆九渊集》卷36《年谱》，第502页。

需要指出，由于古今语义的不同，"发明本心"一词中的"发明"二字，不是指从无到有地创造新事物，而是指发掘、彰显自己内在固有的先天明德，并使之发挥现实的作用，用陆九渊自己的话来讲，就是：

> 吾之学问与诸处异者，只是在我全无杜撰。虽千言万语，只是觉得他底，在我不曾添一些。①

在陆九渊看来，"发明本心"乃是学习的关键所在，只有觉悟了自己本心内在的先天德性与智慧，才算打下了治学修道的坚实基础。有此基础之后，学者进一步泛观博览、历事炼心，方可使自己的心性修养更加圆融完满，直至明道成圣的理想境界；反之，不明白本心之内涵，一味地做皓首穷经、训诂考据之类的问学工夫，不过是隔靴搔痒，水中捞月而已。与"发明本心"相比，任何埋头书册、寻章摘句之类的治学方法，都不过是外围的辅助性手段，并非问题之关键所在。因此，学者应该摒弃繁琐支离的"道问学"方式，专心致志，实地践履，发掘本心固有的德性和智慧，唯此方能明道成圣。

根据以上阐释，我们可以理出这样一条逻辑线索：陆九渊教育哲学的基本宗旨是"学为人"，亦即"明道（理）成圣"；同时，由于陆九渊信奉"心即理"的认识论，所以在他看来，要想觉悟天理，便不可外求，而应该到自己的内心去探索、发掘其固有的先天德性与智慧功能；这种认识路径，对于初学者而言，可以用"发明本心"四个字来概括，这就是象山心学的修养工夫论。

二、"发明本心"的工夫论

陆九渊所提倡的修养工夫，立足于日常生活，可以从多个途径入手，都

———————

① 《陆九渊集》卷34《语录上》，第400页。

是为了达到"发明本心"的目的。以下概要列举数条。

（一）"收拾精神，自做主宰"

自汉代以来，儒家人士大多习惯于把圣人神化，并且倚重经典，盲目崇古，缺乏独立见解，因此，许多儒生不太相信自己也具有明道成圣的可能性，在躬行实践方面变得畏葸不前。针对这种状况，陆九渊大力提倡自信、自立和自强的精神，教诲门人：要相信自己本心之中同样具有各种先天美德，只待躬行实践将其发掘出来，便可成就现实的完美人格。史载：

> 先生作《贵溪学记》云："尧舜之道不过如此，此亦非有甚高难行之事。"尝举以语学者云："吾之道，真所谓夫妇之愚，可以与知。"①

陆九渊认为，人心之中先验地具有各种善端，先圣孟子从四个方面加以提炼，即恻隐之心、羞恶之心、辞让之心和是非之心，事实上，还不止这些。他说："万物森然于方寸之间，满心而发，充塞宇宙，无非此理。孟子就四端上指示人，岂是人心只有这四端而已？"②本心之灵明妙用，就是学者作圣成贤的内在心性基础，因此，"吾之道，夫妇之愚，可以与知"。

既然人人都有作圣成贤的可能，那么，学者为什么还要犹豫不决？只要放下包袱，根据本心的启示，笃实践履，自然就走在了通往明道成圣目标的道路上。为此，陆九渊特别强调自立精神，告诫门人不要自我怀疑，应当自信、自立、自强，这是迈向明道成圣境界的"不二法门"。史载：

> 先生居象山，多告学者云："汝耳自聪，目自明，事父自能孝，

---

① 《陆九渊集》卷34《语录上》，第408页。
② 《陆九渊集》卷34《语录上》，第423页。

事兄自能弟，本无少缺，不必他求，在乎自立而已。"学者于此亦多兴起。①

作圣成贤的修养工夫固然有许多要领，其中，"收拾精神，自做主宰"无疑是极其重要的一点。陆九渊认为，学者必须相信自己，自立自强，只有通过自己的躬行实践，才能达到明道成圣的理想目标；反之，如果一味依赖师友的扶植，或者沉迷于典籍言辞之中，最终都不过是水中捞月而已。简而言之，"发明本心"的修道工夫是他人不可替代的，只能依靠自己一步步实践完成。关于这一工夫要领，陆九渊不厌其烦地向门人阐述，他说：

> 自得，自成，自道，不倚师友载籍。②
> 自立自重，不可随人脚跟，学人言语。③

不仅如此，陆九渊还特别强调：

> 此事不借资于人，人亦无着力处，圣贤垂训、师友切磋，但助鞭策耳。④

如此多的话语，表明了陆九渊非常注重自立原则，体现出一种强劲的主体性精神。陆九渊认为，必须走出书本和先儒的阴影，自立、自主、自强、自成，这才称得上一个儒者的笃行工夫。当然，自立、自强的功夫不是一蹴而就的，难免有一个反复过程，对此，陆九渊认为，仍然要靠自信、自立、自

---

① 《陆九渊集》卷34《语录上》，第408页。
② 《陆九渊集》卷35《语录下》，第452页。
③ 《陆九渊集》卷35《语录下》，第461页。
④ 《陆九渊集》卷5《与舒元宾》，第66页。

强的方法去解决。有一段师徒之间的对话很耐人寻味：

> 朱济道说："……后因见先生了，临事即疑恐不是，做事不得。今日中只管悔过惩艾，皆无好处。"先生曰："请尊兄即今自立，正坐拱手，收拾精神，自做主宰。万物皆备于我，有何欠缺？当恻隐时自然恻隐，当羞恶时自然羞恶，当宽裕温柔时自然宽裕温柔，当发强刚毅时自然发强刚毅。"①

由于同为金溪人，且年长于陆九渊，朱济道说话非常坦诚，认为自从师事象山之后，临事往往迟疑不决，或者只会悔过惩艾。对此，陆九渊告诉他：还是因为他缺乏自信、自立、自主的精神，所以临事犹疑，或者事后多悔。解决这一问题的方法很简单，"请尊兄即今自立，……收拾精神，自做主宰。万物皆备于我，有何欠缺？"如果能够依从本心之明而行事，"当恻隐时自然恻隐，当羞恶时自然羞恶，当宽裕温柔时自然宽裕温柔，当发强刚毅时自然发强刚毅"。先天本心，灵动多方，可以自如应对生活中的各种问题。朱济道的犹疑和多悔，实际上还是没有做好"发明本心"工夫的缘故。

在明道成圣的道路上，没有人可以代替主体自身的修行践履，因此，自信、自立和自强是学者修养工夫的基本要求。陆九渊提出"收拾精神，自做主宰"，不仅彰显了主体性精神，也抓住了修养工夫的要害。

（二）易简工夫

与同时代的朱熹相比，陆九渊教诲门人的修养工夫，以"发明本心"为要领，旨在"先立乎其大者"，显得十分简洁明了，陆九渊自称为"易简工夫"。如前所述，关于他的易简工夫，门人毛必疆做了概括：

---

① 《陆九渊集》卷35《语录下》，第455—456页。

> 先生之讲学也，先欲复本心以为主宰。既得其本心，从此涵养，使日充月明。读书考古，不过欲明此理，尽此心耳。①

另一位门人朱亨道，还对比了朱陆教育理念的差异，他说：

> 鹅湖之会，论及教人。元晦之意，欲令人泛观博览，而后归之约；二陆之意，欲先发明人之本心，而后使之博览。朱以陆之教人为太简，陆以朱子教人为支离，（故）此颇不合。②

按照陆九渊自己的理解，以"发明本心"为先务，便是孟子所说"先立乎其大者"③的工夫。他说：

> 吾之学问与诸处异者，只是在我全无杜撰。虽千言万语，只是觉得他底，在我不曾添一些。近有议吾者云："除了'先立乎其大者'一句，全无伎俩。"吾闻之曰："诚然。"④

或许有人质疑"发明本心"的工夫究竟该如何去做，其实，这一问题在当时就有人提出，并得到陆九渊明确的解答。史载：

> 或问："先生之学，当自何处入？"先生曰："不可切己自反，改过迁善。"⑤

---

① 《陆九渊集》卷36《年谱》，第502页。
② 《陆九渊集》卷36《年谱》，第491页。
③ 《孟子·告子上》。
④ 《陆九渊集》卷34《语录上》，第400页。
⑤ 《陆九渊集》卷34《语录上》，第400页。

"切己自反，改过迁善"八个字，可谓言简意赅。在陆九渊看来，人心中自有知善知恶、知是知非的先天智慧功能，只要依从本心之明，经常自我反省，过去所犯的过错都会一一自现，发现这些过错后，及时改正就是了，改过之后，人心自然趋向于善。对此，陆九渊用一句话加以概括："知非则本心即复。"[1] 可见，"发明本心"的工夫一点都不神秘，完全可以在日常生活中落实。关于这种易简工夫，门人徐谊[2]谈到自己的真实感受说：

（某）与晦庵月余说话，都不讨落着。与先生说话，一句即讨落着。[3]

朱熹的治学模式，偏向"道问学"，尤其注重纸上学问，包括训诂考据、义理阐释，可至千言万语，堆砌成书。而陆九渊不尚著述，只是口授心传先圣之道，旨在发明本心，寥寥数语，便可使虚心求教的学者豁然开朗。因此，徐谊认为，在朱熹门下待上一个月，仍然掌握不了圣学之要，而在象山门下，不过听闻片言只语，便领悟了实在的工夫要领。对于自己与朱熹在教育理念上的本质差别，陆九渊早在鹅湖之会前便有察觉，因此，他在鹅湖之会上呈诗曰："易简工夫终久大，支离事业竟浮沉。"所谓支离，本意是指树枝繁茂四散，遮住了树木的主干，引申意是指繁琐杂乱，缺乏要领。陆九渊认为，朱熹偏重于纸上问学，埋头于故纸堆中，始终没有抓住圣学之要，因此，毕生所为不过是一种"支离事业"，只能引导学者皓首穷经、不问真相。这种治学方式，虽然可以装饰外表，但终究会被历史的大浪吞没，沉入海底深渊。

　　当然，"发明本心"以及"切己自反，改过迁善"等话语虽然简明扼要，但真的要到现实生活中去践履、验证，绝不简单，更不是可以草草应付的

---

① 《陆九渊集》卷35《语录下》，第454页。

② 徐谊，字子谊，温州人，生卒年不详。乾道八年进士，《宋史》卷397有传。

③ 《陆九渊集》卷35《语录下》，第457页。

事情。只有躬行实践者，才能随着修养深度的增进，产生愈加真切的体会，"如人饮水，冷暖自知"，而这就不是纸上之论可以"尽意"的了。

（三）剥落法

要想"发明本心"，就需要先搞清是什么东西障蔽了本心之明。对此，陆九渊指出，主要是物欲和意见这两样东西，他说：

> 愚不肖者之蔽在于物欲，贤者智者之蔽在于意见。高下污洁虽不同，其为蔽理溺心而不得其正，则一也。然蔽溺在污下者往往易解，而患其安焉而不求解，自暴自弃者是也；蔽溺在高洁者，大抵自是而难解，诸子百家是也。①

所谓物欲，既指人的各种生理欲望，如先秦告子所说"食色，性也"②，也指人们对于后天名利的贪求。陆九渊并不赞同朱熹的"天理人欲"之辨，曾坦言："天理人欲之分，论极有病。"③不过，他也深刻地看到了世人纵容物欲的害处，因此，主张以"剥落法"对治之。他说：

> 人气禀清浊不同。只自完养，不逐物，即随清明。才一逐物，便昏眩了。……人心有病，须是剥落。剥落得一番即一番清明，后随起来，又剥落，又清明，须是剥落得净尽，方是。④

陆九渊认为，只要"不逐物"，人心"即随清明"，反之，"才一逐物，便昏

---

① 《陆九渊集》卷1《与邓文范》，第11页。
② 《孟子·告子上》。
③ 《陆九渊集》卷35《语录下》，第475页。
④ 《陆九渊集》卷35《语录下》，第458页。

眩了"，可见，人心"逐物"之病是一个必须认真对待的问题。当然，解决这一问题的方法也并不复杂，当学者发现自己有"逐物"之病时，将此"物欲"剥落掉就是了，"剥落得一番即一番清明"，其实，这也是"切己自反，改过迁善"的具体表现。当然，由于"气禀清浊不同"，这种剥落之功不可能一蹴而就，往往存在一个反复过程，因此，学者必须有足够的耐心，当物欲再起时，及时剥落，保持心体清明无蔽的状态。如是往复几番，当学者真切地感受到心体清明、澄澈无碍的本然状态时，也将同时感觉到内心物欲已"剥落得净尽"，不会再受外在事物的诱惑，此时，修养功夫算是到家。

"剥落物欲"是对于一般人而言的修养工夫，其实并非甚高难行之事。在陆九渊看来，一些贤者、智者的蔽障恰恰在于多年积累而成的自以为是的意见，因此，陆九渊才说："愚不肖者之蔽在于物欲，贤者智者之蔽在于意见"。有些儒者，把自己一家的治学心得当成具有普适性的方法，于是，接纳不了其他比自己更加简易直截的修道思想。这种自以为是的观念，产生的负面作用同样是"蔽理溺心"，诳己不算，诳人更甚！与那种耽于物欲、自暴自弃的人相比，这些贤者、智者的错误往往"自是而难解"，其危害性影响更加久远。虽然陆九渊含蓄地说"蔽溺在高洁者，大抵自是而难解，诸子百家是也"，但有时候，他也坦率地指出这种"蔽于意见"的"诸子"究竟是谁。史载：

> 一夕步月，喟然而叹。包敏道侍，问曰："先生何叹？"曰："朱元晦泰山乔岳，可惜学不见道，枉费精神，遂自担阁（同'耽搁'），奈何？"[1]

遗憾的是，朱熹当时名气甚大，囿于己有的地位和成见，虽然偶有反省之

———————
[1] 《陆九渊集》卷34《语录上》，第414页。

时，总体上一直持守固有的繁琐支离的治学模式，"意见之蔽"终身未释。毋庸置疑，他的治学范式给后世带来了很大的负面影响。

抛开朱陆之争不谈，陆九渊的"剥落法"，其实质是提倡在心性修养工夫上做减法，减去物欲，去除意见，恢复本心之明。这种工夫路径，在某种程度上与老子思想暗合。《老子》第48章说："为学日益，为道日损，损之又损，以至于无为。"只有善于做减法，才能去掉蒙蔽心灵的各种东西，才能使人心恢复清明澄澈、自由无碍的本然状态。针对当时诸儒以闻见知识代替修养工夫的做法，陆九渊评述："今之论学者只务添人底，自家只是减他底，所以不同。"[①]他评价朱熹亦说："他是添。"[②]一添一减，方向不同，导致了修道工夫的成败差异。总之，陆九渊提出的"剥落法"，切中世人心性之蔽，并开出对治的药方，"一蔽既彻，群疑尽亡"[③]，是一项简便可行的修道工夫。

（四）静坐体悟

静坐体悟也是陆九渊向门人传授的一项发明本心的可操作性的工夫。因为它与佛、道修行思想相通，所以，其子陆持之在编撰《象山集》时，尽量删除相关内容。然而，深邃的静坐体悟（类似于佛门的坐禅）功夫的确是陆九渊远远高于同时代其他名儒的原因所在，故有必要阐明。

陆九渊在4岁时，就已体现出异乎常人的禀赋。据《年谱》记载："先生四岁，静重如成人"，而且，"常自洒扫林下，宴坐终日"[④]。明眼人一看，便知道陆九渊少年时便习静坐，而且持续时间颇长。这种习惯一直保持下来，到了13岁时，一次，陆九渊阅读古书，因见书中有注曰"四方上下曰

---

① 《陆九渊集》卷34《语录上》，第401页。
② 《陆九渊集》卷35《语录下》，第449页。
③ 《陆九渊集》卷34《语录上》，第408页。
④ 《陆九渊集》卷36《年谱》，第481页。

宇，往古来今曰宙"，忽大省曰："元来无穷。人与天地万物，皆在无穷之中者也。"[1] 于是，提笔写下了一段话："宇宙内事，乃己分内事；己分内事，乃宇宙内事。"[2] 又写道："宇宙便是吾心，吾心即是宇宙。"[3] 从表面上看，陆九渊的感悟源自读书有省，实际上，这是他从小坚持静坐长达七八年的真切体悟。具有较深静坐功夫的人都知道，当修道者进入"心斋"状态时，会产生物我两忘、浑然一体的感受。在这种天人合一状态中，只有一点本心灵明在熠熠闪光，仿佛它就是宇宙之心，这颗心的光芒足以朗照万物，而且辐射开来，无边无涯。陆九渊很小时，便体会到这样一种"气化"世界的情状，但是，由于理性思维不够发达，尚不知做何解释。当他到了13岁（相当于初中生的年龄）时，理性思维渐趋成熟，偶然观书有感，才意识到当初"宴坐终日"所感受的浑沦意境的真实内涵，因此，提笔写下了"宇宙便是吾心，吾心即是宇宙"的名言。过去，官方教科书以"主观唯心主义"的结论来判定少年陆九渊的这句名言，殊不知，这正是陆九渊多年静坐体悟的一种直观感受，毫无玄虚之处。

由于有了静坐体悟的切身感受，所以，陆九渊在面向门人讲学时，也乐于让他们通过习静而体悟天理本心（但不是唯一的方法），这的确不失为一种"方便法门"。例如，门人詹阜民记录了一段静坐心得：

他日侍坐，无所问。先生谓曰："学者能常闭目亦佳。"某因此无事则安坐瞑目，用力操存，夜以继日。如此者半月，一日下楼，忽觉此心已复澄莹中立。窃异之，遂见先生，先生目逆而视之曰："此理已显也。"某问："先生何以知之？"曰："占之眸子而已。"因谓某："道果在迩乎？"某曰："然。昔者尝以南轩张先生所类洙泗言仁书考察之，终不

---

[1] 《陆九渊集》卷36《年谱》，第482页。
[2] 《陆九渊集》卷36《年谱》，第482页。
[3] 《陆九渊集》卷36《年谱》，第482页。

知仁，今始解矣。"①

詹阜民，字子南，浙江遂安人，1183 年（淳熙十年）初见象山于临安。在此之前，他曾经求教于张栻（南轩），张栻传给他"洙、泗言仁之书"（即各种渊源甚古的先儒经典著作），詹阜民读罢，只是从言语上了解了一些理论，从内心来讲，"终不知仁"。师从陆九渊后，遵照象山所指，"无事则安坐瞑目，用力操存，夜以继日"，持续静坐半个月之久。一日有事下楼，忽然感到"此心已复澄莹中立"，心中十分惊讶，于是前往陆九渊处问询。孰料，陆九渊一见到詹阜民，便说："此理已显也。"这句话十分重要，它充分表明，象山心学所讲述的"天理本心"范畴已不是什么主观意义上的价值观念，而是具有实体性的内涵，是可以通过静坐修习切实体悟到的客观"实存"。在宋明理学体系中，天理、本心，有时又可称为"仁体"。北宋程颢曾说："学者识得仁体，实有诸己。"②陆九渊亦说："仁即此心也，此理也。"③又说："古人自得之，故有其实。"④在这种理念的指导下，他令詹阜民反身静坐，终于体悟到"仁体"（亦即本心、天理）的真实状态。陆九渊是静坐功夫的过来人，他一看詹阜民的眼睛，便知晓"此理已显"，因此，当下予以肯定。因怕詹自信不足，陆九渊故意考验他："道果在迩乎？"对此，多年来不知"仁"为何物的詹阜民，既已顿见本心，当然不再犹豫，于是答道："然。昔者……终不知仁，今始解矣。"

遗憾的是，象山心学一直受到程朱理学一派的攻击，被认为是禅学的变种，不属于儒学的范畴，因此，其子陆持之在编撰《象山集》时，把大量有关陆九渊教人习静的内容删去，仅仅保留了詹阜民这一条明确的语录，致使

---

① 《陆九渊集》卷35《语录下》，第471页。
② 程颢、程颐：《二程集》，第15页。
③ 《陆九渊集》卷1《与曾宅之》，第5页。
④ 《陆九渊集》卷1《与曾宅之》，第5页。

《象山先生全集》中明言"静坐体悟"的内容甚少。但是，如果熟悉静坐体悟功夫的学人，仍可从原书中找出不少相关内容，因为在事实上，陆九渊的习静功夫已不在当时任何高僧名道之下，即使面对北宋的周敦颐、二程等人也不遑多让。例如，陆九渊曾阐述自己的一些静坐心得说：

> 内无所累，外无所累，自然自在。才有一些子意，便沉重了。彻骨彻髓，见得超然，于一身自然轻清、自然灵。[①]
>
> 翼乎如鸿毛遇顺风，沛乎若巨鱼纵大壑，岂不快哉？[②]
>
> 吾于践履未能纯一，然才自敬策，便与天地相似。[③]

这些话，都是陆九渊通过静坐体悟而获得的真实感受，有一些话常人尚可理解，大致是指身体轻盈超然、心灵自在适意，而有一些则已达到天人合一的境界，一般人的常规经验无法理解，只好视而不见了。

此外，陆九渊曾有诗自述："仰首攀南斗，翻身倚北辰。举头天外望，无我这般人。"[④] 面对这样的诗作，一般人不知所云，或者以为陆九渊有自大狂的毛病。实际上，这是陆九渊进入深度虚静后的真实体悟，此时"元神"出窍，遨游天宇，所以才有这样的感受。通过习静，陆九渊拥有了超出常人许多倍的充沛精力。早在乾道八年，陆九渊刚中进士，前来拜访者络绎不绝，《年谱》记载："先生朝夕应酬问答，学者踵至，至不都寝者余四十日。所以自奉者甚薄，而精神益强，兴起者甚众。"[⑤] 这段话表明，陆九渊为接待来访者，四十多天没躺下就寝（至少是四十天没睡过一个囫囵觉），这种

---

① 《陆九渊集》卷35《语录下》，第468页。

② 《陆九渊集》卷35《语录下》，第471页。

③ 《陆九渊集》卷34《语录上》，第411页。

④ 《陆九渊集》卷35《语录下》，第459页。

⑤ 《陆九渊集》卷36《年谱》，第487页。

明显超出常人身体承受力的特异表现，其实恰好得益于陆九渊的甚深静坐功夫。他在接待来访者之时，善于见缝插针地静坐入定，随时获得"神气"的补充，因此，给人感觉总是"精神益强"。无独有偶，陆九渊在象山时也有类似表现，史载：

> 先生讲论，终日不倦，夜亦不困，若法令者之为也。动是三鼓，（与）学者连日应酬，劳而早起，精神愈觉炯然。问曰："先生何以能然？"先生曰："家有壬癸神，能供千斛水。"①

陆九渊"连日应酬，劳而早起，精神愈觉炯然"，学者问其故，陆九渊委婉地说："家有壬癸神，能供千斛水。"在中国古代的天干地支组合中，"壬癸神"主北方，五行归属于水。陆九渊含蓄地告诉学者，自己之所以总是精神炯然，实则因为获得了"壬癸神"源源不断的供给。需要指出，这里所说的"水"不是实物，而是神气。中国古代历来有"气足不思食""神足不思睡"的说法。陆九渊精力充沛，就是因为通过多年的静坐修炼而获得了无穷的能量补充，而汲取这种能量的前提，就是要掌握深邃的静坐功夫。

陆九渊从何处习得这种静坐功夫，史籍并无记载。不过，北宋时期的周敦颐、程颢都是静坐修炼的高手，这些先例使得陆九渊的静坐功法不再显得突兀、孤单。例如，二程兄弟曾经勉励门人多习静坐，史载：

> 谢显道习举业，已知名，往扶沟见明道先生受学，志甚笃。明道一日谓之曰："尔辈在此相从，只是学某言语，故其学心口不相应，盍若行之？"请问焉。曰："且静坐。"伊川每见人静坐，便叹其善学。②

---

① 《陆九渊集》卷36《年谱》，第503页。
② 程颢、程颐：《二程集》，第432页。

程颢教人"且静坐",自身静坐功夫也十分深湛,史载:"明道先生坐如泥塑人,接人则是一团和气。"[1]事实上,从周敦颐、程颢开始,理学一脉就有静坐体悟的传统,二程的后学杨时→罗从彦→李侗,更是把"体验未发"作为"程门指诀"[2],形成"道南传统"。[3]然而,到了李侗的门人朱熹之时,把注意力放在读书穷理等内容上,治学方式走向以理性思辨为主,忽视了静坐体悟这项非常重要的工夫。相反,倒是与周、程之间没有什么师承关系的陆九渊,有着十分深邃的静坐功夫,并以此传授门人,使人真实体悟到本心(仁体)之情状,无意中接续了周、程之正脉。这点变化,的确耐人寻味。

当然,陆九渊向门人传授静坐体悟之法,并不鼓励门人认同佛道二教的出世倾向。究其本质,陆九渊始终是具有坚定的入世价值观的儒者,一直坚持着先秦儒家固有的人文主义精神传统。他说:

> 佛老高一世人,只是道偏,不是。[4]
>
> 诸子百家,说得世人之病好,只是他立处未是,佛老亦然。[5]

客观地讲,静坐体悟是一项儒、释、道皆可行之的具体修道方法,并不具有某派专有的属性,因此,陆九渊传授门人静坐体悟之法,并没有离经叛道的意味。相反,他对于佛道二教一直怀有超越的愿望,他说:"孟氏没,吾道不得其传,而老氏之学始于周末,盛于汉,迨晋而衰矣。老氏衰而佛氏之学出焉。佛氏始于梁达磨,盛于唐,至今而衰矣。有大贤者出,吾道其兴矣夫!"[6]由是可见,陆九渊体察到佛道二教之弊端与由来,有会通超胜的愿

---

① 程颢、程颐:《二程集》,第426页。
② 吴震编校:《王畿集》卷10《答吴悟斋》,第249页。
③ 参见陈来:《朱子哲学研究》,华东师范大学出版社2000年版,第71页。
④ 《陆九渊集》卷35《语录下》,第467页。
⑤ 《陆九渊集》卷35《语录下》,第454页。
⑥ 《陆九渊集》卷35《语录下·荆州日录》,第474页。

望。这是一个大儒在三教融合时代所怀有的理想，本是再正常不过的事情。

简而言之，静坐修习是象山门下体悟本心的可操作性的法门之一，因其超出了常规经验和理性思辨的范畴，往往令后世学者感到困惑，容易引起误解。既然我们已略通其蕴奥，就应该把这一环节清晰无误地补记上去，这样一来，才能令后人明白古今学术探索道路的异同之处。

（五）明实理、做实事

陆九渊所提倡的"发明本心"的易简工夫，与那种专注于纸上"道问学"的治学模式具有根本的区别，主要在于："发明本心"的易简工夫重在笃行而非思辨，用陆九渊自己的话说，就是"明实理，做实事"①。

象山心学的入门工夫便是"切己自反，改过迁善"。这就要求学者通过笃实的践履，去掉心灵的种种障蔽，发掘、彰显自己先天内在的本心，这便是所谓笃行。从另一个角度来讲，笃行的根本要求便是"明实理，做实事"，特别是要在实际生产和生活中"下及物工夫"②，才能达到这一目的。那种埋头书册、皓首穷经的做法，看似甚为用功，实际上脱离实事实物，不过是隔靴搔痒、水中捞月而已。关于明实理，做实事，陆九渊从小便有着真切的实践体会。他出生在一个人口众多、耕读传家的乡村宗族中，"聚食逾千指，合爨二百年"③，其日常事务之繁杂多端可想而知。陆九渊回忆道：

> 吾家合族而食，每轮差子弟掌库三年，某适当其职，所学大进。④

根据历史记载，陆九渊的家族多年不曾分家，人口超过一百，平常都在一

① 《陆九渊集》卷34《语录上》，第396页。
② 《陆九渊集》卷34《语录上》，第436页。
③ 《陆九渊集》卷36《年谱》，第527页。
④ 《陆九渊集》卷34《语录上》，第428页。

起吃饭。其父陆贺一共六个儿子，每隔三年，这一房就要负责管理家族的仓库（粮、油、柴、米等日常用品）。某一年，年轻的陆九渊被任命负责管理仓库的出入用度。由于做事认真，三年下来，陆九渊学到了许多在书本上不曾学到的知识和技能，所以他充分肯定自己"掌库三年"的锻炼经历，认为"所学大进"。换句话说，陆九渊所获得的，超越了一般的书本知识，而是实实在在的日用本领。据此，他在阐述古代圣贤的为学之道时，明确地表述：

> 古人皆是明实理，做实事。①

在阐述自己的治学心得时，他也当仁不让地说：

> 千虚不博一实，吾平生学问无他，只是一实。②

陆九渊一贯明确主张，日常生活中事事物物都可以成为磨炼心性的工夫课题，所谓"在在处处皆是道场"③。史载：

> 复斋家兄一日问云："吾弟今在何处做工夫？"某答云："在人情、事势、物理上做些工夫。"复斋应而已。④（复斋，指陆九龄；某，陆九渊自指）

由是可见，陆九渊"发明本心"的工夫论，绝非盲目自大、自以为是，

---

① 《陆九渊集》卷34《语录上》，第396页。
② 《陆九渊集》卷34《语录上》，第399页。
③ 《陆九渊集》卷17《与似清》，第220页。
④ 《陆九渊集》卷34《语录上》，第400页。

而是主张要到实际生活（即人情、事势、物理等）去做实事，明实理。陆九渊明确指出，"学者大病，在于师心自用"①，导致这一毛病的根源就在于脱离实践。正是由于长期的生活历练，陆九渊养成这样一种经验直觉——"若知物价之低昂，与夫辨物之美恶真伪，则吾不可不谓之能"②。这种源于实践的学问，与那种只会埋头经籍的"道学"具有本质的差别。当然，陆九渊并不是一个事务主义者，而是将做事与明道相结合的。《象山全集》记载：

"道外无事，事外无道。"先生常言之。③

这句话，在《象山全集》中出现过多次，表明的确是陆九渊经常强调的问题。由于一般人对"道"的理解偏重于学问思辨，缺乏躬行实践的意识，所以，陆九渊相对更重视笃行。他教诲门人说：

言理则是实理，言事则是实事，德则实德，行则实行。④
须是下及物工夫，则随大随小有济。⑤

总之，"明实事，做实事"是"发明本心"工夫论的内容之一。倘若背弃了这一要领，学者就会变得头重脚轻，虚浮无实，"发明本心"就会成为一句鹦鹉学舌的空话。无论陆九渊的哲学曾经被人如何曲解，在他的教育思想中，都有一条明晰的理念——只有通过"明实理，做实事"，才能达到改过迁善、发明本心的目的，这是象山心学工夫论不可或缺的重要一环。

---

① 《陆九渊集》卷3《与张辅之》，第36页。
② 《陆九渊集》卷34《语录上》，第400页。
③ 《陆九渊集》卷34《语录上》，第395页。
④ 《陆九渊集》卷1《与曾宅之》，第5页。
⑤ 《陆九渊集》卷34《语录上》，第436页。

三、"六经注我"的治学方法

以上所论，乃是陆九渊围绕"发明本心"这一核心任务而展开的各项工夫条目。除此之外，象山心学还有一些延伸性的治学理念，别开生面，颇有醍醐灌顶般的思想启迪作用，因此，有必要加以介绍、阐述。

（一）六经当注我，我何注六经

陆九渊在世时与朱熹、张栻等人齐名，但是，他一生不事著述，专注于向门人口授心学之要，鼓励门人躬行实践。对此，有的门人不解，问："先生何不著书?"陆九渊答道："六经注我? 我注六经?"①

以往的学术著作中，一般都将陆九渊的这段句读为："六经注我，我注六经。"事实上，这是一个反问句，意在提醒门人："你仔细想一想，到底是六经注我呢? 还是我注六经呢? 哪一样才是根本啊?"显然，陆九渊认为，六经是从不同角度对于人类先天本心的诠释，是以本心为根据的，两者的关系好比：本心如月，六经如指，因此，学者应该学会循指见月，而不是停留在六经这一"指头"上。关于"六经注我"的思想，陆九渊还有许多表述，如：

> 学苟知本，六经皆我注脚。②
> 六经当注我，我何注六经? ③

在儒家思想史上，"六经注我"堪称一个颠覆性的哲学命题。它使人们搞清了本心与六经之间的逻辑关系，使后世学者从汗牛充栋的经典著作中解

---

① 《陆九渊集》卷34《语录上》，第399页。
② 《陆九渊集》卷34《语录上》，第395页。
③ 《陆九渊集》卷36《年谱》，第522页。按：这是象山后学赵彦悈1230年重修象山精舍时转述的话。

脱出来，结束了皓首穷经的"道问学"生活，转向反躬自求，发明本心，真正觉悟先圣所传授的天理本心，走向圣贤的人格境界。

从学术流派发展的角度来看，陆九渊以其"六经当注我，我何注六经"的鲜明主张，与其他理学流派彻底划清了界限。陆九渊本是高中进士之人，其试卷曾令考官"击节叹赏"[①]，文字功底自然差不了，但是，由于当时的名儒大都有著书立说之癖好，各宣其说，莫衷一是，愈发增重了后世学者的思想负担，所以，陆九渊反其向而行之，一生不事著述，注重口授心传。即使偶有需要动笔，也不过是一些简洁的书札、诗赋等，外加门人记述的语录，绝无连篇累牍的著作传世。今本《陆九渊集》将所有存世资料汇编，也不过是五百多页的一册书而已。与之相比，《朱子全书》[②]多达27册，总计一千四百多万字。这样一来，象山心学的简明扼要与朱子闽学的宏大庞杂就形成了鲜明的对比。象山心学不尚文字的风格，实际上昭示了这样一个道理："道在笃行，不在空言；道在反求，不在外骛"[③]，学者应该辨清自己前行的正确方向。

（二）以"尊德性"为重

在思想史上，人们习惯于把象山学与朱子学的差别归结为尊德性与道问学孰轻孰重、孰先孰后的问题，这确实有一定的道理。与朱熹相比，象山心学事实上更加符合先秦孟子的有关思想。孟子曾说："仁，人心也；义，人路也。舍其路而弗由，放其心而不知求，哀哉！……学问之道无他，求其放心而已矣。"[④]在孟子看来，这颗迷失的本心之中，先验地蕴含着仁、义、礼、

---

① 《陆九渊集》卷36《年谱》，第486页。

② 《朱子全书》由上海古籍出版社和安徽教育出版社于2002年联合出版，主编为朱杰人、严佐之等。

③ 《陆九渊集》卷36《年谱》，第522页。按：这也是赵彦愢的总结之语。

④ 《孟子·告子上》。

智等四端，所谓学问之道，没有别的任务，就是要这颗迷失的本心找回来。由是可见，孟子心目中的学问之道，并非外求什么知识技能，而是要"发明"内心固有的德性。不过，后儒沿袭《中庸》一书中的"尊德性而道问学"之语，又偏重于从事"道问学"，把儒学变成了一种外求知识（主要不是自然知识）的纸上学问，对于"尊德性"一条，则无形中架空。许多读书人的毕生所为，只是以治学为手段去追求个人的功名利禄，至于修齐治平等先圣之道，早就抛到脑后去了。针对这种不良学风，陆九渊十分坦率地指出：

> 学者须是打叠田地净洁，然后令他奋发植立。若田地不净洁，则奋
> 发植立不得。……然田地不净洁，亦读书不得。若读书，则是假寇兵，
> 资盗粮。①

有时候，陆九渊故意把话表述得很极端，他说：

> 若某则不识一个字，亦须还我堂堂地做个人。②

当然，陆九渊绝非目不识丁的农夫，但是，他看到了在"尊德性"和"道问学"之间，必须旗帜鲜明地以"尊德性"为先，这样才符合圣学之的。正如他否定朱熹试图调和两家治学理路差别的那段话：

> 朱元晦曾作书与学者云："陆子静专以尊德性诲人，故游其门者多
> 践履之士，然于道问学处欠了。某教人岂不是道问学处多了些子？故游
> 某之门者践履多不及之。"观此，则是元晦欲去两短，合两长，然吾以

---

① 《陆九渊集》卷35《语录下》，第463页。
② 《陆九渊集》卷35《语录下》，第447页。

为不可，既不知尊德性，焉有所谓道问学？①

陆九渊以"尊德性"为先的教育理念，对于今天的教育事业有着深远的启发意义。如前所述，教育内容可以分为知识技能教育和人文素质教育两大方面。如果我们的教育只是满足于知识技能型的应试目的，而荒废了培养德性的人文素质教育，那么，某些受过教育的人，由于"田地不洁净"，反而更加具有为非作歹的资本，正所谓"假寇兵、资盗粮"。这样的人才，恰恰就如同当代学者钱理群先生所说的"精致的利己主义者"，他们的飞黄腾达，对于社会、民族和国家来讲，绝非是什么幸事，而是一场不折不扣的灾祸。

（三）平易读书法

象山心学在兴旺之时就受到一些非议，如朱熹门人曾说："若江西之学，不读书，不穷理，只终日默坐澄心。"②显然，这个说法是有偏颇的。在绝大多数儒生注定要参加科举考试的时代，如果陆九渊不传授一些灵活适用的读书方法，那么可以想见，无论是槐堂书屋还是象山精舍，最终留下来的门人将寥寥无几。对于社会上的传闻误会，陆九渊坦然应对，他说：

　　人谓某不教人读书……何尝不读书来？只是比他人读得别些子。③

所谓"读得别些子"，是指一种既相对轻松省力，又能够产生良好效果的读书方法。对此，陆九渊一生颇有心得。首先，他认为读书要善于领会先圣的精神实质，而不是寻行数墨式的机械记诵。还在少年时，陆九渊就在诗作中

---

① 《陆九渊集》卷 34《语录上》，第 400 页。
② 陈淳：《答西蜀史杜诸友序文》,《北溪大全集》卷 33，载（清）纪昀等编纂：《四库全书》第 1168 册，第 764 页。
③ 《陆九渊集》卷 35《语录下》，第 446 页。

指出"书非贵口诵，学必到心斋"①，这一思想持续了终生。针对当时很多读书人埋头于死记硬背和训诂考据的风气，他批评说：

今之学者读书，只是解字，更不求血脉。②

所谓血脉，是指书籍中蕴含的活泼泼的精神，如人体内运行不息的血脉一般。陆九渊素来反对死抠字句、铢分毫析式的阅读方法，认为那样只会泥迹失神、见小失大。他以阅读《孟子》一书为例，说：

读《孟子》须当理会他所以立言之意。血脉不明，沉溺章句何益？③

陆九渊读书，善于领会书中的精神要旨，不纠缠于字句训诂等细节问题。他针对当时知识界沉溺于章句训诂的风气，说：

某读书只看古注。圣人之言自明白，且如"弟子入则孝，出则弟"，是分明说与你入便孝，出便弟，何须得传注？学者疲精神于此，是以担子越重。到某这里只是与他减担，只此便是格物。④

这里的"古注"，当为"古文"之误，指的是经典原文。陆九渊的意思是说：他主张读书直接看经典原文，而非后人的各种传注（即训诂、阐释之语）。在许多经典中，圣人言语浅白易懂，哪里需要什么传注？分明是画蛇添足之举。历代学人埋头于理解后儒的传注，不断重复地做"我注六经"的工作，

---

① 《陆九渊集》卷36《年谱》，第484页。
② 《陆九渊集》卷36《年谱》，第444页。
③ 《陆九渊集》卷36《年谱》，第445页。
④ 《陆九渊集》卷36《年谱》，第441页。

多年积累下来，使后代学者的担子越发沉重，因此，陆九渊主张给后世学者"减担"，让他们抛开多余的传注，直接去读经典原文。

关于具体的读书方法，陆九渊特别提倡一种平易读书法。他说：

> 读书不必穷索，平易读之，识其可识者，久将自明，毋耻不知。①
>
> 如今读书，且平平读，未晓处且放过，不必太滞。②

关于这种读书方法，陆九渊做了一定的辨析。他说：

> 读书不可晓处，何须苦思力索？……不若且放下，时复涵泳，似不去理会而理会。所谓优而柔之，使自求之；厌而饫之，使自趣之。若江海之浸，膏泽之润，涣然冰释，怡然理顺，然后为得也。③
>
> 学者读书，先于易晓处沉涵熟复，切已致思，则他难晓者涣然冰释矣。若先看难晓处，终不能达。④

陆九渊认为，读书时面对难以搞懂的问题，不必过分"苦思力索"，搞得心力交瘁，那样其实是在钻牛角尖，和自己过不去。应该从"易晓处"入手，把能搞懂的东西先弄明白。实在难解的问题不妨权且放下，"似不去理会而理会"，可能在某个时间结点上，心中猛然产生一种灵感，这个问题就如同"涣然冰释"一样，迎刃而解了。总之，由易到难，循序渐进，以一种从容平易的心态去读书，反而比"头悬梁、锥刺骨"式的苦读之法

---

① 《陆九渊集》卷35《语录下》，第471页。
② 《陆九渊集》卷36《年谱》，第441页。
③ 《陆九渊集》卷35《语录下》，第438页。优柔，从容、柔和。厌，饫，都是指饱食的意思。趣，同"趋"。
④ 《陆九渊集》卷34《语录上》，第407—408页。

效果更加显著。值得注意的是，陆九渊所说的"不若且放下，……似不去理会而理会"，包含了运用潜意识自动地整理所学知识的思想。陆九渊虽然并不具备现代心理学的知识体系，但是，他在实际的读书过程中，已经在潜移默化地应用这一方法了。至于"优而柔之，使自求之；厌而饫之，使自趣之"，指的是在读书过程中保持从容柔和的心态，不要过分给自己施压，读书多了，获取的知识丰厚了，要让它在心中有一个逐步消化的过程。上述一系列观点，不是非常善于读书、颇有经验积累的人，是无论如何讲不出来的。

当然，对于不同的书籍还有不同的读法。如读史书，陆九渊说："且如读史，须看他所以成、所以败、所以是、所以非处，优游涵泳，久自得力。若如此读得三五卷，胜看三万卷。"[①] 不过，总体而言，"求其血脉"和"平易读之"是最应当注意的两项准则。这是当时的读书人大多缺乏的，陆九渊特别予以强调，目的是使学者从汗牛充栋的书堆中解脱出来，有更多的精力去领悟先圣所传的天人性命之学的真谛。即使在今天，陆九渊的"平易读书法"仍不失为爱好读书者的有益借鉴。按照这一读书方法，学习过程将会变得相对轻松、愉悦，而不再需要悬梁刺股、殚精竭虑。这难道不是一件好事吗？从另一角度来看，这也是陆九渊提倡易简工夫、反对繁琐哲学的具体应用和表现。

（四）提倡怀疑精神

陆九渊认为，在读书治学的过程中，还要有适度的怀疑精神。这是因为自先秦之后，儒家经典经过战火焚毁、后世增补，错讹处为数不少，有的后代儒者又凭己意断经，更增加了其中的弊病，因此，对待经典和权威，都不能盲目轻信，一定要有自己的慎思明辨工夫。据《年谱》记载，陆九渊少

---

① 《陆九渊集》卷35《语录下》，第442页。

小时候便有这种大胆的怀疑精神,"最会一见便有疑,一疑便有觉"①。例如,他阅读《论语》时,"即疑有子三章"②,年方 13 岁,他便对兄长复斋(陆九龄)说:"夫子之言简易,有子之言支离。"③在正式授徒讲学之后,陆九渊并不要求门人无条件地相信经典,而是主张要有一定的怀疑精神。他说:

> 为学患无疑,疑则有进。④
>
> 小疑则小进,大疑则大进。⑤

以当时读书人必读的"四书五经"为例,陆九渊说:

> 观《春秋》《易》《诗》《书》经圣人手,则知编《论语》者亦有病。⑥

这段话实际上运用了一种类推的方法。孔子晚年删述"六经",就是因为"六经"经过千年的传承和积累,不可避免地包含了许多糟粕在内,故而需要重新编校,去粗存精。以《诗经》一书为例,在孔子之前已经积累三千余篇,到了孔子之时,他"去其重,取可施于礼义(者)"⑦,加以删定,最后保留 305 篇诗歌。为此,孔子用一句话明确阐述了自己的选诗宗旨:"诗三百,一言以蔽之,曰:思无邪。"⑧孔子重新编定"六经",说明他对于上古流传下来的经典并不盲从;同理,后人对待《论语》这样的经典,也不应一味迷信。

---

① 《陆九渊集》卷 36《年谱》,第 482 页。
② 《陆九渊集》卷 36《年谱》,第 481 页。
③ 《陆九渊集》卷 34《语录上》,第 427 页。
④ 《陆九渊集》卷 35《荆州日录》,第 472 页。
⑤ 《陆九渊集》卷 36《年谱》,第 483 页。
⑥ 《陆九渊集》卷 35《语录下》,第 434 页。
⑦ 司马迁:《史记》卷 47《孔子世家》,第 1936 页。
⑧ 《论语·为政》。

思想史界一般认为,《论语》是孔子的弟子有若和曾参的门人所编撰,其学术地位固然十分重要,但是,由于这些再传弟子的学术造诣有限,难免遗漏一些很有价值的孔子言语,同时,还把一些并不可靠的言语编入其中,所以,《论语》一书内部也存在良莠不齐的现象。陆九渊少小时读到有子的言论,觉得他支离可疑。成年之后,他便大胆地告诉门人:"编《论语》者亦有病。"这种敢于怀疑权威经典的勇气,其实就是建立在"六经注我"基础上的"自立"精神,在那个先儒经典神圣化的时代,是非常难能可贵的。

当然,陆九渊所说的怀疑精神,不仅仅指敢于对外怀疑权威和经典,有时也包括要有自我怀疑的勇气,甚至就是一种试图发现问题、解决问题的"问题意识"。他举例说:"孔门如子贡即无所疑,所以不至于道"①,因为子贡对孔子的所言往往是采取"然,非与?"②的态度,不假思索地一律肯定,反而辜负了孔子对他的精心启发和殷切期望。又如:儒家无人不知孟子的"四端"说,即"恻隐之心,仁之端也;羞恶之心,义之端也;辞让之心,礼之端也;是非之心,智之端也。人之有是四端也,犹其有四体也。"③陆九渊对此并无异议,但是,他告诉门人说:"孟子就四端上指示人,岂是人心只有这四端而已?"④言下之意,除了仁、义、礼、智,人心之中应该还有别的内涵,有待于学者去发掘、运用。这种启迪门人勇于怀疑、发现问题的教育理念,直至今天,仍然有着非常积极的实践意义。

陆九渊修道工夫和治学方法的有益思想还有很多,如:"学能变化气质"⑤,与张载的思想相通;"学者不可用心太紧。深山有宝,无心于宝者得之"⑥,与禅宗心法相通。限于篇幅,笔者不再一一列举。这些精辟见解,既

① 《陆九渊集》卷35《荆州日录》,第472页。
② 《论语·卫灵公》。
③ 《孟子·公孙丑上》。
④ 《陆九渊集》卷34《语录上》,第423页。
⑤ 《陆九渊集》卷35《语录下》,第462页。
⑥ 《陆九渊集》卷34《语录上》,第409页。

体现出陆九渊本人的真实心得，又体现出他善纳众家之长的开放心态，概而言之，都是陆九渊"发明本心"工夫论的具体表现和灵活应用。

四、陆九渊教育哲学的历史评价和现代启示

陆九渊的教育哲学，以"学为人"为根本宗旨，以"发明本心"为践履工夫，在此基础上，体现出多种特色，如：简易直截、灵活适用、自信自立、敢于怀疑，剥落减担（善做减法）、先立乎其大（指"尊德性"）、躬行实践，等等。这些教育理念，与某些儒家学派的繁琐、拘谨的治学风格形成鲜明的对此，在当时就引起强烈的社会反响，到了明代，更成为阳明心学反对官学化的程朱理学的重要思想依据。王阳明曾经高度评价象山心学，他说：

> 象山之学，简易直截，孟子之后一人。其学问思辩、致知格物之说，虽亦未免沿习之累，然其大本大原，断非余子所及也。①

正因为相信陆九渊"得孔孟之正传"②，所以，1521 年（正德十六年），王阳明在担任江西巡抚期间，令抚州金溪的地方官员巡访陆氏后裔，免其差役，优予照顾，而且，重新编印了《象山文集》，并为之作序。在序文中，王阳明表达了与陆九渊非常接近的心学理念，他说：

> 圣人之学，心学也。尧、舜、禹之相授受曰："人心惟危，道心惟微，惟精惟一，允执厥中。"此心学之源也。③

---

① 吴光等编校：《王阳明全集》卷 5《与席元山》，第 180 页。
② 吴光等编校：《王阳明全集》卷 34《年谱二》，第 1279 页。
③ 吴光等编校：《王阳明全集》卷 7《象山文集序》，第 245 页。

虽然心学的说法由来已久，但明确提出"圣人之学，心学也"之命题，这在历史上还是第一次。需要注意，王阳明所说的"心学"，并不是从实在论角度来判别的，而是从主体性角度来立论的，其意是指：任何思想理论都只有从"心地勘过"，方才成为自家真切的学问功夫。因此，心学注重的是主体自身的内在修养，唯有修好自家的品德、性格、才干，才能更好地应对周围的事事物物。根据这一概念界定，陆王心学的思想理论与所谓的"唯心主义"世界观是风马牛不相及的东西，之所以在某段时间内人们会得出这种歪曲的印象，实在是因为被这一时期官方哲学"贴标签"的划分法所误导的结果。

王阳明认为，圣学的血脉在战国之后实际中断，直至北宋中期方才重新振兴，这主要得益于周敦颐和程颢二人的努力。他说：

> 至宋周、程二子，始复追寻孔、颜之宗，而有"无极而太极""定之以仁义，中正而主静之说""动亦定，静亦定，无内外，无将迎"之论，庶几精一之旨矣。自是而后，有象山陆氏，虽其纯粹和平若不逮于二子，而简易直截，真有以接孟子之传。……故吾尝断以陆氏之学，孟氏之学也。①

在王阳明看来，周、程二人只是心学的先声，在其后一百多年间，并没有什么俊杰之士能够接续心传，直至陆九渊问世，才不仅重新光大了周、程的心学思想，而且"真有以接孟子之传"。因此，王阳明给予象山心学一个很高的评价——"（吾）断以陆氏之学，孟氏之学也"。宋明时代，出于对孔子的过度尊崇，人们一般不敢直说"接续孔子真传"的话，不过，那时候习惯于"孔孟"并称，并视思孟学派为孔门之嫡传，因此，说到陆九渊"真有以接孟子之传"，实际上已是最高的评价。笔者以为，比起某些繁琐僵化、似

---

① 吴光等编校：《王阳明全集》卷7《象山文集序》，第245页。

是而非的其他理学派别来，简易直截、灵活深邃的象山心学的确当得起这一赞誉。

今天，我们重温陆九渊的教育哲学，具有继往开来、补缺救弊的重要意义。本来，陆九渊的教育哲学对于现代教育的思想启迪是多方面的，限于篇幅，我们在此简要归纳出两个方面的重要启示：

第一，传授做人的学问，树立人文主义的教育理念。陆九渊毕生所从事的是大学之教，其本质是古典人文主义的教育，它以"学为人"作为教育的根本目的，注重教人以德行和智慧，而不只是单纯的知识。这一思想理念，对于中国当代教育事业的健康发展无疑具有重要的警醒作用。

从长远来看，教育是民族生存和发展的命脉，这一点整个社会已有共识。不过，对学生施以什么样内容的教育，更是教育事业成败的关键。大体而言，现代教育离不开知识技能和人文素质培养两方面的内容。如果只是以灌输知识、传授技能为目的，那么，这种教育模式培养出来的人才固然掌握了知识技能，却不可避免地沦为"单向度的人"。倘若学校教育输送出来的人才缺乏必要的人文素养和社会责任感，那么，他们势必陷入到享乐主义、功利主义的泥淖中去，他们的知识技能不能为社会进步提供一点"正能量"，甚至还可能用于为满足一己私欲而干的卑鄙勾当，显然，这样的人才是"瘸腿"的；因此，在现代教育中，人文素质的培养和知识技能的传授，就像一辆汽车的两个轮子，缺一不可。目前，中国的教育体制一直以应试教育为主，把知识技能的教育摆在首位，人文素质培养的任务则被冷落于一种可有可无的边缘位置，或者仅仅流于形式。在这种时代背景下，陆九渊的人文主义教育哲学当然应该纳入我们的视野。从社会层面来讲，他的教育目的，就是要"成孝敬，厚人伦，美教化，移风俗"①，亦即在普遍提高人文素质的基础上，达到社会和谐的局面。这种价值追求，同样也是今天的政治家和教育

———————————

① 《陆九渊集》卷35《语录下》，第449页。

家所梦寐以求的，所以说，陆九渊的人文主义教育哲学，足以成为健康、全面发展现代教育事业的宝贵思想资源。

第二，在应试教育的环境中积极输入素质教育的内容。南宋时期，陆九渊实际上也处在一个应试教育体制的环境中，科举功名是绝大多数读书人都不能忽略的问题。然而，即使在那样的社会环境中，陆九渊依然坚持以德为本、德智统一的教育思想，尽量在教育实践中传输更多的人文主义教育理念，培养出一大批真诚地怀有儒家理想和信念的读书人，为中国文化的传续做出了承前启后的重要贡献。这一点，更值得当代教育工作者效法。

陆九渊认为，把读书应考和修道培德对立起来，这是偏颇之见，关键是要摆正自己的观念，以从容平和的心态去参加科举。他以自己为例说：

> 吾自应举，未尝以得失为念，场屋之文，只是直写胸襟。[1]

陆九渊两次获得乡举资格，考进士也是考了两回才金榜题名。他的可贵之处就在于"未尝以得失为念"，在考场上不去多想撰写时文[2]的格式和方法，而是直写胸襟，毫无凝滞，最终，他还是被几位考官一致看中，获得了科举功名。授徒讲学后，陆九渊又将自己的学习心得融入教学实践中，把知识教育和德性培养统一起来，在应试教育的环境中积极输入素质教育的内容，为国家培养更多的人才。他曾这样表述自己的教学心得：

> 某今亦教人做时文，亦教人去（应）试，亦爱好人发解之类。要晓此意是为公，不是私。[3]

---

① 《陆九渊集》卷35《语录下》，第409页。

② 时文，即科举考试时的规范化文体，明清时代演变为八股文。

③ 《陆九渊集》卷35《语录下》，第467页。发解，指得到荐举、获得参加会试的资格。

陆九渊善于将应试教育和德性培养融会贯通的做法，也得到了其弟子们的认同。同为金溪人的朱济道和朱亨道兄弟，年龄长于陆九渊，虚心前来求学，在给友人的信中，他们谈及陆九渊的教学方法，说：

> 先生所以诲人者，深切著明，大概是令人求放心。其有志于学者，数人相与讲切，无非此事，不复以言语文字为意，令人叹仰无已。其有意作文者，令收拾精神，涵养德性，根本既正，不患不能作文。①

显然，陆九渊很善于在应试教育的环境中积极输入素质教育的内容。他门下的傅子渊、邓文范、杨简、袁燮等高徒，既有颖悟的智性，又有高洁的品行，而且大多高中进士，获得了为国家效力的更高层次的平台，他们为官久任，清廉自守，治世多能，都体现出"真儒"的事功和风范。

总体而言，陆九渊的教育思想本质上是古典人文主义的教育哲学。无论是在槐堂书屋，还是在象山精舍，陆九渊传授给门人的，都是关于如何"学为人"的人文主义思想观念。在他的教育理论体系中，包含着丰富的思想内容：提倡自立自信的主体精神，简易直截的修养工夫，"明实理、做实事"的处世态度，灵活适用的读书方法，等等，这些教育思想都体现出鲜明的心学特色，并取得了显著而积极的实践效果。无疑，陆九渊的教育哲学，在中国古代教育史上占有十分重要的地位，某些思想至今仍然熠熠生辉，有助于我们反思当前体制下教育事业的成就与缺失。众所周知，在当代各大国激烈竞争的时代背景下，要实现新世纪的中国梦，需要教育事业提供充足的人才保证，而教育哲学中有关理念的修正与改进是教育事业进一步健康发展的思想保证。正是从这个意义上讲，陆九渊的教育哲学，可以成为使今人受益无穷的思想源泉。

---

① 《陆九渊集》卷36《年谱》，第489页。

第三章

象山后学的教育哲学思想

陆九渊开创的象山心学，在南宋时期引起了巨大的社会反响。不过，一个学派之所以长久地发挥历史影响，单靠一时的轰动效应是绝不可能的。所幸的是，作为一个教育家，陆九渊培养了很多出色的门人。在他身后，这些门人大多成长为声闻朝野的名儒。其中，在教育领域最有成就的人物，是以杨简、袁燮、沈焕、舒璘为代表的"明州四先生"。有趣的是，这四人的籍贯均出自浙东一带，师同门，志同道，禀承了象山心学的精蕴，继续在南宋中晚期传播心学思想，使得象山心学的影响更加广泛而久固。在"明州四先生"中，世所公认杨简的思想贡献和教育成就最为突出，其他三人的思想和作为亦皆有可观者，因此，我们有必要专门探讨一下这些象山后学的教育哲学思想。

第一节　杨简的教育哲学思想

杨简（1141—1226年），字敬仲，号慈湖，浙江慈溪人，是陆九渊门下的第一高足。杨简为人忠直诚笃，而且享有高寿，多年担任地方官，以政学合一的精神开展教育活动，亦曾长期赋闲在家，专门从事讲学授徒。他说：

"师者，所以传道也。道非自外至，所以启吾心之所自有也。教者岂能于学者所自有之外，别取一物而教之耶？亦使之复其所固有尔。"① 杨简在传播心学思想的过程中，将心学工夫表述得更加简洁明了，无意中形成自己的慈湖心学，体现出独特的精神风采，成为继陆九渊之后的又一座思想高峰。

一、杨简的从政生涯与教育活动

（一）从少年到进士

南宋绍兴十一年（公元 1141 年）辛酉正月二日，杨简出生在浙东鄞县的一个家境富庶的儒者家庭。② 其父杨庭显，是一位未获功名的民间儒者。杨简出生在鄞县，年少时一直生活在那里。绍兴三十一年（1161 年），金主完颜亮率大军南侵，江浙一带的形势也骤然紧张，杨庭显率家避居到慈溪，从此定居在该邑，此时，杨简已经 20 岁，是个年轻小伙了。杨简年幼时，性格便十分沉静，与一般儿童的淘气顽皮明显不同。据其《行状》记载：

> （先生）入小学，便俨立若成人。书堂去巷陌，隔牖间一纸，凡遨戏事呼噪过门，听若无。朔望例得假，群儿数日以俟，走散相征逐。先生凝静几门，如常日课，未尝投足户外。③

这段记述表明，杨简幼时性格沉静、近似成人。在私塾念书时，书堂离街巷只隔了一层窗户纸，外面往来的车水马龙和玩耍孩童的大呼小叫，很容易干

① 杨简：《家记八·论孟子、诸子》，《慈湖遗书》卷 14，载纪昀等编纂：《四库全书》第 1156 册，第 844 页。

② 冯可镛、叶意深编：《慈湖先生年谱》卷 1，载张寿镛辑：《四明丛书》，广陵书社 2006 年版，第 6924 页。又载：《慈湖先生年谱》卷 1，毋自欺斋校本，第 1 页。

③ 钱时：《宝谟阁学士奉亚大夫慈湖先生行状》，载杨简：《慈湖遗书》附录，《四库全书》第 1156 册，第 927—928 页。

扰室内学童的注意力，但是小杨简对其听而不闻，就像它们不存在一样。每月的初一和十五是私塾放假的时间，别的孩子几天前就盼着假期的到来，一到放假之时，便你追我赶，一哄而散，跑到外面玩去了。但是，杨简却依然凝静地待在家中，像往常一样读书自学，几乎足不出户。杨简的这一性格，很像其师陆九渊小的时候，"幼不戏弄，静重如成人"①，"立于门，过者驻望称叹，以其端庄雍容异常儿也"②，无怪二人后来均成为一代大儒。

由于学习非常刻苦，这样的学生自然容易获得上级教育部门的选拔。21岁时，杨简考入设在行都临安的太学。《行状》记载：

> 逾弱冠，入上庠，每试辄魁。闻者旧言："先生入院时，但面壁坐。日将西，众哄哄兢。寸晷，乃方舒徐展卷，写笔若波注，无一字误。写竟，复袖卷舒徐，俟众出，不以己长先人。"③

杨简进入太学之后，仍然保持认真读书的习惯，而且成绩优异，"每试辄魁"。不过，《行状》作者、门人钱时在此避讳的一段史实是：在科举之路上，杨简也并非一帆风顺。他"为文清润峻整，务明圣经，不肯规时好，作俗下语"④，尽管文章写得很好，但不能完全符合科举考试的样式，因此，杨简从20岁入太学，直至29岁才考中进士。乾道五年（1169年），杨简终于"以一经冠南宫，选登乙科"⑤，得到了读书人梦寐以求的进士功名。此时他已经

---

① 杨简：《象山先生行状》，载《陆九渊集》卷33，第388页。
② 杨简：《象山先生行状》，载《陆九渊集》卷33，第388页。
③ 钱时：《宝谟阁学士正奉大夫慈湖先生行状》，载杨简：《慈湖遗书》附录，《四库全书》第1156册，第928页。
④ 钱时：《宝谟阁学士正奉大夫慈湖先生行状》，载杨简：《慈湖遗书》附录，《四库全书》第1156册，第928页。
⑤ 钱时：《宝谟阁学士正奉大夫慈湖先生行状》，载杨简：《慈湖遗书》附录，《四库全书》第1156册，第928页。

29 岁[①]了，不过，比后来成为自己恩师的陆九渊还早一科登第。

（二）幕僚佐政

杨简考中进士之后，被授予富阳县主簿的职务，从此步入仕途。在县主簿的职位上，他尽心尽责，很快取得了邑人的尊敬。《行状》记载：

> 簿于邑号闲冷。先生诚以接物，众畏信之，相戒奉约束惟谨。走吏持片纸入市，可质数千（文）。[②]

这段话表明，杨简以诚信待物的态度，很快获得富阳吏民的信任和尊敬。久而久之，他所写的一张有字的纸（字据），无须别的抵押物，可以直接在市场上换来数千文铜钱，足见杨简个人的信用额度之高。

在富阳期间，对于杨简个人来讲，最重要的收获莫过于通过陆九渊而获得"扇讼之悟"了，时在乾道八年（1172 年）三月二十一日，从此诚心拜陆九渊为师，这在他的进学历程中具有关键性的意义（下节将详述）。淳熙元年(1174 年)春，杨母臧氏去世，杨简回家居丧丁忧。淳熙三年(1176 年)丁忧结束，36 岁的杨简重回官府报到，被授予绍兴府司理（又称"理椽"）之职，这是一个主管讼狱的职务。杨简办案一向认真、严明，"犴狴必躬临之，端嘿以听，使自吐露，囚情炯烛，罔失毫末。猾吏谨行文案，手胶拳（粘），莫敢舞越。"[③] 由于严格审理案件，"囚情炯烛，罔失毫末"，使得官府中原来处理文案的小吏们也变得十分谨慎，再也不敢捉刀弄笔、颠倒黑白。

---

① 本著计算古人的年龄，一般按传统的虚岁来算，特殊注明者除外。
② 钱时：《宝谟阁学士正奉大夫慈湖先生行状》，载杨简：《慈湖遗书》附录，《四库全书》第 1156 册，第 928 页。
③ 钱时：《宝谟阁学士正奉大夫慈湖先生行状》，载杨简：《慈湖遗书》附录，《四库全书》第 1156 册，第 929 页。谨，原作"仅"，据文义改。

由于为官正直、能力出众，杨简开始得到一些上层官员的重视和举荐。致仕宰相史浩、理学名家朱熹等人，都向朝廷荐举杨简。淳熙十一年（1184年），44岁的杨简被任命为浙西安抚司干办公事（简称"浙西抚干"），驻地就在临安，虽然职务升了一级，仍是一个幕僚的身份。好在此时的浙西安抚使张构"雅敬先生"，在张构的幕下，杨简日子过得算是比较惬意。淳熙十五年（1188年），杨简被授以浙江嵊县知县的实职，本欲前往就任。孰料，他的父亲杨庭显突然病故，杨简再次回家奔丧，没有前往嵊县任职。丧礼结束后，按古制，杨简仍然在家乡丁忧，成为赋闲之人。在丁忧期间，杨简投入了比较活跃的讲学生活，这与一个重要的政治人物有关，那就是致仕宰相史浩。史浩是浙江鄞县人，和杨简是事实上的同乡，据清代学者全祖望记述：

> 文元之讲学于碧沚，以史氏也。先是，史忠定王馆沈端宪于竹洲，又延文元于碧沚。袁正献时亦来预。湖上四桥，游人如云，木铎之声相闻。竹洲在南，碧沚在北。[1]（杨简逝世后，追谥"文元"）

史浩去世后，曾被朝廷"追封越王，改谥忠定"[2]，此人是一个文化素养较高，且为人宽厚豁达的封建官僚。退休在家时，他先后修建竹洲、碧沚两处讲学之所，聘请杨简（谥文元）、沈焕（谥端宪）、袁燮（谥正献）等名儒来讲学，并且督促史家子侄专心听讲于其中，因此，在《宋元学案》之《慈湖学案》中，记载了杨简的知名弟子60人，其中有很多是史氏家族的子弟或姻亲，这些门人构成了日后以杨简为代表的浙东心学的主力阵容。由于史氏家族的大力支持，使得杨简本人在儒林中获得了较高的声望，成为象山心学的有力后

---

[1] 全祖望：《鲒埼亭集外编·杨文元书院记》，载冯可镛、叶意深：《慈湖先生年谱》（四明丛书本）卷1，第6933页。

[2] 脱脱等：《宋史》卷396《史浩传》，第12069页。

劲。本来，丁忧期只有 27 个月①，杨简在"服除"之后，便可以返回朝廷销假，但是他没有急着回去，而是在家乡讲学长达 4 年（1188—1192 年）之久，因为这种讲学生活令他很满足，也奠定了他成为一个教育家的实践基础。

（三）初为知县

1189 年，68 岁的宋孝宗禅位给太子，是为宋光宗，第二年改元绍熙。绍熙三年（1192 年），杨简被任命为江西乐平知县，这时他已经 52 岁，终于获得了一个"百里侯"式的实职。据杨简自述："绍熙三年二月闰朔，某始领邑事。"②到任之后，他发现"故学宫逼陋甚危，朽（木）相枝柱"③，于是"思撤而新之"④。由于"县计大匮"⑤，财政困难，于是，他发出号召，属吏和县中百姓纷纷响应，有钱的出钱，有力的出力，第二年，终于建成一座崭新的学宫。此时，杨简已富有讲学经验，他登上讲坛，把自己的心学思想传授给当地的士子百姓。由于他的讲学"坦易明白，听之者人人可晓"，许多士子百姓发现：原来圣人之学并不深奥复杂，"圣贤与我同心，日用平常无非大道"，由此萌发立志成圣的心愿。有的士子听了杨简的讲学之后，"有泣下者"。可见，此时的杨简已经非常擅长点化人心了。对于教化士子百姓，杨简始终以一种忘我的精神投入，"人（学）斋，舍昼夜，忘寝食，远近为之风动"⑥，真正体现出一个儒者化民成俗的热情。在乐平期间，杨简最属意的有三个优秀的弟子，分别是邹梦遇(字元祥)、邹近仁(字鲁卿) 和曹夙(字

---

① 古代官员的丁忧之期，实际上是 27 个月，成为定制。
② 杨简：《乐平县学记》，《慈湖遗书》卷 2，载纪昀等编纂：《四库全书》第 1156 册，第 617 页。
③ 钱时：《宝谟阁学士正奉大夫慈湖先生行状》，载杨简：《慈湖遗书》附录，《四库全书》第 1156 册，第 930 页。
④ 杨简：《乐平县学记》，《慈湖遗书》卷 2，载纪昀等编纂：《四库全书》第 1156 册，第 617 页。
⑤ 杨简：《乐平县学记》，《慈湖遗书》卷 2，载纪昀等编纂：《四库全书》第 1156 册，第 617 页。
⑥ 以上引文皆引自钱时：《宝谟阁学士正奉大夫慈湖先生行状》，载杨简：《慈湖遗书》附录，《四库全书》第 1156 册，第 930 页。

叔达），这三个人的道行功夫，至少达到了"知者觉之始"的层次。

知乐平期间，杨简还严惩了当地的两个姓杨、姓石的恶少，并对他们晓以大义，使得二人幡然悔悟，从此成为安善良民。这样一来，乐平本地的治安和民风发生了很大的转变。第二年，适逢大旱，杨简积极开展赈灾济民等活动，效果良好，更加赢得了当地百姓的热情拥戴。至今《江西通志》的《乐平县志》中，仍然以浓重的笔墨，把杨简列为造福当地的历史名宦之一。1194 年，杨简奉调回临安，当他离开乐平时，许多百姓自发前来送别，"众相随出境外，呼先生杨父，泣拜，恋恋不忍离"①。这一场景表明，杨简在乐平执政的成效显著，广大百姓视之如父母，把他当成了百年难遇的清官循吏。

（四）从庆元党禁到再为朝官

杨简来到都城临安后，在国子监中担任博士官，主讲《易》学。他面对众多士子，充分阐述自己的哲学思想，"发人心固有之妙，欣欣然人自庆幸"②。出人意料的是，此时他遇上了政治生涯的一次重大打击。1195 年（庆元元年），奸相韩侂胄利用宋宁宗的偏袒，将原右相赵汝愚贬谪出京，并大肆打击赵汝愚一党。杨简出于公愤，上书为赵汝愚鸣冤，结果也被列入伪学逆党籍（共 59 人，包括赵汝愚、朱熹、叶适等名士）。幸好宋朝一直遵循太祖以来"不杀大臣及言事官"的国策，除赵汝愚病死于贬谪途中外，其他"伪学逆党"人士虽然遭到贬职、编管之类的迫害，并无性命之忧。杨简受到的最终处分是：落职奉祠、主管台州崇道观。与陆九渊当年的遭遇相似，即罢去实职，给予一个主管某某宫观的名义，发给基本俸禄（时称"祠禄"），

① 钱时：《宝谟阁学士正奉大夫慈湖先生行状》，载杨简：《慈湖遗书》附录，《四库全书》第 1156 册，第 930 页。
② 钱时：《宝谟阁学士正奉大夫慈湖先生行状》，载杨简：《慈湖遗书》附录，《四库全书》第 1156 册，第 930 页。

实际上是归里赋闲。从此杨简返乡隐居，赋闲时间长达 14 年之久（1195—
1208 年）。

然而，杨简素以为"忠信即道"①。他认为自己的上书之举不过是做了一
件该做的事情而已，丝毫没有把个人的进退得失放在心上。回到家乡后，他
专心致力于教育活动和学术研究。史载：

> 其归自胄监也，家食者十四载。筑室德润湖上，更名慈湖。馆四方
> 学子于熙光咏春之间而启迪之。于是始传《诗》《易》《春秋》，传《曾子》，
> 始取先圣大训间见诸杂说中者，刊讹剔诬，萃六卷，而为之解。②

开禧三年（1207 年），韩侂胄在政变中被杀，政权转移到右丞相史弥远
手中，时间长达 25 年之久。史弥远执政之后，为消除士人对他的不良印象，
表面上"厉精更化，首访耆德"③，尤其注重倡导理学④，提拔理学名流。在这
种情形下，杨简这位耆德硕儒自然成为他所选用的对象。嘉定元年（1208
年），赋闲 14 年之久的杨简结束了祠禄官的生涯，被正式任命为秘书郎，后
转任朝请郎，不久又迁秘书省著作佐郎兼权兵部郎官（还任过许多职务，此
略）。此时的杨简，虽已 68 岁，身体依然矍铄，欣然前往临安任职。

在朝廷供职 3 年（1208—1210 年），杨简两次趁着君臣轮对的机会，或
上书，或直言，向宋宁宗陈述自己对时局的看法，希望皇帝体恤民情、励精
图治。然而，由于朝政大权实际掌握在史弥远手中，宋宁宗生性暗弱平庸，
除了口头表彰杨简忠贞尽职之心以外，并没有采取什么切实有效的措施来解

---

① 杨简：《学者请书》二，《慈湖遗书》卷 3，载纪昀等编纂：《四库全书》第 1156 册，第 634 页。

② 钱时：《宝谟阁学士正奉大夫慈湖先生行状》，载杨简：《慈湖遗书》附录，《四库全书》
第 1156 册，第 931 页。

③ 钱时：《宝谟阁学士正奉大夫慈湖先生行状》，载杨简：《慈湖遗书》附录，《四库全书》
第 1156 册，第 932 页。

④ 按照广义的理学，除了程朱理学之外，陆象山、杨慈湖等心学名家也属于理学一派。

决杨简所揭示的各种社会问题。对此，杨简未免失望。由于呆在小朝廷中实在郁闷，他只好以 70 岁的高龄请求外放。宋宁宗和史弥远也巴不得耳朵清静一些，于是，嘉定三年（1210 年），年过七旬的杨简奉诏出任温州知州。

（五）治理温州

杨简到达温州后，雷厉风行地开展了一系列改革弊政的活动。

首先，他下令罢除了自王安石以来的一项"设法卖酒"的陈规陋习。这项旧规的内容是趁农民刚刚获得"青苗钱"贷款之后，在城中设置官营的酒肆，让一批"盛妆丽色"的娼妓在门口吹拉弹唱，引诱朴实的百姓进去喝酒。一顿酒饭吃完，农民所领取的青苗钱已经耗费了十分之二三。这样的方式，可以直接为地方政府增加财政收入，但是严重败坏了社会风气。通过实地调查，杨简发现，因为要供养一大批娼妓，官营酒肆价格虚高，有牟取暴利倾向，长此以往，消费者觉得"支费多"，大多不愿意到这种酒肆饮酒，而普通的酒店虽然没有娼妓招摇之举，正常的酒税（酒课）反而比官营酒肆要多，更何况"冶容列肆，导淫钓利，伤风败俗，莫此为甚"①。在深察其中利弊之后，杨简果断下令废除"设法卖酒"的惯例，同时，明令罢除妓籍，令其从良。

第二，在司法改革方面，及时接纳民间诉状，提高审案的效率和公正性。过去，"词诉类局于日分，难遽达"②。对此，杨简命令："架大锣戟门外，令诉者自鸣。鸣即引问，立剖决无时。"③ 其意是说：过去百姓有冤情申诉，都要在白天官府办公之时，因此，有些紧急情况难以迅速反映到有关官

---

① 钱时：《宝谟阁学士正奉大夫慈湖先生行状》，载杨简：《慈湖遗书》附录，《四库全书》第 1156 册，第 936 页。

② 钱时：《宝谟阁学士正奉大夫慈湖先生行状》，载杨简：《慈湖遗书》附录，《四库全书》第 1156 册，第 936 页。

③ 钱时：《宝谟阁学士正奉大夫慈湖先生行状》，载杨简：《慈湖遗书》附录，《四库全书》第 1156 册，第 936 页。

员这里来。有鉴于此，杨简命令在衙门口外设置一付大锣，无论何时，有冤情要申诉者可以鸣锣上告，杨简及下属官员随时受理，只要情况清楚，立刻判决，绝不拖延。需要指出，杨简及时断案，并不是草率从事、糊涂判决。当他的判决初定之时，在公堂之上，只要有不同意见，"判有啧于庭者，无问谁何，即释笔拱答。揖入言，苟是，虽贱隶必敬听；于理未安，虽至亲不为挠。"①

第三，杨简"更治"温州的又一项措施是抑制豪门大族欺凌良善的违法行为。对于那种恃强凌弱、怙恶不悛的地方恶霸，杨简绝不姑息养奸，而是采取霹雳手段，狠狠地惩治这些独霸一方、危害乡党的家伙，连带教训了那些多年来惯于谄媚豪强大族的属吏。据《行状》记载：

> （某世家）府第障官河，立僦屋，扼舟人喉衿。巷居者苦溉濯，而官失虞火之备。累政气咽，咽不得吐。有言者，先生命厢官立毁之。厢官慑怯，莫敢前，曰："汝不食天子粟，不为吾用邪？"抖首，械之往，遂即日撤去。满城欢踊，勒石名杨公河。②

这段记载说的是：某位世家大族的府第阻挡了公共河道（即官河）的畅通，因为这家大户在官河边上盖了一排用于租赁的房子，挤占了过往船只的通行航道。由于这些违章建筑的存在，使得巷子中的百姓取水灌溉、洗涤十分不便，而官府也因取水困难，万一发起火灾，将无法救援。这一势家大族的霸道行径持续了多年，每任地方官都因惧其势力，无可奈何。杨简听说此事，命令属吏立刻前去拆毁这些违章建筑。孰料，属吏怯于这家豪绅的势力，没

---

① 钱时：《宝谟阁学士正奉大夫慈湖先生行状》，载杨简：《慈湖遗书》附录，《四库全书》第1156册，第936页。啧，争论。原作"喏"，有误，据文义改。

② 钱时：《宝谟阁学士正奉大夫慈湖先生行状》，载杨简：《慈湖遗书》附录，《四库全书》第1156册，第936—937页。

有谁敢动身执行命令。杨简见状，愤怒地说："你们吃的不是国家俸禄吗？我是本地知州，你们竟敢不服从命令，不听我调遣吗？"于是，他下令把属吏中为首的一人定了渎职罪，给他上了枷锁，然后命令众衙役前往执行命令。看到知州大人如此严厉的处罚，众衙役再也不敢怠慢，于是，当天就把这些临河占道的违章房屋拆除了。听说了杨简如此果断的行动，满城百姓欢呼雀跃，庆祝杨简为当地除去弊害，并把这条从此变得宽阔畅通的河流命名为"杨公河"。

第四，杨简四处推广他所崇尚的儒家伦理建设方案，以期建成儒家的理想社会。他经常到周边属邑巡视，主要做的是：

> 首访贤者，礼致之。示标表首，崇孝养，明宗族相恤之令。首行乡纪，效《周官》书敬敏任恤之类，书善不书恶，愿与士夫军民共由斯道。上下呼舞载路，如脱汤镬、濯清波，如从寒谷中生春妍。①

所谓乡纪，即一乡的大事记，一般是由本地有文化、有声望的乡贤来执笔。杨简寻访并告诉这些乡贤：要学习《周官》（即《周礼》一书）的模式，多记录"敬敏任恤之类"的好人好事，"书善不书恶"，旨在鼓励人们自觉为善去恶。与之相应的是，杨简自己在巡视地方的过程中，也经常表彰孝子之类的正面榜样，用以阐明、弘扬"宗族相恤"的儒家道德理念。

当然，要想建立自己所崇尚的儒家理想社会，身为知州的杨简必须以身作则，为属吏、乡绅和百姓做出表率，这一点，杨简丝毫不因年迈而有所懈怠。本来，年过七旬的他，讲究一点生活质量无可厚非，但是，杨简却以近乎苛刻的方式严格要求自己的开支用度。《行状》记载：

---

① 钱时：《宝谟阁学士正奉大夫慈湖先生行状》，载杨简：《慈湖遗书》附录，《四库全书》第 1156 册，第 936 页。

食用甚菲，设厨生埃。语家人曰："吾儒素为天子任抚字，敢以郡为乐羞，赤子膏血自肥乎？"①

与历朝相比，宋朝的官员俸禄比较优厚。外放为地方官，更是大捞油水的好机会。可是，杨简在任期间，伙食支出十分菲薄，以至于专为知州一人所设的厨房竟然日久蒙尘。由是可见，杨简平时的饮食都是和家人或属吏在一起，从来不单独吃小灶，所以，知州的专用厨房才会久而生埃。这样的清廉作风，放在任何时代都令人叹为观止。

由于杨简所施行的一系列惩恶扬善、除害兴利的改革措施，不久，温州一地，"豪侈顿消，兼并衰止，闾巷雍睦，无忿争声诸色"②，呈现出安定和谐的社会局面，初步实现了杨简恢复"三代之治"的政治理想。杨简在百姓中也获得了崇高的威望。对此，《行状》一文津津乐道：

虽不督赋而财未尝匮，不设法不立额而课未尝亏。盖由廉俭自将，不费于无艺，中孚感物而人自化服，不忍欺也。③

然而，宋王朝害怕地方官久任会形成尾大不掉之势，规定知州任期一般只有两年。嘉定五年（1212年），杨简被朝廷改授兵部员外郎之职，不得不返回临安。当他离任时，百姓们依依不舍。《行状》记载：

（嘉定）五年，除驾部员外郎。去之日，老稚累累，争扶拥缘道，

---

① 钱时：《宝谟阁学士正奉大夫慈湖先生行状》，载杨简：《慈湖遗书》附录，《四库全书》第1156册，第937页。

② 钱时：《宝谟阁学士正奉大夫慈湖先生行状》，载杨简：《慈湖遗书》附录，《四库全书》第1156册，第937页。

③ 钱时：《宝谟阁学士正奉大夫慈湖先生行状》，载杨简：《慈湖遗书》附录，《四库全书》第1156册，第937页。无艺，即没有一定的标准和法度。

曰："我阿翁去矣，将奈何？"倾城出，尽哭。[1]

百姓们"倾城而出"送别一位离任官员，而且都哭泣不舍，如此感人的场面，即使在今天，也难以想象如何发生，然而，就是杨简这样一位笃实践履先圣之教的儒者，他却充分地做到了。公允地讲，杨简的温州之政，比起乃师陆九渊的荆门之政来，并不逊色，而且，杨简做到了善始善终。对于自己两度治理地方的执政经验，杨简本人也颇为自得，他说：

> 某末学，不敢企望三代诸圣贤，而中心所安，终不肯为汉唐规摹。始亦不敢自必，曩宰乐平，后守东嘉，略行己志，颇有验效，于是益信其可行。[2]

陆九渊曾说："圣人之道有用，无用便非圣人之道。"[3]这是对儒家入世精神和治世成效的概括，也表明了儒家与释道之学的差别。历史上，曾经有人误会象山及其门徒是禅学的变种，事实上，陆九渊和杨简治理州县的杰出事功，充分证明了他们是造福一方、利国利民的真正儒者。

（六）垂暮之年

72岁的杨简回到朝廷后，先后担任兵部员外郎、将作监（主管工程）、兼国史编修官、兼实录院检讨官等职务，年迈的他，依然正直不阿，且"不通世故"。杨简数次利用朝奏和轮对的机会，忠诚剀切地发表自己的政治主张，要求改革弊政，实现儒家的仁政德治。不过，宋宁宗和史弥远对于

---

[1] 钱时：《宝谟阁学士正奉大夫慈湖先生行状》，载杨简：《慈湖遗书》附录，《四库全书》第1156册，第938页。

[2] 杨简：《论治务》，《慈湖遗书》卷16，第865页。

[3] 《陆九渊集》卷34《语录上》，第426页。

这位老臣只是敷衍、客套而已，并不理睬杨简的任何建议。两年后，杨简终于看清自己在朝廷中已无可作为，于是，他请求致仕归里。为了表现自己对于耆老旧臣的尊重，朝廷仍然以奉祠的形式，任命杨简为"直宝谟阁（学士）、主管成都府玉局观"①，这样一来，杨简也算如愿以偿，可以告老还乡了。

杨简回到家乡慈溪后，虽然年事已高，但身体依然硬朗，因此，他从事讲学和著述的兴致不减，日子过得十分充实。据《行状》记载：

> 其领玉局而归也，门人益亲，遐方僻峤、妇人孺子，亦知有所谓慈湖先生。岿然天地间，为斯文宗主；泰山乔岳，秋月独明也。②

《行状》作者钱时称晚年的杨简为"斯文宗主、泰山乔岳"，固然有尊崇其师的用意，但是，这个评价并不算过誉，因为杨简寿高体健，而其他同时代的理学家早已纷纷作古（朱熹在 1200 年去世），与之相比，年高德韶的杨简此时已享盛名，对于读书人而言，不向大名鼎鼎的杨简求教，还向谁求教呢？单就年龄寿数而言，杨简逐渐成为天下读书人心中的"泰山乔岳"，具有"斯文宗主"的地位，也在情理之中。当然，论学术造诣的高低，杨简也堪为当时的"斯文宗主"，他本人悟境深邃，又将象山心学简易直截的工夫论发扬光大，使得心学思潮后劲甚足，这一贡献，在思想史上熠熠生辉。

宝庆二年（1226 年）三月二十三日，杨简"薨于正寝，享年八十有六"③。顺带一提，杨简平生所学，知及仁守，功夫精湛，并不是纸上的学问，因

---

① 钱时：《宝谟阁学士正奉大夫慈湖先生行状》，载杨简：《慈湖遗书》附录，《四库全书》第 1156 册，第 940 页。

② 钱时：《宝谟阁学士正奉大夫慈湖先生行状》，载杨简：《慈湖遗书》附录，《四库全书》第 1156 册，第 942 页。

③ 钱时：《宝谟阁学士正奉大夫慈湖先生行状》，载杨简：《慈湖遗书》附录，《四库全书》第 1156 册，第 940 页。

此，他的临终表现显得十分从容安详，为时人所称道。门人记载："先生清明纯一，无生死异；属纩之夕，怡然如平常时。"①

综其学问功夫，杨简本来具有出色的治事之长，但是，由于性格忠义耿直，在南宋苟且偷安和论资排辈的政治格局中，始终不能真正得到施展抱负的机会。有见于此，《宋史》作者以叹惜的口吻说：

> 杨简之学，非世儒所能及，施诸有政，使人百世而不能忘。然虽享高年，不究于用，岂不重可惜也哉！②

就政治地位而言，杨简在历史上或许算不了什么，但是，与陆九渊一样，杨简在心学方面的造诣以及对教育事业的毕生奉献，使他成为又一位传道明德的大儒。杨简的门人很多，仅在《慈湖学案》一卷中，就记载了有名有姓的60人。其中，不乏当时闻名儒林的佼佼者，如赵彦悈（仕至吏部尚书）、袁甫（仕至兵部尚书）、曾熠（处士，《慈湖学案》有传）、钱时（《宋史》卷407有传）等。事实上，这对于中国文化的传承更有积极意义，因此，在研究传统教育思想史时，我们万不能忽略慈湖心学的重要价值。

二、杨简的教育哲学思想

杨简的教育哲学是其心学思想的逻辑延伸。概而言之，"人心即道"是其本体论宗旨；在此基础上，杨简又明言"心之精神是谓圣"，表明人人皆有明道成圣的可能性；而"不起意"则是其工夫论内涵，短短三个字，将心学工夫论推向简易直截的极致境界。下面分别阐述之。

---

① 钱时：《宝谟阁学士正奉大夫慈湖先生行状》，载杨简：《慈湖遗书》附录，《四库全书》第1156册，第940页。
② 脱脱等：《宋史》卷407《杨简传》，第12299页。

（一）笃实践履和切身体悟——慈湖心学的方法论

从整体上讲，陆王心学与程朱理学的根本区别之一，就是在修习方法上不满足于一般的学问思辨，而是非常注重笃实践履和切身体悟。显然，这也是慈湖心学的基本方法论。只有搞清了这一点，我们在研究心学思想时，才能获得比较准确的理解，不至于隔靴搔痒或者认指为月。

以杨简本人的进学历程为例，除了刻苦攻读儒家经典外，杨简一生都在躬行实践儒家的心性之学。正因为笃实践履，他获得异乎常规经验的数次觉悟体验，这是一般人望尘莫及、匪夷所思的事情。仅举头两次开悟为例，第一次发生在太学就读期间，杨简时年28岁。他回忆说：

> 某之行年二十有八也，居太学之循理斋。时首秋入夜，斋仆（未）以灯至，某坐于床，思先大夫尝有训曰："时复反观。"某方反观，忽觉空洞无内外，无际畔，三才万物，万化万事，幽明有无，通为一体，略无缝罅。畴昔意谓万象森罗，一理贯通而已，有象与理之分，有一与万之异。及反观后所见，元来某心体如此广大，天地有象有形有际畔，乃在某无际畔之中。[①]

如前所述，在宋代，自周敦颐开始，二程、杨时、罗从彦、李侗等人都是静坐反观的高手，直至朱熹才走上以理性思辨为主的治学道路。杨简过去虽然熟读经典，实际上只是记诵、思辨之学。他坦承："畴昔意谓万象森罗，一理贯通而已。"究其实，这不过是一种理性的推测而已，并没有什么实际的体验。在此之前，杨简也曾练习过静坐反观的工夫，但是，并没有什么深切

---

① 杨简：《炳讲师求训》，《慈湖遗书》卷18，载纪昀等编纂：《四库全书》第1156册，第898页。

体会。这次就不同了，"深山之宝，得于无心"①，很多的开悟体验都是不期而遇的。杨简在循理斋中，仆人还没有把油灯拿上来，杨简不过是无意中想起其父杨庭显的"反观"之训，姑且一坐罢了，没想到，竟然很快进入天人合一的"无我"之境。在这种境界中，血肉之躯的"小我"被突破了，与大自然融为一体，因此，杨简亲身感受到："空洞无内外，无际畔，三才万物，万化万事，幽明有无，通为一体，略无缝罅。"这种体验并非梦幻，而是一种内心宁静、放松之下的真实感悟，给人带来的除了惊异之外，长久回味的是愉悦和畅、轻安自在的体会。由此一悟，杨简才发现：原来自己的心灵并非是被束缚在躯壳之内的，它可以与宇宙元气融合为一，正所谓"幽明有无，通为一体"。

"循理斋之悟"使杨简突破了"小我"的局限，明白了天人万物一体的道理，但是，这种体悟还是比较粗疏草率的。因为在这种物我相融、一气相通的境界中，根本规律（即"道"）究竟是什么，人之本心究竟是什么性状，处于什么样的位置，能够发挥什么样的作用，尚没有得到明晰的认识。既然不识本心为何物，那么，也就无法达到安顿其心的目标，更谈不上先儒所说的"为天地立心"了。因此，杨简在"循理斋之悟"后，积疑胸中，深思力索，一直想搞清"本心"究竟是什么东西，它与先圣所说的"道"之间究竟是什么关系。这种艰辛的探索一直到他与陆九渊在双明阁之会时才有了答案。

乾道八年（1172年），陆九渊高中进士，由于考官吕祖谦等人的推崇，名满京师。此时，杨简正好担任富阳县主簿，"摄事临安府中"②，闻名前往拜访。在初次晤谈中，杨简提出了何谓本心的问题。由于访客太多，交谈匆促，陆九渊只是根据儒家经典的话语予以一般性回答。杨简对此很不满意，

---

① 《陆九渊集》卷34《语录上》，第409页。原文是："学者不可用心太紧。深山有宝，无心于宝者得之"。

② 杨简：《象山先生行状》，《慈湖遗书》卷5，载纪昀等编纂：《四库全书》第1156册，第652页。

甚至有些鄙视陆九渊，以为他徒有虚名，"殆腐儒无足采者"①。于是，二人的第一次交往就此结束。两个月后，陆九渊不待吏部授官，直接返回家乡金溪，路过富阳县，礼节性地拜访杨简，时在 1172 年农历三月。由于杨简热情接待，陆九渊竟然逗留了半月之久。在临别前夕，二人又重新就"何谓本心"展开探讨，使得杨简的道行发生了质的飞跃。据门人钱时所作《行状》记载：

> （乾道八年三月），文安公新第归，来富阳。长先生二岁，素相呼以字，为交友。留半月，将别去，则念："天地间无疑者，平时愿一见，莫可得，遽语离乎？"复留之，夜集双明阁上，数提"本心"二字。因从容问曰："何谓本心？"适平旦尝听扇讼，公即扬声答曰："且彼讼扇者，必有一是、有一非，若见得孰是孰非，即决定谓某甲是、某乙非矣，非本心而何？"先生闻之，忽觉此心澄然清明，亟问曰："止如斯邪？"公竦然端厉，复扬声曰："更何有也？"先生不暇他语，即揖而归。拱，达旦质明，正北面而拜，终身师事焉。每谓："某感陆先生尤是，再答一语，更云云，便支离去。"②

关于杨简和陆九渊的这次"扇讼"公案，在《陆九渊集》中也有相似的记载，不妨引述于此，以做比较：

> （简）问："如何是本心？"先生曰："恻隐，仁之端也；羞恶，义之端也；辞让，礼之端也；是非，智之端也。此即是本心。"对曰："简儿时已晓得，毕竟如何是本心？"凡数问，先生终不易其说，敬仲亦

---

① 《陆九渊集》卷 28《杨承奉墓碣》，第 326 页。

② 钱时：《宝谟阁学士正奉大夫慈湖先生行状》，载杨简：《慈湖遗书》附录，《四库全书》第 1156 册，第 928 页。按：陆九渊，谥文安。

未省。偶有鬻扇者讼至于庭,敬仲断其曲直讫,又问如初。先生曰:
"闻适来断扇讼,是者知其为是,非者知其为非,此即敬仲本心。"
敬仲忽大觉,始北面纳弟子礼。……先生尝语人曰:"敬仲可谓一日
千里。"①

从表面上看,杨简的进步乎真是"一日千里";实际上,他是经过多年
的深思力索之后,才得以顿悟本心的。换句话说,渐修在前,顿悟在后,二
者是过程与结果的关系,没有漫长的探索过程也就不会有霎时的灵光闪现。
这一点,杨简自己的认识倒是比较中肯。他回顾说:

> 某积疑二十年,先生一语触其机。某始自信其心之即道,而非有二
> 物。始信天下之人心皆与尧舜禹汤文武周公孔子同,皆与天地日月四时
> 鬼神同。②

正是因为杨简有了 20 年的前期准备,陆九渊才能发挥"一语触其机"的作
用。概而言之,杨简经过"积疑二十年"的深思力索,已非常接近他最终要
达到的目标(内在于心而不自觉),好比烧开水时水温已经升至 99 度,剩下
的最后 1 度,只需要再添一把火就能达到。此时,陆九渊借扇讼之事加以启
发,告诉杨简:你案件审理得如此清楚,这颗知是知非的心灵不就是你的本
心吗?你又何必到外面去寻找呢?在陆九渊的点化之下,杨简仿佛获得一种
特殊的"信息能",霎那间"桶底透脱",恍然大悟,原先找来找去的东西不
就在自家身上天天用着吗?这颗知是知非的"本心"不就是"大道"吗?于
是,杨简"忽觉此心澄然清明",有了飞跃性的开悟。随后的一些问答,不

---

① 《陆九渊集》卷 36《年谱》,第 487—488 页。
② 杨简:《二陆先生祠记》,《慈湖遗书》卷 2,载纪昀等编纂:《四库全书》第 1156 册,第
621 页。

过是"悟后之绪余"。总之，杨简由此顿悟本心，感念之下，真诚地拜仅比他大两岁、中进士还晚一科的陆九渊为师，终身不变信仰，成为"象山弟子之冠"①。

如果把尚未觉悟的心灵比作层云密布的天空，那么，顿悟本心之际，心灵的天空至少已经露出蔚蓝色的一角，这才是天空的本色。下一步的工夫，就是以此本心底色为参照系，将天空中其他的云雾一一扫荡清除，直至整个天空都呈现出湛蓝的本色来。这种悟后"正修"的功夫，往往要持续很长的时间，而杨简在"双明阁之悟"后，沿着这一路径精进不已，持续终身。尽管他一生坎坷不平，但是，杨简"立志也刚，进学也勇，而行之也有力"②，因此，到了垂暮之年，他的心性修养已然达到"纯明之盛"③的化境。据《年谱》记载：临终之际，"先生清明纯一，无生死异；属纩之夕，怡然如平常时"④。在中国思想史上，宋人已开始关注一个儒者的临终表现，因为这种表现最能反映一个儒者心性功夫的真实水平。杨简的临终表现，充分证明了他的学问功夫是贯彻一生、超越生死的真修实得，这才是一个"纯明之盛"的仁圣之儒。

反观杨简修道精进的历程，如果脱离了笃实践履和切身体悟，只是像程朱理学的门人那样钻在故纸堆中，那么，他不可能获得"循理斋之悟"和"双明阁之悟"，更不可能去指导、点化自己的门人。这一方法论，乃是后人正确理解慈湖心学的关键之处，也是整个心学思想的奥妙所在。

---

① 这是清代四库馆臣阐释《杨氏易传》的评语。参见纪昀等编纂：《四库全书》第1册，第81页。
② 钱时：《宝谟阁学士正奉大夫慈湖先生行状》，载杨简：《慈湖遗书》附录，《四库全书》第1156册，第941页。
③ 钱时：《宝谟阁学士正奉大夫慈湖先生行状》，载杨简：《慈湖遗书》附录，《四库全书》第1156册，第941页。
④ 钱时：《宝谟阁学士正奉大夫慈湖先生行状》，载杨简：《慈湖遗书》附录，《四库全书》第1156册，第940页。

（二）人心即道

与陆九渊的"心即理"命题相似，杨简提出了"人心即道"的基本宗旨。当然，我们首先仍需辨明"人心"二字的内涵。不要误以为杨简错把一般意义上的人的思想意识当成了"人心"，那样就必然陷入主观唯心主义的泥淖之中。在杨简的思想体系中，所谓心，是指人人共同的先天原本的精神系统，具有相同的认识功能和道德内涵，亦即"本心"。杨简曾说：

> 善求（孔）夫子之道者，不求诸夫子而求诸吾之心。夫子之忠恕，固夫子之心也，亦吾之心也。天下同然者谓之心。[①]

"天下同然者谓之心"一语，是杨简关于"心"范畴的最简洁表述。它表明：慈湖心学的所谓心（或曰"人心"），不只是个体性的，而是人人皆有、人人同然的，具有普遍存在的意义。基于"天下同然者谓之心"的理念，杨简又进一步描述了这个"心"超越时空的普适性。他说：

> 夫子所可得而知者，以吾一心存焉耳；吾心所可得而知者，以吾之心即夫子之心也，以古今无二心也。[②]
>
> 舜禹之心，即是己心。是心四海之所同，万古之所同。[③]

由是可见，杨简所说的"心"，具有超越时空界限的普遍意义，亦即四海皆

[①] 杨简：《论〈论语〉上》，《慈湖遗书》卷 10，载纪昀等编纂：《四库全书》第 1156 册，第 786 页。

[②] 杨简：《论〈论语〉下》，《慈湖遗书》卷 10，载纪昀等编纂：《四库全书》第 1156 册，第 804 页。

[③] 杨简：《论〈书〉〈诗〉》，《慈湖遗书》卷 8，载纪昀等编纂：《四库全书》第 1156 册，第 715 页。

同、古今皆同的精神实体，心学一脉又习惯称其为"本心"；因其符合宇宙演化的根本规律，亦称"道心"。杨简加以诠释说：

> 人之本心即道，故曰道心。孔子曰："心之精神是谓圣。"孟子曰："仁，人心也。"某年三十有二，而省此心之即道。①
>
> 人之本心，是谓道心。道心无体，非血气，澄然如太虚，随感而应，如四时之变化。②
>
> 吾之本心无他妙也。甚简也，甚易也……是心与天地同功用，与四时同变通，喜怒哀乐，无不中乎道。③

在这颗本心之中，先天蕴含着丰富的德性内涵和深邃的智慧功能。关于人心固有的先验道德属性，杨简曾经描述说：

> 此心之中，孝弟忠信、仁义礼智，万善毕备，惟所欲用，无非大道。其见于事亲则谓之孝；见于从兄则谓之弟；见于事君则谓之忠；见于朋友则谓之信；居家而见于夫妇则谓倡随；居乡而见于长幼则为有序。④

有时候，他又简洁地概括道："人心自备众德，不学而能，不虑而知。"⑤ 总

---

① 杨简：《杨氏易传》卷5，载纪昀等编纂：《四库全书》第14册，第51页。
② 杨简：《杨氏易传》卷1，载纪昀等编纂：《四库全书》第14册，第11页。
③ 杨简：《论孟子、诸子》，《慈湖遗书》卷14，载纪昀等编纂：《四库全书》第1156册，第835页。
④ 杨简：《论孟子、诸子》，《慈湖遗书》卷14，载纪昀等编纂：《四库全书》第1156册，第843页。
⑤ 杨简：《论〈论语〉上》，《慈湖遗书》卷10，载纪昀等编纂：《四库全书》第1156册，第772页。

之，人的本心既是"万善之源"，又是"作圣之本"。

遗憾的是，一般人虽然具有这样灵妙至善的本心，但是却不知道它的存在和妙用，因此，这颗本心的智慧功能被大大地埋没，仿佛迷失了一般。只有通过后天的学习，重新"发明本心"，才能将其中内涵的先天德性和智慧功能发掘出来，这就是践履和觉悟的价值所在。杨简指出：

> 人心即道，觉则为得，得非外得。[①]
>
> 百姓日用而不知者，皆道心之妙也。[②]

总而言之，杨简继承了陆九渊的固有思想，并把它贯彻到底，形成了"人心即道"的命题，他经常说："明心即道。"[③]有时候，他甚至说"百圣所传，唯此一心"[④]，认为学者唯有自识本心，才能的见大道之所在。实际上，这正是陆九渊"发明本心"的修养工夫论的不同表述而已。

（三）心之精神是谓圣

在中国古代儒家哲学中，圣人乃是"道"的人格化，明道和成圣是对同一目标的不同表述而已。学者既以明道为任务，就需要身体力行的修习践履。二程指出："少能体即贤，尽能体即圣。"[⑤]如果坚持不懈地做下去，学者可以彻悟天道，与此同时，在人格修养上也就达到了圣者的化境。正因为如此，周敦颐、二程都肯定地表达过"圣人可学而至也"的命题。对于"圣人

---

① 杨简：《杨氏易传》卷7，载纪昀等编纂：《四库全书》第14册，第78页。

② 杨简：《先圣大训》卷2，载纪昀等编纂：《四库全书》第706册，第659页。

③ 杨简：《著庭记》，《慈湖遗书》卷2，载纪昀等编纂：《四库全书》第1156册，第626页。
按："明心即道"一语在《慈湖遗书》中经常出现。

④ 杨简：《读〈论语〉下》，《慈湖遗书》卷11，载纪昀等编纂：《四库全书》第1156册，第806页。

⑤ 程颢、程颐：《二程集》，第96页。

可学而至"的主张，无论陆九渊还是杨简，都没有异议。对于杨简而言，他所面临的问题是：一般学者不相信自己能够修习成圣，因此，需要从理论上找到普通人可以明道成圣的理论渊源或经典根据，并且能够令人信服。经过多年的探索研究，杨简从一本名为《孔丛子》的书中找到了相关的理论依据。

《孔丛子》一书，旧题汉代孔鲋编撰，记述的是孔子和弟子之间的对话。目前，学术界一般把它当作三国王肃的伪作。有学者认为，曹魏的王肃（195—256 年）为了反对前代郑玄的经学观点，搜集并臆造资料，伪造了《孔丛子》一书。宋代有人也对其真伪表示过怀疑，不过，杨简因读此书颇得受用，绝然奉之为真。在《孔丛子》一书中，有这样一段语录：

> 子思问于夫子曰："物有形类，事有真伪，必审之，奚由？"子曰："由乎心。心之精神是谓圣。推数究理，不以物疑，周其所察，圣人难诸！"①

读了此段中的"心之精神是谓圣"一语，杨简如获至宝。他发现终于找到了多年来梦寐以求的圣人之训。他说：

> 子思问于夫子曰："物有形类，事有真伪，必审之，奚由？"子曰："由乎心。心之精神是谓圣。推数究理，不以物疑，周其所察，圣人难诸！"孔子斯言，见之子思子之书，世又谓之《孔丛子》，世罕诵习。鸣呼！圣人有如此切至之诲，而不载之《论语》，致学者求道于心外，岂不大害！简谨取而为集语，觊与我同志者，或未观《孔丛子》而偶见此书，庶早悟此心之即道而不他求也。②

---

① 孔鲋撰：《孔丛子》卷上《记问第五》，上海古籍出版社 1990 年版，第 16 页。亦作"心之精神是乎圣。"

② 杨简：《泛论学》，《慈湖遗书》卷 15，载纪昀等编纂：《四库全书》第 1156 册，第 850 页。

杨简何时从《孔丛子》这本书中发现"心之精神是谓圣"一语，这是一个耐人寻味的问题。在整个《慈湖遗书》中，首次出现"心之精神是谓圣"一语的文章是《申义堂记》，撰成时间明确记作（宋宁宗）嘉泰四年春，即1204 年，此时的杨简已经 64 岁了，正好在家赋闲。在这篇文章中，杨简还不习惯把"心之精神是谓圣"一句放在前面，他只是说：

> 孔子曰"人者，天地之心"，又曰"心之精神是谓圣"。孟子亦每道性善，又曰"仁，人心也"。大哉斯言，启万世人心所自有之灵。①

如果通读《慈湖遗书》，便可发现，关于这段话，杨简后来把它压缩简化，变成一种习惯用悟，其表述方式是：

> 孔子曰"心之精神是谓圣"，孟子亦曰"仁，人心也"，……②

由此可见，杨简 64 岁之时在《申义堂记》一文中，尚属比较早地引述"心之精神是谓圣"的话语，因此，把它放在孔子的其他言论之后。过了一段时间之后，杨简确信此语乃是孔子真传，再引述此语时，就形成一种习惯定式，即"孔子曰'心之精神是谓圣'，孟子亦曰'仁，人心也'"，③ 也不用对此语做什么解释，而是接着往下讲述自己想说的内容。

杨简通过多年的修道实践，认识到这样一个事实：人心最宝贵的价值就在于它的精神内涵和能动性。他常说："人心自备众德，不学而能，不虑而

---

① 杨简：《申义堂记》，《慈湖遗书》卷 2，载纪昀等编纂：《四库全书》第 1156 册，第 611 页。
② 杨简：《诗解序》，《慈湖遗书》卷 1，载纪昀等编纂：《四库全书》第 1156 册，第 608 页。
  按：此语在《慈湖遗书》中出现频率很高。笔者做了一个完全统计，《慈湖遗书》一书出现"心之精神是谓圣"这句话的次数为 48 次。
③ "孟子亦曰：'仁，人心也'"，这后半句经常省略。

知。"① 又说："此心之中，孝弟忠信、仁义礼智，万善毕备，惟所欲用，无非大道。"② 因此，人心先天、内在地具备作圣成贤的道德素质和智慧功能。只要能够觉悟先天本心，就自然圆成了圣者的人格基础。所以，当杨简偶然看到"心之精神是谓圣"这句话时，不禁喜出望外，认为此语充分揭示了圣者人格的真实内涵，从此奉若圭臬，成为自己教育哲学的核心理念。

关于"心之精神是谓圣"一语，杨简晚年经常引用，并加以诠释，意在表明人人皆有明道成圣的道德素质和智慧基础。他说：

> 子曰："心之精神是谓圣。人皆有是心，[心]皆具此圣"。③
>
> 孔子曰："心之精神是谓圣。"人皆有是心，心皆具此圣，百姓日用而不知耳。④

如果说起慈湖心学的标志性语言，"心之精神是谓圣"无疑是其中最醒目的一条。从教育的社会功能角度来看，杨简的"心之精神是谓圣"的思想，至少具有两方面的意义。第一，指明了作圣成贤的人性基础是内在的，强调自立自主，摒弃了一般的外求途径或偶像崇拜。他说：

> 师者，所以传道也。道非自外至，所以启吾心之所自有也。教者岂能于学者所自有之外，别取一物而教之耶？亦使之复其所固有尔。若使

---

① 杨简：《论〈论语〉上》，《慈湖遗书》卷10，载纪昀等编纂：《四库全书》第1156册，第772页。

② 杨简：《论孟子、诸子》，《慈湖遗书》卷14，载纪昀等编纂：《四库全书》第1156册，第843页。

③ 杨简：《永嘉郡学永堂记》，《慈湖遗书》卷2，载纪昀等编纂：《四库全书》第1156册，第623页。

④ 杨简：《翁埏之请书》，《慈湖遗书》卷18，载纪昀等编纂：《四库全书》第1156册，第898—899页。

之不由其诚，则所教者皆外物，无与学者事也。①

杨简认为，"道非自外至，所以启吾心之所自有也。"一个教师的职责是传道，但是，教师怎么可能在学者所自有的东西之外，"别取一物而教之耶？"如果真是那样，所教的东西都不过是外物而已，和学者固有的本性并不相干，那么，这种教育能否使学者树立起对于"道"的坚定信念，就十分可疑了。杨简的结论是：教师的传道，不过是"使之复其所固有尔"。

第二，杨简"心之精神是谓圣"的思想，表现出对人性之善的充分依赖与期待，对后代学者起到了积极的鼓励作用。他说：

> 人性自善，其德自明自敆，维动乎意，始昏始失。如云翳太虚，及云敛，则太虚清明如故矣。②
>
> 意动情迁，始失其道，一能反正，即复道心。人虽至于大恶，特其昏尔，其本心之善，未始磨灭。③

杨简认为，"人心即道"，其间蕴含着自善自明的先验道德素质。虽然由于意动情迁之故，致使人心背离了先天原本的状态，但是，"其本心之善，未始磨灭"，只要消泯其意，人心自然恢复"清明如故"的情状，亦即"一能反正，即复道心"。从另一个角度看，恢复和保任"道心"，就等于拥有了圣贤人格，因为"心之精神是谓圣"，这是圣者人格的内在基础。学者既然明白了这一点，就应该充分信任自己，积极主动地练就现实的圣者人格。

---

①　杨简：《论孟子、诸子》，《慈湖遗书》卷14，载纪昀等编纂：《四库全书》第1156册，第844页。

②　杨简：《慈湖诗传》卷19，载纪昀等编纂：《四库全书》第73册，第307页。

③　杨简：《慈湖诗传》卷5，载纪昀等编纂：《四库全书》第73册，第64页。

（四）以"不起意"为工夫

既然人心即道，自善自灵，那么，人们何以会迷失宝贵的本心呢？对此，同时代的朱熹认为是人欲之故，因而提出"存天理，去人欲"的主张。同样，杨简也进行了深入的反思。他认为，是人们的后天意识造成了本心的蒙蔽，因此，"发明本心"的方法十分简单，"不起意"三字而已。

杨简所说的"不起意"之"意"，乃是内涵特有所指的概念。与"心"相比，"意"是个体小我在生活中不自觉地产生一种具有偏向性、执着性的意识，在此基础上，还会滋生出各种无止境的欲望来，因此，意是欲之源。如果只说"存理灭欲"，还不是究竟义，应该懂得，只有凡事依从本心指引，不妄起各种后天意念，才能保持人心自善自灵、清明澄澈的先天优点。

在日常语言交流中，"意"的概念使用太普遍，容易使人误会杨简主张不起任何念头。对此，杨简做了许多耐心细致的阐释，他说：

不动乎意，非木石然也；中正平常正直之心，非意也。①

杨简指出，不动乎意，并非让人像木头、石头一样；只要保持着中正、平常和正直的心态，便是保任先天本心，不致滑到后天之意上去。在与门人的对话中，杨简也多次谈及心与意之别，例如：

（先生）曰："不起意，非谓都不理事。凡做事只要合理，若起私意，则不可。如事亲从兄，治家接物，若子哭颜渊恸，与见其过而内自讼，此是云为变化，非起意，惟觉者自知。"汲古对曰："不起意，便是君子坦荡荡，而无一毫之累。若起意，则是小人长戚戚，而无片时宁

————————————
① 杨简：《慈湖诗传》卷18，载纪昀等编纂：《四库全书》第73册，第283页。

一。”先生曰：“是。”①

在此，杨简告诉门人严汲古：不起意，不是指百事不理，“凡做事只要合理”，便符合先天本心，只管去做好了。在日常生活中，事亲从兄，治家接物，各种各样的事情，无论多么复杂，只要以平常实直之心为之，都不过是本心的“云为变化”而已，这不属于“起意”的范畴；反之，“若起私意，则不可”。这一点，凡是觉悟本心之人，在现实生活中便可经常体会得到，如人饮水，冷暖自知。听了老师的这番话，严汲古接着说：“不起意，便是君子坦荡荡，而无一毫之累。若起意，则是小人长戚戚，而无片时宁一。”听了学生的演绎，杨简认为严汲古搞清了心与意之别，于是十分干脆地说：“是。”

关于杨简的“不起意”工夫，由于人们长期形成的语言使用习惯，确实容易引起误解。因此，这里有必要做出几点说明。

首先，杨简的“不起意”工夫建立在对先天本心的真实体悟基础之上，正因为如此，他才敢于说出“心之精神是谓圣”的名言。这种对于人类本心的高度信任，容易被误解为“师心自用”。事实上，这是儒家先哲认识自我的深邃悟境的体现，与一般意义上的“主观唯心主义”风马牛不相及。如果一个学者没有“循理斋之悟”中天人合一的感悟，没有“双明阁之悟”中本心朗照的顿悟，那么，他就还没有从常规经验中超脱出来，因此，也就没有真正领悟到与杨简同样（或接近）的心灵奥妙，在这种情况下，仍然是后天之“意”主宰着自己的心灵，因此，对于“不起意”工夫仍然是不知所云。

其次，由于“不起意”工夫简易而难解，杨简有时不得不运用反向思维来论证“不起意”工夫的作用。他说：

---

① 杨简：《论〈大学〉〈中庸〉》，《慈湖遗书》卷13，载纪昀等编纂：《四库全书》第1156册，第831页。

> 圣人不能以道与人，能去人之蔽尔。如太虚未始不清明，有云气焉，故蔽之；去其云气，则清明之性，人之所自有，不求而获，不取而得，故《中庸》曰："诚者自成也，而道自道也。"①

在此，杨简做了一个比喻："意"如太虚之中的云气，障蔽了太虚的清明本状，只要能够扫除这些云气，人们就可以恢复清明纯净的本性，并不需要劳心费力、旁求外索，因此，"不起意"工夫也就自然成立了。杨简告诉诸生，对于"不起意"工夫的合理性，关键是要明白一点：

> 此心本无过，动于意斯有过。意动于声色，故有过；意动于货利，故有过；意动于物我，故有过。千失万过，皆由意动而生。②

既然千失万过都是由于"离心而起意"而造成的，那么，把这个问题杜绝在源头，便是修道明德的实在工夫，也就是明代心学家王龙溪所说"即本体便是工夫"③的意思。杨简认为："人心即道，不必雕琢，特有以害之，故圣人之训，惟治其害。"④只要善于消除障蔽、危害人心的东西，那么，作圣之功就无须搞得繁琐支离，也不需要经由别的路径才能到达了。

再次，如果一个学者已经"起意"，那么，应该如何对治呢？杨简给出的方法也十分简单——惟不继，意自消。他说：

> 意起为过，不继为复。不继者，不再起也，是谓不远复。意起不

---

① 杨简：《绝四记》，《慈湖遗书》卷3，载纪昀等编纂：《四库全书》第1156册，第637页。
② 杨简：《临安府学记》，《慈湖遗书》卷2，载纪昀等编纂：《四库全书》第1156册，第618—619页。
③ 吴震编校：《王畿集》卷1《天泉证道纪》，第2页。
④ 杨简：《论〈论语〉下》，《慈湖遗书》卷11，载纪昀等编纂：《四库全书》第1156册，第813页。

已，继继益滋，后虽能复，不可谓不远复。不远之复，孔子独与颜子。①

这段话讲的是：无论什么意虑杂念，其实并无先天根底，当它生起之后，只要不再继之，便可使之自动消除（这个过程可能是渐进或反复的），这才是真正的"不起意"功夫；反之，如果心里存着一个"不起意"的念头，试图强行地压制后天的意念杂虑，这本身就是"起意"的表现，其效果只能是顾此失彼、欲罢不能。因此，正确的方法就是对待任何杂念都"不继之"，这样便可使之如同无源之水、无本之木，渐渐干涸、枯萎。在《周易·复卦》中，介绍过"不远复"之功，杨简认为，"意起为过，不继为复"，只要照着这样去做，任何人都可以达到像"亚圣"颜回那样"不远而复"的境界。

既然说到"意起为过，不继为复"，于是，杨简的修养工夫又衍生出另一条原则："改过即止，无庸他求。"② 杨简之所以提出这一主张，仍是基于他对于人类先天本心的深刻体悟。他认识到，先天本心"自备众德"③，"万善毕备"④，具有一系列先验的美德和智慧蕴于其中，这是一种"生而知之"的功能，凡事只要依照本心的内在要求去做，就可以在生活中妥善地应对万事，而且成就自己的理想人格。从这个意义上讲，朱熹特别推崇的《大学》一书中所倡导的"正心、诚意"之论，都是叠床架屋的"起意"之见，因此，杨简从来不讲"诚意""正心"之说。他只是告诉门人："意起为过，不继为复"，学者应当勇于改过，但是，改过之后，恢复了先天本心的平常状态，就不必再做什么画蛇添足、自增负担的修养工夫了，这就叫"改过即止，无庸他求"。

① 杨简：《杨氏易传》卷9，载纪昀等编纂：《四库全书》第14册，第97页。与，赞成。
② 杨简：《翁埏之请书》，《慈湖遗书》卷18，载纪昀等编纂：《四库全书》第1156册，第899页。
③ 杨简：《论〈论语〉上》，《慈湖遗书》卷10，载纪昀等编纂：《四库全书》第1156册，第772页。
④ 杨简：《论孟子、诸子》，《慈湖遗书》卷14，载纪昀等编纂：《四库全书》第1156册，第843页。

从陆九渊开始，心学一脉就提倡"易简工夫"，与程朱理学的繁琐支离的治学模式形成了鲜明的对照。不过，像杨简这样，仅用"不起意"三字就概括全部修养工夫的要领，真可谓简易到极致境界了。然而，杨简并不是为了哗众取宠而做如是说，这的确是他漫长修道历程的思想结晶，倘若没有更加笃厚的修道实践为根据，任何人没有理由轻视这样的易简工夫。

三、杨简教育哲学的评价和历史地位

古语说："经师易得，人师难求。"这是中国古代教育的先进理念。杨简，尤其当得起"人师"二字，这是后人在评价其教育哲学之前所应当注意的问题。杨简一生长寿，始终保持着品行高洁、境界深邃、学行一致、忠直不阿的美德，这是他长期享有令名的原因所在。他的学行，在当时已海内闻名，并获得很高的评价。例如，弟子袁甫① 曾说：

> 先生自幼志圣人之学，久而融贯，益久而纯。平生践履无一瑕玷，处闺门如对大宾，在暗室如临上帝。年登耄耋，兢兢敬谨，未尝须臾放逸，此先生之实学也。凡先生之所言者，言此而已；学者之所以学先生者，学诸此而已②

在此，袁甫称颂杨简具有知及仁守、学行一致的真学问，而不是那种舞文弄墨的纸上之学。由于杨简"自幼志圣人之学"，于此用功不已，"久而融贯，益久而纯"，最终达到"平生践履无一瑕玷"的境界。自古以来，对于任何儒者而言，恐怕没有比这样的评价更为崇高的了。

---

① 袁甫，生卒年不详，"甬上四先生"之一的袁燮之子，嘉定七年进士第一，累官至权兵部尚书。
② 袁甫：《乐平县慈湖先生书阁记》，《蒙斋集》卷14，载纪昀等编纂：《四库全书》第1175 册，第499 页。

如果说门人的评价或许有偏向之嫌，那么，当时其他具有独立见解的儒者的评价，或许更能客观地反映出杨简在南宋思想史上的地位。例如，南宋名儒黄震（1213—1280 年）这样评价杨简：

> 某乡之先贤有慈湖先生阁学杨公讳简，寿张先生侍郎张公讳 ，慈湖为时儒宗，寿张亦文行表表，皆先皇帝朝名法从，皆足垂示将来，法合立传。①

"慈湖为时儒宗"，表明了杨简在当时读书人心目中的崇高地位，因此，同为慈溪人的黄震要求为朝廷为其立传，以示来者。

再如，南宋晚期的学者王应麟（1223—1296 年），在学问上和会朱陆，一生以"通儒"为治学目标。他对杨简的评价是：

> 东海之滨有太傅，曰慈湖先生文元杨公，立心以诚明笃敬为主，立言以孝弟忠信为本，躬行实践，仁熟道凝，清风肃然，闻者兴起，可谓百世之师矣。②

一个儒者毕生修道治学，生时能获得"儒宗"，死后能被视为"百世之师"，这应该是臻乎极境的评价了。一般人虽欲得其半亦难以如愿，可是，长寿的杨简却在生前身后获得了这样的令名。当然，由于南宋中后期朱陆之学的分庭抗礼，一些朱门学者对慈湖之学（而非其人）的评价是迥然不同的。在元明清三代，程朱理学长期占据官方意识形态的地位，因

---

① 黄震:《缴申慈湖寿张行实状》,《黄氏日抄》卷74，载纪昀等编纂:《四库全书》第708 册，第737 页。

② 王应麟:《慈湖书院记》,《四明文献集》卷1，载纪昀等编纂:《四库全书》第1187 册，第190 页。

此，慈湖心学一度被冷落，对杨简的评价也长期失于偏颇。尽管如此，由于杨简为人大义凛然、正直不阿，"平生践履无一瑕玷"，所以，到了清代中叶，清廷在编纂《四库全书》时，馆阁学士们仍然对杨简做了这样的评价：

> 简则为象山弟子之冠，如朱门之有黄干。又历官中外，政绩可观，在南宋为名臣，尤足以笼罩一世，故至于明季，其说大行。①

"象山弟子之冠""在南宋为名臣""足以笼罩一世""其说大行"，这些出自清代馆阁之臣笔下的评语，表明了慈湖心学曾经拥有的巨大影响。

关于杨简的教育活动和理论成就，本来还可以介绍很多，限于本章篇幅，就不必再赘述了。简而言之，杨简的教育哲学来源于他多年的真修实践和切身体悟，形成了独具特色的理论体系：首先，以"人心即道"为本体论基础；其次，以挺立"心之精神是谓圣"为价值目标，这也是他的本体论思想的人格化；在这两项基本理念确立之后，进而展开以"不起意"为核心的心性修养工夫。由是可见，杨简的教育哲学，实际上就是他的心性工夫论在教育领域的延伸和体现，是为了成就学者的圣贤人格而展开的理论探讨。有了这种明晰的教育理念为指导思想，杨简的一生，秉承儒家"政教合一"的原则，始终与教育事业为伴。他在长达半个世纪的时间里，无论在朝在野，坚持讲学传道、明德淑人，致力于化民成俗的教育实践活动，亲手培养出许多悟境超卓、道德醇厚的儒家人才，同时，在教育实践中还淬炼出富有心学特色的教学艺术。总之，杨简的教育哲学及其实践成果，足以为现代教育事业提供更多新鲜的思想营养。

---

① 《钦定四库全书总目》卷 3，《四库全书》第 1 册，第 81 页。注：这是清代学者在释《杨氏易传》二十卷时的按语。

第二节 "明州三先生"的教育哲学思想

除了杨简之外，沈焕、舒璘、袁燮等另外"明州三先生"的教育思想和实践也成就斐然。他们继承了象山心学的基本理念，而且有所推扩，在当时也产生了很大的社会影响，因此，有必要予以简要的介绍。

一、沈焕的教育哲学思想

（一）沈焕的生平与教育活动

沈焕（1139—1191 年），字叔晦，明州定海人。少年时"潜心经籍，精神静专"[①]。成年后入太学，适逢陆九渊的五兄陆九龄（1132—1180 年）也在此就读，沈焕有感于陆九龄学识深邃、道德纯全，遂"以师礼事之"[②]，成为陆九龄的门人。与此同时，他还和杨简、袁燮、舒璘成为太学同窗，交情甚笃。乾道五年（1169 年），沈焕、陆九龄和杨简一同登进士第，开始了仕宦生涯。他先后担任上虞尉、扬州教授、太学录事、浙东安抚司干官、婺源知县、舒州通判等职，均能恪尽职守，颇有政声，但是，沈焕为人"宁终身固穷独善，而不肯苟同于众；宁龃龉与时不合，而不肯少更其守，凛然清风，振耸颓俗"[③]，在官场上总是遭到小人的嫉妒，难以升擢见用。不过，沈焕对此从不介意。晚年患病后，他仍然"不废读书，垂绝，拳拳以母老为念，善类凋零为忧"[④]。卒时年仅 52 周岁，时人尊称为定川先生，宋理宗时赐谥端宪。存世《定川遗书》6 卷，今收录于《四明丛书》（张寿镛辑）之中。在"明州四先生"中，杨、袁、舒三人都是陆九渊的高足，而沈焕事实上是陆九龄

---

① 黄宗羲原著，全祖望补修：《宋元学案》卷 76《广平定川学案》，第 2552 页。
② 黄宗羲原著，全祖望补修：《宋元学案》卷 76《广平定川学案》，第 2552 页。
③ 黄宗羲原著，全祖望补修：《宋元学案》卷 76《广平定川学案》，第 2555 页。
④ 黄宗羲原著，全祖望补修：《宋元学案》卷 76《广平定川学案》，第 2553 页。

的门人，只不过因为陆九龄和其弟陆九渊的思想本质一致，沈焕多年传播的也是与象山心学宗旨相同的思想，所以后人把"明州四先生"都视为陆学的传人。

和杨简一样，沈焕不仅服膺"二陆"的心学思想，而且孜孜不倦地予以弘扬，具有儒学教育家的风范。在担任太学录事时，"教官不甚与诸生接，先生以所躬行者淑诸人，旦暮延见，司业不乐也"①。沈焕诲人不倦的作风，与一般在太学里混饭吃的学官迥异，因此引起其他学官的嫉妒，"居官仅八十日"，便被外补为高邮军教授。他"夷然不惊，叙别而去"。后来，沈焕一度"待缺里居"，适逢宰相史浩、吏部尚书汪大猷亦致仕在家，三人在一起商量"举行义田"②，以实现抚孤济贫的宗法社会理想。因其学行高洁，史浩特意将自家的竹洲别墅供给沈焕居住，使之讲学其中。无独有偶，杨简其时也在家赋闲，讲学于碧沚书院，都在为传播心学思想而努力。

"明州四先生"中，沈焕和杨简之间的交情最为笃厚。从进入太学算起，二人的交往超过30年，沈焕的英年早逝令杨简悲痛而感慨。在杨简看来，沈焕其人"善言善行，奚可悉数？威仪文词，诚足以称雄一世"③，这是他对好友的总体评价。顺带指出，按史籍记载，沈焕"顾而美髯，伟仪观，尊瞻视"④，在当时堪称美男子，故杨简有如此之说。至于二人之间的真挚友谊，杨简评价为"三十年相与相切之情，三十年相与相切之义"⑤。在杨简的心中，这份情义是珍贵无价的。当沈焕逝世的消息传来时，杨简正好在乐平知县任上，不可能前往吊唁，因此，他只能含悲写下一点文字，来寄托自己

---

① 黄宗羲原著，全祖望补修：《宋元学案》卷76《广平定川学案》，第2554页。
② 以上引文皆引自黄宗羲原著，全祖望补修：《宋元学案》卷76，《广平定川学案》，第2552页。
③ 杨简：《祭沈叔晦文》，《慈湖遗书》卷4，载纪昀等编纂：《四库全书》第1156册，第644—645页。
④ 黄宗羲原著，全祖望补修：《宋元学案》卷76《广平定川学案》，第2552页。
⑤ 杨简：《祭沈叔晦文》，《慈湖遗书》卷4，载纪昀等编纂：《四库全书》第1156册，第645页。

的哀思。

（二）沈焕的教育哲学简述

在阐述沈焕的教育哲学之前，我们有必要先简要介绍一下乃师陆九龄的心学思想。陆九龄（1132—1180 年），字子寿，是陆九渊的五兄，因为天资颖悟，道德纯粹，"补入太学，已负重名，知名士无不师尊之"[①]。淳熙二年（1175 年），吕祖谦（字伯恭）邀请朱熹（字元晦）和二陆兄弟前往鹅湖寺会讲。出发之前，陆九龄对陆九渊说："伯恭约元晦为此集，正为学术异同。某兄弟先自不同，何以望鹅湖之同？"二人自家先行"议论致辨"。结果，陆九龄认为"子静之说极是"，兄弟二人达成了根本理念的一致性。鹅湖之会上，陆九龄向吕、朱二人吟诵了自己所作的一首诗：

> 孩提知爱长知钦，古圣相传只此心。大抵有基方筑室，未闻无址忽成岑。留情传注翻蓁塞，着意精微转陆沉。珍重友朋相切琢，须知至乐在于今。

这首诗的思想很明确，意在表达一种"发明本心"的教育宗旨，其中，"古圣相传只此心"一句再明白不过了。其次，在方法论上，陆九龄委婉地批评了朱熹过于注重章句训诂的烦琐哲学，即"留情传注翻蓁塞，着意精微转陆沉"二句，指明了这种治学模式是没有出路的。当朱熹听了这首诗的前四句，便对吕祖谦说："子寿早已上子静船了也"[②]。当然，陆九龄的语气还是比较委婉的；陆九渊则不然，他和诗曰："易简工夫终久大，支离事业竟浮沉"，如此坦率的批评，令朱熹失色而"大不怿"。

---

① 《陆九渊集》卷 36《年谱》，第 480 页。

② 以上引文皆引自《陆九渊集》卷 34《语录上》，第 427 页。

陆九龄寿数不长,49岁便卒于全州教授任上,一生"未及著书"①。不过,他生前即享有盛名,"为时儒宗,道德系天下重望"②。他的学术思想与陆九渊是一致的,时人以"江西二陆"并称。在临终前,他说:"比来见得子静之学甚明,恨不得相与切磋,见此道之大明。"③正因为如此,沈焕虽然师从陆九龄,时人并没有把他排斥在象山心学的门墙之外,而是把他与杨简、袁燮、舒璘并称为"明州四先生",同样视为心学的后劲。

作为心学的继承人,沈焕的教育哲学,首先禀承了陆九渊"先立乎其大者"④的思想宗旨,他主张"立本明义"为先。他说:

> 吾儒急务,立大本,明大义耳。本不立,义不明,虽讨论时务条目何为? ⑤

"立大本,明大义"一语,与陆九渊的"先立乎其大者"的思想十分接近,表明了沈焕在教育理念上与象山心学的本质相同。

其次,沈焕强调了心性修养工夫的重要性,并且以"学者工夫,当自闺门始"为要,指出了具体的入手之处。他说:

> 学者工夫,当自闺门始,其余皆末也。今人骤得美名,随即湮没者,由其学无本,不于闺房用力焉。故曰:工夫不实,自谓见道,只是自欺。⑥

---

① 《陆九渊集》卷26《全州教授陆先生行状》,第317页。
② 《陆九渊集》卷36《年谱》,第480页。
③ 《陆九渊集》卷34《语录上》,第428页。
④ 按:"先立乎其大者"一语本出自《孟子·告子上》,但被陆九渊用来概括象山心学的思想特色。
⑤ 黄宗羲原著,全祖望补修:《宋元学案》卷76《广平定川学案》,第2554页。
⑥ 黄宗羲原著,全祖望补修:《宋元学案》卷76《广平定川学案》,第2554页。

所谓"工夫当自闺门始",是指学者内外表现一致,从家庭日常伦理生活做起,笃实践履儒家的君子之道,只有上无愧于苍天,下无愧于妻儿,方能向外推展,实现治国平天下的抱负。为此,沈焕强调:

> 昼观妻子,夜卜诸梦寐,两者无愧,始可言学。①

虽然心学一脉素来不乏证悟之例(如詹阜民静坐半月而后证得本心),可是,某些学者工夫不实,却侈谈顿悟之说,故此,沈焕毫不留情地指出:"工夫不实,自谓见道,只是自欺。"这句话可谓鞭辟入里,如果没有笃实的工夫涵养作为前提,任何人宣称自己有"见道"之悟,实际上都是自欺欺人而已。沈焕的老师陆九龄在世时,人称其"涵养深密,躬行笃实"②。受陆九龄的影响,沈焕自身修习也是"知非改过,践履笃实"③。据杨简回忆:

> 叔晦亦尝闻过伏义,笔书而口宣,某由是益服叔晦之高,念叔晦之贤。④

可见,沈焕强调"工夫不实,自谓见道,只是自欺"⑤,实际上正是对陆九龄和他自己一生修道实践的切身经验总结而已。

再次,沈焕提倡择贤交友、共修君子之道,反对固闭的保守学风。同门杨简之所以对沈焕念念不忘,就是因为初入太学之时,沈焕对他讲了一番

---

① 黄宗羲原著,全祖望补修:《宋元学案》卷76《广平定川学案》,第2554页。
② 《陆九渊集》卷36《年谱》,第492页。这是陆九渊对乃兄的评价。
③ 袁燮:《通判沈公行状》,《絜斋集》卷14,载纪昀等编纂:《四库全书》第1157册,第202页。
④ 杨简:《祭沈叔晦文》,《慈湖遗书》卷4,载纪昀等编纂:《四库全书》第1156册,第644页。
⑤ 黄宗羲原著,全祖望补修:《宋元学案》卷76《广平定川学案》,第2554页。

择贤交友的良言。杨简在进入太学之前，或许是看多了社会上势利之交的风气，"窃意世间不复有朋友之义"。进入太学后，他最早见到比自己大两岁的沈焕，沈焕对他说："此天子学校，四方英俊所萃，正当择贤而亲，不可固闭。"听了这番话，杨简转变了态度，持以开放、谦虚的心态，择贤交友，同修共进，由此学问功夫有了很大的进步。后来，他回忆自己的进学历程说："某遂从求其人，遂得从其贤游，相与切磨讲肆，相救以言，相观而善，皆吾叔晦之赐。"[①] 当然，沈焕劝人择贤交友的话并不止对杨简一人说过，而是以勉人精进的动机，告诉许多同门要以谦虚的心态去善择师友，促进自己学问的进步。同门袁燮也曾回忆说："君又为予引之诸师友间，以恢广其所未至。君之成就友朋，而大有功于吾道者若此。"[②] 正因为沈焕积极地提倡朋友同修之道，所以，"时人谓先生开师友讲习之端，得古人相劝为善之义"[③]。无疑，这种提倡择贤交友、共修君子之道的思想，是对先秦儒家人文主义教育观的继承和弘扬。

另外，沈焕提倡正确的读书方法，强调领悟其思想精髓。这与陆九渊重在"求血脉"的读书方法是完全一致的。沈焕有诗曰：

> 为学未能识肩背，读书万卷空亡羊。[④]

沈焕与陆九渊一样，反对沉溺于训诂考据、词章记诵的繁琐学风，认为那样即使"读书万卷"，仍然有"亡羊"之失。在这一问题上，他年轻时纠正过同门袁燮（1144—1224 年）的偏差。据袁燮回忆：

---

① 杨简：《祭沈叔晦文》，《慈湖遗书》卷 4，载纪昀等编纂：《四库全书》第 1156 册，第644 页。
② 黄宗羲原著，全祖望补修：《宋元学案》卷 76《广平定川学案》，第 2555 页。
③ 黄宗羲原著，全祖望补修：《宋元学案》卷 76《广平定川学案》，第 2552 页。
④ 黄宗羲原著，全祖望补修：《宋元学案》卷 76《广平定川学案》，第 2555 页。

始予与君往还时，方务记览，耻一不知，日夜劳苦。君为予言："吾儒之学，在植根本，无妄敝其精神。"予始恍然异之……①

袁燮原来的读书法是"方务记览，耻一不知"，其结果是"日夜劳苦"而未识大旨。年长5岁的沈焕正告袁燮："吾儒之学，在植根本，无亡敝其精神。"这一点，与前文所述"立大本、明大义"相通，都是反对把有限的精力耗费在无穷的训诂考据和词章记诵之中。听了这话，袁燮开头十分惊讶，但是，他进行了认真的反思，发现自己和沈焕之间的区别："听君议论，宏大平直，坦乎如九轨通衢，而反视予所习者，萦迂缭绕，直荒蹊曲径而已。"② 于是，袁燮承认自己的失误，"乃尽弃其旧业，精思一意，求所为根本者"③。正因为掌握了正确的读书方法，袁燮后来（乾道八年）也高中进士，而且一路上升，直至担任国子祭酒，成为一名掌管教育的高级官员。

综上所述，沈焕是一位道德高尚、学行一致的大儒。虽然他的仕途生涯并不畅达，但是，无论在学官任上，还是在私学讲坛上，都一直在真诚地宣讲儒家先圣的人文思想。他和杨简、舒璘、袁燮等人一起，共同构成继陆九渊之后的强大心学阵容，为心学的传承和弘扬做出了不可磨灭的贡献。

二、舒璘的教育哲学思想

（一）舒璘的生平与教育活动

舒璘（1136—1199年），字元质（又字元宾），明州奉化人。少年时便有志于圣人之学，"每自循省，苟不闻道，何以为人？汲汲乎如饥者之索食"④。

---

① 黄宗羲原著，全祖望补修：《宋元学案》卷76《广平定川学案》，第2555页。
② 黄宗羲原著，全祖望补修：《宋元学案》卷76《广平定川学案》，第2555页。
③ 黄宗羲原著，全祖望补修：《宋元学案》卷76《广平定川学案》，第2555页。
④ 黄宗羲原著，全祖望补修：《宋元学案》卷76《广平定川学案》，第2544页。

年轻时补入太学，与杨简、沈焕、袁燮为友。后来，他还与三位同门结为亲家，其中，他的儿子舒铣娶了杨简的第三个女儿。① 这种姻亲关系愈发加强了四人之间的交谊。年轻时，舒璘好学不倦，曾求教于多位名儒。首先，他就学于张栻，"请益焉，有所开警"，后来，听说朱熹与吕祖谦讲学于婺州（今浙江金华），"徒步往从之"，并在家书中说"敝床疏席，总是佳趣；栉风沐雨，反为美境"②，可见其淡泊之味与求学之诚。不过，舒璘"卒业于存斋"③，存斋即是陆九渊早年的别号。④ 舒璘求教于陆九渊，是和自己的哥哥舒琥、弟弟舒琪一起去的。兄弟三人同受业于陆子之门，舒琥、舒琪"皆顿有省悟"，而舒璘说："吾非能一蹴而至其域也。吾惟朝夕于斯，刻苦磨砺，改过迁善，日有新功，亦可以弗畔矣。"此后，舒璘治学"躬行愈力，德性益明"，终于成就了他的忠信不贰、笃实不欺的人格美质。

乾道八年（1172年），舒璘中进士第，步入仕途。他先后担任江西转运司干办公事、徽州教授、平阳知县等职，均能恪尽职守、忧国忧民。在担任徽州教授期间，他"不惮勤劳，日日诣讲，隆冬酷暑，未尝少息。筑风雩亭，以时会集（诸生），暮夜亦间往"。当时，好友沈焕担任太学录事一职，舒璘说："师道尊严，吾不如叔晦；若启迪后进，吾不敢多逊。"⑤ 听说了舒璘诲人不倦的事迹，太学司业汪逵打算向朝廷推荐舒璘。有人告诉他此时太学中"举员已足"，汪逵说："吾职当举教官，舍元质其谁先？"仍然上本举荐。丞相留正听说了舒璘的事迹，称赞说："天下第一教官也。"然而，在南宋王

① 参见钱时：《宝谟阁学士正奉大夫慈湖先生行状》，载杨简：《慈湖遗书》附录，《四库全书》第1156册，第940页。
② 以上引文皆引自黄宗羲原著，全祖望补修：《宋元学案》卷76《广平定川学案》，第2544页。
③ 黄宗羲原著，全祖望补修：《宋元学案》卷76《广平定川学案》，第2550页。
④ 参见《陆九渊集》36《年谱》，第488页。其文曰："初以'存'名读书之斋。"故有此别号，后称象山居士。
⑤ 以上引文皆引自黄宗羲原著，全祖望补修：《宋元学案》卷76《广平定川学案》，第2544页。

朝冗官成堆、论资排辈的用人制度中，舒璘始终未能得志用世，长期担任的都是学官这样的闲曹冷职。不过，舒璘"素以天下为己任，虽居冷官，未尝忘世事"。他在徽州教授任上，经常向本地知州进言献策，"牧守虽不能尽用，间有所采"①。后来，舒璘总算获得知平阳县(属浙江温州)的实职，"听断讼狱，人服其平"②。任满3年之后，他被擢升为广西宜州通判，尚未赴任，即病逝，卒年64岁。舒璘在世时，时人称其为广平先生，宋理宗时赐谥文靖。生前著有《广平类稿》《诗礼讲解》《诗学发微》等书稿。今《四库全书》中收录《舒文靖集》2卷，《四明丛书》则收录《舒文靖公类稿》。

（二）舒璘的教育哲学简述

舒璘的教育理念无疑是以心学为本的。他在教诲诸生、与友人论学时，经常表达自己带有心学色彩的教育理念。首先，他很看重天赋的粹然良心，认为只有率先把它认清、辨明，方可跻入圣学之正途。他说：

> 天之付于我者，其良心之粹，无好乐，无贪美，廓然大公，惟理之顺，圣贤先得我心之同然，故穷达用舍，安于理义之常。③
>
> 良心之粹，昭如日月；无忿愤卤莽之念，则圣贤可策而到。④
>
> 人之良心，本自明白，特患无所感发。一朝省悟，邪念释除，志虑所关，莫非至善。⑤

---

① 以上引文皆引自黄宗羲原著，全祖望补修：《宋元学案》卷76《广平定川学案》，第2545页。
② 黄宗羲原著，全祖望补修：《宋元学案》卷76《广平定川学案》，第2546页。
③ 舒璘：《谢傅漕荐举札子》，《舒文靖集》卷下，载纪昀等编纂：《四库全书》第1157册，第535页。
④ 舒璘：《与汪清卿》，《舒文靖集》卷上，载纪昀等编纂：《四库全书》第1157册，第520页。
⑤ 舒璘：《与楼大防（二）》，《舒文靖集》卷上，载纪昀等编纂：《四库全书》第1157册，第518页。

这些言论，实际上不外乎是陆九渊"发明本心"思想的不同表述，至多是把"本心"一词换成了"良心"一词而已。与其他象山后学一样，舒璘认为，人之良心是天赋的，本自明白，昭如日月，蕴含着纯粹的美德，只是被后天的诸种因素所左右，受到了蒙蔽而已。只要有所感发、一朝省悟，便能重新体认自己的良心，于是，"邪念释除"，心中所思所虑，无非至善。如果善于消除怠惰鲁莽之念，恢复天赋良心，那么，圣贤境界就在眼前了。

正是因为首先重视发掘、体认自己的粹然良心，所以，舒璘反感那种把圣言经训挂在嘴上而实际德行与之脱节的俗儒作风。他说：

> 平时以圣贤经书、前辈议论妆裹作人，自己良心先（一作"原"）不明白，一旦处外境，不动难矣哉！①

作为象山心学的后裔，舒璘当然重视在日常生活中进行笃实的心性修养。不过，舒璘保持着独立思考的习惯，他明确反对程朱理学的"持敬"之说，认为这是一种自我束缚而非有所树立的方法论。他说：

> 持敬之说，某素所不取。我心不安，强自体认，强处束缚，如篾箍桶，如藤束薪，一时断决，散漫不可收拾，理所宜然，夫子教人，何尝如是？入孝出弟，言忠信，行笃敬，出门如见宾，使民如承祭，此等在孩提便可致力，从事无斁，则此心不放，此理自明。②

舒璘认为，程朱理学所推崇的"持敬"之说，虽然传播甚广，但其实是一

---

① 舒璘：《答刘淳之》，《舒文靖集》卷上，载纪昀等编纂：《四库全书》第1157册，第524页。
② 舒璘：《答叶养源（二）》，《舒文靖集》卷上，载纪昀等编纂：《四库全书》第1157册，第509页。

种"强自体认，强自束缚"的修养方法，就像用竹篾箍木桶、用藤条捆柴禾一样，如果竹篾、藤条突然断开，那么，木桶和柴禾都将"散漫不可收拾"，因此，这种修养方法并不可取。舒璘坦率地说"持敬之说，某素所不取"，并且指出"（孔）夫子教人，何尝如是？"舒璘认为，还是应当从正面入手，教导诸生"入孝出弟，言忠信，行笃敬"等等修养内容，特别是从孩提时就积极引导，久而久之，学者自然会从践履中感悟到自己本心的发用流行本来就应该是这样的，于是，"此理自明"，人心也就不会再轻易放逸迷失了。

舒璘否定了"持敬"说，坚持弘扬的是陆九渊式"发明本心"的教育理念。他认为只要本心既明，其余皆可顺此而为。他说：

> 本原既明，是处流出，以是裕身则寡过，以是读书则畜德，以是齐家则和，以是处事则当……我心无累，此道甚明。①

在此不妨来看一下陆九渊所讲过的话：

> 吾之学问与诸处异者，只是在我全无杜撰。虽千言万语，只是觉得他底，在我不曾添一些。近有议吾者云："除了'先立乎其大者'一句，全无伎俩。"吾闻之曰："诚然。"②

把陆九渊和舒璘二人的话相对照，我们不难发现，舒璘强调的"本原既明"的修养论，实际上是陆九渊的"发明本心"理念的再现，同时也是陆九渊"先立乎其大"的教育理念的翻版。

舒璘虽然并不认同程朱理学的某些修养和治学的理念，但依然尊重不同

---

① 舒璘：《答袁恭安》，《舒文靖集》卷上，载纪昀等编纂：《四库全书》第1157册，第511页。

② 《陆九渊集》卷34《语录上》，第400页。

学派之间的差异，承认朱子学的社会价值，反对把朱陆之争人为地扩大。例如：在陆九渊逝世后，杨简应其子陆持之所邀撰写了《象山先生行状》。在行状中，杨简叙述了陆九渊年少时怀疑有子、伊川（程颐）的言论，这种坦率的笔法容易引起程朱理学一派的不满。对此，舒璘劝谏道：

> 《象山行状》洞见表里，其间载有子、伊川事甚当，然鄙意谓此等处未易轻以告人。人情蔽欺，道心不著，不知者徒生矛盾。既知之，彼自能辨。此间尊晦翁学甚笃，某不暇与议。暨良心既明，往往不告而知，用是益知自反，不敢尤人。敬仲以为何如？①

舒璘担任过徽学教授，知道在徽州（朱熹故里）一带晦翁学很流行，人们尊之甚笃，如果引起一些额外的争议，反而不利于理学（广义）的共同昌盛，毕竟，两个学派虽然思想理念有所不同，但是，共尊先圣孔孟之道、企望修齐治平的根本宗旨还是一致的。舒璘认为，对待朱陆之争，不妨巧用象山心学的基本方法论——"暨良心既明，往往不告而知"。应该肯定，这种避免无谓争执、共促理学繁荣的观念，其实是舒璘心胸宏阔包容的表现。

简而言之，舒璘在世时被誉为"天下第一教官"，为传播心学付出了毕生的心血。同时，他以天下为己任，即使身在外郡，"尤留心中朝治乱之故"②，表现出一个士大夫心忧天下的真诚情怀。对于舒璘，同门杨简说："吾乡万口一辞曰：'吾元质忠信士也。'"③当然，舒璘远不止是一个忠信之士，综其一生学行而言，他不失为一位具有"大儒风节"④的教育家。

---

① 舒璘：《答杨国博敬仲》，《舒文靖集》卷上，载纪昀等编纂：《四库全书》第1157册，第509页。
② 黄宗羲原著，全祖望补修：《宋元学案》卷76《广平定川学案》，第2545页。
③ 《奠舒元质辞》，《慈湖遗书》卷4，载纪昀等编纂：《四库全书》第1156册，第646页。
④ 黄宗羲原著，全祖望补修：《宋元学案》卷76《广平定川学案》，第2550页。这是全祖望的评语。

三、袁燮的教育哲学思想

（一）袁燮的生平与教育活动

袁燮（1144—1224 年），字和叔，庆元府（今宁波市）鄞县人，因杨简年少时家居于此，二人其实是真正的同乡。稍长之时，袁燮曾读东都《党锢传》，"慨然以名节自期"①，这是他立志求圣的开始。乾道初年，袁燮考入太学读书；对于这一段人生经历，后学真德秀作了记述：

> 乾道初，入太学。陆先生九龄为学录。公望其德容晬盎，肃然起敬，亟亲炙之。而同里之贤如沈公焕、杨公简、舒公璘，亦皆聚于学，朝夕以道义相切磨。器业日益充大，平居庄敬自持，为同舍所严惮。②

可见，杨简、沈焕、舒璘和袁燮此时"皆聚于学"，成为好友，"朝夕以道义相切磨"。在治学道路上，袁燮先是求教于吕祖谦，领中原文献之传，后又受教于陈傅良（号止斋），"明旧章，达世变"，受到永嘉学派的影响。不过，最终奠定他的学术旨归的，还是陆九渊。据史籍记载：

> 初，先生遇象山于都城，象山即指本心洞彻通贯，先生遂师事，而研精覃思，有所未合，不敢自信。居一日，豁然大悟，因笔于书曰："以心求道，万别千差；通体吾道，道不在他。"③

---

① 黄宗羲原著，全祖望补修：《宋元学案》卷 75《絜斋学案》，第 2525 页。
② 真德秀：《显谟阁学士致仕赠龙图阁学士开府袁公行状》，《西山文集》卷 47，载纪昀等编纂：《四库全书》第 1174 册，第 748 页。
③ 黄宗羲原著，全祖望补修：《宋元学案》卷 75《絜斋学案》，第 2526 页。

对于师从陆九渊的经历，袁燮亦有自述：

> 燮识（象山）先生于行都（指临安），亲博约者屡矣。或竟日以至夜分，未尝见其少有昏怠之色，表里清明，神采照映，得诸观感，鄙吝已消，矧复警策之言字字切已欤！①

出于对陆九渊的圣者气象与深邃思想的钦佩，袁燮与杨简一样，成为象山心学的忠实信徒。不过，与其他三位同窗相比，袁燮登第最晚，直至淳熙八年（1181 年）进士及第，此时他已 37 岁。袁燮虽然入仕较晚，一莅职守，便显示了出色的治事才干。首任江阴尉，适逢浙西大饥，袁燮被临时调往负责赈济灾民。他到任之后，命令各保（相当于今天的自然村）"画一图，田畴、山水、道路悉载之，而以居民分布其间"②，然后，将各保、里、乡、县的荒政图合为一图，凡有灾情请告，"披图便可了然"③，因此，赈灾事务处理得井井有条。宋宁宗即位时，袁燮亦被召为太学正，不久之后，和杨简一样受到奸相韩侂胄的迫害，被言官弹劾罢职。多年之后，袁燮又被起用，曾任浙东帅幕、主宗正簿、枢密院编修官、权考功郎官等职，亦曾经外放任知江州、提举江西常平司，复召回临安任国子司业、国子祭酒等职，地位步步擢升。在任国子祭酒期间，他尽心尽职，体现出致力于教育事业的奉献精神。史载：

> （燮）延见诸生，必迪以反躬切己，忠信笃实为道本。每言人心与天地一本，精思以得之，就业以守之，则与天地相似。闻者悚然有得，士气益振。④

---

① 袁燮：《象山先生全集序》，载《陆九渊集》附录一，第 536 页。
② 脱脱等：《宋史》卷 400《袁燮传》，第 12146 页。
③ 脱脱等：《宋史》卷 400《袁燮传》，第 12146 页。
④ 黄宗羲原著，全祖望补修：《宋元学案》卷 75《絜斋学案》，第 2526 页。

此后，袁燮的官位进一步隆升，被任命为兼崇政殿说书，除礼部侍郎兼侍读，成为天子近臣、帝王之师。然而，此时朝廷的实际掌权者是宰相史弥远，从籍贯上讲，二人也是同乡，但是，在对金国外交方面，史弥远和袁燮持有不同的意见。据《宋史》记载："时史弥远主和，（袁）燮争益力，台论劾燮，罢之，以宝文阁待制提举鸿庆宫。"后来，朝廷再度起用袁燮"知温州，进直学士"，但是，在史弥远一手遮天的朝政格局中，袁燮遭遇了和杨简一样的政治命运，难以施展才能，最终"奉祠以卒"①。袁燮晚年家居以著述为事，"疾革，犹著述不倦"，有人劝他多休息，他回答说："吾以此为笙镛管磬，不知其劳也。"②可见，其传承心学思想的热情至老而不衰。袁燮传世的著作主要有两部，其一《絜斋集》24卷，其二《絜斋家塾书钞》12卷，均收入《四库全书》之中，是后人研究袁燮教育哲学思想的重要史料。

在"明州四先生"中，袁燮生前的职位算是最高的，他的人品节操也不负平生所学。在他去世后，杨简称赞他"立朝光明，临终不乱"③，无疑，这是一个甚高的评价。早在太学期间，袁燮就和杨简定交，成为志同道合的挚友。杨简曾经回顾说："一时师同门、志同业者，则某与沈叔晦、袁和叔也。"④袁燮和杨简不仅交谊深厚，学术见解亦颇有佐证、参照之力，其门人、子弟相互往来求教，并不鲜见。例如，袁燮之子袁甫不仅能传家学，又师从杨简问学，成为杨简门下最出色的弟子之一。顺带说一下，袁甫，字广微，嘉定七年（1214年）举进士第一，即高中状元，此后为官多任，颇有政声。宋理宗时，袁甫曾任崇政殿说书，后升擢至权兵部尚书、暂兼吏部尚书，亦曾兼任国子祭酒，"日召诸生，叩其问学理义讲习之益"⑤。《宋史》卷

---

① 以上引文皆引自脱脱等：《宋史》卷400《袁燮传》，第12147页。

② 黄宗羲原著，全祖望补修：《宋元学案》卷75《絜斋学案》，第2526页。

③ 杨简：《慈湖遗书补编·故龙图阁学士袁公墓志铭》，载张寿镛辑：《四明丛书》，第6906页。

④ 杨简：《慈湖遗书补编·宜州通判舒元质墓志铭》，载张寿镛辑：《四明丛书》，第6903页。

⑤ 脱脱等：《宋史》卷405《袁甫传》，第12242页。

405 存其本传。在南宋后期政坛上，袁甫是一个较有作为的官员。值得一提的是，继"明州四先生"后，袁甫在弘扬象山心学方面贡献尤为突出。陆九渊去世后，远在山间的象山精舍渐渐废圮。宋理宗绍定四年（1231年），袁甫任江东提点刑狱兼提举常平，命令下属洪季阳察访新址，在贵溪县的徐岩修建起一座崭新的象山书院，同年，刊印《象山先生文集》，并为之作序。因任官不在江西，袁甫礼聘慈湖门人钱时（字子是）为堂长，主教事，"远近闻学者闻风云集，至无斋以容之"①，只得扩建学舍以处之。这一系列举措，成为南宋后期心学演进史上的又一盛事。

（二）袁燮的教育哲学简述

袁燮的教育思想，属于比较典型的心学理念。首先，他高度弘扬人之本心的地位和价值，提出后天的学习，其要在明此心而已。他说：

> 人生天地间，所以超然独贵于物者，以是心尔。心者，天下之大本也。此心存，则虽贱而可贵；不存，则虽贵而可贱。②
>
> 大哉心乎！（与）天地同本，精思以得之，就业以守之，则与天地相似。③

袁燮所说的"心"，是指人人皆同的先天本心，而不是千差万别的个体意识。袁燮认为，人生天地之间，之所以超越于一般动物之上，就在于拥有这颗先天本心，这是人类超然独贵于万物的原因。只有领悟并保任这颗本心，才算体现出人为万物灵长的关键意义。如果学者勤于后天修习，"精

---

① 《陆九渊集》卷36《年谱》，第524页。
② 黄宗羲原著，全祖望补修：《宋元学案》卷75《絜斋学案》，第2526页。
③ 袁燮：《丰清敏公祠记》，《絜斋集》卷9，载纪昀等编纂：《四库全书》第1157册，第111页。

思以得之，兢业以守之"，必定能够觉悟本心，并由此而达到"与天地相似"的崇高境界。在此基础上，袁燮又提出了"本心即道"的重要命题，他说：

> 道不远人，本心即道。知其道之如是，循而行之，可谓不差矣。①

袁燮的这段话，不仅阐明了"本心即道"的本体论，而且还讲出了如何发明、应用本心的工夫论，那就是"知其道之如是，循而行之，可谓不差矣"，与上文"精思以得之，兢业以守之"的内涵完全一致。既然本心即道，那么，人们何以会迷失这一宝贵的本心呢？袁燮认为，主要在于后天诸欲的干扰。只有将诸欲的负累去除，才能恢复清明至善的本心。他说：

> 人心至神，无体无方。有如斯鉴，应而不藏；鉴以尘昏，心以欲翳。欲全其明，盍去其累？②

后来，全祖望在补修《宋元学案》时，将这句话表达为"人心至神，翳之以欲，则不神矣"③。无论如何表述，个体欲望的无穷性与执着性对本心的蒙蔽都是显而易见的。袁燮深以此为鉴，他说：

> 人生天地间，所欲无穷，必求所以满足其欲，非道而取，何所不至？养其小而失其大，沦胥不仁不义之域，岂不哀哉？④

---

① 黄宗羲原著，全祖望补修：《宋元学案》卷75，《絜斋学案》，第2527页。
② 袁燮：《以鉴赠赵制置》，《絜斋集》卷23，载纪昀等编纂：《四库全书》第1157册，第303页。
③ 黄宗羲原著，全祖望补修：《宋元学案》卷75，《絜斋学案》，第2527页。
④ 袁燮：《是亦楼记》，《絜斋集》卷10，载纪昀等编纂：《四库全书》第1157册，第130页。

至于如何消除欲望带来的蒙蔽？袁燮没有多说。这是因为，乃师陆九渊已经讲得很清楚，用"剥落法"而已。陆九渊说：

> 人心有病，须是剥落。剥落得一番即一番清明，后随起来，又剥落，又清明，须是剥落得净尽，方是。[①]

关于"剥落法"的具体内涵，上一章已做详细分析，此不赘述。总而言之，袁燮的教育哲学，仍然以"本心即道"的本体论为基石，主张"精思以得之，兢业以守之"，这就是学者后天修习的主要工夫。

其次，袁燮的教育理念明显倡导"内求"的工夫路径和价值取向，体现出传统儒家固有的价值观念。袁燮指出：

> 此心此理，贯通融会，美在其中，不劳外索。[②]

袁燮禀承陆九渊"心即理"的理念，将"此心此理"并称。他认为：在先天本心中蕴含了无穷的德性与智慧，并由此形成一种先天固有的"美感"；对此，学者只需内求，"不劳外索"，将内心固有的德性与智慧发掘出来即是，与其他事情相比，这才是人生最重要的事业。袁燮说：

> 凡身外之物，皆可以寡求而易足。惟此身与天地并，广大高明，我固有之，朝夕磨励，必欲追古人而与俱。若徒侪于凡庸，而曰"是亦人尔"，则吾所不敢也。[③]

---

① 《陆九渊集》卷35《语录下》，第458页。
② 袁燮：《象山先生全集序》，载《陆九渊集》附录一，第536页。
③ 黄宗羲原著，全祖望补修：《宋元学案》卷75《絜斋学案》，第2527页。按：原文出自《是亦楼记》，有压缩。

这番话体现出鲜明的儒家价值观，即"凡身外之物，皆可以寡求而易足"，唯有发明本心、确立"天爵"，才是人生最重要的事情。袁燮非常反感一种世俗的生活观念，即认同庸碌之辈的生活方式，或汲汲功利，或混世度日，并以处于这种生活状态的人为数不少为理由，说"是亦人尔"。对此，袁燮坦率地说："此又余所以自警且以诲子孙者，故书以识之。"①

再次，袁燮指出了学校教育的目的是为了使人"明义理"，表达了典型的儒家人文主义教育理念。他说：

> 夫人生天地间，所以自别于禽兽者，惟此心之灵，知有义理而已。义理之在人也，甚于饥渴。饥渴之害，不过伤其生尔；义理之忘，将无以为人。害孰大于此乎？学校之设，所以明此义理也，如是而为忠为孝，如是而为奸为慝，判然殊涂，不啻黑白，此天地之大闲也。②

袁燮所处的时代，教育几乎成为科举考试的附庸。对此，袁燮深以为忧。他认为，教育的根本目的是教会学者如何做人，而做人的根本指南就是明白义理。人心之中先天地蕴含着各种道德内涵，同时"此心之灵，知有义理而已"，因此，朝廷设立学校，就是为了使读书人明白义理，进而学会如何做人。明白义理，这是人与禽兽的根本区别所在，也是走向忠孝或奸慝的关键界限。故此，袁燮为官多任，注重修复当地废圮的书院，如盱眙军学（在江苏盱眙）、东湖书院（在南昌）等，并且自我坦承："当边烽未息之时而兴崇学校，可谓知务乎？曰：此乃知时务之要者也。"③袁燮的所为所言，

---

① 袁燮：《是亦楼记》，《絜斋集》卷10，载纪昀等编纂：《四库全书》第1157册，第131页。

② 袁燮：《盱眙军新学记》，《絜斋集》卷10，载纪昀等编纂：《四库全书》第1157册，第120页。闲，本指栅栏，引申为界限。

③ 袁燮：《盱眙军新学记》，《絜斋集》卷10，载纪昀等编纂：《四库全书》第1157册，第120页。

都表现出他对于教育事业明道淑人、化民成俗的根本目的持有一种清醒的认识。

简而言之，袁燮是一位有真修实悟的心学教育家。由于其寿数较长，加之地位、声名隆盛，他和杨简（慈湖）一样，成为陆九渊之后的心学后劲，对于心学传承的历史贡献非常重要；只是他的影响比杨简稍逊一筹。不过，袁燮多次担任太学正、国子司业、祭酒等学官职务，教学经验丰富，思想理论自成一体，因此，今人很有必要深入研究袁燮的教育哲学。

陆九渊之后，心学思潮依然风起云涌，颇有影响，这应当归功于以杨简为代表的"明州四先生"的积极推动。关于"明州四先生"的心学思想和教育活动，大儒黄宗羲有一段非常精辟的评价，他说：

> 杨简、舒璘、袁燮和沈焕，所谓明州四先生也。慈湖每提"心之精神是谓圣"一语，而絜斋之告君，亦曰"古者大有为之君，所以根源治道者，一言以蔽之，此心之精神而已"，可以观四先生学术之同矣。文信国云："广平之学，春风和平；定川之学，秋霜肃凝；瞻彼慈湖，云闲月澄；瞻彼絜斋，玉泽冰莹。"一时师友，聚于浙东，呜呼，盛哉！①

这段评述表明，在南宋晚期，出现过一个心学思潮繁荣、兴盛的时期，这是由于陆九渊生前培养了杨简、袁燮等高足，使得心学一脉后继有人，再接再厉。即使在"明州四先生"之后，仍然有袁甫、陈埙、赵彦侦等地位较高、影响较大的人士接续心学血脉，弘扬心学思潮。即使是某些不同学派的

---

① 黄宗羲原著，全祖望补修：《宋元学案》卷76《广平定川学案》，第2553—2554页。按：文天祥，曾封信国公，故有此称。

人物，也不得不承认："两浙间年来象山之学甚旺，由其门人有杨、袁贵显，据要津唱之。"①虽然"明州四先生"的哲学思想各有特色，但本质上都是象山心学"发明本心"这一根本理念的继承和延伸。无论是"明州四先生"，还是袁甫、陈埙等再传弟子，他们禀持"政学合一"的传统理念，积极从事教育实践，矢志不渝地传承心学思想，将儒家固有的人文主义精神贯彻其中，为中国古代私学教育作出了重要的贡献，自身也得以成为镌刻于史册之中的不朽先贤。

第三节　宋元之际象山心学的流风余韵

历史的脚步是不可阻挡的。南宋末年，当蒙古骑兵的铁流从北方涌来时，积弊多年的南宋小朝廷很快土崩瓦解。1276年，临安被攻陷，宋恭帝被俘。1279年，最后一支南宋抵抗大军在广东崖山被歼灭，丞相陆秀夫背着幼帝赵昺投海而死，南宋王朝彻底覆亡。在血腥、惨烈的朝代更替之际，曾经兴旺了数十年的心学思潮也退出了历史舞台。其原因很简单：战乱如麻，苦难深重，致使南方各地人口锐减、民生凋敝，诚如诗人所说："山河风景原无异，城郭人民半已非。"②人们连基本的生存条件尚不能保证，遑论将心学思潮发扬光大？不过，思想的火种并非那么容易熄灭的，一些南方遗存的民间儒者仍然在一定程度上继承了象山心学的思想血脉。在天下安定之后，随着元朝统治集团新提倡理学之际，象山心学的流风余韵又显示出它不可磨灭的思想风采。

---

① 陈淳：《与陈寺丞复一》，《北溪大全集》卷23，载纪昀编纂：《四库全书》第1168册，第686页。

② 文天祥：《金陵驿二首（其一）》，《文山集》卷19，载纪昀等编撰：《四库全书》第1184册，上海古籍出版社1989年版，第733页。按：这是1279年秋文天祥在被押解北上，路过金陵时所作。

一、和会朱陆是元代理学教育思想的特色

元朝虽然脱胎于北方草原的蒙古游牧民族,但是,在开疆拓土、完成统一的过程中,逐渐认识到汉文化的先进性。为了维护王朝的长治久安,以元世祖忽必烈为代表的元初统治者,改国名、迁国都、行汉法,推动了蒙古民族的封建化和汉化进程。元世祖曾经重用儒臣姚枢,礼遇儒者赵复、许衡、窦默等人,对于不愿出仕元朝的南方儒者,允许其在民间书院中讲授理学思想。这一系列措施,消融了民间儒者的敌对态度,巩固了元朝的统治地位。

在元朝封建化的进程中,最值得一提的便是元仁宗时期科举制度的恢复和程朱理学的官学化。元仁宗名叫爱育黎拔力八达,1312 年至 1321 年在位,是第一位从小生长在汉地而非草原的蒙古皇帝。受其师李孟的影响,他对儒家文化十分推崇。在元仁宗的主持之下,1314 年(延祐元年),元朝在各地开科取士(即乡试),1315 年,又在大都举行会试和殿试,由李孟知贡举,共录取进士 56 名。在这次科举考试中,朝廷规定,以朱熹所作的《四书章句集注》和程朱理学的五经注本为指定教材和参考答案。这样一来,程朱理学一跃成为官方意识形态,其独尊地位一直延续到清末科举制度废除为止。

统治阶级选用程朱理学而不是象山心学为官方哲学,有其历史和逻辑的必然性。首先,程朱理学特别强调"三纲五常"(尤其是"三纲")的重要性,因此,这种政治哲学非常有利于维护和巩固任何封建王朝的统治地位;相比之下,象山心学注重"发明本心",弘扬的是主体的道德自觉性,并不强调对封建礼教和等级制度的盲目遵从。其次,程朱理学一贯注重理性化的学问思辨,具有非常丰富而系统的传经著作,既可以成为士子学习的范本,又可以成为科举考试的指定教材;相比之下,心学一脉更加注重的是个人的实地践履和内心体悟,不太看重著书立说,没有成体系的著作传世,因此,无法成为科举考试的教材蓝本。由于以上两大原因,统治阶级在确立官方意识形

态时，必然会选择程朱理学这样的学派，而不可能选用象山心学。这就注定了心学一脉只能成为在民间社会和知识阶层中间自主流传的思想学派，无法上升为官方哲学。

元代虽然将程朱理学上升为官方哲学，但是，这并不意味着元朝就陷入了僵化保守的文化氛围中。原因在于：首先，元朝毕竟是蒙古贵族主政，对汉文化体系中的程朱理学采取为我所用的态度，本身并没有受到程朱理学太深的影响，因此，程朱理学中一些僵化、保守的思想要素的负面影响尚未表现到很突出的地步。例如：元代中期自恢复科举制度以后，一共举行了16次科举考试，录取进士约一千二百人，平均每次不到80人。这样的录取比例，不及宋朝的1/3，不及明朝的1/2，致使科举出身的官员在官僚整体队伍中并不占据主导地位。因此，尽管程朱理学被当作科举功令，它的影响还是比较有限的。其次，元朝疆域空前广大，是一个对外开放的国度，除了元朝皇帝直辖的蒙古及汉族本土外，还有察合台汗国、窝阔台汗国、钦察汗国、伊利汗国等四大汗国，疆域之广，远及中亚甚至东欧。在如此广大的疆域内，居住着不同宗教信仰和文化习俗的各族人民，相互之间可以自由往来，意大利人马可·波罗就是在这种政治背景下才能不远万里来到中国。多元文化的共存和相融，使得元朝并未成为一个封闭自守的国度，而是形成了容许和尊重各种文化形态并存的开放社会。因此，尽管程朱理学上升为官方哲学，它内涵的僵化、保守的思想倾向并没有显示出非常明显的负面作用，只是为维护和巩固封建王朝起着必要的思想维系作用而已。而且，虽然元代奉程朱理学为官方哲学，但是，许多理学家并不墨守成规，他们对于南宋时代的朱学和陆学之争，采取了折中调和的态度，亦即思想史家所说的"和会朱陆"，尽量为象山心学争取一份话语权，用象山心学的合理因素来弥补程朱理学的不足。正因为如此，元代理学家虽然没有大的理论建树，但并未陷于保守僵化。"和会朱陆"的风气使得知识界保持了多元繁荣的局面，也使得象山心学这一儒学正脉像涓涓细流一样得以悄悄传承。

清代学者黄百家曾评述说："有元之学者，鲁斋、静修、草庐三人耳。"①
这大概就是所谓"元代三大儒"的由来，他们分别是指许衡（1209—1281 年）、
刘因（1249—1293 年）和吴澄（1249—1333 年）。在元代初期的理学名家中，
生在北方的许衡创立鲁斋学派，刘因创立静修学派，都是归宗程朱的学派。
其中，许衡因为官位隆盛之故，更被视为理学正统。不过，在南方的江西，
却有以吴澄为代表的草庐学派与之相抗，人称"南吴北许"。吴澄的学术思
想较多地吸纳了象山心学的积极活泼的思想要素。无论在朝或在野，他多年
从事教育实践活动，都自觉地把象山心学固有的价值观和方法论传授给士子
学人。因此，吴澄可以视为元代继承象山心学的代表人物。

二、吴澄对象山心学的继承和运用

（一）吴澄的生平与教育活动

吴澄，字幼清，江西抚州崇仁县人，少而力学，博通经传。他年轻时曾
师从朱子的三传弟子程若庸问学，因此，可以视为朱子的四传弟子。其大概
次序是：朱熹—黄幹—饶鲁—程若庸—吴澄。难能可贵的是，吴澄是一个善
于独立思考的儒者，并没有盲从程朱理学的理论教条，相反，他对于江西固
有的象山之学却持有清醒的认识。当然，这首先是因为地域相近之故，吴澄
的故里崇仁县和陆九渊的故里金溪县。都归属抚州府管辖，相去不过二百里
左右，二人属于大同乡。吴澄和陆九渊之间"居之相近若是其甚也，世之相
去若是其未远也"②，这使得象山心学的思想风潮很容易影响到后学吴澄。其
次，吴澄本人对于心学功夫深造自得，他深入地领会了象山心学的思想精
髓，因此，在对待朱陆之争的问题上具有独立自主的见解。身为朱子后学，

---

① 黄宗羲原著，全祖望补修：《宋元学案》卷 91《静修学案》，第 3021 页。
② 吴澄：《象山先生语录序》，《吴文正集》卷 17，载纪昀等编纂：《四库全书》第 1197 册，
第 191 页。

吴澄却时常公开"右陆"①，这的确需要深邃的思想见识和大胆的学术勇气。

　　吴澄年轻时身处南宋晚期，曾在宋度宗咸淳年间应乡试中选，参加进士考试而不第。1276年，临安被元军攻陷，南宋灭亡，吴澄时年27岁。本来，吴澄可以像金履祥等儒者一样在山中隐居著述，平静度日，但是，一个偶然的机缘使得他被迫出山，从此不可能再过逍遥乡间的生活。1287年（至元二十四年），侍御史程钜夫奉元世祖之命"求贤于江南，有宋遗老网罗殆尽"②。程钜夫（1247—1316年）是江西省新建县吴城镇人，对本省的风土人情了如指掌。他年轻时亦曾师从族叔程若庸问学，记得同门中有一个学行俱优的吴澄。于是，他找到吴澄，力聘请北上仕元。此时，元朝已经定鼎天下，吴澄也认可这一"天命"变革的事实，不再像文天祥、谢枋得等人一样做殊死的抵抗，但是，他从内心并不认同异族的统治，因此，采取了消极的应对态度。吴澄随程钜夫到了北京，不久便以"母老辞归"③。即使如此，程钜夫仍然请求"置先生所著书于国子监"④。朝廷竟然准奏，"命有司即其家录上"⑤，表现出对吴澄的敬重和优容。此后多年，元朝经常任命吴澄为官，如曾先后任命他为江西儒学副提举、国子监丞、司业、集贤直学士、奉议大夫、翰林学士、太中大夫等。泰定元年时，他还一度被任命为经筵讲官。然而，吴澄对这些"恩泽"毫不动心，无论处于什么职位，或者托以疾病而去，或者事毕即辞官还乡，绝无半点留恋；唯独在国子监的岗位上待得时间稍长一些，尽心职守，明德淑人，以完成儒者传道授业的人生使命。面对吴澄这种不愿合作的态度，元朝统治者表现得非常大度，不但不予怪罪，而且礼遇有加，这样一来，吴澄有幸能够得到善终。1333年（元统元年），已是元朝

---

① 黄宗羲原著，全祖望补修：《宋元学案》卷91《师山学案》，第3125页。
② 黄宗羲原著，全祖望补修：《宋元学案》卷83《双峰学案》，第2827页。
③ 黄宗羲原著，全祖望补修：《宋元学案》卷92《草庐学案》，第3037页。
④ 黄宗羲原著，全祖望补修：《宋元学案》卷92《草庐学案》，第3037页。
⑤ 宋濂等：《元史》卷171《吴澄传》，中华书局1976年版，第4011页。

末帝元顺帝即位之初，一代硕儒吴澄终老于乡里，享年85岁。吴澄一生以清寒儒者的身份自守，所居草庐数间，当初被程钜夫题名曰"草庐"，因此，尽管他死后被朝廷追谥为"文正"，可是人们仍然喜欢叫他草庐先生。

吴澄一生，不求名而名满天下，被时人称为"南吴北许"。他虽然为官多任，但真正用心去做的，还是在国子监的教育岗位上。史载：

> 至大元年（1308年），（澄）召为国子监丞。先是，许文正公衡为祭酒，始以《朱子小学》等书授弟子，久之，渐失其旧。澄至，旦燃烛堂上，诸生以次受业，日昃，退燕居之室，执经问难者，接踵而至。澄各因其材质，反覆训诱之，每至夜分，虽寒暑不易也。①

虽然吴澄对于元朝统治者采取消极应对的态度，但是，由于教育事业的特殊性质，他在教师的岗位上始终兢兢业业，以宵衣旰食的敬业精神来教导诸生，体现出一位大儒高尚的职业道德。而且，吴澄在施教过程中"各因其材质，反覆训诱之"，也反映出他善于因材施教的教育理念和教学艺术。

不过，由于国子监是众人瞩目的最高官学，吴澄的某些学术观点依然引起争议。史载：

> （吴澄）又尝为学者言："朱子于道问学之功居多，而陆子静以尊德性为主。问学不本于德性，则其敝必偏于言语训释之末，故学必以德性为本，庶几得之。"议者遂以澄为陆氏之学，非许氏尊信朱子本意，然亦莫知朱、陆之为何如也。澄一夕谢去，诸生有不谒告而从之南者。②

---

① 宋濂等：《元史》卷171《吴澄传》，第4012页。
② 宋濂等：《元史》卷171《吴澄传》，第4012页。

这一番话,表明了吴澄虽然身为朱学后裔,却能够摒弃门户之见,明辨是非曲直,公开为象山心学辩护。如前章所述,南宋时期,朱熹曾经反省:"陆子静专以尊德性诲人,故游其门者多践履之士,然于道问学处欠了。某教人岂不是道问学处多了些子?"对此,陆九渊说:"元晦欲去两短,合两长,然吾以为不可,既不知尊德性,焉有所谓道问学?"①身为后学的吴澄,以睿智的眼光,客观地评价朱陆之争的是非曲直,向诸生指示为学的根本方法:"问学不本于德性,则其敝必偏于言语训释之末,故学必以德性为本,庶几得之。"诚然,问学须"本于德性",这是合乎先秦儒家根本理念的治学观,但是,由于触及对朱子学的批评,引起了当时国子学中程朱理学信奉者的反弹,"议者遂以澄为陆氏之学,非许氏尊信朱子本意"。由于元初的国子学是由笃信朱学的许衡奠定基础的,具有崇信朱学的基本格局,所以吴澄所言使得他在国子监中难以立足。然而,对于吴澄来讲,这个职位同样不值得留恋,弘扬儒学正传不一定非要枯守在国子监中。于是,他"一夕谢去",飘然而归。由于非常尊崇吴澄与俗儒不同的人品和学问,"诸生有不谒告而从之南者"。还乡之后,吴澄仍然致力于著述讲学,声名远播。史载:"(澄)出登朝署,退归于家,与郡邑之所经由,士大夫皆迎请执业,而四方之士不惮数千里,蹑屩负笈来学山中者,常不下千数百人。少暇即著书,至将终,犹不置也。"②正是由于一生不懈的治学与传道,吴澄终于成就了自己在元代理学史上不可或缺的重要地位。

客观地讲,吴澄并不是象山心学的直系后裔,他只是根据自己所见,公允地评价了朱学和陆学的短长而已,其目的仍在"和会朱陆"。事实上,在吴澄的学术生涯中,继承了朱学的许多理念和风格,如主一持敬的修养论、埋头经学传述,等等;但是,在心学血脉中断的情况下,吴澄能够肯

① 以上引文皆引自《陆九渊集》卷34《语录》上,第400页。
② 宋濂等:《元史》卷171《吴澄传》,第4014页。

定和阐发象山心学的某些价值观和方法论，这本身就是对陆学的继承和弘扬。正是在这个意义上，我们仍然把草庐之学视为象山心学在元代的流风余韵。

（二）吴澄对象山教育哲学的汲取与弘扬

《宋元学案》记载了吴澄对于先哲陆九渊的一句概括性评价："吴草庐曰：'陆子有得于道，壁立万仞。'"[①]如此推崇的语气，表明了吴澄对象山心学的充分肯定。正因为所见甚深，吴澄在多年的教育实践中一直弘扬象山心学的价值观和方法论，体现出明显的陆学色彩。

首先，吴澄继承并阐发了"发明本心"的根本理念。他说：

> 夫学，孰为要？孰为至？心是已。天之所以与我，我之所以为人者，在是。不是之求而他求焉，所学何学哉！圣门之教，各因其人，各随其事，虽不言心，无非心也。孟子始直指而言"先立乎其大者"，噫，其要矣乎！其至矣乎！[②]

这段话，明确地表达出吴澄所谓"学"的目标和宗旨无非是"心"而已。吴澄指出，圣人之学所说的"发明本心"，绝不是要人故步自封、师心自用，而是在日常生活中应用和验证本心中先天蕴含的仁、义、礼、智等妙理。他说：

> 应接酬酢，千变万化，无一而非本心之发现，于此而见天理之当然，是之谓不失其本心，非专离去事物，寂然不动，以固守其心而

---

① 黄宗羲原著，全祖望补修：《宋元学案》卷58《象山学案》，第1920页。
② 吴澄：《王学心字说》，《吴文正集》卷7，载纪昀等编纂：《四库全书》第1197册，第94页。

已也。①

由是可见，本心之发现流行，就是"天理之当然"，原因在于："盖日用事物，莫非此心之用，于其用处，各当其理，而心之体在是矣。"② 实际上，这正是陆九渊"心即理"命题的不同表述而已。吴澄认为，一些俗儒只知道陆九渊以"本心"为学，其实不晓得"发明本心"的真正内涵，由此产生种种肤浅的误解，形成种种无谓的纷争。对此，吴澄坦率地批评：

> 今人谈陆子之学，往往曰以本心为学，而问其所以，则莫能知陆子之所以为学者何如。是本心二字，徒习闻其名，而未究竟其实也。……故独指陆子之学为本心，学者非知圣人之道者也。③

吴澄不仅从逻辑上为象山心学"发明本心"的理念做了阐释，而且从历史发展的角度来论证"本心"之说乃是圣人之学自古就有的思想理论。吴澄认为，"发明本心"的修养工夫乃是千圣相传的"心法"，他说：

> 此一心也，自尧、舜、禹、汤、文、武、周公传之，以至于孔子，其道同。道之为道，具于心，岂有外心而求道者哉？而孔子教人，未尝直言心体，盖日用事物，莫非此心之用，于其用处，各当其理，而心之体在是矣。"操舍存亡，惟心之谓"，孔子之言也。其言不见于《论语》之所记，而得于《孟子》之传，则知孔子教人，非不言心也，一时学者

① 吴澄：《仙城本心楼记》，《吴文正集》卷48，载纪昀等编纂：《四库全书》第1197册，第500页。
② 吴澄：《仙城本心楼记》，《吴文正集》卷48，载纪昀等编纂：《四库全书》第1197册，第499页。
③ 吴澄：《仙城本心楼记》，《吴文正集》卷48，载纪昀等编纂：《四库全书》第1197册，第500页。

> 未可与言，而言之有所未及耳。孟子传孔子之道，而患学者之失其本心
> 也，于是始明指本心以教人。其言曰：……呜呼至矣！此陆子之学所从
> 出也。①

吴澄认为，本心的存在是自古即有的，而"发明本心"的工夫论事实上是
"自尧、舜、禹、汤、文、武、周公传之，以至于孔子"的一贯思想。只是
在春秋时期，孔子讲学传道，"有未可与言者"，因此，《论语》一书中缺乏
相关的明确记载。不过，到了孟子那里，他仍然撷取了孔子关于心性的某些
言论，如《孟子·告子上》："孔子曰：'操则存，舍则亡，出入无时，莫知其
向。'惟心之谓欤！"这句话表明，即使孔子也非常重视"发明本心"。孟子
作为接续先圣正传的教育家，害怕学者失其本心，不明白为学的关键问题，
于是，"始明指本心以教人"，有关言论在《孟子》一书中随处可见。陆九渊
曾经坦言自己的思想渊源，说自己的思想"因读《孟子》而自得之"②。从逻
辑关联上讲，象山心学既来自孟子，亦来自孔子，是先圣代代相传的心法，
"此陆子之学所从出也"。

通过以上论述，吴澄不仅证明了象山心学"发明本心"工夫论的合理性，
而且阐明这种本心之说可以上溯到远古先圣，具有学术传承的"合法性"。
这样一来，象山心学乃是圣人之学的正传就明白无误了。

其次，从"发明本心"的核心理念出发，吴澄提出了自己的为学观，主
张以本心为枢纽，展开各项修养或进学条目。他说：

> 若曰徒求之五经，而不反之吾心，是买椟而弃珠也，此则至论。不
> 肖一生，切切然唯恐其堕此窠臼。学者来此讲问，每先令其主一持敬，

---

① 吴澄：《仙城本心楼记》，《吴文正集》卷 48，载纪昀等编纂：《四库全书》第 1197 册，第
499—500 页。
② 《陆九渊集》卷 35《语录下》，第 471 页。

以尊德性，然后令其读书穷理，以道问学。有数条自警省之语，又拣择数件书以开学者格致之端。是盖欲先反之吾心，而后求之五经也。①

陆九渊曾说："学苟知本，六经皆我注脚。"② 又说："六经当注我，我何注六经？"③ 对照二人言论可知，象山心学的理念在吴澄这里得到了很好的继承和弘扬。吴澄认为，"若曰徒求之五经，而不反之吾心，是买椟而弃珠也，此则至论！"他以"买椟弃珠"的比喻来讽刺那种只会在经典古籍中寻行数墨的俗儒学风。吴澄坦言，自己一生讲学传道，最怕学者堕入皓首穷经而不知"道"在何处的窠臼，因此，每当有学者向他求教，他并不会大谈经籍（其实这是他的学问特长），而是谆谆教诲诸生要以"尊德性"为先，认同这一宗旨之后，"然后令其读书穷理，以道问学"。吴澄也指导学者读书，不过只是"拣择数件书以开学者格致之端"，不去增加他们额外的学业负担。所有这一切的目的，都是为了明白一个基本的道理："欲先反之吾心，而后求之五经也。"

在阐明一般的为学方法后，吴澄进一步提出自己的读书方法论，认为读书贵在明理存心，而不是一味记诵先圣言语。他说：

所贵乎读书者，欲其因古圣贤之言，以明此理、存此心而已。此心之不存，此理之不明，而口（诵）圣贤之言，其与街谈巷议、涂歌里谣等之为无益。④

读书当知书之所以为书，知之必好，好之必乐。既乐，则书在我；

---

① 吴澄：《答田副使第三书》，《吴文正集》卷3，载纪昀等编纂：《四库全书》第1197册，第52页。

② 《陆九渊集》卷35《语录下》，第395页。

③ 《陆九渊集》卷35《语录下》，第522页。

④ 吴澄：《题读书说后》，《吴文正集》卷57，载纪昀等编纂：《四库全书》第1197册，第566页。

　　　　苟至此，虽不读，可也。①

　　吴澄告诫学者，所谓读书不过是通过古代圣贤之言语，去明白天理和本心而已。如果读了半天的书，本心不存、天理不明，那么，这种读书就没有任何的效用。从表面上看，读书是一件斯文雅致的事情，然而，那种只会吟诵圣贤言语以炫耀于人的做法，与街谈巷议、途歌里谣一样，什么益处也没有，顶多是茶余饭后的闲谈罢了。相反，善于读书之人，能够领略书中所讲的道理，并通过积极笃实的践履，化为自家的精神受用，从而体会到一种有别于世俗价值的真趣和乐处（亦即"孔颜真乐"）。如果学者真的体会到了这样的乐处，那么，书就算没有白读，因为圣贤所讲的道理已经变成自我的内在精神，随时随地可以获此受用，这就是"既乐，则书在我"的表现；至此，经籍书册就像渡河过后的竹筏一样，无须再用，所以说"苟至此，虽不读，可也"。

　　吴澄的为学观和读书法，摆正了"本心"和"五经"的关系，旨在把学者从汗牛充栋的经籍书册中解放出来，使学者真正从书本中获得受用，促进自己的道德修养，提升自家的人格境界。无疑，这些观点和象山心学的有关理念非常接近，实际上就是对陆九渊为学观的继承和弘扬。

　　再次，吴澄主张学者应该跳出朱陆之争的无谓纠纷，坚持道德主体的自立和自成，无论选取什么治学路径，关键是要把先圣所传的思想方法变为自家的真实受用，完成主体的道德修养。他说：

　　　　朱、陆二师之为教一也，而二家庸劣之门人，各立标榜，互相诋訾，至于今，学者犹惑。呜呼甚矣，道之无传而人之易惑难晓也。为人子孙

────────────────

① 吴澄：《题读书说后》，《吴文正集》卷57，载纪昀等编纂：《四库全书》第1197册，第566页。

者，在自立而已矣。族姓之或微或著，何算焉？能自立欤，虽微而浸著；不能自立欤，虽著而浸微。盛衰兴替亦何常之有，惟自立之为贵！①

从学术师承上讲，吴澄本是朱熹的四传弟子，熟悉朱学的治学方法；同时，由于地域相近之故，吴澄深入研习并领悟了象山心学的思想精蕴，得出了"陆子有得于道，壁立万仞"的肯定结论。吴澄一人兼通朱学和陆学的内蕴，不仅发现了这两个学派的差异性，而且发现了它们的一致性和相通性。由此，吴澄认为，无论是师从朱学还是陆学，"为人子孙者，在自立而已矣"，关键还是要将先圣之道挺立于心中，这样才能如鱼得水、左右逢源一般的自由自在。如果只是一味争执朱学或陆学的短长，而自家却没有修成切实、笃厚的学问功夫，那么，无论"右朱"或者"右陆"，都不过是一场意气之争而已，对于主体道德境界的提升没有丝毫的帮助，对于弘扬圣人之学的事业也无任何的裨益。因此，吴澄强调：对于任何学者而言，"惟自立之为贵"！只有笃实为学，将先圣所传的道理化为自家的心理构成，才是道德修养的真实工夫。在元代"和会朱陆"的学术背景中，吴澄的这一主张，有助于消泯无谓的学术纷争，促使儒者更加积极笃实地从事心性和道德修养，真正达到先圣立教的根本目的。

　　当然，吴澄并非象山心学的嫡传后裔，他的思想中仍然包含了较多的朱学要素。例如，在修养工夫上，他非常重视"敬"字，他说：

　　欲下实工夫，惟敬之一字是要法。②

---

① 黄宗羲原著，全祖望补修：《宋元学案》卷92《草庐学案》，第3046页。按：这段文字是将吴澄的两段话合在一起而说的，那两段话分别出自：《送陈洪范序》（《吴文正集》卷27，载《四库全书》第1197册，第290页）和《井冈陈氏族谱序》（《吴文正集》卷32，载《四库全书》第1197册，第337页）。

② 吴澄：《答王参政仪伯问》，《吴文正集》卷2，载纪昀等编纂：《四库全书》第1197册，第28页。

> 夫人之一身，心为之主；人之一心，敬为之主。主于敬，则心常虚，虚则物不入也；主于敬，则心常实，实则我不出也。①

这些话表明了吴澄对于程朱理学的吸纳，也反映出元代思想界"和会朱陆"的明显趋势。除此以外，吴澄还有许多独到的思想见解，对于促进学者的道德修养和学问进步具有积极的启发作用。例如他说：

> 气质之用小，学问之功大。能学者，气质可变，而不能污坏吾天地本然之性，而吾性非复如前污坏于气质者矣。②

吴澄认为"能学者，气质可变，而不能污坏吾天地本然之性"，与北宋张载的变化气质之说十分接近。陆九渊也曾说过"学能变化气质"③，与之所见略同。吴澄的"气质可变"思想，促使人们深入理解人性的内涵，表明了后天学习的重要性和积极作用，至今值得人们反思和借鉴。

又如，针对儒者的人生使命，吴澄主张："时不同，为其时之所可为者而已；位不同，为其位之所当为者而已。"④又说："予观四子之言志，而圣人独与曾点，何哉？三子皆言他日之所能为，而曾点但言今日之所得为。期所期于后，不若安所安于今也。"⑤终其一生来看，吴澄事实上就是这么做的。他从不好高骛远，也不避世苟全，总是根据自己所处的社会现实环境，力所能及地做好一个儒者应尽的使命，讲学传道，明德淑人，从而使得元代"政统"虽变而"道统"不断，儒家思想的血脉仍然得以延续，而且有

---

① 吴澄：《主敬堂说》，《吴文正集》卷5，载纪昀等编纂：《四库全书》第1197册，第69页。
② 吴澄：《答人问性理》，《吴文正集》卷2，载纪昀等编纂：《四库全书》第1197册，第33页。
③ 《陆九渊集》卷35《语录下》，第462页。
④ 吴澄：《与宪金赵弘道书》，《吴文正集》卷11，载纪昀等编纂：《四库全书》第1197册，第131页。
⑤ 吴澄：《宋沂字说》，《吴文正集》卷7，载纪昀等编纂：《四库全书》第1197册，第95页。

所弘扬。从这个意义上讲，吴澄等元代儒者接续"薪火"的历史功绩是不应被忽视的。

　　简而言之，吴澄是元代一位非常特殊的大儒，他身为朱学后裔，却更多地继承和弘扬了象山心学的思想精华，使得心学思潮在元代"和会朱陆"的社会环境中得以保存和流传。从表面上看，程朱理学在元代得到了朝廷尊崇，成为官方意识形态，而象山心学被冷落到一边，成为民间自发传承的涓涓细流。然而，历史仿佛注定了这样一种规律——某个学派一旦被官方扶植到正统地位，很快便失去它原有的新鲜气息，走向一种僵化保守的局面，相反，倒是在民间自发流传的某种私学，反而能够保持其固有的生命活力。程朱理学和象山心学的命运便是如此。虽然心学思潮在元代呈现式微之状，但是，以吴澄为代表的一批儒者自觉地传承它的"薪火"，促使人们以清醒的头脑看待世间纷纭复杂的各种学说，学会去伪存真、去粗存精，体悟天理和本心的实相。

　　本章所述，包括南宋后期的心学发展和元代的心学传承两个方面的内容。在南宋后期，以杨简、沈焕、舒璘、袁燮四人为代表的"明州四先生"，继承了陆九渊的思想血脉，以各自独到的领悟和别开生面的方式，继续阐发象山心学的思想学说，造成了南宋后期心学思潮的繁荣兴盛。在元代，虽然心学思潮处于式微状态，但是，以吴澄为代表的一批南方儒者，仍然在一定程度上传承象山心学的思想精蕴，为明代心学的复苏和重振做了必要的铺垫。从教育实践的角度讲，无论是南宋的杨简等人，还是元代的吴澄，几乎毕生都在为传播先圣的思想学说而呕心沥血地奋斗。他们通过多年的讲学活动，使人们认识到心学思想的内涵和意义，树立起明道成圣、经世济民的人生理想。虽然他们的理想主义不可能得到充分的实现，但是，这种对世间真理和生命真谛的追索精神，以及由此修养而成的崇高、伟岸的人格境界，却永远值得后人景仰。

第四章
王阳明的教育哲学思想

王阳明是儒学发展史上的传奇人物。他集"立德、立功与立言"于一身，是明代中叶著名的思想家、军事家和教育家。目前，关于阳明心学的研究已属显学之列，不过，现有的研究成果大多数是关于王阳明的哲学思想和非凡事功，从教育学角度来研究王阳明的教育思想及其实践成就的学术成果，还显得比较缺乏，不足以全面揭示王阳明在中国文化发展历程中的重要贡献。故此，本著就王阳明的教育哲学思想及其现代启示做一番论述，以期耕耘出教育思想史研究的一块新"园地"，达到古为今用的现实目的。

第一节　王阳明的生平与教育活动

一、王阳明的生平与事功

王守仁（1472—1529 年），字伯安，号阳明，世人惯以别号尊之，通常称为王阳明。他出生于浙江余姚的一个儒者家庭。其父名叫王华（1446—1522 年），本是一个平常的读书人，常年在外坐馆教书。出人意料的是，在成化年间的科举考试中，王华连中三元，成为蟾宫折桂的状元郎。从此，王家的境遇发生了根本的转变，年仅 10 岁（虚岁）的王阳明也成为官宦子弟。因为从小远离父亲，由爷爷奶奶带大，王阳明小时候十分顽皮淘气，时常令长辈担心，但也显示出非同寻常的聪明伶俐的天赋个性。12 岁时，王阳明随父亲在北京居住，有一次，他问私塾先生说："何为读书人第一等事？"塾师回答说："惟读书登第耳。"王阳明质疑道："登第恐未为第一等事。"塾师问："那你觉得什么是读书人的第一等事？"少年王阳明答曰："或读书学圣贤耳。"[①]

明孝宗弘治元年（1488 年），17 岁的王阳明迎娶夫人诸氏于南昌，然后返回余姚故里。在途经广信（今江西上饶）时，他拜访了民间大儒娄谅（1422—1491 年），娄谅告诉他一句话："圣人必可学而至。"[②]王阳明深受此语激励，从此改变少年时放浪顽皮的习性，一心从事圣人之学。弘治五年（1492 年），王阳明中举，此后参加会试，两度落第。当发榜之时，其他举子因为落榜羞愧，甚至怨天尤人，而王阳明说："世以不得第为耻，吾以不得第而动心为耻。"[③]众人听了，十分佩服。到了弘治十二年（1499 年），28 岁的王阳明终于金榜题名，会试考中第二名，在随后的殿试中，考中二甲进士出身第七名，从此步入仕途。由于科举名次优异，王阳明留在了京师做官，先后在工部、刑部和兵部担任主事（正六品）职务。正德元年（1506 年），明武宗昏庸无道，大权落入宦官刘瑾手中，他陷害忠良，独霸朝纲。王阳明和一些忠义大臣一样，上书弹劾刘瑾，结果被廷杖四十，"既绝复苏"[④]。刘瑾念在王华曾在内书堂教过自己的份上，没有杀掉王阳明，而是把他远谪贵州修文县龙场驿，担任只有从九品的驿丞一职。同时，王华也被勒令致仕，以南京吏部尚书衔免官归里。王阳明带着几个仆人来到偏僻蛮荒

---

① 参见吴光等编校：《王阳明全集》卷 33《年谱一》，第 1221 页。
② 吴光等编校：《王阳明全集》卷 33《年谱一》，第 1223 页。
③ 吴光等编校：《王阳明全集》卷 33《年谱一》，第 1223—1224 页。
④ 吴光等编校：《王阳明全集》《年谱一》，第 1227 页。

的龙场。面对"蛇虺魍魉，蛊毒瘴疠"，他只能带领仆人在一个山洞中居住。在非常艰苦的环境中，他依然保持乐观洒脱的心态。此时，王阳明考虑最多的不是自己的处境，而是先儒朱熹所传的格物致知的对错问题（后详）。由于龙场地僻官闲，王阳明每晚都在山洞中"端居默坐，以求静一"，"久之，胸中洒洒"。大约在正德三年（1508年）的某一天，王阳明"忽中夜大悟格物致知之旨，寤寐中若有人语之者，不觉呼跃，从者皆惊"。王阳明觉悟的主要是"始知圣人之道，吾性自足，向之求理于事物者误也"①，史称"龙场悟道"。从此，他和程朱理学分道扬镳，创立了自己的天人性命之学。龙场悟道之后，王阳明更加放开了手脚，在当地少数民族的帮助下，修建起简陋的龙冈书院，开始在民间讲学。不久，引得黔中、湘西一带的读书人都跑来听讲。时任贵州提学副使的席书闻名，把他请到贵阳书院去讲学，"身率贵阳诸生，以所事师礼事之"②。正德五年（1510年），由于刘瑾谋反被诛，王阳明等忠义之臣获得平反，调回内地为官，从此，他的仕途生涯开始步步擢升。

王阳明回到内地后，不过六七年时间，先后担任主事、员外郎、郎中、南京鸿胪寺卿等职务，地位虽不断提高，但都不足以发挥他经世济民的抱负和才干。正德十二年（1517年），王阳明被任命为都察院左佥都御史，奉旨巡抚南、赣、汀、漳等处。这一地区乃是江西、广东和福建的三边之地，地僻山高，加上正德时期吏治腐败、混乱之故，原有的土匪强盗空前增长，不仅抢掠民间，而且渐有攻府破县的实力和动向，几任巡抚都不能平定贼寇，因此，朝廷病急乱投医，把文臣王阳明派往该地，担任巡抚（后加授提督军务，掌握兵权），目的就是要剿灭该地为患多年的巨寇，恢复安定局面。在腐败黑暗的明朝官场，作为一个清廉正直的官员，王阳明不可能获得任何肥

---

① 以上引文皆引自吴光等编校：《王阳明全集》《年谱一》，第1228页。
② 吴光等编校：《王阳明全集》《年谱一》，第1229页。

缺美差，要想施展经世济民的抱负，只有去啃平匪患这样的"硬骨头"，于是，在很多人眼中不过是一介书生的王阳明就这样出征了。没想到，王阳明只用了一年零三个月的时间（1517 年正月 16 日开府——1518 年 4 月班师），先平漳寇，后定粤北，再靖赣南，将所有匪患尽行清除。为了减少战争对百姓的干扰，王阳明尽量使用当地的土兵，因为他们熟悉本地情况，而且痛恨土匪，渴望恢复安定局面，因此乐于效命。此外，王阳明还在赣州等辖境中实行保甲法等制度，严格稽查，搜捕山中匪寇派出的细作，断绝匪寇的情报来源。在这一系列措施的综合作用下，局面很快发生了预料中的转变。值得一提的是，王阳明用于剿匪的主力部队，一般不过两三千人左右，湘粤等地的正规军主力，他基本闲置而不用，目的就是尽量减少扰民。他所指挥的部队，采用穿插、奇袭等灵活多变的战术，屡次出敌不意，因而势如破竹，每到一地，当地土匪武装便土崩瓦解。对此，出自清朝宫廷御用学者手笔的《明史》也不得不记载：

> 初，朝议贼强，发广东、湖广兵合剿。守仁上疏止之，不及。桶冈既灭，湖广兵始至。及平浰头贼，广东尚未承檄。守仁所将皆偏裨小校，平数十年巨寇，远近惊为神。①

"远近惊为神"的说法不是信口开河的。史载：当王阳明班师之后，"百姓沿途顶香迎拜，所经州、县、隘、所，各立生祠；远乡之民，各肖像于祖堂，岁时尸祝"②，把王阳明当成神灵来供奉。由此可见其在民众中的崇高声望。

王阳明平定赣南等地后，采取恢复民生、提倡文教等治理措施，一时颇见成效。此时，王阳明本人很想辞官回乡，过一种侍奉父亲、讲学授徒的闲

---

① 张廷玉等:《明史》卷 195《王守仁传》，第 5162 页。
② 吴光等编校:《王阳明全集》卷 33《年谱一》，第 1247 页。

适生活，但是，朝廷考虑到南方局势的稳定，坚决不允。没想到，这一否决日后起到了意想不到的积极作用。1519 年夏六月，南昌的宁王朱宸濠发动叛乱，朝野震惊。此人利用明武宗昏庸无道的机会，蓄谋 10 年之久，部众多达七八万人，一意夺取明朝江山。起兵之初，宁王亲自指挥 6 万主力沿江北上，欲先攻取安庆和南京。其时王阳明尚在江西，闻讯，发义兵于吉安，从六月十五日起至七月二十六日，不过 40 天时间，就击败了宁王的反叛大军，活捉了朱宸濠。其用兵之神速（实际作战时间不足半个月），以至朝廷平叛的大军还未到江西，叛乱就被平息了。曾任兵部尚书和大学士的杨一清后来评论说"呜呼！自古奸雄构乱，虽有忠臣义士，必假以岁月，乃能削平祸难；伯安奋戈一呼，以身临不测之渊，呼吸之间，地方大定"[1]，表现出对王阳明速平宁王之乱的由衷钦佩。事实上，王阳明此次平定宁王叛乱，并没有朝廷的直接授权，而是仓猝举事，凭着自己的一腔忠勇之气，感动了地方官员伍文定（吉安知府）、戴德孺（临江）、徐琏（袁州）、邢珣（赣州）等人，这样才聚集了一批勤王义师（约三万人左右）。由于敌众我寡，王阳明"庙算"于决胜之前，用各种方法布置疑兵，阻滞宁王的出师进度。在完成各种部署之后，王阳明挥兵北上，迅速攻取宁王老巢南昌，然后，在赣江下游设下伏兵，与回程救援的宁王主力大战三天三夜，终于将人数倍于己的叛军打得大败，宁王本人也被生擒。在战斗最激烈的时刻，王阳明身居帅船，指挥若定，从容不迫，而此时前线炮火之猛烈，已将先锋官伍文定的胡须都烧着了。正是凭借有勇有谋的军事天才，王阳明彻底平定了震动朝野的宁王叛乱。有明一朝，最忌藩王之乱（明成祖朱棣就是以藩王身份夺取建文帝的江山，故而反过来对藩王严加防范），因此，王阳明此次平息宁藩之乱，被视为不世之功。尽管奸臣群小百般阻挠和刁难（他们大多收过宁王的贿赂，故有此举），但在明武宗意外归天之后，继任的嘉靖皇帝不得不封王阳明为

---

① 吴光等编校：《王阳明全集》卷 38《海日翁先生墓志铭》，第 1386 页。

新建伯，^① 特进光禄大夫柱国，兼任南京兵部尚书，参赞机务。此时，王阳明在朝野的威望如日中天。

然而，内阁首辅杨廷和嫉妒王阳明之功，阻止他进京谒见新帝。王阳明获悉个中缘由，索性告长假回乡省亲。1521 年农历八月，他回到阔别已久的家乡，见到多年未曾谋面的父亲王华，从此在越城（今绍兴市）赋闲定居，一住就是 6 年。嘉靖元年（1522 年）二月，王华去世，王阳明守孝在家，服除之后，开始讲学授徒。由于他平定匪寇和藩王之乱的卓著事功，天下读书人意识到王阳明远非一般埋在故纸堆里做文章的俗儒可比，于是风从影附，纷纷前来就学，无意之间，各地读书人云集越城，形成了中晚明时期影响最巨的阳明学派。王阳明本来一心讲学传道，希望以此终老，但毕竟是有诰命在身的朝廷官员，嘉靖六年（1527 年）农历五月，朝廷下诏任命王阳明为都察院左都御史，总督江西、广东、广西和湖广四省军务，前往广西镇压壮族首领卢苏和王受的叛乱。王阳明疏辞不允，只得于同年九月启程。在前往广西的路途中，王阳明仔细调查研究，发现卢苏和王受是被当地官员逼反的，其实早有谋和之愿。于是，他命令前线军队悉数撤退，并派人晓谕卢、王以招安之意。卢苏和王受半信半疑，率军来到南宁城下，终于确认王阳明是真心招安，于是诚心归降。王阳明送给他们耕牛、种子等礼物，帮助他们恢复生产，使得卢苏、王受大受感动，立誓效命，于是，一场历时数年的战事就这样兵不血刃地解决了。这充分体现出王阳明是一位真诚的儒者，他知兵而不好战，总是以天下苍生福祉为念，尽量用和平手段解决问题。对此，两广籍的翰林学士霍韬有一段评价："今守仁不杀一卒，不费斗米……遂使思、田顽叛，稽首来服。虽舜格有苗，何以过此？"^②

---

① 在明代，公、侯、伯爵皆视同一品，参见《明史》卷 72，《职官一》。特进光禄大夫柱国也是文臣正一品。

② 吴光等编校：《王阳明全集》卷 35《年谱三》，第 1319 页。"舜格有苗"，事见《尚书·大禹谟》。

在恢复广西社会稳定的同时，王阳明又秘密派人侦察了广西中部大瑶山一带的八寨和东部地区的断藤峡，这里聚集着深山瑶部落，有众数万，冥顽不化，自明朝洪武年间起，就没有臣服过中央朝廷。八寨和断藤峡的山瑶部落，经常劫掠周围的居民，为害多年，仗着险恶的地势和凶悍的战斗力，成为官府多年来无法解决的匪患。王阳明初到广西时，八寨和断藤峡的山瑶做了充分的戒备，时间一长，发现官府没有用兵的迹象，戒备渐渐松懈。在侦察到这一情况之后，王阳明果断下令，派壮族首领卢苏、王受的部队袭击八寨，用苗族土司彭明辅、彭九霄的部队袭击断藤峡。由于出其不意，两处天险均被攻破，随后匪巢皆被荡平。面对王阳明突袭八寨和断藤峡的出奇制胜，时人惊叹其用兵之神出鬼没，霍韬上书说："广西有八寨诸贼，犹人有心腹病也。八寨不平，则两广无安枕之期也。今守仁沉机不露，一举平之，百数十年豺虎窟穴，扫而清之，如拂尘然，臣等以是叹服……"①佩服之情，溢于言表。王阳明晚年平定八寨和断藤峡的举措，表明其用兵之术已达到出神入化、炉火纯青的境界。

安定广西全境后，王阳明上表要求回乡，但是，由于他婉拒了嘉靖帝的宠臣桂萼收复交趾（今越南）的建议，得罪了吏部尚书桂萼，因此，他要求卸任回乡的奏章始终得不到批复。王阳明只好一边返程，一边等待朝廷批文。由于过度操劳，王阳明旧疾复发，愈加沉重，走到了江西南安府（今大余县）再也支撑不住。嘉靖七年农历十一月廿九日（1529 年 1 月 9 日），王阳明在南安府青龙铺溘然长逝。临终前，时任南安府推官的门人周积侍奉身旁，问他有何遗嘱，王阳明说："此心光明，亦复何言？"②王阳明去世后，灵柩运回家乡，沿途所到，"士民远近遮道，哭声振地，如丧考妣"③。因为王阳明一生平乱安民，做了许多好事，所以人们发自内心地悼念这样一位大

---

① 吴光等编校:《王阳明全集》卷 35《年谱三》，第 1319 页。
② 吴光等编校:《王阳明全集》卷 35《年谱三》，第 1324 页。
③ 吴光等编校:《王阳明全集》卷 35《年谱三》，第 1324 页。

儒。然而，由于生前得罪了嘉靖帝和权臣桂萼，[①] 这样一位劳苦功高的忠臣，死后竟然被废除爵位，其学说一度被当成"伪学"禁止传播。这种打压措施一直持续了多年，才渐渐松弛，但是，王阳明本人直到嘉靖死后才获得完全的平反昭雪。

综观王阳明的一生，他是一个能将儒学理念纯熟地运用于生活和政治实践中的真儒，改变了世人以为儒者只会吟诵"子曰诗云"、埋头故纸堆中的世俗偏见。虽然王阳明一生大多在政事中奔忙，却讲学不辍，身边弟子不绝，悉心传授心学的思想和功夫，始终不脱离儒者本色。关于王阳明的性格特色，中年之前还可用"志向高远，真诚恻怛，坚忍不拔，圆通自适"等语词来形容；到了平定宁王之乱后，已进入化境，"游于圣人之门者难为言"[②]，我们只能用"心学思想和功夫的集大成者"来勉为其难地比拟。对于王阳明的杰出人格和卓越事功，或许用一付对联来评价更为形象："英雄几许，平乱、抚民、兴学成三事；儒门千载，立德、立功、立言惟一人。"

二、王阳明的教育活动与历史贡献

（一）明代前期"述朱"的思想格局及其瓦解

在南宋时期，朱熹的闽学虽然影响很大，但仍属于民间私学之一，与象山心学、永嘉学派等地位是平等的。然而，到了元朝，随着科举制度的恢复，程朱理学的著作被指定为科举考试的法定教材和参考答案，于是，这一学派上升为官方哲学。不过，由于历史诸种因素的作用，元代理学对人们的思想禁锢束缚作用并不突出，元朝仍是一个对外开放、思想活跃的时代。

真正把程朱理学推到至尊无上地位的是明代。明太祖朱元璋建立明朝之

---

① 在"大礼议"中，王阳明由于写了"无端礼乐纷纷议，谁与青天扫宿尘"的诗句，没有公开站在嘉靖帝一边，故遭到嫉恨，在死后受到嘉靖帝的打压。

② 《孟子·尽心上》。

始，不仅在政治、法律制度上推行空前强化的君主专制和中央集权制度，而且为了朱明王朝的长治久安，他还特别重视在思想文化领域推行文化专制政策。鉴于程朱理学为论证"三纲"之道所作的特殊努力，其博大庞杂的思想体系成为维护这一制度的最佳学说，因此，朱元璋和谋士刘基等人共同研究商定，在学校教育中"一宗朱子学；令学者非五经、孔孟之书不读，非濂、洛、关、闽之学不讲"①。在科举考试的章程中，还规定了写作的文体格式：

> 科目者，沿唐、宋之旧，而稍变其试士之法，专取四子书及《易》《书》《诗》《春秋》《礼记》五经命题试士，盖太祖与刘基所定。其文略仿宋经义，然代古人语气为之，体用排偶，谓之八股，通谓之制义。……初场试《四书》义三道，经义四道。《四书》主朱子《集注》，《易》主程《传》、朱子《本义》，《书》主蔡氏传及古注疏，《诗》主朱子《集传》，《春秋》主左氏、公羊、谷梁三传及胡安国、张洽传，《礼记》主古注疏。②

从此，明代的科举考试不仅考试的内容限制在程朱理学的范围之内，而且连考试的文体也给限定了。将程朱理学对儒家经典的注释定为科考的标准答案，并将八股文定为科举考试的规范文体，这就是所谓"代圣人立言"，读书人连自由的语言表达方式也被剥夺了。不仅如此，朱元璋还从专制君主的个人好恶出发，下令对儒家经典《孟子》进行删节，把其中体现民本主义和仁政思想的精华之处共85章予以删除，几占全书1/3，然后编成了一部不伦不类的《孟子节文》，并规定对删节部分"课试不以命题，科举不以取士"③。尽管删节部分在永乐年间得以恢复，但此禁令却长期贯彻下去。

---

① 陈鼎：《东林列传·高攀龙传》，载纪昀等编纂：《四库全书》第458册，第199页。
② 张廷玉等：《明史》卷70《选举二》，第1693—1694页。
③ 朱彝尊：《经义考》卷235，载纪昀等编纂：《四库全书》第680册，第107页。

　　朱元璋的四子朱棣（明成祖）夺取政权后，改元永乐，坐稳皇位之后，他同样感到利用程朱理学来巩固朱姓江山的必要性。因此，他不仅绍述太祖时期的科举定制，而且于永乐十二年（1414 年）下诏令诸翰林学士编修所谓的三部《大全》，依次分别是《五经大全》100 卷，《四书大全》36 卷，《性理大全》70 卷。三部《大全》所收录的先儒著述，主要就是程朱理学门中的人物，或者是朱熹十分推崇的张载、邵雍之类。可以说，三部《大全》体现出非常浓重的程朱理学的味道。有了这三部《大全》，不仅科举考试有了标准答案，连标准答案的旁注和参考书也全都齐备了。到永乐十三年（1415 年），以"朱学"为主要内容的三部《大全》的编定，标志着明初程朱理学的地位已上升到至尊无二的高度，成为不折不扣的官方正统意识形态。

　　由于国家意识形态和科举考试"指挥棒"的影响，明初的思想学术界形成了沉寂、僵化的局面，用后人的话说，就是"此亦一述朱，彼亦一述朱"[①]。人们先对朱熹盲目崇拜，然后死啃程朱理学的书本。当然，对于大多数读书人来讲，只要能跳过科举考试的"龙门"，朱子学说究竟有几分合理几分不合理，其实并不重要。然而，对于一些潜心研习先秦儒家和理学思想的士人而言，他们天然有着一种追求真理境界、向往圣贤人格的真诚意愿，所以，他们对程朱理学的信奉最初完全是真诚的，并实实在在地照着朱子学的原理和方法去指导自己的修养和人生，直到他们深切地感到其中的确存在着问题为止。王阳明就是其中一员，他年轻时，深入学习朱熹的格物致知说，并且打算亲身实践一番。于是，他和一位姓钱的朋友一同推究官衙中的竹子，尝试从中发现隐藏的"天理"。他们苦思冥想了三天三夜，什么也没"格"出来，姓钱的朋友无奈退出，王阳明独自一人继续"格竹"，七天后终于病倒。后来，他回顾说：

---

① 黄宗羲:《明儒学案》卷 10《姚江学案》，第 179 页。

众人只说格物要依晦翁，何曾把他的说去用？我着实曾用来。初年与钱友同论做圣贤，要格天下之物，如今安得这等大的力量？因指亭前竹子，令去格看。钱子早夜去穷格竹子的道理，竭其心思，至于三日，便致劳神成疾。当初说他这是精力不足，某因自去穷格。早夜不得其理，到七日，亦以劳思致疾。遂相与叹圣贤是做不得的，无他大力量去格物了。及在夷中（指龙场）三年，颇见得此意思，乃知天下之物本无可格者。其格物之功，只在身心上做，决然以圣人为人人可到，便自有担当了。这里意思，却要说与诸公知道。①

到了明代中叶，随着大明江山的巩固，明初实行的思想专制的高压政策不知不觉中有所放松，同时，随着社会生产力长达一百余年的恢复和积累，商品经济也逐渐发展起来。商品经济天然内含追求个性、自由和平等的性格，进而潜移默化地影响到明代士人的思想观念，这一切，都在积极促进明初"述朱"的思想学术环境的松解。以明武宗为例，他继位之后，不理朝政，喜好四处游逸。宦官刘瑾（司礼监秉笔太监）故意趁其玩得起劲时，将一些奏章呈请批阅。他每每恼怒地说："吾用尔何为？乃以此一一烦朕耳！"于是刘瑾"不复奏，事无大小，任意剖断，悉传旨行之，上多不之知也"②。这样一个昏庸无道的帝王，只要没有人敢于夺他的君位，他什么政事都不会放在心上，更别说关心什么思想统一的问题了，由此，明代中期的思想环境已不再像明初那样沉寂、呆板。在这种相对松动的时代环境中，人们的主体意识开始觉醒，能够比较自由地选择自己喜爱的生活方式，不独守一条读书中举的老路。即使读书，他们也能够独立地思考学术问题，一旦发现圣经古训中有什么实在不对头的，他们敢于表达出自己的怀疑和想法来，社会对此在一

---

① 吴光等编校：《王阳明全集》卷 3《语录三》，第 120 页。
② 以上引文皆引自夏燮：《明通鉴》卷 42，中华书局 1959 年版，第 1571 页；又见张廷玉等：《明史》卷 304《刘瑾传》，第 7788 页。

/ 224

定程度上还能够予以宽容和理解。例如：与王阳明处在同一时期的名士唐寅（1470—1523 年），因会试卷入科场弊案，从此与仕途无缘，他凭借书画之长，安享自由自在的生活。唐寅为人放荡不羁，曾刻图章自号"江南第一风流才子"，他喜爱绘画、饮酒、狎妓，与之交往的也多是祝枝山、桑悦等"狂简之士"。这种追求自由浪漫的生活方式的价值人格理想，在明初是绝对不被许可的，到了明朝中叶，除了一些古板的道学先生对此痛心疾首之外，社会（尤其是商品经济发达的江南一带）也就默认了，并有愈演愈烈之势。同理，不愿选择唐伯虎式生活道路的人，如陈献章（1428—1500 年）、王阳明等人，他们立志体认"天理"、效仿圣贤，潜心研习先儒所传的经典。当他们"第一百次"地发现朱熹的著作存在这样那样的问题时，不再因循明初诸儒"守先儒之正传，无敢改错"[①]的做法，而是大胆、公开地讲了出来，又在学问功夫上另辟蹊径，独立自主创造出一种新的学术思想，在士大夫阶层产生了"震霆启寐，烈耀破迷"[②]的巨大反响。这一切，表明了明朝前期那种僵化、保守的"述朱"氛围已大为宽松。正是在这样的社会氛围中，王阳明开展的心学探索和教育实践，突破了前人的局限，创造出柳暗花明、别开生面的成就。

（二）王阳明的心学探索和教育实践

王阳明从小具有独立思考的习惯和顽强探索的精神。在读书求学的过程中，他对明代以程朱理学为统治地位的官方学术产生了怀疑，逐渐形成自己的一套学术观点和教育理念。明孝宗弘治十二年（1499 年），28 岁的王阳明考中进士，从此步入官场，但是，他无意于仕进，却对包括儒、释、道在内的各种天人性命之学感到兴趣。到了弘治十八年（1505 年），34 岁的王阳明

---

① 张廷玉等:《明史》卷 282《儒林传序》，第 7222 页。
② 黄宗羲:《师说》,《明儒学案》，第 7 页。引刘宗周语。

开始在北京尝试授徒讲学的教育实践。据《年谱》记载：

> 是年先生门人始进。学者溺于辞章记诵，不复知有身心之学。先生首倡言之，使人先立必为圣人之志。闻者渐觉兴起，有愿执贽及门者，至是专志授徒讲学。然师友之道久废，咸目以为立异好名，惟甘泉湛先生若水时为翰林庶吉士，一见定交，共以倡明圣学为事。①

王阳明从授徒讲学之始，讲述的就是"身心之学"，即从事心性和道德修养，以达到圣者境界的士人儒学教育。这种身心之学与当时的专务辞章记诵、以期科举过关的功利之学有着本质的区别。不过，在这一时期，由于王阳明本人的学问根基还不十分牢固，加上年龄资历尚浅，除了湛若水（号甘泉）等极少数人引为同调之外，士大夫阶层"咸目以为立异好名"，对此并不欣赏。

第二年（1506 年），明武宗即位，任用宦官刘瑾，把朝政搞得一塌糊涂。王阳明上书直言政事，被刘瑾矫诏下狱，随后发配贵州修文县龙场驿。到了龙场之后，王阳明并没有郁郁寡欢、怨天尤人，而是利用地处偏僻、公务闲暇的机会，潜心研究宋明理学的核心问题——格物致知之道。史载：

> （阳明）日夜端居澄默，以求静一；久之，胸中洒洒。……忽中夜大悟格物致知之旨，寤寐中若有人语之者，不觉呼跃，从者皆惊。始知圣人之道，吾性自足，向之求理于事物者误也。②

这就是著名的"龙场悟道"。有此大悟之后，王阳明完全放开了手脚，在文化落后的黔中地区搞起了教育实践。在当地夷人的帮助下，他伐木砍竹，建

---

① 吴光等编校：《王阳明全集》卷 33《年谱一》，第 1226 页。
② 吴光等编校：《王阳明全集》卷 33《年谱一》，第 1228 页。

起了一所简陋的龙冈书院，开始讲学传道。不久，除了贵州本省，连湘西一带的读书人也闻风而来，向他求教，王阳明忙得不亦乐乎。正德四年（1509年），时任贵州提学副使的席书（字元山）也慕名前来探讨学问，在认同了王阳明的学术思想之后，他和另一位官员贵州按察副使毛科（字古庵）一起，把王阳明请到省城贵阳讲学，"修葺书院，身率贵阳诸生，以所事师礼事之"①。

正德五年（1510年），刘瑾在政变中被杀，王阳明的冤案得以昭雪，他重新返回内地，开始了讲学与为官相伴的生涯。此后，王阳明曾在北京、南京、滁州等多地为官，品级也逐渐升擢，不过，他始终利用公务之余，向同僚、诸生讲学传道。由于他一贯真修实践，对于儒家思想的理解深邃而独到，因而赢得了士大夫阶层的尊重，门人也日益增多。正德七年底（1513年初），王阳明被任命为南京太仆寺少卿，这是一个在邻邑滁州负责饲养官马的闲职。史载：

> 先生督马政，地僻官闲，日与门人遨游琅邪、酿泉间。月夕则环龙潭而坐者数百人，歌声振山谷。诸生随地请正，踊跃歌舞。旧学之士皆日来臻。于是从游之盛自滁始。②

在南京、滁州期间，王阳明已然将讲学事业做得颇有声色，门下弟子也形成了相当可观的规模，一个阳明学派的群体也初显端倪。正德十二年（1517年），王阳明被任命为赣、粤、闽三边之地的巡抚（后兼任提督军务），所奉差使是在所辖八府一州（相当于一个省）的地域内剿灭为害多年的匪患。王阳明带了一群弟子前往赣州上任，仅用了一年零三个月的时间，就将

---

① 吴光等编校：《王阳明全集》卷33《年谱一》，第1229页。
② 吴光等编校：《王阳明全集》卷33《年谱一》，第1236页。

此地的匪患彻底荡平，展现出一位儒者经世济民的突出才能。

不过，平定匪患并不是王阳明巡抚三边的终极目的。他始终不忘儒家先圣"化民成俗，其必由学"①的古训，因此，在赣南初定之后，他便开始复民生、兴教化等社会治理工作，其中，从事教育是他的看家本领。由于迅速平定匪患，王阳明在民众心目中具有崇高的威望，士人百姓都乐于接受他的教诲，因此，教化民众、移风易俗的工作收效十分显著。史载："先生谓民风不善，由于教化未明"，乃发出告谕，"兴立社学，延师教子，歌诗习礼"，"久之，市民亦知冠服，朝夕歌声，达于委巷，雍雍然渐成礼让之俗矣"②。除了兴社学、举乡约这些基层的教育措施以外，王阳明还在赣州重修濂溪书院，不仅意在纪念周敦颐这位理学先贤，也是为了满足"四方学者辐凑，始寓射圃，至不能容"③的现实需要。有了新修的书院，诸生的居住问题才算得到解决，至此，童蒙之教和大学之教都有了妥善的安排，赣南地区形成了比较完整的儒学教育体系。或许是有鉴于童年时受到私塾教育束缚的切身体验，王阳明还特意为当地的社学教师刘伯颂等人写下了一篇《训蒙大意——示教读刘伯颂等》的短文（后详），提出了自己所期望的童蒙教育的理想状态，蕴含了一种素质教育的理念。在古代，一位封疆大吏竟然为童蒙教育而亲自撰文，这是十分罕见的。

正德十四年（1519 年），王阳明再建奇功，平定宁王朱宸濠的叛乱。随后，他被朝廷任命为江西巡抚，处理善后事宜。由于手握封疆之权，王阳明继续在省内推行化民成俗的教育事业。例如，他亲自到南昌的豫章书院、九江的白鹿洞书院为诸生讲学，还重印与自己学术理念一致的南宋思想家陆九渊的文集，"刻《象山文集》，为序以表彰之"④。值得注意的是，王阳明于正

---

① 《礼记正义》卷 36《学记第十八》，载《十三经注疏》，第 3296 页。
② 以上引文皆引自吴光等编校：《王阳明全集》卷 33《年谱一》，第 1252 页。
③ 吴光等编校：《王阳明全集》卷 33《年谱一》，第 1255 页。
④ 吴光等编校：《王阳明全集》卷 34《年谱二》，第 1279 页。

德十四年前后，琢磨出"致良知"三字作为自己的学术宗旨，并于正德十六年（1521年）在南昌正式向诸生公开宣讲，标志着阳明心学的思想成熟。

正德十六年，嘉靖皇帝即位，召王阳明进京受封。由于朝中权臣阻挠，王阳明在半路上被授予南京兵部尚书的空衔（后加封新建伯），滞留在杭州。他索性告假回乡，赋闲在家①，一待就是六年之久。在外人看来，立有大功而不得重用，是不公平的，但在王阳明心中，什么封赏、爵位都无所谓，这六年赋闲其实是他一生最充实、快乐的时光。此时，王阳明的声名已天下皆知，各地的读书人都闻名前来求教，他又在家乡搞起了带有私学性质的讲学活动，由于门人众多，俊杰云集，一个能与官方程朱理学相抗衡的阳明学派最终得以形成。关于王阳明在家乡讲学的盛况，弟子钱德洪回顾说：

> 四方来者日众，癸未已后，环先生之室而居，如天妃、光相、能仁诸僧舍，每一室常合食者数十人，夜无卧所，更番就席，歌声彻昏旦。南镇、禹穴、阳明洞诸山远近右刹，徙足所到，无非同志游寓之地。先生每临席，诸生前后左右环坐而听，常不下数百人；送往迎来，月无虚日，至有在侍更岁，不能遍记其姓字者。诸生每听讲，出门未尝不踊跃称快，以昧入者以明出，以疑入者以悟出，以忧愤愊忆入者以融释脱落出，呜呼休哉！不图讲学之至于斯也。②

由是可见，王阳明在家乡讲学盛况空前，以至于周围的寺庙都住满了前来听讲的读书人，绍兴城中近乎人满为患。好在绍兴知府南大吉也是早期的阳明弟子，他欣然扩建学舍，"辟稽山书院，聚八邑彦士，身率讲习以督之"③，

---

① 王阳明晚年的居住地是绍兴府（时称"越城"），不是余姚县，特做说明。

② 吴光等编校：《王阳明全集》卷41《刻文录叙说》，第1576页。癸未，指嘉靖二年（1523年）。

③ 吴光等编校：《王阳明全集》卷35《年谱三》，第1290页。

解决了众多读书人的住宿问题，对阳明心学的传播起到了重要的推动作用。此外，嘉靖四年（1525年）十月，众多门人筹资，在绍兴城内光相桥之东建起一座阳明书院，使得王阳明讲学有了一个更加正式的场所。在他逝世之后，嘉靖十六年（1537年），这个地方被门人改建为"阳明先生祠"。

王阳明虽然一心讲学传道，但毕竟还是有爵位在身的朝廷命官，当朝廷有重要任命时，他是不能推辞的。嘉靖六年（1527年），王阳明又被授予都察院左都御史的头衔，并给予总督两广及江西、湖广四省军务的重权，派往广西平定叛乱。到达广西之后，他兵不血刃地招安了有心媾和的两位壮族酋长卢苏和王受，随后又出奇兵，荡平了八寨和断藤峡的山瑶顽匪，使广西全境重获安宁。平寇之后，王阳明又着手进行恢复经济、教化百姓的治理工作。例如，他下令重建田州、南宁等府久已废弛的学校，增加廪饩（即官府发给学生的生活费用），聘请名师，很快振兴起广西这一边陲之地的教育事业。王阳明此时本已位高权重，很多事情不必亲自出马，但是，他"日与各学师生朝夕开讲，已觉渐有奋发之志"①，可见他对于教育事业的重视和投入。遗憾的是，由于广西气候湿热炎毒，加之过分操劳，王阳明原有的咳痢之疾再次严重发作，他只得返程回乡，并在途经江西省南安府（今大余县）时，终于病体不支，溘然长逝。王阳明生前，属意于杭州城南十里的天真山，希望在此聚徒讲学，愿终老焉。在他去世后不久，嘉靖九年（1530年），门人薛侃在此建起天真书院，可居百余人，以为祭祀先师之所。每年春秋二仲月，四方门人聚于此，"祭毕，讲会终月"②。

王阳明的一生，长期各地为官，但是讲学不辍，始终保持了一个儒者的本色，从这个意义上讲，他是中国古代教育事业的承担者。从南宋陆九渊开始，理学内部兴起了心学思潮，一度繁荣兴旺，但是，随着历史的变迁，象

---

① 吴光等编校：《王阳明全集》卷35《年谱三》，第1316页。

② 吴光等编校：《王阳明全集》卷36《年谱附录一》，第1328页。

山心学渐趋湮没无闻。到了明代中叶，王阳明将心学思想予以重新阐发，达到更加深邃的境地，并且蔚为大观，在海内产生极其广泛的影响，动摇了程朱理学的正统地位，对于中晚明的社会生活起到了解放思想、直示正路的积极作用，甚至辐射、影响到了日本等中国文化圈的其他国家。有见于此，后人才将他们合称为陆王心学。那么，阳明心学的主要内涵和思想特色究竟是什么？何以在当时起到如此巨大的影响？这将是我们在下面的探讨中需要解决的问题。

第二节　王阳明的教育哲学概述

在阐述王阳明的教育哲学之前，我们首先需要搞明白一个道理：中国古代思想家的思想理论往往具有多重性的综合作用，例如，从某一角度看，某些命题属于哲学范畴，可是换一个角度来看，这些命题又属于教育学范畴，两者是相反相成的关系。没有哲学的基础，教育学范畴往往失于浅薄；没有教育实践的应用，哲学范畴也难免显得空洞乏味。王阳明本人既是思想家，又是政治家和教育家，恰好证明了中国传统文化的这种固有特色。

一、阳明心学的主要命题和思想内容

在 50 岁之前，王阳明的哲学思想大多是为了辨明程朱理学的偏差和谬误而立论的，主要表现在两个方面：一是知行合一的命题，二是格物新解的命题。这两个方面都体现出王阳明欲从程朱理学脱胎而出的愿望。不过，在阐述这些理论之前，我们有必要来澄清关于阳明心学的第一个历史误会。

（一）主体性原则

在我们研究王阳明教育哲学的过程中，往往会受到一种旧的思维习惯的干扰，即拘泥于划分唯物主义和唯心主义的传统模式。由于阳明心学曾被定

性为主观唯心主义哲学，于是许多人便弃而不顾（有时是受到政治因素的左右），失去了深入领略中国古代哲学之智慧大成的机会。如果我们换一个角度来看待问题，便不难发现，所谓阳明心学的主观唯心主义性质，实际上是一种主体性原则的体现，重在主体自身的修养，与存在论意义上的唯心主义毫不相干。这是今天重新理解阳明心学必须率先澄清的一个误会。

在今天，一般人知道王阳明的名字，大多来源于高中哲学课本的那段"花树之辨"的文字。原文出自《传习录》：

> 先生游南镇，一友指岩中花树问曰："天下无心外之物，如此花树，在深山中自开自落，于我心亦何相关？"先生曰："你未看此花时，此花与汝心同归于寂。你来看此花时，则此花颜色一时明白起来。便知此花不在你的心外。"①

许多年来，以往的"教科书体系"的哲学已经习惯于"贴标签式"的哲学划分方法；按照这种划分方法，王阳明的这段话，当然应该归入主观唯心主义的范畴。坦率地说，这是粗枝大叶、不求甚解的学风所导致的浅见。那么，应该如何理解王阳明所说的"此花不在心外"的思想呢？一般人在看到这段话时，总是纷纷去联想山中花、树和岩石的模样，然后揣测它和自己的心灵有何关联，这样想来想去，就着了"文字相"。在此，笔者不妨另外举一个"俗气"的例子，比起山中花树这个精巧雅致的例子来，更易于使人理解"此花不在心外"的真实意蕴。其内容如下：假设你的家住在农村的一栋老宅之中，你的祖先曾经攒下一罐金元宝，藏在了老宅的夹壁墙中。由于兵荒马乱的缘故，留传几百年之后，子孙后代忘记了祖先给自己留下什么宝物。到了你这一代，你也不知道老宅中还藏有这么一罐金元宝。这时候我问你："这

---

① 吴光等编校：《王阳明全集》卷3《语录三》，第107页。

罐金元宝是存在呢？还是不存在呢？"

当然，从"事后诸葛亮"的角度来讲，这罐金元宝始终是存在的，这是一个合乎实在论（或者说唯物论）的基本观点。然而，问题在于：你这个生命的主体，丝毫不知道这罐金元宝的存在，这罐金元宝的存在与否对你而言，根本没有任何意义！金元宝和你的心灵之间没有任何感应关系。从这个意义上讲，"你未看金元宝时，此宝与汝心同归于寂"。请注意！王阳明说的是"寂"而不是"无"。后来，有一天你要翻修房子，结果拆来拆去，把夹壁墙拆开了一截。这时候你猛然发现，这里面藏着一个罐子。打开一看，天哪！是一罐金光灿灿的元宝。正是因为你的心灵与元宝意外地发生了感应关系，"此元宝颜色一时明白起来"（一时，犹言霎时），当然，这时候更闪亮的或许是你的眼睛。从这种主客体相互感应的关系角度来讲，便知"此元宝不在你的心外"。

由上述格式相同的例子可以看出，王阳明所讲的"此花不在你的心外"，是有其特定内涵的。借用近代西方哲学的术语来讲，"此花不在你的心外"，表达的是一种主体性原则，即对于任何生活的主体而言，什么东西都要经过我的心灵才与我发生关联，或者我去认识它，或者它对我产生某种影响，等等。如果说"花树之辨"的典故真有什么不足的话，那就是这个故事太雅致了，雅得让大家习惯上总去联想花和树的模样，而忽略了我心与外物之间存在着一种什么样的感应关系。从这个意义上讲，哲学教科书中的对王阳明"花树之辨"的评判，对于刚刚入哲学之门的中学生而言，或许是适用的，但是，对于想深入理解阳明心学的真知灼见的人来说，就显得远远不够了。今天，当我们进入"花树之辨"的具体语境之中，才会明白王阳明所说的"此花不在你的心外"究竟指的是什么意思。顺便说一下，王阳明是中国古代文人带兵的典范，是中国历史上屈指可数的几位从未打过败仗的军事家之一。有点唯物主义哲学常识的人都知道，如果王阳明真的是一位盲目自大、师心自用的主观唯心主义者，那么，他带兵作战，偶尔误打误撞蒙上几回胜利，或许还有可能，一辈子保持常胜不败的骄人战绩，这是一个真正的主观唯心主义者能够做到的吗？如果真的是这样，这不是反而在替唯心主义者做广告宣传吗？因此，学习一点关于主体性原则的哲学知识，对于正确理解阳明心学的思想内涵是非常必要的。

从哲学的主体性原则出发，我们就能比较容易地理解阳明心学中的许多思想观点了。比如，王阳明有一段名言：

> 身之主宰便是心，心之所发便是意，意之本体便是知，意之所在便是物。如意在于事亲，即事亲便是一物；意在于事君，即事君便是一物；意在于仁民爱物，即仁民爱物便是一物；意在于视听言动，即视听言动便是一物。所以某说无心外之理，无心外之物。[①]

如果不戴有色眼镜，我们不难发现，王阳明的这段话其实讲了一个很平实的道理。一个人的视听言动，真正主宰者就是自己的心灵，而心灵的活动，发露、表现出来之后就是意识（或意念）；人类意识的根柢就是良知本体[②]；意念所指向的那个东西就是事物。必须指出，这段话中所讲的物，是阳明心学自定义的范畴，不是现在的唯物主义哲学所讲的客观存在的事物，而是主体的意念所指向、关涉的事物。从主体性原则出发，如果一个东西与主体的心灵关涉范围毫不相干，那么它对于主体而言就构不成任何的意义，这种存在也就跟前面所说的"同归于寂"一样，正是从这个意义上讲，"心外无理，心外无物"[③]。的确，每个人因为生活环境、遗传因素等影响，必然有着利益、爱好、需求、审美、思维方式等等主体性的差别；正因为有了这种主体性的差别，所以外在事物在每个人心中产生的影响是不一样的。生活中不

---

① 吴光等编校：《王阳明全集》卷1《语录一》，第6页。
② 良知是人类先天原本的心体，故而称为本体。
③ 吴光等编校：《王阳明全集》卷4《与王纯甫》（二），第156页。

管是什么事物，不管是什么道理，不经过人的心灵的实地勘磨，就不会成为你自家的东西。正因为如此，王阳明继承了南宋陆九渊的"心即理"的主张，指出只有从自我的内心笃实涵养，才能发掘、打磨出那个潜在的天理来。为此，王阳明在教诲弟子时，特强调磨练心性的修养工夫，要求把自我心灵中许多偏颇、蒙蔽或有污垢的地方清扫干净，强调只有把人的心灵打磨得像一面光滑平净的镜子一样，才能如实地映照外在的事物，而这种修心养性的笃实践履，最终能够使人明白天理、成就圣者人格。

客观地讲，从主体心灵与事物相互依存、关联的角度而言，心与物是无法分开的，因此，王阳明教导弟子修道问学，一方面肯定"须从自己心上体认"[①]，另一方面又强调"簿书讼狱之间，无非实学。若离了事物为学，却是著空"[②]。事实上，他始终将心灵和物理紧密联系在一起。然而，由于思想交流的不畅，当时社会上颇有一些学者误以为王阳明讲学有"专求本心，遂遗物理"之弊，存在着流入禅宗的倾向。对此，王阳明明确地回答：

> 专求本心，遂遗物理，此盖失其本心者也。夫物理不外于吾心，外吾心而求物理，无物理矣；遗物理而求吾心，吾心又何物邪？[③]

由是可见，王阳明的"心外无物"命题是有其特定的内涵的，绝非盲目自大的主观臆断。如果后人能够虚怀若谷，去除成见，深入到阳明心学的内在语境中去体会其言语所指，就会发现，虽然古今在思维方式和表述方式上有所差别，但王阳明所阐述的主体性认识原则，其实是人类认识发展历程中客观存在的一个重大问题。试想，王阳明一生南征北讨，百战百胜，如果他的认识论出现了严重偏差，那么他又怎么可能建树如此辉煌、卓越的事功？

---

① 吴光等编校：《王阳明全集》卷1《语录一》，第21页。
② 吴光等编校：《王阳明全集》卷3《语录三》，第95页。
③ 吴光等编校：《王阳明全集》卷2《答顾东桥书》，第42页。

综上所述，王阳明强调"心外无物，心外无理"的思想，既合乎近代哲学"主体性原则"的认识模式，又体现出高度重视心性和道德修养的中国古代哲学的基本特性。这是今人正确理解阳明心学及其教育哲学的必要前提。只有理解了这一前提，才能如实地展现阳明心学的本来面目。

（二）知行合一

"知行合一"是阳明心学独立于程朱理学的标志性命题之一，是它对朱子学"知先行后"论的理论反动。本来，作为儒学的一翼，程朱理学同样以学以至圣人为根本目标，如北宋吕希哲总结说："二程之学，以圣人为必可学而至，而已必欲学而至于圣人。"[①] 要想达到圣者境界，离不开"致知"和"力行"两方面的用功，由此产生了知和行的关系问题。从一般意义上讲，在知行关系上，朱熹所持的立场总体上是理性的、中肯的。他说：

> 知、行常相须，如目无足不行，足无目不见。论先后，知为先；论轻重，行为重。[②]

需要指出，"知为先"的说法，是从教育发生学的角度来谈的，即个人受到外来的教育，首先形成了"知"，然后才能践履所知，化为实际的行动。这和今天的哲学教科书上讲人的认识来源于实践的说法并不矛盾。在知与行的重要性问题上，朱熹表面上把"行"放在了第一位，他说：

> 学之之博，未若知之之要；知之之要，未若行之之实。[③]
>
> 论知之与行，曰：方其知之而未及行之，则知尚浅。既亲其域，则

① 程颢、程颐：《二程集》，《河南程氏外书》卷12，第420页。
② 黎靖德编：《朱子语类》卷9，第134页。
③ 黎靖德编：《朱子语类》卷13，第198页。

知之益明，非前日意味。①

　　如果朱熹关于知行问题的论述到此为止，那么后来的儒家学人也不用为知行问题发生太多的争论了。问题在于：朱熹的学术体系博大庞杂，他曾讲过很多话，有些未免自相矛盾，或者明显有所侧重，表明了他在某些问题上的真实倾向。例如，还是在知行关系问题上，朱熹曾说：

　　　　人为学，须要知个是处，千定万定。知得这个彻底是，那个彻底不是，方是见得彻、见得是，则这个心里方有所主。②
　　　　问："某在湖南，见一先生只教人践履。"曰："义理不明，如何践履？"曰："他说：'行得便见得。'"曰："如人行路，不见，便如何行？"③
　　　　而今人只管说治心修身。若不见这个理，心是如何地治？身是如何地修？④

　　在此不难发现，朱熹的思想中，事实上有重"知"的倾向，表现在为学模式上，便是特别注重"道问学"。如前所述，朱熹承认，他在"道问学"（即求"知"）上用的功夫更多，而在"尊德性"（即重"行"）方面不及陆九渊及其门人。对此，陆九渊不以为然地说："观此，则是元晦欲去两短，合两长。然吾以为不可，既不知尊德性，焉有所谓道问学？"⑤事实上，朱熹在"道问学"方面的造诣堪称博大精深，在社会实践的能力方面却很有限。从他19岁中进士起算起，食俸约五十年，"仕于外者仅九考，立朝才四十日"⑥，一

① 黎靖德编：《朱子语类》卷9，第134页。
② 黎靖德编：《朱子语类》卷9，第139页。
③ 黎靖德编：《朱子语类》卷9，第137页。
④ 黎靖德编：《朱子语类》卷9，第138页。
⑤ 《陆九渊集》卷34《语录上》，第400页。
⑥ 脱脱等：《宋史》卷429《道学三》，第12767页。

生所为，主要是著述讲学。当奸相韩侂胄发动"庆元党禁"时，他和另一位理学名家赵汝愚一样，连招架之功也没有，只有任人宰割的份儿，更不用说拯救自己和众多蒙受冤枉的门人了。朱熹在理论上承认"行为重"，可是在一生的实践中却处处体现"知"为重，这种倾向不能不影响着后世学者。到了明代，许多儒家学人从朱熹的著作里寻找根据，先知而后行，重知而畏行。正如王阳明所说："今人却就将知行分作两件去做，以为必先知了，然后能行，我如今且去讲习讨论做知的工夫，待知得真了，方去做行的工夫，故遂终身不行，亦遂终身不知。此不是小病痛，其来已非一日矣。"① 学者一味重"知"求"知"，而把"行"的功夫扔在一边，结果导致"学至于穷理至矣，而尚未措之于行，天下宁有是邪？"② 更重要的是，这种一味重知求知的学风，只能培养出更多具有书本知识的学者，而与"作圣之功"无关；相反，在扩充知识的幌子遮掩下，"记诵之广，适以长其傲也；知识之多，适以行其恶也；闻见之博，适以肆其辨也；辞章之富，适以饰其伪也"③。士大夫们"其称名借号，未尝不曰吾欲以共成天下之务，而其诚心实意之所在，以为不如是则无以济其私而满其欲也"④。于是，儒家学人在求知、致知的过程中，渐渐迷失了"作圣之功"的根本方向。《大学》中明言：无论格致诚正，还是修齐治平，"一是皆以修身为本"。孰料，这项"一以贯之"的"作圣"之功，被朱学"先知后行"的治学理路搞得泡沫化了，明道成圣的美好愿望也就成为水中捞月般的空想。因此，要想重新弘扬"作圣之功"，就必须摆正知行关系。这是朱子哲学体系的内在缺陷，也是王阳明不可回避的理论问题。

根据自己多年的实践体会，王阳明提出了"知行合一"的光辉命题。概

---

① 吴光等编校：《王阳明全集》卷1，第4—5页。
② 吴光等编校：《王阳明全集》卷2《答顾东桥书》，第46页。
③ 吴光等编校：《王阳明全集》卷2《答顾东桥书》，第56页。
④ 吴光等编校：《王阳明全集》卷2《答顾东桥书》，第56页。

括而言，"知行合一"命题主要包括以下内容：

首先，"知是行的主意，行是知的工夫；知是行之始，行是知之成。若会得时，只说一个知，已自有行在，只说一个行，已自有知在。"①王阳明认为，知和行之间是相互依存、密不可分的关系，应该把它们看成一个整体事物的两个方面，不能割裂开来，更不能产生重知畏行的偏向。

其次，知和行之间具有相互涵摄的关系，学者应该积极践履，促进知与行的良性互动，以达到"合一并进"的效果。王阳明说：

> 知之真切笃实处即是行，行之明觉精察处即是知，知行工夫本不可离。只为后世学者分作两截用功，失却知行本体，故有合一并进之说。②

再次，在知和行两者孰轻孰重的问题上，王阳明旗帜鲜明地表明了"行为重"的价值取向，反对空谈理论。他举例说：

> 夫学、问、思、辨、行，皆所以为学，未有学而不行者也。如言学孝，则必服劳奉养，躬行孝道，然后谓之学，岂徒悬空口耳讲说，而遂可以谓之学孝乎？学射则必张弓挟矢，引满中的；学书则必伸纸执笔，操觚染翰；尽天下之学，无有不行而可以言学者，则学之始固已即是行矣。③

耐人寻味的是，王阳明之所以列举学孝、学射和学书法三个例子，源于他在这方面均有笃实的践履，故有切身经验可谈。王阳明是个孝子，对祖母和父亲的感情很深，在江西为官时，他屡次上奏请求辞官回乡，在不得应允

---

① 吴光等编校：《王阳明全集》卷1，第4页。

② 吴光等编校：《王阳明全集》卷2《答顾东桥书》，第42页。

③ 吴光等编校：《王阳明全集》卷2《答顾东桥书》，第45页。

的情况下，他甚至打算弃官回乡奉养病重的老父，被门人力劝而止。① 至于学射，王阳明少年时好骑射，练就了一手好箭法，后来从事军旅生活，骑射之事不曾废辍。1519 年，在平定宁王叛乱后，依附于奸臣江彬的张忠和许泰率北军进入南昌，对王阳明百般挑衅，而王阳明均巧为化解。史载：

> （张）忠、（许）泰自居所长，与（阳明）先生较射于教场中，意先生必大屈。先生勉应之，三发三中，每一中，北军在傍哄然，举手啧啧。忠、泰大惧曰："我军皆附王都耶！"遂班师。②

至于书法，王阳明年少时也下过苦功。据《年谱》记载：王阳明 17 岁时，因迎娶诸氏而来到南昌，在岳父诸养和的官衙中住了一年多时间，"官署中蓄纸数箧，先生日取学书，比归，数箧皆空，书法大进"③。由是可见，王阳明年轻时曾经勤学苦练书法，用完了几箱纸，因此，在他日后诸多的头衔中，又多了一个书法家的称号。今天，王阳明传世的书法作品很多，笔力苍劲，意态挺拔，颇见当年所下之功夫。关于学射和学书，王阳明自己颇有实践体会，因此，他才说出以上的那番话——"学射则必张弓挟矢，引满中的；学书则必伸纸执笔，操觚染翰"。关于知与行的轻重问题，王阳明的基本结论是："尽天下之学，无有不行而可以言学者，则学之始固已即是行矣。"

王阳明提出"知行合一"的命题，主要目的就是为了纠正知识界的先知而后行、重知而畏行的不良学风。王阳明认为，如果一切只待知得清楚了才敢去实行，无异于逃避或废弃践履。他打比喻说：

> 如人走路一般，走得一段，方认得一段。走到歧路处，有疑便问，

---

① 参见吴光等编校：《王阳明全集》卷 34《年谱二》，第 1277 页。
② 吴光等编校：《王阳明全集》卷 34《年谱二》，第 1269 页。
③ 吴光等编校：《王阳明全集》卷 33《年谱一》，第 1222 页。

> 问了又走，方渐能到得欲到之处。今人于已知之天理不肯存，已知之人欲不肯去，且只管愁不能尽知，只管闲讲，何益之有？[①]

值得注意的是，"知行合一"的命题虽然本属于哲学范畴，但是，在教育实践中具有重要的思想指导意义。即使在今天，在高等教育的许多专业领域（特别是文科），仍然是重知识灌输而轻实践教学，培养出许多眼高手低的毕业生。如果我们重温王阳明知行"合一并进"的主张，无疑能对改革当前高等教育中重知而轻行的现状起到有益的思想启发作用。

当然，由于中国古代哲学在逻辑上的不严谨性，王阳明在表述知行合一的命题时，也有矫枉过正的地方。例如，他说：

> 今人学问，只因知行分作两件，故有一念发动虽是不善，然却未曾行，便不去禁止。我今说个知行合一，正要人晓得一念发动处，便即是行了。发动处有不善，就将这不善的念克倒了。须要彻根彻底，不使那一念不善潜伏在胸中。此是我立言宗旨。[②]

用今天的语言习惯来审视，"一念发动处便即是行"的观点过于唯心，可能导向仅凭思想定罪的专制法统。但是，我们也应当理解，王阳明是从道德修养角度来讲的，扬善应见于行，止恶须禁于心，这是一种对于主体道德修养的高标准和严要求，对于儒者而言，乃是一种自觉自愿的实践。

综上所述，如果能够辨明语言使用习惯上的差异性，按照阳明心学"知行合一"说的本来面目去加以理解、诠释，那么，我们会发现"知行合一"说实在是一种堪称真知灼见的思想原则，在整个王阳明的教育哲学中充当了

---

① 吴光等编校：《王阳明全集》卷 1《语录一》，第 20 页。
② 吴光等编校：《王阳明全集》卷 3《语录三》，第 96 页。

"主轴"的角色。它对于纠正当时的读书人只知在故纸堆中寻行数墨的不良学风，转而走向笃实践履、切己体悟的正确轨道，具有不可磨灭的思想指导意义。从教育哲学角度来看，王阳明的"知行合一"之教，在讲学实践中越磨砺越有锋芒，不仅恢复了知行关系的本体，而且在一定程度上扭转了自朱熹以来学术界知行工夫脱节的偏颇倾向。即使到了"致良知"宗旨提出并传开之后，"知行合一"的认识论仍然融入其中，成为阳明心学中熠熠闪光的思想命题。

（三）"格物"新解

先秦儒家经典《大学》中说："古之欲明明德于天下者，先治其国；欲治其国者，先齐其家；欲齐其家者，先修其身；欲修其身者，先正其心；欲正其心者，先诚其意；欲诚其意者，先致其知；致知在格物。"历代儒家学人，对于"格物"一词的含义进行了仁者见仁、智者见智的诠释。宋明时代，以朱熹的解释最为著名。朱熹是这样阐释"格物致知"命题的：

> 所谓致知在格物者，言欲致吾之知，在即物而穷其理也。盖人心之灵莫不有知，而天下之物莫不有理，惟于理有未穷，故其知有不尽也。是以大学始教，必使学者即凡天下之物，莫不因其已知之理而益穷之，以求至乎其极。至于用力之久，而一旦豁然贯通焉，则众物之表里精粗无不到，而吾心之全体大用无不明矣。此谓物格，此谓知之至也。[1]

于是，"即物而穷其理"就成了朱子格物说的代表性话语。[2] 朱熹所说的格物范围特别广，"上而无极太极，下而至于一草一木、一昆虫之微，亦

---

[1] 朱熹：《四书章句集注》，第7页。

[2] 朱熹在《大学章句》注中亦说："格，至也。"乃沿袭旧说，其实质与"即物而穷其理"之义并无扞格。

各有理。一书不读，则缺了一书道理；一事不穷，则缺了一事道理；一物不格，则缺了一物道理——须着逐一件与他理会过"①，而且，"学问须严密理会，铢分毫析"②。这样一来，格物工程就变得十分浩大繁琐，而且，谁也不敢保证自己在"即物而穷其理"之后，能够"一旦豁然贯通"，真切体认出所谓"天理"来。不过，朱熹又给世人指出了一条"捷径"，即熟读四书五经。他认为，熟读经书是即物穷理的有效方法，因为圣人的经典中包含了万事万物的道理。他说：

> 为学之道，莫先乎穷理；穷理之要，必在于读书，……此不易之法也。③
> 《大学》《中庸》《语》《孟》四书，道理粲然。人只是不去看。若理会得此四书，何书不可读！何理不可究！何事不可处！④
> 圣人言语皆枝枝相对，叶叶相当，不知怎生排得恁地齐整。今人只是心粗，不仔细穷究。若仔细穷究来，皆字字有着落。⑤
> 读书以观圣贤之意，因圣贤之意以观自然之理。⑥

类似的话语还有很多。简而言之，朱熹主张以"即物而穷其理"的方式去格物致知；这种方式实到具体的手段上，主要不是向自然之物去探索有关知识，而是以熟读圣人经典的方式去明白所谓先验的"天理"。

对于只为科举过关的读书人而言，朱熹提倡的格物之法是否行得通其实无关紧要。可是，对于陈献章、王阳明等人来说就不一样了，他们曾经

---

① 黎靖德编：《朱子语类》卷15，第264页。
② 黎靖德编：《朱子语类》卷8，第130页。
③ 朱熹：《行宫便殿奏札二》，《晦庵集》卷14，载纪昀等编纂：《四库全书》第1143册，第236页。
④ 黎靖德编：《朱子语类》卷14《大学一》，第222页。
⑤ 黎靖德编：《朱子语类》卷10《学四》，第154页。
⑥ 黎靖德编：《朱子语类》卷10《学四》，第146页。

服膺朱子之学，不仅熟读儒家经典，而且按照朱熹所讲的格物方式去实地参究，结果都是一无所成，愈发茫然。年轻的王阳明曾经"格竹"七日，换来的是大病一场，惨痛的教训使得他不得不质疑：朱熹的格物说本身存在着理论偏差，必须从朱子的格物教条中解脱出来，重新诠释"格物"的内涵。

经过多年的探索和体察，在"龙场悟道"之后，王阳明终于解决了格物致知的理论难题。他不仅在实践上证悟了心之本体，而且"以默记五经之言证之，莫不吻合"①。于是，他重新总结出一条新的"格物"之道，并公开宣讲，与朱学分庭抗礼，构成了中国哲学史上一道亮丽的风景线。

概而言之，王阳明的"格物"新解主要包括以下内涵：

首先，王阳明对"物"字内涵的诠释。由于古今语言使用含义的差别，"格物"之"物"不是现代汉语中物品、物体之义。王阳明在南都讲学之时，就与高徒徐爱谈论过"格物"问题。《传习录》记载：

> 爱曰："昨闻先生之教，亦影响见得功夫须是如此。今闻此说，益无可疑。爱昨晚思格物的物字即是事字，皆从心上说。"先生曰："然。身之主宰便是心；心之所发便是意；意之本体便是知；意之所在便是物。如意在于事亲，即事亲便是一物；意在于事君，即事君便是一物；意在于仁民爱物，即仁民爱物便是一物；意在于视听言动，即视听言动便是一物。所以某说无心外之理，无心外之物。"②

无独有偶，朱熹有时也说："物，犹事也。"③不过，阳明心学所说的"物者，事也"与朱熹的微妙差别在于"物字即是事字，皆从心上说"，其逻辑顺序是：

---

① 吴光等编校：《王阳明全集》卷33《年谱一》，第1228页。
② 吴光等编校：《王阳明全集》卷1《语录一》，第6页。
③ 朱熹：《四书章句集注》，第4页。

"身之主宰便是心；心之所发便是意；意之本体便是知；意之所在便是物。"既然"意之所在便是物"，那么，"意在于事亲，即事亲便是一物；意在于事君，即事君便是一物；意在于仁民爱物，即仁民爱物便是一物；意在于视听言动，即视听言动便是一物"。从这种意义上讲，的确是心外无物，心外无理。关于"物者，事也"的说法，王阳明还讲过很多次。例如他在《答顾东桥书》中说：

> 意之所用，必有其物，物即事也。如意用于事亲，即事亲为一物；意用于治民，即治民为一物；意用于读书，即读书为一物；意用于听讼，即听讼为一物。凡意之所用，无有无物者。有是意即有是物，无是意即无是物矣。[1]

他在《大学问》中又说：

> 物者，事也，凡意之所发必有其事，意所在之事谓之物。[2]

《大学问》是王阳明晚年的成熟之作，被称为"师门教典"。王阳明在晚年仍然重述"凡意之所发必有其事，意所在之事谓之物"的观点，足见其带有心学思维特征的"格物"论坚持了一生之久。

其次，"格物"之"格"的含义。在提出"致良知"宗旨之前，王阳明对"格"字的含义已有了明确的认识。《传习录》载：陆澄问格物。王阳明答曰："格者，正也。正其不正，以归于正也。"[3] 关于训"格"为"正"的思想，王阳明晚年在《大学问》一文中做了更为明确、完善的表达，他说：

---

[1]　吴光等编校：《王阳明全集》卷2《答顾东桥书》，第47页。
[2]　吴光等编校：《王阳明全集》卷26《大学问》，第972页。
[3]　吴光等编校：《王阳明全集》卷1《语录一》，第25页。

> 格者，正也，正其不正以归于正之谓也。正其不正者，去恶之谓
> 也；归于正者，为善之谓也。夫是之谓格。①

这样一来，阳明心学的格物论就与朱熹的格物论产生了明显的分歧。究竟孰是孰非呢？单从字面上来看，朱熹、王阳明的解释都可以自圆其说，而且由于先秦时期的"文献不足故"，也就说不上究竟谁对谁错，但是，如果结合儒家所说认识论与修养论（工夫论）的密切关系来看，王阳明的训"格"为"正"说，显然更能体现儒家原本"天人合一"认识路线的基本要求。《孟子·尽心上》曾说："尽其心者，知其性也；知其性，则知天矣。"《大学》亦说："自天子以至于庶人，壹是皆以修身为本。"由于坚持"天人合一"的认识论原则，儒家的认识论与修养论实际上是合而为一的，即：人们通过净化心灵的道德修养，体悟了自身的本心（即天命之性）面目；由于"天的奥妙在于人，人的奥妙在于天"，这样一来，我们也就通过自身的天性本心，认识到了宇宙万物的"缩影"，即"天理"，换句话说，这就是"心即理"的认识路线。在这里，关键的问题是要通过笃实的心性修养工夫，反身实践，去体悟自身的心之本体，因此，认识论与修养论（工夫论）之间是一而二、二而一的关系。这种"天人合一"的认识路线，追求的是"形而上"的宇宙和生命的真谛，与探究"形而下"的器物之学根本不同。因此，王阳明的"格者，正也，正其不正以归于正之谓也；正其不正者，去恶之谓也；归于正者，为善之谓也；夫是之谓格"的修养工夫论，能够引导学者走上"尽心→知性→知天"的轨道；而朱熹"即物而穷其理"的繁琐治学方式，充其量只能使人获得大量关于"形而下"器物之学的知识（朱子学还陷入故纸堆中），要想指望这种治学理路能够证悟本心、天理，只能是画饼充饥、水中捞月。朱门学者在疑惑之余，不得不用"涵养须用敬，进

---

① 吴光等编校：《王阳明全集》卷 26《大学问》，第 972 页。

学则在致知"①的程子训条来弥补救正；但是这样一来，认识论与工夫论就完全脱节了，儒家"一以贯之"的"道"无形中变成"二本"（涵养与致知），不再是"一是皆以修身为本"。正因为如此，朱子学留给一切志于明道成圣的学者的印象，只能是一种"支离绝裂，似是而非"②的空想，而王阳明的格物说，坚持先秦儒家"一是皆以修身为本"的根本理念，把格物工夫与明道成圣的目标紧密结合在一起，反而是一种既可企及、又便于实际操作的合理诠释。

当然，王阳明的格物新解提出以后，他的一些朋友或论敌也提出了异议。其中，以白沙心学的传人湛若水（1466—1560 年）的质疑最有代表性。湛若水说："阳明所见固非俗学所能及，但格物之说以为正念头，既于前面'正心'之说为赘，又况如佛老之学皆自以为正念头矣。"③ 在另一封信中，他又表示过："正心之正即格也，于文义不亦重复矣乎？其不可一也。"④

单从字面文义的角度来看，湛若水的质疑是有道理的。然而，经过居夷处困、龙场悟道之后的王阳明，绝不会糊涂到连起码的文字辨析和逻辑推理都不明白的地步。实际上，他之所以敢于提出不同于流俗的见解，把"格物"诠释为"正其不正以归于正"的意思，是因为他对《大学》所说"格、致、诚、正、修"等工夫条目有了准确而完整的认识。

王阳明大胆揭示了朱学"格物"说的破绽，他说：

　　先儒解格物为格天下之物，天下之物如何格得？且谓一草一木亦皆

---

① 程颢、程颐：《二程集》，第 188 页。
② 吴光等编校：《王阳明全集》卷 35《年谱三》，第 1285 页。
③ 湛若水：《答王宜学》，《甘泉文集》卷 7，载季羡林等编纂：《四库全书存目丛书》集部第 56 册，齐鲁书社 1997 年版，第 570 页。
④ 湛若水：《答阳明王都宪论格物》，《甘泉文集》卷 7，载季羡林等编纂：《四库全书存目丛书》集部第 56 册，第 571 页。

有理，今如何去格？纵格得草木来，如何反来诚得自家意？①

的确，不必说宋明时代，就是科学技术高度发达的当今时代，谁要想从——"格天下之物"中去探究"天理"之所在，那也几乎是痴人说梦。退一步说，"纵格得草木来，如何反来诚得自家意？"当今世界知识渊博的科学家、学者何止万千，可是他们关于外在事物（如草木之类）的知识与自家诚意之功有何关联？知识技能不是不重要，可是对于"作圣之功"而言，"知识技能非所与论也"②，因此，作圣之功说到底是"以修身为本"。既然说到修身，那就必然引出相关的工夫条目，这些条目就是：正心→诚意→致知→格物。从"正心"到"格物"，恰巧是从笼统言之到具体落实处步步推进，工夫益加详密切实。依次而言，"心者身之主宰"，"故欲修身在于体当自家心体，常令廓然大公，无有些子不正处"③；不过，"至善者心之本体，心之本体那有不善？如今要正心，本体上何处用得功？必就心之发动处才可着力也"④，所以才就心之发动处去好善恶恶，这便是诚意；但要做到诚意，就必须致得心中的良知，否则"意之所发，有善有恶，不有以明其善恶之分，亦将真妄错杂，虽欲诚之，不可得而诚矣"⑤；"然欲致其良知，亦岂影响恍惚而悬空无实之谓乎？是必实有其事矣。故致知必在于格物"⑥。显然，所谓"格物"环节，已是修身到了实事地步而言的工夫。王阳明特别指出，没有悬空的致知，"致知在实事上格，如意在于为善，便就这件事上去为，意在于去恶，便就这件事上去不为。去恶固是格不正以归于正，为善则不善正了，亦是格不正以归于正也。如此，则吾心良知无私欲蔽了，得以致其极，而意之所发，好

---

① 吴光等编校：《王阳明全集》卷3《语录三》，第119页。
② 吴光等编校：《王阳明全集》卷2《答顾东桥书》，第55页。
③ 吴光等编校：《王阳明全集》卷3《语录三》，第119页。
④ 吴光等编校：《王阳明全集》卷3《语录三》，第119页。
⑤ 吴光等编校：《王阳明全集》卷26《大学问》，第971页。
⑥ 吴光等编校：《王阳明全集》卷3《语录三》，第120页。

善去恶，无有不诚矣。诚意工夫实下手处在格物也。"① 用他的另一句话来概括，便是"夫正心、诚意、致知、格物，皆所以修身，而格物者，其所用力日可见之地"②。正是根据这样的思想逻辑，王阳明对格、致、诚、正、修等工夫条目的关系总结道："盖其功夫条理虽有先后次序之可言，而其体之惟一，实无先后次序之可分。其条理功夫虽无先后次序之可分，而其用之惟精，固有纤毫不可得而缺焉者。"③ 由此我们可以理解，王阳明曾述"惟其工夫之详密，而要之只是一事，此所以为精一之学，此正不可不思者也"④ 的话，的确是其多年苦心孤诣的修道心得。关于王阳明训"格"为"正"的诠释，仅从字面文义去咬文嚼字，的确会有不少疵病可以挑剔；然而，如果虚心研习并深入领会王阳明修道哲学的工夫论，我们不能不感叹：阳明心学的"格物"新论化解了朱子哲学的思想破绽，为士人指出了一条切实可行的"作圣之功"的前进道路，从这个意义上讲，"格物"与"正心"是否重复的问题也就烟消云散了。

或许有人要问：王阳明何以要专门诠释"格物"问题？原因在于：作为儒学中人，王阳明身上背负着沉重的历史包袱，如果一个人的思想与先秦孔孟及儒家元典不合，他就是离经叛道的"异端"，将受到舆论的围攻，因此，许多名儒都不得不面临着重新解经的任务，对"格物"说做出新的诠释，这正是儒家注重解经之传统的体现。但是，王阳明敢于明言"朱子错训格物"⑤，是因为朱熹本人的"格物"论也是在疏解先圣经典。王阳明认为，孔子比朱子显然更有权威性，如果不敢纠正朱熹著作中的某些错误，那么，岂不是"重于背朱而轻于叛孔已乎？"⑥ 况且，"夫学贵得之心。求之于心而非

---

① 吴光等编校：《王阳明全集》卷3《语录三》，第120页。
② 吴光等编校：《王阳明全集》卷2《答罗整庵少宰书》，第76页。
③ 吴光等编校：《王阳明全集》卷26《大学问》，第972页。
④ 吴光等编校：《王阳明全集》卷2《答罗整庵少宰书》，第76页。
⑤ 吴光等编校：《王阳明全集》卷1《语录一》，第5页。
⑥ 吴光等编校：《王阳明全集》卷2《答罗整庵少宰书》，第76页。

也，虽其言之出于孔子，不敢以为是也，而况其未及孔子者乎！求之于心而是也，虽其言之出于庸常，不敢以为非也，而况其出于孔子乎！"[①] 因此，他大胆地将自己修道的真切体会讲了出来，将"即物而穷其理"的"格物"旧论更改为"正其不正以归于正"的"格物"新论。到了知天命之年，王阳明的思想更加成熟、圆融，他又提出了"致良知"的学术宗旨，将自己以往一切能够成立的新思想、新见解都统括了进去。以"格物"思想为例，王阳明曾说过这样一段话：

> 夫必有事焉，只是集义。集义只是致良知。说集义则一时未见头脑，说致良知即当下便有实地步可用工。故区区专说致良知，随时就事上致其良知，便是格物；着实去致良知，便是诚意。[②]

在这里，格、致、诚、正，都被"致良知"这个学问"大头脑"统合起来，都是从某个角度对"致良知"工夫的表达，而且能够融会贯通，显得顺理成章、天衣无缝。可见，王阳明既善于解经、用经，又不像垂垂老儒那样受到经典的束缚，他从"格物"说出发，一样能够阐发自己的学术宗旨——"致良知"，将明代心学的思想大潮推向一个前所未有的高峰。

二、王阳明教育哲学的核心宗旨——致良知

无论是知行合一，还是格物新解，抑或是其他什么命题，其实都是王阳明在 50 岁以前为了指明朱子学的内在谬误而进行的理论思考。在与朱子学逐渐划清界限的过程中，王阳明一直在默默思考着儒家圣人之学的真谛，也在设法提炼自己学派的核心宗旨。到了 50 岁时，王阳明终于公开宣称，自

---

① 吴光等编校：《王阳明全集》卷 2《答罗整庵少宰书》，第 76 页。
② 吴光等编校：《王阳明全集》卷 2《答聂文蔚》（二），第 83 页。

己的学术宗旨只有三个字——致良知。此后，无论是知行合一，还是格物新解，都被包融在致良知这一根本宗旨内。王阳明晚年更是明确地说：

> 吾生平讲学，只是致良知三字。[1]

从性质上讲，王阳明毕生从事的教育活动是古典人文主义教育，即围绕着如何做人这一核心问题，展开一系列的修养工夫，注重教人以德行和智慧，而不只是单纯的知识。王阳明本人博学多能，晚年却将自己的教育宗旨归结为"致良知"三个字，可见其清晰的学术理念。那么，"致良知"三字何以成为王阳明教育哲学的核心宗旨呢？这是我们下面要分析的问题。

短短的"致良知"三字，其基本内涵是指什么？先从字义上看，王阳明所说的"良知"，并不限于一般伦理学意义上的范畴，而是有着更深层次的内涵，简而言之，良知是心之本体，亦即人类心灵共同的先天原本状态；其次，良知是天理在人类心灵上的体现。对此，王阳明曾说：

> 良知即是未发之中，即是廓然大公、寂然不动之本体，人人之所同具者也。[2]
> 良知是天理之昭灵明觉处，故良知即是天理。思是良知之发用。[3]

简而言之，良知—本体—天理之间的逻辑关系可以概括为："良知者心之本体"[4]，"心之本体即是天理"[5]。王阳明还特别指出：

---

① 吴光等编校：《王阳明全集》卷26《寄正宪男手墨二卷》，第990页。
② 吴光等编校：《王阳明全集》卷2《答陆原静》(二)，第62页。
③ 吴光等编校：《王阳明全集》卷2《答欧阳崇一》，第72页。
④ 吴光等编校：《王阳明全集》卷2《答陆原静》(一)，第61页。
⑤ 吴光等编校：《王阳明全集》卷2《启问道通书》，第58页。

> 良知之在人心，无间于圣愚，天下古今之所同也。①

其次，关于"致"的内涵，大致有三层：一是达到、求得；二是应用、践履；三是推广、扩充。"良知"既为心之本体，又是天理之体现，那么，求得、达到这一心之本体，便是"致良知"的初步要求。在此基础上，能在生活中应用自己的良知，并将此良知推广到事事物物中去，使事事物物各得其位，各遂其生，则是"致良知"的扩展功夫。如果我们将"致良知"之教与《大学》所述的"八条目"相比较，不难发现，那不过是"致良知"工夫的具体化表述而已。完整的"致良知"，也就是在明德、修身的基础上，进一步达到齐家、治国、平天下的目的，推广应用自己的良知于事事物物之中。当然，如果没有觉悟自己先天良知本体的前提，那么这种推广应用便是一句空话；因此，对任何人而言，首先要完成自己求得良知的任务，然后才谈得上推广应用。

搞清了"致良知"的字面含义和理论渊源，接下来，"致良知"的可操作性方法又是怎样的呢？王阳明告诉门人：

> 良知明白，随你去静处体悟也好，随你去事上磨练也好。良知本体原是无动无静的，此便是学问头脑。②

可见，"静处体悟"和"事上磨炼"便是"致良知"的基本途径。关于静处体悟，王阳明本人颇有体验，在龙场时，他就是靠"日夜端居澄默"的功夫而大悟"格物致知"之旨的。不过，龙场归来后，王阳明益发感到"事上磨练"的重要性，这是推广应用良知的必由之路。他常说：

---

① 吴光等编校：《王阳明全集》卷2《答聂文蔚》（一），第79页。
② 吴光等编校：《王阳明全集》卷3《语录三》，第105页。

人须在事上磨，方立得住，方能静亦定，动亦定。①

人须在事上磨练，做功夫乃有益。若只好静，遇事便乱，终无长进。②

概括而言，"致良知"工夫不出动、静二端，因此，"静处体悟"和"事上磨炼"构成了"致良知"工夫的两个基本方面，王阳明及其弟子终身都是如此笃实践履，从而渐渐地达到心地诚明的圣者境界。

关于"致良知"在自己的思想体系中的重要地位，王阳明将其比喻为"圣门正法眼藏"等。他在这方面有过很多论述，例如：

我这个话头自滁州到今，亦较过几番，只是致良知三字无病。③

近来信得致良知三字，真圣门正法眼藏。④

此"致知"二字，真是个千古圣传之秘，（学者）见到这里，百世以俟圣人而不惑！⑤

良知之外别无知矣。故致良知是学问大头脑，是圣人教人第一义。⑥

当然，最重要的还是他晚年在出征广西的途中给养子王正亿信中所写的那句话："吾平生讲学，只是致良知三字！"⑦如果我们仔细品味，不难发现这样一层思想动机——王阳明之所以将本门宗旨概括为"致良知"三字，目的之一是使阳明心学与当时官方的程朱理学有所区分，更为重要的，是为了使后代学人有一个简洁明晰的宗旨可以遵循。"致良知"是一个融合认识论、本体论、

①　吴光等编校：《王阳明全集》卷1《语录一》，第12页。
②　吴光等编校：《王阳明全集》卷3《语录三》，第92页。
③　吴光等编校：《王阳明全集》卷3《语录三》，第105页。
④　吴光等编校：《王阳明全集》卷34《年谱二》，第1278页。
⑤　吴光等编校：《王阳明全集》卷3《语录三》，第93页。
⑥　吴光等编校：《王阳明全集》卷2《答欧阳崇一》，第71页。
⑦　吴光等编校：《王阳明全集》卷2《答欧阳崇一》，第990页。

价值论和行为论于一体的高度综合、凝练的命题。从认识论和本体论上讲，良知即是心之本体，致良知就是修行、证悟这一本体；从价值论和行为论上讲，良知是先天的知是知非、知善知恶的智慧功能，致良知就是应用、保任这一智慧功能，从而达到"止至善"的道德目的。"致良知"之教之所以流传久远，恰恰是因为王阳明的心学造诣已近出神入化，他提出的这一高度凝练、圆融灵活的教法几乎对于任何水平、任何阶层的学者都适用。

首先，对于学浅者而言，"致良知"之教是一个很有针对性的为人处世的道德指南，是教学者如何做人的基本准则。程朱理学虽然把"天理"奉为核心范畴，但是，他们认定"天理"在人间的表现就是"三纲五常"之类的封建伦理规范，而王阳明认为，"三纲五常"（尤其是"三纲"）等伦理规范是一种外在的约束，不足以作为圣人之学的要旨，圣学的"活灵魂"应该是内在于人心的，只有人人皆具的先天良知才是圣学的精神实体所在，由此，"致良知"也就成为儒家学者的功夫要旨。如果通读了《朱子全书》和《王阳明全集》，人们不难发现，在《朱子全书》中，朱熹强调"三纲五常"的言论不下百处，而王阳明从来不讲"三纲五常"，整个《王阳明全集》中只有一处提到"三纲五常"[①]，而且还是一纸废稿！由是可见，王阳明在学术问题上具有独立思考的探索精神。同时，作为一个教育家，他为后人指出了一条明晰而可行的修习之路。因此，当王阳明提出"致良知"之教后，人们便可以在一定程度上从外在"天理"规范（实质是"三纲五常"）的束缚下解脱出来，将道德准则的贯彻变成主体一种自觉自愿的行为，体现了价值主体的积极自律，从此，遵守和履行道德规范成为了主体内心的精神需要，而不再是什么迫于外在的"三纲五常"的强制。虽然由于社会制度和时代形势的限制，王阳明不可能对"三纲"思想这种崇尚单向服从和人身依附的政治哲学公开说三道四，但是，他在讲学中只强调"致良知"，就足以表明他对这

---

① 吴光等编校：《王阳明全集》卷 26《五经臆说十三条》，第 977 页。

种外在"天理"规范的疏远态度，从而与程朱理学的观念自动划清了界限。当然，阳明心学的"致良知"之教，并没有否定人人心中仍有一个"天理"存在，只是人们"各随分限所及"①，体认程度深浅、广狭不同而已——所以才要下功夫去"致良知"。《传习录拾遗》中记载了这样一段对话：

> 问："据人心所知，多有误欲作理，认贼作子处。何处乃见良知？"
> 先生曰："尔以为何如？"曰："心所安处，便是良知。"曰："固是。但要省察，恐有非所安而安者。"②

倘若一个人修养功夫不够，并没有真见"良知本体"，然而逢事便主观地认为自己"心安理得"，那么，这才真的叫"师心自用"，甚至自欺欺人；所以，王阳明在讲学中，并没有一概否定"天理"他律的必要性，而是以挺立价值主体的自觉性为先务，化规范为自觉，巧妙地融合了良知自律和道德他律的关系。因此，王阳明的"致良知"之教，与后来李贽等人蔑视一切伦常礼法的观点具有本质的区别。像李贽那样"是非无定质、无定论"③以及"各从所好、各骋所长"④的道德解构主张，说起来固然痛快淋漓，真要落实到现实生活中去，必然导致社会的混乱无序甚至瓦解崩溃，即使今天也是如此。

　　其次，对学深者而言，"致良知"之教乃是一个下学而上达的"究竟"教法。在此，笔者必须指出，历来被视为道德范畴的"良知"一词首先是一个哲学本体论范畴，其次才是一个伦理学范畴，它的内涵比今天人们一般所

① 吴光等编校：《王阳明全集》卷3《语录三》，第96页。
② 吴光等编校：《王阳明全集》卷32《传习录拾遗》，第1169页。
③ 李贽：《藏书·世纪末列传总目前论》，载张建业主编：《李贽文集》第2卷，社会科学文献出版社2000年版，第7页。按：此处是节略语。
④ 李贽：《答耿中丞》，《焚书》卷1，载《李贽文集》第1卷，第16页。

理解的要深刻得多。王阳明门下（及再传弟子）有许多俊颖之士，他们当时对"良知"一词的理解就要比常人深刻。例如，泰州学派的王栋曾说：

> 阳明先生提掇"良知"二字，为学者用功口诀，真圣学要旨也。今人只以知是知非为良知，此犹未悟。良知自是人心寂然不动、不虑而知之灵体，其知是知非，则其生化于感通者耳。[1]

又如，王阳明的嫡传弟子王龙溪曾说：

> 阳明先师良知两字，乃是范围三教之宗，是即所谓历劫不坏先天之元神。养生家一切修命之术，只是随时收摄，保护此不坏之体，不令向情境漏泄消散，不令后天渣滓搀和混杂所谓神丹也。[2]

当代有些学人拘泥于王阳明在《大学问》中对"良知"一词的道德内涵的解释，以为这就是"致良知"之教的全部内容，从而把王阳明仅仅看成是一个伦理学家，这未免有些看低了王阳明。要知道，《大学问》一文虽然立意完整，但毕竟是给刚刚心学入门的人士准备的。钱德洪在《大学问》序中说过："吾师接初见之士，必借《学》《庸》首章以指示圣学之全功，使知从入之路。师征思、田将发，先授《大学问》，德洪受而录之。"[3]《年谱》中亦记载："嘉靖五年（1506 年）德洪与王畿并举南宫，俱不廷对，偕黄弘纲、张元冲同舟归越。先生喜，凡初及门者，必令引导，俟志定有人，方请见。"[4] 所以，王阳明口授《大学问》，针对的只是心学刚入门而非已有精深

---

① 黄宗羲：《明儒学案》卷 32《泰州学案一》，第 733 页。
② 吴震编校：《王畿集》卷 9《与潘笠江》，第 215 页。
③ 吴光等编校：《王阳明全集》卷 26《〈大学问〉序》，第 967 页。
④ 吴光等编校：《王阳明全集》卷 35《年谱三》，第 1300 页。

造诣的学者。虽然他们对儒学经典可能相当熟悉，但对于阳明心学还只是入门水平。因此，仅仅把《大学问》中对"致良知"的解释视为"致良知"之教的全部内容，这只是一种不完全归纳，不足以概括"致良知"之教这一"圣门正法眼藏"的博大而深邃的内涵。事实上，如前所述，良知＝天理＝心之本体，说来说去，讲的都是同一个东西。王阳明的讲学风格，从来不强求学生理解什么一定要到位，而是"各随分限所及"，大以成大，小以成小。"致良知"之教就是这么一个圆融灵活的东西，你能够悟到什么地步，就会有什么地步的"受用"；如果真的能够洞彻良知，并且推广应用于事事物物之中，实际上也就觉悟了生命的真谛，并且达到"所过者化，所存者神；上下与天地同流"[①] 的圣者境界了。

　　总而言之，"致良知"之教不是单纯的理性思辨可以搞清的，它是一门实践、实证的工夫，需要学者自修、自证方能完成。从理论渊源上讲，王阳明所阐发的"良知"范畴相当于《中庸》的"天命之谓性"，而"致良知"便相当于"率性之谓道，修道之谓教"了。"致良知"三字，乃是王阳明根据一生艰苦历练概括出来的圣学宗旨。自从提炼出这三字之后，在此之前的任何重要命题，都被吸纳、融会于其中。例如："知行合一"命题只讲了工夫而没有涉及本体，而致良知之教既讲了工夫，又讲了本体；同时，由于"致良知"不可能脱离"知行合一"的实践过程，因此，"知行合一"的理念便不着痕迹地融入其中。又如：王阳明中年时曾讲述"身之主宰便是心，心之所发便是意，意之本体便是知，意之所在便是物"[②]，体现出一种主体性原则；而在"致良知"宗旨提出以后，"意之本体便是知"的内涵才真正阐释清楚，而且突破了一般的主体性认识论水平，直接将良知本体视为学问功夫的"大头脑"[③]，把主体性原则坚持到底，清晰地点明了儒者为学的真正依据。

---

① 《孟子·尽心上》。

② 吴光等编校：《王阳明全集》卷35《年谱三》，第6页。

③ 吴光等编校：《王阳明全集》卷2《答欧阳崇一》，第71页。

又如：在"格物"新解中，王阳明指出"天下之物本无可格者，其格物之功，只在身心上做"①，只是指出了"格物"的方向性问题，其思想指南和具体内涵并未充分讲明；而到了"致良知"之教提出之后，一目了然，"致良知"就是"格物"的思想指南，而"格物"就是实实在在"致良知"的具体内涵。由是可见，自"致良知"宗旨提出之后，阳明心学的其他重要命题都被融会于其中，只要抓住并做好"致良知"的工夫，其他的为学任务也就不责而自成了。正因为如此，王阳明才敢于公开说："良知之外别无知矣；故致良知是学问大头脑，是圣人教人第一义。"②

三、王阳明教育哲学的圣人观及其历史意义

在宋明理学中，圣人是"道"的人格化表现。如果一个儒者能够透彻地觉悟"道"的内涵，那么，他本身也就具备了圣人的素质。在王阳明的教育哲学中，"学以至圣人"是一个与"明道"命题本质相同、表述不同的根本目标。王阳明提出了"致良知"思想，使人们认清圣人人格的真实内涵，指明了为学的根本方向，在当时具有振聋发聩、唤醒愚蒙的重要作用。

那么，王阳明的圣人观究竟有哪些独到的思想内容？它突破了程朱理学固有的圣人观的哪些局限？这是必须搞清的问题。

首先，王阳明用自己的"良知"说阐释了圣人之"圣"的具体内涵。他说：

> 心之良知是谓圣。圣人之学，惟是致此良知而已。自然而致之者，圣人也；勉然而致之者，贤人也；自蔽自昧而不肯致之者，愚不肖者也。虽其蔽昧之极，良知又未尝不存也。苟能致之，即与圣人无异矣。此良知所以为圣愚之同具，而人皆可以为尧舜者，以此也。③

---

① 吴光等编校：《王阳明全集》卷3《语录三》，第120页。
② 吴光等编校：《王阳明全集》卷3《语录三》，第71页。
③ 吴光等编校：《王阳明全集》卷8《书魏师孟卷》，第280页。

这段话中的核心范畴无疑是"良知"二字。必须再次指出，学术界过去仅仅把王学的"良知"范畴视为一个伦理学概念，那是远远不够的。实际上，王阳明的治学方式，绝非像俗儒那样以皓首穷经为满足，而是以"静处体悟"和"事上磨练"的方式来践履、体察先圣所讲的义理的，因此，才有堪称"红尘默默，天地绝响"的"龙场悟道"。后来，王阳明回顾说：

> 吾"良知"二字，自龙场已后，便已不出此意，只是点此二字不出，于学者言，费却多少辞说。今幸见此意，一语之下，洞见全体，直是痛快，不觉手舞足蹈。学者闻之，亦省却多少功夫。①
>
> 某于"良知"之说，从百死千难中得来，非是容易见得到此。此本是学者究竟话头，可惜此体沦埋已久。②

王阳明认为，"良知即是未发之中，即是廓然大公，寂然不动之本体，人人之所同具者也"③，然而，就像深埋于地下的宝藏不能给人带来任何现实的益处一样，虽然良知为"人人所同具"，可是，如果人们不去致此良知，它也不能发挥任何现实的作用。据此，王阳明坚决主张：

> 圣人气象自是圣人的，我从何处识认？若不就自己良知上真切体认，如以无星之称而权轻重，未开之镜而照妍媸，真所谓以小人之腹而度君子之心矣。圣人气象何由认得？自己良知原与圣人一般。若体认得自己良知明白，即圣人气象不在圣人而在我矣。④

---

① 钱德洪：《刻文录叙说》，载《王阳明全集》卷41，第1575页。
② 吴光等编校：《王阳明全集》，第1575页。
③ 吴光等编校：《王阳明全集》卷2《答陆原静》，第62页。
④ 吴光等编校：《王阳明全集》卷2《启问道通书》，第59页。

由此可以得出一个结论：致良知是学以至圣人的必由之路。既然"心之良知是谓圣"，人人皆有明道成圣的内在基础，那么，"圣人之学，惟是致此良知而已"。从具体路径上讲，先要觉悟自己的天赋良知，还要把它推广、应用到事事物物中去，使事事物物皆得其理。这种"致良知"的功夫，无论语默动静皆可为之，但基本目的只有一个——觉悟、应用"良知"于人生事业之中，这便是王阳明所说的"功夫不离本体，本体原无内外"①。

其次，王阳明破除了世俗观念对圣人的神化，指出圣人虽然德行高尚、聪明睿智，但绝不是无所不知、无所不能。他说：

> 圣人无所不知，只是知个天理；无所不能，只是能个天理。圣人本体明白，故事事知个天理所在，便去尽个天理。不是本体明白后，却于天下事物便都知得，便做得来也。天下事物，如名物度数、草木鸟兽之类，不胜其烦。圣人虽是本体明了，亦何缘能尽知得？但不必知的，圣人自不消求知。其所当知的。圣人自能问人。②

既然圣人并非无所不知，那么，圣人之"圣"究竟体现在什么地方？对此，王阳明做了一番精辟的阐述，他说：

> 圣人之所以为圣，只是其心纯乎天理而无人欲之杂；犹精金之所以为金，但以其成色足而无铜铅之杂也。人到纯乎天理方是圣，然圣人之才力亦有大小不同，犹金之分两有轻重。……才力不同而纯乎天理则同，皆可谓之圣人；犹分两虽不同而足色则同，皆可谓之精金。③

---

① 吴光等编校：《王阳明全集》卷3《语录三》，第92页。
② 吴光等编校：《王阳明全集》卷3《语录三》，第97页。
③ 吴光等编校：《王阳明全集》卷1《语录一》，第27页。

由此，王阳明得出一个结论："虽凡人而肯为学，使此心纯乎天理，则亦可以为圣人；犹一两之金比之万镒，分两虽悬绝而其到足色处可以无愧，故曰'人皆可以为尧舜者'，以此。"①

有了明确而独到的圣人观，王阳明便大胆地抨击俗儒在希求圣人方面的误解，指明这根本是搞错了明道成圣的方向。他说：

> 后世不知圣人之本是纯乎天理，却专去知识才能上求圣人，以为圣人无所不知，无所不能。我须是将圣人许多知识才能逐一理会始得，故不务去天理上着功夫，徒弊精竭力，从册子上钻研，名物上考索，形迹上比拟，知识愈广而人欲欲滋，才力愈多而天理愈蔽。②

又说：

> 今学者之学圣人，于圣人之所能知者，未能学而知之，而顾汲汲焉求知圣人之所不能知者以为学，无乃失其所以希圣之方欤？③

既然明白了"作圣之功"的清晰内涵和可行路径，因此，王阳明便强调"立必为圣人之志"的重要性。他对门徒说：

> 诸公在此，务要立个必为圣人之心，时时刻刻须是"一棒一条痕，一掴一掌血"，方能听吾说话句句得力。④

---

① 吴光等编校：《王阳明全集》卷1《语录一》，第28页。
② 吴光等编校：《王阳明全集》卷1《语录一》，第28页。
③ 吴光等编校：《王阳明全集》卷2《答顾东桥书》，第53页。
④ 吴光等编校：《王阳明全集》卷3《语录三》，第123页。

不仅如此，王阳明还十分强调在立志上不应有私心挟带，有挟带就会使人迷失方向或裹足不前。《传习录》记载：

> 何廷仁、黄正之、李侯璧、（王）汝中、（钱）德洪侍坐。先生曰："汝辈学问不得长进，只是未立志。"侯璧起而对曰："琪亦愿立志。"先生曰："难说不立，未是必为圣人之志耳。"对曰："'愿立必为圣人之志。"先生曰："你真有圣人之志，良知上更无不尽，良知上留得些子别念挂带，便非必为圣人之志矣。"洪初闻时心若未服，听说到此，不觉悚汗。①

为什么"立志"必须纯一而不能有其他企图呢？大体而言，学者"立必为圣人之志"后，则"志有定向"；如果有其他挟带，就可能在"入门下手处"失之毫厘，将来很可能因方向误差而谬之千里。当然，立志为圣人并不是要人隔断红尘，不食人间烟火，恰好相反，儒家最注重入世修行。以当时读书人不能回避的科举考试为例，王阳明说："只要良知真切，虽做举业，不为心累；纵有累心亦觉，克之而已。……志立得时，良知千事万事只是一事，读书作文，安能累人？人自累于得失耳。"②概而言之，王阳明认为："大抵吾人为学，紧要大头脑只是立志。所谓困、忘之病，亦只是志欠真切。"③

第三，王阳明强调圣人与凡人的平等性和一致性，破除了以往俗儒对圣人形象的神性化和盲目崇拜。他说：

> 良知良能，愚夫愚妇与圣人同，但惟圣人能致其良知，而愚夫愚妇

---

① 吴光等编校：《王阳明全集》卷3《语录三》，第104页。
② 吴光等编校：《王阳明全集》卷3《语录三》，第100页。
③ 吴光等编校：《王阳明全集》卷2《启问道通书》，第57页。

不能致，此圣愚之所由分也。①

作为一个身居高位的官僚士大夫，王阳明从不轻视愚夫愚妇。有人问他什么是异端，他说："与愚夫愚妇同的，是谓同德；与愚夫愚妇异的，是谓异端。"②嘉靖五年（1526 年）王门弟子钱德洪与黄宏纲、张元冲、王畿会试后归乡，他们"为（阳明）先生道途中讲学，（闻者）有信有不信"，王阳明告诉他们说："你们拿一个圣人去与人讲学。人见圣人来，都怕走了，如何讲得行？须做个愚夫愚妇，方可与人讲学。"③

当然，王阳明并不是要一味迁就愚夫愚妇，抹杀圣凡之间的差别。他的目的在于让人们看到自己心中先天固有的良知，看到圣凡的心灵在本质上的一致性。为此，王阳明曾感慨地说："人胸中各有个圣人，只自信不及，都自埋倒了。"④为了成就现实的圣人人格，他告诫弟子说：

> 圣人之知如青天之日，贤人如浮云天日，愚人如阴霾天日，虽有昏明不同，其能辨黑白则一。虽昏黑夜里，亦影影见得黑白，就是日之余光未尽处。困学功夫，亦只是从这点明处精察去耳。⑤

第四，在王阳明的圣人观中还有一个突出的特色，那就是乐于接纳"狂者"，并促使其"超狂入圣"。据《年谱》记载，王阳明少时"豪迈不羁""和易善谑"，具有突出的个性。18 岁时，因见名儒娄谅，听其言"圣人必可学而至"，"遂深契之"⑥，方才有了修道成圣的真切愿望。他后来在仕宦生涯中

---

① 吴光等编校：《王阳明全集》卷 2《答顾东桥书》，第 49 页。
② 吴光等编校：《王阳明全集》卷 3《语录三》，第 107 页。
③ 以上引文皆引自吴光等编校：《王阳明全集》卷 3《语录三》，第 116 页。
④ 吴光等编校：《王阳明全集》卷 3《语录三》，第 93 页。
⑤ 吴光等编校：《王阳明全集》卷 3《语录三》，第 111 页。
⑥ 吴光等编校：《王阳明全集》卷 33《年谱一》，第 1223 页。

屡遭挫折，但愈挫愈奋，百折不挠，终于在"龙场悟道"之后，成功地走出了一条自己的成圣之路。而且，王阳明不屑于明哲保身，敢于公开宣讲与程朱理学不同的"身心之学"，自然被固守程朱旧论的理学卫道士们视为"异学"和"狂士"。其实，王阳明的心性功夫，在经历赣南剿匪、平定宁王叛乱等事变中，早已充分展现，实践完全证明他已臻"触之不动"的非凡境界，远非那些死啃经书的俗儒可比。不过，由于"夫圣，孔子不居"①的缘故，王阳明面对流俗非议，索性以"狂者"自居。他晚年对学生说："我在南都以前，尚有些子乡愿的意思在。我今信得这良知真是真非，信手行去，更不著些覆藏。我今才做得个狂者的胸次，使天下之人都说我行不掩言也罢。"②王阳明晚年在越，曾经赋诗，诗中有"老夫今夜狂歌发，化作钧天满太清"，"铿然舍瑟春风里，点也虽狂得我情"③等句，都表明了他敢于以"狂者"自居的胸襟。王阳明不仅敢于自比为"狂者"，还乐于接纳具有狂者风范的学生（如王艮）。那么，他为什么对"狂者"这般器重呢？

首先，我们要搞清"狂者"的古义。在《论语·子路》中，孔子曾说："不得中行而与之，必也狂狷乎！狂者进取，狷者有所不为也。"在《孟子·尽心下》中，孟子曾与弟子万章详细探讨了"狂、狷"的含义。通俗地讲，狂者就是志存高远，勇于向先圣之道进取的人，但其修养尚有缺陷，"夷考其行，而不掩焉者也"。狷者就是能够洁身自好、"不屑不洁"之士，"是又其次也"。至于"中行"之士，不仅品德端正，为人处世的方法也无过无不及，这种人才在任何时候都是凤毛麟角，可遇而不可求，在孔子门下也仅有颜回、曾参等寥寥几人可当。既然中行之士难得，那么，不妨多点化几个狂者更为现实。王阳明从事教育活动，历来反对僵化呆板的学风，而是尊重学生的个性和才智，在此基础上，因势利导地促进学生品性的改善和升华。他对

① 《孟子·公孙丑上》。
② 吴光等编校：《王阳明全集》卷3《语录三》，第116页。
③ 吴光等编校：《王阳明全集》卷20《月夜二首》，第787页。

学生说："圣人之学，不是这等捆缚苦楚的，不是妆做道学的模样。"① 又说："圣人教人，不是个束缚他通做一般，只如狂者便从狂处成就他，狷者便从狷处成就他，人之才气如何同得？"② 当然，王阳明并不赞同以止于"狂者"的境界为满足，他说："琴张辈狂者之禀也，虽有所得，终止于狂。曾子中行之禀也，故能悟入圣人之道。"③（琴张，孔子门人，姓琴，名牢，字子张，参见《论语集注·子罕》）

在王阳明的善巧点化之下，他的学生中涌现了许多有真修实得的俊杰之士，有些成就令人衷心佩服。如《传习录》记载：

> 先生锻炼人处，一言之下，感人最深。一日，王汝止出游归，先生问曰："游何见？"对曰："见满街人都是圣人。"先生曰："你看满街人是圣人，满街人倒看你是圣人在。"又一日，董萝石出游而归，见先生曰："今日见一异事。"先生曰："何异？"对曰："见满街人都是圣人。"先生曰："此亦常事，何足为异！"盖汝止圭角未融，萝石恍见有悟，故问同答异，皆反其言而进之。④

王艮（1483—1541年），字汝止，号心斋，年轻时是出名的狂者，后来成为泰州学派的创始人。董沄（1457—1533年），号萝石，年长王阳明15岁，以诗闻名于世。二人先后拜王阳明为师，而且潜心修行，颇有深造自得之效。在此，王艮和董萝石所说"见满街都是圣人"⑤，并不是信口开河地乱说一气，而是真有所见。其大致原委在于：二人经过笃实修养，已恍见自

---

① 吴光等编校：《王阳明全集》卷3《语录三》，第104页。
② 吴光等编校：《王阳明全集》卷3《语录三》，第104页。
③ 吴光等编校：《王阳明全集》卷35《年谱三》，第1288页。
④ 吴光等编校：《王阳明全集》卷3《语录三》，第116页。
⑤ 此句出自朱熹在漳州时写的一副对联："此地古称佛国，满街都是圣人。"本是文学形容之语，被王艮等人巧妙化用。

身心灵的本然状态，并在"以天地万物为一体"的悟境之中，"看"到了满街人个个具有的心之本体（略似禅宗所言：在佛的眼中一切都是佛的化身），回来见到老师，才出此说法。这种境界，王阳明早已彻悟，只不过根据二人"为道"的各自需要而加以回答，以促使二人精进不已。王阳明对于王艮和董沄的点化，充分证明了他对于狂者的器重以及悉心教诲、促其更进不止的仁者之心。

综上所述，王阳明的圣人观是一种迥异于世俗观念及官方儒学的崭新学说，在明代中叶具有反传统的特色。他提出"心之良知是谓圣"和"人胸中各有个圣人"的思想，在当时具有石破天惊的社会影响。他把圣人与愚夫愚妇在共具"良知"的意义上平等看待，突破了世俗社会及官方儒学把圣人神化、抽象化的束缚，激励了许多士人向理想人格的崇高目标勇敢地迈进，明显具有解放思想的重大意义。不过，王阳明的圣人观也有矫枉过正之处，他认为"此圣人之学……正以大端惟在复心体之同然，而知识技能非所与论也"①。有学者认为，王阳明忽视了知识才能的重要，无意间开启了晚明学术的空疏之弊。② 其缘由在于王阳明本人才智超群，因而不觉得知识才能有多么重要。他的一味重德重行，导向了另一种片面的学风。到了晚明时期，许多士大夫不问经世济民的实学，只知道"无事袖手谈心性，临危一死报君王"③，面对国家、社会的实际问题拿不出一点解救的良策，以至于王夫之等人将明亡的原因归结为学术的败坏。当然，总体而言，王阳明的圣人观在中国思想史上所起的作用是积极而进步的，是对中国古代人文主义教育精神的传承，至今具有重要的思想借鉴意义。

本节所述，是王阳明教育哲学的基本内容。从形式上讲，王阳明的教育

---

① 吴光等编校:《王阳明全集》卷 2《答顾东桥书》，第 55 页。

② 林继平:《王学探微十讲》，兰台出版社（台北）2001 年版，第 188 页。

③ 颜元:《学辩一》，《存学编》卷 1，《颜元集》，王星贤等点校，中华书局 1987 年版，第 51 页。

哲学内涵十分丰富，包括主体性原则、格物新解、知行合一等等，但是，最为核心的宗旨无疑是他晚年总结出来的"致良知"之教。"致良知"命题言简而意赅，不仅指明了"道"之所在，而且把阳明心学的本体论、工夫论、价值论和行为论都熔为一炉，对于任何时代的学者而言，都有亘古弥新的思想指导意义。从另一个角度讲，由于"心之良知是谓圣"和人人皆有良知之故，"致良知"的过程实际上也就是学为圣人的过程。王阳明的圣人观，突破了官方儒学和世俗观念的束缚，在当时具有解放思想、振聋发聩的积极作用。至此，陆王心学以明道与成圣为基本宗旨的教育哲学理论体系已构建完成。

第三节　王阳明的童蒙教育思想简述

王阳明毕生从事的是"大学"之教，他所教诲的都是已有较高知识水平的成年人，而且，其封疆大吏的身份使得他不可能亲自去教育儿童。但是，王阳明并没有忽视童蒙教育，反而提出一些独到的观点，改变了人们对于童蒙教育的认识，这是在研究王阳明教育哲学中不应忽视的问题。

1517 年，王阳明奉旨在赣、粤、闽三边剿匪，不过一年零三个月时间，将此地作乱已久、为害甚巨的匪患难悉数荡平。三边安定之后，"先生谓民风不善，由于教化未明。今幸盗贼稍平，民困渐息，一应移风易俗之事，虽未能尽举，姑且就其浅近易行者，开导训诲。即行告谕，发南、赣所属各县父老子弟，互相诫勉，兴立社学，延师教子，歌诗习礼。……久之，市民亦知冠服，朝夕歌声，达于委巷，雍雍然渐成礼让之俗矣。"[1]由于当地的教育水平起点很低，所以，此时王阳明兴学立教的重点在于儿童。为此，王阳明特地写了《训蒙大意示教读刘伯颂等》和《教约》二文，阐释了对

---

[1]　吴光等编校:《王阳明全集》卷 33《年谱一》，第 1252 页。

儿童心理特征和童蒙教育的思想认识，集中体现出他对童蒙教育的独到而精辟的见解。①

一、《训蒙大意》中的童蒙教育思想

《训蒙大意——示教读刘伯颂等》是王阳明写给当地社学的教读（即教师）刘伯颂等人的一篇理论指导性文章，篇幅短小，不过 500 字左右。文章开篇即提出了童蒙教育的根本目的、任务等问题。他说：

> 古之教者，教以人伦。后世记诵词章之习起，而先王之教亡。今教童子，惟当以孝弟忠信礼义廉耻为专务。其栽培涵养之方，则宜诱之歌诗以发志意，导之习礼以肃其威仪，讽之读书以开其知觉。今人往往以歌诗习礼为不切时务，此皆末俗庸鄙之见，乌足以知古人立教之意哉！②

如前所述，中国传统教育的性质是人文主义教育，根本目的是教学生如何做人，王阳明继承了这一传统。他说："古之教者，教以人伦"，"今教童子，惟当以孝弟忠信礼义廉耻为专务"，正是从伦理建设角度阐释教育的根本目的和任务。为达到这一目的，童蒙教育的内容主要有三个方面：诱之歌诗、导之习礼和讽之读书。合而言之，这才是比较全面的人文素质教育。在宋明时代，由于科举制度的压力和诱惑力，教育的实际目的是为了读书人在科举考试中过关，因此，记诵词章这些应试教育的内容实质上占据了主导地位，并且从童蒙教育开始就一直贯穿着整个封建教育的全过程。如果哪个私塾教师在教学中提倡唱歌咏诗、演习礼仪，往往会被世人认为是"不切时务"，颇像今天中小学的副科课程一样，被轻视或随意删砍。王阳明自己从

---

① 吴光等编校：《王阳明全集》卷 2，第 87—89 页。
② 吴光等编校：《王阳明全集》卷 2，第 87 页。

内心深处感受到官方儒学教育与民间儒学（如孔孟时代的儒学，处于自由讲学阶段）的实质性差别，感受到儒学化的应试教育对儒家原本教育思想的扭曲，因此，他毫不客气地指出："此皆末世庸鄙之见，乌足以知古人立教之意哉！"

接着，王阳明写道："大抵童子之情，乐嬉游而惮拘检，如草木之始萌芽，舒畅之则条达，摧挠之则衰痿。今教童子，必使其趋向鼓舞，中心喜悦，则其进自不能已；譬之时雨春风，沾被卉木，莫不萌动发越，自然日长月化；若冰霜剥落，则生意萧索，日就枯槁矣。"[1] 在此，王阳明准确地揭示了儿童的心理特征"乐嬉游而惮拘检"，又提出相当于"快乐教学法"的教育理念——"今教童子，必使其趋向鼓舞，中心喜悦，则其进自不能已"。这种"快乐教学法"的构成和具体内容，就是前文所述的诱之歌诗、导之习礼和讽之读书三个方面。其目的和效用分别是："凡诱之歌诗者，非但发其志意而已，亦所以泄其跳号呼啸于咏歌，宣其幽抑结滞于音节也；导之习礼者，非但肃其威仪而已，亦所以周旋揖让而动荡其血脉，拜起屈伸而固束其筋骸也；讽之读书者，非但开其知觉而已，亦所以沉潜反复而存其心，抑扬讽诵以宣其志也。"[2] 综括而言，"凡此皆所以顺导其志意，调理其性情，潜消其鄙吝，默化其粗顽，日使之渐于礼义而不苦其难，入于中和而不知其故。是盖先王立教之微意也。"[3] 在王阳明看来，教育儿童当然不能放任自流，但是，务必顺应儿童的年龄和心理特征，"顺导其志意，调理期性情"，在潜移默化中使之"渐于礼义而不苦其难，入于中和而不知其故"。这样的教育理念，在今天看来也是切合实际、十分中肯的。

王阳明之所以能对儿童教育得出自己独到的见解，原因有二：其一，他出身书香门第（其父王华为状元），从小被家长逼着读书，唯恐有负于状元

---

[1]　吴光等编校：《王阳明全集》卷 2，第 87—88 页。

[2]　吴光等编校：《王阳明全集》卷 2，第 88 页。

[3]　吴光等编校：《王阳明全集》卷 2，第 88 页。

之后的身份，苦熬多年才进士及第，尝够了死记硬背和鞭挞绳缚的苦难，深知八股取士制度下应试教育的弊端。其二，他有真诚恻怛、推己及人的仁者心怀，亦即晚年总结出来的"致良知"之念。要安抚一方百姓，就必须重视礼乐教化，而欲振兴教育，就必须改革原有教育中有悖儿童天性的生硬、僵化的教风。对此，王阳明一针见血地指出："若近世之训蒙稚者，日惟督以句读课仿，责其检束而不知导之以礼，求其聪明而不知养之以善，鞭挞绳缚，若待拘囚。彼视学舍如囹狱而不肯入，视师长如寇仇而不欲见，窥避掩覆以遂其嬉游，设诈饰伪以肆其顽鄙。偷薄庸劣，日趋下流。是盖驱之于恶而求其为善也，何可得乎？"[1] 王阳明的这番话，换成今天的语言来说，就是由于重智育、轻德育（"日惟督以句读课仿"），强迫、体罚儿童，忽视了正确、善意的引导，反而使得儿童对教师的逆反和畏惧心理日增，促使他们学会撒谎、作弊，结果是"偷薄庸劣，日趋下流"。最后，王阳明告诉各位社学教师："尔诸教读，其务体吾意，永以为训，毋辄因时俗之言，改废其绳墨，庶成'蒙以养正'之功矣。念之念之。"[2] 一个掌管八府一州[3]的地方大员，在战乱结束之后，将儿童教育视为安抚地方的主要措施之一，并对一批乡村教师叮咛嘱咐，道出自己对童蒙教育的破俗之见，姑且不论其见解是否完全可行，仅仅是其中蕴含的"仁者爱人"的初衷就足以体现阳明先生那种醇厚的人文主义情怀了。

二、《教约》中的童蒙教育思想

除了这封名为《训蒙大意》的公开信，王阳明同时还写了乡村社学的《教约》。其主要内容是：每天在社学里教师们应教什么，学生们该学什么，其程序如何。《教约》依然是以简明的文字风格（不计标点不过500字），承接

---

[1] 吴光等编校：《王阳明全集》卷2，第88页。
[2] 吴光等编校：《王阳明全集》卷2，第88页。
[3] 这是王阳明巡抚三边时的最大管辖范围。参见吴光等编校：《王阳明全集》，第376页。

《训蒙大意》而着重体现其可操作性。大体而言，分为三层：

首先，"每日清晨，诸生参揖毕，教读以次遍询诸生，在家所以爱亲敬长之心，得无懈忽未能真切否？温凊定省之仪，得无亏缺未能实践否？往来街衢，步趋礼节，得无放荡未能谨饬否？一应言行心术，得无欺妄非僻未能忠信笃敬否？"[1] 其大意是：教师询问学生是否按礼义道德为人处世，一日之中是否有违背道德礼义的过错。"诸童子务要各以实对，有则改之，无则加勉。教读随时就事，曲加诲谕开发，然后各退，就席肄业（肄，即修习）。"[2] 儒学教育本质上是人文主义教育，其中尤重道德修养，因此，王阳明将师生共省近日行为之是非列为教目之首，是完全可以理解的。在此附带说几句，儒家讲究"忠恕之道"，其内涵包括：己欲立而立人，己欲达而达人；己所不欲，勿施于人。王阳明自己也是父亲，本身也有教好自己孩子的家庭责任。早在 1515 年，44 岁的王阳明就由于其妻诸氏未生育，收堂侄王正宪为嗣子（时年 8 岁）。此时（1518 年）其子正宪已 11 岁，正是读书受教育之时。王阳明正在外为官，特意聘其门人薛侃、冀元亨为正宪之师，并时有书信返家。就在这一年，阳明写了一首《示宪儿》诗，很有教育哲理性。其诗如下：

> 幼儿曹，听教诲；勤读书，要孝弟；学谦恭，循礼义；节饮食，戒游戏；
>
> 毋说谎，毋贪利；毋任情，毋斗气；毋责人，但自治。能下人，是有志；
>
> 能容人，是大器。凡做人，在心地；心地好，是良士；心地恶，是凶类。
>
> 譬树果，心是蒂；蒂若坏，果必坠。吾教汝，全在是；汝谛听，勿

---

[1]　吴光等编校：《王阳明全集》卷 2，第 88 页。
[2]　吴光等编校：《王阳明全集》卷 2，第 88—89 页。

轻弃！ ①

由此可见，王阳明教子同样是以德行为首，他怎么循循善诱地教诲门人，也就怎么循循善诱地教诲自己的儿子。

其次，王阳明依次论述了歌诗、习礼、授书的具体操作方法。如歌诗、习礼需要分班进行，分总结合。"凡歌诗，须要整容定气，清朗其声音，均审其节调，毋躁而急，毋荡而嚣，毋馁而慑，久则精神宣畅，心气和平矣"；"凡习礼，须要澄心肃虑，审其仪节，度其容止，毋忽而惰，毋沮而作，毋径而野，从容而不失之迂缓，修谨而不失之拘局，久则礼貌习熟，德性坚定矣"。这两项教学内容，需要学生实地操作和演练。王阳明的《教约》恰如其分地点出了歌诗、习礼的要领所在，并且指出这种活动具有陶冶性情，涵养品德的积极效用。此外，王阳明还论述了狭义教学（"授书"）应注意的事项："凡授书不在徒多，但贵精熟。量其资禀，能二百字者，止可以授以一百字，常使精神力量有余，则无厌苦之患，而有自得之美。"这段话的用意在于：根据儿童年龄和心理的实际状况（如禀赋差异、注意力长短差异等）合理掌握教学进度和课业数量，尽量使学生学有余力，能够感到学习的快乐（"无厌苦之患，而有自得之美"），从而培养起学习的兴趣和自觉性，"久则义礼浃洽，聪明日开矣"。

最后，王阳明规定了每天教学各项内容的次序："每日功夫，先考德，次背书诵书，次习礼，或作课访，次复诵书讲书，次歌诗。"用今天的话讲，就是包含了德、智、美多方面内容的课程安排。王阳明特别强调"习礼歌诗"活动的价值，他说："凡习礼歌诗之类，皆所以常存童子之心，使其乐习不倦，而无暇及于邪僻。教者知此，则知所施矣。"习礼歌诗是单纯知识教育之外的最能培养儿童良好兴趣、陶冶情操的素质教育科目，古人重此，今人

---

① 吴光等编校：《王阳明全集》卷20，第753页。

亦然，可见古今教育正确思想具有一致性。在《教约》末尾，王阳明以一句话提醒社学教师："虽然，此其大略也。'神而明之，则存乎其人。'"① 王阳明虽然身居高官，并不认为自己定的《教约》必须一成不变地遵守，而是认为文章所说的只是一个大略，至于怎样去做才能充分展现教育的神妙功能，还在于教育者具体如何运用。王阳明讲过这样一段话："中只是天理，只是易。随时变易，如何执得？须是因时制宜，难预先定一个规矩在。"② 若将这段话用于教学领域也是很贴切的，它和《教约》一样，都体现了王阳明教育思想中圆融活泼的辩证法。

自宋代以来，随着《三字经》《百家姓》等蒙学经典的问世，古代蒙学教育逐渐显示出它独特的风采。王阳明从自己幼时的经历出发，对童蒙教育提出了独到见解，蕴含了丰富的素质教育和人文精神的思想因素，颇能启迪后人。倘若我们善于批判地吸收，应当能够为当今的教育理论研究园地增添一片新绿，为百年树人的教育事业输入更多的生机和活力。

第四节　王阳明教育哲学的特色、影响和现代启示

一、王阳明教育哲学的思想特色

王阳明毕生从事"大学之教"，那么，他的教育思想和实践历程具有哪些特色和风采呢？概括而言，主要有以下三点：

（一）坚持以德性为本的教育理念

在王阳明生活的年代，统治阶级以科举功名为诱饵，鼓励学子对儒家经

---

① 以上引文皆引自吴光等编校:《王阳明全集》卷 2，第 89 页。

② 吴光等编校:《王阳明全集》卷 1，第 19 页。

典死记硬背。读书人也为个人前途计，片面重视知识才能的学习，而忽略了内在德行的自觉培养。对于这种教育模式，王阳明清醒地看到了它所带来的弊端。他说：

> 记诵之广，适以长其傲也；知识之多，适以行其恶也；闻见之博，适以肆其辨也；辞章之富，适以饰其伪也。①

王阳明认为，这种重知而轻德的学风必然导致"知识愈广而人欲愈滋，才力愈多而天理愈蔽"②；因此，他在教育实践中一直致力于提倡以德性为本的教育理念，"致良知"之教便是这一教育理念的体现和运用。王阳明指出："大学之教"的根本目的是"明明德"，其人格化表现便是作圣成贤；可是，由于受到官方程朱理学的影响，读书人在如何理解圣贤人格的内涵上出现了严重的偏差，把知识与德行的轻重关系完全搞颠倒了。他说：

> 盖所以为精金者在足色，而不在分两；所以为圣者在纯乎天理，而不在才力也。故虽凡人而肯为学，则亦可以为圣人。③

又说：

> 后世不知作圣之本是纯乎天理，却专去知识才能上求圣人，以为圣人无所不知，无所不能。④

---

① 吴光等编校：《王阳明全集》卷2《答顾东桥书》，第56页。
② 吴光等编校：《王阳明全集》卷1《语录一》，第28页。
③ 吴光等编校：《王阳明全集》卷1《语录一》，第27—28页。
④ 吴光等编校：《王阳明全集》卷1《语录一》，第28页。

既然圣贤人格是以德性为本，那么，"致良知"之教也就成为作圣成贤的必由之路。王阳明晚年曾提出"四句教"，其后两句是："知善知恶是良知，为善去恶是格物。"① 言简意赅的两句话，道出了追求圣贤人格的基本方法，也表明了王阳明坚持以德性为本的教育理念。或许有人会质疑：与德性培养相比，难道知识技能的教育就一点不重要了吗？当然不是。事实上，王阳明从来都是将"尊德性"和"道问学"两者融会贯通、辩证对待的，他说：

> 岂有尊德性只空空去尊，更不去问学？问学只是空空去问学，更与德性无关涉？如此，则不知今之讲习讨论者，更学何事？②

但是，在德性培养与知识教育两者之间，王阳明始终将德性培养放在第一位，这一点毫无疑义，如他所说："道问学即所以尊德性也。"③ 需要注意的是，就王阳明本人而言，他进士出身，勤奋好学，不仅精通儒学典籍，而且泛滥辞章，出入佛老，知识之宏富在当时士林中堪称翘楚；更加难得的是，他精研兵书，文武双全，一生剿匪平叛，屡建奇功，这种事功业绩，在中国古代名儒中是绝无仅有的。然而，他从不以知识才能之出众而自我炫耀，在教育实践中始终坚持以德性为本，符合并传承了先秦儒家的人文主义教育理念。至于今天有的研究者指出的所谓"王学空疏"之弊，乃是此后若干年王学风行天下之际，一些王学末流积渐而成的，其责任不应由王阳明本人来负。

（二）提倡"知行合一"的教育理念

重行本是中国古代哲学的一大优良传统。到了明代，由于科举考试的制

---

① 吴光等编校:《王阳明全集》卷3《语录三》，第117页。
② 吴光等编校:《王阳明全集》卷3《语录三》，第122页。
③ 吴光等编校:《王阳明全集》卷3《语录三》，第122页。

度约束，许多读书人一味地遵从朱熹“道问学”的治学模式，先知后行，知而不行，成天在故纸堆中训诂考据，成为没有实际办事能力的书呆子。对此，王阳明很早就提出了“知行合一”的主张，目的就是要矫正这一重知而废行的学风。他的看法是：

> 知是行的主意，行是知的功夫。知是行之始，行是知之成。①
>
> 知之真切笃实处即是行，行之明觉精察处即是知。知行工夫本不可离。②

关于知与行的关系，王阳明认为两者是相互依存、密切关联的，因此，在学习过程中，知与行应当“合一并进”，以“行”为验证标准，学者不能只是成天诵读经典，满足于一个“知”字。他说：

> 夫学问思辨行，皆所以为学，未有学而不行者也。如言学孝，则必服劳奉养，躬行孝道，然后谓之学。岂徒悬空口耳讲说，而遂可以谓之学孝乎？学射则必张弓挟矢，引满中的。学书则必伸纸执笔，操觚染翰。尽天下之学，无有不行而可以言学者，则学之始固已即是行矣。③

又说：

> 天下岂有不行而学者耶？……知不行之不可以为穷理，则知知行合一并进，而不可以分为两节事矣。④

----

① 吴光等编校：《王阳明全集》卷1《语录一》，第4页。
② 吴光等编校：《王阳明全集》卷2《答顾东桥书》，第42页。
③ 吴光等编校：《王阳明全集》卷2《答顾东桥书》，第45页。
④ 吴光等编校：《王阳明全集》卷2《答顾东桥书》，第46页。

既然是重行，就离不开一件件具体的实事实物，因此，重行思想中又隐含了"务实"的要求。王阳明常说："学必操事而后实。"① 又说："随时就事上致其良知，便是格物。"② 又说："致良知便是必有事的功夫。此理非惟不可离，实亦不得而离也。无往而非道，无往而非功夫。"③ 总之，读书人要在现实生活的一件件具体事物中去"致良知"，这样才真正有效地锻炼自己的心性，提高自己的本领。《传习录》一书中曾记载了王阳明和一位下属官员的对话。这位属官说自己公务繁忙，没有时间去"为学"。王阳明告诉他说：

> 簿书讼狱之间，无非实学。若离了事物为学，却是著空。④

王阳明说出这番话，是有着切身的经验感受的。他本人虽然曾在龙冈、贵阳等地的书院讲过学，但大多数时间却是在为朝廷政务奔波劳碌，甚至屡经战场风险。然而，他经常带着一批弟子在身边，让他们观察自己处理政务的方法，有缺失可以直接指出。这群弟子跟着他东征西讨，剿寇抚民，在实际的政务活动中涵养了德性，增长了才干。对此，王阳明曾自我评述：

> 吾所讲学，正在政务倥偬中，岂必聚徒而后为讲学耶？⑤

当然，王阳明一有空闲，就和门人在一起讲习讨论先圣思想，这几乎成为一种业余爱好。正是在这种言传和身教并举的教学过程中，门人对其心性修养

---

① 吴光等编校：《王阳明全集》卷35《年谱三》，第1285页。
② 吴光等编校：《王阳明全集》卷2《答聂文蔚》（二），第83页。
③ 吴光等编校：《王阳明全集》卷3《语录三》，第123页。
④ 吴光等编校：《王阳明全集》卷3《语录三》，第95页。
⑤ 吴光等编校：《王阳明全集》卷35《年谱三》，第1300页。

的诣境才有真切的了解，并对自身产生了积极的影响。例如，1519 年夏秋之际，王阳明在平定宁王叛乱和紧张战事中，依然"对士友讲学不辍"①。当决战之际，无论是闻报前线战况激烈，还是闻报宁王已被擒拿，他都"理前语如常。傍观者服其学。"②

由此可见，王阳明的"知行合一"是从自己做起的，正如弟子钱德洪所评："先生立教皆经实践。"③正是有了理论的说服力和行动的感染力，才有一大批弟子心悦诚服地归其门下，成为王学思想的忠实践履者。

（三）教学方法圆融活泼、不拘一格

由于是独立自主的民间私学，王阳明的教学方法丝毫没有官学的呆板僵化作风，而是圆融活泼、不拘一格，因而受到了广大读书人的热忱欢迎。据《年谱》记载："先生点化同志，多得之登游山水间也。"④ 这段话表明，无论是在滁州、南京，还是在家乡绍兴、余姚，王阳明从来不是把弟子们成天关在屋子里读书穷理，而是与他们经常畅游山水之间，随地指点良知。这种教学方法，即使是在今天也值得参考和借鉴。

王阳明在点化弟子的过程中，常常注意启发弟子自身的良知，以收到事半功倍之效，有时言语幽默，令人忍俊不禁、心悦诚服。《传习录拾遗》中记载：

> 一日，市中哄而诟。甲曰："尔无天理。"乙曰："尔无天理。"甲曰："尔欺心。"乙曰："尔欺心。"先生闻之，呼弟子曰："听之，夫夫哗哗讲学也。"弟子曰："诟也，焉学？"曰："汝不闻乎？曰'天理'，曰'心'，

---

① 吴光等编校：《王阳明全集》卷 34《年谱二》，第 1267 页。
② 吴光等编校：《王阳明全集》卷 34《年谱二》，第 1267 页。
③ 吴光等编校：《王阳明全集》卷 33《年谱一》，第 1232 页。
④ 吴光等编校：《王阳明全集》卷 33《年谱一》，第 1236 页。

非讲学而何?"曰:"既学矣,焉诟?"曰:"惟知责诸人,不知及诸己故也。"①

在这段对话中,王阳明把市井之人吵架的举动和内容竟然联系到讲学上来,寓庄于谐,既幽默化人,又发人深省。又如:

> (居越时),郡守南大吉以座主称门生,然性豪旷不拘小节。先生与论学有悟,乃告先生曰:"大吉临政多过,先生何无一言?"先生曰:"何过?"大吉历数其事。先生曰:"吾言之矣。"大吉曰:"何?"曰:"吾不言,何以知之?"曰:"良知。"先生曰:"良知非我常言而何?"大吉笑谢而去。②

南大吉时任绍兴知府,是王阳明的父母官,但是虚心好学,执弟子礼向王阳明求教。他在反省自己临政的过错之后,纳闷王阳明为何不向他明言。王阳明却说:"我早就讲过了。"南大吉好奇地问:"老师,您讲的是什么?"王阳明说:"我不言,你是凭什么知道这些过错的?"南大吉说:"良知啊。"王阳明说:"良知不是我经常讲的东西吗?"听了这番幽默的回答,南大吉明白了老师既尊重自己人格、又耐心期待自己省悟的良苦用心,于是大笑称谢,满意而去。后来南大吉进京入觐,被罢官归乡,他完全不以官职得失为意,反而一心钻研学问,讲学于关中地区,"惟以得闻道为喜,急问学为事,恐卒不得为圣人为忧,略无一字及于得丧荣辱之间"③,完全不把个人的得丧荣辱放在心上。阳明闻之曰:"此非真有朝闻夕死之志者,未易以涉斯境也!"④

此外,王阳明教导学生,本着真诚的一元化人格,以教学相长为目的,

---

① 吴光等编校:《王阳明全集》卷 32《传习录拾遗》,第 1170 页。
② 吴光等编校:《王阳明全集》卷 35《年谱三》,第 1290 页。
③ 吴光等编校:《王阳明全集》卷 35《年谱三》,第 1299 页。
④ 吴光等编校:《王阳明全集》卷 35《年谱三》,第 1299 页。

对学生而言，非常具有亲和力和感染力。《年谱》记载了这样一件小事，在正德十三年（1518 年）九月，王阳明平定赣南匪患之后：

> 先生大征（返赣），既上捷（报），一日，设酒食劳诸生，且曰："以此相报。"诸生瞿然问故。先生曰："始吾登堂，每有赏罚，不敢肆，常恐有愧诸君。比与诸君相对久之，尚觉前此赏罚犹未也，于是思求其过以改之。直至登堂行事，与诸君相对时无少增损，方始心安。此即诸君之助，固不必事事烦口齿为也。"诸生闻言，愈省各畏。①

王阳明这番言行，除了真诚向门人道谢之外，也在传递这样一种信息：日常生活中，无时无处不存在修道的功夫，不必事事都要用言语讲明。这种情境独特的师生问答，包含着深刻的启发式教学的内涵，的确耐人寻味。总之，有了超卓的悟境，又有了圆融活泼的教学方法，王阳明在世之时心学思潮日渐兴盛，直至汇成一股士人儒学的时代大潮，也就不足为怪了。

二、王阳明教育哲学的巨大社会影响

由于王阳明本人的悟境深邃、教法灵活，加之罕有其匹的卓著事功，阳明心学在明代中晚期毫无疑义地成为影响巨大的学派，几乎动摇了官方程朱理学的统治地位。即使是站在程朱理学立场上的《明史》编撰者也不得不承认："（阳明）门徒遍天下，流传逾百年，其教大行。"② 到了清代初期，同为余姚人的大儒黄宗羲在编撰《明儒学案》时发现，离开了王阳明及其门人，整个明代的思想史根本无法讲清楚。于是，他不厌笔墨之烦，从地域上将王阳明的门人分为七大派：浙中王门、江右王门、南中王门、闽粤王门、楚中

---

① 吴光等编校：《王阳明全集》卷 33《年谱一》，第 1255 页。
② 张廷玉等：《明史》卷 282《儒林传序》，第 7222 页。

王门、北方王门和泰州学派。其中，阳明门人及其后学就记述了 93 人之多，接近全书所辑录的 205 位明儒的一半，由此可见阳明心学当年的巨大声势。

王阳明在世时，本着"有教无类"的教育理念，讲学传道，普施"法雨"，因此，门人成分相当复杂，有位高权重的高层官员，也有终身衣褐的平民百姓；但是，他们有一个共同的特点，都是对阳明心学衷心服膺、真诚向往，所以才聚集到了王阳明的门下。下面仅以江右王门为例作以说明。

邹守益（1491—1562 年），字谦之，号东廓，江西安福人。正德六年（1511 年）高中探花，授翰林院编修。在家丁忧时，他来到赣州求见王阳明，本是为了给已故的父亲求一篇墓志铭。孰料二人攀谈数日，解决了邹守益困惑已久的《大学》与《中庸》宗旨不一的问题，于是，邹守益诚心拜王阳明为师，并协助他平定宁王之乱。后来，邹守益官位日隆，以南京国子监祭酒衔致仕。在修养工夫上，他主张通过"戒慎恐惧"以"复还（良知）本体"①，又主张"寂感无二时，体用无二界"②。与某些喜欢标新立异的王门后学相比，邹守益堪称道德淳厚而工夫平实，较好地继承了阳明心学的真谛。

欧阳德（1497—1554 年），字崇一，号南野，江西泰和人。20 岁时中举人，到赣州向王阳明求学，沉醉于心学功夫，两次放弃会试的机会，直至嘉靖二年（1523 年）才高中进士，仕至礼部尚书兼翰林学士，值无逸殿（即入阁），是嘉靖前期十分重要的高层官员。欧阳德年轻时，因其学行俱佳，深受王阳明器重，被呼为"小秀才"③；入仕之后，虽然屡经宦海沉浮，却始终保持君子气节，被誉为"立朝大节，在国本尤伟"④。在修养工夫上，他主张"良知上用功，则动静自一；若动静上用功，则见良知为二，不能合一

---

① 黄宗羲:《明儒学案》卷 16《江右王门学案一》，第 344 页。
② 黄宗羲:《明儒学案》卷 16《江右王门学案一》，第 340 页。
③ 吴光等编校:《王阳明全集》卷 35《年谱三》，第 1300 页。
④ 黄宗羲:《明儒学案》卷 17《江右王门学案二》，第 359 页。

矣"①，体现出修道过来人的清醒认识。欧阳德还继承了王阳明讲学不辍的作风，一生乐于传道淑人，时人称"南野门人半天下"②。嘉靖三十二年癸丑（1553 年），在徐阶的倡议下，欧阳德和聂豹等王门名士共同主盟，召开了京师灵济宫讲会，联讲两月，"学徒云集至千人，其盛为数百年所未有"③。

聂豹（1487—1563 年），字文蔚，号双江，江西永丰人，正德十二年（1517 年）进士。嘉靖五年（1526 年）夏，时任御史，赴闽巡按，途经杭州时，值王阳明在家乡绍兴赋闲讲学，聂豹不顾他人的劝阻，绕道绍兴向阳明问学。此后又以书信往来论学，阳明深器之。在今《传习录》所收录的八封信中，最后两封就是王阳明写给聂豹的，这时二人之间尚未定师徒名分。不久，王阳明征思、田返，病逝于江西南安。聂豹失去了生前拜师的机会，但是，他对心学功夫的修养和领悟相当深邃。史载：嘉靖十一年（1532 年），"阳明既殁，先生（指聂豹）时官苏州（任知府），曰：'昔之未称门生者，冀再见耳，今不可得矣。'于是设位，北面再拜，始称门生。以钱绪山为证，刻两书于石，以识之。"④ 在阳明生前，聂豹自称晚生而不称门生，其时对阳明心学尚有所未契，加之交往尚浅，故未入阳明门下中；在其人殁后而称门生，也称得上中国古代教育史上的一段奇闻佳话了。嘉靖二十九年，聂豹负责整顿京营戎政和蓟辽军务，以事功著称，官至兵部尚书加太子太保衔，是嘉靖前期重要的政治人物，因得罪奸相严嵩而致仕，保持了一个士大夫的清高气节。聂豹的心学功夫，除了得到王阳明的指点外，竟来自监狱中静坐体悟。他早年得罪权相夏言，被捕入狱，"狱中闲久静极，忽见此心真体，光明莹彻，万物皆备，乃喜曰：'此未发之中也，守是不失，天下之理皆从此

---

① 黄宗羲：《明儒学案》卷 17《江右王门学案二》，第 364 页。
② 黄宗羲：《明儒学案》卷 17《江右王门学案二》，第 360 页。
③ 黄宗羲：《明儒学案》卷 17《江右王门学案二》，第 360 页。
④ 黄宗羲：《明儒学案》卷 17《江右王门学案二》，第 372 页。另参见吴光等编校：《王阳明全集》卷 35《年谱三》，第 1302 页。

出矣。'"① 聂豹的狱中开悟，与王阳明的"龙场悟道"比较相似。他出狱之后，"与来学者立静坐法，使之归寂以通感，执体以应用"②。正因为如此，后人把聂豹称为江右王门归寂派。此外，值得一提的是，聂豹在担任华亭（今上海）知县期间，收了当地人徐阶（1503—1583 年）为门生，使之成为阳明心学的再传弟子。后来，徐阶仕途不断升进，直至嘉靖四十一年担任内阁首辅大学士。在嘉靖帝去世后，他果断扫除其弊政，并为王阳明平反昭雪，对于王学的正名和发展起到无可替代的作用。

除了邹守益、欧阳德和聂豹之外，江右地区还有许多著名人物，如刘文敏、刘邦采、黄弘纲、何廷仁、陈九川、魏良弼、舒芬、罗洪先等，都是王阳明的嫡传或私淑弟子，心学功夫均深造有得，都达到或接近圣者的境界。除江右王门以外，其他六大派别的王门弟子也多有善行义举可陈，限于本章篇幅，不再赘述。由此可见，王阳明孜孜不倦的教诲和潜移默化的人格魅力，在明代中后期的士人圈子产生巨大而久远的影响，使得一大批读书人团结在他的周围，形成一股强劲的社会势力。可以这样概括：阳明心学体现了一代人对真理（"道"）和理想人格的执着追求，终于蔚为一股时代精神的大潮。

阳明心学的社会影响是多方面的。在此只需列举其突破程朱理学的僵化教条、解放时代思想的一项功绩，便可窥其一斑。王阳明曾说：

> 夫学贵得之心，求之于心而非也，虽其言之出于孔子，不敢以为是也，而况其未及孔子者乎？求之于心而是也，虽其言之出于庸常，不敢以为非也，而况其出于孔子者乎？③
>
> 夫道，天下之公道也；学，天下之公学也。非朱子可得而私也；非

① 黄宗羲：《明儒学案》卷 17《江右王门学案二》，第 372 页。
② 黄宗羲：《明儒学案》卷 17《江右王门学案二》，第 372 页。
③ 吴光等编校：《王阳明全集》卷 1《答罗整庵少宰书》，第 76 页。

> 孔子可得而私也。天下之公也，公言之而已矣。[1]
>
> 夫君子之论学，要在得之于心。众皆以为是，苟求之心而未会焉，未敢以为是也；众皆以为非，苟求之心而有契焉，未敢以为非也。[2]

可见，王阳明主张：在认识论上，既不可惟众是从，亦不可盲目服从权威，应该坚持独立思考，以己心之所得为权衡，以"道"之所在为标准。这样的认识论思想，即使放在今天也是颇有启发意义的。它虽然由王阳明首先发出，却得到了当时广大读书人的衷心认可和积极响应，于是广泛流传，不断发展，到了后来已"复非名教所能羁络矣"[3]。简而言之，阳明心学的历史功绩，不仅在于初步打破了程朱理学的教条束缚，而且在于提出"致良知""知行合一"等建构性的命题，有破有立，清晰简明，向人们直指一条明道成圣的正途。它对于儒家思想发展的推动作用自不待言；就是在中国教育史上，凭着独特的教育理念和灵活多样的教学方法，也具有亘古常青的生命力。

三、王阳明教育哲学的现代思想启示

和南宋陆九渊一样，王阳明的教育哲学本质上是一种古典人文主义的"大学之教"。他的教育哲学，对于 21 世纪的当代教育具有哪些思想启示呢？概括起来，主要有三点：

第一，以德性培养为核心的人文素质教育应当与知识技能教育齐头并进。当代社会，一个综合性大学设有若干个院系和专业，而现代科技的迅猛发展，要求大学生必须尽快掌握最新的科学技术或知识技能，这是一个客观要求；相比之下，以德性培养为核心的人文素质教育却受到严重的冷落，或者仅仅是流于形式。厚此薄彼的结果是，大学生的人文素质水平日趋下滑，

---

① 吴光等编校：《王阳明全集》卷 1《答罗整庵少宰书》，第 78 页。
② 吴光等编校：《王阳明全集》卷 21《答徐成之》（二），第 809 页。
③ 黄宗羲：《明儒学案》卷 32《泰州学案一》，第 703 页。

现状堪忧，尤其是最近几年大学校园中出现了一些极端性的凶杀案、投毒案，其情形简直令人发指。如此惨痛的事实，告诫着当代教育工作者（尤其是管理者）：再也不能忽视德性培养，再也不能忽视人文素质教育；否则，我们培养出来的所谓毕业生大多数变成无情无义的"工业化产品"，或者是"跛脚"的畸形人才，对于投入巨大的现代教育，将是一个辛辣的讽刺。在当代大学教育（也包括中小学教育）中，以德性培养为核心的人文素质教育不能再滞后于知识技能教育，这是当代教育管理者和广大教师必须正视的问题。在这种时代背景下，王阳明的"致良知"之教，无疑可以给当代德育工作提供有益的思想借鉴。

第二，加强实践性教学是当代大学教育不可忽视的一个重要环节。王阳明的"知行合一"思想，不仅适用于思想道德领域，还适用于现代教育中的实践性教育环节。我国目前的教育体制，由于受到应试教育的习惯性影响，大多重知轻行，培养出很多高分低能的学生。很多成绩优秀的学生，在学校里是考试的尖子，到了实际的工作岗位上却表现得平庸无能。究其原因，这是与我们的教育重知轻行的缺陷是分不开的。例如，某些普通地方高校盲目看重名牌大学的头衔，把一些名牌大学的博士招进来，直接送上了大学的讲坛，可是，这些博士往往不能胜任教职，一堂课下来，把学生侃得糊里糊涂。这是因为，学术研究和课堂教学是两码事，一个没有受过师范技能训练的博士，其教学能力可能远远赶不上一个受到严格专业培训的师范本科毕业生。又如，一个硕士研究生的实践能力有时不如一个受过专业训练的中专技校生，于是，在就业市场上，某些动手能力强的中专生往往比没有实践能力的研究生更受到欢迎。因此，在目前的大学教育中，有关实践性教学的内容，是一个亟待加强的问题。

第三，体制外的民间私学是官办教育的有益补充。早在先秦时期，孔子、孟子、荀子等儒学先驱人物，就是民间私学的开创者和推动者。他们的自由讲学活动，不仅促进了思想学术的繁荣，还培养了大批形态各异的人才。在明代，以程朱理学为指导思想的官学始终存在，科举制度也是当时应试教育的"指挥棒"，但是，以王阳明为代表的一批儒家学人，在民间开创了自由讲学的风气，打破了程朱理学一统天下的僵化、教条的局面，形成了明代中后期蔚为壮观的思想解放潮流。由此可见，在体制外允许并鼓励一些新型的教育形式的出现，或许会成为社会教育健康发展的补强剂，无论在思想观念上，或者在培养模式上，都可能趟出一条前人没有走过的道路来。教育是立国之本，是民族生存和发展的命脉。要实现新世纪的"中国梦"，就需要进一步解放思想，在教育实践领域探索新型的办学模式。或许这种民间私学的创办和振兴，正是促进我国教育事业健康发展的有益补充。从这个意义上讲，王阳明一生讲学传道的教育实践，能够给当代教育管理者提供宝贵的思想启示，促使我们不断改革，积极进取，使得现代教育事业在思想指导上获得永不枯竭的"源头活水"。

第五章
泰州学派的教育哲学

王阳明开创的阳明心学，在明代中后期形成了声势浩大的思想解放潮流。其中，泰州学派和浙中王门是声名最著的两大流派，对于进一步阐发阳明心学的内在思想起到了重要的推动作用。王阳明虽然率先提出了"致良知"的学术宗旨，但是，由于个人的身份地位和时间精力所限，他不可能对修道工夫的各个方面都详加阐述。这一客观不足正好由对心学功夫深造有得的王龙溪和王心斋等人来弥补和完成，他们也因为对阳明心学的深入阐发，使自己成为中晚明重要的思想家和教育家。因此，关于阳明后学的教育哲学，我们很有必要做比较系统的延伸探讨，这样才能揭示阳明学派的整体风貌。

第一节　王艮的教育哲学思想概述

在儒家教育史上，有一个平民化的学派不可忽视，那就是明代的泰州学派。它的开创者王艮（号心斋）同样是一位富有传奇性色彩的人物，正因为如此，他才能开创一个"能以赤手搏龙蛇"[①]的民间儒家学派。

---

① 黄宗羲：《明儒学案》卷 32《泰州学案一》，第 703 页。

一、王艮的生平和教育活动

（一）从自学成才到拜王阳明为师

王艮（1483—1541年），本名王银，出生于明代南直隶所辖泰州安丰场一个贫苦的盐丁家庭。史载：王银7岁入乡塾，11岁"贫乏束修资，出塾服家事"[①]。由是可见，因为家境贫寒，王银小时候读书断断续续，连完整的蒙学教育都没有接受过。成年之后，王银19岁外出经商谋生，备尝生活的艰辛。他所从事的商业，实际上就是贩私盐。明代实行官榷制度，官府垄断了盐业的生产和销售，所售的盐价又特别高，致使一般内地民众吃不起盐。在这种情况下，走私贩盐就成为一些滨海地区胆大之人的谋生手段。由于他们贩卖的食盐价格低廉，反而受到内地民众的欢迎。王银胆大心细，"措置得宜"[②]，数年奔波下来，竟然积攒起相当丰厚的家产。他用贩盐所得的利润买下了为数不少的田产，依靠田租收入，可以使自己脱离直接的生产劳动，不仅能够维持正常的生活所需，甚至还可以"推其所余以及邻里乡党"[③]。王银的可贵之处，就在于他并没有因为自己"先富裕起来"，就变成一个不思进取、养尊处优的土财主，而是始终有着更高的精神追求。由于走南闯北之故，王银见识颇广，但是，给他留下最深刻印象的却是正德二年（1507年，时年25岁）他路过山东曲阜而于闲暇时游览孔子故里的情景。在孔庙中，他看到香烟缭绕、人们虔诚地祭拜先圣孔子的场面，颇有感慨，叹道："夫子亦人也，我亦人也。"[④]他内心反思：自己此生难道只满

---

① [日]荒木见悟、冈田武彦主编：《王心斋全集》（和刻近世汉籍影印丛刊）卷1《年谱》，京都：中文出版社1972年版，第14页。以下简称"和刻本"。

② 《王心斋全集》卷3《年谱》，第67页。

③ 《王心斋全集》卷3《年谱》，第68页。

④ [日]荒木见悟、冈田武彦主编：《王心斋全集》（和刻近世汉籍影印丛刊）卷1《年谱》，第15页。

足于做一个汲汲于利禄的商人而已？于是，"奋然怀尚友之志"①。返乡之后，王银果断地弃商从学。在四处经商的过程中，王银已粗通文墨，他开始每天诵读《孝经》《论语》《大学》等书籍，"置其书袖中，逢人质义"②。渐渐地，他对儒家经典无师自通，而且颇有独到的心得体会。除了读书之外，王银还采取静坐等方法，以收养性悟道之功。史载：大约从27岁始，"（王银）默坐体道，有所未悟，则闭关静思，夜以继日，寒暑无间，务期于有得；自是有必为圣贤之志"③。在读书与静坐持续两年之后，王银在某一天晚上忽然有了大悟：

> 先生一夕梦天坠压身，万人奔号求教。先生独奋臂托天而起，见日月列宿失序，又手自整布如帮，万人欢舞拜谢。醒则汗溢如雨，顿觉心体洞彻，万物一体，宇宙在我之念益真切不容已。自此行住语默，皆在觉中。④

有些学人自身没有静坐体道的实践，因此，对于这段记述，往往偏重于阐释王银的梦境。实际上，那只是王银潜意识的一个梦幻而已，并没有多大的思想价值。真正值得关注的，是他在梦醒之后"顿觉心体洞彻"的体验。这一体验表明，他已经开悟，反观到自己的先天本心。此后"行住语默，皆在觉中"，表明了本心时时朗照，使他经常性地处于觉解状态。不过，由于王银的个人禀性、习气远未消除，所以，此时他离圣贤境界还有很远的距离。然而，他自以为悟境非凡，于是写下这样一段话："正德六年间，居仁三月

---

① ［日］荒木见悟、冈田武彦主编：《王心斋全集》（和刻近世汉籍影印丛刊）卷1《年谱》，第15页。
② ［日］荒木见悟、冈田武彦主编：《王心斋全集》卷3《年谱》，第68页。
③ ［日］荒木见悟、冈田武彦主编：《王心斋全集》卷3《年谱》，第68页。
④ ［日］荒木见悟、冈田武彦主编：《王心斋全集》卷3《年谱》，第68页。

半。"①"其心三月不违仁"②，这是孔子门下唯有颜回能够达到的精神境界；而王银所书"居仁三月半"，表明他自视甚高，超过了"亚圣"颜子。根据上章所述狂者的定义，年轻的王银此时已颇现狂者的棱角。

32 岁起，王银便开始在本乡讲学，一点不管自己连秀才都不是的白丁身份，闲时"读书考古，鸣琴雅歌"③。渐渐地，王银养成了很浓的崇古情节，甚至按照《礼经》，为自己做了一套仿古衣饰，包括五常冠、深衣、绦 和笏板。不过，他讲说经书，"多发明自得，不泥传注"④。当地一些固守传注的儒生与之辩难，王银也能为之"解说明白"。可以说，王银自"开悟"之后，已具备陆九渊所说"六经注我"的智慧基础，具有以心解经、随机而言的本领，不会再受历代儒者传注的束缚。王银别具一格的讲学活动，在当地逐渐引起一定的反响。正德十五年（1520 年），有一位来自吉安的塾师黄文刚听了王银的讲学，告诉他说：你与正在南昌为官的王阳明先生所讲的宗旨很相似。王银十分惊讶，于是不顾路途遥远及江寇肆虐之险，专程前往南昌拜会王阳明。此时的王阳明刚刚平定宁王之乱，正在努力恢复江西各府县的生产和生活。他听说王银前来，没有一点封疆大吏的架子，开中门迎接，并与之讨论学问功夫。经过两天的"反复论难，曲尽端委"⑤，王银终于心悦诚服，"下拜执弟子"礼⑥。王阳明很高兴地收下了这个特殊的学生，并对周围的门人说："向吾擒宸濠，一无所动，今却为斯人动矣。"⑦当然，王阳明并非内心动摇，而是出于一个教育家的使命感，为得到天下英才而喜悦罢了。拜师之后，王银请老师为其更名。王阳明已然洞察王银尚有狂者飞扬浮躁之病，于

---

① [日] 荒木见悟、冈田武彦主编：《王心斋全集》卷 3《年谱》，第 68 页。

② 《论语·雍也》。

③ [日] 荒木见悟、冈田武彦主编：《王心斋全集》卷 3《年谱》，第 68 页。

④ [日] 荒木见悟、冈田武彦主编：《王心斋全集》卷 3《年谱》，第 68 页。

⑤ 《王心斋全集》卷 3《年谱》，第 70 页。

⑥ 《王心斋全集》卷 3《年谱》，第 70 页。

⑦ 《王心斋全集》卷 3《年谱》，第 70 页。

是为其更名为"王艮",字汝止。"艮"字取于《周易》艮卦,卦象为山,其意是峙然不动。王阳明如此改名,就是希望王艮能够早日改掉浮躁的性格,安于仁德而不妄动。

（二）从痛改前非到独立门户

正德十六年（1521年）八月,王阳明回到浙江绍兴。王艮等门徒很快亦追随至此,亲炙于阳明门下,他的心学功夫也有了更大的进步。如前章所述,他某一日出游,回来后告诉王阳明:"今日见一异事。"王阳明问何事,王艮答曰:"见满街人都是圣人。"王阳明鼓励他说:"你看见满街人都是圣人,满街人看你也是圣人啊。"①王艮的这番话,是他心学诣境升华的一个表现。他在27岁时入悟,"顿觉心体洞彻",其实觉悟的只是自己的先天本心,与周围环境还谈不上融合无间。通过数年的修习,他偶然间恍见街上众多路人的先天本心,所以才说"满街都是圣人"（只是潜在的而非现实的圣人）。这种恍然之见,略似于禅宗古德所说"一切众生,皆有佛性",表明了王艮突破"小我",朝着"仁者与物同体"的"大我"境界迈进了一大步,所以王阳明才嘉许之。不过,王艮固有的飞扬浮躁的狂者之病仍然存在,而且还给王阳明惹了一次大祸。

嘉靖元年（1522年）,四方来学者甚众,绍兴城中"道院僧房至不能容"②。看到王阳明门下这种盛况,王艮突然萌发了一个想法:"千载绝学业,天启吾师倡之,可使天下有不及闻此学者乎?"③于是,他向王阳明询问:"孔子当时周流天下,车制何如?"④王阳明笑而不答。王艮认为王阳明太过谨

---

① 吴光等编校:《王阳明全集》卷3《语录三》,第116页。按:这里是用通俗的白话讲述的,与原文略有不同。
② 《王心斋全集》卷3《年谱》,第70页。
③ 《王心斋全集》卷3《年谱》,第70页。
④ 《王心斋全集》卷3《年谱》,第70—71页。

慎，自己告假回到泰州老家，自制了一辆蒲轮车，车上树起旗幡，在上面写着"天地一个，万物一体。入山林求会隐逸，过市井开发愚蒙"等字样，自行前往北京，沿途聚众讲述致良知之学。到了北京之后（已是嘉靖二年，即1523年），他更是愈加招摇，不问听众的身份和老少，向人们宣讲阳明心学的思想。此时，王阳明本人已颇受朝中权臣的嫉妒、排挤，京师中还有一大批信奉朱子学的儒者（很多是高层官员）对于阳明心学颇为抵牾。王艮这种怪异的打扮和招摇过市的讲学，正好给了保守势力攻击王阳明的借口。当时，同门欧阳德、魏良弼、王臣等人已考中进士，正在京师待选官职，看到王艮这种飞扬浮躁的举动，都来劝他回去，同时写信给王阳明，将情况如实汇报。王阳明知道了王艮这种狂者行径，立刻写信给王艮的父亲，请他招儿子回来。王艮素来事父至孝，见到父亲的书信后，知道自己给老师帮了倒忙，不敢拖延，返回绍兴谢罪。王阳明已认识到王艮"意气太高，行事太奇"，决心治一治他的狂者毛病。于是，王艮回到绍兴后，"及门三日不得见"。王艮诚心悔过，每天跪在新建伯府门前，可是没有人理睬他。到了第四天，王阳明正好送访客出门，王艮跪在一旁说："某知过矣。"王阳明仍然视而不见，径直入里走。王艮起身追到庭院之中，高声喊道："仲尼不为已甚！"[①] 这句出自《孟子·离娄下》的话提醒了王阳明。其意本是说孔子不做过头的事情，言外之意则是：阳明先生，在学生心目中你好比当代的孔子，先圣孔子从来不做过头的事情。虽然我犯了错误，可是跪了三天，负荆请罪的态度已经够诚恳了。老师你再不理我，就是过了限度，那就是你的不对了。听了这话，王阳明把跪在地上的王艮扶了起来，算是原谅了他的过错。

经此一劫之后，王艮果真收敛了圭角，除了回家省亲之外，大多时间都待在王阳明身边。他还把自己的次子王襞也接到越中来，向王龙溪、钱德洪

---

① 以上引文皆引自《王心斋全集》卷3《年谱》，第71页。

等同门俊杰求教。即使偶尔应邀外出讲学，学风也趋于平实。这一时期，他还提炼出了"百姓日用是道"的精辟思想，发阳明所未发，已开启平民化儒学之端倪。据《年谱》记载，嘉靖五年（1526年），泰州林春、王栋等数十人向王艮纳贽拜师，这些人成为他及门最早的正式弟子。嘉靖七年冬（1529年1月9日），王阳明病逝于江西南安府的归途中。闻讣后，王艮前往桐庐迎丧，和钱德洪、王龙溪等同门一起，悉心料理恩师的后事。由于王阳明生前位高而享盛名，得罪了北京和绍兴城中的不少权贵，因此，他死后不仅被剥夺了原有爵位，而且被定性为"伪学"。这样一来，绍兴城中的一些恶少就想趁火打劫，不仅觊觎王家的财产，而且要谋害王阳明年仅三岁的遗孤王正亿。在这种艰难险恶的环境中，王艮和钱德洪、王龙溪等同门一起，不顾个人安危，以平素练就的心性功夫为指南，有理有节地应对各种外来威胁，这包括：共同为王阳明守墓，阻止越中恶少盗墓企图；护送王正亿到南京，入赘于同门黄绾府中（时任南京礼部侍郎，有能力保护王正亿），王艮亲自前往南京为正亿下了聘礼。料理完王阳明身后诸事，王艮回到家乡泰州，开门授徒，聚众讲学，形成了独立的泰州学派。

（三）传授"大成之学"的民间儒者

在生命的最后10年，王艮悉心在家乡讲学传道，声名远播。门下学生及听众，既有衮冕华饰的上层人物，也有布衫芒履的平民百姓（后者更多）。王艮本着有教无类的儒家理念，一概予以悉心指点。据时人所汇辑的材料所载，王艮多年讲学，有姓名可记的门人即多达487人。[①]随着王艮闻名海内，有一些地方官员向朝廷上表推荐，王艮一律谢绝；这是因为，在明代注重出身和资历的官场中，王艮即使获得朝廷任用，开始也只能出任中下层官吏，

---

① 王士纬：《心斋先生学谱》，载《王心斋全集》，第114页。按：这是民国时期王士纬根据东台人袁承业（1866—1928年）所编《王心斋先生遗集·例言》得出的统计数字，而且"披辑维艰，尚多缺漏"。

还要一步步地熬资历才可能升迁，而王艮禀持"大丈夫出则为帝王师，处则为天下万世师"①的理念，根本不屑于这种为官的途径。既然连现成的官职都不要，那么，对于参加科举考试，王艮更是从来不屑一顾。他不仅自己从未动过应举的念头，还责令五个儿子都不要参加科举考试。特别是他的次子王襞天资聪睿，别的士大夫希望他参加科举考试，而王艮总是说"吾愿其为学问中人也"②，一律婉拒。王襞也自觉依从父命，不事科举，布衣终身，成为心斋的学术传人。一些地方官员有感于王艮传道淑人的热忱，也尽量给予物质上的帮助。例如，嘉靖十五年（1536年），御史洪垣巡察至淮南一带，拜访了王艮，深为折服，随后，令当地官员修建起一座东淘精舍，有房屋数十楹，解决了四方学者的住宿问题。

或许有人会质疑：王艮不事科举，连秀才都不是，他讲学何以会有那么多人风从影附？难道时人不会讥笑他无功名在身吗？这个疑问不难解答。虽然王艮及其儿孙不事科举，但是，他从未禁止过门人参加科举考试。由于心斋之学脱胎于阳明心学，非常灵动活泼，在应试的技能上，大多数泰州学派的门人并不呆板僵化，借用王阳明弟子的话来说："以吾师良知求晦翁之说，譬之打蛇得七寸矣，又何忧不得耶？"③所以，门人金榜高中者不在少数。例如：王艮的第一批及门弟子中，有一人名叫林春（1508—1541年），佣工出身，少年时因陪伴东家的少爷读书才得以脱盲。嘉靖五年（1526年），林春和一批泰州士子共同拜王艮为师（王艮讲学，不收学费），成为王心斋的第一批正式弟子。林春刻苦自厉，于嘉靖十一年（1532年）参加会试，竟然考中第一名（俗称"会元"），在殿试中亦名列前茅，荣登进士。此后，他留在北京为官，仕至吏部文选清吏司郎中，官居要职而恪守清廉，卒于任上，年仅44岁。在王艮的弟子中，林春是最早纳贽拜师的，他以出色的应试成

---

① 《王心斋全集》卷1《语录》，第13页。
② 陈祝生主编：《明儒王东厓先生遗集》卷首，载王艮：《王心斋全集》，第206页。
③ 吴光等编校：《王阳明全集》卷35《年谱三》，第1292页。

绩告诉了世人：在王心斋门下，随便挑一个人出来，科举考试都能高中金榜，足见心斋的学问功夫深不可测。这样一来，也就没有人敢于妄议王艮本人非科甲出身的问题了。

王艮门下的弟子成分复杂、思想各异，这是学术界公认的事实，因此，泰州学派的学术宗风很难一言而定。不过，我们可以简单列举一些著名门人（及再传门人），以见当时泰州学派在思想界和教育界的影响力。

例如：徐樾（？—1552年），字子直，号波石，江西贵溪人。年轻时，徐樾曾在白鹿洞练习打坐，对于心体"光明"有所体悟。适逢王阳明远征广西，徐樾沿途追赶，最终登上王阳明的座船。王阳明对徐樾略加指点，徐樾领谢而别。嘉靖七年（1528年）十一月，徐樾拜王艮为师。有鉴于徐樾之才气，王艮悉心指点。对此，徐樾深为感动。嘉靖十一年，徐樾考中进士，"历官部郎，出任臬藩"[1]。嘉靖三十一年（1552年），徐樾升任云南左布政使。元江府土司那鉴叛乱，后诈降，徐樾"以督饷至军，慨然请行"[2]，结果受降变成一场伏击，徐樾被害身亡。徐樾"卒业于心斋之门"[3]，是王艮非常器重的弟子。王艮晚年总结出"大成之学"，得授者寥寥无几，如次子王襞、江右罗洪先[4]，徐樾亦是其中之一。王艮晚年多病，徐樾写信向他问候健康，王艮答曰：

> 殊不知我心久欲授吾子直大成之学，更切切也。但此学将绝二千年，不得吾子直面会，口传心授，未可以笔舌谆谆也。[5]

---

[1]　黄宗羲：《明儒学案》卷32《泰州学案一》，第724页。

[2]　黄宗羲：《明儒学案》卷32《泰州学案一》，第724页。

[3]　黄宗羲：《明儒学案》卷32《泰州学案一》，第724页。

[4]　罗洪先（1504—1564年），字达夫，号念庵，江西吉水人。嘉靖八年中状元，未及王阳明之门而私淑之，后向心斋求教，王艮作《大成学歌》以赠之，其文见《王心斋全集》卷2《诗文杂著》，第54页。

[5]　《王心斋全集》卷2《再与徐子直》，第53页。

对于王艮的谆谆教诲，徐樾后来回忆说："从前辜负此翁，为某费却许多气力。"[1]然而，在某种意义上说，徐樾还是辜负了王艮对他所寄予的厚望。他前往云南为官，不辨敌情，非本职所在而贸然前往受降，结果不幸遇害，可见他处事应变的实际智慧远不如王阳明、唐顺之等人。因此，黄宗羲曾评价说："即以受降一事论之，先生职主督饷，受降非其分内，冒昧一往，即不敢以喜功议先生，其于遵身之道，则有间矣。"[2]更令人遗憾的是，徐樾死后，明军连攻元江府不克，双方议和，那鉴一方"愿纳象赎罪"，嘉靖帝应允，于是，民间有歌谣说："可怜二品承宣使，只值元江象八条。"[3]

徐樾为官甚久，雅好讲学，门人亦颇众，其中，地位最高者，莫过于赵贞吉。赵贞吉（1508—1576年），字孟静，号大洲，四川内江人。嘉靖十一年考中进士，选为庶吉士，授翰林院编修。任职期间，与同年进士徐樾相识，过从论学，受其影响甚深，故《明儒学案》评述："先生之学，李贽谓之其得之于徐波石。"[4]赵贞吉为官多能，忠直剀切，不怕得罪权相严嵩，遭贬为广西荔波县典史，后来职务得以缓慢升迁。明穆宗（年号隆庆）登基后，他一度颇受重用，被召为翰林院学士，曾兼国子监祭酒一职，成为最高地位的学官。不久，又拜为文渊阁大学士，成为参与朝政要务的大臣。不过，由于与首辅高拱政见不合，遭到弹劾，随即解职归里。从此隐居林下，以讲学著述为务，万历四年卒，享年69岁。赵贞吉属于泰州学派一系职位最高的再传弟子。

除了赵贞吉之外，徐樾还收了一位特殊的门徒，名叫颜钧。颜钧（1504—1596年），字子和，号山农，江西永新人。年轻时出外游学，在北京遇到赵贞吉，把他引荐给徐樾，二人论道，甚为投缘，于是，颜钧"师

---

① 黄宗羲：《明儒学案》卷32《泰州学案一》，第725页。
② 黄宗羲：《明儒学案》卷32《泰州学案一》，第725页。
③ 黄宗羲：《明儒学案》卷32《泰州学案一》，第724页。
④ 黄宗羲：《明儒学案》卷33《泰州学案二》，第746页。

事三年"①。徐樾又把颜钧推荐给自己的老师王艮，颜钧前往心斋门下亲炙其教，曾自述"如此从两师，往回竟四年，乐遂中和位育之御极"②。颜钧的品格有点像年轻时的王艮，颇有游侠作风，好急人之难。嘉靖二十九年，赵贞吉（大洲）因得罪严嵩而遭贬为广西荔波县典史，"山农与之偕行，大洲感之次骨"③。嘉靖三十一年，徐樾（波石）战死于元江，颜钧闻之，发誓"收波师碎骸于滇南元江"④。他孤身起程，不惮山高水遥，走至湖南沅州，由于湖广总督张静峰先期派人打捞，没有找到徐樾的遗骸，所以，极力劝阻颜钧再往前走，颜钧方才作罢。从内心来讲，颜钧"颇欲有为于世，以寄民胞物与之志"⑤。不过，由于他绝然不肯走通常的科举仕途，所以，只能四处游历讲学，以增加自己在社会上的名望。因其心学功夫深造有得，又善于随机点化学者，故而他在多年的讲学过程中，同样收下了一些后来海内颇有名望的门人，例如罗汝芳（1515—1583 年）、何心隐（1517—1519 年）、程学颜（生卒年不详）等。这些门人的功夫造诣各有千秋。大体而言，程学颜"善悟善学"⑥，但是寿夭早亡；罗汝芳则"始终一致，不倦于学"⑦，终至圣者境界；而何心隐与颜钧有些相似，"终止于狂"⑧，后因得罪权相张居正而被害死，其命运令人慨叹。与徐樾、赵贞吉有所不同的是，颜钧和王艮一样，终身布衣，始终在民间推广儒学，他身上更多有王艮的影子。

客观地讲，徐樾一系只是泰州学派的旁枝，王心斋真正的学术传人是次子王襞（1511—1587 年）。嘉靖十九年十二月八日，王艮病逝。临终前，五

---

① 颜钧撰，黄宣民点校：《颜钧集》卷 3《自传》，中国社会科学出版社 1996 年版，第 25 页。
② 《颜钧集》卷 3《自传》，第 25 页。
③ 黄宗羲：《明儒学案》卷 32《泰州学案一》，第 703 页。
④ 《颜钧集》卷 3《自传》，第 25 页。
⑤ 黄宗羲：《明儒学案》卷 32《泰州学案一》，第 703 页。
⑥ 《颜钧集》卷 3《自传》，第 27 页。
⑦ 《颜钧集》卷 3《自传》，第 27 页。
⑧ 《颜钧集》卷 3《自传》，第 27 页。

个儿子围绕在他身边请问后事，王艮指着王襞说："汝知学，吾复何忧？"又对诸子说："汝有兄知此学，吾何虑汝曹？惟尔曹善事之"。① 这番话，明确了王襞作为学术传人的地位。王艮去世后，王襞正式"开门授徒，毅然以师道自任"②。由于道行深邃，加上王艮生前的印可，王襞"继父讲席，往来各郡，主其教事"③，虽然布衣终身，却赢得海内盛名。他的门徒众多而复杂，轩冕缙绅与布衣耕樵兼有，即使耿定向、赵贞吉、焦竑等名流都非常尊重王襞。据近人王士纬所述，"耿天台因东厓得私淑心斋"④，成为泰州学派的后学。耿定向（1524—1596 年），字在伦，号天台，湖北黄安人。嘉靖三十五年进士，仕至南京右都御史，以户部尚书衔总督仓场事，是南方籍的大官僚。耿定向久居官场，性格比较隐忍圆滑，其学行为后世所诟病者甚多，黄宗羲认为："先生之认良知，尚未清楚。"⑤ 不过，耿定向热衷于传播泰州之学倒是事实。他对待王襞自不待言，对于泰州学派的那些平民学者也多能礼敬之。例如，他为陶匠出身的韩贞专门写下《陶人传》一文，详述其品德行迹，这在封建时代属于少见的事情。

在王襞的门徒中，有一个没有被列入《明儒学案》的特殊人物，就是李贽。李贽（1527—1602 年），号卓吾，福建泉州人。李贽从小性格倔强，对于正统理学素来反感。26 岁时，他事先背诵好几百篇范文，进入考场后"但作缮写誊录生，即高中矣"⑥，意外成为举人，因此，他非常鄙视科举制度。此后，李贽不再参加会试。但是为了养家糊口，他也只得申请入仕，于嘉靖三十五年（1556 年）被任命为河南辉县教谕，此后又得以缓缓升迁。隆庆四年（1570 年），李贽调任南京刑部员外郎，在南京待了 7 年之久。因

---

① 《王心斋全集》3《年谱》，第 76 页。
② 陈祝生主编：《明儒王东厓先生遗集》卷首，载《王心斋全集》，第 207 页。
③ 黄宗羲：《明儒学案》卷 32《泰州学案一》，第 718 页。
④ 王士纬：《心斋先生学谱·东厓学述》，载《王心斋全集》，第 135 页。
⑤ 黄宗羲：《明儒学案》卷 35《泰州学案四》，第 816 页。
⑥ 李贽：《卓吾论略》，《焚书》卷 3，载张建业主编：《李贽文集》第 1 卷，第 79 页。

地域相近之故，他和泰州学派过从甚密，与赵贞吉、耿定理、焦竑等人成为好友，又拜泰州学派的王襞为师。对于自己的学问渊源，李贽从不隐讳，他说：

> 心斋之子东崖公，贽之师。东崖之学，实出自庭训，然心斋先生在日，亲遣之事龙溪于越东，与龙溪之友月泉老衲矣，所得更深邃也。①

相同的话，李贽说过不止一次。然而，在今存《明儒王东厓先生遗集》中，没有一处文字提及李贽其人，大致原因在于：李贽虽然接受了泰州学派的一些学术观点，其实很早自立门户，思想与王艮、王襞形同而实异。在黄宗羲看来，"泰州之后，其人多能以赤手搏龙蛇，传至颜山农、何心隐一派，遂复非名教所能羁络矣。"②与颜钧、何心隐相比，李贽的思想激进程度有过而无不及。如果说颜钧、何心隐还只是"非名教所能羁络"的话，那么，李贽则是明确地反对封建礼教和一切伦理规范。例如，他说：

> 夫私者，人之心也，人必有私，而后其心乃见；若无私，则无心矣。③
>
> 人之是非初无定质，人之是非也亦无定论。无定质，则此是彼非并育而不相害；无定论，则是此非彼亦并行而不相悖矣。④
>
> 富贵利达所以厚吾天生之五官，其势然也。是故圣人顺之，顺之则安矣。是故贪财者与之以禄，趋势者与之以爵，强有力者与之以权，……各从所好，各骋所长，无一人不中用，何其事之易也！⑤

---

① 李贽：《储瑾》，《续焚书》卷3，载张建业主编：《李贽文集》第1卷，第85页。
② 黄宗羲：《明儒学案》卷32《泰州学案一》，第703页。
③ 李贽：《藏书·德业儒臣后论》，载张建业主编：《李贽文集》第3卷，第626页。
④ 李贽：《藏书·世纪列传总目前论》，载张建业主编：《李贽文集》第2卷，第7页。
⑤ 李贽：《答耿中丞》，《焚书》卷1，载张建业主编：《李贽文集》第1卷，第16页。

李贽的这些话乍听起来十分快意，然而，一旦落实在现实生活中，势必造成社会秩序的混乱；因此，尽管李贽思想中确有反封建的启蒙成分，但是，对于其思想的进步意义，后人不应评价过高。或许正是因为早已看出李贽为人张狂之故，王襞并不承认他是自己的门人。然而，李贽在晚明时代的社会影响又是非常卓著的，因此，我们不能不揭示出这一段师徒渊源。

以上所论，分别揭示了徐樾和王襞两个系列的泰州后学人才辈出、影响甚广的史实，而这一切的源头，都来自孜孜不倦、讲学传道的王艮。王艮自从独立讲学后，根据自己的生活领悟，发阳明及同门所未发，思想上已自成一体（仍以良知说为本），而且，他性灵澄澈，善于随机点化学者，具备一个教育家的优秀素质，加上他进退不苟，风节凛然，为门人作出了很好的表率，因此，泰州学派名闻天下。当然，同门中亦有不能谅解者，议论王艮自立门户。闻此，王艮感叹地说："某于先师，受罔极恩，学术所系，敢不究心以报？"[1] 出于这样一种明道淑人的至诚心态，王艮直至生命的最后一刻，心中所牵挂的都是讲学之事。史载：王艮 57 岁，"时先生多病，四方就学者日益众，先生据榻讲论，不少厌倦。"第二年冬季，王艮"病将革，犹集门人就榻前，力疾倾论"。临终之际，他对诸子的嘱咐是："人生苦患离索，惟时序友朋于精舍，相与切磋，自有长益。"除此之外，"无一语及他事。神气凝定，遂瞑。"[2] 由是可见，王艮是一个将教育事业视为全部人生使命的大儒，他毕生所做，无非"悟道"与"传道"二事而已。王艮去世后，东淘精舍被改为心斋先生祠，门人按时祭祀，以表达对他的崇敬与怀念。

二、王艮教育哲学的思想内容

从学术宗旨上讲，王艮的教育哲学是和王阳明的教育哲学完全一致的，

---

① 《王心斋全集》卷 3《年谱》，第 75 页。

② 以上引文皆引自《王心斋全集》卷 3《年谱》，第 76 页。

也是以"致良知"为基本宗旨，是对阳明心学的继承和阐发。但是，由于王艮出身社会底层，终身布衣，他的人生阅历和修道体验自然会有王阳明不能关注到的地方。正因为如此，王艮能够"扩前圣所未发"①，以独特的视角阐述了王阳明未能详论的一些重要问题，所以才能自成一家，进而形成独具特色的泰州学派。

（一）百姓日用即道

作为阳明心学的传人，"良知"范畴当然是王艮时常讲述的话题。他同样认为良知是人人皆有的先天本性，亦即"道"之所在。他说：

> 良知天性，往古来今人人具足，人伦日用之间举措之耳，所谓大行不加，穷居不损，分定故也。②
>
> 来谕谓"良知在人，信天然自足之性，不须人为立意做作"，足见知之真，信之笃，……修此者谓之修道，安此者谓之圣也。③
>
> 明此良知之学，闻天命之性，可谓闻道矣。④

虽然王阳明门下诸生皆明白"良知即道"的道理，可是，对究竟如何下手去致良知，不同学者却有不同的看法。有些学者好高骛远、贪大务博，成天只想着出将人相、安邦定国，或者追求博闻强记、著述等身；对此，出身社会底层、没有任何功名的王艮认为：致良知的学问功夫就在百姓的寻常生活和人伦日用中，根本不必绕那么大的圈子去做修道工夫，否则将是迂曲缴绕，甚或画饼充饥。为此，他提出了一个光辉的命题——"百姓日用即道"。

---

① 程颢、程颐：《二程集》卷9，第609页。
② 《王心斋全集》卷2《答朱思斋明府》，第47页。
③ 《王心斋全集》卷2《答徐凤冈节推》，第49页。
④ 《王心斋全集》卷2《答林养初书》，第63页。

关于"百姓日用即道"的思想，王艮做过一些阐述，他说：

> 圣人之道，无异于百姓日用；凡有异者，皆谓之异端。[1]
> 愚夫愚妇与知能行，便是道。[2]

这些话，完全抹去了圣人头上的神圣光环，表明圣人之道与百姓日用之道是一致的，以此类推，任何人都可以达到圣人的人格境界。当然，王艮开始讲述这一思想时，有人便提出疑问："如此则满天下都是圣人了？"王艮回答说："却是日用而不知。"[3]"百姓日用而不知"的命题，语出《周易·系辞上》。王艮转引于此，指一般人虽有良知良能，天天在用它，却丝毫不知道自己的智慧与美德的来源，这就是百姓只是"潜在圣者"而非"现实圣者"的原因所在。其次，有些人由于缺乏起码的心性修养功夫，做起事来显得浮躁、紊乱，埋没了自家良知良能的天然妙用，所以，王艮才指出：

> 百姓日用条理处，即是圣人之条理处。圣人知，便不失；百姓不知，便会失。[4]

这段论述表明：一般百姓如何料理日常生活，圣人就如何料理日常生活；但是，圣人头脑清醒，知道有条有理地应对生活的各种事务，始终保持做事过程的中和有序状态（事情本身如此，心态也是如此），故而不失其道，而一般百姓往往不明白这一点，或过或不及，经常偏离中和有序的状态，因而达

---

① 《王心斋全集》卷1《语录》，第10页。
② 《王心斋全集》卷1《语录》，第6页。
③ 黄宗羲：《明儒学案》卷16，《江右王门学案一》，第354页。按：这是邹守益之孙邹德涵记录的先贤语录。
④ 《王心斋全集》卷1《语录》，第10页。

不到圣人的处事和修养水平。故此,后天学习才显得十分重要,王艮说:

> 良知一点分分明明,亭亭当当,不用安排思索……此至简至易之
> 道,然必明师良友指点,工夫方得不差。①

"百姓日用即道"的思想,体现出王艮及泰州学派学术宗风的朴实性。
在王阳明门下,邹守益、欧阳德、刘邦采等人,都堪称聪明颖悟,但是,由
于王艮出身社会底层,为了谋生和经商,历经风吹雨打,尝遍人间甘苦,所
以才能提出这样一个别致的命题。据《年谱》记载,早在嘉靖三年(1524 年),
王艮还在绍兴城中亲炙于王阳明本人,当四方来学者探讨问题时,王艮就提
出了"百姓日用即道"的思想,听完他的讲述,"同志惕然有省"②。对此,王
阳明亦表示首肯,"未几,阳明公谢诸生不见,独先生侍左右,或有论诸生,
则令先生传授"③,这充分表明了王艮在阳明门下的重要地位。

从"百姓日用即道"的命题出发,王艮又表达出崇尚务实的处事态度,
反对玄虚空谈和轻视劳动的态度。他说:"即事是学,即事是道。人有困于
贫而冻馁其身者,则亦失其本而非学也。"④王艮认为,如果一个人在正常情
况下不能解决自己的生存问题,"则亦失其本而非学也"。这一观点,指出了
长期以来儒生存在的一个客观缺陷,那就是轻视生产劳动、不愿踏实做事,
连必要的谋生之事都不能为之。这本是封建统治阶级的思想作风,在一定程
度上也影响到了儒家后学。王艮既然提出"百姓日用即道"的命题,就是要
和这种好逸恶劳、眼高手低的浮华作风划清界限。在泰州学派的阵营中,樵
夫朱恕、陶匠韩贞、田夫夏廷美,都是从未脱离生产劳动的底层民众,然

---

① 《王心斋全集》卷 2《与俞纯夫》,第 43 页。
② 《王心斋全集》卷 3《年谱》,第 72 页。
③ 《王心斋全集》卷 3《年谱》,第 72 页。
④ 《王心斋全集》卷 1《语录》,第 13 页。

而，一旦闻道之后，他们德业精进，人格升华，最终都成为流芳百世的布衣圣贤。

（二）"乐学"思想

泰州学派是一种民间儒学，任何人向王艮求教，对于科举考试等功利性需求没有直接的裨益，那么，为什么人们还纷纷前来亲炙于王艮门下呢？原因很简单，那就是通过王艮的教诲，学者能体会到一种超越于世俗得失之外的"真乐"。这种"真乐"正是觉悟良知本体后自然伴随的精神受用，王艮认为，这就是先圣道学的精髓所在。他作过一首著名的《乐学歌》：

> 人心本自乐，自将私欲缚。私欲一萌时，良知还自觉。一觉便消除，人心依旧乐。乐是乐此学，学是学此乐。不乐不是学，不学不是乐。乐便然后学，学便然后乐。乐是学，学是乐。于乎！天下之乐，何如此学？天下之学，何如此乐！①

这首诗在民间传播已久，其实就是告诉人们一个简单的道理：人心本来是自由而快乐的，只是因为困缚于私欲而变得狭隘、执着；不过，人类的良知对此有自知之明，只要依从良知的指引，消除内心过度失中的私欲之缚，人心依旧变得快乐、逍遥。所谓圣人之学，就是教会人们学习、保任这种先天原本的快乐而已。因此，考察一个人的心性和道德修养，可以有一个简易适用的标准——"不乐不是学，不学不是乐"。王艮通过自己的修道体悟，得出了一个明确的结论："天下之乐，何如此学？天下之学，何如此乐？"

王艮所说的"真乐"，并不是他个人的发现，早在先秦时期，孔子及其门人就体悟到了这种"真乐"。孔子曾自况：

---

① 《王心斋全集》卷 2《乐学歌》，第 54 页。

> 饭疏食，饮水，曲肱而枕之，乐亦在其中矣。不义而富且贵，于我
> 如浮云。①

他又称赞自己的高徒颜回说：

> 贤哉回也！一箪食，一瓢饮，在陋巷，人不堪其忧，回也不改其
> 乐。贤哉回也！②

对此，宋明理学将其总结为"孔颜乐处"。遗憾的是，程朱理学一系，基本是在纸上阐述"孔颜乐处"的字义内涵，实际缺乏对此"真乐"的体验；其次，一大堆的繁琐阐释，实在让人找不到领悟此"真乐"的可操作性方法。与僵化繁琐的官方理学不同，王艮仅通过一首小诗，简易直截地勾勒出这种"真乐"的存在，也表达出体悟此"真乐"的有效方法。经过他的传授，泰州学派的许多学者，如王栋、王襞、朱恕、韩贞等人，都能真切地体会到这种"真乐"。其中，王栋还将此受用命名为"孔颜真乐"。

　　一般人对于王艮"乐是学，学是乐"的思想难免存在种种怀疑，这当然可以理解，但是，唯有笃实地践履一番，才能体会到王艮所说"乐学"思想的确是生命哲学的真谛。对于整个陆王心学，如果只是从逻辑思维的角度推理阐述一番，那么，它与程朱理学的本质差异就无从显现。只有笃实践履、潜心体会，才会发现它与一般的纸上道学有着天壤之别。如前所述，王艮 27 岁时即"默坐体道"，29 岁时便有"心体洞彻，万物一体"之悟。这种修道过程的体悟和飞跃，没有切身或相近的实践体会，的确是无法真正理解的。即使有人善于揣摩臆测，其结论往往是隔靴搔痒，甚至是风马牛不

---

① 《论语·述而》。
② 《论语·雍也》。

相及。相比之下，泰州学派的诸多弟子，历经了生活风浪的考验，在王心斋门下领悟到本心先天之乐，自然欣喜过望，因此，对乃师佩服之至，口口相传，引得许多人都前来求教，使泰州学派蔚为一代大观。

王艮认为，只要善于把握先天心体之本然，那么，无论动静闲忙，都可以体会到这种"真乐"的存在和妙用。他说：

> 人心本无事，有事心不乐。有事行无事，多事亦不错。①

"有事行无事"一句，告诉人们的是：要学会放下执着，无论有什么事情，都当成无事一般去自然应对就行了。诚如俗谚所说："天下本无事，庸人自扰之。"只要把个人的私欲放下、消解，那么，天下事情再多，也不会对人心构成干扰。正是从这个意义上讲，"有事行无事，多事亦不错"。

如果体会到了这种"真乐"，学者就实现了精神世界的超脱，这也是"内圣"的体现。王艮十分看重这一点，他说：

> 学者不见真乐，则安能超脱而闻圣人之道？②
> 须见得自家一个真乐，直与天地万物为一体，然后能宰万物而主经纶，所谓"乐则天，天则神"。③

在王艮看来：能够体悟到"自家一个真乐"，达到浑然"与天地万物为一体"的和谐心态，才算具备了"内圣"的品格；在此基础上，儒者才能进一步去实践"宰万物而主经纶"的"外王"事功，亦即实现治国、平天下的理想抱负。值得注意的是，真乐与超脱之间存在一种相反相成的辩证关

---

① 《王心斋全集》卷2《示学者》，第57页。
② 《王心斋全集》卷1《语录》，第19页。
③ 《王心斋全集》卷1《语录》，第19页。

系：体悟的"真乐"越充分，人心的超脱就越容易；反之，越善于放下外物，超脱于世俗功利之上，就越发容易体会到这种来自人心本体的先天"真乐"。王艮出身于社会底层，也没有任何科举功名在身，但是，他的一生充实而快乐，这正是他很早便弃商从学、笃实修道的结果。当然，修道未必都需要弃商从学，不过，能够放下身外之物，这本身就是精神超脱的表现。

王艮的"乐学"思想，告诉世人这样一个道理：在世俗的名利得失之外，还有另一种更有价值的快乐值得追求，还有另一种更有意义的活法可以践履，那就是"天爵"和"天乐"，是更具普适性的人生价值和意义。正因为如此，在中晚明时期，许多求真向道之人，无论自己的身份地位如何，都不远千里来到泰州安丰场，虚心向王艮求教。他们的目的就是使自己成就像王阳明、王艮一样的圣贤品格，并从中体会到一种超越于世俗之上的"真乐"。值得肯定的是，大多数人的求学目的在王艮的门下得到了意料之中的实现。

（三）"性能易命"与"大人造命"

传统的儒家思想，普遍提倡顺服"天命"，但是，王艮提出了"性能易命"之说，表现出与传统儒家的较大区别。由于中国古代汉语固有的模糊性，"命"字既有命运（既定的遭遇）的内涵，又有使命的含义。在王艮的思想中，这两种释义都适用，需要根据具体的语境加以区分。

一方面，王艮承认命运的存在，认为这是由天所决定的。另一方面，他又认为：在天命面前，人不是消极被动的，大德之人可以根据所处的实际情况，创造出适合自己的一番事业；在这个基础上，"天命"也会朝着有利的方向转化，甚至使人的命运发生根本的改观。为此，王艮举例说：

孔子之不遇于春秋之君，亦命也；而周流天下，明道以淑斯人，不

　　谓命也。若夫民，则听命矣，故曰："大人造命"。①

王艮为人十分坦诚。虽然在他心中孔子有着至高无尚的地位，但是，他承认孔子周游列国多年，并没有遇到赏识他的君王，因此，作为一个政治家，孔子并非成功者，这也是孔子命中的"定数"所在。然而，孔子并没有因为不遇明君而放弃周游列国的计划，原因在于：他在周游中原各国的过程中，能够讲学传道，教诲为人处世的正确道理，这种"明道淑人、化民成俗"的教育实践，同样具有很深远的社会意义。因此，虽然孔子不是一个成功的政治家，却是一个伟大的教育家，这一点世人皆可认同。从孔子周游列国的作为来看，他看清了自己的人生使命，创造了一番具有特殊价值的人生事业，因此，他与一般听从命运摆布的凡庸之人不同，他是一个"造命"的大德之人。

　　除了孔子的事例外，王艮还喜欢举上古之君虞舜的事例。根据史籍记载：舜是有虞氏部落的人，天性孝顺，其父瞽叟受到后妻及幼子（名象）的蛊惑，总是厌弃舜，几次想害死他。在这种艰难的处境中，舜也非常忧伤，"往于田，号泣于旻天"②，但是，他始终孝顺父亲和后母，爱护自己的弟弟，成为一个孝悌之行的模范。舜的这种孝行传扬开来，传到了部落联盟的首领帝尧耳中。帝尧正好希望找到一个有德的接班人，在对舜进行了长期而深入的考察之后，最终把君位传给了舜。于是，尧舜二人并称为上古时期的两位圣明君主。对于舜的人生经历的巨变，王艮认为，关键在于舜能够修心养性，既善于保护自己，又恪尽自己的道德义务，用孟子的话说，便是"舜尽事亲之道，而瞽瞍厎豫"③（厎，至；豫，高兴），人间的善行感动了上天，上天使得舜接受天命，成为部落联盟的君主。对于舜的传奇经历，王艮评价说：

----

① 《王心斋全集》卷1《语录》，第10页。"夫民"，原作"天民"，其义不通，据文义改。
② 《孟子·万章上》。另：舜的事迹可参见《尚书·尧典》。
③ 《孟子·离娄上》。

> 瞽叟未化，舜是一样命；瞽叟既化，舜是一样命，可见性能易命也。①

> 舜于瞽叟，命也；舜尽性而瞽瞍厎豫，是故君子不谓命也。②

王艮"性能易命"的思想，非常具有辩证意味。它至少表明，命运不是一成不变的，在一定程度上可以改观，只要人们善于发挥自己的主观能动性，就可以掌握更深层次的规律，从而改变自己的命运。王艮的这一思想，比起传统儒家只提倡顺服天命的观念来，无疑更有积极的意义，它鼓励人们不要因为暂时的困境而消极气馁，而应该把握住自身内因中的能动性，去改造自己所面对的世界。王艮之所以能够得出这样的结论，除了独立而深入的思考之外，也来源于他早年经商致富的切身经历。在明代中期，商贩是一种被统治阶级轻视的职业，他们栉风沐雨，忍辱负重，有时还要冒着生命危险，千里迢迢地贩运货物。王艮从 19 岁开始就贩运私盐，不过数年时间便使家庭致富，这证明了只要吃苦耐劳，至少可以改变自己的经济处境。当然，王艮的眼光绝不仅仅局限于发家致富，他希望创造出一种更有价值的人生事业，因此，他弃商从学，潜心修道，最终开创出名震一时的泰州学派。到了晚年，王艮虽然身染沉疴，仍然乐观地坚持"造命"之说，毫无倦怠地讲学传道。他对门人徐樾吐露心声：

> 我今得此沉疴之疾，我命虽在天，造命却由我。③

在王艮的思想体系中，"命"有两层含义："我命虽在天"之"命"，指的是一种既定的遭遇，而"造命却由我"之"命"，是指一种人生使命。王

---

① 《王心斋全集》卷 3《年谱》，第 76 页。
② 《王心斋全集》卷 1《语录》，第 9 页。
③ 《王心斋全集》卷 2《再与徐子直》（二），第 53 页。

艮用他的实际言行，告诉世人应该如何对待命运，如何利用有限的一生去创造更多有积极意义的事物。这就是王艮的生命哲学，它既承认客观规律的存在，又提倡发挥人的主观能动性，体现出辩证法的智慧。即使在今天，这种思想也值得人们虚心借鉴，为现代人走好自己的人生之路点燃一支光辉的"火炬"。

（四）淮南格物说

作为儒家思想的传承者，王艮当然不能完全脱离儒家经典，因此，宋明理学争议最多的"格物"问题，自然也在王艮的讲学探讨范围内。王艮的格物说，既与王阳明的格物说比较接近，又有独到的发现和阐述，显示出王艮具有独立思考的能力和善于把握典籍精要的聪明智慧。

在王阳明的众多弟子中，王艮本是文化底子最薄的一个，他 11 岁即辍学，后来全靠刻苦自学才通晓了《四书》等儒家经典。但是，恰恰是这位文化底子很薄的王艮，对于儒家经典的理解和洞察力却高出众人之上。他完全依据古本《大学》的原意，总结、提炼出关于"格物"一词的内涵，不仅思想上与其师王阳明根本一致，而且引经据典，说理也更加透彻。

在古本《大学》中，有这样一段文字："自天子以至于庶人，一是皆以修身为本。其本乱而末治者否矣。其所厚者薄，而其所薄者厚，未之有也。此谓知本，此谓知之至也。"这段文字，在朱熹的《大学章句》中是被分开来诠释的，而王艮继承了乃师王阳明的观点，信奉《大学》古本为真本，因此将这段文字联在一起阅读。王艮认为，所谓"致知在格物"一句的释义，恰恰就是这段被朱熹割裂开来、分别注释的话语。他向门人指出：

> "自天子以至于庶人"至"此谓知之至也"一节，乃是释"格物致知"之义。身与天下国家一物也，惟一物，而有本末之谓。格者，絜度也。度于本末之间，而知"本乱而末治者否矣"，此"格物"也。"物格"，

知本也，知本，"知之至也"。故曰"自天子至于庶人，壹是皆以修身为本"也。修身，立本也；立本，安身也。①

王艮的这段话，阐明了一个容易被忽视的浅显道理：虽然在儒家先圣心目中，"仁者以天地万物为一体"，但是，这一体之物，实际上是有本末之分的。简而言之，"身也者，天地万物之本也；天地万物，末也"②。因此，格物之工夫首先要从"修身"开始，"修身，立本也；立本，安身也"。这样才符合《大学》"自天子以至于庶人，一是皆以修身为本"的训诫。

那么，"格"字又是什么意思呢？王艮和门人有一段对话：

诸生问"格"字之义。子曰："格"如"格式"之格，即后絜矩之谓。吾身是个矩，天下国家是个方。絜矩，则知方之不正，由矩之不正也，是以只去正矩，却不在方上求。矩正则方正矣，方正则成格矣，故曰"物格"。③

絜，度量的意思。据此，王艮定义："格，絜度也。"指以己身为尺度，去衡量、判断外物情况。王艮打了一个比方："吾身是个矩，天下国家是个方。絜矩，则知方之不正，由矩之不正也，是以只去正矩，却不在方上求。"所谓矩，即木匠画直角或方形所用的曲尺；而方，即所画的正方形。王艮指出，画正方形没有画好，原因在于自己的矩尺不正，只有先校正了手中的矩尺，才能画出合乎标准的方形来。依此类推，家国天下之不正，乃是由于自己（如执政者、教育者）不正，只有先端正自己，才能端正他人，进而端正家国天下。这便是"矩正则方正矣，方正则成格矣"在现实生活的推广应用。

---

① 《王心斋全集》卷1《答问补遗》，第34页。
② 《王心斋全集》卷1《答问补遗》，第33页。
③ 《王心斋全集》卷1《答问补遗》，第34页。

"格物"的两个字义既已讲明，王艮又进一步指出：

> 止至善者，安身也；安身者，立天下之大本也；本治而末治，正己而物正也，大人之学也。是故身也者，天地万物之本也；天地万物，末也。身未安，本不立也。本乱而末治者否矣。①
>
> 反己是格物的工夫，反之如何？正己而已矣。反其仁、治、敬，正己也；其身正而天下归之，此正己而物正也。②

综合这两段话来看，王艮认为，只有先正己，而后才能正物，这便是"本治而末治"。自古以来，"本乱而末治者否矣"，儒家先圣早就揭示了这一客观真理，因此，格物之功，说到底是一个修养己身的问题。修身则身正，修身则身安，这便是"立本"；其身正而安，才可能由本及末，端正外物，最终达到"天下归之"的理想境界，这便是"正己而物正"的道理。所以，格物的内涵，并不在于向外物求取什么知识，而是反身切己，笃实地做好心性道德的修养，这才算抓住了"格物"之功的核心内涵。据此，王艮提出了自己的"格物"论，因为他的家乡泰州地处淮南，人们把它称为"淮南格物说"。

王艮的"淮南格物说"与朱熹的格物思想具有本质的差别，这一点显而易见，无须多论。那么，它与王阳明的格物论相比又有何异同呢？首先，我们来回顾一下王阳明关于"格物"的重要论述，他说：

> 物者，事也，凡意之所发必有其事，意所在之事谓之物。③
>
> 格者，正也，正其不正以归于正之谓也。正其不正者，去恶之谓

---

① 《王心斋全集》卷1《答问补遗》，第33页。
② 《王心斋全集》卷1《答问补遗》，第35页。
③ 吴光等编校：《王阳明全集》卷26《大学问》，第972页。

也。归于正者，为善之谓也。夫是之谓格。[①]

从本质上讲，阳明格物论与淮南格物说都注重道德修养，反对把格物理解为向外求取知识，这是完全一致的。他们对格物的诠释，比起朱熹"穷究物理"的思想，更符合儒家经典《大学》的原意。略有差别之处在于：王阳明所论完全从自家体悟出发，直陈所见，言语简洁，没有着力寻找儒家经典作为理论依据；而王艮则深入研读《大学》古本，把握其思想精髓，他比王阳明更注重以经典本文为依据，表述更有条理，诠释也更为精致，理论根据也十分坚实，因此，"淮南格物说"传遍天下，成为王学对抗朱学的又一重要思想武器。耐人寻味的是，王阳明门下俊杰甚多，偏偏是文化底子最薄的王艮，具有对某部儒家经典的深刻领悟，因而才能提出这一独具特色的思想命题。

三、王艮教育哲学的思想特色

王艮的哲学思想十分丰富，除了前文所述内容外，还有诸如"明哲保身"、"大成之学"等内容，因与教育范畴关系较远，兹不赘述。王艮的教育哲学，与陆九渊、王阳明一样，这具有典型的心学色彩，这主要表现在以下三个方面：

第一，以心为本，以六经为末，人心是六经的源泉。38岁时，王艮路过金陵，便到南京国子监聚诸生讲学。他说：

> 吾为诸君发六经大旨。夫六经者，吾心之注脚也。心即道，道明则经不必用，经明则传复何益？经传，印证吾心而已矣。[②]

---

① 吴光等编校：《王阳明全集》卷26《大学问》，第972页。
② 《王心斋全集》卷3《年谱》，第70页。

听了王艮的话，"六馆之士皆悦服"①。后来，王艮独立讲学，唯恐门人陷于故纸堆中不能解脱，还讲过类似的话：

> "经所以载道，传所以释经。经既明，传不复用矣；道既明，经何足用哉？经传之间，印证吾心而已矣"。②

王艮的这番话，与陆九渊所说"学苟知本，六经皆我注脚"③如出一辙，与王阳明所说"六经者，吾心之记籍也，而六经之实具于吾心"④也别无二致。值得一提的是，由于个人环境所限，此前王艮并没有读过陆九渊的文集，他能讲出这番话来完全出于自家的体悟，可谓英雄所见略同。

第二，王艮讲学一生，不喜欢著书立说，不以文字惑人，而是注重口传心授，教学艺术达到很高的水平。由于禀持"六经注我"的理念，所以王艮从来不写什么大部头的著作，只向学生口传心授。偶然有外地的门人（如徐樾）来书寄问，他所回复的书信也十分简单。因此，无论何种版本的《王心斋全集》，一般不超过一百页的厚度，其中除了收录少量的诗文、书信和年谱，大多是门人对王艮言语的记录。但是，由于自身道行深邃，王艮的教学艺术远非一般老儒可比，有时达到与门人"心有灵犀一点通"的化境。据他的门人所记："学者有积疑，见先生多不问而解。"⑤"惟先生于眉睫之间，省觉人最多。"⑥这些超乎言诠之上的师生交流，乍听起来有些玄虚，实际上，凡是真心修行者必有切实的体会。每逢学者积疑于胸中时，所思似得未得，

---

① 《王心斋全集》卷3《年谱》，第70页。
② 《王心斋全集》卷1《语录》，第18页。
③ 《陆九渊集》卷34《语录上》，第395页。
④ 吴光等编校：《王阳明全集》卷7《稽山书院尊经阁记》，第255页。
⑤ 《王心斋全集》卷1《语录》，第19页。
⑥ 《王心斋全集》卷1《语录》，第13页。按：这句话《明儒学案》亦有记述，见《明儒学案》卷32《泰州学案一》，第710页。

所虑似通未通，内心良知仍在忽闪忽昧。当他们见到王艮本人时，被其一举一动所启发，于是疑根顿断，豁然开朗，这也并非什么玄奥难解的事情。不过，能于不经意的眨眼之间，促使门人觉醒开悟，无疑是教学艺术达到很高水平的表现。有一则公案，体现出王艮这种"眉睫之间省觉人"的教学艺术，史载：

> 有学者问"放心难于求"。先生呼之，即起而应。先生曰："尔心见（同"现"）在，更何求心乎？"①

当某学者诉说难寻自己迷失的本心时，王艮没做什么长篇大论的讲解，而是直呼其名，这个人马上站起来回答。王艮反问道："你的本心不是现成好好的（有问即答，知礼而起）吗？还要另外找寻什么心呢？"这则教学案例表明，王艮教诲门人，从不进行繁琐的讲解，而是直指人心，促使学者反躬自省，顿见本心。难怪黄宗羲称赞"惟先生于眉睫之间，省觉人最多"了。而且，黄宗羲还进一步记述道："先生谓'百姓日用即道'，虽童仆往来动作处，指其不假安排者以示之，闻者爽然。"②这表明，王艮在教学中善于随机应变，所用方法灵活多样。这一点同样也是心学一脉教学特色的体现。

第三，比起王阳明来，王艮更加注重向下层百姓传播心学思想，把它当成自己义不容辞的使命，这也是泰州学派堪称民间儒学典范的原因所在。如前所述，林春、朱恕、韩贞、颜钧等人，都出身社会底层，有的甚至极为贫寒，到了心斋门下，王艮一视同仁地加以对待，悉心指点，终于使得这些学者德业有成。仅以朱恕为例，据《明儒学案》记载：

---

① 《王心斋全集》卷1《语录》，第17—18页。
② 黄宗羲：《明儒学案》卷32《泰州学案一》，第710页。

> 朱恕字光信，泰州草堰场人。樵薪养母，一日过心斋讲堂，歌曰："离山十里，薪在家里；离山一里，薪在山里。"心斋闻之，谓门弟子曰："小子听之，道病不求耳，求则不难，不求无易。"樵（朱恕）听心斋语，津津有味，于是每樵必造阶下听之，饥则向都养乞浆，解裹饭以食，听毕，则浩歌负薪而去。门弟子觑（窥视）其然，转相惊异。[①]

这则短文，生动地记载了樵夫朱恕成为王艮忠实听众的过程。后来，朱恕修道有成，也在苏北一带讲学传道（免费义举），收下韩贞等著名弟子。他的所作所为，无疑是对王艮讲学事业的继承。正因为门下聚集了许多像朱恕这样的弟子，泰州学派才得以形成。这批"能以赤手搏龙蛇"[②]的儒侠义士，大力弘扬心学思想，为儒学平民化作出了不可磨灭的贡献。

在中国古代教育史上，王艮是一个非常特殊的人物，他不仅心学造诣深邃，而且在推广心学方面居功甚伟。孔孟之后，人们一般关注的都是董仲舒、朱熹这样的名儒，然而，儒学的推广普及绝不是董仲舒或朱熹等人可以单独完成的，也不是封建王朝的一纸诏令可以强制实现的。儒学只有植根于古代农耕经济和宗法制度的社会土壤，方能成为中国社会的主流思想。在此基础上，还必须有一批既笃信儒家思想、又擅长讲学传道的儒者加以不懈地推广，王艮及其门徒就是这样一批自觉担当使命的民间儒者。经过他们的长期努力，心学思想得以渗入民间土壤，成为中国文化基本精神的重要组成部分。在此奋斗过程中，王艮也无意间将自己的名字升华为历史天空中一颗闪烁的明星。

---

① 黄宗羲:《明儒学案》卷32《泰州学案一》，第718页。
② 黄宗羲:《明儒学案》卷32《泰州学案一》，第703页。

第二节　泰州后学王栋的教育思想

王艮开创的泰州学派，涌现出许多“能以赤手搏龙蛇”的俊杰之士，他们的人生传奇千姿百态。不过，由于本著主题所限，我们仅撷取王栋、王襞和韩贞等三位在教育实践中具有突出作为的人物，既揭示他们的人生轨迹和思想渊源，又探讨他们的教育哲学和实践活动，以期较全面地展现出泰州学派在传播心学思想、推进民间儒学方面所做的巨大贡献。

一、王栋的生平与教育活动

王栋（1503—1581 年），字隆吉，号一庵，泰州姜堰镇（今姜堰市）人。其六世祖名王伯寿，也是王艮的先祖，因此，王栋与王艮实际上是远房的族兄弟。王栋的父亲名叫王瓒，是位乡村医生，王栋小时候曾随父学医。王栋 11 岁那年，苏北地区瘟疫流行，王瓒带着他四处行医，救死扶伤。某一日途中，忽遇烈马受惊，对路人又踢又咬，王栋为其所伤，“尽日乃脱”①。在此情况下，其父不再让王栋跟随自己游走行医，命其读书，以儒为业。王栋 24 岁时，补为泰州郡庠生，食饩禀，通俗地讲，他获得了秀才的身份。这一年，王栋拜时任泰州知州的王臣为师。王臣，号瑶湖，江西南昌人，是王阳明的亲传弟子，与同门王艮也是好友，他每到一地任官，总是热衷传播阳明心学。受到王瑶湖的影响，王栋产生了这样的认识：“举业虽出身阶梯，心学实孔曾正脉。”② 第二年（1527 年），经王瑶湖推荐，王栋和林春等人共拜王艮为师，“受格物之学，躬行实践，久之遂有得”③，从此服膺心斋之学，终身师事之。

王艮去世后，王栋仍然是一介普通的民间儒者，并不以自己没有更高的

---

① 陈祝生主编:《明儒王一庵先生遗集》卷首，载《王心斋全集》，第 142 页。

② 陈祝生主编:《明儒王一庵先生遗集》卷首，载《王心斋全集》，第 143 页。

③ 陈祝生主编:《明儒王一庵先生遗集》卷首，载《王心斋全集》，第 143 页。

科举功名为念。直到嘉靖三十七年（1558年），56岁的王栋才被意外地选为
岁贡生，有了相当于举人的功名在身，可以被遴选入仕。这一年，他被任命
为江西建昌府南城县训导。在明代，府学设教授，州学设学正，县学设教
谕，都是地方官学的学官，府、州、县学亦设训导若干名，相当于副职，没
有品级。① 虽然官卑职微，学问功夫已臻成熟的王栋仍然把它看作化民成俗
的良好机会，欣然前往就任。在南城县，他积极推动乡约制定和讲会活动的
开展，创立太平乡等处的民间讲会，一时反响颇为热烈。他有诗作记之：

> 圣学之传传此心，此心无古亦无今。何人不有虚灵在，觉者都无物
> 欲侵。一乐自能忘俗虑，百年端用尽簪缨？太平此会真奇会，应有闻风
> 共赏音。②

　　由于南城讲会活动的效果显著，江西提学闻之，特聘王栋到南昌主持正
学书院讲会，又到星子主持白鹿洞讲会。王栋的讲学发自内心，而且延续了
心斋之学简易直截的特点，因此"人多兴起"③，颇受欢迎。由于在训导一职
上赢得了很高的声望，当本地知县离职时，上峰特意委任王栋署理县事，王
栋也不负所望，把县职打理得井井有条。嘉靖四十二年（1563年），王栋母
亲去世，他只得告别南城县，回到家乡守孝。嘉靖四十五年（1566年），64
岁的王栋服阕，赴吏部候选，被任命为山东泰安州学训导。对于这一职位，
王栋已经驾轻就熟，到任之后，很快便以深邃的学识和纯善的德行赢得了当
地诸生的拥戴。诸生称颂"复得亲东鲁圣人"，把他喻为圣人再世。没想到，
几个月后，吏部重新任命王栋为江西南丰县教谕，促其早日上任，于是，王
栋又一次来到江西任职。南丰县与南城县是邻邑，相隔不过百里，当王栋重

---

① 参见张廷玉等：《明史》卷75《职官四》，第1851页。
② 陈祝生主编：《明儒王一庵先生遗集》卷2《太平乡集布衣为会有作》，第199页。
③ 陈祝生主编：《明儒王一庵先生遗集》卷1《年谱纪略》，第142页。

新踏上这块熟悉的土地时，自己都感到这绝非偶然，乃是天降使命所在。当地士民有许多人听过王栋的讲学，都非常欢迎他再度来到这里。于是，王栋"复联旧同志为会"，再次干劲十足地开展讲会活动，"四方信从益众"。出于同样的原因，王栋又被任命署理南丰县事。他利用手中的公权，创立了水东大会，定时会讲，并且建立义仓，救济孤苦之民，以实现儒家心目中的和谐社会。

明穆宗隆庆五年（1571 年），王栋已经 69 岁，在南丰教谕的职位上热情饱满地干了 5 年。此时，他已"名动当道"，因此"抚院交荐，擢有司之选"①。但是，由于王栋并非科甲出身，朝廷仅仅把他擢升为河北深州学正。王栋本不打算前往就职，后在当地仕宦乡绅的"强迫"之下，仍然前往深州任职。在深州时，他又奉命署理州事，一年后，下决心"致仕归里"②。从 56 岁起，王栋开始担任州县学官职务（南城训导、泰安训导、南丰教谕、深州学正），一直处在教学育人的第一线。他一方面孜孜不倦地做好本职工作，另一方面又在民间积极开展乡约、讲会活动，把儒家的德教思想推广开来。在南城、南丰和深州，他都代理过州县长官之职，为官清正，受到百姓的赞誉。在署理南城县事时，有胡姓兄弟告争家财，王栋没有简单地断其是非曲直，而是告诉他们"难得者兄弟，易得者田土，动以一本至情"，结果，兄弟二人感悟，泣拜而归。此后，胡姓兄弟"归复共爨，终身永翕"，可见王栋以儒家伦理感化百姓的能力。在署理南丰县事时，有一寡妇的儿子，本是个太学生，遭人诬陷，被判死罪。王栋发现问题后重新审案，为其平反昭雪。事后，母子二人为谢救命之恩，"报数百金"，而王栋"概置不顾"，仿佛这件事与自己无关一般。在他前往深州任职前，恰巧南丰有个乡绅在深州做过官，他告诉王栋说："某向知深州，积金一罂，忘持归，如署州事，（汝）

---

① 以上引文皆引自陈祝生主编：《明儒王一庵先生遗集》卷 1《年谱纪略》，第 143 页。

② 陈祝生主编：《明儒王一庵先生遗集》卷 1《年谱纪略》，第 144 页。

可取之"。① 这本是一番好意。王栋到了深州,一度代理过知州职务,可是,他丝毫不理会这位乡绅的叮嘱,不去取出那一罐金银为己所有,即使回到家乡,也不向人提及此事。倒是后来南丰有人听说了此事,才知道王栋不取苟得之财的可贵人品。

隆庆六年 (1572 年),70 岁的王栋回到故乡泰州姜堰,此时的他"清贫如洗,乐学不倦"②。由于任学官时已颇有名望,王栋决定创建归裁草堂,继续在民间讲学传道。在《论语》中,记载了孔子周游列国后期的一段话,他说:"归与! 归与! 吾党之小子狂简,斐然成章,不知所以裁之。"③ 据此,王栋将自己的讲学之所命名为"归裁草堂"。草堂创立之后,"远近信从日众",重现了当年王艮东淘精舍的讲学盛况。除了讲学之外,王栋还凭借自己在家乡的声望和对儒家伦理思想的理解,创宗祠,修族谱,制祭田,定祀典,俨然一位乡贤的风范。万历四年 (1576 年),泰州知州萧抑堂特聘王栋主会海陵安定书院。所谓海陵,即姜堰之古称。北宋时,大儒胡瑗 (993—1059年) 原籍就是泰州海陵人,因世居陕西路安定堡,故世称安定先生,海陵安定书院就是当地人为纪念胡瑗而建立的。知州萧抑堂聘请王栋前来主会安定书院,实际上等于认可了王栋具有堪比前贤胡瑗的学问和美德。在安定书院的讲席上,王栋热情不减当年,"朝夕与士民论学,四方向风",直至 79 岁。万历九年 (1581 年),王栋忽患重病,自知将不久于人世,临终前,他告诉孙辈说:"谕门生吴轩等,只有会学一事叮咛。"④ 王栋去世后,配享心斋精舍祠,后来,他和王艮、王襞一起,被并称为"淮南三王夫子"。

综合王栋的一生来看,前半生是一位默默无闻的乡间儒者,56 岁之后出任学官,才算有为于世,矢志讲学传道,为实现儒家的理想治世而不懈地努

① 以上引文皆引自陈祝生主编:《明儒王一庵先生遗集》卷 1,载《王心斋全集》,第 143 页。
② 陈祝生主编:《明儒王一庵先生遗集》卷 1,载《王心斋全集》,第 144 页。
③ 《论语·公冶长》。
④ 以上引文皆引自陈祝生主编:《明儒王一庵先生遗集》卷 1,载《王心斋全集》,第 144 页。

力。然而，就是这样一位行迹平常的民间儒者，早已养成纯粹沉稳的心性功夫，他继承了王艮的遗志，把心学思想在南北各地传播开来，教诲、感染广大的士民百姓，使得儒家思想深入人心、扎根民间，成为中国文化基本精神不可分割的组成部分。王栋的一生，虽然官卑职微，始终热情蓬勃、奋斗不已，他的生平作为传递给当代教育工作者一个疑问——我们的使命是什么，应当如何去完成它？或许，王栋的一生本身就是对这一问题的最好回答。

二、王栋的教育思想简述

王栋的教育哲学，基本上绍述了王阳明和王心斋的人文主义教育理念，并根据自己的修道体悟而加以阐发，对泰州学派的教育思想有深化和发展之贡献。限于篇幅，我们仅从三个方面加以介绍。

（一）良知是人心先天之灵体

良知是阳明心学的核心范畴。关于良知，一般人多从其知是知非、知善知恶的功能角度加以理解，重在阐述其道德内涵及自觉性。对此，王艮认为，这还不足以揭示良知灵体的本来面貌，他说：

> 阳明先生提掇"良知"二字，为学者用功口诀，真圣学要旨也。今人只以知是知非为良知，此犹未悟。良知自是人心寂然不动、不虑而知之灵体，其知是知非，则其生化于感通者耳。[1]

王栋对"良知"范畴的定义是"良知自是人心寂然不动、不虑而知之灵体"，也就是说，这是人类先天原本的心体，具有寂然不动、不虑而知的特性，至于知是知非、知善知恶的妙用，"则其生化于感通者耳"，是一种自然产生的

---

[1]　陈祝生主编：《明儒王一庵先生遗集》卷1《会语正集》，载《王心斋全集》，第146页。

智慧功能。应该承认，王栋对于"良知"的诠释比一般的阳明后学水平更为深刻，在同一时期，只有浙中王门的王龙溪可与之相比。

那么，一般人为何不能真切体悟到自己的良知本体呢？王栋认为，主要原因有二：第一，气禀物欲的滋长，使得良知灵体湮没不显。不过，只要反躬自省，气禀物欲并不能真的障蔽良知，王栋说：

> 吾心灵体，本有良知，千古不磨，一时不息，而气禀物欲不能拘之、蔽之，所谓本明之德，莫之或昏也，人自不用耳。故《大学》教人认此本明之德，而著之日用之间，是谓明明德。[①]

所谓气禀，亦即宋儒所说的气质之性。王艮指出，"先儒变化气质之论，于学者极有益"[②]，只是不应单纯从气质的偏颇处去矫正，而应该听从良知本体的指引，涵养性源，才能收到变化气质的明显效果。

第二，由于修养工夫不够，学者往往将"见闻情识"与良知真体混为一谈，误假为真，这是阳明后学的最大疏漏。王栋指出：

> 良知虽人人自有，多为见闻情识所混，识认不真。[③]

又说：

> 见闻情识皆得与良知真宰混而难别。[④]

---

① 陈祝生主编：《明儒王一庵先生遗集》卷1《会语正集》，载《王心斋全集》，第147页。
② 陈祝生主编：《明儒王一庵先生遗集》卷1《会语正集》，载《王心斋全集》，第175页。
③ 陈祝生主编：《明儒王一庵先生遗集》卷1，载《王心斋全集》，第152页。
④ 陈祝生主编：《明儒王一庵先生遗集》卷1，载《王心斋全集》，第169页。

那么，应该如何解决这一问题呢？王栋认为，王艮所传的格物工夫恰好是对治这一问题的有效方法。他说：

> 格物乃为学把柄，良知人人自有自足，但为见闻情识所混，识认不真，故讲格物之学，以身度人，推心从矩，彼此皆是，内外无失，方是良知洁净而不为见闻情训所混，故曰"致知在格物"，物格而后知至也。[①]

又说：

> 若中人以下，一时未能洞见真体，则其方寸之中，恍惚疑似，虽有知觉，而气质习染、见闻情识皆能混之，故必有格物工夫，体认默识，方是知至，方是真正良知，此则《大学》能为学者立法，而先师复主格物之本旨也。予每论学，必使从格物认取良知，以此。[②]

王栋认为，只要按照王艮所说的格物方法去比则推度、顺事施恕，自然能够破除闻见情识、气质习染等因素的障蔽，使学者真切地认识到良知灵体的存在和妙用，从而达到忻忻融融、恬静自在的慊意状态。也只有这样，才算把《大学》一书的本旨吃透，真正抓住了心学工夫的"为学把柄"。王栋还指出，格物之功不是一蹴而就的事情，必须有一个逐步提高的过程，因此，需要学者坚持不懈地努力。他以自己的从学经历为例证说：

> 某自考少年时孟浪因循，五十无闻，始知愧悔，精思力行，颇觉岁进，六十、七十更见日孳孳。盖人过中年，精力虽衰，然其嗜欲之念，

---

① 陈祝生主编：《明儒王一庵先生遗集》卷1《年谱纪略》，载《王心斋全集》，第143页。

② 陈祝生主编：《明儒王一庵先生遗集》卷1《会语》，载《王心斋全集》，第172页。

既不甚炽，而好胜之气亦易为降，故亦未尝不可上进。①

王栋的这番话固然带有一些谦虚的成分，但是，也充分表明德业修习是一个不断进步的过程，含有"活到老，学到老"的积极因素，即使在提倡"终身学习"的 21 世纪，仍然可以成为今人之榜样。

（二）"学不离乐，孔门第一宗旨"

一般人认为格物为学的过程可能充满着艰辛和痛苦，这实际上是一种揣测和误解。对此，王栋指出：圣人之学的修习践履其实是一个体会快乐的过程，与世俗功利之学有着本质的区别。他说：

> 孔门教弟子不啻千言万语，而记《论语》者首曰："学而时习之，不亦悦乎！"是夫子教人第一义也。盖人心之体，本自悦乐，本自无愠，惟不学则或憧憧而虑，营营而求，忽忽而恐，戚戚而忧，而其悦乐不愠之体遂埋没矣。故时时学习，时时得其本体，而亦时时喜悦。……学不离乐，孔门第一宗旨。信而悟之，思过半矣。②

王栋对于《论语》开篇之语的解释，可谓别开生面。这并不是因为王栋好为惊人之语，而是因为他对心学工夫有着深邃的体悟，因而明白《论语》编者何以将这样一段话放在其书的开头。从渊源上讲，王心斋就非常强调"乐学"思想，并作《乐学歌》以启迪门人。王栋的这段论述，表明他已充分体会到"人心之体，本自悦乐，本自无愠"的先天特性，而且深明人们在现实社会中何以失去此先天之乐的原因。因此，他主张通过后天的学习找回人心之中

---

① 陈祝生主编：《明儒王一庵先生遗集》卷 1《会语续集》，载《王心斋全集》，第 188 页。
② 陈祝生主编：《明儒王一庵先生遗集》卷 1《会语正集》，载《王心斋全集》，第 145 页。

那份无价的先天真乐，并且以此判定"学不离乐，孔门第一宗旨"。

关于乐学思想，王栋有过很多论述，特别是将宋明理学所说的"孔颜乐处"改称为"孔颜真乐"。为此，他作诗阐释道：

> 孔颜真乐不难寻，寻动天然乐在心。打起精神认本体，放开怀抱即灵襟。休将雅兴疑狂兴，且向元音觅太音。自是不寻寻便乐，凡砂炼出是真金。①

关于"孔颜真乐"，王栋并非只知从纸上诠释，而是通过自己多年的修习，有着愈加真切的体悟和受用。他喜欢以诗作的方式加以表述，因为诗歌形象化的语言更有利于表达这种"真乐"的意境。例如其诗云：

> 平生不解皱眉头，一乐能消百欲愁。真体莹时光曜斗，此心慊处气横秋。琴方得意常悬壁，鸥共忘机并宿洲。独坐江门无所事，只看江水逝悠悠。②

又云：

> 讲堂游侣发歌声，天赖无端日夜鸣。真乐得来非色象，良知悟破自灵明。见闻情识休相混，势和纷化岂足撄？此是乾坤真诀窍，敢矜私秘说师承。③

---

① 陈祝生主编：《明儒王一庵先生遗集》卷2《寻乐吟四首念同志》之三，载《王心斋全集》，第196页。
② 陈祝生主编：《明儒王一庵先生遗集》卷2《和答董落山二首》之一，载《王心斋全集》，第198页。慊，满足，快意。
③ 陈祝生主编：《明儒王一庵先生遗集》卷2《示讲堂诸生》，载《王心斋全集》，第196页。

这些诗句，都是王栋真实体悟的表述。如果一般读者未能理解，那么，不妨联想一下：王栋一生官卑职微，清贫如洗，可是，他仍然充满热情地将教育事业做得有声有色，如果不是有一种"真乐"始终伴随着他，很难想象他的热情从何而来。当然，有些人未能正确理解"孔颜真乐"的内涵，往往把游娱之乐与之混为一谈。对此，王栋也做了必要的辨析：

> 同志中有终日游歌笑舞以为乐者。戒之曰："游歌笑舞固非行乐事件，若恣肆猖獗，太涉暴气，反失天性中自在和平之真体。孔颜周程之乐，都只无声无臭，今日用间但觉忻忻融融，无忧郁烦恼处，即是乐也。"①

这段话表明，"孔颜之乐"实际上是一种身心健康、自我和谐的表现，即"天性中自在和平之真体"的发露流行。它与"游歌笑舞"之乐并不是一码事。过度的游歌笑舞，往往"恣肆猖獗，太涉暴气"，反而会使人迷失"自在和平之真体"，因此，学者应该警惕这种游娱之乐的危害性。如果能真切体悟良知，那么，虽然生活上平平淡淡，但是日用之间从从容容，"但觉忻忻融融，无忧郁烦恼处，即是乐也"。对于这种先天本体之乐，只有笃实修行，才能愈加真切地体悟。为此，王栋不遗余力地向世人传授"乐学"工夫，例如：

> 一友觉有过，言愧悔不乐。（先生）曰："莫烦恼前头失处，只喜乐今日觉处，此方是现在真工夫。烦恼前头失处，尚在毁誉上支持，未复本体；喜乐现在觉处，则所过者化，而真体以呈露矣。二者之相去，不亦远乎？"②

---

① 陈祝生主编：《明儒王一庵先生遗集》卷1《会语正集》，载《王心斋全集》，第163页。

② 陈祝生主编：《明儒王一庵先生遗集》卷1《会语正集》，载《王心斋全集》，第153页。

王栋指点的关键是："莫烦恼前头失处，只喜乐今日觉处，此方是现在真工夫。"事实的确如此，如果老是纠缠于过去的错误，实际上心灵还未放开（"放开怀抱即灵襟"），心性本体并未恢复；反之，能够喜乐于现在的觉醒之处，过去的错误才算真正消散了，而良知灵体方能真正显露出来。如果说觉悟良知本体是"悟真"，那么，其间萌发出一种快乐自在的体验，这便是"得乐"。悟真与得乐是一种相依相伴的修道体验，对任何人都适用。

当然，有的人对良知本体觉悟深刻，经常忻忻怡怡、自在适意。可是，一般人对良知本体觉悟尚浅，未必能够经常处于慊意之中，又该如何调节自己的心理状态呢？对此，王栋有一个明确的回答：

> "君子坦荡荡，小人常戚戚"，此最好考验日用工夫。一日坦荡，便
> 做了一日君子；一时忧戚，便做了一时小人。[1]

这并不是同义反复或循环论证。王栋的回答，表明了心性工夫的可验证性。既然学者懂得先天良知的存在和妙用，接下来，就看是否积极地发掘和应用它了。多用良知，心胸自然坦荡；不用良知，内心难免戚戚。据此，"一日坦荡，便做了一日君子；一时忧戚，便做了一时小人"。这是一个自我测验的有效方法。事实上，王栋这里所说，还是从《论语》经典出发来讲的，如果换用王阳明的说法，就更加简洁明了："常快活，便是功夫。"[2]

然而，任何人生活中都难免遇到舛逆之事，这时候内心还能保持往常的慊意吗？答案是肯定的。先圣孔子曾评价门人说："有颜回者好学，不迁怒，不贰过。不幸短命死矣。今也则亡，未闻好学者也。"[3] 对于"不迁怒"三字，

---

① 陈祝生主编：《明儒王一庵先生遗集》卷1《会语》，载《王心斋全集》，第168页。"君子坦荡荡"一句，出自《论语·述而》。

② 吴光等编校：《王阳明全集》卷3《语录三》，第94页。

③ 《论语·公冶长》。

朱熹解释为"怒于甲者，不移于乙"①，显然失之肤浅，因为这是很多人都可以做到的。对此，王栋重新诠释：

> 不迁云者，心性本体，不因怒而有迁也。好学之人，时时刻刻心有真宰，虽当发怒之时，亦自有未尝发者，寂然不动，自作主张，故其轻重权衡，适中其节，过之即化，心平气和，本体澄然，略不摇撼，夫何迁动之有？②

"心有真宰"一语，指的就是良知本体，这是人人皆有的"寂然不动、不虑而知之灵体"。即使当人们因事而愤怒之时，良知本体仍然是清静如常的。有道之人，在遇到不顺心的事情时，虽然也可能一时间发怒，但此时仍然懂得"权衡轻重，适中其节"；因此，事来之际，以本心应之，事过之后，内心释然，依旧回到心平气和、无执无碍的状态，这就是"本体澄然，略不摇撼"的意思。从这个意义上讲，人心有什么迁动可言呢？王栋的这番话，表明了他对于良知本体的体证达到了很深的水平，非常值得后人反思。

简而言之，"学不离乐"是王栋心目中的"孔门第一宗旨"。他本人对此有深邃的体悟，推广应用于教育事业中，又点化了许多人，使人们懂得应该以什么样的心态去应对生活，找到人生固有的意义和快乐。

（三）"吾儒之学，主于经世"

王栋是一位道德醇厚、思想方正的儒者，与陆九渊、王心斋一样，禀持积极入世的生活态度。他说："吾儒之学，主于经世，合下便在裁成天地、辅相万物上用功。"③乍听起来，这句话口气很大，有狂者意味。然而，王栋

---

① 朱熹：《四书章句集注》，第84页。
② 陈祝生主编：《明儒王一庵先生遗集》卷1《会语续集》，载《王心斋全集》，第177页。
③ 陈祝生主编：《明儒王一庵先生遗集》卷1《会语正集》，载《王心斋全集》，第163页。

是一个既在民间长期生活，又在州县学官职位上辛勤工作过15年的儒者，他绝不会像一般志大才疏、目空一切的儒生一样信口开河，他说出这番话，只是表明儒者的入世观念而已。在此基础上，王栋又说：

> 圣人经世之功，不以时位为轻重。今虽匹夫之贱，不得行道济时，但各随地位为之，亦自随分而成功业。苟得移风易俗，化及一邑一乡，虽成功不多，却原是圣贤经世家法，原是天地生物之心。①

这段话表明了王栋具有清醒的头脑和务实的精神。他认为，"圣人经世之功，不以时位为轻重"，一个真诚的儒者，即使处在社会底层，"亦自随分而成功业"，同样有重要的使命在身，哪怕只是化及一邑一乡，也是移风易俗的功业所在，这便是"圣贤经世家法"，亦即仁者之情怀的体现。王栋不仅做过多年的基层学官，而且数次代理过州县长官职务，他非常清楚"田制之偏，赋役之重，刑统滥于罚赎，学校弊于文辞"②等时弊。这些弊政当然不是靠他个人能力可以改变的，但是，他只要待在某个职位上，就有责任将这个职位的事情做好。因此，王栋无论担任什么职务，都鞠躬尽瘁，两袖清风，与当时封建官吏的普遍作风截然不同，体现了一位真诚儒者的高尚品格。同时，王栋非常清醒地意识到自己的人生使命，那就是讲学传道，化民成俗。他说：

> 古人之学，不袭时位。吾将以兴起斯文为己任，使师道立而善人多，朝廷正而天下治，此吾所以镕铸天下之一大炉冶，而非时位所能限也。③

---

① 陈祝生主编：《明儒王一庵先生遗集》卷1《会语续集》，载《王心斋全集》，第186页。
② 陈祝生主编：《明儒王一庵先生遗集》卷1《会语正集》，载《王心斋全集》，第159页。
③ 陈祝生主编：《明儒王一庵先生遗集》卷1《会语正集》，载《王心斋全集》，第159页。

正因为胸怀这样的理想，王栋无论在官或在野，都积极地推动乡约制定和讲会活动的开展，在他看来，这是一位儒者义不容辞的使命。他的一生虽然行迹平常，但是内涵丰富，意境高远，通过一生的教育实践活动，将中国文化的基本精神自觉地传承和弘扬。这样的人生，犹如水珠融入大海，得以永不枯竭，在"明道淑人、化民成俗"的教育事业中获得永恒的意义，同时，也使得泰州学派的思想广为流传，天下闻名，赢得了史家浓重的笔墨。

第三节　泰州正传王襞的教育哲学思想

一、王襞的生平与教育活动

（一）少年时期就学于越中

王襞（1511—1487年），字宗顺，号东厓，泰州安丰场人，是王艮的第二个儿子。他的一生既平常，又传奇，尤其是少年期间，受到当时一般人不敢奢望的特级优等教育，成就一段奇特而殊胜的人生因缘。

明正德六年（1511年）农历三月望夕，王艮在家中有"心体洞彻、万物一体"之悟，得意地写下"正德六年间，居仁三月半"①的座右铭。就在这一年冬天十一月，他的次子王襞出生了。正德十五年（1520年）九月，王艮拜王阳明为师，此后经过一番波折，终于真诚皈依阳明心学。正德十六年（1521年）九月，王阳明回到浙江老家绍兴（古称"越城"），很快王艮亦追随而来。令人惊讶的是，王艮还带来了次子王襞，此时还是一个十岁左右的

---

① 《王心斋全集》卷3《年谱》，第68页。

孩子。① 由于王阳明在越中公开宣讲心学，引得海内士人纷纷前来就教，王襞非常幸运地处在一大群学识渊博、道行深邃的儒者之间。对此，他回忆说："予弱年侍先君学于阳明山中，山中蹒蹒而云集者，率皆天下钜儒硕士，咸以幸不世之奇逢。"② 王艮之所以把王襞带到阳明门下，是因为这个孩子天赋聪慧，王艮希望他在阳明门下能够尽早受到熏陶和教益。果然，王襞的天生禀赋引起了他人的注意。某日，举行大规模讲会，到会者不下数百人。负责司仪的王艮命令在场的童子唱歌以为定场诗。由于与会者人数甚多，且气度雍容，大多数童子显得胆怯，不敢放声歌唱。唯有王襞一人，"高歌自如"，声如金石，引得众人刮目相看。王阳明听了也把王襞叫过来，端详一番，说："吾说吾浙中无此子也。"③ 又有一天，王襞来到阳明府中，阳明府中所豢养的数十只护家犬朝着年幼的王襞狂吠个不停。换了别的孩子，早就吓得不行了；可是，王襞知道这些护家犬看似凶恶，并不会咬人，他镇定自若地站在那里一动不动。这些护家犬叫了半天，最终"委委而退"。大人们闻声赶来，看到了王襞淡定从容的神态，十分惊讶，王阳明说："此子器宇不凡，吾道当有寄矣。"④ 后来，王襞又在音律方面显示出非凡的天赋，善于弹奏古琴。王阳明高兴之余，把一张原是王侯所用的玉琴送给了王襞。由于王襞年龄尚小，且囿于辈分之故，王阳明不可能收他为徒。于是，王艮特意让王襞拜王阳明的另外两位高徒钱德洪、王龙溪为师，这样，王襞就算是王门再传弟子了。王襞在王阳明门下所待的时间很长，除了20岁时回家乡安丰场成婚待了半年以外，其余时间都在浙中绍兴度过，直至嘉靖八年（1529年）王阳明逝世为止。

① 按：《明儒王东厓先生遗集》中数次说到王襞9岁来到越中，此说有误，因为那时王阳明还在江西。
② 陈祝生主编：《明儒王东厓先生遗集》卷1《庆东淘吴友士贤五十序》，载《王心斋全集》，第233页。
③ 陈祝生主编：《明儒王东厓先生遗集》卷首《年谱纪略》，载《王心斋全集》，第206页。
④ 陈祝生主编：《明儒王东厓先生遗集》卷首《年谱纪略》，载《王心斋全集》，第206页。

（二）主泰州学派之讲席

由于王襞天资聪睿，在越中受到极好的教育和熏陶，所以年轻之时已气宇不凡。史载："（先生）耳闻目见悉皆先辈型范，以故薰蒸日久，德器日粹，年未及二十，而丰仪修伟，神情朗豁，望之者俨然知为有道气象也。"①在这种情况下，有些与王艮交谊甚好的士大夫，好心地对向王艮建议：应该让王襞学习举子之业，将来使他获得科甲的功名。出人意料的是，王艮回答说："天下英豪济济，何独少斯人哉？吾愿其为学问中人也。"②对于父亲的安排，王襞欣然遵从，一辈子潜心道学，唯独不参加科举考试。王阳明去世后，王艮回到泰州安丰场，授徒讲学，自成门户。王襞积极协助父亲料理讲舍的各种事务，"内外上下贴然也"③，将所学应用于实际事物中，俨然成为王艮的好帮手。嘉靖十九年底（1541年初），王艮患病辞世。临终前，他对王襞说："汝知学，吾复何忧？"④（又记作："吾有子，吾道有继，吾何忧？"⑤）又告诉诸儿说："汝有兄知此学，吾何虑汝曹？惟尔曹善事之。"⑥王艮逝世后，王襞不负其生前所望，"是年开门授徒，毅然以师道自任。凡月三会，聚讲精舍书院"⑦。黄宗羲指出：王襞的开门授徒，并不是一般的从事讲学，而是"继父主讲席，往来各郡，主其教事"⑧，也就是说，他扛起了泰州学派的大旗，成为第二代掌门人。

由于王襞道行十分深邃，加之年少时就已闻名在外，他的讲学很快

---

①　陈祝生主编：《明儒王东厓先生遗集》卷首，载《王心斋全集》，第209页。
②　陈祝生主编：《明儒王东厓先生遗集》卷首，载《王心斋全集》，第209页。
③　陈祝生主编：《明儒王东厓先生遗集》卷首《年谱纪略》，载《王心斋全集》，第206页。
④　《王心斋全集》卷3《年谱》，第76页。
⑤　陈祝生主编：《明儒王东厓先生遗集》卷首《先生行状》，载《王心斋全集》，第209页。
⑥　陈祝生主编：《明儒王东厓先生遗集》卷首，载《王心斋全集》，第209页。
⑦　陈祝生主编：《明儒王东厓先生遗集》卷首《年谱纪略》，载《王心斋全集》，第207页。
⑧　陈祝生主编：《明儒学案》卷32《泰州学案一》，第718页。

赢得了广大士子的信服和欢迎。史载："（先生）倡明家学，后进悦服；即先公群弟子无不事先生若先公。"[①] 除了在家乡安丰场主持讲舍外，王襞还时常应邀外出讲学（主要是在南方，如南京、苏州、仪真、宁国、建宁等地），几乎每到一地，都引起士子缙绅的轰动效应，"一时闻风兴起者甚众"。在外出讲学的过程中，王襞也结交了一些朋友，收纳了一些新的门徒。例如，他前往南京讲学时，耿定向督学于南都，"接谈间恍然有契，遂定为执友"[②]。福建人李贽也在听众之列，生性狂傲的李贽如实地记载道：

> 心斋之子东崖公，贽之师。东崖之学，实出自庭训，然心斋先生在日，亲遣之事龙溪于越东，与龙溪之友月泉老衲矣，所得更深邃也。[③]

再如焦竑、杨希淳等人，都是当时士大夫中的名流青选，对王襞皆倾诚悦服。焦竑（1540—1620 年），字弱侯，号澹园，南京人，1564 年考中举人，为诸生时师从耿定向，万历十七年（1589 年）中状元。王襞讲学于南都时，他还是个普通的读书人。他这样评价王襞的讲学：

> 先生过陪都，随以指授，都人士咸云蒸雷动，如寄得归。乃至耆老为之太息，髫齿为之忻愉，贵介为之动容，厮台为之色喜，上根为之首肯，初机为之心开，即今吾陪都一二卓然朗悟、可俟将来者，其关钥皆自先生启也。[④]

---

① 陈祝生主编：《明儒王东崖先生遗集》卷首《年谱纪略》，载《王心斋全集》，第 207 页。
② 陈祝生主编：《明儒王东崖先生遗集》卷首《先生行状》，载《王心斋全集》，第 210 页。
③ 李贽：《储瓘》，《续焚书》卷 3，载张建业主编：《李贽文集》第 1 卷，第 85 页。
④ 陈祝生主编：《明儒王东崖先生遗集》卷首《先生行状》，载《王心斋全集》，第 210 页。

　　王襞之所以能够得到士大夫和读书人的推崇，首先是因为他悟境深邃，有以引领后学；其次是因为他得王心斋之真髓，从不枯守陈编旧简，而是善于随机指点，使人于眉睫之间恍然有悟；再次是因为王襞德行高洁，言行一致，堪为人师。如前所述，王襞一生结交的官僚士大夫很多，有些关系还十分密切，但是，他从来不将个人私事向这些官员请托，也不从干涉这些官员的本职公务，因此，始终赢得这些官员的敬重。例如：嘉靖三十五年（1556年），王襞应王艮门人董燧（号蓉山，江西乐安人）之邀，前往福建建宁府讲学。此时，董燧正好署理建宁府职事，麾下有一挥使官犯了过错，应当革职查办。王襞偶然碰到这位挥使官的弟弟，聊了一会儿，认为情有可原，便私下嘱咐董燧对这位属官"曲全之"。事后，这位挥使官"感恩思报"，于是"密贿千金"给王襞，王襞见状，惊讶地说："吾为利而来邪？"断然令其收回。挥使官以为王襞只是客气推托，坚持要送给他，王襞自己对天起誓说："山人山居，不欲以垢名玷山场，而遗笑山灵。"挥使官听了，非常羞愧，"掩首而去"。此事后来传扬开来，董燧十分佩服王襞的节操，认为"吾师兄节操宛然吾先师家法也"①，更加热情地把王襞留在建宁讲学，持续半年之久。又如：万历十四年（1586年），王襞自家在高邮州的水田遭水灾淹没，颗粒无收，但是，作为当地的纳粮大户，王家仍然需要向官府交纳赋税若干。此时，有的门人建议：您"晋接当道，志同交密"②，不妨请他们把这些赋税免除就是了。王襞正色回答："如果当道者把我家的'岁编粮差'免除，那么，这些赋税就会转嫁到其他人家身上，'己所不欲，勿施于人'，这难道是我应该做的吗？"听了这话，门人感慨而退。接着，王襞把家产变卖殆尽，终于偿清了"岁编粮差"。

　　王襞坚持在民间讲学，不求荣达而名闻四海。一些官员有感于其学高德

---

①　以上引文皆引自陈祝生主编：《明儒王东厓先生遗集》卷首《年谱纪略》，载《王心斋全集》，第207页。

②　陈祝生主编：《明儒王东厓先生遗集》卷首《年谱纪略》，载《王心斋全集》，第208页。

迈，便向朝廷推荐王襞为官。例如：泰州人御史凌儒，"疏荐隐逸，先生与焉，部议擢用之州府，核实者同声公举"①。换了别人，这是一条走上仕途的捷径，然而，王襞禀守其父"大丈夫出则为帝王师，处则为天下万世师"②的理念，"固守素志，坚确不出"③，体现出淡泊名利的高风亮节。又如：隆庆时期的内阁首辅李春芳（号石麓）是扬州兴化县人，与泰州是邻邑，于隆庆元年(1567 年）也向朝廷推荐逸隐。王襞闻之，上书力辞得免。④ 究其根柢，王襞与其父王艮一样，不接受官员荐举的原因在于：明朝官场注重出身、强调资历，如果接受荐举，只能先进入府、州、县等地方官员的行列，然后需要慢慢地熬资历，在这样的官场生态环境中，究竟能有多大的作为，非常值得质疑。就是官至封疆大吏的王阳明，也曾在书信中坦承："仕途如烂泥坑，误入其中，鲜易复出。吾人便是失脚样子，不可不鉴也。"⑤ 因此，与其进入官场熬白了头，不如在民间讲学传道，发挥"先觉觉后觉"的作用。正因为看透了这些利弊，王襞总是一再谢绝某些官员的推荐，不愿入仕为官，保持布衣儒者的本色。

由于王襞能够舍弃唾手可得的名利，更加赢得广大士子学人的尊崇，四海求学者纷纷慕名而来，"从游日众，每会常数百人，不计寒暑"⑥，泰州学派所提倡的"觉民行道"的事业，出现了繁荣兴旺的景象。王襞除了在家讲学之外，也经常前往苏北各州县，主动向沿海地区的百姓传播儒学思想，并取得了积极的成果。史载："先生持身春风和气，不令人畏，亦不令人狎，沿海之乡顾化而善良者，彬彬成俗。"⑦ 在学术理念上，王襞和其父

---

① 陈祝生主编：《明儒王东厓先生遗集》卷首《先生行状》，载《王心斋全集》，第 210 页。
② 《王心斋全集》卷 1《语录》，第 13 页。
③ 《王心斋全集》卷 1《语录》，第 13 页。
④ 参见陈祝生主编：《明儒王东厓先生遗集》卷首《年谱纪略》，载《王心斋全集》，第 207 页。
⑤ 吴光等编校：《王阳明全集》卷 4《与黄宗贤》之七，第 153 页。
⑥ 陈祝生主编：《明儒王东厓先生遗集》卷首《先生行状》，载《王心斋全集》，第 211 页。
⑦ 陈祝生主编：《明儒王东厓先生遗集》卷首《先生行状》，载《王心斋全集》，第 210 页。

王艮一样，注重口传心授，而不尚著述。王襞明确指出："此学宗旨本非言语所能了达，分析愈详，（而）真腴愈失。"[1] 这是对中国古代哲学"言不尽意"理念的继承。值得注意的是，王襞与王艮有一个显著的区别：王艮从小没有读过几天完整的私塾，主要靠自学成才，文化底子相对较薄，这也可算作他不事著述的原因之一；与之相比，王襞不仅从小受到完整的蒙学教育，而且长大之后，亲炙于王阳明门下王龙溪、钱德洪等名儒，受到极其优质的"大学之教"，他的文字功底绝不会差，他之所以不尚著述，纯粹是明白"道不可言"之故，他以此来启发后学要躬行践履、切实体悟，而不应埋在故纸堆里讨活计。当然，王襞并不否认文字表达道意的第二位作用，因此，他晚年也致力于搜集、手录其父王艮的语录，汇编成四册文集并付梓，这就是后来传世的《王心斋全集》的底本。就他个人而言，他"喜读书，暇则检阅古今，考先哲，会有合处，尝夜分不忍释手"[2]。现存《明儒王东厓先生遗集》一书中，收录的只是一些诗词、散文和书信，文字简洁精审、流畅雅致。从这些零散的诗文中，我们可以窥见王东厓的思想原貌。

王襞的一生很单纯，就是一位布衣儒者，毕生致力于讲学传道。万历十五年（1587 年），王襞病革将终，三日前即不许儿女入其卧房，自己在房中"危坐定气养神"，偶尔命前来探望的门人梅圣等人"雅歌取乐"。最后，他对门人说："尔等惟有讲学一事付托之。"随后，他才对儿女们说："汝等只亲君子，远小人，一生受用不尽。"更无一言及家事。过了一会儿，王襞"瞑目敛容以逝"[3]。这种从容淡然的临终表现，证明了王襞的心性功夫是真实不虚的，达到了"与天地同流"的圣者境界。

---

[1] 陈祝生主编：《明儒王东厓先生遗集》卷 2《答王毅斋书》，载《王心斋全集》，第 221 页。

[2] 陈祝生主编：《明儒王东厓先生遗集》卷首《先生行状》，载《王心斋全集》，第 211 页。

[3] 以上引文皆引自陈祝生主编：《明儒王东厓先生遗集》卷首《先生行状》，载《王心斋全集》，第 211 页。

二、王襞的教育哲学思想

王襞之所以能够成为泰州学派的正传，绝不只是因为他是王艮的儿子，而是在于他的心学功夫确实达到了很高的诣境。也正因为这样，他才能够坐得住泰州学派的主讲席位，"即先公群弟子无不事先生若先公"①。因此，在阐述王襞的教育哲学之前，我们有必要来揭示一下他的心学功夫和诣境。

（一）王襞的心学功夫和诣境

由于从小受到阳明心学各位大儒的教诲，王襞的修道功夫有了切实的体悟和受用。他在一些诗作中突出地表现了这一点，例如他的《青天歌》有云：

> 青天莫起浮云障，云起青天遮万象。万象森罗镇百邪，光明不显邪魔旺。我初开廓天地清，万户千门歌太平。有时一片黑云起，九窍百骸俱不宁。是以常教慧风烈，三界十方飘荡彻。云散虚空体自真，自然现出家家月。……我从一得鬼神辅，入地上天超古今。纵横自在无拘束，心不贪荣身不辱。闲唱壶中白雪歌，静调世外阳春曲。我家此曲皆自然，管无空兮琴无弦。得来惊觉浮生梦，昼夜清音满洞天。②

没有心学实践工夫的人，可能会对王襞的这首诗感到不知所云。究其实际，这首诗是王襞对于静坐修道的描绘，其中不乏隐喻之悟。"云散虚空体自真，自然现出家家月"，是指在高度入静后达到一种"虚空粉碎、方露全真"的诣境。"家家月"是指人人皆有的先天本心，亦即良知本体。当证悟此良知

---

① 陈祝生主编：《明儒王东厓先生遗集》卷首《年谱纪略》，载《王心斋全集》，第207页。
② 陈祝生主编：《明儒王东厓先生遗集》卷2《续补遗·青天歌》，载《王心斋全集》，第270页。

本体之后，修道者达到了"天人合一"的境界，同时获得一种自由自在的"至乐"，所以王襞才说："我从一得鬼神辅，入地上天超古今。纵横自在无拘束，心不贪荣身不辱。"其余诸言，都是对这种体悟的形象化描述而已。

对于自己从小能够得到心学大儒言传身教的经历和"正果"，王襞感到非常的庆幸。他同样用诗词来表达自己的感情，他的《凌千春·漫言》有云：

> 我生才九龄，侍亲出千里。越中山水奇，神人以栖止。见之发叹息，慰言若甘醴，授以玉华编，日令诵不已。恍然启天关，颇能烛其理。人固有蒙幸，我幸安可比？自觉换骨清，哪美美门子。感念父师恩，交颐涕如雨。无忝吾所生，至乐不可拟。（美门子，仙家别名）①

在这首词中，王襞毫不隐讳："人固有蒙幸，我幸安可比？"因为他从王阳明、王龙溪以及王艮那里所领悟的"道"（即良知本心）给他带来的是"自觉换骨轻"般的精神受用，不用出家修行，却比神仙还要逍遥自在，真正是"至乐不可拟"的境界，算是没有虚度一生了。想到这里，他无比地感念父亲王艮和各位心学大儒的教诲之恩，于是"交颐涕如雨"。

需要指出，从本体论上看，良知即是先天原本之心体，而不止是知善知恶、知是知非的一种功能，这是阳明心学的一种共识，因此，阳明后学对于良知的表述，有时候也会直接采用"心"范畴。王襞指出，所谓修道为学，都不过是要明白此"心"而已。关于此先天本心的特性，他告诉门人："心也者，吾人之极，三才之根，造化万有者也，莹彻虚明其体也，通变神应其用也"。②王襞认为，能够觉悟此先天心体，必然伴随一种愉悦的精神受用，故其父王艮在诗中说"乐是乐此学，学是学此乐"③。关于这种超乎世俗之乐

---

① 陈祝生主编：《明儒王东厓先生遗集》卷2《凌千春·漫言》，载《王心斋全集》，第266页。
② 陈祝生主编：《明儒王东厓先生遗集》卷1《题鹤洲卷》，载《王心斋全集》，第232页。
③ 《王心斋全集》卷2《诗文杂著·乐学歌》，第54页。

的"真乐"，王襞在南京讲学时和听众之间有过一段对话：

> 有问："学何以乎?"（王襞）曰："乐。"……（王襞）曰："有所倚
> 而后乐者，乐以人者也。一失其所倚，则慊然若不足也。无所倚而自乐
> 者，乐以天者也。舒惨欣戚，荣悴得丧，无适而不可也。""既无所倚，
> 则乐者果何物乎? 道乎? 心乎?"（王襞）曰："无物故乐，有物则否矣。
> 且乐即道也，乐即心也，而曰所乐者道，所乐者心，是床上之床也。"①

王襞的这段话，讲出了"真乐"和世俗之乐的区别，那就是：世俗之乐是"有
所倚（依赖）"的，只有得到了诸如名利财色之类的后天诸物，才会感到快
乐，如果没有这些东西，"慊然若不足也"，也就没有快乐可言了；而"真乐"
乃"无所倚而自乐者，乐以天也"，无论身处何种境遇，这种"真乐"都不
会失去，这是一种"仁者与物同体"的境界所伴生的精神受用。关于这种"真
乐"，通过修道实践可以有真实体会，过多地运用语言辩诘，只会越离越远。
所以，王襞反对苛细的理性分辨，只是强调"乐即道也，乐即心也"。

　　通过以上阐述，我们不难明白，王襞有着十分深邃的心学功夫和得道悟
境。正因为如此，他以一位布衣儒者的身份，竟能让众多的名儒士大夫"心
醉焉"②，从而将泰州学派的思想广为传播，风行天下。

（二）王襞的教育理念简述

　　王襞的教育哲学，本质上仍是阳明心学"致良知"思想的延续。首先，
在本体论上，王襞认为，良知是人类先天原本的心体，亦即天命之性，只有
觉悟这个良知，才算抓住了圣学入门之关键。他说：

---

① 王襞:《新镌王东厓先生遗集》卷上，载《四库全书存目丛书》集部第 146 册，第 674 页。
② 王襞:《新镌王东厓先生遗集》卷上，载《四库全书存目丛书》集部第 146 册，第 674 页。

良知二字，实开关启钥之至诀，入圣之要津，愚夫愚妇易知易从者。①

良知即乾之体，刚健中正、纯粹至精，本无声臭，挽搭些子不上，更万古无有或变者也，不容人分毫作见加意其间，自有本分天然之用……盖天命之性，原自具足故也。《中庸》之旨，至易至简，虽愚夫愚妇可以与知与能，而天地圣人有不能尽者，所谓先天无为之学也。②

这两段话表明，王襞完全继承了阳明心学关于"致良知"的核心宗。他指出：一方面"致良知"之学"至易至简，虽愚夫愚妇可以与知与能"；另一方面，倘若向深处发掘，即使是"圣人有不能尽者"，这是一门永无止境的学问，当然，无论深浅，都是"开关启钥之至诀，入圣之要津"。王襞认为，天下称作学问的东西很多，大多掩人耳目，使人不明"道"之所在，因此，阐明什么是真正有益的学问，这是真儒义不容辞的使命。他说：

从古以来，只有一个"学"字不明。必待于外而循习焉，则劳且苦矣。宁知性本具足，率性而众善出焉，天命之也。率天命之性，即是道。故圣者知天之学也，志此曰志道，学此曰学道。③

王襞将一生精力倾注于讲学传道的教育事业，从某种意义上讲，就是为了阐明这个"学"字的真实内涵。他所谓的学问，是指要觉悟和应用人人皆有、性本具足的天命之性，亦即良知本体，这便是"道"之所在。王襞把它视为人生的唯一任务和价值使命，他说：

---

① 陈祝生主编：《明儒王东厓先生遗集》卷1《上耿都宪翁书》，载《王心斋全集》，第226页。
② 陈祝生主编：《明儒王东厓先生遗集》卷1《寄庐山胡侍御书》，载《王心斋全集》，第224页。
③ 陈祝生主编：《明儒王东厓先生遗集》卷1《语录遗略》，载《王心斋全集》，第214—215页。

> 直信人生只有此一事，千古只有这一件，舍此一事皆闲勾当，离此
> 一件总是糊涂，安忍将有限光阴，却付此闲勾当，去无穷明妙，乃坐糊
> 涂相也？①

有时候，为了告诫门人不要虚度光阴，王襞非常坦率地说：

> 此知人人本有，只是自家昧了，所以别讨伎俩，逐外驰求，颠倒
> 错乱，愈骛愈远，牵缠沦没，昏沉苦恼，终身无有出头之期，深为可
> 怜悯者……已不知转眼流光倏忽错过，做个鹘突散场，岂仁人之所忍
> 而听之也？②

王襞的话，充分体现出一个仁者的慈悲心怀，他真诚地希望有更多的人能够觉悟良知，获得这种觉解超脱所带来的"至乐"。为此，他忘记了个人的得失荣辱，把一生的时间都投入在明道淑人的教育事业中。

第二，王襞在工夫论上主张融入生活日用，提倡自然无为的方法。王襞指出，所谓心性修养工夫并不玄奥难懂，而是在日常生活中可以随处体现，每个平常人都可以在人伦日用中练好这项工夫。他说：

> 吾人之学，必造端夫妇之与知与能、易知易从者而学焉；及其至
> 也，察乎天地，而不可强而入也。希天者，希天之自然也；自然之
> 谓道。③

---

① 陈祝生主编：《明儒王东厓先生遗集》卷1《答建阳司教海陵陆三塘书》，载《王心斋全集》，第222页。
② 陈祝生主编：《明儒王东厓先生遗集》卷1《寄会中诸友书》，载《王心斋全集》，第227页。
③ 陈祝生主编：《明儒王东厓先生遗集》卷1《上道州周合川书》，载《王心斋全集》，第220页。

又说：

> 才有纤毫作见与些子力于其间，便非天道，便有窒碍处，故愈平常
> 则愈本色，省力处便是得力处也。①

这两段话阐明了一个道理：处事自然乃是"先天无为之学"的基本要求，而那种憋足了劲头、非常执着地去做事情的人，其实并不符合"良知"的本来面目，因此，"道法自然"也是心性工夫的一种适用方法，它要求修道者在日常生活中保持本色、自然处事，这样才符合"道"的根本要求，正所谓"愈平常则愈本色，省力处便是得力处"。从表面来看，王襞的这一观点兼容了道家老子的思想，而事实上，这才是儒家"圣人之学"的内在要求。过去人们把圣人之学和老子思想对立起来，其实是把圣人之学看得过于狭隘了。

有时候，王襞也结合《大学》《中庸》等儒家经典的思想，阐释自己所提倡的心性工夫论的内涵和价值目标。他说：

> 圣学只在正己做工夫，工夫只在"致中和"而已矣。舍本而末上致力，如之何其能位育而止至善也哉？《中庸》《大学》，一旨也。②

乍一看，这种正己工夫与前文所述"先天无为之学"不太相关，然而，如果心性修养达到较深的水平，人们不难发现："中和"二字是对先天心体比较合理的描述。当一个人的心性达到"中和"状态，那么，他距离先天原本的心灵状态也就不远了。因此，"致中和"是从理性层面上对心性工夫之价值

① 陈祝生主编：《明儒王东厓先生遗集》卷1《寄庐山胡侍御书》，载《王心斋全集》，第224页。

② 陈祝生主编：《明儒王东厓先生遗集》卷1《语录遗略》，载《王心斋全集》，第213页。

目标的合理表述，也是一个儒者在日常生活中可以企及的精神境界。王襞的这些话，表明了泰州学派对先秦儒家思想的继承和应用。

总之，王襞继承了王艮"百姓日用即道"的思想，强调在日常生活中明道培德。他根据自己的成功经验，非常自信地告诉门人：

> 穿衣吃饭、接人待物，分青理白，项项不昧的，参去参来，参来参去，自有个入处，方透得个无边无量的大神通受用。①

平凡的生活中原来蕴藏着不平凡的奥妙，穿衣吃饭里竟然有着修道工夫的内涵，单是揭示出这一点，就已经点醒了许多渴望超越凡庸、寻找自我的人们。从这个意义上讲，王襞的讲学，远非只会讲述"三纲五常"的官方儒学可比；也正是在此过程中，他当仁不让地跻身于圣者之列。

第四节　"布衣圣者"韩贞的教育哲学思想

泰州学派是民间儒学的典范，它特别注重在平民大众中传播儒学，并获得了显著的成效。王艮和王襞的门下诸多弟子，不唯有当时的儒林名士，还有为数不少的出身社会底层的劳动人民。例如，樵夫朱恕、田夫夏廷美、陶匠韩贞都是其中的俊彦之士，《明儒学案》中也有简要的介绍。由于史料丰歉差异之故，本著专门阐述韩贞其人的生平、学行和教育哲学思想，展现这位泰州后学对明道淑人、化民成俗的教育事业所做的贡献。这对于处于技术发达而物欲横流的现代社会的人们而言，或许有一番别具滋味的思想启示。

---

① 陈祝生主编：《明儒王东厓先生遗集》卷1《寄会中诸友书》，载《王心斋全集》，第227页。

一、韩贞的生平和教育实践活动

（一）贫寒的家境与从学经历

韩贞（1509—1585 年），字以中，号乐吾，南直隶扬州府兴化县东乡人，世代以制陶为业，家境甚为贫苦。他 5 岁时，手握芦管，在地上涂鸦画字，对他的父亲说："何日送我入学堂？"[①] 其父虽然惊讶，但是赧颜以对，因为他们的家境几近赤贫，实在没有能力送孩子去念书，于是，韩贞在整个少年时代都是一个文盲。他的生活方式与其他处于社会最底层的农家孩子一样，成天忙于放牛、砍柴、烧窑、侍奉双亲，一直步入青年时期。

韩贞 15 岁父殁，19 岁母亡，有感于人世变迁不测，开始相信佛教的冥福报应之说，一边劳动谋生，一边吃斋念佛。这一年，一个偶然的机缘改变了他的生活轨迹。原籍泰州草堰场的樵夫朱恕（字光信），学于心斋而有成，根据王艮的嘱托，开始在苏北的民间讲学传道。兴化与泰州毗邻，在朱恕往来乡间讲学的过程中，韩贞偶然听到了朱恕所讲的儒家仁爱、孝悌之道，对人之所以为人的道理颇有感悟，于是明白了自己迷信佛教是不必要的，从此弃佛归儒，认真地跟着朱恕求学。就在这一年，朱恕向韩贞传授《孝经》，并借此教他读书认字，"识字学文自此而始"，这样，他才渐渐脱离了文盲，估计他的表字"以中"可能就是朱恕给他起的。

6 年后，朱恕看到韩贞"笃学力行，嘉其志"，便把韩贞引荐到泰州安丰场其师王艮那里深造心学。这时，王艮在海内的名气已经颇响，门下求学和交游之士大多是当时的海内名贤，如唐顺之、罗洪先、李春芳等人。唐顺之得中会试第一名（会元），罗洪先则高中状元，李春芳后来亦得中状元，

---

① 韩贞原著，黄宣民重订：《韩贞集》，中国社会科学出版社 1996 年版，第 202 页。按：此书附于中国社会科学出版社 1996 年版的《颜钧集》之后，不分卷数。

仕至内阁首辅。在这样一批海内名士中间，韩贞这个布衫芒履的年轻人，根本没有颉颃上下的资格，"众不加礼，不得列坐次"。他在王心斋门下所能做的，除听讲之外，"惟晨昏供洒扫而已"。韩贞因为家贫，连像样的行李都没有，只有一件蓑衣伴随左右，除了遮风避雨之外，晚上还拿来当被子盖。同门之中有讥笑他以蓑衣为行李的，韩贞从来不加辩解，久之，心中酝酿出一首诗，便将它题在王艮院子的墙壁上：

> 随我山前与水前，半蓑霜雪半蓑烟。日间着起披云走，夜里摊开抱月眠。
> 宠辱不加藤裸上，是非还向锦袍边。生成难并衣冠客，相伴渔樵乐圣贤。①

诗的前四句生动形象，很好理解，无须诠释。后四句的大意是说：作为一个学道之人，我虽然身处于社会底层，但是生活得真实自然，任何宠辱是非都不会再施加到我这个披着裸露枯藤的蓑衣的穷人身上；相反，人世间的是非恩怨和荣辱兴衰，都是围绕着那些身着锦袍绣带的人发生的（言下之意，你们的修道历程比起我来要更为艰难，所以要当心啊！）。我知道自己生来难与衣着华丽、冠带鲜亮的老爷们相处为伍，那么，待我将来学成之后，仍旧回到乡间，去和渔夫樵子们做伴，以所学的圣贤之道自得其乐吧。

这首诗的立意和文辞，应该说都相当出色，也反映出韩贞数年来修习心学的真实体会。当王艮看到了墙壁上的这首诗，问清是谁写的之后，心中颇有感慨，因为他本人幼时也有"贫不能学"②的经历，如今门下又出了一个与自己相仿的俊彦之士，岂能不喜？他对自己的次子王襞（号东崖）说："继

---

① 以上引文皆引自韩贞原著，黄宣民重订：《乐吾韩先生遗事》，《韩贞集》，第190页。

② 《王心斋全集》，第67页。

吾道者，韩子一人而已。"然后，他特意做了一套儒者所穿的儒巾深衣送给韩贞，并且以诗赠之曰："莽莽群中独耸肩，孤峰云外插青天。凤凰飞上梧桐顶，音响遗闻亿万年。"[①]就这样，韩贞以类似于禅宗六祖慧能以偈语传承心法的方式，得到了王艮的认可。由于韩贞曾师从王艮门人朱恕，限于辈分之故，王艮特意让韩贞从学于次子王襞。韩贞能够跟从这样一位深有造诣、年龄相仿的老师，更方便深入领会圣学思想的精髓。

（二）义救族人、开门授徒

两年后，这个27岁的年轻人，心性功夫已经扎实，辞别了王心斋回到故乡。此时的韩贞，仍然是一个没有任何功名的白丁。乡邻们看到他穿着儒巾深衣而归，纷纷讥笑他。他的哥哥也非常冒火（大概两年前韩贞离开家乡去求学，是偷着跑的），使出蛮劲，狠狠地打了弟弟一顿，把他身上的儒士衣巾也给撕碎了。韩贞一点也没有恼怒，等过了几日，哥哥的气消了一些之后，从容地对兄长说："哥哥你前几天打了我，是因为怕我出去游学，懒惰了四肢，不像一个本分的农家子弟。你放心吧，前几年我跟着朱光信先生学习时，就已经学得了一个'勤'字，这两年跟着王心斋和王东厓二位老师，对于'勤劳'二字的体会更加真切，干起活来浑身是劲，比起从前，一天有两天的功效，一月有两月的积累，一年可以挣出从前两年的吃喝用度。从今往后，弟弟我一定努力干活，先使兄长和伯母一家吃喝不愁，尽到了弟弟的责任，然后再去研究学问，您看这样好不好？"哥哥听了，觉得还算合乎情理，从此不再干涉韩贞的读书问学。[②]于是，韩贞一直在家干活，挖土打坯、制陶烧砖，完全是一个地道的农家汉，默默无闻地实践着"百姓日用即道"的心学理念。

---

① 以上引文皆引自韩贞原著，黄宣民重订：《乐吾韩先生遗事》，《韩贞集》，第190页。

② 参见韩贞原著，黄宣民重订：《乐吾韩先生遗事》，《韩贞集》，第190页。

嘉靖二十三年（1544 年），因为大旱歉收，韩贞的族人有很多拖欠了官府的赋税，被差役抓进大牢（想必他的哥哥也在其中）。韩贞非常着急，希望救出自己的族人，便设法到海边去谋求坐馆训蒙（海边生活条件艰苦，塾师很少，故而报酬高些），可是没有如愿。于是，他干脆留下来为人煮盐。煮盐是一个最苦的营生，韩贞毫不介意，踏踏实实地干了起来。一得到工钱，马上回去代族人缴纳拖欠的赋税。他为救族人而做盐丁的事情传扬开来，有一个姓翟的秀才看见了，十分同情他的遭遇，便主动为韩贞招来几十名儿童，聘请韩贞当他们的启蒙老师，并且先行付给韩贞部分酬金。韩贞得到了这笔雪中送炭的钱，急忙赶回兴化县，替族人缴完了所拖欠的赋税。这一义举，连县令也深受感动，为韩氏家族题字曰"仗义仁族"①。这样一来，尽管韩贞还是一个没有功名的白丁，兴化县中却流传开了他的美名，人人都尊称他为韩先生。

第二年，韩贞结束了海边的蒙馆生涯，回到家乡，正式开门授徒。由于代族人纳捐的义举使其声名大振，许多人慕名而来，"远近来学者，门外履常满，惓惓以明道化人为己责，虽田夫、樵子，未尝不提命之，厌其意而归。"②此时的韩贞，学行功夫已经如大树的根茎扎入土壤，颇为深邃，任何人前来问学论道，都可以得到时雨春风般的点化。不仅如此，韩贞成名之后，谨遵泰州学派的传统，始终不忘在最下层的劳动人民中间讲学传道（不收学费），将儒家的仁爱、孝悌和忠信之道传遍乡曲，实现儒家化民成俗的理想抱负。当然，前来求学论道的人中，也不乏家境优裕或地位高贵者（如李春芳③），然而在韩贞看来，任何人前来问学，都应当一视同仁，这才符合儒家"有教无类"的施教初衷。

---

① 韩贞原著，黄宣民重订：《乐吾韩先生遗事》，《韩贞集》，第 191 页。
② 韩贞原著，黄宣民重订：《乐吾韩先生遗事》，《韩贞集》，第 191 页。
③ 李春芳（1510—1584 年），江苏兴化县人，嘉靖时状元，隆庆时任内阁首辅，《明史》卷 193 卷有传。

有一个叫杨南金的本地秀才，劝韩贞去参加科举考试，博取一个功名。这条路对当时的读书人而言，再正常不过了。韩贞听从劝告，开始学习作八股文章，三个月后，和杨南金一起来到南京参加考试。按规定，为防止夹带舞弊之类的事情发生，考生们进入贡院之前，要接受衙役的盘查。有些刻薄的衙役勒令考生摘下帽子，解开发髻，脱掉鞋袜，进行严格的搜身。韩贞目睹了这一情景，认为这实在有辱斯文，便对杨南金说："大丈夫出则为帝王师，处则为万世师，所以伊尹三聘不起，方大有为也。今治文而如此求名，非炫玉求售，枉己而何？"毅然弃考而归。杨南金十分惊异韩贞不恋功名的举措，知其确非常人，感佩之余，便做主将自己的妹妹许配给了韩贞。成婚之后，杨氏朝夕煮熬稠粥，侍奉丈夫，夫妇二人举案齐眉，相敬如宾。周围乡邻，人人都羡慕这一对虽然贫寒却能夫唱妇随、甘之如饴的佳偶。

（三）讲学传道，布衣终身

韩贞成名之后，他并没有因此而自足，相反，"以化俗为己任，随机指点农工商贾，从之游者千余。秋成农隙，则聚徒谈学，一村既毕，又之一村，前歌后答，弦诵之声，洋洋然也。"[1] 需要说明的是，韩贞开私塾教授童子，这是收学费的，而他四出讲学，完全是义务奉献，是出于儒者化民成俗的一腔热忱。在民间传道讲学的过程中，韩贞既充分体味到乡村生活的宁静与快乐，也实现了自我的人生价值。据出耿定向所作《宗师传》记载：

> 每秋获毕，（与）群弟子班荆趺坐，论学数日，兴尽则拿舟徙之，赓歌互咏。如别林聚所，与讲如前。逾数日，又移舟如所欲往，盖遍所知交居村乃还。翱翔清江，扁舟泛泛，下上歌声洋洋，与棹音欸乃相应

---

① 黄宗羲:《明儒学案》卷32《泰州学案二》，第720页。

和，睹闻者欣赏若群仙子嬉游于瀛阆间也。^①

凡是到过乡间的人都可以想象得到：秋高气爽的时节，到大自然中去泛舟、歌咏，实在是一件很惬意的事情。而韩贞年年如此，他的生活虽然从不富有，但是充分享受到了自然带给人类的和谐意趣。

二、韩贞的教育哲学及其特色

或许有人会问：韩贞给乡村父老讲学，究竟讲了些什么？说他儒学造诣高深，究竟体现在哪里呢？笔者以为，最能表现韩贞心学造诣和教育思想的，莫过于他留传至今的一百多首诗了。韩贞作为泰州学派的传人，信奉"千圣难传心里决，六经未了性中玄"^②的心学理念，因此不立文字，不事著述，只是出于文人的生活雅好和师生朋友间酬答唱和的需要，才写下了一些诗词，而正是通过这些立意深邃、言辞凝练的诗词，我们方能多少窥测出韩贞学问功夫的几分内涵。客观地讲，韩贞并不想做杜甫那样"语不惊人死不休"的专业诗人，他只是以诗言心志，抒发自己的一些生活和修道感受而已。韩贞一生别无著述，即使诗作也并不多，今本《韩贞集》所载不过101首，但是，就在这百余首诗作之中，却内涵颇丰、意境深远，足以多层面、多角度地展现这位布衣儒者的思想见解和精神风貌。下面分别阐述之：

首先，韩贞的诗中阐述了阳明心学关于"道（理）"的思想。"道"在中国思想史上可谓是一个最重要的范畴。早在春秋时期，孔子就说："朝闻道，夕死可矣。"^③虽然儒、释、道各家关于"道"的内涵的理解不尽相同，但是不管有何歧义，儒家历来重"道"，这是毫无疑问的，《中庸》开篇即说："天命之谓性，率性之谓道，修道之谓教。"正是在这个意义上，阳明心学一系

---

① 韩贞原著，黄宣民重订：又名《陶人传》，《韩贞集》，第188页。
② 韩贞原著，黄宣民重订：《答友人》（二），《韩贞集》，第174页。
③ 《论语·里仁》。

把心性修养和治学之事也称为"修道"。作为泰州学派的传人，韩贞免不了在诗中论"道"，体现出显著的心学色彩。例如，他对门人说：

> 道即是心心即道，事中求道莫他寻。有人唤我随开口，无事观书又养心。

> 悟得天机原寂静，肯随流俗任浮沉？纵然日应千头事，只当闲弹一曲琴。①

"道即是心心即道"，其实是陆王心学"心即理"思想的另一种表达。需要指出，切莫以为韩贞及同时代的心学家只会闭着眼睛说"道即是心心即道"，实际上，他们做起事来是相当踏实的，因为他们深刻地认识到"理在事中，事在心中"的奥妙，一贯以自家心地为枢纽，然后在诸事之上笃实践履。正如韩贞自己所言，"事中求道莫他寻"，该做的事情做好了，自家的心性又得到涵养和锻炼，这才是真正的修道。陆王心学认为，古代圣人就是这样从修道、体道的实践中去认识生命真谛的，他们有了心得体会，然后向弟子口授心传，一些弟子记录下来，这便是"六经"的源起。从这个意义上讲，圣贤的心地才是"六经"等诸多经典的根源，由此，韩贞明确地说：

> 心参太极极无极，性悟真空空不空。万有浑融方寸内，六经包括一丸中。②

"万有浑融方寸内，六经包括一丸中"的思想，和南宋陆九渊所说"六经皆我注脚"③的思想一脉相承，而且，这些命题都不过是"心即理"观念的另一

---

① 韩贞原著，黄宣民重订：《勉刘守恒》，《韩贞集》，第180页。
② 韩贞原著，黄宣民重订：《闲居》（七律），《韩贞集》，第182页。
③ 陆九渊：《陆九渊集》，卷34《语录上》，第395页。

种表达而已，只不过关系对象变成了记载道理的经典。

韩贞不仅体认到“道”在心中，而且指出，从根本上讲，道不可言。关于这一思想，心学宗祖王阳明有过明确的表述，他说：“道不可言也，强为之言而益晦；道无可见也，妄为之见而益远。”[1] 韩贞研习心学多年，真切地认识到，在心地上用功夫，言语不可能尽意。他在诗中写道：

> 人为天动两纷然，除却人为就是天。千圣难传心里决，六经未了性中玄。[2]

除此之外，他还多次讲到“道不可言传”的问题，例如他说：

> 溪边静坐看流时，万古无停道在斯。妙处不容言语说，真机惟在自家知。[3]

又说：

> 天机触处皆真，性体流行是道。总然说得恰好，不若无言更妙。[4]

关于言意之辨的问题，在中国哲学史上的地位十分重要。固然，语言是表达思想、人际交流的基本工具，但是，是否一切内心的思想都可以用语言准确无误地表达出来呢？许多中国思想家都对此表示了否定的态度。一直到了现代，西方一些哲学家，如维特根斯坦，终于承认：“确实有不能讲述的东

---

① 吴光等编校：《王阳明全集》，卷 7，《见斋说》，第 262 页。
② 韩贞原著，黄宣民重订：《答友》（二），《韩贞集》，第 174 页。
③ 韩贞原著，黄宣民重订：《寄朱准夫》，《韩贞集》，第 178 页。
④ 韩贞原著，黄宣民重订：《天机》，《韩贞集》，第 170 页。

西。"① 至此，关于言意之辨的问题似乎可以告一段落了。

其次，韩贞的诗作充分体现了得"道"之后的自由和愉悦，展现出一种忘却功名富贵的超脱境界，由此启迪门人去寻找"真乐"。这一类的诗作很多，最有代表性的一首名为《出游》，内容如下：

> 跳出樊笼打破空，一身飘泊太虚中。心忘物我先天合，性悟鸢鱼造化同。
>
> 两袖清风挥宇宙，一肩明月任西东。轻轻展足乾坤内，踏遍千山兴未穷。②

从表面上看，这首诗似乎就是在描写韩贞外出游玩、踏遍千山的兴致而已，但是，有修道实践经验的人一读便知道，这是借出游为名，表述自己得道后的真切感悟。此时的韩贞，不仅已经悟空，而且将"虚空粉碎"，直臻虚空背后的大道，达到了"心忘物我先天合，性悟鸢鱼造化同"的天人合一境界。至于"两袖清风挥宇宙，一肩明月任西东"的描写，不过是讲述他得道后随缘自在的心境和生活状态罢了。除此之外，韩贞还有很多诗篇描写了自己得"道"后看淡、忘却了尘世间功名富贵的洒脱心境，如《与孙玉峰》云：

> 此身寄世若浮沤，底事朝愁与暮愁。名利两关谁打破？圣贤一脉我能修。
>
> 十分善处十分乐，百万财来百万忧。能进不如能退好，一瓢陋巷更何求？③

---

① ［奥］维特根斯坦：《逻辑哲学论》，商务印书馆 1962 年版，第 97 页。
② 韩贞原著，黄宣民重订：《出游》，《韩贞集》，第 182 页。
③ 韩贞原著，黄宣民重订：《与孙玉峰》，《韩贞集》，第 175 页。

又如《与东村》云：

> 世路多歧未许游，得休休处且休休。人皆争跨扬州鹤，我独闲亲海上鸥。
>
> 千古空谈追孔孟，几人端的傲王侯？乾坤斯道谁还继，天地寥寥草木秋。[①]

有人会问：为什么韩贞能够傲视王侯而安于恬淡的生活？其实，答案在韩贞的其他诗句中就有表述——"道大自然轻富贵，心空随处远尘埃"[②]。因为韩贞彻悟宇宙和生命之道，进入一种天人合一、物我无间的状态，已然视万物如一体，胸怀无限广阔，因此，生活上随缘自在、从容无碍，并不在意个人的贫富贵贱。得道后的精神"受用"与世俗功名富贵相比，其价值不知超过了多少倍！用韩贞自己的诗来说："胸中无价明珠在，谁道吾家不富豪？"[③]正因为在生活中享有这一份真"受用"，所以韩贞经常教诲门人："相期明善遵王化，大放襟怀了俗缘。富贵功名身外物，莫将闲事扰心田。"[④]

第三，韩贞能将功名富贵置之度外，但并不像老庄那样主张消极应世，相反，他一直是以儒家的圣贤人格自期，并且以此谆谆教诲自己的门人弟子。在这方面，韩贞留下了许多感人至深的诗篇。如《寄城中诸友》云：

> 落叶惊秋只自怜，良朋佳会恨无缘。莫教性地生荆棘，好养心田继圣贤。
>
> 道德未全休歇手，工夫不进再加鞭。无端岁月催人老，一刻千金勇

[①] 韩贞原著，黄宣民重订：《与东村》，《韩贞集》，第176页。

[②] 韩贞原著，黄宣民重订：《喜王槐山过访》，《韩贞集》，第182页。

[③] 韩贞原著，黄宣民重订：《樵歌》（三），《韩贞集》，第181页。

[④] 韩贞原著，黄宣民重订：《送陈西川》，《韩贞集》，第177页。

向前。①

韩贞这样教诲弟子，自身也一直如此践履。他一生从未富裕过，却总是力尽所能去帮助邻里乡亲，甚至是萍水相逢之人。史载：

> 有邻人缺缯，贷粟于先生。适先生亦乏，所余仅足供明晨而已，慨然欲应之。其妻（杨氏）颇有难色，曰："无几，今晚与彼，奈明晨自给何？"先生曰："吾所缺乏犹在明晨，斯人则在今晚矣。"遂与之。②

当然，韩贞慷慨好施的行为，最终赢得了乡亲邻里的感念和回报。有些事情十分耐人寻味，据《乐吾韩先生遗事》记载：

> 嘉靖三十三年，岁复大旱。先生自为童子师，妻织蒲自给，少有余，即分给所亲。前先生构有讲堂三楹，以待来学之士，至是因乡民饥困，拆卖之，得米麦数十斛，以给亲族邻里，乡人以不饥。至麦秋熟，乡人感其义，为再构讲屋三楹，一时远近闻之助工者甚众，堂因较前倍广焉。③

韩贞的头脑睿智通达，善于审时度势。当家乡遭受饥荒时，他明白此时救人一命最为重要，坐馆教书之事可以暂时缓一缓，因此，毅然拆掉自己赖以谋生的讲堂，换成粮食来救人。他的这种义举感动了四周的乡亲邻里，到秋收之时，乡亲们特意为他重修讲堂，很多人前来义务助工，最后讲堂恢复，面积比以前还大了一辈。韩贞之所以热心助人，是因为他深谙儒学的"知命"

---

① 韩贞原著，黄宣民重订：《寄城中诸友》，《韩贞集》，第178页。
② 韩贞原著，黄宣民重订：《乐吾韩先生遗事》，《韩贞集》，第194页。
③ 韩贞原著，黄宣民重订：《乐吾韩先生遗事》，《韩贞集》，第191页。

之说。所谓"命"，是指人生历程的必然遭遇和所要承担的使命。懂得了人生的必然性和使命所在，便是达人"知命"；反之，便是迷人"算命"。韩贞是一个既知命又安命的人，他从不羡慕外在的功名富贵，清楚自己一生必然的处境和应该做的事情，因此，他该放的能放下来，该担当的事情又能够一一做好，既潇洒自如，又笃实诚朴。这种思想，在他的诗中也屡有反映，例如他说：

> 富贵久知非我想，圣贤端的在人修。①

又说：

> 风月无边还自得，圣贤有分在人为。②

总之，韩贞是一个笃信人间道义的儒者，他对弟子们一贯以圣贤人格相期许，并且始终以此自勉："百岁饥荒有几年，工夫到此好加鞭。楞楞瘦骨撑天地，凛凛冰心继圣贤。"③正因为如此，韩贞的诗歌才超越了吟咏风花雪月的闲适文学的水平，达到了常人难以企及的"天地境界"。

第四，韩贞的诗中教给了门人许多有益的处事方法论。韩贞属于泰州学派，也是阳明后学之一。王阳明早就提出"不离日用常行内，直造先天未画前"④的命题。对此，韩贞也完全赞同，他说："一条直路与天通，只在寻常日用中。"⑤因此，韩贞讲学传道，善于结合生活实际，阐述一些切实可用的

---

① 韩贞原著，黄宣民重订：《元日示顾守坚》，《韩贞集》，第180页。
② 韩贞原著，黄宣民重订：《送王某》，《韩贞集》，第177页。
③ 韩贞原著，黄宣民重订：《樵歌》（四），《韩贞集》，第181页。
④ 吴光等编校：《王阳明全集》卷20《别诸生》，第791页。
⑤ 韩贞原著，黄宣民重订：《勉朱平夫》，《韩贞集》，第180页。

为人处世的方法论，而且通俗易懂，深入浅出。有些道理更是化为浅显明白、朗朗上口的诗歌，今天读起来，仍然有着现实的启迪性。例如：

> 偷个闲来取个欢，莫将愁事锁眉端。前进担子千斤重，退后阶梯老大宽。
>
> 众乐乐中非我乐，独安安里是吾安。于今养得天君定，劈面风来也不寒。①

又如：

> 圣贤有分随人学，岁月无边任我游。道可行时还进进，事当已处且休休。②

上述诗句，主要是告诫人们在现实生活中，要学会适度地退让，放下一些不必要的负担，不去纠缠既往的事情，这样才可以为自己赢得更大的回旋余地，找回原本自由的心境。

在各种有益而适用的处事方法论中，韩贞很看重"道法自然"的原则。这在他的诗文中亦有反映，例如其诗云：

> 率性工夫本自然，自然之外别无传。闲携童冠歌沂上，静对沙鸥狎水边。③

又云：

---

① 韩贞原著，黄宣民重订：《勉盛子忠》，《韩贞集》，第180页。
② 韩贞原著，黄宣民重订：《示庞文振》，《韩贞集》，第180页。
③ 韩贞原著，黄宣民重订：《寄王云衢》，《韩贞集》，第178页。

且饮三杯欢喜酒，不争一个皱眉钱。尧功舜业浮云过，底事人生不自然？①

"道法自然"的对立面便是刻意执着，亦即患得患失、纠缠计较的心态。明代心学是兼通儒、释、道的集大成者，一些有价值的释、道的思想也被韩贞充分吸收进来。心学家并不反对做事有恒，他们反对的是刻意执着，认为刻意执着只会给人带来不必要的心理负担，而且未必有益于事情的顺利解决。

不仅如此，韩贞的诗篇，还具有"心学通禅"的思想特色，吸纳了禅学"无心"的主张，以此来教导门人正确应对生活中的各种事情。例如其诗云：

一条直路与天通，只在寻常日用中。静坐观空空亦物，无心应物物还空。②

又云：

万事无心妙，浮云任去来。天机原自在，何用力安排？③

当然，儒家的"无心"思想和佛门的出世倾向还是有微妙差别的。韩贞在诗中也教导门人要注意这种区别，他说：

我来抱月东窗卧，君莫回头望钓台。应物无心常净境，闭关有欲总尘埃。

莫教虚过容春去，且要修身入圣来。寄语昭阳二三子，千年绝学细

---

① 韩贞原著，黄宣民重订：《樵歌》（五），《韩贞集》，第181页。底事，即何事。
② 韩贞原著，黄宣民重订：《勉朱平夫》，《韩贞集》，第180页。
③ 韩贞原著，黄宣民重订：《自在吟》，《韩贞集》，第169页。

心裁。[①]

这首诗的"文眼"在于"应物无心常净境，闭关有欲总尘埃"。当时有不少儒学中人，染上避世逃禅的想法，总希望像僧人一样躲到深山古寺中闭关修行，或者像东汉的严光以清高自任，在富春江边钓鱼，被人称为隐士。其实，这都是"有心"为之，皆非圣学正道。韩贞告诫门人说：如果你真的向往自由和闲逸的精神境界，那么，在日常生活中放下执着、事事无心就够了，既不必去闭关修炼（其出发点还是有心的），也不必去学严光的垂钓之举。圣人之学和禅、道之学的差别，各位可一定要细心地区分裁量啊。

第五，由于多年从事心性功夫的涵养，韩贞养成了恬淡自如的心境，长期处于愉悦和畅、自得其乐的精神世界中，已得"孔颜真乐"之"三昧"。他的一些诗篇反映出这种超迈的精神诣境，旨在教诲门人生活中自有超凡脱俗"真乐"存在，只需学者去真心体悟而已。例如其诗云：

> 人生安分且逍遥，莫向明时叹不遭。赫赫有时还寂寂，闲闲到底胜劳劳。
>
> 一心似水惟平好，万事如棋不着高。王谢功名有遗恨，争如颜巷乐陶陶。[②]

韩贞的一生安分逍遥、充实快乐。他的心境，始终保持着像古井之水一样的平静，无论做什么事情，都是"只当闲弹一曲琴"[③] 而已，比起古代颜回"其心三月不违仁"的修养来，这种境界恐怕已经略胜一筹。反观一些世

---

① 韩贞原著，黄宣民重订：《勉顾朝元》，《韩贞集》，第 180 页。按：昭阳湖，在兴化县，因此，昭阳就成为兴化地名的别称。

② 韩贞原著，黄宣民重订：《与葛怀泉》，《韩贞集》，第 174 页。

③ 韩贞原著，黄宣民重订：《与葛怀泉》，《韩贞集》，第 174 页。

俗的成功者，如东晋时期的王导和谢安等人，虽然生前功业显赫，可是一生操劳不已，而且依旧留下许多未竟的遗憾，到头来仍不过是"旧时王谢堂前燕，飞入寻常百姓家"[①]。可见，考察人生的意义和价值，还得从个人的心灵所得来衡量，正是从这个意义上说，"王谢功名有遗恨，争如颜巷乐陶陶"。韩贞就是这样一位处于乡曲陌巷之中的真儒，他一生的精神"受用"，已经达到"心忘物我先天合"的境界，和其师王襞一样，称为"布衣圣者"，庶乎无愧矣。

韩贞生前，已被苏北一带的百姓亲切地尊称为"海边夫子"[②]，在他去世之后，更被冠以"淮海高士""东海真儒"[③]的美誉。应该说，他的一生作为当得起所有这些称号。明代中晚期，杰出的思想家层出不穷、竞显风流，而陶匠出身、朴实无华的韩贞，终身与渔樵农夫为伴，却在"寻常日用中"跻升到了圣者的境界，与同时代的著名思想家（如王阳明、王心斋）一起，成为令后世仰为观止的人格楷模。他的诗篇，远远超越了那些只是抒发个人情愫的纯文学作品，成为"文以载道"的佳作，今天读来，仍然使人抚今追昔，浩叹不已，一再发出"独怜私淑千年后，仰止高山正可亲"[④]的无限感慨。

三、泰州学派是儒学平民化的成功典范

从汉代"独尊儒术"开始，儒学成为统治阶级的意识形态，自身也在发生悄然的变化，逐渐演变出官方儒学和民间儒学等两种不同的形态。到了明代中叶，这种分化愈加明显。程朱理学仍然是官方儒学的指导思想，信奉"三纲五常"，任用八股取士，自身已没有任何生命活力可言，只是凭借统治

---

① 刘禹锡：《乌衣巷》，载刘亚玲等主编：《中国历代诗歌鉴赏辞典》，中国民间文艺出版社1988年版，第565页。

② 韩贞原著，黄宣民重订：《乐吾韩先生遗事》，《韩贞集》，第192页。

③ 韩贞原著，黄宣民重订：《理学韩乐吾先生行略》，《韩贞集》，第207页。

④ 韩贞原著，黄宣民重订：《与任复轩夜话》，《韩贞集》，第175页。

阶级政权的强力维持，才得以保持官方哲学的统治地位。与此同时，在社会生活中，仍有一批独立自主地理解和诠释儒家思想的人物。王阳明就是其中最卓越的代表，他所创立的阳明心学，虽然不可能成为科举考试的功令，但是，在当时的士人百姓心目中，比起程朱理学来更有影响力。泰州学派是阳明心学的延续，比起王阳明较多地在士人精英阶层中传播的状况来，更注重在社会底层传播，熏陶、感染了广大的平民百姓，是儒学平民化的成功典范。

泰州学派的成功，可以从其社会成效方面来验证。王艮、王栋和王襞的事例已不必多言。仅以地位最低的韩贞为例，便可窥其一斑。据黄宗羲记载：韩贞在世时，"以化俗为己任，随机指点农工商贾，从之游者千余（人），秋成农隙，则聚徒谈学，一村既毕，又之一村，前歌后答，弦诵之声，洋洋然也。"[①] 如果有人质疑这些只是表面现象，那么，韩贞的讲学之事传到了兴化县令的耳朵里，二人展开了一场对话，就真正耐人寻味了：

> 县令程（鸣伊）闻先生贤而嘉赏之，遗米二石，白金一镪。（韩贞）受米而还其金，致书谢，略曰："某窭人也，承明府授粲，拜领一石，瓶贮以给数月饔飧，余一石分给亲友，以广明府惠。金惠过渥，非窭人所堪承也。"令问政。对曰："某窭人，无能辅左右，第凡与某居者，幸无讼谍烦公府，此某所以报明府也。"令检案牍稽之，果然。[②]

当县令程鸣伊向韩贞问政的时候，他遵循先圣"君子思不出其位"[③] 的教诲，并没有发表慷慨激昂的陈辞，只是淡然地说："我是一个鄙陋之人，没有能力辅助您施政。不过，凡是与我居住在一起的乡党邻里，（因为受到我

---

① 黄宗羲：《明儒学案》卷32《泰州学案一》，第720页。

② 韩贞原著，黄宣民重订：《理学韩乐吾先生遗事》《韩贞集》，第194页。

③ 《周易·艮卦·象传》。

的影响）没有一个人触犯法律或拖欠赋税，多年来没有发生什么案件让官府费力劳神，这也许就是我作为一介寒儒能够酬答大人知遇之恩的吧。"县令有几分不信，打开几年来的案卷查勘了一遍，果然没有一起案件是韩贞乡里百姓所犯的。这个故事着实令人有些感慨。今天，随着教育的普及提高，人们的文化知识已大大超过古代农耕社会，可是，社会的犯罪率也随着经济的发展而逐渐上升。同样，身为文化人，当今活跃在社会之上的著名教授、博导甚至院士也不在少数，地位比起当年的韩贞来不知要高出多少倍，可是，有几个人的学问德行能够达到感化一村、一乡或是一个居民社区不出一例违法犯罪案件的？就是这么一件事情，500 年前的乡村儒者韩贞却做到了，无怪乎孟子说："夫君子所存者神，所过者化，上下与天地同流，岂曰小补之哉？"①

无论是王艮、王襞还是韩贞，都以其学高德迈，在所处的地方具有乡贤的地位和声望，因此，他们的一言一行都成为当地百姓效法的榜样。这充分说明，儒学在古代农耕经济和宗法社会中具有深厚的土壤，成为广大民众乐于遵循的价值规范，起到了化民成俗的积极社会作用。

泰州学派在社会实践方面的成功，固然有着多方面的原因，但是，朴实深邃的教育理念和灵活圆融的教学艺术却是他们获得成功的不可忽略的重要因素。在此，我们不妨回顾一下其中的突出表现：

其一，信奉和践行"百姓日用即道"的理念。王艮曾说："百姓日用条理处，即是圣人之条理处。圣人知，便不失；百姓不知，便会失。"②王襞亦说："吾人之学，必造端夫妇之与知与能、易知易从者而学焉。"③韩贞则以诗歌的形式表达了同样的思想，他说："一条直路与天通，只在寻常日用中。

---

① 《孟子·尽心上》。
② 《王心斋全集》卷1《语录》，第10页。
③ 陈祝生主编：《上道州周合川书》，《明儒王东厓先生遗集》卷1，载《王心斋全集》，第220页。

静坐观空空亦物，无心应物物还空。"① 当然，从思想源头上讲，心学宗祖王阳明早就讲过"不离日用寻常内，直造先天未画前"②，也说过"须做得个愚夫愚妇，方可与人讲学"③。但是，由于王阳明生前官位很高，即使归隐之后，他讲学的对象也主要是士大夫和读书人等精英阶层，面向社会底层民众亲自传播儒学的工作，实际上做得远远不够；而王艮、韩贞等人恰好出身社会底层，因此，他们自觉地实践着向"愚夫愚妇"传播圣人之学的历史使命，弥补了王阳明本人未能完成的空白，从而形成了平民化的泰州学派。可以说，"百姓日用即道"的理念正是泰州学派有别于其他王学派别的一面理论旗帜。

其二，泰州学派一直强调"乐学"思想，从学者当下便可得"受用"，与一般追求彼岸世界的宗教派别划清了界限，更有现实主义的人文精神。王艮生前写过著名的《乐学歌》，强调"乐是乐此学，学是学此乐"④，已经突出了"乐学"的价值。王栋则直接提出"学不离乐，孔门第一宗旨"⑤，把"寻乐"工夫提升到了更高的地位。王襞明确告诉世人，自己从修道历程中所得到的受用，乃是"至乐不可拟"⑥，表明了心学功夫所带来的精神享受远非世俗之乐可比。韩贞一生虽然贫寒卑贱，却恬淡自如，正如时人所述："先生性自乐，宇内一切龌龊，不搅其中，飘然物外，随境随适。"⑦ 他以诗作的形式告诉了门人自己的心学诣境："心忘物我先天合，性悟鸢鱼造化同。"⑧ 能够达到这种境界的人，心胸宽广无涯，世间还有什么乐处可与之相比呢？当

---

① 韩贞原著，黄宣民重订：《勉朱平夫》，《韩贞集》，第 180 页。
② 吴光等编校：《王阳明全集》卷 20《别诸生》，第 791 页。
③ 吴光等编校：《王阳明全集》卷 3《语录三》，第 116 页。
④ 王艮：《王心斋全集》卷 2《乐学歌》，第 54 页。
⑤ 陈祝生主编：《明儒王一庵先生遗集》卷 1《会语正集》，载《王心斋全集》，第 145 页。
⑥ 陈祝生主编：《明儒王东厓先生遗集》卷 2《凌千春·漫言》，载《王心斋全集》，第 266 页。
⑦ 宗彝：《刻韩乐吾先生诗集序》，载韩贞原著，黄宣民重订：《韩贞集》，第 168 页。
⑧ 韩贞原著，黄宣民重订：《出游》，《韩贞集》，第 182 页。

然，韩贞谅解一般人暂时无法达到这样的境界，但是，他始终教诲门人要学会"乐"，他仍以诗作的方式说："偷个闲来取个欢，莫将愁事锁眉端。前进担子千斤重，退后阶梯老大宽。"[1]泰州学派的"乐学"思想的价值就在于：无论何人，只要虚心领会，笃实践履，当下便可获得深浅不一的快乐感受，直至"至乐不可拟"的先天境界。这种"乐学"思想表明，泰州学派注重现实人生的收获，而不是给人一种虚幻的彼岸世间的精神安慰，因此，后人绝不能把它与一般的民间宗教混为一谈。

其三，坚持口传心授、不尚著述的学术风格。泰州学派是陆王心学一系的重要组成部分，自然包含了陆王心学固有的一些学术理念。从陆九渊开始，就提出"六经皆我注脚"的命题。到了明代中叶，自修自悟的王艮更是明白了"六经注我"的真实内涵，因此，他在讲学过程中也明确提出："夫六经者，吾心之注脚也。心即道，道明则经不必用，经明则传复何益？经传，印证吾心而已矣。"[2]既然六经与吾心之间的关系已经厘清，那么，王艮当然反对皓首穷经、训诂考据等繁琐治学方式，强调以简易直捷的修习方法去体悟自家的良知本心。或许有人揣测王艮不善文字，故有此说；其实，王艮虽然没有受过完整的私塾教育，诗文却写得很好，他只是不愿意把精神放在雕琢文字之类的细事上罢了。在此仅以王艮的两首诗为证，一诗曰：

> 若得吾心有主张，便逢颠沛也无伤。寸机能发千钧弩，一舵堪驱万斛航。
> 动静云为皆是则，穷通寿夭只如常。愿期学到从容处，肯为区区利欲忙？[3]

---

① 韩贞原著，黄宣民重订:《勉盛子忠》,《韩贞集》，第180页。按:此诗为七律，这是前四句。
② 《王心斋全集》卷3《年谱》，第70页。
③ 《王心斋全集》卷2《勉友人处困》，第58页。

又诗曰：

> 若要人间积雪融，须从腊底转东风。三阳到处闻啼鸟，一气周流见远鸿。
>
> 今日梅花才吐白，不时杏蕊又舒红。化工生意无穷尽，雨霁云收只太空。①

这两首诗思想与文笔俱称上乘。如果反复吟诵，其意境自然渐渐显现。这足以表明，王艮文笔功夫其实甚佳，只不过是不愿意做个吟风弄月的诗人罢了。

泰州正传王襞，继承了其父的思想，平生讲学始终坚持口传心授的原则。他明确告诉世人："此学宗旨本非言语所能了达，分析愈详，真腴愈失。"②这种"言不尽意"的理念，早在先秦时期就已出现，而心学一脉对此体会最真。由于懂得"言不尽意"之故，泰州学派一直强调口传心授，崇尚笃实践履，纠正学者埋入故纸堆中讨活计的错误，避免执指为月、泥迹失神的误区。同样，体悟深邃的韩贞，也从来不事著述，只是出于文人的诗词雅好，在日常生活中，"得句辄示同志，亦有不得时，不取必也，然皆务发道真，印证心体"③。即使在其诗作中，也多次表达了"言不尽意"的思想，例如其诗云：

> 直指先天一脉真，此真真处口难陈。若言默会终成垢，才说思通也落尘。不识不知登道岸，无声无臭会心神。此中得手超千古，莫做回头顾瓢人。④

---

① 《王心斋全集》卷2《次答友人》之二，第59页。
② 陈祝生主编：《明儒王东厓先生遗集》卷2《答王毅斋书》，载《王心斋全集》，第221页。
③ 韩贞原著，黄宣民重订：《刻韩乐吾先生诗集序》，《韩贞集》，第168页。
④ 韩贞原著，黄宣民重订：《答友人》（一），《韩贞集》，第174页。

当然，最有名的还是那句"千圣难传心里决，六经未了性中玄"①。既然言不尽意，那么面对众多的学者，泰州学派的先哲只能采取口传心授的方式，以贴近生活、直指人心的语言，去启发世人觉悟良知。正因为如此，与其他王学派别相较，泰州学派更好地保留了陆王心学的鲜明特色。

其四，在口传心授的过程中，泰州学派形成了灵活多样的教学艺术，这也是阳明心学教育风格的延续。首先，创始人王艮就是一位善教的大儒。他的讲学，简易直捷，善巧方便，所以门人才记载："先生于眉睫之间，省觉人最多。"②这说明他很善于借景抒情，随机点化门人。例如：

> 一友（王汝贞）持功太严，先生觉之曰："是学为子累矣。"因指旁斫木之匠，示之曰："彼却不曾用功，然亦何尝废事？"③

王艮有时还以半开玩笑的方式来启发门人。史载：

> 黄弘纲（洛村）常讲不欺，先生曰："兄欺多矣。"洛村愕然请示，先生曰："方对食时，有客及门，辞不在，非欺乎？"洛村谢过，先生笑曰："兄又欺矣。"洛村未达，先生曰："通变而宜，此岂为欺乎？"在座皆有省。④

黄弘纲（1492—1561年），号洛村，江西雩都人，亲炙于王阳明，本是王艮的同门好友，为人"长于持重，而短机械"⑤。因其年龄小王艮9岁，加

---

① 韩贞原著，黄宣民重订:《答友人》（二），《韩贞集》，第174页。
② 《王心斋全集》卷1《语录》，第13页。
③ 《王心斋全集》卷1《语录》，第9页。其事亦见:《王心斋全集》卷3《年谱》，第73页。
④ 《王心斋全集》卷3《年谱》，第73页。
⑤ 黄宗羲:《明儒学案》卷19《江右王门学案四》，第449页。

之二人交谊甚好，因此，王艮偶尔和他开开玩笑，不算冒犯。王艮对黄弘纲所言，实际上讲了一个"通变而宜"的道理，一方面启发了黄弘纲，另一方面令"在座皆有省"，表明王艮所言真正点化的是自己的门人。

又以韩贞为例，他讲学时面对的对象，更是以底层劳苦大众为主，引经据典式的长篇大论在这里完全行不通。韩贞非常善于因材施教，使听众于眉睫之间获得觉悟。其中，一个有趣的故事是这样的：

> 有一野老问先生曰："先生日讲良心，不知良心是何物？"先生曰："吾欲向汝晰言，恐终难晓，汝试解汝衣可乎？"于是野老先脱袄被，再脱裳至裤，不觉自惭，曰："予愧不能脱矣。"先生曰："即此就是良心。"①

韩贞令这位乡间野老所觉悟的，属于人人皆有的羞恶之心，亦即孟子所说的"四端"之一，也正是人类良知的固有内涵。在此，韩贞没有重复孟子或王阳明说过的话，而是随机指点，使乡间野老瞬间明白原来良心（知）就在自己的身上。可以想见，周围的听众见了，也会忍俊不禁，然后点头称是。这个故事，坊间流传已久，不少人将它说成是王阳明审讯盗匪的公案。笔者通读了《王阳明全集》，还查阅过许多相关资料，并无此事的记载。事实上，这则公案的出处，属于泰州学派的韩贞对野老讲学时的机智应对，只是后人有鉴于王阳明的盛名，把心学中的很多逸事趣闻都安在他的头上罢了。

综上所述，泰州学派具有朴实、深邃的教育理念和灵活、圆融的教学艺术。他们秉持"百姓日用即道"的理念，向底层广大民众传播"良知"之道和"乐学"思想，始终坚持口传心授，以简易直截、灵动活泼的教学方式向

---

① 韩贞原著，黄宣民重订：《乐吾韩先生遗事》，《韩贞集》，第194页。

民众积极施教。他们的教育活动，如春风化雨，如秋阳曝石，使得许多普通劳动者从单调麻木的生活状态中觉醒过来，不必脱离当下的现实处境，成为一个创造生活、享受生活的觉者，同时，在某些地域还直接促成了雍睦和洽的社会风气。这一点，恰好印证了王艮所说"学既明，天下有不治者哉"①的根本理念。这种明道淑人、教化众生的社会实践及其成效，堪称是中国教育史上的精彩篇章。

---

① 《王心斋全集》卷2《答邹东廓先生》，第46页。

第六章

王龙溪的教育哲学思想

阳明心学在王阳明身后出现了明显的分化。明清之际的黄宗羲曾按照地域将阳明后学划分为七大门派，无论哪一派，本旨大同小异，都是从不同角度和深度来阐发"致良知"之学。在阳明嫡传弟子中，除了泰州学派的王艮以外，最著名的应当是浙中王门的王龙溪了。他以极至"究竟"的悟境、深入浅出的讲解而闻名海内，被誉为"圣代儒宗"。与泰州学派倾向于在社会底层讲学不同，王龙溪更多地面向士大夫和读书人传播阳明心学，堪称士人儒学的典范。本著从教育哲学的角度来诠释王龙溪的心学思想，这是一块别开生面的学术园地。

第一节　王龙溪的生平与教育活动

王龙溪，本名王畿（1498—1583 年），字汝中，号龙溪，世人惯以其别号称之。王龙溪是浙江山阴（属今绍兴市）人，出身于官宦家庭。祖父王理，曾任山东临城县令；父亲王经，曾为御史，后任贵州按察副使（正四品），母陆氏。王经有两个儿子，长子名叫王邦，患心疾，早亡。次子即是王龙溪，年少时同样体弱多病，但聪明颖悟，非常人可及。王畿虚龄 20 岁时，即考中举人，成为绍兴一带读书人的榜样，"士望之为去就"①。按照当时读书人的一般道路，王畿此后很可能高中进士，然后走上一条为官从政、光宗耀祖之路。然而，由于心学宗祖王阳明的出现，极大地改变了王畿的人生轨迹。

一、师从王阳明

正德十六年（1521 年）六月，王阳明平定宁王叛乱，立下不世之功，接到新即位的嘉靖皇帝的诏令，命其进京接受封赏。孰料刚刚走到杭州，内阁首辅杨廷和等人由于嫉妒王阳明的功劳，竟下令王阳明不必入觐，留在南京供职。他们封了王阳明一个南京兵部尚书的空衔，外加一个新建伯的爵位。淡泊名利的王阳明对这一切不公正的待遇都无动于衷，他只以能够全身回乡、安居赋闲为乐，于是告假还乡，一住就是六 6 年。王阳明的远祖籍贯本是浙江山阴，只是他出生在浙江余姚，一直在余姚长至 22 岁左右。后来，其父王华将家搬回了山阴，当时山阴治所在绍兴府城，因此，王阳明这次回乡省亲、赋闲定居之地乃是绍兴城。

王阳明自"龙场悟道"后，以讲学传道为己任，此时已提炼出"致良知"的学术宗旨，但是，由于他的心学思想和官方的程朱理学有许多明显的分歧，因此，初至家乡时，当地读书人大多不敢接受王阳明的新思想。有些守旧士子在"骇而不信"之余，甚至"相与盟曰：'敢或党新说，共黜之'"②。在余姚，有的"乡中故老"以王阳明幼年顽皮淘气的往事为证据，告诫年轻人不可信从王阳明的思想学说。但是，年轻一代更容易接受新鲜事物，这是自古以来的普遍现象，有的青年士子偏偏不听这个邪，非要到王阳明门下去探个究竟不可，余姚的钱德洪（1496—1574 年）和山阴的王龙溪就是其中

---

① 徐阶：《龙溪王先生传》，载吴震编校：《王畿集》，第 823 页。
② 徐阶：《龙溪王先生传》，载吴震编校：《王畿集》，第 823 页。

最早的两位。无疑，他们二人是顶着巨大的舆论压力去向王阳明求教的。王龙溪回忆说：

> 追惟（阳明）夫子还越，惟予与君（指钱德洪）二人最先及门。戴玉台巾，服小中衣，睢睢相依，咸指以为异言异服，共诽讪之，予二人毅然弗顾也。壬午、癸未以来，四方从学者始众。①

不过，王龙溪对于阳明心学的认知有一个逐渐深化的过程。开始他只是对阳明心学感兴趣而已，其实内心的世俗功名之念并没有放下，因此，他仍以固有的心态和方法去对待科举考试。"嘉靖二年癸未（1523 年），公试礼部，不第。"对此，王龙溪做了真诚的反思，他叹道："学贵自得，吾向者犹种种生得失心，然则仅解悟尔。"此时，王龙溪发现，自己虽然号称颖悟，其实对阳明心学仅达到"解悟"水平而已，而内心中种种名利得失之念并没有消泯，导致考场上发挥不好，结果名落孙山。于是，他用果决的行动以示痛改前非，"立取京兆（府）所给路券焚之，而请终身受业于文成"。对于这位真诚向道又聪明颖悟的弟子，王阳明当然乐于教之。史载："文成为治静室，居之逾年，遂悟虚灵寂感通一无二之旨。"② 由是可见，王阳明十分希望"得天下英才而教之"，对于王龙溪给予了相当程度的关爱。用同乡、门人赵锦的话说："先生英迈天启，颖悟绝伦，阳明以为法器。故其欲得先生也，甚于先生之欲事阳明。"③ 王阳明对王龙溪的诱导和教诲，略似自己当初在家乡会稽山中结庐修炼及后来在贵州龙场静坐悟道的模式。不管这种教学模式如何，反正王龙溪最终达到"大悟，尽契师旨"④ 的究竟之地。从此，他对于

---

① 王畿：《绪山钱君行状》，载吴震编校：《王畿集》，第 585 页。睢睢，仰视貌。
② 以上引文皆引自徐阶：《龙溪王先生传》，载吴震编校：《王畿集》，第 823 页。
③ 赵锦：《龙溪王先生墓志铭》，载吴震编校：《王畿集》，第 828 页。
④ 周汝登：《圣学宗传》卷 14，《王畿传》，载吴震编校：《王畿集》，第 833 页。

阳明心学完全契悟于心，如左右逢源，随处都可以根据自己先天良知的指点而自如行事。

二、年轻的"教授师"

嘉靖五年（1526 年），又是大比之期。按道理，王龙溪应该早早动身前往北京参加会试，可是，这一次王龙溪迟迟不肯动身。王阳明问其缘故，王龙溪坦承自己情愿在家乡跟从老师修习圣人之学，不再想参加科举考试的愿望。王阳明说："吾非欲以一第荣子，顾吾之学，疑信者犹半……（此番）觐试，仕士咸集（京师），（吾）念非子莫能阐明之，故以嘱子，非为一第也。"经王阳明如此劝导，王龙溪从这次考试中发现了更为重要的意义。于是，他对老师说："诺。此行仅了试事，纵得与选，当不廷试而归卒业焉。"随后，王龙溪抱着一种别样的目的踏上了进京赶考的旅程。在沿运河北上的途中，有的士子因为钦佩龙溪的才华，问及八股文章的写法，他说："业已忘之矣。"有的士子谈及科举考试如何得中的问题，他说："业已任之矣。"[1]可见，此时的王龙溪已全然不把科举的得失成败放在心上，完全是一付"求之有道，得之有命"的洒脱心态。到了北京之后，来自全国各地的举子会集一地，很多人（包括在北京做官的同门，如欧阳德、魏良弼、王臣）都跑过来会一会这位王阳明的高弟。王龙溪便趁此机会，与同门、举子们演说阳明心学的真谛，悉心探讨，不厌其烦。凭借他对阳明心学的深刻体悟和出色的口才，一时间令许多士人为之折服。从此，王龙溪的大名在海内各地的读书人中间广为传闻。

会试于农历二月举行，王龙溪轻松地走进考场，"在场屋所为文，直写己见，不数数顾程式"[2]，他以一种毫无牵挂的心态来做完试卷。他的文

---

① 以上引文皆引自徐阶：《龙溪王先生传》，载吴震编校：《王畿集》，第 823 页。

② 徐阶：《龙溪王先生传》，载吴震编校：《王畿集》，第 824 页。

章虽然并不完全符合八股文体的要求，但是却被一位叫廖道南的考官看中。廖道南对其他同考官说："此非可以文士伎俩较也。"于是将王龙溪录取，而且置诸高等。在这次考试中，同行的钱德洪也金榜题名，两位高弟双双得中，更增强了人们对于阳明心学的崇拜感。可是，由于洞悉"枋国大吏多不喜学"的朝廷内幕，王龙溪对钱德洪说："此非吾与君仕时也，且始进而爽信于师，何以自立？"钱德洪也表示同意。于是，二人收拾行囊，在全国各地的应考举子瞠目结舌的注视之下，飘然离开京师。钱王二人不参加殿试（不没淘汰比例）的举动，意味着他们放弃了唾手可得的步入仕途的机会。

回到家乡之后，二人继续向王阳明求道问学。此时，"文成之门来学者日益众"，最多的时候，连绍兴城中的大小寺庙都挤满各地的学者，"夜无卧处，更相就席"[1]，最后靠知府南大吉扩建学舍才得以解决。由于前来求学者人数太多，根器不一，王阳明无法对来学之人一一指授，于是，他想出一个相当于划分初级班和提高班的折中办法。王阳明把王龙溪、钱德洪、薛侃、邹守益、王艮、黄弘纲、何廷仁等王门高足一一选出，"凡有来学者，夫子各以资之所近，分送会下，涤其旧见，迎其新机，然后归之于师，以要其成，众中称为教授师"[2]。由于王艮、何廷仁等都是外省人，总有离开绍兴回乡之时，而协助王阳明指点各地学者最为得力的，是本地人王龙溪和钱德洪，所以，黄宗羲撰写《明儒学案》时，只把钱、王二人记为"教授师"[3]。王龙溪后来回忆：他俩和众多来学者一起，"或默究，或行歌，或群居诵读，或列坐讲解。予二人往来参究，提醒师门宗教，归之自得，翕然有风动之机"[4]。在天赋与个性上，"（龙溪）公性坦夷宽厚，其与人言，或未深契，从

---

① 吴光等编校：《王阳明全集》卷3，第118页。这是钱德洪在编纂《传习录》时的追记。
② 王畿：《绪山钱君行状》，载吴震编校：《王畿集》，第585页。
③ 黄宗羲：《明儒学案》卷11，《浙中王门学案》，第225页。
④ 王畿：《绪山钱君行状》，载吴震编校：《王畿集》，第585页。

容譬晓，不厌反复，士多乐从公，而其兴起者，亦视诸君子为倍。"① 相比之下，钱德洪"资性沉毅"②，这种性格固然有做事认真、一丝不苟之长，但是未免矜持、不善变通，故此，与王龙溪相比，钱德洪做"教授师"的水平自然要差了一大截。对于这一点，钱德洪也有清醒的自我认识，到了后来阳明学风行天下之时，他从不介意王龙溪居于"同志宗盟"③ 的讲席地位，自己把主要精神放在为王阳明整理遗稿，特别是编撰《年谱》《传习录》④ 等工作上，于是，一种合作关系由此形成。除了年长的钱德洪不争主讲席位的谦逊品德外，王龙溪在悟境、性格和口才方面的突出优势，也使得他当仁不让地成为王阳明身后的阳明心学的主要宣讲者。嘉靖六年（1527 年）秋，钱德洪和王龙溪之间发生了关于"心意知物"的善恶之辩，求证于王阳明，王阳明对二人的观点均有所肯定，但是，承认了王龙溪所说其实是"为上根人立教"⑤，这次学术请益史称"天泉证道"。同年，王阳明奉诏前往广西平叛，路过江西南昌时，面对众多前来迎候的门人说："吾有向上一机，久未敢发，近被王汝中拈出，亦是天机该发泄时。吾方有兵事未暇，诸君但质之汝中，当有证也。"⑥ 这样一番话，实际上表明了王龙溪在阳明门下悟境最深、堪居"首座"的重要地位。

三、捍卫师门的岁月

嘉靖七年戊子十一月二十九日（1529 年 1 月 9 日），一代大儒王阳明在

---

① 徐阶：《龙溪王先生传》，载吴震编校：《王畿集》，第 824 页。

② 吴震编校：《王畿集》卷 1《天泉证道》，第 2 页。

③ 吴震编校：《王畿集》卷 15《自讼问答》，第 431 页。类似的称谓在《王畿集》中时常出现，都是时人对他的评价。

④ 《传习录》在王阳明生前就已编成部分，即今《传习录》之上卷。后两卷是在王阳明身后编成的。

⑤ 吴震编校：《王畿集》卷 1《天泉证道纪》，第 2 页。

⑥ 赵锦：《龙溪王先生墓志铭》，载吴震编校：《王畿集》，第 829 页。

从广西返程的途中，不幸病逝于江西南安府青龙铺（今江西省大余县）。此时，又逢大比之年，王龙溪和钱德洪遵嘱前往北京参加殿试（按明制，以往会试入取者，保留资格，可以直接参加殿试），这又是一次进京宣讲阳明心学的好机会。才过钱塘江，他们接到了王阳明即将返回故里的书信，于是折途向西，准备和老师会面之后再北上赴试。孰料，刚至严滩（在今浙江桐庐县），传来的竟是王阳明病逝的噩耗。钱、王二人顾不得什么殿试之事，直接赶赴江西去料理后事，在江西东部的广信（今上饶）迎接到了王阳明的灵柩。悲恸过后，二人立即"讣告同门"①，然后护送灵柩回乡，操办老师的丧事。

王阳明生前名满海内，可是死后竟遭受到极不公正的待遇。这是因为，他出于公心，在"大礼议"事件中得罪了刚刚即位的嘉靖帝（后又得罪其宠臣桂萼），因此，在王阳明去世之后，经过桂萼的挑唆，嘉靖帝决定拿已死的王阳明开刀，进一步整肃那些过去不顺从自己的大臣。于是，朝廷对于王阳明这样一位功勋卓著的大臣，身后"革锡典世爵"②，而且下诏"禁伪学"③，禁止阳明心学的传播。不仅如此，桂萼等当朝大臣还唆使地方官员采用卑鄙的手段，挑拨、扰乱王阳明的亲眷和家族，意在害死王阳明年仅3岁（虚岁）的遗孤王正亿。对于这种始料未及的危急情况，王龙溪和其他同门一起，以无所畏惧、义无反顾的精神，进行了一场捍卫师门的艰苦斗争。史载：

> 阳明既没，嗣子未离母怀，内外诸衅并作，而一时谗构有力者，复风行颐指其间。先生为之履艰丛谤，卒植遗孤，无愧古婴、杵之义。④

---

① 吴光等编校：《王阳明全集》卷35《年谱三》，第1325页。
② 吴光等编校：《王阳明全集》卷36《年谱附录一》，第1328页。
③ 吴光等编校：《王阳明全集》卷36《年谱附录一》，第1328页。
④ 赵锦：《龙溪王先生墓志铭》，载吴震编校：《王畿集》，第830页。

关于这一段危疑万状、艰辛难熬的岁月，王龙溪自然也无法忘却。他回忆自己当年和钱德洪同护师门的行动时写道：

> 及归越襄事，时权贵忌师德业之盛，尽革身后锡典，有司默承风旨，媒孽其家。乡之恶少，行将不利于胤子，内讧外侮并作。君与予意在保孤宁家为急，遂不忍离，相与筑室于场，妥绥灵爽，约同志数人轮守夫子庐室，以备不虞。暇则与四方同志往来聚会，以广师门教旨。[1]

概括起来，王龙溪和同门为捍卫王阳明的身后名节和家眷安危主要做了以下几件事：第一，守庐墓三年，这是为了防止家乡的恶人盗掘王阳明的墓穴。第二，全力保护王阳明的遗孤王正亿，后来，将王正亿辗转托付给王阳明的生前好友黄绾（时任南京礼部侍郎），成为黄绾的上门女婿。第三，继续在小范围内讲学，把阳明心学的"一脉如线之传"延续下去。另一位阳明高足薛侃，"恐同门离散，因夫子（指阳明）有天真卜筑之期，相与捐赀聚材，构天真精舍（在杭州城南 10 里），设夫子像于中堂。"[2] 这样一来，王门后学有了一个聚会讲学的固定场所，这为阳明心学的传承提供了必要的物质基础。后来，随着嘉靖一朝政局的演变，对阳明心学的禁令渐渐废弛，阳明弟子们的讲学活动规模越来越大，直至风靡大江南北。值得提及的一个现象是：在天真精舍的学术活动中，无论是及门弟子还是私淑学者，王门后学"祭毕，分席讲堂，呈所见于龙溪取正焉"[3]。王龙溪自然而然地成为王阳明之后浙中王门的代表人物。

---

[1] 王畿：《绪山钱君行状》，载吴震编校：《王畿集》卷 20，第 587 页。
[2] 吴震编校：《王畿集》，第 587 页。
[3] 周汝登：《王畿传》，载吴震编校：《王畿集》，第 835 页。

四、十年的仕宦生涯

嘉靖十一年（1532 年）春，王龙溪和钱德洪第三次前往北京参加殿试，毫无悬念地获得了早就该属于他们的进士资格，从此走上仕途。然而，王龙溪的超悟、洒脱的性格，注定了他与官场的各类权贵达人的关系格格不入，因此，也就不可能在仕途上飞黄腾达。史载：

> 相国张永嘉公孚敬闻龙溪名，欲引置一甲，不应；开吉士选，又欲引之，又不应；又开科道选，必欲引之，终不应。①

当时的首辅是张孚敬（本名张璁，在"大礼议"中脱颖而出，为避嘉靖帝名讳而改），他很看重王龙溪的才华和名气，希望把他纳入到自己的人事圈子中来，便派人暗示王龙溪能够折腰去拜访一下自己（算是一种结交的礼仪），王龙溪置若罔闻。当准备对新科进士授予官职时，张孚敬还想把王龙溪选拔进翰林院，这对王龙溪而言，当然也是前途光明的好去处。张孚敬再次派人暗示王龙溪，得到的仍然是冷淡的态度。当准备选拔一批新科进士担任科道官员时②，再次青睐于王龙溪，可王龙溪仍是一付无所谓的态度。久处官场的张孚敬哪里知道，王龙溪虽然性格"坦夷宽厚"，从无傲气，却是傲骨铮铮，根本不是哪个利益集团可以收买得了的，否则，他也不会两次放弃殿试的机会，足足等了 6 年才来获取科举功名。好在张孚敬是一个心胸还算开阔的人物，知道强扭的瓜不甜，没怎么介意此事。不过，王龙溪也由此在北京候职很久，才分配到了一个南京兵部职方司主事的闲职。在被授予南职方司主事之后，他前往南京兵部衙门报了到，"寻

---

① 周汝登：《王畿传》，载吴震编校：《王畿集》，第 835 页。
② 科道官员即都察院御史、六科给事中之类，品级虽然不高，但可以上书言事，直达最高层。

以病乞归"①。也就是说，没过多久，他就告病返乡了。

王龙溪为什么不热衷于仕途？这是因为他既对当时官场内幕看得很透彻，又对自己的性格特点了解得很清楚。按当时社会的普遍观念，王龙溪考中进士，也算光辉门楣了，对自己的家族有了交代。可是，先师王阳明一生功劳盖世，为大明王朝鞠躬尽瘁，死后得到的却是极不公正的待遇。王阳明的遭遇既然如此，那么，自己还有必要在官场上孜孜以求地谋取更高的职位吗？其次，王龙溪很清楚自己虽无傲气而有傲骨的性格，这样的性格的确不太适合在官场中厮混，如果像唐朝李太白那样一味豪气冲天，却不清楚自己几斤几两，最终可能落得身陷囹圄、发配夜郎的结局。不过，王龙溪并不打算从此退隐江湖。古语说："大隐隐于朝，小隐隐于野。"能够利用官场的各种有用资源，继续开展讲学传道的事业，这是一件明显的利大于弊的事情，因此，王龙溪对于做官的态度是不求不拒、顺其自然，是一种超悟洒脱的心态！

假期结束后，王龙溪回到南京，继续担任南兵部的闲曹散吏。过了几年，凭着资历和声望，他也升至正五品的兵部武选清吏司郎中一职。这时，他已年过四十了。在此期间，朝廷发生了一系列的权力更迭，江西贵溪人夏言成为内阁首辅。夏言久闻王龙溪的名声，也希望把这样的人才纳入彀中，成为自己的心腹干将。当时，朝廷"议选宫僚"，王龙溪过去的一个门生名叫吴春（字仪制）的，恰好是夏言的女婿，向夏言推荐自己的老师。夏言说："吾亦闻之，但恐为文选（司）所阻，一往投刺乃可。"②其实，夏言的这番话中有着明显的暗示，他身为内阁首辅，六部都在他的管辖之下，何惧吏部文选清吏司的几位中层官员？他所说的"一往投刺乃可"，是在暗示龙溪前来拜访自己，履行一个结交的礼仪。吴春将夏言

---

①　徐阶:《龙溪王先生传》，载吴震编校:《王畿集》，第825页。

②　徐阶:《龙溪王先生传》，载吴震编校:《王畿集》，第825页。

的这番话转达给了王龙溪，王龙溪说："补宫僚而求之，非所愿也。"夏言可没有张璁那样的雅量，发怒说："（他）人欲投怀，（尔）乃敢却耶？若负道学名，其视我为何如人？"于是衔恨在心，伺机报复。嘉靖二十一年（1542年），正逢各级官吏的考察期，夏言私下对南京吏部考功司郎中薛应旂说："王某伪学，有明旨，即黜一人，当首及之。"①薛应旂果然把王龙溪罢官了事，就这样，年仅45岁的王龙溪草草结束了仕宦生涯。然而，王龙溪早就看透了官场，既然脱下官袍，没有了束缚，他便得以施展手脚，专心讲学传道，将阳明心学的真谛传遍海内。后来仍有许多居官显赫的王门同道向朝廷推荐他，"欧阳公德居礼部，唐公顺之抚淮扬时，俱欲装疏引用，龙溪闻而止之"②。这表明，王龙溪彻底消除了为官从政、得君行道的政治幻想，一听说友人推荐他的消息，立即予以制止，不想等到朝廷的诏令到来之后再进退无状。他的后半生，将只奉献给他所倾心的讲学传道事业。

五、周流林下，讲学终身

王龙溪归隐林泉之后，从来没有闲着，而是一直坚持讲学传道，将后半生完全致力于传播阳明心学的事业中。据《明儒学案》记载：从45岁至86岁去世，"先生林下四十余年，无日不讲学，自南都及吴、楚、闽、粤、江、浙，皆有讲舍，莫不以先生为宗盟。年八十，犹周流不倦"③。本来，王门后学中能与龙溪的讲学活动平分秋色的还有泰州学派的王艮，但是王艮享寿有限，在龙溪还未去官时就已去世，因此，王龙溪后半生讲学四十余年，没有任何人可以撼动他的地位，成为世人公认的心学巨擘，时称"同

① 以上引文皆引自徐阶：《龙溪王先生传》，载吴震编校：《王畿集》，第825页。
② 周汝登：《王畿传》，载吴震编校：《王畿集》，第836页。
③ 黄宗羲：《明儒学案》卷20，《浙中王门学案二》，第238页。按：南都，原作"两都"，于史实不符，改为"南都"；粤，原作"越"，有重复，据文义改。

志宗盟"①。或许有人会质疑：王龙溪年过古稀仍然四处周流，讲学不辍，他的身体吃得消吗？诚然，王龙溪年轻时身体并不强壮，"少病羸，不任劳役"②，但自从修习阳明心学之后，他懂得了"性命合一"之旨，慎于一念之微，出处合乎自然，不事养生而养生之道自在其中，因此，身体越来越好，"五六十以来，亦觉不减强壮时"③，76 岁时，门人说他"高年步履视瞻，少壮者所不能及"④。有了如此硬朗的身体，四处奔波讲学，自然就不在话下了。对此，老友徐阶十分佩服地说："公少患羸，尝事于养生。惟理性情，究明未发之旨，以观化原，若有得于先天无为之用。视履明矫，洞微陟峻，至老不衰，可谓禀薄而养之厚矣。"⑤

王龙溪在多年的讲学活动中，主要宣讲的是什么内容呢？简而言之，不外乎王阳明所开创的"致良知"之学。略有不同的是：王阳明在讲学过程中，由于时代与社会环境的限制，加上对不同根器的学者的慎重态度，讲起"致良知"之学来，尽可能地运用儒家固有的话语模式（即便如此，仍因为突破了朱子学的理论框架而引起轩然大波，在知识界引来无数的谤议）；而王龙溪则继承了乃师敢做"狂者"的胸襟，突破了阳明的谨慎态度，以"范围三教"的视野，将良知之学进一步阐明深述，发扬光大。当然，王龙溪的基本理念仍是儒家的圣人之学，他虽然有时借用"曼昼之秘"，但是屡屡告诫门人注意圣学与释道的毫厘之别。王龙溪之所以敢于讲出王阳明所未讲的一些内容，是因为他相信"学须自证自悟，不从人脚跟转"⑥的道理，也是因为他在多年的修道过程中，悟出很多有益于后世学者的切身体会，乐于毫无保留地

---

① 吴震编校：《王畿集》卷 15《自讼问答》，第 431 页。按："同志宗盟"，简称为"宗盟"，宗师、盟主之意。
② 吴震编校：《王畿集》卷 20《亡室纯懿张氏安人哀辞》，第 647 页。
③ 吴震编校：《王畿集》卷 5《天柱山房会语》，第 118 页。
④ 吴震编校：《王畿集》卷 5《天柱山房会语》，第 118 页。
⑤ 徐阶：《龙溪王先生传》，载吴震编校：《王畿集》，第 826 页。
⑥ 吴震编校：《王畿集》卷 1《天泉证道》，第 1 页。

传给后人。正如门人赵锦指出："先生之学，虽出自阳明，而自证自悟者多所自得。"① 不过，王龙溪对于王阳明始终怀着至诚的尊崇之心，因为他的种种自证自悟都是受阳明的启发而得的。赵锦曾评价龙溪说："其他微言奥义，时与阳明相发，而先生未尝以自见，言必称先师。"② 对于王龙溪的拓展和深化之功，黄宗羲指出："象山之后不能无慈湖，文成之后不能无龙溪。……先生疏河导源，于文成之学，固多所发明也。"③

王龙溪何以如此热衷于讲学传道，以至于"年八十，犹不废出游"④？其中原因，门人赵锦做了一段精辟的分析，他说：

> 先生于欣戚得丧、横逆之来，泰然不为少动，若无与于己然者。其平居未尝有疾言遽色，待人无众寡少长，咸有礼意。至其接引同志，启迪后学，娓娓款款，使人人各得其所愿而欲亲，日以为常而周倦，则若出于其性，而非他人之所与能者。尝言："同于愚夫愚妇为同德，异于愚夫愚妇为异端。使自处太高，不谐于俗，只成自了汉，非一体之学。"车辙所至，会常数百人，讲舍遍于吴、楚、闽、越，而江、浙为尤盛。⑤

在历代醇儒的思想观念中，大凡圣贤，都怀有一种"天地万物一体之仁"⑥的根本理念，有着"明明德于天下"的真诚愿望，所讲的学问都是愚夫愚妇能够明白并实地践履的道理，因此，讲学活动正是启发世人觉悟良知、

---

① 赵锦：《龙溪王先生墓志铭》，载吴震编校：《王畿集》，第 829 页。
② 赵锦：《龙溪王先生墓志铭》，载吴震编校：《王畿集》，第 830 页。
③ 黄宗羲：《明儒学案》卷 12《浙中王门学案二》，第 240 页。按：文成，是王阳明死后的谥号。
④ 黄宗羲：《明儒学案》卷 12《浙中王门学案二》，第 240 页。
⑤ 赵锦：《龙溪王先生墓志铭》，载吴震编校：《王畿集》，第 830 页。
⑥ 吴光等编校：《王阳明全集》卷 2《答顾东桥》，第 54 页。按：这是王阳明之语。这一思想源于北宋程颢的"仁者以天地万物为一体"（《二程集》，第 15 页）的命题。

应用良知的必不可少的途径。如果像东晋的陶渊明那样，甘心做一个"采菊东篱下，悠然见南山"的隐士，那么，便不符合圣人"一体之学"的根本要求。借用佛家的话说，那就是"自处太高，不谐于俗，只成自了汉"而已，非大乘菩萨之道了。有鉴于此，王龙溪在退处林下后，没有只顾过好自家的小日子，而是周流讲学、觉民行道，他以孔子学不厌而教不倦的精神，"接引同志，启迪后学，娓娓款款"，把王阳明的"致良知"之学传遍天下，让尽可能多的人体悟、受用自己心中的先天本性（即良知），成为生命的觉者。当他年近八十之际，有门人规劝他："往来交际，未免陪费精神，非高年所宜，（不如）静养寡出，息缘省事，以待四方来学。"① 他的回答是："子诚爱我，我亦非故好劳。但念久处安，则志气日就怠荒，欲求与朋友相切磨，共了性命，非专以行教也。"② 可见，他是抱着教学相长、共了性命之道的目的去周流讲学的，故而终身乐此不疲。

万历十一年（1583 年）六月初七日未时，长寿的王龙溪终于走到了生命的终点。关于他的临终表现，门人查铎特意做了专门的记述，名为《纪龙溪先生终事》。现择其要者引述于下：

> 先生革于万历十一年六月初七未时。先生无大痛疾，未尝一日不衣冠，不饮食，不游坐，但革前四五日，微疾，食粥不饵饭。至革之日，早晨盥栉，冠唐巾，食粥从容，出寝室，端坐于琴堂之卧榻而逝。③

王龙溪享年 86 岁，在那个时代绝对算是寿考之人。但是，再健康长寿，亦有大限到来之时。对此，他能有预感，"至革之日，早晨盥栉，冠唐巾，食粥从容，出寝室，端坐于琴堂之卧榻而逝"，走得安详平和，一派从容，足

---

① 吴震编校：《王畿集》卷 5《天柱山房会语》，第 120 页。
② 徐阶：《龙溪王先生传》，载吴震编校：《王畿集》，第 826 页。
③ 查铎：《纪龙溪先生终事》，载吴震编校：《王畿集》，第 847—848 页。

以使人窥见其平日所讲心性之学，端非虚语。临终前几日，他对儿子王应吉说：

> 汝有事但说，毋谓我能食，望我久存。我心了了，已无挂碍，即今可去，我即去矣。[①]

"我心了了，已无挂碍，即今可去，我即去矣"一语，可以说是王龙溪临终前心境的最好写照。他心体洞彻，生无所恋，死无所惧，完成了一生修道、弘道的事业之后，坦然自若地离开人世，堪称一个完美地践履了"穷理、尽性以至于命"[②]之古训的儒家圣者。众所周知，在身体健壮时，有的人还可以修饰和装扮自己的言行外貌，让人无法窥见其心灵气质的真实面目，但是，这种刻意修饰到了临终之时就一点也不起作用了。处在生命终点之际的人，只面临着一件大事的考验，用任何其他东西都不能取代或缓解，因此，这个时候人的精神状态才是他的心灵气质和思想素养的最为真实的体现。如果说年轻时的王龙溪还有几分"行不掩言"的狂者风范，那么，临终时的王龙溪则完全是一派淡泊宁静、从容中行的气象。他以令人折服的临终表现证明了自己内在的道行境界。他和王阳明一样，成为照耀在中华文明史上的灿烂"星空"中的圣者。

第二节 王龙溪教育哲学的主要内容

王龙溪讲学一生，思想内容十分弘富。简而言之，他所阐述的是基于天人性命之学的心性修养工夫。究其本质，不外乎是儒家"内圣外王之

---

① 查铎：《纪龙溪先生终事》，载吴震编校：《王畿集》，第848页。
② 《周易·说卦传》。

学"的再诠释，其主要宗旨便是"致良知"之学的扩展和深化。由于王龙溪所阐述的天人性命之道深入浅出、直指人心，开启了当时许多读书人的心智，唤醒了他们的道德自觉性，从而赢得了"圣代儒宗，人天法眼"[1] 的美誉。

一、为学的根本目的

对于古代的读书人而言，读书破万卷，其根本目的究竟是为了什么？在一般人看来，读书人熟读四书五经，其目的不过是了为通过科举考试，为自己获得进身扬名、光宗耀祖的机会。显然，这是一种"学成文武艺，货卖帝王家"的利禄之学，绝非孔孟所传的儒家思想的根本宗旨。在王龙溪开始独立讲学传道之际，他首先面对的就是一般读书人所提出的这一问题。对此，王龙溪给出了简洁而明确的答案，一言以蔽之："学者，觉也。"[2]

（一）学者，觉也

既然为学的根本目的是求取觉悟，那么，生命觉悟的内涵究竟是指什么呢？王龙溪明确地指出：

> 学也者，觉也。人之觉性，所谓明德也。讲学者，非讲之以口耳，讲之以身心，完复此明德而已矣。[3]

又说：

---

[1]　李贽：《王龙溪先生告文》，《焚书》卷3，载张建业主编：《李贽文集》之《焚书》卷3，第113页。

[2]　吴震编校：《王畿集》卷2《九龙纪诲》，第56页。按：王龙溪说"学者，觉也"的地方很多，下文只是择要而录。

[3]　吴震编校：《王畿集》卷17《思学说》，第498页。

> 良知，即所谓明德；致良知，昭德之学也。①

上述两句话，将觉性、明德和良知三个范畴联系在一起，这使我们明白，所谓人的觉性，就是先圣所说的明德，而所谓明德的实质，也就是良知本体，因此，致良知，便是昭明德性之学，换句话说，亦即使人生获得根本觉悟的学问功夫。通过这样两句话，我们不难发现，王龙溪之所以被后人评价为"文成之后，不能无龙溪"②，的确是因为他继承了王阳明晚年提出的"致良知"之教，并且始终作为自己思想学术的核心宗旨。

关于"学者，觉也"的根本宗旨，王龙溪做过多次阐述，他说：

> 学也者，觉也。觉与梦正相反。灵根不昧之谓觉；昏气乘之，始寐而为梦。故学也者，善返之功也。时习者，时时习之，乃常觉之谓，非觉之外复有所谓习也。③

> 夫觉与梦对，世人溺于嗜欲，役役于纷华声利之场，行尽如驰，不知止歇，何异梦昼？只今惟求一觉，才觉则我大而物小，物有尽而我无尽，谓之常惺惺法，诸梦自除，天所以生我之元命，始为不辜负耳。④

> 觉与梦对，梦中颠倒呻吟，苦境万变；苦与悦对，学而常觉，则苦境自亡而悦，所谓礼义之悦我心也。⑤

王龙溪认为，"世人溺于嗜欲，役役于纷华声利之场，行尽如驰，不知止歇"，这样的生活方式如同"梦昼"一般，是昏寐而不自觉的，辜负了上天

---

① 吴震编校：《王畿集》附录一《大象义述》，第665页。
② 黄宗羲：《明儒学案》卷12《浙中王门学案二》，第240页。
③ 吴震编校：《王畿集》卷17《时学元习说》，第507页。
④ 吴震编校：《王畿集》卷17《思学说》，第499页。
⑤ 吴震编校：《王畿集》卷2《九龙纪海》，第56页。

赋予自己生命的本来价值。况且，如果只是做梦也就罢了，在追名逐利、贪图享受等价值观念的支配下，世俗之人的生活方式为自己带来了许许多多的痛苦，"梦中颠倒呻吟，苦境万变"，由此，人们自然产生了去苦求乐的真诚愿望。要想实现这种真诚的愿望，就必须追本溯源，找到造成痛苦的根源，那就是对于人生本质、实相的不觉悟，要解决这一问题，只有求助于圣人之学，"学而常觉，则苦境自亡而悦"，而且，"天所以生我之元命，始为不辜负耳"。王龙溪认为，只有觉悟良知，方可明白生命的方向，掌握生活的基本法则，这样一来，才能够从梦中觉醒，脱苦得乐，在礼义道德的轨道中获得莫大的快乐。

王阳明曾经明确说过："天命之性，粹然至善，其灵昭不昧者，此其至善之发现，是乃明德之本体，而即所谓良知也。"① 由此可知，良知即是儒家经典《中庸》所讲述的天命之性，这是两个可以互相代换的范畴；所谓致良知，亦即恢复人人具有的天命之性，阳明心学的"致良知"说其实就是儒家历来的"复性说"的翻版。对此，王龙溪也表示肯定，他说：

> 圣人之学，复性而已矣。人受天地之中以生，而万物备焉。性其生理，命其所秉之机也，故曰"天命之谓性"，此性命合一之原也。戒慎恐惧，其功也；不视不闻，其体也。良知者，性命之则，知是知非，而微而显，即所谓独也。戒慎恐惧，而谨其慎独，则可以复性矣。②

有时，王龙溪又把良知称为仁体，致良知也就变成识仁的过程，这也是良知灵体固有的自我认识功能，王龙溪阐述说：

---

① 吴光等编校：《王阳明全集》卷26《大学问》，第969页。
② 吴震编校：《王畿集》卷14《寿邹东廓翁七袠序》，第388页。

> 良知者，仁体也，以其爱无不周，而恻然不容已也，而谓之仁；以其端有所发，而炯然不容昧也，而谓之知。天所以与我，[而]与天地万物同具而无不足者也。①

> 良知者即此虚灵之发现，识仁原只是良知自识。若说识仁之要，在直信良知。②

总之，王龙溪对于为学宗旨的阐释，虽然有着不同的表述，实际都是一码事，那就是求取人生的觉悟。所谓觉悟人生，也就是明白自己固有的天命之性，这是人人皆有的先天良知本体（亦即仁体）。如果觉悟了良知本体，人们也就搞清了生命的本然面目和意义，"尽性体仁，以会归于一"③，从而自觉地顺"道"而行，实现自己的生命价值，并从中获得应有的快乐和满足感，借用心学宗祖王阳明的话来讲，便是"君子之酬酢万变，当行则行，当止则止，当生则生，当死则死，斟酌调停，无非是致其良知，以求自慊而已"④。

（二）学者，学为圣人也

按照中国古代哲学固有的思维方式，"道"的人格化便是所谓圣人。阳明心学的见解也不例外，他们认为，凡是彻悟良知本体，达到心地通明状态的人，便可以称为圣人。因此，换一个角度来看，王龙溪关于为学目标还有一种全新的表述方式，那就是："学者，学为圣人也。"⑤

由于长期受到正统程朱理学的影响，直到明代中叶，大多数儒者习惯于把圣人神化，当成不可企及的偶像加以膜拜，不相信自己也能够成就圣人一

---

① 吴震编校：《王畿集》卷13《贺中丞新源江公武功告成序》，第368页。按：[而]，疑是衍字。
② 吴震编校：《王畿集》卷15《跋徐存斋师相教言》，第412页。
③ 吴震编校：《王畿集》卷15《跋徐存斋师相教言》，第413页。
④ 吴光等编校：《王阳明全集》卷2《答欧阳崇一》，第73页。
⑤ 吴震编校：《王畿集》卷16《书顾海阳卷》，第476页。

样的人格。因此，王龙溪首先必须按照阳明心学的理念，阐释清楚"圣人"范畴的内涵，使人们敢于树立必为圣人之志。他说：

> 心之通明之谓圣，圣人者，生而知之，学之的也。君子以修言，善人以质言，有恒以基言，皆学而知之者也。而惟有恒，则可以进于善人、君子而入于圣，小者大，偏者全。[①]

又说：

> 人人有个圣人，一念良知不容毁灭，便是圣人真面目。致此良知，洁洁净净，不为功利所滑扰，不为见解所凑泊，便是学圣人真工夫。[②]

在王龙溪看来，圣人即是心地通明之人，这个心地通明的实体基础便是人人先天皆有的良知本体。如果透彻地觉悟了这一良知本体，并运用它来指导自己的日常言行，那么，一生之中便能够"不为功利所滑扰，不为见解所凑泊"，活得明明白白、洁洁净净。而且，这种圣人既非神灵精怪，亦非造物之主，而是现实生活中可以炼就的真实人格，所以王龙溪明确肯定："人人有个圣人，一念良知不容毁灭，便是圣人真面目。"不过，要想实现这一理想人格，必须通过"学而知之"的修养，提升至"生而知之"的觉悟之境；这样，学者便跨越了所谓善人、君子的生命层次，达到觉行圆满的圣人境界。

王龙溪的圣人观，直接继承了王阳明圣人观的基本理念，并与同时代的其他心学大儒的思想交相辉映。王阳明曾说：

---

① 吴震编校：《王畿集》卷13《国琛集序》，第353页。
② 吴震编校：《王畿集》卷16《书顾海阳卷》，第476页。

> 心之良知是谓圣。圣人之学，惟是致此良知而已。①

王龙溪所说"心之通明之谓圣"，与王阳明所说"心之良知是谓圣"，两句话的表述方式十分相似。不过，由于王阳明率先提倡"致良知"之教，对于尚未觉悟自家良知的学者而言，这句话不免显得有些抽象，所以，王龙溪将王阳明的思想进一步通俗化，表述为"心之通明之谓圣"。"通明"二字，其义浅近清晰，人人可懂，它使人当下即可领悟：所谓圣人，就是一个对生活和世界看得透彻明白之人，它也是普通人能够向往和追求的理想人格。无独有偶，与王龙溪同时代的另一位心学家罗汝芳也表达了相似的观点，他说：

> 吾辈为学，盖学圣也。圣者明之通，而知者，明之实也。②
> 盖吾人为学，云是学圣。圣者通明者也，通明者，神明不测者也。③

从王龙溪的以上论述中，我们不难发现：王龙溪对于"学为圣人"的为学宗旨的阐述，继承并弘扬了阳明心学的根本理念，并且把王阳明没有讲清楚的道理阐释得更加通俗明白。因此，后儒才公允地评价说："先生（指龙溪）疏河导源，于文成之说，固多所发明也。"④

由于明白了"学者，学为圣人也"的根本宗旨，所以，王龙溪在讲学过程中，和王阳明、罗近溪一样，都十分强调学者立下必为圣人之志，看清为学的根本方向，这是修道治学必不可少的前提。他说：

> 有求为圣人之志，然后可与共学。学者，学为圣人也。束书不观，

---

① 吴光等编校：《王阳明全集》卷8，《书魏师孟卷》，第280页。
② 罗汝芳原著，方祖猷等编校：《罗汝芳集》，第17页。
③ 方祖猷等编校：《罗汝芳集》，第203页。
④ 黄宗羲：《明儒学案》卷12《浙中王门学案二》，第240页。

游谈而无主；独学无友，孤陋而寡闻。考诸古训，质诸先觉，乃学之不
容已者。然苟无求为圣人之志，则所质者何物？所考者何事？终亦归之
泛滥无成而已。①

在这段话中，王龙溪指出了泛观博览、纸上问学的弊端：虽然这种学者也
会"考诸古训，质诸先觉"，但是，"苟无求为圣人之志，则所质者何物？
所考者何事？终亦归之泛滥无成而已"。诚然，求学之人没有一个明确目
标，便没有实在的方向感，最终变成逐水漂流而不知归宿的轻薄"桃花"。
这样的学者，虽然外表上博闻强记，才智过人，但其所拥有的只是装点门
面的闻见之知，对于解决生活方向与人生归宿的根本问题，丝毫不起作用。
因此，一个学者必须明白自己想收获什么东西，才能根据这一立定的志向
去前行和探索，才能解决安身立命的根本问题。为此，王龙溪在讲会上告
诫门人说：

今日会中诸友，先须立有必为圣人之志，各安分限，从现在脚跟下
默默理会，循序而进，……实修实证，弗求速悟，水到渠成，自有逢源
时在。②

总之，"学为圣人"是王龙溪关于心学根本宗旨的人格化表述，而"立
定必为圣人之志"也是王龙溪教育哲学的题中应有之义。作为王阳明的
嫡传弟子，王龙溪始终把它作为阳明心学的核心理念之一，孜孜不倦地
传递给众多学者，使之明白生命的方向和使命，促进了阳明心学的发扬
光大。

---

① 吴震编校：《王畿集》卷16《书顾海阳卷》，第476页。
② 吴震编校：《王畿集》卷16《水西别言》，第449页。

（三）儒者之学，以经世为用

儒家思想是一个"内圣外王""明体达用"的理论体系。觉悟良知、学为圣人其实只是"明体（内圣）"的内涵，而应用、推广良知，使事事物物皆得其理、各遂其位，这才是"达用（外王）"的要求。这一理念落实在社会生活中，便化为经世济民、治国安邦的入世追求。王龙溪虽然思想上兼通佛道，但是，始终以儒家思想为本位。在他的教育哲学中，经世济民是一个不可或缺的现实目标，用他自己的话说，便是："儒者之学，以经世为用。"①

关于儒者之学以经世为用的理念，王龙溪有过多次表述，他说：

> 儒者之学，务为经世，学不足以经世，非儒也。②
> 千古圣学，本于经世，与枯槁山林不同。吾人此生，不论出处闲忙，只有经世一件事。③

类似话语还有很多，兹不赘述。王龙溪讲学一生，虽然所讲述的多为心性修养工夫之类（针对学者需要），但在他的心目中，这只是教诲学者的内圣之学，属于圣学之"体"，而对于儒者而言，经世济民是必不可少的治学目标，这是圣学之"用"，或者说是外王之学。只有体用一致，由内圣而外王，才是完整的圣人之学。儒者之学有别于佛道二教的地方，就在于它从不主张士人隐居乡野、终老山林，无论是出处闲忙，都要以经世致用为目标，把这件事看成是儒者的人生使命。没有经世的理想抱负，就谈不上是真正的儒者。

---

① 吴震编校：《王畿集》卷 13《贺中丞新源江公武功告成序》，第 367 页。
② 吴震编校：《王畿集》卷 13《王瑶湖文集序》，第 350 页。
③ 吴震编校：《王畿集》卷 10《与唐荆川》，第 267 页。按："山林"原作"山木"，据程颐之语改。程颐原文是："佛者一點胡尔，佗本是个自私独善，枯槁山林，自适而已。"《二程集》，第 24 页。

当然，王龙溪也清楚地看到了一个事实：在现实生活中，有的人科举高中、仕途通达，可以在很高的职位上，凭借获得的权力发挥自己的能量，从而实现造福苍生、安邦定国的理想；可是，出将入相的毕竟只是极少数人，大多数人（包括王龙溪自己）不可能登上如此高的地位。那么，如何来实现经世济民的目的呢？对此，王龙溪有着十分理性的认识，他说：

> 天地万物，一体相通，生生之机自不容已。一切毁誉利害之来，莫非动忍增益，以求尽吾一体之实事，随其力之所及，在家仁家，在国仁国，在天下仁天下，所谓格物致知，儒者有用之实学也。①

王龙溪认为，真正的儒者由于禀持"天地万物，一体相通"的生命本体观，把天下苍生福祉看成自己分内之事，"生生之机自不容已"。虽然个人能力有大小，地位有高低，但是，都可以"随其力之所及，在家仁家，在国仁国，在天下仁天下"，做好自己分内的事情，践履自己应尽的职责，这便是"尽吾一体之实事"，便是经世致用的事功，或者说是"儒者有用之实学"。事实上，每个人都可以在高低不同的岗位上尽到自己的职责，只要是有助于国计民生、人心教化的事业，都属于经世的范畴。正因为如此，王龙溪中年罢官归里后，全副身心地投入到讲学事业中，一直乐此不疲，直至生命的终点。他说："学术既正，趋向必端，事功必显，其视于民必亲，此探本之论也。"②这句话，和同门王艮所说"学既明，而天下有不治者哉"③的理念几乎如出一辙。由此理念出发，二人都将自己的后半生投入到明道淑人、化民成俗的教育事业中。

王龙溪的经世观并不是个人独见。例如，泰州学派的王栋，长期担任州

---

① 吴震编校：《王畿集》卷13《王瑶湖文集序》，第351页。
② 吴震编校：《王畿集》卷17《绍兴府名宦祠记》，第487页。
③ 《王心斋全集》卷2《答邹东廓先生》，第46页。

县学官，兢兢业业，始终如一，他也说过类似的话：

> 圣人经世之功，不以时位为轻重。今虽匹夫之贱，不得行道济时，但各随地位为之，亦自随分而成功业。苟得移风易俗，化及一邑一乡，虽成功不多，却原是圣贤经世家法，原是天地生物之心。①

王龙溪和王栋的共同观点表明：阳明心学继承了儒家先圣积极入世的理念，和一味追求彼岸世界和灵魂解脱的佛道二教有着本质的区别。虽然王龙溪个人并没有建立什么惊天动地的显赫事功，但是，他能够在讲学中将儒家的经世理念予以阐明，对于世人搞清儒者之学与释道二教的区别，起到了指明方向和校正偏差的积极作用，也充分证明了阳明心学的儒家思想本质。

二、君子之学，贵于得悟

王龙溪的哲学思想，以获得人生的觉悟为根本目标。不过，"学者，觉也"并非只是一个泛泛之论。实际上，王龙溪所说的"觉"是特有所指的，那就是以"悟"为觉的标志，这是王龙溪心学工夫论的基本目标。

（一）悟门不开，无以证学

或许有人会问：所谓悟，究竟悟个什么？简而言之，悟的就是先天的良知本体，这是人人共有的心灵先天原本的面目。按照中国古代哲学"体用一致"的思想，凡觉悟此体者，必然得其受用，亦即体味到一种自由自在、至乐无碍的精神境界。不过，这种先天本体是超越言诠思辨的，一般人的常规经验和理性思维都无法理解先天的"无状之状"，因此，任何语言描述都只是勉为其难的形容而已。王龙溪一生所提倡和传授的修道工夫，以开悟为

---

① 陈祝生主编：《明儒王一庵先生遗集》卷1《会语续集》，载《王心斋全集》，第186页。

重要标志，并把它作为修道过程中重要的分水岭。对此，他毫不含糊地说："君子之学，贵于得悟，悟门不开，无以征学。"① 有时，他甚至强调说："此学全在悟，悟门不开，无以征学。"② 由是可见，比起一般的理学家来，王龙溪所主张的修道工夫论，并不是简单的道德观念的培养和熏陶，而是包含了实实在在的开悟之机在内的心性涵养工夫。有悟，则身心如洗，万象更新；无悟，则纸上谈兵，本质照旧。人的生命走到这里，出现了圣凡之别的"岔路口"，这是一个实践出真知的过程。

（二）解悟、证悟和彻悟

明代中晚期，由于心学思潮的盛行，很多读书人都研习心学思想。一些天资聪颖的士人在修习一段时间之后，"恍若有见"，便以为自己开悟了，不免向人炫耀。对此，王龙溪特意写下了《悟说》一文，对于"悟"的层次作出了一定的区分，使人明白自己究竟处于什么层次，还需要进一步修习什么工夫。《悟说》一文，虽然不过三百字左右，但是，在王龙溪的思想体系中占有十分重要的地位。如果我们认真分析一下，就会明白其中道理。

王龙溪区分了悟的三个层次，他说：

> 入悟有三：有从言而入者，有从静坐而入者，有从人情事变炼习而入者。得于言者，谓之解悟，触发印证，未离言诠，譬之门外之宝，非己家珍；得于静坐者，谓之证悟，收摄保聚，犹有待于境，譬之浊水初澄，浊根尚在，才遇风波，易于淆动；得于炼习者，谓之彻悟，摩礱锻炼，左右逢源，譬之湛体冷然，本来晶莹，愈震荡，愈凝寂，不可得而澄清也。根有大小，故蔽有浅深，而学有难易，及其成功一也。③

① 吴震编校：《王畿集》卷17《悟说》，第494页。
② 吴震编校：《王畿集》卷12《答程方峰》，第311页。
③ 吴震编校：《王畿集》卷17《悟说》，第494页。

同样的话，他还对自己的门人当面说过，如他在《留别霓川漫语》中说：

> 师门尝有入悟三种教法：从知解而得者，谓之解悟，未离言诠；从静坐而得者，谓之证悟，犹有待于境；从人事炼习而得者，忘言忘境，触处逢源，愈摇荡，愈凝寂，始为彻悟。此正法眼藏也。①

从上述两段话中，我们可以理解王龙溪所划分的"悟"的三个层次。首先，王龙溪承认"解悟"的存在。他认为，一些天资聪颖的读书人，"得于言者，谓之解悟，触发印证，未离言诠"，他们在读书过程中，心中有所"触发印证"，意识到自己内心还有这样一些无价的宝藏，从而产生对于良知本体的初步认知。然而，这种"解悟"仅仅是思想上的一种理性认知，由于"未离言诠"，所以算不得切实的体会和认证，王龙溪比喻说："譬之门外之宝，非己家珍。"概而言之，通过阅读经典产生对于良知本体的认识，并不算真正感悟到良知本体的"面貌"，这种认识固然起到一种指示方向的作用，但是并不能算数。如果有谁以为自己理解了书本上的一些言语就算开悟，简直是自欺欺人！

其次，"从静坐而得者，谓之证悟"。在古代，释、道二教都有一些具体的修行方式，如心斋、坐忘、禅定，等等。儒家亦从中吸取经验，形成了自己的静坐涵养方法，这在宋明理学中更为流行，就连理性主义思维倾向很突出的朱熹也说过"半日静坐，半日读书"②的话。王龙溪年轻时，听从王阳明的安排，居静室之中静坐涵养，一年之后，"遂悟虚灵寂感通一无二之旨"③，其实就是证悟的表现。对于这种开悟方式和效果，王龙溪坦承："犹有待于

---

① 吴震编校：《王畿集》卷16《留别霓川漫语》，第466页。沈启原，号霓川，其父号石云子，均师从王龙溪。
② 黎靖德编：《朱子语类》卷116，第2529页。
③ 吴震编校：《王畿集》附录四，《龙溪王先生传》，第823页。

境，譬之浊水初澄，浊根尚在，才遇风波，易于淆动。"这表明，修道者虽然开悟，但是其心灵中无始以来结成的不良禀性、后天生活中养成的不良习性都还存在，因此，"浊水初澄，浊根尚在"，在静中体悟到的宁静安详的本然状态，一旦遇到外来事物的冲击，难免会动摇甚至丧失。这种开悟固然十分可贵，但不等于修道事业大功告成，而只是一个"分水岭"，此前的修习工夫可称之为"预修"，而悟后起修才是直达先天未画之境的"正修"。再打个比喻，开悟之人由于习气犹在，其心灵好比云层初开，展现蓝天一角，但是，天空中大面积分布的还是阴沉沉的雾霾，因此，学者在觉悟心灵的先天面目之后，需要继续修习，扫除心性上的习气，直至心灵的"雾霾"散尽，完全呈现出一片湛蓝的天空。

最后，"得于炼习者，谓之彻悟"。这就离不开人间世事的磨炼，任何逃避尘世的修行方法（无论是禅修还是丹道功夫）都不可能得到彻悟的"正果"。当然，人间世事的磨炼，主要是指对自家心性有一个"摩砻锻炼"的效果，并不是指一定要从人间世事中获得什么物质或事功的收益。对于心学家而言，"万变皆在人，其实无一事"①，一切人事历炼，都不过是为了炼就一颗超凡脱俗、宁静自在的心灵而已。当然，彻悟之人一般必须先有"解悟"或"证悟"为前提。有了这个前提，就不会将人间世事的各种烦扰和困境单纯地以为是一种苦难而希冀逃避，而是以自己所证悟（或解悟）的心性本体为参照标准，自觉地加以利用，从各种事物之中学会处事之法，修炼为人之道，把自己的心性锻炼得更加平和、灵颖和自然。这种在事上"磨砻锻炼"的过程，随时可以得到自家良知灵明的启示，及时地修正自己的念头和言行。换句话说，修道者在生活中，只要顺从良知本体的灵光觉照，可以随时发现自己思想上的偏差，及时地加以调整、恢复。这也就是古人所推崇的颜子"不远而复"的正心之学。这种事上磨练的修养工夫，可以净化人们的心灵气质，直

---

①　程颢、程颐：《二程集》，第83页。

至心地通明、德纯质粹的圣者境界。

（三）有真修，然后有实悟

明清之际的黄宗羲等人曾以为"龙溪谈本体而讳言工夫"[①]，然而，这一观点并不符合龙溪的思想实际。那么，王龙溪究竟如何看待修和悟之间的辩证关系呢？有一段话最能代表他的思想，他说：

> 理乘顿悟，事属渐修。修以启悟，悟以征修。根有利钝，故法有顿渐。要之，顿亦由渐而入，所谓上智兼修中下也。[②]

在此，王龙溪明确地表述了"理乘顿悟，事属渐修"的道理。这个命题的含义是：一个学者可以顿悟先天良知本体，但是，在现实生活中，仍然必须修养心性，把生来的不良禀性或后天习性渐渐消除掉，使自我的心性恢复、提升到"纯亦不已"的圣者境界。在修和悟之间，两者的辩证关系大致如下：以修为工夫，以悟为验证。"开悟"之后，可以引导自己走上正确的修行方向；而此后的修习工夫，又能够验证自己的所悟是否为真。如果在现实生活中，根据自己的"所悟"去行事，却处处碰壁，或者扰乱了自己的心灵，那么，这种"悟"境必然不是真境，只是个人的情识变现出来的幻境而已，于是，就必须改弦更张，重新修习，直至获得真正的开悟。王龙溪认为，由于学者根器不同，有的人可以顿悟，有的人只能渐修，所以才有顿、渐法门的区别。

虽然王龙溪非常看重"悟"在修道过程中的地位，但是，一个学者如何能够达到彻悟的境界呢？答案很明确——"有真修，然后有实悟"。关于这方面的理念，王龙溪从来都是斩钉截铁、旗帜鲜明的，他说：

---

① 黄宗羲:《明儒学案》卷15《浙中王门学案五》，第324页。
② 吴震编校:《王畿集》卷17《渐庵说》，第500页。

夫悟与见，虚实不同，毫厘千里。有真修，然后有实悟。……才涉见解，便落揣摩，非实际也。①

真修之人，乃有真悟。用功不密而遽云顿悟者，皆堕情识，非真修也。②

不乏这样一些天资聪颖的学者，他们读了一遍王阳明的《传习录》，或者静坐了几个月，"一时窥见光景"③，便以为自己透悟天人性命之道，于是四处对人炫耀，"务为玄解妙觉"。这种超常规经验的静坐体验，固然也是修道过程的所得，但是，距离"彻悟"（甚至"证悟"）仍然差得很远。因此，任何一个学者都不能以此为满足，而必须请先辈悟道者加以印证，或者直接到现实生活中去历练一番。什么时候自己真的凡事不动心，心灵达到了浑沦顺适的状态，才算过关；否则，无论在静坐中体会到了什么东西，只能算是个人情识或阶段成果，都是不算数的。作为修道实践的过来人，王龙溪明确地告诫后辈：有真修，然后有实悟；不然，"悟"到的仅仅是一些虚见或幻境，若执以为真，只会对自己的未来生活产生负面的影响。不仅如此，王龙溪还告诫门人，"才涉见解，便落揣摩，非实际（即良知灵明的本然状态）也"，切不可自作聪明。总之，觉悟与见解是不能混为一谈的，"真修之人，乃有真悟"。由于"先天之学不容说"之故，王龙溪的诠释也就只能到此为止了。

由于王龙溪深谙"有真修，然后有实悟"的道理，所以他一面强调"悟"的重要性，另一面经常告诫门人要下工夫实修，不要急于求悟，否则，必然在修行之路上自我设置障碍。他曾分别对两个弟子说：

既立定千古之志，循序安分，绵绵密密，耐心做将去。……欲速则

---

①　吴震编校：《王畿集》卷 11《答刘凝斋》，第 275 页。

②　吴震编校：《王畿集》卷 17《渐庵说》，第 500—501 页。

③　吴光等编校：《王阳明全集》卷 3《语录三》，第 105 页。

反不达，急于求悟则反成迷，此是有志者通病。①

> 继实天资沉泥，微少疏爽特达……然亦只得安分做，渐修渐证，勿
> 求速悟，久久自有透脱时在，譬之掘井及泉，原非外也。②

除了针对弟子个人进行嘱咐之外，王龙溪还当面对门人进行集体训诲。例
如，他曾前往皖南的水西精舍，对那里的门人说：

> 今日会中诸友……一念灵明，时时著察，教学相长，实修实证，弗
> 求速悟，水到渠成，自有逢源时在，求悟之心，反成迷也。③

本着诚恳之意，王龙溪教诲众门人要"实修实证，弗求速悟，水到渠成，
自有逢源时在"，告诫他们"求悟之心，反成迷也"。这就表明：学者应该把
求悟之心也放下，完全以一片踏踏实实、自然而然的心态去从事心学功夫
的修习；如果把"悟"字看得过重，就会陷入佛教所说的"法执"，反而被
自己设置的目标所障蔽，导致自己在修道路途上迷失方向。针对人的理性
思维习惯于刨根问底的特性，王龙溪又在《悟说》一文的结尾写了这样一
段话：

> 夫悟与迷对，不迷所以为悟也。百姓日用而不知，迷也；贤人日用
> 而知，悟也；圣人亦日用而不知，忘也。学至于忘，悟其机矣乎！④

这段话用理性思维可以理解的语言文字表达了一个"善忘而能悟"的道理。

---

① 吴震编校：《王畿集》卷15《册付光宅收受后语》，第437页。
② 吴震编校：《王畿集》卷15《册付梦秀收受后语》，第439页。
③ 吴震编校：《王畿集》卷16《水西别言》，第449页。
④ 吴震编校：《王畿集》卷17《悟说》，第494页。

从凡夫之"迷",到贤人之"悟"(仅仅是开悟),再到圣人之"忘",体现出一个螺旋式上升的运动轨迹。在这一过程中,学者的心态也从迷到悟,再到"忘"(即浑沦顺适的状态)。说白了,"忘"即是一种减法工夫做到极致的表现,如果忘却了种种内外事物,没有了我、法二执,便自然恢复了心灵先天本然的自由状态,所以王龙溪才说:"学至于忘,悟其机矣乎!"

总之,王龙溪从来反对凭空说"悟"或者以己见情识妄称"悟"字的学风。他强调的是"有真修,然后有实悟",这是过程与终点的关系,没有笃实的心性修炼过程,就不可能收获"实悟"的正果。

三、千古圣学,唯在理会性情

从可操作性的层面上看,王龙溪在多年讲学中向世人所传授的修道工夫论,可以用下面一段话来概括:千古圣学,惟在于理会性情,其机要则不外乎理会当下一念,在这种心性修养的过程中,应当懂得以良知为诀,以寡欲为功,以无欲为至,最终可以达到"尽性至命"的先天化境。

(一)君子之学,莫大于理会性情

陆王心学一系不同于儒学其他派别的地方,关键就在于它不陷在经典传注中讨生活,而是以知行合一的精神为指导,积极、深入地做好心性修养的工夫,以期达到觉悟至道、作圣成贤的目的。王龙溪从讲学传道伊始,一直抓住这一核心理念,诲人不倦地教导门人、学者注重理会性情,提升人格境界。所谓理会性情,就是今天所说的心性修养。关于理会性情的意义,王龙溪素来高度重视,一再强调它是通向圣人境界的必由之路。他说:

夫千古圣学,惟在理会性情,舍性情则无学。……此修道之功,复性之基，大本立而达道行，天地万物皆举之矣。①

良知者，未发之中，天下之大本也。吾人处世事虽万变，所以应之，不过喜怒哀乐四者而已。故君子之学，莫大于理会性情。性情得其正，大本所由以立，位育之化所由以成也。②

千古圣学，惟在理会心性。心性者，根于天，取诸固有而盎然出之，无所假于外。外此而学者，谓之异学。高者蔽于意见，卑者溺于利欲。虽所趋不同，其为无补于心性一也。③

王龙溪指出，心性修养是使"性情得其正"的必须功夫，"千古圣学，惟在理会性情，舍性情则无学"。所谓理会性情，是指以良知本体为内在根据，依从良知的觉照和指引，自觉地改良、优化个人的品德、性格，而不是强加一些外在的思想观念，去锻造出符合某种需要的社会人格来，因此，他明确地指出："心性者，根于天，取诸固有而盎然出之，无所假于外。外此而学者，谓之异学。"王龙溪认为，这些"异学"的培养，仅仅是教给学者一些"意见"而已，并不能够消除人们对利欲的贪求，所以，"其为无补于心性一也"。不过，凡是根据良知的觉照、指引而自觉进行的理会性情的工夫，则是非常必要的，"此（乃）修道之功，复性之基"。只有掌握好了这一工夫，才能够复还先天至善的本性，奠定作圣成贤的基础，"位育之化所由以成也"。

（二）以良知为诀

理会性情是人人可做的工夫，或许有人质疑，今天的文明社会不是也很强调个人修养吗？两者有什么区别呢？简而言之，今天通常所说的文明修

---

① 吴震编校：《王畿集》卷10《答吴悟斋》，第248页。
② 吴震编校：《王畿集》卷14《赠庄侯阳山入觐序》，第380页。
③ 吴震编校：《王畿集》卷14《赠邑博诸元冈迁荆王府教授序》，第383页。

养，往往是外表的装饰、外在的谈吐，远远没有深入到内心中去。这种文明修养可以使人成为标准的绅士，但绝对体会不到鱼游江海的"自得"受用，和心学所说的"理会性情"不可同日而语。因此，王龙溪在讲述心性工夫论时，特别强调"以良知为诀"①，从而把它和一般意义的修养观区分开来。

关于良知本体及其妙用，前文已经阐述了许多。为使读者能够理解"以良知为诀"的重要性，不妨再引几段龙溪语录如下：

> 圣人之学，复性而已矣。……良知者，性命之则，知是知非，而微而显，即所谓"独"也。戒慎恐惧，而谨其慎独，则可以复性矣。②
> 良知者，本心之明，是非之则也。③
> 圣贤之学，只是良知一路，一是百是，一勘百破，更遮瞒些子不得。④
> 良知者，破除习气之利刀，纵有窃发，一照即破。⑤

王龙溪认为，良知是先天本心之明、是非之则，它"知是知非，而微而显"，一般人平时似乎感觉不到它的存在，但是，一旦有事情来临，良知自然会启示人们应当如何去做。纵然你心中有习气之扰或意见之弊，可以欺瞒世人，却不可能瞒过自己的良知。只要一个人有真诚修道的愿望，那么，只管听凭良知这把"利刀"发挥作用，把烦恼习气等一一斩断，所以说，"圣贤之学，只是良知一路，一是百是，一勘百破，更遮瞒些子不得"。

如果一个人不以良知为诀，而是一切事情按照自己的欲念行事，结果将会怎样呢？对此，王龙溪坦率地指出：

---

① 吴震编校：《王畿集》卷14《松原晤语寿念庵罗丈》，第391页。
② 吴震编校：《王畿集》卷14《寿邹东廓公翁七衮序》，第388页。
③ 吴震编校：《王畿集》卷14《赠绍坪彭侯入觐序》，第376页。
④ 吴震编校：《王畿集》卷10《答洪觉山》，第261页。
⑤ 吴震编校：《王畿集》卷17《尚贤以德说》，第506页。

> 一时不致良知，视便妄视、听便妄听，喜便妄喜、怒便妄怒，便不
> 是格物之学。推之一切应感、食息、动静、出处、去就无不皆然。良知
> 即天，良知即帝。顾天之命者，顾此也；顺帝之则者，顺此也。①

又说：

> 顾吾人一生惟有此学，无论闲忙顺逆，皆是圆明一窍中流出，日应
> 万变而不穷。苟此中不得机窍，只在境上随缘抹过，忙是便躁，闲时便
> 昏，顺则恣情，逆则拂意，了无自得之处。②

王龙溪所说，言中了许多人真实的生活和精神状态，那就是"忙是便躁，
闲时便昏，顺则恣情，逆则拂意"，或者说"视便妄视、听便妄听，喜便妄
喜、怒便妄怒"，完全是心随境转，根本不晓得"自得逢源"的精神受用。
即使在今天，现代人的许多心理病症，从某种意义上说，也正是因为"不
致良知"所致，因此，我们很有必要反思一下自己的观念中哪些地方出了
偏差，为什么总是搞得自己精神疲惫或烦躁不堪？如果虚心地按照阳明心
学的"致良知"之教，洗涤一番自己的头脑，那么，我们的生活状态很可
能会圆满许多。

或许有人会怀疑，人和人观念往往不同，良知难道就是一模一样的吗？
用它来指导自己的言行，究竟是否可靠？这种疑虑正是因为不懂得良知的本
来面目和妙用而产生的。王龙溪指出：

> 良知知是知非而善恶自辨，是谓本来面目……妄念所发，认为良

---

① 吴震编校：《王畿集》卷7《南游会纪》，第156页。
② 吴震编校：《王畿集》卷12《与鲁昼堂》，第313页。

知，正是不曾致得良知。诚致良知，所谓太阳一出，魍魉自消，此端本澄源之学，孔门之精蕴也。①

在此，笔者再次重申：在阳明心学中，良知不是一般意义上的道德观念，而是人类心灵的共同的先天本体，它是一种潜在的智慧和德性，而非固定成型的道德观念或文本。如果深入用功、潜心修道，任何人都会有证悟或彻悟良知本体的一天。然而，即使当下尚未觉悟良知的本来面目，一般人照样可以应用良知、推广良知。借用王阳明的一段话来形容，那便是：

> 圣人之知，如青天之日；贤人如浮云天日；愚人如阴霾天日；虽有昏明不同，其能辨黑白则一。虽昏黑夜里，亦影影见得黑白，就是日之余光未尽处；困学功夫，亦只从这点明处精察去耳！②

王阳明的比喻形象生动地表明：平常人可能不悟良知，心灵上被许多阴霾遮蔽，但是，良知的功能和妙用并未完全消失。即使是昏黑的夜里，视力不好的人也可以"影影见得黑白"；同理，平常人只要有心求取人生的觉悟和自由，运用困知勉行的功夫，一样可以达到目的。然而，有些人喜欢狡辩，把自己的欲念妄想当成良知。对此，王龙溪指出："妄念所发，认为良知，正是不曾致得良知。"一般人如果遇事时能够平心静气，那么，良知在他的心中就会自然地呈现（哪怕只是很微弱的一线光明）；如果能够再做真诚的反思，那么，就会如同王龙溪所说："诚致良知，所谓太阳一出，魍魉自消。"由是可见，"良知知是知非而善恶自辨"，这便是王龙溪"以良知为诀"的理论根据。

---

① 吴震编校：《王畿集》卷5《与阳和张子问答》，第124页。
② 吴光等编校：《王阳明全集》卷3《语录三》，第111页。

（三）慎于一念之微

以良知为诀去理会性情，还只是一个笼统的说法。王龙溪认为，践履这项心性修养工夫，最终要落实在慎于一念之微上，也就是说，这是一天二十四小时都可以实地践履的养性工夫。关于"慎于一念之微"的命题，王龙溪有时提法略有不同，如"致谨于一念之微""理会当下一念"等，但意思都是一样的。至于为什么要慎于一念之微，王龙溪阐释道：

> 古人之学，惟在理会性情。性情者，心之体用，寂感之则也。然欲理会性情，非可以力制于中，而矫饰于外，其要存乎一念之微。人心本自中和，一念者，寂感之机也。致谨于一念之微，则自无所偏倚、无所乖戾，中和由此而出。中则性定，和则情顺。大本立而达道行，发育万物，峻极于天，以收位育之全功，圣学之的也。①

又说：

> 千古圣学只有当下一念，此念凝寂圆明，便是入圣真根子。时时保守此一念，动静弗离，便是缉熙真脉路，（此外）更无巧法。②

王龙溪认为，理会性情的工夫不是教人去"力制于中，矫饰于外"，而是以"中和"为准则，自觉地调理自己的性情，其要领就是"致谨于一念之微"。王龙溪指出："人心本自中和"，中和状态是人心先天原本的面目，同理，"中和者，性情之则也"，"中则性定，和则情顺"。既然体会到了中和的本体与

---

① 吴震编校：《王畿集》卷16《书顾海阳卷》，第476页。
② 吴震编校：《王畿集》卷16《书查子警卷》，第478页。

妙用，那么，学者就应该在日常生活中"致谨于一念之微"，以此"凝寂圆明"之正念，随时指导自己的思想和言行。这样一来，"自无所偏倚、无所乖戾"，人心时时处于中和状态，"大本立而达道行"，"位育之全功"也就包含在其中了。从另一个角度讲，这种"致谨于一念之微"的修养工夫也叫"缉熙之学"①。缉者，整理之意（原指把麻捻成线）。熙者，光明之意。所谓缉熙之学，就是保持自己心中本有的光明本体而不使之丧失；这样，人心就能发挥其各种智慧和功能。缉熙之学的基本操作方式，便是"时时保守此一念，（使）动静弗离"，听凭发自本心的正念去指导自己的日用行履。缉熙之学的思想，仍不外是"致良知"的含义，只不过讲得更加具体，深入到慎于当下一念的微处。

需要指出，慎于一念之微，并不是单纯给人的思想和心理加上一种戒律，相反，恰恰是要通过这种修养工夫的实地践履，使人心在"顺道而行"的基础上，恢复自由自在的先天之境。王龙溪曾对友人说：

> 日逐应感，只默默理会当下一念，凝然洒然，无起无不起，时时觌面相呈，时时全体放下，一切称讥逆顺不入于心。所以终日交承，虽冗而不觉劳，终日论说，虽费而不觉扰……迹虽混于世尘，心若超于太古。②

这段话表明，只要以良知为诀，"默默理会当下一念"，使自我的心理处于"凝然洒然，无起无不起"的状态，学会"时时全体放下，一切称讥逆顺不入于心"，那么，修道者的心灵便会逐渐进入一种自由自在的状态，所谓"终日交承，虽冗而不觉劳；终日论说，虽费而不觉扰"，"迹虽混于世尘，心若超于太古"，完全是一种自如无碍的逍遥境界。人生一世，还有什么能比这

---

① "缉熙"二字，语出《诗·大雅·文王》。其文曰："穆穆文王，於缉熙敬止。"

② 吴震编校：《王畿集》卷16《万履庵漫语》，第462页。

种"自得"之受用更有吸引力？更能体现出一个人的真实修行水平呢？

如果返回到阳明心学的基本宗旨上来，我们不难发现，无论是慎于一念之微，还是所谓缉熙之学，都是阳明心学"致良知"宗旨的延伸和细化。为了更加清晰地阐明"致良知"工夫的内涵，王龙溪有时也将"慎于一念之微"和"致良知"宗旨直接挂起钩来加以阐释，他说：

> 致知之外，无学矣。良知者，是非之心，其机存乎一念。发一念而安，即是是；发一念而不安，即是非。安则必为之，举世非之而有所不顾；不安则必去之，得尽便宜有所不为。方为实致其良知，方为自慊，方能出得俗套。①

王阳明在世时，有些学者疑虑良知如何去致，遭到了王阳明的斥责，他说："良知本是明白，实落用功便是。不肯用功，只在语言上转说转糊涂。"② 然而，在古代汉语中，"致"字的含义确实比较宽泛，难怪有些人希望进一步讲明"致良知"工夫如何去做。对此，王龙溪不厌其烦，接着乃师的思路往下讲。他指出："良知者，是非之心，其机存乎一念"，"致良知"工夫的起手处，便在于"理会当下一念"，学者应当懂得"发一念而安，即是是；发一念而不安，即是非"的道理，据此，"安则必为之，举世非之而有所不顾；不安则必去之，得尽便宜有所不为"，这样一来，才算是在日常生活中"实致其良知"，才能"出得俗套"，才能换得自身的心安理得。可见，王龙溪继承了王阳明的思想精髓，对于阳明心学的宣讲，有着不容低估的扩展和深化之功。

---

① 吴震编校：《王畿集》卷 15《册付丁宾收受后语》，第 438 页。
② 吴光等编校：《王阳明全集》卷 3《语录三》，第 109 页。

（四）以无欲为至，以寡欲为功

王阳明说过："吾辈用功只求日减，不求日增。减得一分人欲，便是复得一分天理；何等轻快脱洒！何等简易！"[1] 这表明了心学工夫的实质是做减法，而非加法（增加思想和知识负担）。这句话，王龙溪又记作："工夫只求日减，不求日增；减得尽，便是圣人。"[2] 它们表达的是基本一样的意思。王龙溪认为，心性修养工夫的实质是在做减法，即卸掉思想和心理上的不必要负担。在这种"减担"工夫中，王龙溪特别强调"以无欲为至，以寡欲为功"。

既然圣学工夫的根本要求是减担，那么，我们就需要寻找一下造成自己思想和心理负担日重的原因是什么。除了意见之弊外，主要原因便是世人的欲望太多、意念过重，这造成了人心负担不断增加的弊病，使心灵失去了原本的智慧和自由。因此，"慎于一念之微"的工夫，最终必须落实到寡欲上来。王龙溪认为，唯有通过寡欲的修养工夫，才能返还至善的先天心体。

关于人心的先天本然状态，王龙溪（包括其他先哲）有着很深的体悟。他们发现：人心本体其实是"无欲而静"的状态。王龙溪说：

> 乾，天德也。天地灵气，结而为心。无欲者，心之本体，即所谓乾也。[3]
>
> 心之本体原是至善而无欲，无欲则止，有欲则迁。[4]

可是，在后天社会的发展过程中，因为物质产品的丰富和私有制的确立，人们渐渐滋生了各种欲望，希望获得更多的物质财富，并且把这种对外物

---

[1]　吴光等编校：《王阳明全集》卷1《语录一》，第28页。

[2]　吴震编校：《王畿集》卷6《与存斋徐子问答》，第146页。

[3]　吴震编校：《王畿集》附录一《大象义述·乾卦》，第652页。

[4]　吴震编校：《王畿集》卷8《〈大学〉首章解义》，第176页。

的追求视为理所当然的事情。于是，人类的心灵逐渐背离了先天原本的朴实状态，从"无欲而静"走向了"多欲而扰"，并且很少有人知道回头。随之而来的，便是人世间种种的纷争、不幸和烦恼。所幸的是，人类的先天良知只是被湮没而非消亡，在一些天赋道德和智慧水平较高的人身上，仍然保留了较多成分的先天本心。通过后来的修习和反省，他们终于明白了心之本体无欲而静的奥秘。这些人便是所谓先知先觉，他们教诲众生复还先天本心的努力便体现为"先知觉后知，先觉觉后觉"的教育事业。王阳明、王龙溪就是这样一种人，他们讲学传道的目的就是使世人觉悟自己的先天本心，明白其无欲而静、自如快乐的内涵，从而解脱世俗生活的束缚和烦恼。

王龙溪认为，要想做好致良知的功夫，或者说以良知为诀去理会性情，关键是要以寡欲为功，以无欲为至。他说：

> 夫人心本虚，有不虚者，欲累之也。心之有欲，如目之有尘，耳之有楔也。君子寡欲以致虚也，如去尘拔楔，而复其聪明之用也。寡欲之功存乎复，观复则天地之心可见，而万物之芸芸者，归其根矣。①

又说：

> 吾人一向（于）欲染扰扰上打混，不曾实落于无欲源头定命根，所以致知工夫不得力。无欲不是效，正是为学真正路径，正是致知真正工夫。②

值得注意的是，由于中国古代哲学不太讲究逻辑规则的缘故，王龙溪所说的

---

① 吴震编校：《王畿集》卷17《虚谷说》，第497页。
② 吴震编校：《王畿集》卷9《与聂双江》，第200页。

"无欲"和"寡欲"，从动词意义上讲，并没有严格的区分，指的都是同一个东西，亦即减少欲望，去掉心灵之累，最终恢复无欲之本体。今人在研读经典原著的过程中，不应该过分纠缠于语词、概念的异同，那样只会泥迹失神，反而错过了领悟先哲思想精髓的机会。根据上述两段语录可知，王龙溪认为，既然人心的先天本体是无欲的，那么，我们只能在这"无欲源头定命根"；学者不能把无欲看成是最终结果，而应该把它看成"为学真正路径""致知真正工夫"，换一个角度来说，这也就是"寡欲以致虚"的工夫。修习的最终效果，便是去掉心灵的障蔽，"如去尘拔楔，而复其聪明之用也"。

　　王龙溪所说的"以无欲为主，以寡欲为功"①，并不单纯是指纠正已经显露出来的诸种欲望、念头，而是潜入到自我的内心深处，把一切具有指向性的潜在欲望都去除剥落，这才是彻底的修养工夫。他说：

> 人心固有，本无所放，惟动于欲始放。下者溺于嗜好攀援，高者泥于见闻格套，高下虽殊，其为有心所向则一而已。夫心有所向则为欲，无所向则为存。将有所向，觉之早而亟反之，是为寡欲之功。存之之法，惟能[在]寡欲，以复吾一体之仁，则独往独来，超然自得，天地所不能困，万物所不能挠，而常伸于万物之上。②

王龙溪一针见血地指出，"心有所向则为欲，无所向则为存"，正因为有了这种潜在的欲求，人心才会"感物而动，动即为欲"，③从而在追逐外物的过程中迷失自己。因此，学者正确的做法应当是"将有所向，觉之早而亟反之，是为寡欲之功"；同时，"存之之法，惟在寡欲，以复吾一体之仁"，把"小我"

---

①　吴震编校：《王畿集》卷5《书同心册卷》，第122页。主，犹言主脑，即思想指南。
②　吴震编校：《王畿集》卷17《子荣惟仁说》，第508页。按："惟能寡欲"一句，当作"惟在寡欲"，意思更通顺。
③　吴震编校：《王畿集》卷3《答中淮吴子问》，第69页。

的欲望消除了，就意味着剥落了心灵的负担，开始体会到"天地万物一体之仁"的意境。这样一来，修道者的心灵方能恢复原本的自由逍遥，"独往独来，超然自得，天地所不能困，万物所不能挠，而常伸于万物之上"。

有时，王龙溪并不直接说寡欲或无欲，只说一个"淡"字，也包含了寡欲的修养工夫在内。例如他说：

> 世情淡得下，则不从躯壳上起念，欲障渐除，真机自然透露。人我两忘，好恶不作，平怀顺应，坦坦荡荡，无入而不自得矣。①

在这段话中，"欲障渐除，真机自然透露"一语，特别耐人寻味。它告诉了世人另一种生活方式和精神指向，那就是因为淡泊名利而逐渐消除了欲障，使得人心中先天原本的"真机"自然透露出来，这种"真机透露"之后的心灵面目，呈现出一种"人我两忘，好恶不作，平怀顺应，坦坦荡荡，无入而不自得"的自由面貌。说实话，人生还有什么东西比这种"无入而不自得"的精神境界更可宝贵的呢？要达到这种精神境界，实得其受用，那就必须遵循王龙溪所说"以无欲为至，以寡欲为功"，这样才能如愿以偿。当然，即使是寡欲工夫，也不是一味地为减损而减损，一定要以良知为诀，如王龙溪所说："良知自有天则，随时酌损，不可得而过也。"②凡事能以良知为诀，在现实生活中才不会出现逃避问题、推卸责任的胆怯心理，而是"时止则止，时行则行，动静不失其时，其道光明"③。这才符合儒家先圣的方法论——中庸之道。

如果追溯理论渊源，王龙溪以"无欲为至，寡欲为功"的思想，并不只是个人之见，而是对北宋理学开山祖周敦颐"无欲成圣"理念的继承和弘

---

① 吴震编校：《王畿集》卷12《与鲁旦堂》，第313页。
② 吴震编校：《王畿集》卷3《答中淮吴子问》，第69页。
③ 《周易·艮卦·象传》。

扬。自周敦颐提出"无欲成圣"的命题后，这一理念逐渐被宋明理学的大多数思想家引为同调，王龙溪也不例外。不过，他和官方的程朱理学不同之处在于，他所崇尚的"无欲"，只以良知为诀，而不是像官方理学那样以"三纲五常"为准则，这是一个本质区别。总之，"以无欲为至，以寡欲为功"的工夫论思想，在王龙溪的教育哲学中占有很重要的地位，它是从另一个角度对"理会性情""慎于一念之微"等心性工夫的诠释和补充，也是体悟至道、作圣成贤的必然要求。我们不能只以形式逻辑的思维方式去理解这一命题，而要灵活地把握其精神实质，用王阳明的话讲："见得时，横说竖说皆是。若此处通，彼处不通，只是未见得。"①倘若能将王龙溪的心学理论融会贯通，就不难理解"以无欲为至，以寡欲为功"的思想确实是王龙溪心性工夫论中不可或缺的内容。

第三节　王龙溪教育哲学的思想特色

王龙溪是阳明后学的思想巨擘，他的教育哲学主旨既然是求取觉悟和学为圣人，那么，在阐述和弘扬这一思想宗旨时，必然带有明显的心学特色。搞清了这些心学特色，有助于我们澄清诸多以往对于王龙溪思想的误会，更加准确而深入地理解王龙溪教育哲学的本来面目和优长之处。

一、夫学，心学也

自从王阳明公开传播自己的哲学思想，人们便有了程朱理学和陆王心学的对比。作为阳明心学的嫡传，王龙溪继承了阳明一脉的心学宗旨，其哲学思想当然含有显著的心学特色。简而言之，王龙溪认为，无论圣人之学多么

---

① 　吴光等编校:《王阳明全集》卷 1，第 30 页。陆九渊亦曰:"一是即皆是，一明即皆明。"（《陆九渊集》，第 469 页）说的也是类似的问题，可为佐证。

博大精深，它的本质可以用一句话来概括："夫学，心学也。"

关于圣人之学本质上即是心学的思想，王龙溪进行过多角度的阐述，旨在使学者明白圣人之学的精神实质。他说：

> 夫学，心学也。人心之灵，变动周流，寂而能感，未尝不通也；虚而能照，未尝不明也。此千圣以来相传之宝藏，人人之所同有，惟蔽于私而始失之。学也者，学去其蔽而已矣，非有加也。何也？夫心之通明谓之圣，圣人者，生而知之，学之的也。①

根据这段话的内容，我们可以知晓，人人心中有个先天的宝藏，那就是"寂而能感，未尝不通；虚而能照，未尝不明"的良知本体，但是，人们在后天生活中由于蔽于私欲、习气等因素，迷失了这一先天通明之心体，因此，学者的根本任务就是要在自己的内心中找回这一先天通明之本心，这也就是圣人之"圣"的根本内涵。据此可知，所谓圣人之学，并不是后天外加给人们什么东西，而是发掘、恢复人心本有的先天功能；离开了"心"这一修道的枢纽，圣人之学也就无从谈起了。从这个意义上讲，"夫学，心学也"。

谈及"心学"二字，人们通常有一种印象：信奉心学者似乎都是不务实际、师心自用之辈。其实，这是一种误解。所谓心学，是要发掘、恢复人心先天本有的德性与智慧，绝不是教人妄自尊大、脱离实际。否则，我们就无法解释心学宗祖王阳明一生所建树的卓绝事功了。那一连串的功业，绝不是脱离实际、师心自用的人可以办得到的。对此，王龙溪指出：

> 良知是性之灵窍，本虚本寂。虚以适变，寂以通感，一毫无所假于外。譬之规矩之出方圆，规矩在我则方圆不可胜用，泥方圆而求规矩，

---

① 吴震编校：《王畿集》卷13《国琛集序》，第353页。

则规矩之用息矣！此学未尝废闻见，但属第二义。能致良知，则闻见莫非良知之用；若借闻见而觅良知，则去道远矣！颜子德性之知，子贡多学之识，毫厘之辨，在孔门已然，况后世乎？①

在这段话中，王龙溪指出了作为"性之灵窍"的良知本体的先天功能，那就是"虚以适变，寂以通感，一毫无所假于外"。就像心中天然的规矩一样，只要掌握了这一"规矩"，再去画圆画方，都会游刃有余，应付自如，这是一种先验的"德性之知"；反之，即使获取再多的后天闻见之识，所知所见始终有限，以此指导自己的人生历程，终将变得左支右绌，应接不暇。因此，圣人之学的关键是让人领悟和应用这种根于人心的先天德性之知，而非教给人们繁多的后天闻见之识。这种学术路径的根本差别，早在孔子门下就已经体现出来，那就是"颜子德性之知"和"子贡多学之识"的分道扬镳。"颜子德性之知"便是心学所崇尚的根本学问，而"子贡多学之识"则是俗儒所追求的东西。因此，后代学者一定要明白心学与其他学派在学术宗旨上的根本区别。

当然，领悟"先天德性之知"，并不排斥后天闻见之识。王龙溪指出，"此学未尝废闻见，但属第二义"。人在后天生活中需要掌握一定的知识技能，这属于后天的闻见之知。不过，当人们面对复杂的、非技能性的问题时，真正起作用的还是先天德性之知。只有这种先天良知可以指导人们正确地应用后天所学的知识技能，理出头绪，抓住关键，帮助自己走出困境，因此，王龙溪才说"能致良知，则闻见莫非良知之用"。需要注意的是，德性之知根于先天心体，不需要外求便可领悟；如果以为通过扩大闻见知识才能获得德性之知，那便是搞错了根本的路向。因此，王龙溪又告诫学者，"若借闻见而觅良知，则去道远矣！"至此，我们才明白所谓"心学"的内涵究

① 吴震编校：《王畿集》卷11《与莫中江》，第279页。

竟指的什么。

在明确了"夫学，心学也"的关键要旨之后，在此基础上，王龙溪又顺带指出了修习圣人之学的用功方法，他说：

> 千古圣学，惟在理会心性。心性者，根于天，取诸固有而盎然出之，无所假于外。外此而学者，谓之异学。……夫心性者，所谓自立之根，而读书则取其发育长养之助而已。……不本于心性，而专务读书，虽日诵六经之文，亦不免于玩物丧志，明道所以规上蔡也。①

在这段话中，王龙溪不仅点明了"千古圣学，惟在理会心性"的工夫论思想，而且将"理会心性"和"专务读书"的治学模式做了一个对比。他告诫世人，"不本于心性，而专务读书，虽日诵六经之文，亦不免于玩物丧志"，脱离了心性修养而专务读书，只能求取知识的增长，与自家身心毫无交涉，因此，这种读书方式只能是"玩物丧志"的游娱而已，早在北宋时期，程颢（明道）已为此事规劝过门人谢良佐（上蔡）。可惜的是，后儒不以此为鉴，仍然热衷于扩充、增长闻见之识。对此，王龙溪质问道："若只在知识寻求，于身心有何交涉？"②他的用意很明显，要想达到人生的觉悟，成就圣人人格，就要学会放下对闻见之知的执迷追求，重新回到"理会心性"的正途上来。

关于"夫学，心学也"的思想，王龙溪还做过许多阐述，如他说："千古圣人之学，心学也；太极者，心之极也。"③由于其所涉及的典籍和内涵过于复杂，本著不拟详述。但是，至此我们足以明白：王龙溪所说的心学宗

---

① 吴震编校：《王畿集》卷14《赠邑博诸元冈迁荆王府教授序》，第383页。
② 吴震编校：《王畿集》卷7《南游会纪》，第152页。
③ 吴震编校：《王畿集》卷17《太极亭记》，第481页。

旨，实际上是指"身心之外无学矣"①，这才符合心性之学的原意。

二、所谓问学，乃现在日履

由于历来人们对于阳明心学存在误解，如果只说"夫学，心学也"，难免使人走上师心自用②、妄自尊大的歧途，所以，王龙溪在宣讲心学思想时，有时会适当变换角度予以阐述，以彰显其本义。他明确地指出：所谓问学，就是要在日常生活的伦物实践中做工夫，通过伦物实践中的心性修养，便能够获得人生的觉悟，成就理想的人格。他曾经教诲门人说：

> 所谓问学，乃现在日履，不论闲忙，无非用力之地。若外现在别有问学，所问所学又何事耶？……若外此别有所学，忙时是著境，便生厌心；闲时是著空，便生怠心。又何得为同道耶？③

这段话表明，凡是日常生活中的"现在日履"，无论是闲暇还是忙碌，都应该认真应对、踏实为之，因为在这些日常事务中，普遍包含了"理会心性"的"用力之地"，它们都是锻炼、造就圣贤人格的绝好素材。如果有人以为离开日常生活、人伦物理也能修道，那么不是著境，便是著空，实际上都错过了心性修炼的最好时机，因此，所谓问学就体现在当下实际的生活中。

在宋明理学中，"格物"之争一直是个大问题。王龙溪继承了王阳明的格物思想，并把它融入到讲学传道的内容中，彰显出"所谓问学，乃现在日履"的务实精神。王阳明曾说："物者，事也，凡意之所发必有其事，意所

---

① 吴震编校：《王畿集》卷15《易测授张叔学》，第418页。

② "师心自用"一词本是南宋心学家陆九渊最先提出并加以批评的，他说："学者大病，在于师心自用。"（《陆九渊集》卷3《与张辅之》，第36页）

③ 吴震编校：《王畿集》卷11《答宗鲁佺》，第297页。

在之事谓之物。格者，正也，正其不正以归于正之谓也。"① 王龙溪继承了王阳明的思想，告诫门人要从容、踏实地处理眼前的种种事务，他说：

> 物是现在感应之实事。既有民社之职，种种簿书期会，便是感应之物，于此磨得心平气和、不急不缓，以直而动，才过即觉，才觉即化，便是格了簿书期会之物。一切酬酢、逆顺、好丑，莫不皆然，非必习静与读书，然后为学也。②

在这段话中，王龙溪进一步将王阳明的"物者，事也"之见扩充诠释为"物是现在感应之实事"，表明了心学工夫本不离当下的求实风格。他同时指出，心学所提倡的格物工夫，并不仅仅是处理好眼前的事情，还要在处理事务的过程中将心性磨得"心平气和、不急不缓"。虽然"过者，圣贤所不免"③，但是，修道者在实际生活中，对于难以避免的过失，能够做到"才过即觉，才觉即化"，丝毫不成为心理负担。只要这样，生活中的得失成败便不再成为修道者的阻隔，相反，繁杂事务的锻炼却能够造就超凡入圣的心理素质。由是可见，日常生活中的任何事务，都可以成为"理会性情"的作业题，"一切酬酢、逆顺、好丑，莫不皆然，非必习静与读书，然后为学也"。

基于上述理念，王龙溪又提出了一个"着衣吃饭，无非实学"的重要命题，粉碎了人们对于心学不务实际的种种误解。他说：

> 若果彻底承当得来，着衣吃饭，无非实学，一念相应，便是入圣根基，便不在题目上作好丑安排障。④

---

① 吴光等编校：《王阳明全集》卷 26《大学问》，第 972 页。
② 吴震编校：《王畿集》卷 12《答徐龙寰》，第 313 页。
③ 吴震编校：《王畿集》卷 12《答徐龙寰》，第 313 页。
④ 吴震编校：《王畿集》卷 12《与丁存吾》，第 330 页。

如果我们回顾一下前章内容，就会发现"着衣吃饭，无非实学"的命题并非王龙溪一人的观点，其实，这乃是阳明心学正脉的共同见解。例如，同为阳明门下高足的泰州学派创始人王艮曾说：

> 圣人之道，无异于百姓日用；凡有异者，皆谓之异端。①
>
> 百姓日用条理处，即是圣人之条理处。圣人知，便不失；百姓不知，便会失。②

这些话语，后来被黄宗羲概括为"百姓日用即道"③，它和王龙溪的"着衣吃饭，无非实学"的命题一样，都体现出阳明心学正脉均注重结合实际以涵养心性的学术风格。不仅如此，越到晚年，悟性超旷的王龙溪对学问工夫随时随地可以修证的特性越发重视，他曾对门人说：

> 区区年来亦见得此学不可一时不理会，小心翼翼，对越上帝，乃是吾人日履行径。④

由是可见，王龙溪所提倡的心学工夫，从来不是师心自用、妄自尊大的狂生之学，而是实实在在修养心性，以期超凡入圣的"正法眼藏"，继承并弘扬了阳明心学内在的基本理念。关于"所谓问学，乃现在日履"的命题，虽然王阳明本人未曾提出，但是，他在论述心物关系时，已经包含了相关的思想。王阳明在与老友顾东桥论学时，针对顾东桥怀疑心学思想可能存在"专求本心，遂遗物理"的弊端，曾专门指出：

---

① 《王心斋全集》卷 1《语录》，第 10 页。
② 《王心斋全集》卷 1《语录》，第 10 页。
③ 黄宗羲:《明儒学案》卷 32《泰州学案一》，第 710 页。
④ 吴震编校:《王畿集》卷 12,《与贡玄略》，第 317 页。

"专求本心，遂遗物理"，此盖失其本心者也。夫物理不外于吾心，外吾心而求物理，无物理矣；遗物理而求吾心，吾心又何物邪？①

心虽主乎一身，而实管乎天下之理，理虽散在万事，而实不外乎一人之心。②

这两段话表明，"物理"和"吾心"是相互依存、密切联系的。如果以为离开物理也能求得吾心，那么，这只能是一相情愿的空想；反之，如果以为离开吾心能够求得物理，那么，所得不过是一些支离散乱的外在之理而已，与自家身心并无干涉，与作圣成贤更无关联。因此，外心而求理，实在是南辕北辙之举。在此需要注意，宋明理学所讲的"物理"，一般指的是事理。朱熹说："物，犹事也。"③王阳明亦说："物者，事也。"④这种"物理"与觉悟人生真谛、养成圣贤人格直接相关，与现代自然科学所研究的"物理"不是一码事。外心而求理，得到的只能是关于某一领域的事物本质和规律的认识，乃是"形而下"的真理，和穷尽天人性命的"形而上学"不能相提并论。要想"穷理尽性以至于命"，必须将心与物彼此贯通、一体看待，既要明白"道在心中"的真谛，又要懂得"着衣吃饭，无非实学"的工夫路径。有鉴于此，王龙溪在讲明了"千古圣学，惟在理会心性"的真谛后，同时又指点出"所谓问学，乃现在日履"的用功方向，这样一来，方才构成对于心学宗旨的完整表述。

三、先天之学不容说

王龙溪教育哲学的根本宗旨，是使学者觉悟先天的良知本体（又称"仁

---

① 吴光等编校：《王阳明全集》卷2《答顾东桥书》，第42页。
② 吴光等编校：《王阳明全集》卷2《答顾东桥书》，第42页。
③ 朱熹：《大学章句》，《四书章句集注》，第4页。
④ 吴光等编校：《王阳明全集》卷26《大学问》，第972页。

体"、"明德"、"天命之性"等）。然而，这一先天的良知本体具有超越常规经验和理性思维的特性，用王龙溪自己的话来讲，就是"先天之学不容说"①，但是，在后天生活中，人们又必须使用语言和文字相互交流，因此，如何向世人传递先天之学的相关信息，就成为王龙溪所面临的一大问题。

首先，先天良知本体超越常规经验和理性思维的特性，这是儒、释、道历代高人的共同发现，由此衍生出中国古代哲学"言不尽意"的思想传统。

除了释、道二教之外，先秦儒家在本体论问题上一直认同"言不尽意"的见解，最典型的莫过于《易传》中所说的"书不尽言，言不尽意"②。魏晋时期，玄学家王弼据此阐释道："故言者所以明象，得象而忘言；象者所以存意，得意而忘象。……是故存言者，非得象者也；存象者，非得意者也。……得意在忘象，得象在忘言。"③从此，"言不尽意"成为中国古代哲学一项重要的思想传统。

王龙溪自彻悟良知本体之后，也完全明白了良知本体超越言诠的特性，因此，他明确地指出"先天之学不容说"。王龙溪和门人在这方面的对话有很多，例如：

> （诸门人）叩首曰："某等深信阳明夫子良知之学，誓同此心，以此学为终始，惟先生独得晚年密传，窃愿有以请也。"先生叹曰："有是哉！苟能发心求悟，所谓密在汝边，凡有所说即非密也。"④

又如：

---

① 吴震编校：《王畿集》卷3《水西经舍会语》，第62页。
② 《周易·系辞上》。
③ 北京大学哲学系中国哲学教研室选注：《中国哲学史教学资料选辑》（上），中华书局1981年版，第382页。
④ 吴震编校：《王畿集》卷5《颍宾书院会纪》，第115页。

> 孔子每以回、赐举而进之，弗如与之"予欲无言"之诲，所以傲之者屡矣，赐终疑而未知。使学可以言传而得，则凡及门之士皆可以为颜子；惟其不可以言传，故虽颖悟如子贡，亦不能使之悟也。①

通过上述对话，王龙溪表明了圣人之学的精蕴不可能通过"言传而得"的客观事实。他以孔子"予欲无言"之语为例，告诉门人：如果心学精蕴可以通过言传而得，那么孔子门下人人都可以通过言诠之教而达到颜子的水平；实则相反，正因为"（道）不可以言传"，所以像子贡那样聪明颖悟之人，也无法使之觉悟，这就是孔门其他弟子皆不及颜子的原因所在。

由于"道"不可言传之故，要想真正领会它，就必须通过心悟。对此，王龙溪说：

> 得也者，非得之于言，得之于心也。契之于心，忘乎言者也，犹之烛之资乎明、杖之辅乎行，其机则存乎目与足，非外物所得而与也。若夫玩而忘之，从容默识，无所待而自中乎道，斯则无言之旨，上达之机。②

由是可见，王龙溪主张：必须透过言诠思辨，从内心去体悟先天良知本体，这样才算符合孔子所传的"无言之旨，上达之机"。据此，王龙溪写了《悟说》一文，把学者的修行境界分为解悟、证悟和彻悟三种。其中，所谓解悟，便是对"道"的理性认识，可以言说，"譬之门外之宝，非己家珍"③，是不能算数的。这样一来，他无形中便把包括朱熹在内的许多讲究著书立说的大儒排斥在了"明道"者的范畴之外了。在"道"不可言说的问题上，王龙溪和王

---

① 吴震编校：《王畿集》卷 8《艮止精一之旨》，第 185 页。按："予欲无言"一语，出自《论语·阳货》。
② 吴震编校：《王畿集》卷 13《重刻阳明先生文录后序》，第 341 页。
③ 吴震编校：《王畿集》卷 17《悟说》，第 494 页。

阳明一样，没有丝毫的乡愿气，显示出一种实事求是的严肃态度。

其次，虽然"先天之学"具有超越言诠的特性，但是，为了让后人明白先天之学的大致内蕴和用功方向，作为一种"第二义"的工具，后天的语言文字和理论阐释还是可以发挥其必要的作用的。这好比禅宗所说"凭指见月"一样，只要学者不把手指本身当成月亮，那么，这种以手指示月的教法本身还是行之有效的。

正因为如此，文笔和口才都相当出色的王龙溪，大半生都是在用言语阐说去教诲门人弟子，其目的就是启发他们的觉悟。王龙溪指出：

> 古人之言，皆为未悟者设，悟则忘言矣。[1]
> 真得真忘，非言说意想之所能及也。[2]

对于这种以语言文字来传递"道"的信息的做法，王龙溪一直将其放在"第二义"的地位上。在他看来，这是一种因地（人）制宜的"权法"，学者不必执泥于此。要懂得因人设教，随说随扫，凭指见月，见月忘指，这样才能真正觉悟良知本体，并从中获得相应的受用。

当然，用言语讲说来教诲弟子的前提是教师本身要先觉悟，否则，这种讲说就成为鹦鹉学舌般的游戏之谈了。为此，王龙溪诚恳地对门人谈起自己的修道体悟和内心衷肠，他说：

> 不肖赖天之灵，偶然得个悟入，故深信不疑，以为千古绝学，庶几有在于此，不惜口业，每每与诸公一谈，以尽交修之怀，非不自量也。若不是自己真有个悟入处，虽尽将先师口吻言句一字不差、一一抄誊与

---

① 吴震编校：《王畿集》卷16《胡栗里别言》，第457页。
② 吴震编校：《王畿集》卷16《别言赠周顺之》，第454页。

人说，只成剩语，诳己诳人，罪过更大，以其无得于己也。①

由是可见，王龙溪颇像禅宗古德所说的"老婆心切"，有一种悟道之后急于想把真理（真相）告诸世人的真诚情怀。同时，这段话也表明了王龙溪对于模仿先圣口吻言语、"一一抄誊与人说"的蹈故作法的否定。他认为这是"诳己诳人，罪过更大"，说到底，还是由于施教者本身"无得于己"而导致的。因此，王龙溪认为，对于以言论道的做法，必须持有谨慎的态度。

王龙溪关于"先天之学不容说"的思想并非一己之见，而是禀承了心学宗祖王阳明的有关思想而续论的。王阳明生前，清楚地表述过"道不可言"的心学理念。他在这方面的言论有很多，例如他说：

道不可言也，强为之言而益晦；道无可见也，妄为之见而益远。夫有而未尝有，是真有也；无而未尝无，是真无也；见而未尝见，是真见也。②

道之全体，圣人亦难以语人，须是学者自修自悟。③

又如：

（门人）刘观时问："未发之中是如何"？先生曰："汝但戒慎不睹，恐惧不闻，养得此心纯是天理，便自然见。"观时请略示气象。先生曰："哑子吃苦瓜，与你说不得。你要知此苦，还须你自吃。"④

---

① 吴震编校：《王畿集》卷9《答李克斋》，第207页。
② 吴光等编校：《王阳明全集》卷7《见斋说》，第262页。
③ 吴光等编校：《王阳明全集》卷1《语录一》，第24页。
④ 吴光等编校：《王阳明全集》卷1《语录一》，第37页。

此类话语在《王阳明全集》中并不鲜见，兹不赘述，仅此足以使人明白，"道不可言"的思想乃是心学一脉的根本理念。虽然王阳明和王龙溪等人一生都以讲学传道为事业，但其根本目的不是为了个人的成名立说，而是真诚地想把良知之学的精蕴传给世人，促使人们达到生命的觉悟。他们毕生的讲学活动，实质上是促成这种生命觉解的"方便法门"。总之，"先天之学不容说"，的确是王龙溪及至整个陆王心学一系的重要思想特色，其中所包含的玄奥的思想内涵和灵活的辩证法，深邃而实在，非常值得后人虚心学习和借鉴。

四、直从易简示工夫

提倡简易直截，反对支离烦琐，这是陆王心学的一贯风格。早在鹅湖之会时，陆九渊就曾以诗讽喻朱熹曰："易简工夫终久大，支离事业竟浮沉。"[①]作为思想上一脉相承的儒者，王阳明对陆象山的易简工夫完全赞同，而且将其进一步发扬光大。他同样强调学者要做"简易透彻功夫"[②]，并最终拈出"致良知"三字作为这一简易透彻工夫的理论宗旨。到了晚年，王阳明对"致良知"之学益加自信。在出征广西的途中，经过吉安螺川驿时，面对前来迎送的诸多江右弟子，王阳明临别嘱曰："工夫只是简易真切，愈真切，愈简易；愈简易，愈真切。"[③] 这再次明确地表达了心学崇尚易简工夫的思想理念。

作为阳明嫡传和儒林的"同志宗盟"，王龙溪当然也旗帜鲜明地提倡简易直截的工夫，反对支离繁琐的学问。他曾赋诗曰：

龟载神书马负图，直从易简示工夫。人心有感由来寂，造化无形若个模。影响前头千句少，羲皇而上片言无。好将知见都捐弃，兀坐蒲团

---

① 《陆九渊集》卷 34《语录上》，第 427 页。

② 吴光等编校:《王阳明全集》卷 3《语录三》，第 111 页。

③ 吴光等编校:《王阳明全集》卷 35《年谱三》，第 1309 页。

玩太初。①

这首诗包含了很丰富的内容；不过，其中最为清晰的命题，还是"直从易简示工夫"一句。王龙溪的所谓易简工夫，指的仍是王阳明提倡的致良知一事。由于当时占统治地位的程朱理学宿儒对阳明心学竭力攻击、指责，所以，王龙溪毅然挺身而出，为乃师进行理论辩护。他说：

> 先师一生苦心，将良知两字信手拈出，直是承接尧舜孔颜命脉，而其言则出于孟氏，非其所杜撰也。世儒不此之察，顾一倡群和，哄然指以为禅，将易简宗旨反堕于支离繁难而不自觉，岂不重可哀也哉？②

王龙溪认为：致良知之教乃是"承接尧舜孔颜命脉"的儒学真髓；世间俗儒没有察明此说的来由，便"哄然指以为禅"，把修道的易简工夫扔掉，自甘堕落于支离繁琐的章句训诂之学之中，辜负了王阳明的"一片苦心"，实在是"重可哀也"。

由于易简工夫与支离学问的争执由来已久，有时候，王龙溪还不得不为宋代的陆象山、杨慈湖等人进行辩护。他说：

> 慈湖之学得于象山，超然自悟本心，乃易简直截根源。说者因晦庵之有同异，遂哄然目之为禅。……世儒溺于支离，反以易简为异学，特未之察尔。知象山则知慈湖矣。③

在这段话中，王龙溪明确表达了"慈湖之学得于象山，超然自悟本心，乃易

---

① 吴震编校：《王畿集》卷18《次韵答王生问学》，第519页。
② 吴震编校：《王畿集》卷9《答茅治卿》，第230页。
③ 吴震编校：《王畿集》卷5《慈湖精舍会语》，第114页。

简直截根源"的观点，同时指明，"世儒溺于支离，反以易简为异学，特未之察尔"。这些言论都显示出王龙溪与皓首穷经、埋头故纸的俗儒之学划清界限，坚持阳明心学的易简直截工夫的学术立场。

就王龙溪自己而言，他从来不将过多的精力放在著书立说之中，而是到处讲学传道，以直指人心的方法，传给世人一种觉悟、应用良知的简易、适用的工夫。他的讲学会语，被门人辑录为仅有6卷的《龙溪会语》，言语简明扼要，思想深邃通达，一生心血俱在于此。后来，门人又将其诗文书信等收录，统编为20卷本的《王龙溪先生全集》，亦非鸿篇巨著，却几近全面地展示出王龙溪的生平行迹和思想风采。

或许有人要问：王龙溪提倡的易简工夫，究竟如何去习练呢？前文已阐述过，王龙溪的工夫论，大致而言，是以良知为诀去理会性情，其要领不外乎慎于当下一念。这种心性修养的工夫，可以融入每天的日常生活之中，是人人可做的，形式上确实简易直截。不过，真的要将其做好，直至打成一片，不经历一段时间笃实的格物过程是不可能如愿的。王龙溪指出：

> 千古圣学，只从一念灵明识取，只此便是入圣真脉路。当下保此一念灵明，便是学；以此触发感通，便是教。随事不昧此一念灵明，谓之格物……直造先天羲皇，更无别路，此是易简直截根源，知此谓之知道，见此谓之见易，千圣之秘藏也。[1]

"只从一念灵明识取，只此便是入圣真脉路"一句，实际上是对王阳明"致良知"之教的不同表述。因为良知即是心之灵明本体，凡事能依从良知的觉照和指引，便可居仁由义，不昧本心，学者照此去做，便是走在了"直造先天羲皇"的道路上，舍此之外，亦无别路可循。因此，王龙溪才说："此是

---

[1]　吴震编校：《王畿集》卷16《水西别言》，第451页。

易简直截根源，知此谓之知道，见此谓之见易，千圣之秘藏也。”

总之，所谓易简工夫，并非怠惰偷懒、马虎敷衍，而是确有这样一条通往先天本然境界的“道路”，只待有志之人去践行这一心路历程。王龙溪向世人揭示出这条道路，使人们不再陷入繁琐支离的泥淖之中。同门钱德洪曾说：“学益彻，则立教益简易。”[①]这句话，可以看作是对王龙溪教育哲学易简风格的映证，当然，也勾勒出了整个陆王心学的共同思想特征。

第四节　王龙溪的讲学成效与历史评价

一、王龙溪的讲学足迹与积极成效

王龙溪讲学半生，长达四十余年，在当时引起了巨大的社会反响。诚如门人赵锦所述盛况：“车辙所至，会常数百人，讲舍遍于吴、楚、闽、越，而江、浙为尤盛。”[②] 在此，我们仅以他去过的次数较多的书院（又称精舍、山房等）为例，以见其讲学足迹遍至大江南北——水西经舍（今安徽泾县）、斗山书院、颖宾书院、建初山房、福田山房（今安徽歙县，古称新安）、南谯书院（安徽全椒）、闻讲书院、怀玉书院（今江西上饶，古称广信）、慈湖精舍（今浙江慈溪，古称句章）、白鹿洞书院（今江西星子），等等。除此之外，王龙溪还广泛参加民间自行组织的各种讲会（又称“会讲”），如水西之会就是他的门人贡安国发起的，多年坚持不辍，常聚数百人讲习圣人之学。出于闻道心切之故，他们隔几年便会邀请王龙溪前往讲学。王龙溪也把水西之会看成是讲明圣学的重要场所，不惮路途艰辛，欣然前行。又如：距离南京不远的全椒县，本是王龙溪好友戚贤的故里，有一座南谯书院。王龙溪每

---

① 吴光等编校：《王阳明全集》卷 29《续编四·序》，第 1038 页。
② 赵锦：《龙溪王先生墓志铭》，载吴震编校：《王畿集》，第 830 页。

逢北上，路过全椒时，必去拜访戚贤。诸友闻之，亦必邀请他来到南谯书院会讲。在南谯书院，王龙溪不仅剀切直言，使"众中闻之惕然"[①]，而且留下了诗句以警诸生，例如其诗云：

> 吾心本自静，弗为欲所侵。师门两字诀，为我授金针。学虑非学虑，致虚以立本。如水浚其源，沛然成滚滚。[②]

在此需要指出，王龙溪一生偏爱的泾县水西经舍、新安斗山书院等地，今天看来都在皖南山区之中，似乎地域较偏。事实上，在明代，安徽和江苏两省尚未分立，都在明朝"南直隶"的范围内，是"南中"之地，亦即明代南方的政治、经济和文化中心地域，并非今人所理解的穷乡僻壤，而是属于比较发达的"徽州文化圈"。因此，王龙溪应邀前往这些地区讲学，并没有"扶贫支教"的意味，完全是由于远近适中、因缘所致（他的很多高足都是皖南人）。当然，除了皖南诸地外，王龙溪还经常在南京、杭州等都会进行讲学，例如：嘉靖四十四年（1565年）春，王龙溪应南京兵部尚书李遂之邀，来到南京城内新泉为仁堂会讲，听众多为士大夫，所讲内容汇编为《留都会纪》一文。随后，门生周怡率"六馆诸生"又将其迎至鸡鸣山凭虚阁开讲，一时间"观者如堵"。[③]同样，在杭州的天真精舍、金波园等地，由于阳明先生祠在此，是王龙溪讲学的"根本之地"[④]，他在这里教诲来访读书人的机会就更多了。由是可见，门人赵锦所述"（龙溪）讲舍遍于吴、楚、闽、越"之语，是对历史盛况的如实描述。

---

① 吴震编校：《王畿集》卷7《南游会纪》，第150页。
② 吴震编校：《王畿集》卷18《南谯书院与诸生论学，感怀次巾石韵》，第560页。按：所引只是此诗的节录。
③ 参见吴震编校：《王畿集》卷5《南雍诸友鸡鸣山凭虚阁会语》，第111页。
④ 吴震编校：《王畿集》卷2《约会同志疏》，第53页。

二、王龙溪的门人简述与历史评价

由于多年的讲学传道，王龙溪门下自然汇集了众多的弟子，俊逸高才，各有所长。说到王龙溪的弟子，用好友徐阶的话来讲："公门人知名者甚众。"① 在此我们仅列举部分：（一）张元忭（1538—1588 年），字子荩，号阳和，浙江山阴人，21 岁举于乡，隆庆五年（1571 年）中进士第一名，即荣登状元之第，授翰林院修撰。张元忭曾在内书房教导内侍中官（即宦官）读书，所用的教材即是王龙溪所编的三卷本《中鉴录》。此书惩恶扬善，意在使内侍宦官从少年时即懂得礼义廉耻，恪守服侍君王的职责。（二）沈宠，字思畏，号古林，生卒年不详，南直隶宣城人。沈宠是嘉靖十六年（1537 年）的举人，曾被保荐为河北行唐知县，后擢御史。因为崇敬王龙溪之故，沈宠将其二子（沈懋敬和沈懋学）时常相携，就学于龙溪门下。其中，沈懋学（1539—1592 年）字君典，号宗颜，万历五年（1577 年）荣登状元之榜，也是中晚明士林中的翘楚。（三）周怡（1506—1569 年），字顺之，号君讷，宁国府太平县人，是一位不喜空言而崇尚力行的王门学者。《明史》卷 209 和《明儒学案》卷 25 均有传。（四）丁宾（1543—1633 年），字礼原，浙江嘉善人。隆庆五年（1571 年）进士，张居正为其座主。曾任知县、御史等职，因不肯屈从张居正，被迫辞官归隐。仕至南京工部尚书，诏进太子太保（从一品）。（五）赵锦（1516—1591 年），字元朴，号麟阳，浙江余姚人。嘉靖二十三年（1544 年）进士，任知县、御史等职。明神宗初期，官至左都御史、刑部尚书等职，并加太子太保衔，成为位居清要的高官。因与权相张居正不睦，乞休回乡。张居正去世后又获起用，一直是内外瞩目的元老之臣。《明史》记载："（赵）锦始终厉清操，笃信王守仁学，而教人

① 徐阶：《龙溪王先生传》，载吴震编校：《王畿集》，第 826 页。

则以躬行为本。"①值得一提的是，"（王）守仁从祀孔庙，（赵）锦有力焉"②，他是促使明王朝将王阳明从祀孔庙的重要推动者，为阳明心学的正名立下了汗马功劳。（六）陆光宅（1535—1580 年），字与中，号觉庵，浙江平湖人，是龙溪好友陆光祖（仕至吏部尚书）的亲弟弟。年轻时原本"任侠不羁，性颇纵逸"③，陆光祖担忧其难以成器，把他纠送至龙溪门下受教。孰料，陆光宅一听王龙溪之教诲，"惕然若有所省"④，从此发心求学。当他再次来到龙溪门下时，"行李萧然，布衾弊服"⑤，成为王龙溪的忠实弟子。王龙溪也欣慰地说："晚得友于与中，归依承籍，平生心事庶几得有所托。"⑥ 可惜的是，陆光宅命数不长，年仅 46 岁就亡故。失去了一位属意的传人，使得王龙溪感慨不已。

事实上，王龙溪所培养的杰出门人还有很多，如贡安国（南直隶宣城人）、查铎（南直隶泾县人）、周梦秀（浙江嵊县人）、梅守德（南直隶宣城人）等，心学造诣都已达到登堂甚至入室的水平。在此无须一一赘述。此外，还需要注意的是，有些不仅当时颇有声望、而且对后世影响甚大的思想家或学者，其实也是王龙溪的弟子或私淑门人。在此仅举两例：

徐渭（1521—1593 年），浙江山阴人，字文长，别号青藤道人，晚明画家、剧作家、诗人，其诗文书画之造诣在古今均称一流。《明史》卷 288《文苑四》有其简传，称其"天才超轶，诗文绝出伦辈"⑦。徐渭和王龙溪不仅是同乡，还是远房表兄弟，他与王龙溪的妻弟张元益、弟子张元忭、次子王应吉等也都有很好的交谊。徐渭一生坎坷，性格狂放，晚年患上癫狂之症，清

---

① 张廷玉等：《明史》卷 210，第 5563 页。
② 张廷玉等：《明史》卷 210，第 5563 页。
③ 吴震编校：《王畿集》卷 20，《乡贡士陆君与中传略》，第 642 页。
④ 吴震编校：《王畿集》卷 20，《乡贡士陆君与中传略》，第 642 页。
⑤ 吴震编校：《王畿集》卷 20，《乡贡士陆君与中传略》，第 642 页。
⑥ 吴震编校：《王畿集》卷 19，《祭陆与中》，第 581 页。
⑦ 张廷玉等：《明史》卷 288《文苑四·徐渭传》，第 7388 页。

醒时才华横溢，妙笔生花；癫狂时胡言乱语，行径嚣张。在今本《徐渭集》中，明确记述徐渭视为"师类"①的人就有王龙溪（排在第一位）。但是，在《王龙溪全集》中，没有一处提及徐渭其人，其原因大致有二：其一，王龙溪虽然欣赏徐渭的才华，但是，看透其为人纵情肆意的毛病，因此，始终没有把他收入门墙之内。其二，王龙溪在世时就嘱托门人编辑、校阅其文集，其主体部分实际上经过王龙溪本人审阅并首肯，而徐渭其人由于禀性所致，无法超越自我，始终放纵不羁、不拘礼法，曾自言"纵疏不为儒缚"②，因此，即使王龙溪曾经与徐渭过从甚密，也不会把自己与徐渭交往的文字收录其中。徐渭是晚明狂放士风的代表人物之一，在人格境界上，他和王龙溪根本不在一个层次，但是，历史事实不容掩饰，王龙溪生前的确有过这样一个天才超轶、行为怪诞的"私淑门人"。

李贽（1527—1602 年），号卓吾、宏甫，又号温陵居士，福建泉州南安人。他少小奉父命读书，性格倔强难化，对于正统理学素来反感。26 岁时，李贽事先背诵好几百篇八股文范文，进入考场后"但作缮写誊录生，即高中矣"③，意外成为举人，因此，他十分鄙视当时的科举制度，认为这根本不足以选拔有真才实学的人才。为了谋生，李贽申请入仕④，曾任河南辉县教谕等职，在官场中靠熬资历，缓缓升迁。明穆宗隆庆四年（1570 年），李贽调任南京刑部员外郎，在南京待了 7 年之久。在此期间，他和许多著名学者过从甚密，如拜泰州学派的王襞为师，与赵贞吉、耿定理、焦竑等人成为好友，与两位心学巨擘王龙溪、罗近溪也是在这一时期认识的。据李贽回忆说：

---

① 徐渭：《徐渭集》，中华书局 1983 年版，第 1332 页。
② 徐渭：《徐渭集》，第 639 页。
③ 李贽：《卓吾论略》，《焚书》卷 3，载张建业主编：《李贽文集》第 1 卷，第 79 页。
④ 在明朝，举人也可推荐入仕，但是一开始只能做些县学教谕之类的小官。

我于南都得见王先生者再，罗先生者一。……自后无岁不读二先生之书，无口不谈二先生之腹。①

李贽平生对于崇奉程朱理学的士大夫十分鄙夷，甚至竭尽讽刺挖苦之能事，痛斥他们"阳为道学，阴为富贵；被服儒雅，行若狗彘"②。但是，对于王龙溪和罗汝芳（号近溪），李贽却非常崇敬，因为龙溪和近溪二人学行一致，功夫深邃，怀有真性情的李贽对这样的高士是衷心佩服的。不过，李贽虽然见过王龙溪，但王龙溪并没有收李贽为徒，或许是早已看出李贽性格张扬，并不看好他的人品和学问。然而，李贽却毫不介意，一生对王龙溪推崇备至。万历五年（1577 年）李贽被任命为云南姚安知府，三年任满后，辞官归隐，专以讲学著述为事。起初，他应好友耿定理之邀，到湖北黄安等地居住，后徙居麻城。流寓麻城期间，他在芝佛院中自行落发，成为一个没有度牒的"和尚"。他名为出家而不断荤腥，身居佛堂却挂孔子像③，行为乖张，出言无忌，在讲学中对程朱理学和封建礼教进行大胆的抨击和嘲讽，以至于当地乡绅以"异端惑世""宣淫"等罪名，捣毁了他居住的芝佛院，使得他不得不暂避到山中。万历二十九年（1601 年），李贽应友人之邀前往通州居住，通州离北京甚近，统治阶级不能再容忍李贽继续宣扬他的思想学说，第二年，在明神宗的亲自过问下，以"敢倡乱道，惑世诬民"④的罪名将其逮捕入狱。李贽入狱后，照样读书吟诗，不过，他很清楚自己必为最高统治集团所不容，不久在狱中自尽，享年 76 岁。

李贽生平，连孔子也不甚敬重，却对于王龙溪倍加推崇。这首先表现在

① 李贽：《罗近溪先生告文》，《焚书》卷 3，载张建业主编：《李贽文集》第 1 卷，第 115 页。

② 李贽：《三教归儒说》，《续焚书》卷 2，载张建业主编：《李贽文集》第 1 卷，第 72 页。

③ 从李贽所著《题孔子偈于芝佛院》一文可知，他并不怎么尊崇孔子，此举只是为了"从众"。参见李贽：《续焚书》卷 2，《李贽文集》第 1 卷，第 95 页。

④ 《明神宗实录》卷 369，载台湾"中央研究院"历史语言研究所校印：《明实录》，1962 年印，第 6919 页。

他对王龙溪著作的喜爱上。本来，李贽具有强烈的怀疑精神，对《论语》《孟子》等儒家经典的权威性素不以为然，他说：

> 夫《六经》《语》《孟》，非其史官过为褒崇之词，则其臣子极为赞美之语。又不然，则其迁阔门徒，懵懂弟子，访忆师说，有头无尾，得后遗前，随其所见，笔之于书。后学不察，便谓出自圣人之口也，决定目之为经矣，孰知其大半非圣人之言乎？……然则《六经》《语》《孟》，乃道学之口实，假人之渊薮也，断断乎其不可心语于童心之言明矣。①

然而，一旦提起王龙溪的著作，李贽的态度就完全不同了。他曾有意搜罗王龙溪的讲学《会语》，读后评价说：

> 世间讲学诸书，明快透髓，自古至今未有如龙溪先生者。……诸朋友中读经既难，读大慧《法语》又难，惟读龙溪先生书无不喜者，以此知先生之功在天下后世不浅矣。②

又说：

> 王先生字字皆解脱门，既得者读之足以印心，未得者读之足以证入也。③

由于尚未读过完整的《王龙溪全集》，他又叮嘱好友焦竑说："龙溪先生全刻，

---

① 李贽：《童心说》，《焚书》卷3，载张建业主编：《李贽文集》第2卷，第93页。
② 李贽：《复焦弱侯》，《焚书》卷2，载张建业主编：《李贽文集》第1卷，第42页。
③ 李贽：《复焦弱侯》，《焚书》卷2，载张建业主编：《李贽文集》第1卷，第44页。

千万记心遗我!"① 显然,他感到手头现有的《龙溪会语》没有读过瘾,因此,十分渴望读到整个《王龙溪全集》。后来,李贽如愿以偿,获得并阅读了《王龙溪全集》。他的基本评价是:

> 《龙溪王先生集》共二十卷,无一卷不是谈学之书,卷凡数十篇,无一篇不是论学之言。……然读之忘倦,卷卷若不相袭,览者唯恐易尽,……故余尝谓先生此书,前无往古,今无将来,后有学者可以无复著书矣,盖逆料其决不能条达明显一过于斯也。②

其次,李贽尽管没有进入王龙溪门下,但对王龙溪的心学造诣和讲学事功仍然予以高度的评价。万历十一年(1583年),王龙溪逝世的消息传来,李贽饱含深情地写下了《王龙溪先生告文》一文。在文中,他断言:

> 圣代儒宗,人天法眼;白玉无瑕,黄金百炼。今其没矣,后将何仰!③

如此褒崇之词,在整个《李贽文集》中极为罕见。随后,李贽又高度赞扬了王龙溪一生讲学传道的教育事业:

> (先生)遂令良知密藏,昭然揭日月而行中天;顿令洙泗渊源,沛乎决江河而达四海。非直斯文之未丧,实见吾道之大明。先生之功,于斯为盛!④

---

① 李贽:《复焦弱侯》,《焚书》卷2,载张建业主编:《李贽文集》第1卷,第44页。
② 李贽:《龙溪先生文录抄序》,《焚书》卷3,载张建业主编:《李贽文集》第1卷,第110页。
③ 李贽:《王龙溪先生告文》,《焚书》卷3,载张建业主编:《李贽文集》第1卷,第112页。
④ 李贽:《王龙溪先生告文》,《焚书》卷3,载张建业主编:《李贽文集》第1卷,第113页。

在这段话中，李贽把王龙溪的思想比作"洙泗渊源"，视为圣学正脉，称其一生的讲学活动"非直斯文之未丧，实见吾道之大明"，认为"先生之功，于斯为盛"，充分肯定王龙溪在王阳明身后继续阐发"良知密藏"之学的不朽功绩。虽然李贽并未成为王龙溪的亲传弟子，但他却说：

> 余小子一面先生而遂信其为非常人也。虽生也晚，居非近，其所为凝眸而注神，倾心而悚听者，独先生尔矣。①

概而言之，李贽对王龙溪的评判是："我思古人，实未有如先生者也。"②这一评价，几乎把王龙溪置于王阳明之上，更不用说其他大儒了。因此，近代有学者误把李贽当成王龙溪的传人，也在可原谅的情理之中，然而事实上，王龙溪从未收李贽为徒，李贽只能算是龙溪的私淑门人。

综上所述，王龙溪接过王阳明"致良知"的思想旗帜，一生倾力于讲学传道，足迹遍布大江南北，努力使阳明心学的内在精神发扬光大，在当时已引起巨大的社会反响，迎来了中晚明时期思想解放运动的高潮。王龙溪的教育哲学，思想深邃通达，教法灵活多样，以其特有的思想魅力，征服、感染了许多矢志追求真理的士人的心灵，因此，弟子众多，灿若星辰，在中晚明的思想长河中化为波澜壮阔的景象。作为一个既成功又长寿的教育家，王龙溪的历史地位诚如李贽所言——"圣代儒宗，人天法眼"，这是一个恰如其分的评价。

---

① 李贽：《王龙溪先生告文》，《焚书》卷3，载张建业主编：《李贽文集》第1卷，第113页。
② 李贽：《王龙溪先生告文》，《焚书》卷3，载张建业主编：《李贽文集》第1卷，第113页。

第七章

罗汝芳的教育哲学思想

由王阳明开创的阳明心学，发展至明代中后期，掀起了波澜壮阔的思想解放潮流，其间涌现出许多声名显赫的大儒。不过，真正能与王龙溪双峰并峙的，只有罗汝芳（号近溪）一人。后人将他们并称为"二溪"。从思想渊源上讲，罗汝芳既是江右王门的后裔，又是泰州学派的传人。实际上，他通过自己多年的苦学力行而构成了独立的思想体系，同时，又以明道淑人、化民成俗的真诚理想开展了近乎半生的讲学活动，在当时产生了巨大的社会影响。

第一节　罗汝芳的生平行迹与教育活动

知行合一是中国传统文化的基本精神之一，这一点在中国古代思想家身上特别能够得到体现。在研究古代思想史时，我们往往发现，一些思想家的生平行止是其思想的如实写照，而他们的思想又是其生平行止的最佳诠释，因此，在研究中国古代思想家的教育哲学时，先行探讨其生平行迹对于阐述其思想理论非常有帮助。罗汝芳的一生也颇富传奇性，类似于心学宗祖王阳明，因此，我们有必要先来揭示一下罗汝芳的家庭环境和成长历程。

一、罗汝芳的家庭环境

罗汝芳（1515—1588 年），字惟德，号近溪，江西建昌府南城县人。他出生在一个家境富庶的儒者家庭。其父名叫罗锦（1490—1565 年），字崇綱，号前峰，是一位笃信儒学的知识分子。他年轻时曾拜王阳明的江右弟子饶文璧（号行斋）为师，算是阳明心学的再传弟子。遗憾的是，罗崇綱科场不利，仅仅获得了郡县生员（秀才）的低级功名，此后，三试秋闱不中，索性放弃了通过科举谋取前途的想法。但是，罗崇綱对儒学的信奉是发自内心的，虽然科场不利，他依旧是一位笃实践履和积极弘扬圣人之道的民间儒者。首先，他事父至孝，悉心照料身患瘫疾的父亲长达 7 年之久，从来不要童仆插手帮忙，为乡党邻里做出了榜样。其次，罗崇綱在安抚族人、兴办慈善、推广儒学等方面做了许多有益的事情。为了创祠堂、建义学、修义仓，他先后捐了上千两白银，根据当时的白银价格，这是一笔很大的开销。第三，罗崇綱注重修身养性，处处自觉践履阳明心学的"致良知"之教。罗汝芳曾回忆其父"生平无疾言遽色"[①]，是一位慈祥和蔼的父亲。第四，罗崇綱终身好学，不因为自己科场不利就放弃了钻研学问的兴趣。在他的影响下，罗汝芳也从小勤奋好学，志向远大，罗家无形中成为一个儒化的学习型家庭，父子之间经常平等地探讨学问、交流心得。例如：罗汝芳年轻时曾患心火之病，罗崇綱将《传习录》交给罗汝芳看，罗汝芳看罢颇有体会，病也好了许多，在不知不觉之间，他接受了阳明心学的基本理念。又如：罗汝芳 33 岁时，经过数年的深入思考，终于得出自己对于"格物"内涵的理解。他半夜里跑到父亲的卧房之中，把心得讲述给罗崇綱听，罗崇綱听罢也豁然开朗，竟然欢呼雀跃。对于这段往事，罗汝芳后来回忆说：

[①] 方祖猷等编校：《罗汝芳集》，第 657 页。此书乃是罗汝芳各种讲学及生平资料的汇编，没有统一的卷数，因此，本著只注明准确页码。

比联第归家，（予）苦格物莫晓，乃错综前闻，互相参订，说殆千百不同。……三年之后，一夕，（予）忽悟今说，觉心甚痛快，中宵直趋卧内，闻于先君，先君亦跃然起舞曰："得之矣！得之矣！"①

在罗崇綱身上，最难能可贵的品格，莫过于他对待功名利禄的淡泊态度了，这给予罗汝芳很大的生命自由度。罗汝芳回忆说：

至于进取，（前峰公）尤戒勿急。比癸卯乡捷，即面命："若获春第，宜就儒官以保弱体。"芳体至意，遂不廷试而归。②

因为早已得到父亲的许可，罗汝芳在30岁会试得中之后，不参加殿试（由皇帝主考，不设淘汰比例，纯属形式，目的是使新科进士都成为天子门生），飘然而归，此后周流四方，访师寻友，一心探讨学问功夫，直至十年之后，才赴京参加殿试。在古代社会，罗汝芳敢于这么做，如果没有父亲的许可，根本是无法想象的。正因为有了这样一位淡泊名利、思想通达的父亲，罗汝芳有了自主的抉择和充足的时间，使得他能够超越于一般官方儒学的水平，去深入研习古代先哲的理论智慧，形成自己独到的哲学思想体系。

罗汝芳的母亲叫宁氏（1491—1569年），享寿79岁。据罗汝芳《先母宁太安人墓志铭》所记："母故天聪凤启，幼未经师传，于《小学》《列女传》诸书，悉能通其大义。"出嫁之后，她帮助丈夫照料久病的公婆，"俱以孝闻，且为堂叔抚孤成立"。特别值得一提的是，宁氏和丈夫一样淡泊名利，"比先君游郡庠试，稍弗利，即劝引退"，丝毫没有像别的妇人一样对丈夫抱怨不休。具备这样的妇德，宁氏之贤淑就可想而知了。在培养孩子方面，宁

---

① 方祖猷等编校：《罗汝芳集》，第232页。

② 方祖猷等编校：《罗汝芳集》，第657页。

氏更是显示了出色的才能和见识。在罗汝芳小的时候，"晨夕经史，多母口授。遇有卓绝行谊，辄呼而问之：'若辈可能是耶?'"，如此重视儿子的人格养成，颇有几分当年孟母教子的风范。而且，宁氏像罗崇纲一样给予罗汝芳很多自由。在罗汝芳成年之后，"举进士，十年不仕，母恬如也"。这在当时一般的家庭妇女中，是绝难想象的。后来，罗汝芳终于赴京殿试，从此走上仕途，"令太湖、守宁国，迎养而归，行李萧然，（母）不少介意"。罗汝芳为官二十余年，清廉自守，几次回乡省亲，都是"行李萧然"，乡党邻里难免有讥笑嘲讽者，罗母丝毫不介意，因为她的价值观念中根本没有让儿子去做贪官的想法。

除了品德贤淑之外，宁氏最让人惊讶的要属她的佛法修行和造诣。宁氏是一个虔诚的佛教徒，慈悲为怀，乐善好施，"罄所赀以乐施与，造桥济渡，悉解簪珥，尝语人曰：'吾须箧无尺帛铢金之余，方觉洒然无累。'"然而，宁氏不止是一般的佛教信徒而已，她多年坐禅修行，达到了很高的境界。罗汝芳回忆：到了晚年，"母是时久已玩心太虚，性地融彻，日惟瞑目静坐。汝芳侍之，移时不接一语。间叩焉，则曰：'此际此心，空空洞洞已尔。'"①如是三载，某一日，罗母暗示家人和婢女行将离世，于夜半端坐而化。宁氏在历史上虽然名不见经传，但是，她实际的佛法修行，已然达到炉火纯青的境界。有这样一位道行高深、德纯且备的母亲，无论是从先天遗传还是从后天教养来讲，孕育培养出罗汝芳这样一位大儒都是在情理之中的事情。

通过介绍罗汝芳的父母之德，可以看出，罗家是一个亲情笃厚、和睦融洽、文明教养、氛围宽松的儒者家庭，是儒学民间化的一个成功典范。罗汝芳思想的形成，离不开这样的家庭环境，他曾回忆说：

> 芳至不才，然幸生儒家。方就口食，先妣即自授《孝经》、小学、

———————————
① 以上引文皆引自方祖猷等编校：《罗汝芳集》，第638页。

《论》《孟》诸书。后同先君遇有端绪，反覆开导，故寻常于父、祖、伯、叔之前，嬉游于兄弟姊妹之间，更无人不相爱厚。①

又说：

　　幸自幼蒙父母怜爱过甚，而自心于父母及弟妹，亦互相怜爱，真比世人十分切至，因此每读《论》《孟》孝悌之言，则必感动，或长要涕泪……却翻然悟得只此就是做好人的路径。②

罗汝芳的描述是真实可信的。在历史上，儒学思想自西汉中期取代诸子百家成为官方哲学之后，并没有丧失它在民间的社会基础，相反，儒家的仁义忠信和孝悌之道等伦理观念确实有助于社会文明的提升（特别是在农耕自然经济环境中），经过一代又一代民间儒者（罗父崇纲就是其中普通的一位）的亲身践履和努力推广，这些观念在中国民间社会的土壤中扎下了深厚的根基，以至于影响到今天，成为几乎每个中国人的"文化潜意识"。无论儒家思想在中国历史上实践的整体成效如何，罗汝芳自己坦然承认"幸生儒家"，罗父罗母的言传身教，和睦宽松的家庭氛围，深深地感染了罗汝芳的思想和性格。这一切为他一生从事学问之道、传播圣人之学，烙下了一个清晰的起点。

二、罗汝芳的成长经历

　　由于父母均有较高的文化修养，所以，罗汝芳从小便有条件接受良好的儒家文化教育。虚龄五岁时，即"从母授《孝经》"③，"七岁，入乡学"④，八

---

① 方祖猷等编校：《罗汝芳集》，第 231 页。
② 方祖猷等编校：《罗汝芳集》，第 52 页。
③ 罗怀智：《罗明德公本传》，载方祖猷等编校：《罗汝芳集》，第 829 页。
④ 曹胤儒：《罗近溪师行实》，载方祖猷等编校：《罗汝芳集》，第 833 页。

岁，当饶行斋与其父罗崇綗在家中谈论心学思想时，他便在一边旁听。某一天，"饶试云：'小子须勤学问。'公应声：'大人能格君心。'识者预知其为不凡矣。"①15岁时，罗汝芳拜新城（今江西黎川县）张洵水为师。张洵水"为人英爽高迈，且事母克孝，每谓人须力追古先，于是（芳）一意思以道学自任"②。从此，罗汝芳与一般儒生有了一个微妙的区别——他从张洵水的身上看到一种人格的感召力，于是，"毅然以兴起斯文为己任"③，而不仅是以谋求出人头地、光宗耀祖为读书科考的唯一目的。1536年，22岁的罗汝芳考入县庠，通俗地讲，他中了秀才。1540年秋，罗汝芳26岁，前往省城南昌参加乡试，不过，这一次他落第了。适逢省城缙绅举办讲会，永新人颜钧（号山农）贴出《急救心火榜文》，并主讲于豫章同仁祠中。罗汝芳前去旁听，并与颜钧恳谈。颜钧告诉他"制欲非体仁"的道理，罗汝芳一听，如"大梦忽醒"，解决了数年来"病于心火"的夙疾，"乃知古今天下，道有真脉，学有真传，遂师事之"④。这是他此次乡试落第之余的意外收获。1543年，罗汝芳29岁，再度参加乡试，这一次他高中举人，从此身份地位获得抬升，客观上改变了罗家的社会境遇。

1544年（嘉靖二十三年甲辰），罗汝芳前往北京参加会试，金榜题名，成为贡士⑤，然而，他以"因父罗锦患病，告归侍养"⑥，当然，这只是一个托辞。事实上，他不参加殿试（又称廷试）的真实动机是"吾学未信，不可以仕"⑦。作为一个真诚信奉儒家思想的读书人，罗汝芳认为虽然自己金榜题名，但还远没有将圣人之道体悟透彻，如果贸然走上仕途，恐将会害人妨

---

① 罗怀智：《罗明德公本传》，载方祖猷等编校：《罗汝芳集》，第829页。
② 方祖猷等编校：《罗汝芳集》，第231页。
③ 罗怀智：《罗明德公本传》，载方祖猷等编校：《罗汝芳集》，第829页。
④ 方祖猷等编校：《罗汝芳集》，第232页。
⑤ 按照时人习惯的说法，也常常称为进士。实际上只有通过殿试之后才正式成为进士。
⑥ 方祖猷等编校：《罗汝芳集》，第828页。
⑦ 罗怀智：《罗明德公本传》，载方祖猷等编校：《罗汝芳集》，第829页。

已，因此，他毅然放弃廷试，回乡就学，进一步深造自己的学问功夫。如此惊世骇俗的举动，在一般人看来固然匪夷所思，但是，在阳明心学的阵营中却不乏先例。如前所述，王阳明的弟子欧阳德、王龙溪和钱德洪等人，都曾两次放弃进京会试或殿试的机会，表明了他们内心有着比科举功名更有价值的东西。罗汝芳所为，不过是效法前贤榜样罢了。返乡之后，罗汝芳周流四方，求师问友，虚心问道，切磋交流，持续将近十年。直到他 39 岁之时，江西抚台夏梦山巡游至建昌府，发现罗汝芳还是一介布衣，慨然主动出资，强令罗汝芳北上参加殿试（按明制，原先会试得中者，资格依然保留）。于是，罗汝芳前往北京，终于通过了殿试，得赐同进士出身，从此步入仕途，开始了儒家经世济民的政治实践。

三、罗汝芳的政治生涯

1553 年夏，罗汝芳受命前往太湖县（在今安徽省西南部）担任知县，这是他的第一个官职。当时太湖一带多湖盗，已为患多年。罗汝芳到任后，起先不动声色，麻痹盗匪，在侦察获得准确情报后，亲率兵勇出击，将七名湖盗首领一齐拘捕，"积年之寇，俄顷平焉，人以为神"，显示了极强的治事才能。这样一来，当地百姓对他信任有加，他便以心目中的圣人之道治理该邑，不过一年左右，"赋日完，讼日简，闾阎颂声、台司荐疏籍籍也"。

1556 年（嘉靖三十五年），42 岁的罗汝芳在太湖县任期已满，前往北京入觐，等候吏部新的职务安排。此时朝廷恰好由严嵩父子掌权，"政以贿成"，贪污腐化成风。有人向罗汝芳劝说：要向严氏父子行贿，方能得到满意的职位。罗汝芳"弊例悉罢，行李萧然，识者刮目"，他连一钱银子的贿赂也不肯奉上，令朝廷百官瞠目结舌。好在严嵩是江西分宜人，罗汝芳是江西南城人，算是大同乡，"严虽不悦，然以荐剡籍籍也，乃托其婿袁工部者邀师一见，则台省可得。师曰'有命'，竟不往。久之，擢刑部主事。"① 在刑部任上，罗汝芳恪尽职守，任劳任怨，在安置犯人的措施上，更显示出一个儒者的仁爱胸怀。史载："前狱中每遇寒，无日不报囚死。夫子命具汤药、热饮食、时收放，囚乃不病。"② 这种恻隐之心，在当时的封建官僚中无疑是十分罕见的。由于治事才能突出，罗汝芳数年后也升迁至吏部郎中（正五品）一职。在此期间，他坚决顶住来自严党的压力，不肯徇私枉法，保全了一些蒙冤官员的家属，可见其德义之勇。本来，按这样的形势发展下去，罗汝芳迟早会成为严嵩父子迫害的下一个目标，好在嘉靖四十一年（1562 年）严嵩终于倒台，徐阶代为首辅，所有严党余孽悉数清除，罗汝芳的政治命运也得以转危为安。

罗汝芳考中秀才时，徐阶时任江西提学副使，恰好是罗汝芳的座主，因此，二人以师生相称，徐阶也很器重罗汝芳。由于顾忌他人谤议，徐阶暗示吏部将罗汝芳外放至南京部院（然后调回朝廷加以重用），令人啼笑皆非的是，吏部官员错会其意，直接将罗汝芳任命为宁国（属于南直隶管辖）知府（正四品）。罗汝芳前往徐阶府上辞行，徐阶恼得一语不发，罗汝芳不知其故。有同僚好友告诉他原委，罗汝芳欣然笑曰："宁国不足以取公卿，独不足以取圣贤耶？"③ 这番话，令同僚衷心佩服。1562 年，48 岁的罗汝芳来到宁国就任知府。在所辖六县之地，他按照自己理解的圣人之道进行施政，除了革除一些扰民的弊政以外，坚持"以讲会、乡约治郡"④，结果大见成效，"民亦潜孚，且日迁善。郡堂经月鞭朴不闻。"⑤ 对此，清初史学家万斯同记载：

> （汝芳）出为宁国知府，治如太湖。民有兄弟争产者，汝芳引咎自

---

① 曹胤儒：《罗近溪师行实》，载方祖猷等编校：《罗汝芳集》，第 837 页。
② 杨起元：《明德夫子罗汝芳先生墓志铭》，载方祖猷等编校：《罗汝芳集》，第 921 页。
③ 曹胤儒：《罗近溪师行实》，载方祖猷等编校：《罗汝芳集》，第 838 页。
④ 杨起元：《明德夫子罗汝芳先生墓志铭》，载方祖猷等编校：《罗汝芳集》，第 922 页。
⑤ 曹胤儒：《罗近溪师行实》，载方祖猷等编校：《罗汝芳集》，第 838 页。

责，对之泣下。其兄弟悔悟，亦相对泣，叩头息讼而去。创开元会，集
士民诲以孝弟忠信，罪囚亦令听讲，一郡翕然。①

治理宁国的出色政绩也给罗汝芳带来巨大的声誉，"台司无弗注上考者，
师之治行为天下第一矣。"②1565 年（嘉靖四十四年），罗汝芳已经 51 岁，按
例进京入觐。首辅徐阶向他询问时务，他说："此时人材为急。欲成就人才，
其必由讲学乎？"③徐阶是之，遂令各部院台省及觐会的官员们，在北京的灵
济宫举行盛大的讲会，由罗汝芳主讲北宋程颢《定性书》中"学者须先识仁"
的思想，一时听者跃然，称为盛会。不过，老成持重的徐阶发现罗汝芳性格
过于耿介，不善圆通，不适合在关系复杂的朝廷高层中任职，出于保护他的
目的，没有给他升职，只是口头鼓励一番，让罗汝芳回去继续担任宁国府
知府。1565 年夏，父亲罗崇纲病故，罗汝芳立即回家奔丧，并按制丁忧三
年。临别时，"士民缙绅送逾百里，无不泣别……亦有追随不舍至家者，如
梅井郭君及胥吏辈数十人"④，足见罗汝芳在宁国的善政感人之深。丁忧结束
之后，罗汝芳遵照母亲宁氏"勿复仕"之命，没有及时返京销假，而是重新
周流天下，遍访同志，切磋探讨学问，过得充实而快乐。直至隆庆六年，明
穆宗殡天，万历皇帝登基，当道者引哀诏促其起复，罗汝芳才又来到北京，
准备接受新的职务。

此时，明王朝的内阁首辅是张居正。张居正原先与罗汝芳也是朋友，为
人颇有才干，但喜欢党同伐异，由于会晤之时发现罗汝芳不肯为己所用，所
以仅仅把罗汝芳平调为山东东昌（今聊城）知府。59 岁的罗汝芳前往就任，
治理一个府，对于罗汝芳来讲已是驾轻就熟的事情，史载："（师）治之如

---

① 万斯同:《罗汝芳传》，载方祖猷等编校:《罗汝芳集》，第 874 页。
② 曹胤儒:《罗近溪师行实》，载方祖猷等编校:《罗汝芳集》，第 839 页。
③ 曹胤儒:《罗近溪师行实》，载方祖猷等编校:《罗汝芳集》，第 839 页。
④ 曹胤儒:《罗近溪师行实》，载方祖猷等编校:《罗汝芳集》，第 840 页。

宁国，三月而士民孚之。"① 孰料仅仅三个月后，张居正又忌惮罗汝芳近在咫尺，唯恐其成为清流领袖，对自己不利，因此，把他远调至云南担任屯田副使（兼按察副使），官居从三品，名义上升了半级，实际上是驱逐到大明帝国最偏远的地方。接到这样的任命，罗汝芳"具疏岂休"，本打算挂冠归隐，他的妻子吴氏说："云南远居偏域，未有以圣学诲者，盍往造就？他日人才辈出，皆公力也。"② 这番见解独到的话语让罗汝芳改变了主意，认为"圣人所居则化，何陋之有？"③ 于是，他决定前往云南，再一次发挥自己的才干，做一点有意义的事情。

1574 年（万历二年）十一月，60 岁的罗汝芳到达云南。云南巡抚王凝本是张居正一党，开始对罗汝芳抱有很深的成见，"动以迂儒目之"④。好在云南地僻人穷，官职多有空缺，罗汝芳作为屯田副使，可以行使正职的权力。首先，他治理好滇池，修筑昆明堤，修复元朝时开凿、业已废弃的金汁、银汁二沟，"乘暇遍历郡县，凡水之利害无不平治"⑤。在治理滇池时，因巡抚王凝不予配合，不给一文钱的资助，罗汝芳和当地缙绅父老商量，或捐出俸银，或劝导百姓出人丁，实地勘测，精打细算。工程完毕之后，所费银两不及原先官方预算的 1/10，收效却甚为明显：一是解决了农业用水问题，过去民间"年年告打人命不了"⑥ 的争水纠纷化于无形；二是水旱灾害得到了解决，换来了农业大丰收。"秋后，征收屯米，大有余羡，至多露贮。抚院（王凝）笑以问师：'何术至此？'师正对曰：'只举斯心加诸彼而已。'抚院改容称服。"⑦

---

① 曹胤儒：《罗近溪师行实》，载方祖猷等编校：《罗汝芳集》，第 842 页。
② 方祖猷等编校：《罗汝芳集》，第 883 页。
③ 朱熹：《四书章句集注》，第 113 页，按：这是朱熹对孔子所言的诠释。
④ 方祖猷等编校：《罗汝芳集》，第 1001 页。
⑤ 方祖猷等编校：《罗汝芳集》，第 844 页。
⑥ 方祖猷等编校：《罗汝芳集》，第 413 页。
⑦ 方祖猷等编校：《罗汝芳集》，第 847 页。

　　罗汝芳在勘察水利、遍历郡县的过程中，巡视过滇西的腾越州（今腾冲），意外地碰上了一场战事。当时，缅甸酋长名叫瑞体，又名莽哒喇，率大军数万入侵迤西（地名），归附于明帝国的土宣抚司思个（人名）向明政府求援。"时值金、腾缺兵备，（巡抚）则檄（汝）芳代署，意其军旅之事必不能也。"①就这样，文士出身的罗汝芳变成临时警备司令。他临危不乱，整兵备战，并授土司思个以克敌方略（用火药破其象阵、峡谷设伏困其部众、邀众土司共击莽人），结果，大败莽哒喇，"谍报莽兵实五万，数日内死伤者十之九，瑞体谓其下曰：'吾自用兵以来，未有此困。'"②这一场战争的经过，《明史》卷 315 有专门的记载。战事结束后，朝堂之上很多人都大跌眼镜，没想到罗汝芳竟然通晓军事、能够得心应手地指挥作战！真可谓"夫子圣者与？何其多能也"③。

　　随着罗汝芳在云南任职时间的延续，他干练的才能和无私的精神也使巡抚王凝对他的态度有所转变。王凝先是以"学道符印送掌"，罗汝芳成了兼职的"教育厅长"；随后又交给他代管提刑按察司的大印，他又成为兼职的司法厅长。1577 年（万历五年丁丑）二月，63 岁的罗汝芳被任命为云南布政司左参政，并"总理两司"（布政司及按察司），相当于"代理省长"，仍是从三品，这使得他办起各项政务来更加名正言顺。除了搞好水利、文教、司法工作外，罗汝芳还利用云南铜矿丰富的资源优势，开局铸造铜钱，促进商品流通。关于铸钱一事，罗汝芳著有《大明通宝义》一文，收录于今本《罗汝芳集》中，体现了一个长期从事治国理民实践的封建官吏的经济思想。

　　1577 年，罗汝芳捧贺入京，参加万历皇帝的万寿节庆典。庆典完毕后，罗汝芳上表请辞归乡，并在京城外广慧寺暂居，听候答复。多年未见的老朋

① 方祖猷等编校：《罗汝芳集》，第 1001 页。

② 方祖猷等编校：《罗汝芳集》，第 845 页。又：罗汝芳自述："莽人初来，众以十万，而归舟不及五千。"（方祖猷等编校：《罗汝芳集》，第 617 页）

③ 《论语·子罕》。

友又凑到了一起，"同志毕集，日为会"①，许多士大夫饶有兴致地赶来听罗汝芳讲学。首辅张居正闻之，唯恐出现对自己不利的局面，于是，唆使亲信言官上书弹劾，说罗汝芳"事毕不行，潜住京师"②。随后，吏部下文，令罗汝芳致仕。就这样，63岁的罗汝芳结束了自己的从政生涯。

四、修道实践与讲学历程

单从官职来看，罗汝芳不过是一个清官循吏，论所居官位，连给历史做注脚的资格都没有。然而，他却能够引起张居正的忌惮，这是因为，他孜孜不倦地从事"觉民行道，化民成俗"的教育事业，无论出处进退，都一直无私而热忱地进行着这项事业，这是张居正的人格境界远远不能比拟的。因此，我们有必要来专门探讨一下罗汝芳的修道实践与讲学历程。

据其门人记载，罗汝芳"十有五岁从新城洵水张先生受学……读《论语》诸书有省，毅然以兴起斯道为己任"③。此时的罗汝芳，已经开始思考自己的人生之路应该如何去走的问题了。他曾回忆：

> 某幼时与族兄访一亲长。此亲长颇饶富，凡事如意。时疾已亟，数向某兄弟叹气。归途谓族兄曰："此翁无不如意者，而数叹气，何也？兄试谓：我兄弟读书而及第，仕宦而作相，临终是有气叹否？"族兄曰："诚恐不免。"某曰："如此，我等须寻不叹气事为之。"某于时便已定志。④

在古代儒家的思想体系中，能够拥有完美人格境界的，只有像孔子一

---

① 方祖猷等编校：《罗汝芳集》，第847页。
② 黄宗羲：《明儒学案》卷34《参政罗近溪先生汝芳》，第760页。
③ 曹胤儒：《罗近溪师行实》，载方祖猷等编校：《罗汝芳集》，第833页。
④ 方祖猷等编校：《罗汝芳集》，第294页。

样的圣人。早在宋代，自周敦颐、二程开始，就已经提倡"圣人可学而至"①的价值追求，每个读书人的根本目标就是要"学为圣人"。宋明时代的理学家都将这一思想传承下来，罗汝芳自然也以"明道成圣"作为终极目标。无疑，这是一种志存高远、超尘拔俗的理想境界。正因为有此崇高理想扎根于心中，所以，罗汝芳后来才能将自己的官位陟黜、穷通利达视若浮云一般轻淡。据此，他在讲学中也特别强调学者立志的重要性。他曾对学生说：

> 汝辈为学，须要立个必为圣人之志，时时刻刻用功，后日方有成就。若只茫茫荡荡度日，岂不惜哉？②

又说：

> 学是学为孔子，则汝辈当以孔子为法。孔子十五志学，今日便当向半夜五更默默静静考问自己心肠，果如孔子一心一意去做圣贤耶？③

定志之后，罗汝芳开始修习先儒传下的各种功夫。17岁时（1531年），他偶然读到明代前期的名儒薛瑄的一段语录："万起万灭之私，乱吾心久矣，今当一切决去，以全吾澄然湛然之体。"他如获至宝，焚香叩首，发誓必为圣贤。然后"立簿日纪功过，寸阴必惜。屏私息念，如是数月，而澄湛之体未复"。第二年（1532年），他又到本地的临田寺中读书静修，"乃闭户临田寺中，独居密室。几上置水一盂，镜一面，对坐逾时，俟此中与水镜无异，

---

① 程颢、程颐：《二程集》，第577页。周敦颐则在《周子通书·圣学第二十》中说："圣可学乎？曰：可。"（《周敦颐集》，第31页）
② 方祖猷等编校：《罗汝芳集》，《勖明德堂诸生四条》，第713页。
③ 以上引文皆引自方祖猷等编校：《罗汝芳集》，第834页。

方展书读之，顷或念虑不专，即掩卷复坐，习以为常。遂成重病。"①

在罗汝芳患病之后，父亲罗崇纲十分焦急，知道儿子是因修习功夫不当而致病的，他根据自己"旧领阳明先生之教"的心得，"乃示以《传习录》一编"，罗汝芳"手而读之，其病顿愈"②。不过，这种病愈只是表面的，事实上，罗汝芳的病情时好时坏地持续了好几年。直到 26 岁，他的修道历程才发生了重大的转折。1540 年，罗汝芳前往南昌参加乡试，不幸落第。适逢豫章同仁祠大办讲会，主讲者为颜山农，听众多达 1500 人。当时，颜山农正好从泰州王艮门下归来，张贴《急救心火榜文》，以造声势。罗汝芳前往听讲，抱着试试看的态度与颜山农进行交流，希望能得到指点。史载：

> 罗公曰："弟子习澄湛数年，每日取明镜止水，相对无二，今于死生得失不复动念矣。"先生（指颜山农）复斥曰："是乃子之所以大病也。子所为者，乃制欲，非体仁也。欲之病在肢体，制欲之病乃在心矣。心病不治，死矣。子不闻放心之说乎？……孔子曰：'朝闻道，夕死可矣。'放心之谓也。孟子曰：'学问之道无他，求其放心而已矣。'但放心，则萧然若无事人矣。观子之心，其有不自信者耶！其有不得放者耶？子如放心，则火燃而泉达矣。体仁之妙，即在放心。初未尝有病子者，又安得以死子者耶？"罗公跃然，如脱缰锁，病遂愈。③

颜山农为了打消罗汝芳的执着之病，故意曲解孟子的"放心"之说，把名词"放心"（迷失的本心）改换为动词"放下心来"，但是解得很妙，恰恰对治了青年罗汝芳的执着之病。"体仁之妙，即在放心"的说法，体现了颜山农出身民间、从不死板恪守经典的思维方式，因此，罗汝芳"如脱缰锁，病

---

① 以上引文皆引自方祖猷等编校：《罗汝芳集》，第 834 页。
② 方祖猷等编校：《罗汝芳集》，第 231 页。
③ 贺贻孙：《颜山农先生传》，载《颜钧集》卷 9《附录一》，第 82 页。

遂愈"。这一次，罗汝芳的病是真的好了。于是，罗汝芳诚心拜颜山农为师，"事之甚谨"①，二人之间结成了一段持续终生的师生之缘。

此后，罗汝芳大胆地放开了手脚，"朝夕专以孔子求仁、孟子性善质正之，于四书口诵而心惟之，一切时说讲章置之不观。间作时艺，随笔挥成，见者惊服，私相语曰：'乃知学问之大益举业也。'"②1543 年，29 岁的他轻松地考中了举人，第二年又会试得第，但罗汝芳自以为"吾学未信，不可以仕"③，毅然放弃廷试，飘然南归，回到家乡继续修道问学。

返乡之后，罗汝芳除了外出求师访友之外，还开始了自己的讲学生涯。他凭借家中的经济实力，"建从姑山房以待四方游学之士，矢心天日，接引来学。日与诸友论驳明道、象山、阳明、心斋义旨，足不入城市。"④39 岁时，他被江西抚台夏梦山发现，促其参加殿试，于是，告别了讲学问道的生活，前往北京。随后，他开始了仕宦生涯，先后任太湖知县、刑部主事、刑部郎中、宁国知府等职，持续十余年之久。在太湖知县任上，罗汝芳一边设计缉拿湖盗，一边不忘教化百姓，他"修庠序，令乡馆师弟子朔望习礼歌诗，行奖劝焉。立乡约，饬讲规，敷演《圣谕》六言，倦倦勉人以孝弟为先行之。"⑤不过一年左右，这种治理方式就取得了显著成效，"赋日完，讼日简，闾阎称颂"⑥。在宁国知府任上，罗汝芳的执政思想更加成熟，人称"以乡约、讲会治郡"⑦，大体而言，就是在革除困扰百姓的各种弊政之外，重在德治和教化，启发人心固有的良知良能，使之趋善避恶，始终把刑罚放在次要的地位。史载：

---

① 贺贻孙：《颜山农先生传》，载《颜钧集》卷9《附录一》，第83页。
② 方祖猷等编校：《罗汝芳集》，第834页。
③ 方祖猷等编校：《罗汝芳集》，第829页。
④ 方祖猷等编校：《罗汝芳集》，第835页。
⑤ 方祖猷等编校：《罗汝芳集》，第837页。
⑥ 方祖猷等编校：《罗汝芳集》，第837页。
⑦ 方祖猷等编校：《罗汝芳集》，第922页。

> 师之宁国，凡士民入府，则教以孝顺父母，尊敬长上，或曰："孝顺父母，尊敬长上，足以治宁国乎？"师曰："奚啻宁国也已。"数月，教化大行，远迩向风。且联合士民，各兴讲会、清逋欠、修堂廨、建志学书院。堂事稍毕，即集郡缙绅……相与讨论，郡邑庠生侍坐听之，人各感动。……师开导不倦，多至夜分，精神契合，民亦潜孚，且日迁善。郡堂经月鞭朴不闻。诸公笑曰："此翰林院也，岂云郡堂哉！"师曰："是皆从孝顺父母、尊敬长上中来也。"①

又载：

> 甲子（1564年），修水西书院，联徽、宁、广德之大夫士讲会其间，理学丕振。②（水西书院，在泾县，属宁国府管辖）

为了更好地化民成俗，1563年和1564年，罗汝芳特邀两位心学巨擘王襞和王畿来宁国府讲学，他聚集了士友长幼千余人前来听讲。③这就证明罗汝芳绝不打算"独占"讲坛，而是善于借助心学同仁的力量，共同阐明斯道于世间。由于罗汝芳的讲学活动是在处理好各项政务（尤其是革除一些扰民的弊政）之后进行的，所以，广受士民百姓的欢迎。连前来巡按宁国府的官员王某也不得不承认："人言罗守以学会、乡约治郡，予始讶其迂。今阖郡相安无事，则信乎其为卓异也。"④此外，清初史学家万斯同还特别记载道："（罗汝芳）创开元会，集士民诲以孝弟忠信，罪囚亦令听讲，一郡翕然。"⑤

---

① 方祖猷等编校：《罗汝芳集》，第838页。
② 方祖猷等编校：《罗汝芳集》，第839页。
③ 参见吴震编校：《王畿集》卷2《宛陵会语》，第43页。
④ 方祖猷等编校：《罗汝芳集》，第840页。
⑤ 方祖猷等编校：《罗汝芳集》，第874页。

总之，有了罗汝芳这样一位心学大儒当知府，"宛陵六邑一时有三代之风，六郡亦闻风向化"①，宁国府被改造成为实践儒家道德理想教化的"模范"实验区。

1565 年（嘉靖四十四年）夏，罗汝芳在宁国府任上听到父亲病故的消息，回乡奔丧。"士民缙绅送逾百里，无不泣别。……亦有追随不舍至家者，如梅井郭君及胥吏辈数十人。"②丁忧结束之后，罗汝芳遵循母亲宁氏之命，并未回吏部销假，在家乡一住就是 8 年。在此期间，罗汝芳继续开展讲学活动，或者送往迎来，或者周流天下，与当时醉心道学的士大夫探讨学问，深造功夫。例如：他于丙寅年（1566 年）扩建了其父所造的前峰书屋（在从姑山），使得"四方来学者日益众"③。又如：他后来视为学术传人之一的曹胤儒，专程前来求教，在从姑山一住就是 120 天。④他自己也曾远行至湖广、南粤一带游历讲学，"每会必有《会语》，……而此学大明"⑤。

万历元年（1573 年），罗汝芳奉诏回北京，被授以东昌知府之职，前往就任。当年十月，又被任命为云南屯田副使。由于路途遥远，加之获准返乡省亲，他于万历二年十一月才到达昆明。罗汝芳在云南任职时间不到三年，可是做了太多太多的事情（从民政到军政，从水利到刑狱，前文已有介绍），使人们（包括上司王凝）完全改变了对儒者的误会印象。不过，他最为热衷而且得心应手的，还是讲学传道、化民成俗的教育事业。今存《近溪子集》第五卷中，详细记载了罗汝芳在云南各地讲学的情况，所经之地包括：昆明（五华书院）、武定、弥勒、临安、石屏、通海、澄江、大理、永昌、洱海、昆阳（海春书院）、楚雄（龙泉书院）、腾越（来凤山

---

① 詹事讲：《近溪罗夫子墓碣》，载方祖猷等编校：《罗汝芳集》，第 926 页。
② 方祖猷等编校：《罗汝芳集》，第 840 页。
③ 方祖猷等编校：《罗汝芳集》，第 840 页。
④ 方祖猷等编校：《罗汝芳集》，第 840 页。
⑤ 方祖猷等编校：《罗汝芳集》，第 841 页。

房、演武场），等等。每到一地，当地官员因仰慕罗近溪的大名，必集合郡县庠序的诸生，一齐前来听讲，而且，这种讲学是开放式的，附近的老百姓都可以来旁听。史载："暇日则临乡约，其父老子弟群聚听讲者动以千计，闻风远迩，争斗渐息，几于无讼。"[①]在腾越州会讲乡约时，听讲人数"遍塞场中，不下四五万众"[②]。本来是"步履纵横，声气杂沓"，等到歌诗等开场仪式之后，竟然"万象拱肃，寂若无人矣"。[③]会讲结束后，"父老各率子弟以万计，咸依恋环听，不能舍去"[④]。由是可见，罗汝芳的讲学通俗易懂，能够启发愚夫愚妇内心的良知，才产生这样火爆的效应。当1577年（万历五年）罗汝芳以布政使参政的身份前往北京祝贺万寿节时，云南父老得知他有致仕的想法，"士民呼号，依依不能舍去，真若赤子之恋慈母也"[⑤]。

1577年，罗汝芳因触怒首辅张居正，被勒令致仕归里。返乡之后，他以更加饱满的热情从事讲学，孜孜不倦地接引各地前来问学的读书人。此时，张居正因厌恶一些士大夫借讲学之际攻击时政，下令各地禁止私人讲学。有些不肯听从的讲学大老，如何心隐等，受到张居正手下官员的迫害而身亡。在这种环境之下，有人也劝罗汝芳小心为妙，史载：

> 或曰："师以讲学罢官，盍少辍以从时好？"师曰："我父师止以此件家当付我，我此生亦惟此件事干，舍此不讲，将无事矣。况今去官，正好讲学。"时严禁讲学，或曰："师宜辍讲，庶免党祸。"师曰："人患无实心讲学耳，人肯实心讲学，必无祸也。党人者，好名之士也，非实心

---

① 方祖猷等编校：《罗汝芳集》，第847页。
② 罗汝芳找来一批当地秀才，自己以官话讲述，秀才则以当地方言转述，以传声筒的方式把话传出去。
③ 方祖猷等编校：《罗汝芳集》，第759页。
④ 方祖猷等编校：《罗汝芳集》，第760页。
⑤ 方祖猷等编校：《罗汝芳集》，第847页。

讲学者也。"①

罗汝芳不顾朝廷禁止私人讲学的诏令，仍然热衷于讲学传道、接引后学，一方面显示出他光风霁月、胸中洒洒的胆魄；另一方面也是由于他在讲学中朴实无华的风格所致。这是为什么呢？与何心隐等人相比，罗汝芳在讲学中所授的，一般都以建设性的内容为主，如提倡孝、悌、慈，宣讲明太祖的"圣谕六言"，目的就是呼唤人们的道德意识，自觉地为宗法社会的伦理建设尽到一份责任。从目前存世的《会语》内容来看，他从来不指斥时政，不以批判性的思想来自我标榜。实际上，罗汝芳是个颇敢直言之人。即使面对张居正本人，他都直率地表达自己的不同意见。不过，在讲学过程中，他更加注重培养建设性的价值观。他真诚地认为，人人应该尽伦尽责，按照忠恕之道去生活；那些只会批判时弊的学者，有时不过是在发高级牢骚，丝毫无助于社会问题的解决，或者是自我标榜，乃"好名之士也，非实心讲学也"。正因为如此，罗汝芳在家讲学十余年直至去世，没有一个当权者来找过他的麻烦。在罗汝芳回乡之初，本地乡绅、曾任吏部尚书的朱大器前来拜访，就说："出处士人大节，我兄难进易退，讲学以身而非以口矣。"② 无疑，这个评价很中肯，那么多学者之所以不远千里跑到南城小邑来向罗汝芳求教，首先看重的就是他学行一致的高尚人格。在家乡讲学数年，听众越来越多，罗汝芳不得不扩建学舍。史载：1583 年（万历十一年），"（师）大修从姑山房，以居四方从游之士，来游者日益众故也"③。

罗汝芳于 1588 年农历九月逝世，他的临终表现在当时传为美谈，充分体现出他是一位深造有得、来去自如的圣者。史载：

---

① 方祖猷等编校：《罗汝芳集》，第 848 页。
② 方祖猷等编校：《罗汝芳集》，第 422 页。
③ 方祖猷等编校：《罗汝芳集》，第 849 页。

　　（万历十六年）九月初一日，师自梳洗，端坐堂中，命诸孙次第进
酒，各各微饮，仍称谢。随拱手别诸生曰："我行矣，珍重、珍重！"适
远来新到二生，并诸生哭留。师愉色许曰："为诸君，我再盘桓一日。"
乃复入室。初二日午刻，罗子命诸孙曰："扶我出堂。"整冠更衣，坐而
逝。从午至申，坐不少偏，越日乃殓，颜色红活，手足绵软如生。①

罗汝芳逝世后，"殓之日，门人云集，相向而哭。闻者不问远迩，即愚夫愚
妇莫不设位举哀，盱城内外为之罢市，七日之内，悲号叹息所不忍闻。"② 又
记曰："（罗）子逝后，服心丧者遍盱郡，一时孝巾称贵。"③ 经门人杨起元、
詹事讲等数百人共议，私谥为"明德先生"。同时，"立师祠，春秋祭享。迄
今祠中月联友为会，每会诵《近溪子全集》数条，共相劝勉云。"④ 可见，罗
汝芳的教育成果并没有因他离世而消散，而是持续了很长的一段时间。

　　总之，罗汝芳是明代中晚期一位具有重要影响的人物。从政治生涯来
讲，他是一位清官循吏，无论在什么职位上，都尽心竭力地为百姓谋福祉，
赢得了极佳的口碑。更为重要的是，罗汝芳是一位人格臻于圣者境界的大
儒，他服膺阳明心学，笃信儒家的道德理念，无论走到哪里，总是"沿途讲
学，不以官为意"⑤，其目的就是为了明道淑人、化民成俗，以期建立心目中
的儒家理想社会。罗汝芳的讲学当时已受到士大夫和广大百姓的普遍欢迎，
其热烈反响不亚于另一位心学巨擘王龙溪，那么，罗汝芳讲学的主要内容有
哪些？他的教育哲学体现出什么样的思想特色？这是下一节需要专门探讨的
问题。

---

① 方祖猷等编校：《罗汝芳集》，第 299 页。
② 方祖猷等编校：《罗汝芳集》，第 851 页。
③ 方祖猷等编校：《罗汝芳集》，第 306 页。
④ 方祖猷等编校：《罗汝芳集》，第 851 页。
⑤ 方祖猷等编校：《罗汝芳集》，第 837 页。

第二节　罗汝芳的教育哲学思想概述

罗汝芳从事讲学一生，教育哲学思想自然丰富而厚重。不过，明清之际的大儒黄宗羲有一段评述，概括了罗汝芳教育哲学的基本宗旨，他说："先生之学，以赤子良心、不学不虑为的，以天地万物同体、彻形骸、忘物我为大。"[①] 这段话中有一处是非常恰当的，那就是罗汝芳经常讲述"赤子之心"，把它当成儒者为学的首要目标。以下就从"赤子之心"阐述起。

一、赤子之心即道

在陆王心学一系中，关于人心先天原本的状态，有许多不同的表述方式，如本心、良知、仁体、明德、天命之性等，都是指人类心灵共同的先天原本状态。罗汝芳本人除了沿用王阳明的良知范畴外，还经常借用先秦孟子的"赤子之心"的概念，来表述自己的思想宗旨。《孟子·离娄下》曾说："大人者，不失其赤子之心者也。"在罗汝芳看来，这颗赤子之心是最为宝贵的东西，因为它蕴含着人性先天具有的种种美德和智慧，他说：

> 夫赤子之心，纯然而无杂，浑然而无为，形质虽有天人之分，本体实无彼此之异，故人生之初，如赤子时，与天甚是相近。[②]
>
> 圣贤之学，本之赤子之心以为根源，又征诸庶人之心以为日用。[③]

在罗汝芳看来，赤子之心与良知本心、天命之性等范畴是名异而实同的东西，也是圣人之所以为圣人的心性根据所在，因此，如果要说到圣贤之学的实体根源，恰好在于人人皆有的赤子之心。他举例说：

---

① 黄宗羲：《明儒学案》卷34《泰州学案三》，第762页。
② 方祖猷等编校：《罗汝芳集》，第124页。
③ 方祖猷等编校：《罗汝芳集》，第268页。

> 孔子，大圣人也，万世无及焉。然其实非孔子之异于万世，乃万世之人自忘其所同于孔子者焉耳。孟子云："大人者，不失其赤子之心。"夫赤子之不虑不学，与孔子之不思不勉，浑是一个，吾人由赤子而生长，则其时已久在孔子地位过来，今日偶自忘之。岂惟赤子然哉？……彼自异于孔子者，或亦自忘其为人也耶？省之省之。①

简而言之，孔子成为圣人的心性根据就在于赤子之心，这是人人皆有的东西，可惜一般人迷失了这颗宝贵的先天本心，把圣者人格看得无比神奇，当作高不可攀的境界，其实这是没有必要的。罗汝芳指出：

> 圣人者，常人而肯安心者也；常人者，圣人而不肯安心者也。故圣人即常人，以其自明，故即常人而名为圣人矣；常人本是圣人，因其自昧，故本圣人而卒为常人矣。②（注：安心，即安于先天本心）

这段话非常耐人寻味，表明了圣人与凡人的相同之处就在于拥有共同的先天本心，而相异之处仅仅在于"自明"或"自昧"而已。如果要寻找圣与凡人的共同源头，最终还是要落实到赤子之心上来。据此，罗汝芳告诫门人："彼自异于孔子者，或亦自忘其为人也耶？省之省之。"

然而，既然人人皆有赤子之心，何以绝大多数人后来都丧失殆尽或自昧不知呢？罗汝芳认为，那主要源于人们自发、盲目的"一念嗜欲"。在这种不知节制的欲望的驱使下，人们开始愈发贪求后天的财色名利诸物，于是，先天的赤子之心逐渐湮没不显，甚至有的人完全违背了先天本性，只管一味地追逐后天的财色名利诸物，走向了堕落的境地。对此，罗汝芳说：

---

① 方祖猷等编校：《罗汝芳集》，第 375 页。
② 黄宗羲：《明儒学案》卷 34《泰州学案三》，第 773 页。

奈何天生而静后，却感物而动，动则欲已随之。少为欲间，则天不能不变而为人，久为欲引，则人不能不化而为物，甚而为欲所迷且蔽焉，则物不能不化而为鬼魅妖孽矣。此等田地，其喜怒哀乐，岂徒(违)先天之则，亦且拂人之性；岂惟拂人之性，亦且造物之殃。[①]

对于不加节制的欲望之危害，罗汝芳看得十分清楚，然而，他却没有得出如朱熹一般"存天理，灭人欲"的结论来。这是因为，罗汝芳清楚地看到，先天良知本心虽然会一时受到湮没，但实际上并未真正消失，而只是障蔽不显而已，它的内在智慧功能始终保持如常，只要人们懂得反观内省，随时都能显现出固有的知是知非、知善知恶的功能妙用。他说：

良知原自明白，虽欲动情胜，亦有枉其是非，以作好作恶者，然其知毫发不能自瞒。可见性之发用，虽为物迁，而明觉真体，毕竟廓然无累。[②]

因此，罗汝芳主张直接体悟赤子之心，直接应用良知良能，不必成天在"存理灭欲"的紧张关系中痛苦艰熬。罗汝芳的这一思想，既是源于乃师颜山农，也是自己真实的修道体悟。如前所述，罗汝芳26岁时，病于心火而未愈，向颜山农请教。颜山农指出他的制欲之病，并告诉他：

吾侪谈学，须以孔孟为宗。志仁无恶，非孔氏之训乎？知扩四端，若火燃泉达，非孟氏之训乎？循是体仁，仁将不可胜用，何以制欲为哉？[③]

在思想史上，颜山农的观点被概括为"制欲非体仁"罗汝芳依此修行，

---

① 方祖猷等编校：《罗汝芳集》，第124页。
② 方祖猷等编校：《罗汝芳集》，第357页。
③ 方祖猷等编校：《罗汝芳集》，第405页。

心火之病彻底痊愈，因此，他后来也指点门人说：

> 譬如导泉然，须先觅得源头着了，方掘去沙泥，以遂其流；不然，其沙泥徒掘，而泉终无流矣，又安得乐耶？①

客观地讲，体仁与制欲是一对相反相成的修养工夫。不过，在两者之间，罗汝芳的确更注重"体仁"，亦即当下觉悟自己的赤子之心。有了这个先天的心性源头，无论做什么事，自然会得到有益的启示或指引。在罗汝芳看来，赤子之心中蕴含着无穷的美德和智慧，所以能够发挥这种神妙不测的作用。那么，在儒家所提倡的诸种道德条目中，哪一些才称得上是赤子之心所蕴含的最基本的先天原本之德呢？这是接下来将要阐述的问题。

二、孝、悌、慈"三原德"

儒学内部有着不同的派别，这是一个客观的事实。何种道德品质最为根本？如果是汉儒董仲舒或者宋儒朱熹来回答，他们当然选定"三纲五常"（"三纲"为本）。然而，罗汝芳是一位善于独立探索和思考的思想家，他不满足于官方程朱理学的某些现成教条。对于人心之中蕴含的诸种美德何者为本的问题，他经过多年的思考，得出了自己的结论：孝、悌、慈是人心之中的"三原德"，其他诸道德条目都不过是从这三原德中衍生、推广出去的东西。故此，罗汝芳讲学一生，最为注重的就是弘扬孝、悌、慈"三原德"。

"孝、悌、慈"的概念流传已久。作为一个整体，它们最早一同出现在先秦儒家经典《大学》一书中。先圣明确提出：

> 故君子不出家而成教于国：孝者，所以事君也；弟者，所以事长也；

---

① 方祖猷等编校：《罗汝芳集》，第112页。

慈者，所以使众也。《康诰》曰"如保赤子"，心诚求之，虽不中，不远矣。未有学养子而后嫁者也！①

本来，"孝、悌、慈"三者是一组家庭伦理范畴，但是，儒家先圣发现，孝可移于事君，悌可移于事长，慈可移于治民，因此，他们才说："君子不出家而成教于国：孝者，所以事君也；弟者，所以事长也；慈者，所以使众也。"这段话语在朱熹等宋儒那里并没有引起特别的重视，但是，罗汝芳却独具慧眼，发现了它们的重要思想价值。在根本理念上，罗汝芳属于阳明心学的传人，王阳明曾经提出"明体达用"的儒学观，他说：

明明德者，立其天地万物一体之体也。亲民者，达其天地万物一体之用也。故明明德必在于亲民，而亲民乃所以明其明德也。②

对此，门人王艮概括说："明明德以立体，亲民以达用，体用一致，阳明先师辨之悉矣，此尧舜之道也。"③ 但是，"明德"之体中含有哪些道德内涵，哪些道德品质又称得上是原始美德，这一点王阳明并没有说清楚。同样，泰州学派的创始人王艮提出了"修身立本"的格物思想（第五章已介绍，此不赘述），可是，"修身立本"的范围实在太广，读书养性可以修身，丹青绘画也可修身，吟诗作对也可修身，有的流入狂禅的学者还认为"酒肆淫坊，皆可证道"，因此，如何将"修身立本"的内涵明确化，这也是泰州后学罗汝芳必须解决的任务。经过多年的思索，罗汝芳从《大学》中提炼出"孝、悌、慈"三个道德范畴，认为这就是"明德"之体的根本内涵（借喻为"三原德"）。他根据自己的生活阅历和逻辑推导，认为只要笃实践履孝、悌、慈"三原

① 朱熹：《四书章句集注》，第9页。
② 吴光等编校：《王阳明全集》卷26《大学问》，第968页。
③ 王艮：《王心斋全集》卷1《答问补遗》，第33页。

德",就抓住了"修身立本"的关键,也抓住了"明德亲民"的关键。他说:

> 究其明明德于天下,原非他物,只是孝、弟、慈三者,感孚联属,浑融乎千万人为一人,贯通乎千万世为一世已尔。①

又说:

> 若泛然只讲个德字,而不本之孝、弟、慈,则恐于民身不切,而所以感之、所以从之,亦皆漫言而无当矣。②

罗汝芳的这一发现,也得到了父亲罗崇纲的完全赞同。当罗汝芳把自己所悟告诉父亲时,"先君亦跃然起舞曰:'得之矣!得之矣!'"③从此,罗汝芳到处大张旗鼓地宣讲"孝、弟、慈"的重要性,并把它作为格物工夫的根本要求。他在这方面的言论很多,兹引一段比较详细者如下:

> (门人)问:"《大学》宗旨?"
>
> 罗子曰:"夫孩提之爱亲是孝,孩提之敬兄是弟,未有学养子而嫁是慈。保赤子,又孩提爱敬之所自生者也。此个孝弟慈,原人人不虑而自知、人人不学而自能,亦天下万世人人不约而自同者也。今只以所自知者而为知,以所自能者而为能,则其为父子兄弟足法而人自法之,便叫做明明德于天下,又叫做人人亲其亲长其长而天下平也。此三件事从造化中流出,从母胎中带来,遍天遍地、亘古亘今。试看此时薄海内外,风俗气候,万万不齐,而家家户户谁不是以此三件事过

---

① 方祖猷等编校:《罗汝芳集》,第216页。
② 方祖猷等编校:《罗汝芳集》,第152页。
③ 方祖猷等编校:《罗汝芳集》,第232页。

日子也？只尧舜禹汤文武，便皆晓得以此三件事修诸己而率乎人。以后却尽乱做，不晓得以此修己率人，故纵有作为，亦是小道，纵有治平，亦是小康。却不知天下原有此三件大道理，而古先帝王原有此三件大学术也。"[①]

由是可见，本来在《大学》中平常而论的孝、悌、慈三者，在罗汝芳的教育哲学体系中，上升到核心地位，既是明德之体的具体内涵，又是亲民之用的切实表现。罗汝芳把它称之为"天下原有此三件大道理"，当然，也是自尧、舜、禹、汤、文、武以来的古先圣王的"三件大学术"。

除了逻辑推理以外，罗汝芳还根据自己走南闯北的丰富阅历进行总结，从中发现孝、弟、慈的普适价值，他说：

予叨仕进，自极北边陲，率海而南，历涉吴、越、闽、广，直逾夜郎、金齿，其深山穷谷，岁时伏腊之所由为，未有一方一人而非孝、弟、慈、和以行乎其间者，则其习虽殊，而其性固未甚相远也。[②]

用今天的话语来讲，罗汝芳所论，其实表明了这样一个道理：在这个世界上，虽然地域不同、风俗不同，乃至制度不同，但是，做人处世的根本道理是一样的。为此，罗汝芳还特意从反面来举例，他说：

我看世间凶暴丈夫，亦不为少，然卒之不敢妄动者，只因父母妻子，根蒂相维系焉耳。[③]

[①] 方祖猷等编校:《罗汝芳集》，第108—109页。
[②] 方祖猷等编校:《罗汝芳集》，第316页。
[③] 方祖猷等编校:《罗汝芳集》，第292页。

这段话从个体层面揭示了一个道理：即使是凶暴强梁之辈，心中一样牵挂着父母妻子，因此才不敢贸然作奸犯科。可见，孝、悌、慈的观念确实是先天赋予在每个人心中的，它们是所有儒家道德规范中的核心价值。

罗汝芳讲学一生，讲得最多的是孝、悌、慈"三原德"。鉴于个人的影响力有限，他还大声呼吁当时的统治阶级要注重对于孝、悌、慈的宣传，应该把它上升为教化民众的基本指导思想。他说：

> 今之为民上者，实见得此孝、弟、慈三事，是古今第一件大道理、第一件善缘、第一件大功德，在吾身可以报答天地父母生育之恩，在天下可以救活万物万民万世之命。现现成成，而不劳分毫做作；顺顺快快，而不费些子勉强。心心念念，言着也只是这个，行着也只是这个，久久守住也只是这个，则上之所好，下必有甚焉者矣。今日闾阎，岂不可并于唐虞三代而无难也哉！①

罗汝芳以孝、悌、慈为"三原德"的思想，是一种朴实醇厚的道德人文主义观念。它非常符合古代宗法社会发展的内在需要，因此，在当时就引起了热烈的社会反响；同时，也体现出罗汝芳在先圣思想基础上深入发掘的探索精神。故此，时人给予了高度的评价：

> 吾师以孝、弟、慈尽人物之性，其即孔子一贯之旨乎？性一而已。一何在？一之于孝、弟、慈也。儒先皆谓一不可说，以予观之，安在其不可说也？孔子引其端，而吾师竟其说矣。后圣复起，不易吾师之言矣。②

---

① 方祖猷等编校：《罗汝芳集》，第 152 页。
② 杨起元：《近溪先生一贯编序》，载方祖猷等编校：《罗汝芳集》，第 952 页。按：讲这段评语的是南康门人熊傧。

三、重视后天之习

罗汝芳是个坚定的性善论者，但这不等于他没有看到现实社会中存在着种种恶的行为和人格表现。他之所以笃信性善，是因为他比一般人更加深入地体悟到了人类共同的先天原本之性。他说：

> 夫性善者，作圣之张本，能知性善而圣贤，乃始谓人人可以为之也。圣贤者，人品之最贵，知其可为圣贤，而于人人乃始不以卑贱而下视之也。①

不过，罗汝芳虽然看到了人心先天的善良本性，却清醒地认识到：这种先天本性是自在的而不是自为的，如果不加以后天的修习工夫，这种善良本性往往会在现实生活中被湮没或迷失。因此，罗汝芳有一句箴言：

> 德性虽赋诸天，扩充全资乎己。②

这句话的用意在于表明：任何人都应当重视后天的心性修养工夫，以求保任和扩充自己的先天本心。

对此，他和门人有一段对话：

> 曰："怵惕恻隐，便是圣贤否？"师曰："此是圣体，扩而充之，便是圣贤。"请问："何以扩充？"师曰："有所不忍，达之于其所忍，扩充之功也。若只见得怵惕恻隐之端，而不加扩充之功，亦只是闪电光，而难

---

① 方祖猷等编校：《罗汝芳集》，第 239 页。
② 方祖猷等编校：《罗汝芳集》，第 310 页。

以语于太阳照也已。"①

罗汝芳的这段话中，隐含了孟子的一个观点，那就是人人"皆有怵惕恻隐之心"②，这是仁之端绪（萌芽）。然而，罗汝芳又做了一个比喻以告诫门人：如果不加扩而充之的修养工夫，那么，这一点"怵惕恻隐之端"顶多像乌云密布的天空中闪了一道电光，电光闪过只是瞬间明亮而已，随后天空仍然是阴沉沉的面貌；如果加以扩而充之的修养工夫，那么，就会像太阳的光辉驱散乌云一般，迎来一片蔚蓝无际的天空。依此类推，只有重视后天之习，将内心的善端扩而充之，才可能修成现实的圣贤人格。

关于后天修习的重要性，罗汝芳有时还引述经典《尚书·太甲上》中先圣伊尹的"习与性成"之语加以佐证。他说：

> 伊尹曰："习与性成。"然则习之所系，大矣哉！……孔子曰"习相远"，与此"习"字，不可不慎之于人矣。③

有时候，罗汝芳还现身说法，表明坚持不懈的后天修习可以促进良好品德的形成。他和门人之间有这样一段对话：

> 有友见先生终日终夜勤恳，问曰："先生何以能是？"罗子曰："天下之事，只在于习，习惯自然，虽欲倦寂不能也。"④

那么，后天之习的主要内容是什么呢？简而言之，就是笃实践履"致良

---

① 方祖猷等编校：《罗汝芳集》，第 402 页。
② 《孟子·公孙丑上》。
③ 方祖猷等编校：《罗汝芳集》，第 326 页。
④ 方祖猷等编校：《罗汝芳集》，第 347 页。

知”的工夫。无论是从泰州学派还是从江右王学的角度，罗汝芳都算得上阳明心学的后裔，对于阳明心学衷心服膺，因此，他根据自己的实践经验，继续阐发和宣讲“致良知”之教，这也是情理之中的事情。例如：

> 问：“如何见得是致的工夫？”罗子曰：“致也者，直而养之，顺而推之。”①

“直而养之，顺而推之”，这是对“致”字内涵的简明扼要的解答，体现出罗汝芳多年修习阳明心学的真切体会。当然，“致良知”的修习工夫可以包含许多可操作性的具体内容。下面仅举一例，便可窥测罗汝芳对于心性修养的深造程度，以及他和其他王门俊杰的所见略同。他说：

> 人心惟危，差毫厘而谬千里……故此一念，尧所兢兢，而舜所业业也已。譬如行路，千里万里，只是出门一步趋去；千年万年，亦只是当下一念积成。甚哉！其机之可畏，而其发之当慎也。故圣贤不放逸而必敬，不率易而必慎，是以愈久而愈盛矣。②

罗汝芳这里所说的，与前章王龙溪“慎于一念之微”的修养工夫论完全一致，都是两位心学巨擘在心性修养实践中提炼出来的真知灼见。

此外，罗汝芳还特别强调当下修习的工夫，他说：“除却当下，便无下手（处）。”③生命是由无数个“当下”时刻构成的，只有不放过当下，按照自己的良知去“直而养之，顺而推之”，这才是笃实的心性修养工夫。对于这种重视当下修习的理念，他直至临终之前，仍然在不断地向门人和诸孙强

---

① 方祖猷等编校：《罗汝芳集》，第86页。
② 方祖猷等编校：《罗汝芳集》，第121页。
③ 方祖猷等编校：《罗汝芳集》，第402页。

调。他说：

> 汝等若能着实用功，则处处受益。则人之毁谤欺慢，皆是进德之资。若不着实用功，不过口耳之学，终不长进。①

需要注意的是，整个阳明心学一系，都以心性主体为枢纽，以实践工夫为阶梯，与一般俗儒的章句训诂之学有着本质的区别，因此，罗汝芳提倡后天之习，甚至强调当下工夫，都是对阳明心学的知行合一本质特征的自觉继承和弘扬。只有通过这样的修习实践，学者才能保任和发挥自己的先天性灵，才能明体达用，步步扩充，直至实现治国平天下的理想抱负。

四、以讲会、乡约治世

从 39 岁步入仕途，直至 63 岁致仕为止，罗汝芳经历了十分漫长的从政生涯。由于担任的多是知县、知府（两地）、屯田副使、参知政事等有实职实权的职务，所以，罗汝芳积累了相当丰富的治世经验。与同时代喜欢玩弄权术的高拱、张居正等权相不同，罗汝芳的治世理念与他的教育哲学是一脉相通的，那就是以教化为先，刑政为辅，甚至可以概括为"以讲会、乡约治世"。这是对先秦儒家"政教合一"基本理念的自觉继承和积极实践。

罗汝芳以德教治理地方的基本史实，上一节已有介绍，此不赘述。只是他的思想出发点值得特别注意，他说：

> 明德只是个良知，良知只是个爱亲敬长，爱亲敬长而达之天下，即是兴仁兴义，而修、齐、治、平之事毕矣。②

---

① 方祖猷等编校：《罗汝芳集》，第 424 页。
② 方祖猷等编校：《罗汝芳集》，第 158 页。

这句话表明罗汝芳认为：良知本心在社会生活中的突出体现就是爱亲敬长的伦理观念；如果执政者懂得以身作则，并积极推广这种良知本心，那么，"（由）爱亲敬长而达之天下，即是兴仁兴义"；如果一个社会充满了仁义为先的道德观念，那么，治国平天下的理想抱负也就不难实现了。这种推广良知以治天下的理念，赋予了执政者两个同样重要的任务，一个是管理社会的任务，一个是教化民众的任务。同一个执政者，既是社会的管理者，又是民众的教化者，两样职责都很重要，不容偏废一方。由于以往的封建官员大多喜欢以严刑峻法来对待百姓，所以，罗汝芳更加侧重道德教化，形成了"以教化代刑政"[①]的施政风格。有一则案例，发生在他担任宁国知府期间，突出地体现出罗汝芳善于德教的执政风格。现引述于下：

> 有巨室兄弟构争，其弟往诉于子（指罗汝芳）。子闻而痛哭流涕，请问其故。子曰："予不幸无兄，有则任其所甘心焉。予亦思兄而不得，是以重有感伤耳。"其弟大惭而回，叩首兄前，泣曰："适闻罗夫子言，不肖获罪吾兄久矣。"其兄闻言，亦不觉争忿顿释，造子谢教。兄弟愿终身师事之。[②]

面对巨室兄弟的财产之争，罗汝芳所为（真诚而非做作）不过是启发了他们内在的良知本心而已，孝亲敬长之心油然而生，一场难断的官司化于无形，罗汝芳还收下了两位特殊的弟子。正是由于罗汝芳经常以"道之以德，齐之以礼"的方式去教化百姓，所以，他所治理的太湖县、宁国府、东昌府，甚至像云南一省，都出现了"讼息民和"、返朴还淳的治世局面。

---

① 王时槐：《近溪罗先生传》，载方祖猷等编校：《罗汝芳集》，第856页。
② 方祖猷等编校：《罗汝芳集》，第422页。

　　化解兄弟争讼只是一则个案。罗汝芳以德教化民的主要方式是经常面向大众讲学，尤其是宣传讲解由乡绅百姓共同制定的《乡约》。史载：在太湖任上，罗汝芳剿灭了湖匪之后，便着力推行德教。他首先修复了残破不堪的学校，然后"立乡约，饬讲规，敷演《圣谕六言》，惓惓勉人以孝悌为先行之"①。不过一年时间，"赋日完，讼日简，闾阎颂声，台司荐疏籍籍也"②。在宁国府任上，罗汝芳推行德教的积极性更加高涨。史载：每逢"堂事稍毕"，他便集合当地缙绅士子讲学论道，"师开导不倦，多至夜分，精神契合，民亦潜孚，且日迁善，郡堂经月鞭扑不闻"③。又据清初史学家万斯同的《明史稿》记载："（罗汝芳）创开元会，集士民诲以孝弟忠信，罪囚亦令听讲，一郡翕然。"④对于囚犯，罗汝芳一样注重启发其道德自觉性。这样一来，当其刑满释放之后，他们便能操持正业，重新做人，不再重复犯罪，成为社会的包袱。这种教育和改造犯人的方式，即使在今天都非常值得司法部门和执法者所借鉴。在云南任上，罗汝芳不辞劳苦，经常巡察各府县，繁忙公务之余，始终不忘讲学传道，史载："暇日则临乡约，其父老子弟群聚听讲者动以千计，闻风远迩，争斗渐息，几于无讼。"⑤当他离开云南时，"士民遮道呼号，依依不能舍去"⑥。

　　在今本《罗汝芳集》中，保留了3篇完整的《乡约训语》，分别是《宁国府乡约训语》《腾越州乡约训语》和《里仁乡约训语》。前两篇是罗汝芳在宁国府和云南为官时所讲，后一篇是他致仕后在南城家乡所讲。由是可见，罗汝芳无论在官或在野，都坚持不懈地进行明道淑人、化民成俗的教育事业。由于这3篇乡约训语的内容较长，在此仅引述一段《宁国府乡约训语》，

① 方祖猷等编校：《罗汝芳集》，第837页。
② 方祖猷等编校：《罗汝芳集》，第837页。
③ 方祖猷等编校：《罗汝芳集》，第838页。
④ 方祖猷等编校：《罗汝芳集》，第874页。
⑤ 方祖猷等编校：《罗汝芳集》，第847页。
⑥ 方祖猷等编校：《罗汝芳集》，第847页。

以窥见罗汝芳"以乡约、讲会治世"的真诚理念。他说：

> 木铎老人每月六次，于申明等亭宣读"圣谕"。城中各门，乡下
> 各村，俱择宽广寺观为所，设立"圣谕"牌案，令老人振铎宣读，
> 以警众听。如半年以后，果有遵行"圣谕"为众所钦仰者，每约各
> 举一二人以凭旌赏。至一年后，约中犹有违约作非者，公举之以凭
> 惩戒。①

"木铎"一词，出自《论语·八佾》，是指一种金口木舌的铃铛，是古代里
长之类的基层官员摇动起来以告知民众重要事项的工具。所谓"木铎老人"，
是指乡村德高望重的老人，专门负责宣讲乡约和教化的工作。罗汝芳很清
楚，仅靠自己一人的宣讲，远远不足以让所有百姓都知晓儒家伦理和道德
规范，因此，必须在每个乡村或里巷中，选出有文化、有修养的士绅或老
者，担负这一宣传讲解和教化百姓的任务。至于"圣谕"，是指明太祖制定
的"圣谕六言"，内容是："孝敬父母，尊敬上长，和睦乡里，教训子孙，各
安生量，毋作非为。"②虽然"圣谕六言"的内容极其简单，但是，罗汝芳认
为，对于广大民众而言，不需要繁琐支离的理论教条，只要把如此简明的道
德规范做好（就像践履孝、悌、慈"三原德"一样），就足以达到讼息人和
的治世局面。

除了指导民众制定和宣讲《乡约》之外，罗汝芳还以通俗浅白的语句，
写下诸如《劝百姓二十条》之类的告示，以启发广大百姓的道德良知，自觉
为善去恶。原文较长，兹摘录几条如下：

> 劝吾民，要孝亲，原是父母生此身。承欢养志分内事，打骂劳苦莫

---

① 方祖猷等编校：《罗汝芳集》，第751页。
② 邱浚：《大学衍义补》卷18，载纪昀等编纂：《四库全书》第712册，第259页。

怨嗔。

劝吾民，多积善，天公报应疾如箭。积善之家处有余，若还积恶天岂眷？

······

劝吾民，要守成，祖宗基业本难离；但愿儿孙多克肖，常将勤俭振家声。

劝吾民，莫赌博，家园荡尽声名恶；纵使场中局局赢，算来几个不零落？

······

劝吾民，要睦邻，邻居本是百年亲；出门举足常相见，礼义相先号里仁。

劝吾民，莫恃强，强梁好勇身早亡；齿先舌敝皆由硬，柔弱枝条生意长。①

上述文字中，有些内容含有封建思想的糟粕，应该扬弃；但总的来说，罗汝芳以十分通俗的语言，讲述了为人处世的实实在在的道理，即使在今天，有些训诫仍然是发人深省，具有现实的道德启发意义。更为可贵的是，罗汝芳在这篇告示中突破了士大夫的话语习惯，用通俗易懂的语言，把儒家思想渗透到百姓的心中，这对儒学民间化的贡献是十分突出的。

正是由于上述积极作为和显著成效，罗汝芳被时人称赞为"以乡约、讲会治郡"②。这一评价，表明了罗汝芳既是政治家，又是教育家。他笃信"建国君民，教学为先""化民成俗，其必由学"③的古训，自觉地将政教合一，努力实践儒家的修、齐、治、平的社会理想。在这一化民成俗的奋斗过程

---

① 方祖猷等编校：《罗汝芳集》，第722页。
② 杨起元：《罗近溪先生墓志铭》，载方祖猷等编校：《罗汝芳集》，第922页。
③ 《礼记正义》卷36《学记第十八》，第3296页。

中，罗汝芳教育哲学的内涵也由此变得更加丰富而厚重。

第三节　罗汝芳教育哲学的思想特色和历史影响

罗汝芳的教育实践活动，在中晚明时期有着巨大的社会影响，在阳明心学一脉中，几乎可与王龙溪相媲美，故有"二溪"之学的并称。不过，罗汝芳并非现代意义上"象牙塔"内的职业教育家，他的教育思想和成就都带有鲜明的古代儒家的本质特色，如道行深邃、政教合一，等等，因此，评价罗汝芳的教育哲学还必须先从他的修道成就和人格境界说起。

一、罗汝芳的道行境界与教育成效

虽然罗汝芳不可能自许为圣者，但事实上，他的修道成就和人格境界已然达到圣者境界，正因为如此，他才具有出神入化的文武才具和引人入胜的人格魅力。泰州学派的第二代掌门王襞有诗赞曰：

> 是道汪洋久费寻，师门今过了心人。但于悟处求真性，更向虚中细讨论。满树红花鲜不染，一川明月静无尘。蘧年亏我知非晚，幸是汤盘日日新。[1]

王襞在泰州学派中辈分高于罗汝芳，至少算他的师叔，因此，不可能像一般人那样赞美罗汝芳的道行。但是，把他比作"了心人"，并以"满树红花鲜不染，一川明月静无尘"的诗句来形容罗汝芳心性之高洁，这已是极其难得的赞许了。而且，王襞还以蘧伯玉[2]自期，表达了愿与罗汝芳深

---

[1]　陈祝生主编：《明儒王东厓先生遗集》卷2《次罗近溪韵》，载《王心斋全集》，第239页。

[2]　蘧伯玉，春秋晚期卫国大夫，德行高尚，乐于改过，与孔子交谊甚厚。参见《论语·宪问》。

入讨论修道功夫的真诚愿望，这也意味着罗汝芳的道行确有他人不可及之处。

到了罗汝芳晚年，江右王门的王时槐与之为友。[①] 王时槐本人也是心学造诣较深的名儒，然而，万历六年（1578年），他前往从姑山房拜访罗汝芳，观其言行容止之余，由衷地感叹道：

> 予见先生天真粹朗，彼己尽忘，八荒洞然，了无轸域；语笑动静，食息寝处，神机自运，不涉人力。朝夕孟蔬，与客共食，客至盈座，亦无增味，熙怡竟日。诸生不问，则默无繁言，盖先生以精神感人，有出于言诠之外者矣。[②]

"天真粹朗，彼己尽忘"，"神机自运，熙怡竟日"，这是王时槐对于64岁的罗汝芳的描绘。虽孔圣在世，气象亦不过如此。对于罗汝芳的深邃道行和人格境界，王时槐坦言自己愧不能及，他说：

> 先生博大浑涵，普爱同人，略无拣择；境随静闹，不生取舍。乃自愧予之浅衷局量，耽僻厌烦，誓当顿舍宿障，庶可通于大方。[③]

如果说王时槐本是江右王门的著名人物，他的言语可能有阿谀、夸张之嫌的话，那么，被称为晚明"狂者之尤"的李贽。对于罗汝芳的评价就不能不引起后人的认真思考了。李贽一生性格狂傲，对理学家大多不屑一顾，但是，对王龙溪和罗近溪却衷心佩服，甚至把他们视为自己的人格偶

---

① 王时槐（1522—1605年），号塘南，江西安福人，从教于王阳明的弟子刘文敏，中进士，仕至陕西参政。《明儒学案》卷20《江右王门学案五》有其独传。
② 王时槐：《近溪罗先生传》，载方祖猷等编校：《罗汝芳集》，第857页。
③ 王时槐：《近溪罗先生传》，载方祖猷等编校：《罗汝芳集》，第857页。

像。1583 年，王龙溪先行离开人世，李贽感慨不已，著文称其为"圣代儒宗，人天法眼"①，尚未表现出过分的悲伤，因为他心目中还有一位人格偶像依然健在，那就是罗汝芳。1588 年，当罗汝芳逝世的消息传到湖北麻城时，李贽正好住在此地龙潭湖的芝佛院，听闻此讯息，几乎懵了。此后三个月的时间里，他"似在梦寐中过日"一般，成天不知所措。因为在他心目中，罗汝芳道行深邃，绝对可以健康长寿。他回忆说："吾观先生骨刚气和，神完志定，胜似王（龙溪）先生。王先生尚享年 86 岁，先生即不百岁，亦当九十，绝不死也。"李贽还怀疑：罗汝芳可能是不想拖累诸孙，"病欲死者"。在听到罗汝芳的讣闻后，李贽总是喃喃自语，说："先生不死，先生绝不死！"②

真性情的李贽，素来鄙视表里不一、圆滑世故的道学家，但是，他对于王龙溪和罗汝芳的人品学问却从来没有怀疑过。他的好友和尚深有回顾自己与李贽的交往，发现李贽最崇拜的便是"二溪"，他说：

> 某自从公（指李贽）游，于今九年矣。每一听公谈，谈必首及王先生也，以及（罗）先生。……忆公告某曰："我于南都得见王先生者再，罗先生者一。及入滇，复于龙里得见罗先生焉……自后无岁不读二先生之书，无口不谈二先生之腹"，令某听之，亲切而有味，详明而不可厌。③

李贽除了对罗汝芳的人品学问由衷推崇外，对他毕生投入的讲学传道事业也给予了高度的评价。他说：

---

① 李贽：《王龙溪先生告文》，《焚书》卷 3，载张建业主编：《李贽文集》第 1 卷，第 112 页。
② 以上引文皆引自李贽：《罗近溪先生告文》，《焚书》卷 3，载张建业主编：《李贽文集》第 1 卷，第 115 页。
③ 李贽：《罗近溪先生告文》，《焚书》卷 3，载张建业主编：《李贽文集》第 1 卷，第 115 页。

> 吾闻先生之门，如仲尼而又过之，盖不啻中分鲁矣。①

又说：

> 力而至，巧而中，是以难及；大而化，圣而神，夫谁则知？盖先生
> 以是自度，亦以是度人。②

李贽是一位具有独立人格、从不人云亦云的思想家。他能够给予罗汝芳如此高的评价，足见罗汝芳的道行功夫达到了多么崇高的境界。

罗汝芳一生致力于讲学传道，自然收下了许多门徒。他的人格感染力在这些门徒身上体现得更加淋漓尽致。例如：门人杨起元（1547—1599 年），字贞复，号复所，万历五年（1577 年）考中进士，又被选为翰林院庶吉士。适逢罗汝芳进京贺寿，事毕讲学京郊，杨起元闻其所讲，至为钦佩，纳贽拜师。不久，罗汝芳因触怒张居正，被迫致仕还乡。杨起元闻之，"叹曰：'吾师且老，今若不尽其传，终身之恨也。'因访从姑山房而卒业焉。"③ 为了闻道，连官都不想做了，杨起元的求道之精神可谓至诚，因此，他成为罗汝芳晚年非常器重的入室弟子。在罗汝芳逝世后，杨起元对他的怀念依旧，史载："先生之事近溪，出入必以其像供养，有事必告而后行。顾泾阳曰：'罗近溪以颜山农为圣人，杨复所以罗近溪为圣人。'其感应之妙，锱铢不爽如此。"④ 后来，杨起元历任国子监祭酒、礼部侍郎等职，也成为一位从事教育的高层官员。

又如：周汝登（1547—1629 年），字继元，号海门，是罗汝芳的另一

---

① 李贽：《罗近溪先生告文》，《焚书》卷 3，载张建业主编：《李贽文集》第 1 卷，第 114 页。
② 李贽：《罗近溪先生告文》，《焚书》卷 3，载张建业主编：《李贽文集》第 1 卷，第 116 页。
③ 黄宗羲：《明儒学案》卷 34《泰州学案三》，第 806 页。
④ 黄宗羲：《明儒学案》卷 34《泰州学案三》，第 806 页。

位著名门人，也是万历五年的进士。他本是浙江嵊县人，最初通过从兄周梦秀向王龙溪求学问道，已有一定造诣，后问道于罗汝芳，罗汝芳指点数语，"竦然若鞭背"①，深有契悟，对罗汝芳尊崇倍至。他和杨起元相似，"供近溪像，节日必祭，事之终身"②。后来，周汝登累官至南京尚宝卿，著有《圣学宗传》一书。在该书中，他专门为罗汝芳作传，并评价罗汝芳说：

> 近溪学以孔孟为宗，以赤子良心不学不虑为的，以孝、悌、慈为实，以天地万物同体，彻形骸、忘物我，明明德于天下为大。自少至壮而老，无一息不在学；自家居以及四方……千百徒众之相接聚，无一不勉以学；自令长，历郎署，领郡符，佐藩臬，所至无一地不以学为政也。③

这番话里并无赞颂之语，却是对罗汝芳的哲学思想和教育实践的精辟总结。由是可见，罗汝芳晚年没有白收周汝登这位高徒。

当然，罗汝芳的入室弟子还有许多，如曹胤儒、罗怀智、黎允儒等，学行皆有可观之处。限于本章篇幅，不再赘述他们对罗汝芳的称颂之辞。仅仅由王襞、王时槐、李贽、杨起元、周汝登等名儒的评价，我们足以得出这样的结论：罗汝芳一生从事明道淑人、化民成俗的教育事业，结出了累累硕果，他接续了泰州学派将儒学平民化的理念，为建设儒家理想的宗法社会做出不懈的努力，也取得了相应的成效；换一个角度看，在弘扬心学思想的过程中，他做出了不可替代的贡献，实际上，这也是对中国文化精神慧命的传承。

---

① 黄宗羲：《明儒学案》卷34《泰州学案三》，第806页。
② 黄宗羲：《明儒学案》卷36《泰州学案五》，第854页。
③ 周汝登：《圣学宗传·罗汝芳》，载方祖猷等编校：《罗汝芳传》，第862页。

二、罗汝芳教育哲学的思想特色

罗汝芳从事讲学一生，成效显著，必然有其独到的思想特色，这是其事业成功的内因。这一问题，可以从四个方面加以概括：

第一，知行合一、身教为先的教育理念。

本著第一章已阐明：明道与成圣是陆王心学一系的基本宗旨，其中，所谓圣人，不过是"道"的人格化象征而已。达到"明道成圣"这一根本目标的途径便是知行合一、躬行实践。这一方法论原则，无论是受教者，还是施教者，都是必须严格遵循的。罗汝芳通过长期的修道实践，中年之时便已达到圣者境界。他向士子百姓传播圣人之学，首先就必须自己真诚践行儒家的各项道德规范，否则，便与一般的俗儒经师无异了。难能可贵的是，罗汝芳讲学一生，之所以能够有那么强烈的感染力，并不只是因为他善于言说而已，而主要是因为他坚持知行合一、身教为先的教育理念，使众多门人清楚地看到了一种巍然挺立又亲切感人的圣人气象。

首先，罗汝芳事父母至孝，这已毋须详论。在父亲罗崇纲去世后，他回乡丁忧，母亲宁氏命他不要再去做官，他毫无怨言，在家乡一待就是8年之久。同时，他把这种孝顺之心移于老师颜钧身上。因鉴于颜钧独到的心学功夫，加之感念其早年解决自己"病于心火"的顽症，罗汝芳对颜钧的孝敬之情与侍奉父母无异。1568年（隆庆二年），颜钧被人诬陷盗卖官船，身陷南京牢狱之中，当权者本欲杀之而后快，形势岌岌可危。罗汝芳听说之后，立刻"称贷二百金，同二子及门人买舟往救。或曰：'山农不及子，子师之何也？'师曰：'山农先生在缧绁之中，而讲学不倦，虽百汝芳岂及哉？'既而，赖同志并力设处，（山农）得成邵武。"[①] 关于这件事，颜钧亦做了专门记载，

---

① 方祖猷等编校：《罗汝芳集》，第922页。

他说："汝芳之为人也，自少淳庞，性笃孝友……忽闻樵难埋白狱，芳涕泣如伤父，百计调护，倾囊济赈"①；相比之下，"(予)当难三年，江北数千门徒，受教受惠者甚多，且有随从一年至三年者，竟无一人寄音相慰"②。俗话说：患难见真情。颜钧这位"儒侠"算是没有白收罗汝芳这个门徒。颜钧晚年从福建邵武获赦免回乡，罗汝芳依旧像当初一样照料他的生活起居，事实上，此时他自己也已六十多岁了。史载："汝芳既罢官，钧亦赦归，汝芳事之，饮食必躬进，人以为难。"③又载："先生归田后，身已老，(颜)山农至，先生不离左右。一茗一果，必亲进之。诸孙以为劳，先生曰：'吾师非汝辈所能事也。'"④

罗汝芳对待父母和老师孝心纯然，对待同门朋友同样也是一片赤诚。其最突出地表现便是他对何心隐的援救。1579年（万历七年），颜钧已经断交的学生、罗汝芳的同门何心隐⑤被湖广道抓捕。据曾受教于罗汝芳的邹元标记载：

> 梁夫山（何心隐本名）囚楚，先生鬻田往援之。有讽先生曰："夫山害道，宜罹于法。"先生曰："彼以讲学罹文网，予嘉其志，遑论其他？"夫当时以学自命者，稍出片言，夫山必无死地，视先生心何如也。⑥

罗汝芳为什么要如此尽心地援救何心隐？事实上，何心隐入颜钧门下比罗汝

---

① 《颜钧集》卷5《著回何敢死事》，第43页。

② 《颜钧集》卷3《自传》，第28页。

③ 张廷玉等：《明史》卷283《儒林二》，第7276页。

④ 黄宗羲：《明儒学案》卷34《泰州学案三》，第761页。

⑤ 何心隐（1517—1579年），原名梁汝元，字柱乾，号夫山，江西永丰人。

⑥ 方祖猷等编校：《罗汝芳集》，第931页。"夫当时以学自命者"，应指耿定向。他当时身居高位，却坐视何心隐之死不肯出面援救。

芳晚了至少6年①，且后来和颜山农割袍断交。他的讲学内容比较芜杂，充斥了不少方技杂流的东西，性格上更是张狂偏激、招摇过市。但是，何心隐为人表里如一，崇尚正义，与罗汝芳一样向往着建立一个道德淳厚、伦理规范的理想社会，因此，罗汝芳视之为同道，从不介意其偏激张狂的性格缺陷，在何心隐遇难的时候，不惜变卖田产去救他。这一点的确是口头称颂道学、实则世故满腹的耿定向之流无法比拟的。遗憾的是，罗汝芳这次没有救出何心隐，何心隐因得罪了首辅张居正，被湖广巡抚王之垣杖毙于公堂之上。

罗汝芳为官一生，清廉自守。晚年致仕回乡，两袖清风，行李萧然，他丝毫不以此为意。虽然罗家原本富有，但是，由于罗汝芳一心从事讲学传道，从来没有花费精力去增加自己的财富，到了晚年，连建昌府官员在上奏朝廷时也承认："（罗汝芳）服食俭约，精神不减当年；业产凉薄，居守浑如寒士。"②或许有人会质疑：罗家原有的丰厚财产都哪里去了呢？原因很简单：罗汝芳在家乡前后数次修建或扩建从姑山房、前峰书屋等讲学之所，完全是自己掏腰包；在宁国府任上修建志学书院、改建水西书院，花费了大量的财富，部分经费也是自己出的；在云南修建水利工程时，由于巡抚王凝不肯拨出经费，罗汝芳带头捐资，感动了当地乡绅百姓，于是，有钱的出钱，有力的出力，方才将滇池的水旱灾害彻底解决。由于长年的出多进少，罗汝芳家庭的经济水平日益下降，到了晚年，已是"朝夕盂蔬，与客共食，客至盈座，亦无增味"③，与平常百姓没有差别了。有一则记述更清楚地表明晚年罗家的经济境况：

（罗）子于饮食未尝有所嗜也，衣服未尝有所择也，庐舍未尝有所

---

① 何心隐结识颜钧不早于嘉靖二十五年（1546 年），而罗汝芳结识颜钧则在嘉靖十九年（1540 年）。
② 方祖猷等编校：《罗汝芳集》，第 828 页。
③ 方祖猷等编校：《罗汝芳集》，第 857 页。

美也，故田园皆先世所遗，不事营建。子孙满前，或食不饱，亦不改其乐也。[①]

罗汝芳从不以家境贫富为意，他真正关心的是教诲门人和诸孙修道进学，完成理想人格的培养。他在云南时，写信对家人说：

> 惟愿二位娘子及诸孙、诸媳各务晓事，莫要只想富贵一边，不老实求些受用。须要晓得：富贵多便造业多，富贵有时消散，罪业永远相随。人在世间，只有衣穿，有饭吃，不被人打骂，便过得日子，便好干办自己前程。各人早些得手，便是各人本事。慎勿恃着年少，转眼便三十、四十来了。[②]

通过以上介绍不难看出：罗汝芳"芥视千金，燔然不浼；举以与人，若拂轻尘；实出性成，非由强作。"[③] 他一生行事，以良知本心为指导，以儒家道义为准则，为世人树立了高尚亮节式的榜样，正因为如此，有的门人直接视为其为圣人在世。这种知行合一、身教为先的教育理念，既是罗汝芳教育思想的特色所在，也是罗汝芳讲学活动获得热烈反响的首要原因。

第二，不发牢骚、实心讲学的建设性思维方式。

罗汝芳的政治理想，是建立一个政治清明、风俗淳和的宗法社会。要实现这个理想，除了"得君行道"的途径外，"觉民行道"也是不可或缺的另一途径，因此，身为四海闻名的大儒，他在民间大力推行儒家的伦理教化，以其为一项任重道远的使命。罗汝芳讲学多年，主要宣讲的就是包括孝、悌、慈"三原德"和"圣谕六言"在内的道德品质教育，目的是使民众懂得

---

① 方祖猷等编校：《罗汝芳集》，第 421 页。
② 方祖猷等编校：《罗汝芳集》，第 681 页。按："二位娘子"指的是他的两个儿媳妇。
③ 王时槐：《近溪罗先生传》，载方祖猷等编校：《罗汝芳集》，第 858 页。

为人处世的正确道理和有效方法。正是基于这样的目的，罗汝芳在民间讲学，更多的是提倡一种建设性的价值观和思维方式，与那种喜欢指斥时政、品评人物的"清议"风气有着本质的区别。

当然，这并不意味着罗汝芳看不到现实中存在的种种制度弊端和腐败现象。实际上，罗汝芳一向坚持独立人格，从不阿附或畏惧权贵。即使面对严嵩、徐阶、张居正等权相，他都敢于仗义执言。例如：万历元年，当他应诏来到北京时，他面见首辅张居正，坦率陈言："闾阎疾苦，不能一一上达也。"① 这番直言使得自视甚高的张居正"举酒不言"②。他唯恐罗汝芳常在耳边聒噪，于是，把他外放为东昌知府（后来又远放至云南）了事。然而，不管身在何地，罗汝芳只要公务之暇，必然聚众讲学。他所讲的内容，主要是如何自致良知、修身养性，特别注重弘扬孝、悌、慈"三原德"和"圣谕六言"等道德规范，从不以批判性的口吻指斥时政，抨击现实。因此，尽管明朝也有文字狱，更有锦衣卫等特务组织到处侦听打探，但是，从来没有哪个权贵或官员挑剔出罗汝芳讲学内容的漏洞，给他戴上一顶违背封建礼教或大明律法的帽子。1577 年，63 岁的罗汝芳致仕返回南城故里，仍然讲学不辍，"远近就学者甚众"，此时，张居正已明令民间禁止讲学活动，以防止清议之风对他不利。有门人好心地劝罗汝芳："师以讲学罢官，盍少辍以从时好？"罗汝芳坦然地回答："我父师止以此件家当付我，我此生亦惟此件事干，舍此不讲，将无事矣。况今去官，正好讲学！"又有人劝戒说："师宜辍讲，庶免党祸！"罗汝芳回答说："人患无实心讲学耳。人肯实心讲学，必无祸也。党人者，好名之士也，非实心讲学者也。"③ 如此从容淡定的态度，既体现出罗汝芳坚持讲学传道的决心，又表明了他对于自己的讲学内容很有把握——在大明王朝的疆域内，任何时候进行孝、悌、慈"三原德"和"圣谕六言"的

---

① 熊筱：《近溪罗先生一贯编》，载方祖猷等编校：《罗汝芳集》，第 382 页。

② 熊筱：《近溪罗先生一贯编》，载方祖猷等编校：《罗汝芳集》，第 382 页。

③ 以上引文皆引自方祖猷等编校：《罗汝芳集》，第 848 页。

道德品质教育，都是合理合法的，建设一个井然有序、风气淳和的宗法社会，是历代封建统治者的理想目标，罗汝芳宣讲这些东西，难道有什么错误可言吗？因此，他照旧讲学如常。可以想象得到，张居正的爪牙既然能够侦察到何心隐的行踪，对于罗汝芳这样的清流领袖也不会置若罔闻。可是，当那些锦衣卫偷听完罗汝芳的讲学内容之后，说不定还深受感动呢，回去之后，哪有什么坏话可以罗织编造的呢？于是，罗汝芳讲学终身，安然无事。

与罗汝芳相比，他的老师颜钧、同门何心隐以及好友李贽等人，都因为讲学活动而遭受残酷的迫害打击。除了他们喜欢以批判性的思维方式和突破封建礼教的思想内容向大众宣讲外，本身也有行不掩言、张狂偏激的性格缺陷，甚至怀有以讲学为媒介，谋求出人头地的功利性目的，因此，他们的讲学或者引来部分士大夫的不满，或者直接触怒了最高统治集团。以颜钧为例，在多年的南北游走中，他结交了许多著名的士大夫，包括一些位高权重的官员，但是，他性格直率，经常出言不逊，搞得别人下不来台。除了讲学时"放言矢口"外，颜钧自恃声名卓著，不知检点。一次，江西巡抚何迁问他有何需求，他说："生平游江湖，不得官舟，广聚英材讲学为恨耳。"① 何公以己舟予之，颜钧竟然接受了。一个没有任何官职的人，驾着巡抚的座船（很可能没有去掉原有的标记）到处招摇，这不是给人以口实吗？果然，在大官僚耿定向的授意下，南直隶太平府衙门以盗窃官舟的罪名，将其擒获，下狱论死。虽蒙罗汝芳营救而免死，但在囚狱中，"刑棒如浆烂，监饿七日，死三次"②，活脱脱进了一回阎王殿。

虽然颜钧、何心隐、李贽等人的批判性思维方式不无发人深省之处，但是，他们偏激张扬、招摇过市的性格是导致他们悲剧结局的直接内因。对此，罗汝芳早就清醒地预见到："人患无实心讲学耳。人肯实心讲学，必无

---

① 《颜钧集》卷9《附录一》，第83页。
② 《颜钧集》卷3《自传》，第28页。

祸也。党人者，好名之士也，非实心讲学者也。"① 因此，他的讲学活动始终以"敷演圣谕六条，惓惓勉人以孝弟为先"②，注重阐发建设性的思维方式和价值观，而且坚持从自我做起，"讲学以身而非以口"③。对于这样的讲学内容和模式，只要不是昏愦至极的君主，官方扶持奖掖还来不及，又有谁会为难他呢？即使是在今天，一些知识分子几乎习惯于把批判现实作为唯一的人生使命，比起罗汝芳不发牢骚、实心讲学的建设性思维方式来，孰优孰劣，这是值得我们深刻反思的。

第三，"圣人之学，如家常茶饭。"④

罗汝芳在讲学中，一反某些心学名士张大虚声、招摇过市的风格，提倡朴实无华、从容践履的学风。这与那些矜持把捉、故弄玄虚的王学末流形成了鲜明的对比，用他自己的话说，便是"圣人之学，如家常茶饭"。这是罗汝芳教育哲学中不容忽视的一个重要特点。

自从阳明心学兴盛以后，中晚明时期的许多士子学人，怀着探赜索隐的求道愿望，把圣人之学看得十分玄奥，或者在修习过程中刻意执着，仿佛修道之事"且须异样工夫"，与平常生活迥然不同。他们往往劳心费神、历经坎坷，而修习效果却不如人意。对此，罗汝芳以儒家经典《中庸》为理论根据，告诉士子学人："道本是个中庸，中庸解作平常，因平常之人所共由也。"⑤ 践履修道工夫的恰当方式，就是放下执着，自然而然，在日常生活中从容践行。用一句比喻之语说，这便如家常茶饭一般。他说：

> 学问与做人一般，须要平易近情，不可著手太重。如粗茶淡饭，随

---

① 方祖猷等编校：《罗汝芳集》，第848页。
② 方祖猷等编校：《罗汝芳集》，第921页。
③ 方祖猷等编校：《罗汝芳集》，第422页。
④ 方祖猷等编校：《罗汝芳集》，第171页。
⑤ 以上引文皆引自方祖猷等编校：《罗汝芳集》，第171页。

时过日，心既不劳，事亦了当，久久成熟，不觉自然有个悟处。盖此理在日用间，原非深远，而工夫次第，亦难以急迫而成。学能如是，虽无速化之妙，却有隽永之味也。①

罗汝芳的这段话，讲出了一个修道实践过来人的真实体会。他年轻时亦曾"病于心火"，就是因为执着把捉之故。那时候他还不懂得一个朴素的道理：只要在日常生活中自然而然地修心养性，便可逐渐达到心地通明的圣者境界。到了中年之后，罗汝芳的心性工夫已臻炉火纯青，因此，他反过来告诉门人："（工夫）如粗茶淡饭，随时过日，心既不劳，事亦了当，久久成熟，不觉自然有个悟处"。

客观地讲，罗汝芳的这一观点并非什么新颖、卓越的创见，它与王阳明所说"不离寻常日用内，直造先天未画前"②实际上有异曲同工之妙，与王艮"百姓日用即道"的理念也十分接近，只不过是通过自己的实践而得出的真切体会，然后用不同的语言重新表述罢了。然而，这一体会的确十分重要。对于任何学者而言，无论是矜持把捉、偏执玄奥，还是张大虚声、招摇过市，都是修道过程中的自我障碍。南宋心学家陆九渊曾告诫门人说：

近日向学者多，一则以喜，一则以惧。夫人勇于为学，岂不可喜？然此道本日用常行，近日学者却把作一事，张大虚声，名过于实，起人不平之心，是以为道学之说者，必为人深排力诋。此风一长，岂不可惧？③

陆九渊这里所批评的，是当时某些热衷于张大虚声的儒家士人的浮夸学风

---

① 方祖猷等编校：《罗汝芳集》，第95页。
② 吴光等编校：《王阳明全集》卷20《别诸生》，第791页。
③ 《陆九渊集》卷35《语录下》，第437页。

和生活做派。如果他们早早懂得"圣人之学，如家常茶饭"的道理，恐怕也不会到处自我标榜、矜耀了。遗憾的是，在这个世界上，人们总是一再重复前人犯过的错误。到了罗汝芳的时代，他仍然需要苦口婆心地告诫门人："（从今）只将圣人学问，只当家常茶饭，实实受用……不必更立门户，不必别做工夫。"①概而言之，在日常生活中从容修习、笃实践履，便可明心见性，臻于圣贤境界。这种朴实无华的学风，才是圣人之学的本来面目。

第四，灵活多样、不拘一格的教学方法。

有些人以为，罗汝芳注重提倡儒家伦理道德，可能是一个言行拘谨、行事呆板的冬烘先生。如果把这样的印象套用在程朱理学一派身上，或许还有一定道理。可是，用这样的眼光来看待罗汝芳这样的心学大儒，那就大错特错了。黄宗羲记述了时人的传言："龙溪笔胜舌，近溪舌胜笔。"②事实上，罗汝芳是一个非常善于演说和辩论的教育家。他的教学方法灵活多样，不拘一格，收效显著，史载：

> 顾盼呿欠，微谈剧论，所触若春行雷动，虽素不识学之人，俄顷之间，能令其心地开明，道在现前。一洗理学肤浅套括之气，当下便有受用，顾未有如先生者也。③

这段话表明：罗汝芳的讲学"一洗理学肤浅套括之气"，完全没有官方理学僵化呆板的面貌；相反，他善于在"俄顷之间"，使听众"当下便有受用"，甚至"令其心地开明，道在现前"。黄宗羲认为，论讲学成效之显著，与同时期的心学名儒相比，"顾未有如先生者也"。这段话语，类似于对王艮讲学

---

① 方祖猷等编校：《罗汝芳集》，第 171 页。
② 黄宗羲：《明儒学案》卷 34《泰州学案三》，第 762 页。
③ 黄宗羲：《明儒学案》卷 34《泰州学案三》，第 762 页。

特色的评价——"惟先生于眉睫之间，省觉人最多"①。看来，罗汝芳的讲学颇有当年泰州学派创始人王艮的宗风。

罗汝芳是一个坚定执守道义原则的儒者，但是，每逢临机处事，他十分懂得灵活应变，甚至智谋过人，无论大小事务皆能如此。上一节曾经叙述，罗汝芳前往滇西腾越州巡察时，碰上缅甸大酋长瑞体（又称"莽哒喇"）率大军侵犯边疆。面对危局，罗汝芳从容调度，指挥忠于明王朝的诸土司部落，以火药摧其象阵、以峡谷困其部众。一仗打下来，大败敌军，"谍报莽兵实五万，数日内死伤者十之九，瑞体谓其下曰：'吾自用兵以来，未有此困。'"②这场战争，充分体现出罗汝芳文武兼通的出色才能。除了军政大事之外，在生活中，有一些小事也显示出罗汝芳善于随机应变的聪明才智。史载：

> 先生过麻城。民舍失火，见火光中有儿在床。先生拾拳石，号于市："出儿者予金视石。"一人受石出儿。石重五两，先生依数予之。其后，先生过麻城，人争睹之，曰："此救儿罗公也。"③

罗汝芳是个文人，论起身手矫健，显然不及武夫或体力劳动者。当民房失火，恰有婴儿在床，形势十分危险的时候，如果他自己冲进去救孩子，可能两个人都不能活下来。于是，他不假思索，从地上捡起一块拳头大的石头，在大庭广众中高声喊道："谁能冲进去把婴儿救出来，我就给他与这块石头同等重量的白银。"罗汝芳喊出这句话，是因为熟悉"重赏之下，必有勇夫"的俗理。果然，有人冲进火场救出了婴儿，罗汝芳也照数付给他酬劳。若干天后，当罗汝芳再次经过麻城时，引来了百姓的争相围观，纷纷说："这就

---

① 黄宗羲：《明儒学案》卷33《泰州学案一》，第710页。

② 方祖猷等编校：《罗汝芳集》，《罗近溪师行实》，第845页。

③ 黄宗羲：《明儒学案》卷34《泰州学案三》，第805页。

是救孩子的罗公啊。"按道理，罗汝芳并没有亲自扑入火场救出婴儿，可是，由于他善于随机应变，而且慷慨施财，激励他人救出孩子，结果，当地群众都认为他才是真正的救人者，没有人会惦记那个为了钱财去火中抢救婴儿的人。

既然在生活中懂得通权达变的方法论，那么，罗汝芳在教学过程中善于随机点化、因材施教，也就不足为奇了。在他多年的讲学生涯中，最有名的教学案例可能要属"捧茶童子是道"之喻了。史载：

> （门人）问："吾侪昨日请教，或言观心，或言行己，或言博学，或言守静。先生皆未见许，然则谁人方可以言道耶？"
>
> 罗子曰："此捧茶童子，却是道也。"
>
> 众皆默然有顷，一友率尔言曰："终不然此小仆也能戒慎恐惧耶？"
>
> 罗子不暇答，但徐徐云："茶房到此，有几层厅事？"
>
> 众曰："有三层。"罗子叹曰："好造化！过许多门限阶级，幸未打破一个盅子。"其友方略省悟曰："小仆于此果也似解戒惧，但奈何他却日用不知。"
>
> 罗子又难之曰："他若是不知，如何会捧茶，捧茶又会戒惧？"
>
> 其友语塞。罗子徐为之解曰："汝辈只晓得说知，而不晓得知有两样：故童子日用捧茶是一个知，此则不虑而知，其知属之天也；觉得是知能捧茶又是一个知，此则以虑而知，而其知属之人也。天之知只是顺而出之，所谓顺则成人成物也；人之知却是返而求之，所谓逆则成圣成神也。故曰：'以先知觉后知，以先觉觉后觉。'人能以觉悟之窍而妙合不虑之良，使浑然为一而纯然无间，方是睿以通微，又曰神明不测也。"①

---

① 方祖猷等编校：《罗汝芳集》，第44页。

在这段对话中，罗汝芳告诉弟子们：童子捧茶这一平常事，便是"道"之妙用的体现。童子捧茶时小心翼翼，过许多台阶门槛都不曾摔倒，这是因为他天生有一种不虑而知的心智功能，这便是"天之知"（即良知良能），"天之知只是顺而出之，顺则成人成物也"。但是，只有这一种"天之知"而不自觉，便等同于"百姓日用而不知"。读书人的工夫就体现在"返而求之"上，在觉悟此先天心体之后，自觉地保持、应用这一良知良能，这便是"人之知"。如果学者能将后天的工夫和先天的心体相结合，便是"以觉悟之窍而妙合不虑之良"，最终能使人的心灵"浑然为一而纯然无间"，这样一来，人的心体便真的达到"睿以通微，神明不测"的圣者境界了。罗汝芳以"捧茶童子是道"的比喻，让门人明白了：道在心中，身外无道。所谓"道"并不神秘，"固平常人所共由也，且须臾不可离，固寻常时刻所长在也"①。因此，人人可修，人人可得，正如心学宗祖王阳明所说："不离日用常行内，直造先天未画前。"②

又有一个教学案例，也是罗汝芳指点门人"道不远人"的道理。史载：

> 一友远来相见，（罗子）问近时工夫。曰："于心犹觉有疑。"罗子曰："何疑也？"曰："许多书旨，尚未得明白。"罗子曰："子许多书未明，却才如何吃了茶，吃了饭？今又如何在此，立谈了许久耶？"傍一生笑曰："渠（他）身上书，一向尽在明白，但想念的书，尚未明白耳。"其生恍然有悟。③

这个案例与"捧茶童子是道"之喻有些相似，就是启发门人：许多你天天在用的东西，自己没有反思过它的存在和妙用，实际上，这就是你的本心，也

---

① 方祖猷等编校:《罗汝芳集》，第 171 页。
② 吴光等编校:《王阳明全集》卷 22，第 791 页。
③ 方祖猷等编校:《罗汝芳集》，第 123 页。

就是先圣所要表达的"书旨"。罗汝芳的这番话，与南宋陆九渊"六经注我"的思想有一脉相通之处，意在告诉门人：不要枯守在浩如烟海的经籍书册中，要善于从现实生活和主体自身上发现"道"的存在和应用。

再如，在生命智慧上，罗汝芳主张：要以至诚的心态去理会性命之学①，有了这样的真切需求，方能实有所得；反之，执着于言诠、迷恋于章句、讲究外表修饰之类的做法，都是"与自家性命了无干涉"②，不可能达到超凡入圣的目的。为此，罗汝芳又巧作比喻以说明问题。史载：

> （门人）问："不知性命要如何理会？"
>
> 罗子曰："若依旧套理会，莫说汝辈老成，即唤百十童生，命以'天命之谓性'一题，便个个可做成文章，其于性命之理，似亦了了。但就圣人分上言，五十方知天命。则圣人理会性命，如是之难，吾辈理会性命，如是之易。此岂圣人之质钝于吾辈哉？要之，吾辈之理会，非圣人之理会也。"
>
> 曰："吾辈固差矣，不知圣人当时，却是如何理会？"
>
> 罗子曰："若知危病之家之求医乎？仓皇急遽，西走东奔，旁询其故，则曰：'为救性命也。'夫性命二字，生死系焉。……今须持畏死求生之心，以去理会性命，便自精神百倍，而圣人地位，方有可望矣。"③

这段话表明，理会性命绝不像童生秀才应付科举考试一样，出一道题目，凡是能做出一篇八股文章来交卷，便算是合格通过。只有像家中有急症患者的

---

① 性命之学，又称"天人性命之学"，是中国古代涉及生命终极关怀的"形上之学"。它包括天人之际、生命本质、生死智慧等内涵。因其过于深邃，且属于纯哲学范畴，本著不予展开讨论。
② 方祖猷等编校：《罗汝芳集》，第303页。
③ 方祖猷等编校：《罗汝芳集》，第172—173页。

人去求医问药那样，真正把性命二字当成"生死系焉"的大事，才可能觉悟自己的性命本原。因此，大凡学者若想觉悟性命之道，"须持畏死求生之心，以去理会性命"。唯其如此，才是真为自家性命着想，"便自精神百倍，而圣人地位，方有可望矣"。毫无疑问，罗汝芳的这个比喻，形象生动地说明了什么样的心态才是至诚的求道之心，才有了生脱死的真正可能性。

由于罗汝芳的道行晚年已臻炉火纯青的境界，所以，他的教学方法也灵活多样、不拘一格，具有艺术化的神妙风格，限于本章篇幅，不再赘述。如果要想真正搞清罗汝芳教育哲学的思想特色，除了系统地阅读原著、获取第一手文字资料以外，更重要的是照着他所指点的修道方法去笃实践履、潜心涵养，这样方能由指见月，真正领略圣人之学的风采和神韵。

三、罗汝芳教育哲学的历史意义

罗汝芳教育哲学的历史意义是多重的。首先，我们可以从明朝中晚期社会思潮巨变的背景中来评价其历史意义。黄宗羲在《明儒学案》中指出："有明之学，至白沙始入精微……至阳明而后大。"① 诚然，在明代中晚期的思想发展历程中，阳明心学的兴起、鼎盛和流衍构成了思想学术发展演变的主线。王阳明身前门徒众多，遍布天下。在其身后，王学的分化和门派林立，也是顺理成章的事情。不同的门派根据自己对阳明心学的理解，各自立说，分庭抗礼，虽然繁荣了明代中晚期的思想学术，但是也加剧了人心的混乱。因此，到了 17 世纪中后期，人们迫切希望有贤能之士能够出来整理一下儒家圣人之学的理论体系，使世人能够更加清晰地认识圣人之学的脉络和精髓。在这种情况下，罗汝芳的哲学思想应运而生，按照自己的理解来揭示圣人之学的原貌。

罗汝芳的教育哲学，重在强调"致良知"之教中道德修养和伦理建设的

---

① 黄宗羲:《明儒学案》卷 5《白沙学案上》，第 78 页。

相关要求。他的致良知之说，更加符合中国古代农耕自然经济和宗法制度下的社会生活的实际需要，在一定程度上复归了先秦孔孟高度重视宗法伦理的基本理念。罗汝芳说过："明德只是个良知，良知只是个爱亲敬长，爱亲敬长而达之天下，即是兴仁兴义，而修、齐、治、平之事毕矣。"① 不仅如此，他还从《大学》的经典原文中提炼出了三个字"孝、弟、慈"，既把它们视为良知明体的具体内涵，又将它们作为先圣传下来的简洁"法程"。凡与人讲学处，必以孝、悌、慈为宗旨，注重阐发它们既是明德之体，又是亲民之用，既是修身立本的内圣之学，又是治国平天下的外王之道的出发点。"孝、弟、慈"的思想有根有据，既出自先圣经典，又符合儒家重视伦理建设的一贯主张，因此，对孝、悌、慈"三原德"的大力弘扬也成为"近溪良知说"的核心内容。

客观地讲，罗汝芳的讲学活动给当时的儒林带来了一股清新和暖的惠风，对晚明活跃而混乱的思想界起到了拨云见日的作用，对日渐迷离、散乱的阳明后学也具有补偏救弊的功效。名儒王时槐、邹元标、耿定向等人对于罗汝芳的高度评价，都反映出罗汝芳的讲学活动在当时产生了重大而积极的社会影响。当然，罗汝芳一生始终处于王学的门庭之内，他的教育哲学是对阳明心学的继承和完善，也是对阳明后学思想流弊的积极救正，因此，有的学者将罗汝芳的哲学思想称为"王学的圆熟之境"②，这是不无道理的。

其次，罗汝芳的教育哲学是对民族精神和文化血脉的自觉继承和弘扬。所谓民族精神和文化血脉，是指中国传统文化的基本精神。早在战国晚期，中国文化的基本精神已初步形成，其中，原始儒家思想是中国文化基本精神的重要组成部分。经过汉代"罢黜百家、独尊儒术"的政策调整，儒家思想在吸收诸子之学的许多营养成分之后，成为本民族文化血脉的主要承载者。

---

① 方祖猷等编校:《罗汝芳集》，第 158 页。
② 蔡仁厚:《王学流衍》，人民出版社 2006 年版，第 88 页。

在此之后，经过一代又一代的儒者的不懈努力，儒家思想虽然在形式上有所变化，本质内涵却一直延续，传递着中华民族的民族精神和文化血脉。这"一代又一代的儒者"中，就包括罗汝芳这样以明道淑人为己任的大儒。他毕生不辍的讲学活动，不仅是在弘扬心学思想，也是在传承中华民族的民族精神和文化血脉。

例如：仁爱精神一直是中华民族道德精神的象征，这本是起源于先秦儒家的一个重要理念，罗汝芳的讲学活动，讲述这一基本精神并将其发扬光大。作为一代大儒，罗汝芳对于儒家"仁"的思想有着精深的研究。他站在先哲的理论成果之上，对于仁德思想做了更加深刻的阐发。他说：

> 孔门宗旨，浑然只是一个仁字。此仁字，溯其根源，则是乾体纯阳，生化万类……贯彻民物，而名之曰：天命之性也。①
>
> 孔门宗旨，在于求仁。仁者人也，天地万物为一体者也。人以天地万物为一体，则大矣。②

正因为真诚信仰这样的价值理想，罗汝芳才有博大的胸襟和慈爱的情怀，积极入世，济世救民，力所能及地去治理好一县、一府乃至一省之地，成为一个难得的清官循吏；也正因为如此，罗汝芳才能摒弃当时普遍存在的"阳儒阴法"的"假道学"作风，推行"以教化代刑辟"③的执政措施，创造一系列化民成俗的成功范例。此外，罗汝芳对于儒家仁德思想的阐发还具有突出的个人特色，那就是把孝、悌、慈"三原德"放在首位，以此为教化之本。罗汝芳认为，只要以先圣所传的孝、悌、慈等成训为"法程"，通过爱亲敬长、兴仁兴义的生活践履，便可觉悟自己的良知本心，然后依此本心来修、

---

① 方祖猷等编校：《罗汝芳集》，第 157 页。
② 方祖猷等编校：《罗汝芳集》，第 387 页。
③ 方祖猷等编校：《罗汝芳集》，第 856 页。

齐、治、平，最终可以达到"明明德于天下"的目的。这种修养工夫，可以叫"求仁"；从另一个角度讲，可以叫"致良知"；再换一个角度讲，还可以叫"格物"。用罗汝芳自己的话说："言虽殊而旨则一，倘得一路而进，即可入道。"①

又如：勇毅力行是中国传统文化中另一项重要的基本精神，到了明代，被王阳明以"知行合一"的命题加以提炼，由此衍生出刚健有为、自强不息等支撑民族生存和发展的价值信念。儒学从来不是一般意义上的知识论，而是一种有着明确价值目标和道德理想的政治哲学和生命哲学。倘若离开了知行合一、勇毅力行的思想指针，儒学的生命力也就完结了。幸好，历代或多或少都有一批深谙"知行合一"重要性的儒者，不畏艰难、身体力行地去践履儒家的修身之道、治世之道。罗汝芳就是其中之一，他的勇毅力行、以身为范为儒家所宣传的圣人之学提供了活生生的人格榜样。

在多年的仕宦生涯中，罗汝芳一直保持独立的人格，绝不向奸臣权相趋炎附势。无论是严嵩，还是张居正，都无法降服或收买罗汝芳。万历五年，当罗汝芳到北京祝贺万寿节时，张居正勒令他致仕还乡。面对这一意外打击，罗汝芳泰然自若，以一首《致仕偶兴》表明了他无所牵挂的襟怀：

> 乾坤到处有行窝，解组飘然发浩歌。传世幸遗清白吏，居官已入孝廉科。隐心秋水眠凫鸭，诗兴春风长薜萝。俯仰自知无愧怍，渔樵伴里听那何。②

罗汝芳回乡之后，专以讲学传道为务。这时，另一位致仕乡官、原任吏部尚书朱大器来访，说了一句话："出处士人大节，我兄难进易退，讲学以

---

① 方祖猷等编校：《罗汝芳集》，第 304 页。

② 方祖猷等编校：《罗汝芳集》，第 796 页。薜萝，代指隐士的服装或住处。

身而非以口矣。"①这句评语，对罗汝芳的人品做了一个充分的肯定，那就是他知行合一、以身示范，称得上是"讲学以身而非以口"的真道学。

第三，就现实意义而言，罗汝芳的教育哲学可以为当代教育实践提供很多有益的思想借鉴，促使人们反思当代教育事业的成败与得失。从应用层面上讲，虽然罗汝芳所讲述的一些儒学思想已经过时，但是，其中所包含的丰厚的人文精神却是任何时代的教育都不可或缺的内容。概而言之，对现代社会而言，罗汝芳的教育思想和实践活动起码有三点重要启示：

第一点启示，办好教育是富民强国的必由之路。这是一个任何时代的执政党和政治家都不能忽略的问题。人才的竞争是现代世界综合国力竞争的核心要素，不重视人才的教育培养，就意味着富民强国成为一句空话。

第二点启示，人文精神的教育和传承是现代教育内容中不可或缺的一环。教育不只是单纯的知识技能的传授，同时必须对受教育者进行相应的人文素质培养。人文素质是一个外延很广的范畴，可以包括爱国主义精神、公民道德教育、家庭伦理教育、生态意识教育等许多方面。综合而言，它培养的是一种符合现代社会需要的优良的公民素质，这种素质本质上是一种促进国家和社会健康发展的"软实力"。如果没有人文精神的培养，纵有再先进的教育设备和方式，也只能造就"单向度"的偏才，对于民族和国家的未来都将是一种潜在的忧患。即使是在民主法治十分完善的社会环境中，也必须有成熟的人文教育内容的存在，因为政治制度的优势并不能保证民众素质的同步跟进，没有整体优良的公民素质，民主和法治的制度优势反而经常会被宵小之辈所利用，走向它的反面，历史上这样的例子已经屡见不鲜。因此，重视人文素质的教育是现代文明社会的必然要求，而要搞好人文素质的教育，就离不开对优秀传统文化的汲取和借鉴。在这种"古为今用"的现代视野中，罗汝芳的教育哲学，以及儒家文化中的许多思想元素，都可以成为我

---

① 方祖猷等编校：《罗汝芳集》，第422页。

们批判地继承优秀传统文化的重要"源头活水"。

第三点启示，从微观层面上讲，罗汝芳在讲学中所体现的出神入化的教学艺术，为当代教育工作者如何站好三尺讲台、提高自己的教学水平，提供了很多有益的参考。在互联网和多媒体技术广泛应用的时代，远程化教育已不再是什么难题。就一般性的专业知识传播而言，某一门课程在全校（或全国）有一位教师就足够了。然而，在事实层面上，真正能够把课程讲得引人入胜、激发起个体学生的求知欲和上进心的优秀教师，永远是多多益善的。任何一个教师，如果只知道讲授课程知识本身，而不懂得培养学生的学习兴趣、传授简洁适用的方法，启发他们的道德自觉性和问题意识，那么，他只是一个"作坊式"的教育工匠，或者说是机器生产"流水线"上的技术工人，处于一个很低水平的加工锻造的层次，永远不可能成为促使学生的精神世界得以升华的"人师"。相比之下，罗汝芳在技术条件十分落后的时代，总是能够像春风化雨般地传播心学思想，所到之处，如群星拱月，引来众多士人百姓的真诚归向，这种高超绝妙的教学艺术和人格魅力，实在值得后来的教育工作者和研究者进行深刻的反思。

众所周知，科教兴国是中国和平崛起、走向现代化的必由之路。在这一复杂的系统工程中，如何搞好教育，成为合乎时代需要的优秀教师，这是每个教育工作者和管理者都应该深入思考的问题。对待传统文化，我们应当有一个正确的态度，那就是："古为今用，综合创新。"如果今人（特别是教育管理者）真的坚持奉行这一原则，那么，中国的教育事业将会走上健康发展的道路，为现代化建设提供更多德能兼备的优秀人才。在此基础上，包括罗汝芳在内的诸多儒家先哲的美好社会理想，或许真的有实现的一天。从另一个角度讲，这也正是我们研究、探讨罗汝芳教育哲学的目的和意义所在。

第八章

陆王心学一系教育哲学的历史价值反思

"千古江山,英雄无觅,孙仲谋处;舞榭歌台,风流总被雨打风吹去",这是南宋词人辛弃疾在《永遇乐·京口北固亭怀古》一词中面对沧桑变幻的历史风云发出的内心浩叹。用这句词中所追忆的人物和事情来比喻阳明心学的历史命运,那是再贴切不过了。尽管阳明心学曾兴旺百余年之久,流风余韵衍至清代初期,但毕竟已成为历史的遗迹,因此,留给后人的思想任务便是对陆王心学一系教育哲学的历史价值进行认真的反思和总结。

第一节 陆王心学的消亡与人文主义教育传统的式微

任何学术派别的兴起,一则源于所处时代提供的有利条件,二则源于历史人物的杰出作为。同样,它的衰亡与时代背景和相关人物的作为也密不可分。阳明心学的兴衰恰好印证了这一朴素的历史唯物主义原理。

一、晚明社会思潮的多元激荡

阳明心学虽然曾经盛极一时,到了晚明,也出现了一些明显的流弊,大体而言,便是学问空疏,不问世务。虽然王阳明、唐顺之、罗汝芳等前辈均有明体达用之实学、经世济民之才具，但是，相当一批王门后学逐渐演变成空谈性理、不晓世务的"玄学家"。明清之际的几位思想家都尖锐地指出了晚明士大夫的这种不良学风。顾炎武（1613—1682 年）说：

> 五胡乱华，本于清谈之流祸。孰知今日之清谈，有甚于前代者。昔之清谈谈老庄，今之清谈谈孔孟，未得其精而已遗其粗，未究其本而先辞其末。……以明心见性之空文，代修己治人之实学，股肱惰而万事荒，爪牙亡而四国乱，（致使）神州倾覆，宗社丘墟。[1]

余姚人黄宗羲（1610—1695 年），虽然禀承了一些阳明心学的思想宗旨，但是对王学末流空疏无实的学风深为不满。他说：

> 儒者之学，经天纬地，而后世……便厕（身）儒者之列，假其名以欺世……一旦有大夫之忧，当报国之日，则蒙然张口，如坐云雾。世道以是潦倒泥腐，遂使尚论者以为立功建业别是法门，而非儒者之所与也。[2]

生长在北方的儒者颜元（1635—1704 年），更是以辛辣的口吻讽刺了包括程朱理学在内的几乎所有理学家。他说：

> 宋元来儒者却习成妇女态，甚可羞。无事袖手谈心性，临危一死报君王，即为上品矣。岂若真学一复，户有经济，使乾坤中永享治安之泽乎！[3]

---

① 顾炎武原著，黄汝成集释：《日知录集释》卷 7，上海古籍出版社 2006 年版，第 402 页。
② 黄宗羲：《赠编修弁玉吴君墓志铭》，《南雷文定·后集》卷 3，中华书局 1985 年版，第 31 页。
③ 《颜元集》，第 51 页。

　　到了晚明，一些关心实事、忧国忧民的士大夫感到：朱学僵化、王学空疏，都无助于解决社会实际问题，无法挽救明王朝的衰颓之势。因此，他们转而关注经世济民的实用之学，包括兵、农、钱、粮、水、火、工、虞。于是，一股崇尚实学的社会思潮油然兴起。在倡导实学的士大夫中，代表群体有东林党人、复社党人，还有以徐光启为代表的许多个体学者。

　　客观地讲，晚明实学思潮的兴起，与以西洋传教士为主体的"西学东渐"运动密不可分。从1538年意大利传教士利玛窦来华开始，不过百余年间，数以千计的西洋传教士来到中国。他们除了传播天主教思想外，还带来了许多欧洲文艺复兴以来出现的近代科学技术，包括天文历法、几何代数、地理、物理、机械工程等多门学科。特别是西洋传教士带来的《坤舆万国全图》（世界地图）、自鸣钟、望远镜等新型器物，是过去中国人闻所未闻的东西，而红衣大炮等新式火器，由于威力惊人，在战争中作用突出，很快受到朝野的一致重视。为此，徐光启、李之藻、方以智等人本着"欲求超胜，必先会通"的理念，虚心地向西洋传教士学习新型的科学技术。以徐光启为例，他进士出身，以翰林院庶吉士的身份，"从西洋人利玛窦学天文、历算、火器，尽其术；遂遍习兵机、屯田、盐策、水利诸书。"[1]特别值得一提的是，二人共同翻译了古希腊数学家欧几里德所著的《几何原本》的前六卷（平面几何学），向中国人介绍了一种以逻辑严密的演绎推理方式构成的新型几何学，远远超出了中国古代以经验总结为根据的传统几何学。又如，号称晚明"复社"四公子之一[2]的方以智，著有《物理小识》一书，研究的对象再也不是朱熹所说的"物，犹事也"[3]的人伦日用范畴，而是以自然之物为研究对象的质测之学。当然，与汉唐之际佛教文化的大规模输入及其中国化进程相比，晚明的"西学东渐"只能算是涓涓细流，所影响

---

①　张廷玉等：《明史》卷251《徐光启传》，第6493页。
②　另外三人是陈贞慧、冒襄和侯方域。
③　朱熹：《四书章句集注》，第4页。

的只是士大夫中的某些有识之士而已。但是，由于东林党人和徐光启等学者的推动，晚明的确出现了一股势力堪称强劲的实学思潮，一直延续到清代初期。

晚明时期影响甚广的还有新兴市民阶层的思潮，主要经由李贽等人提倡而兴起。这种思潮肯定个体的私欲和情感需要，崇尚个性自由，试图摆脱封建礼教的束缚，追求满足个人理想的生活模式。市民阶层思潮的主要表现形式不是哲学著作，而是文学艺术作品，例如：徐渭的书画，汤显祖的剧作，冯梦龙、凌濛初的"三言二拍"小说，等等。市民阶层的价值观念虽然显得社会层次较低，或者形式较为粗糙，但是直接渗透到百姓的日常生活中，影响面甚广，因此，也是晚明社会思潮中不可忽视的一个重要组成部分。

仅仅通过列举阳明后学、实学思潮、市民思潮和官方朱学的存在和影响，我们不难发现：晚明时期，社会思潮呈现多元激荡的局面。它们都以不同的传播途径，影响着人们的心灵构成和价值观念。程朱理学通过官学教育而存在；阳明心学更注重以书院、讲会的方式传播；实学思潮由于涉及国家的军事、水利、历法等利害，有一些被直接吸收到政务工程中发挥作用；市民思潮则以文学艺术等形式，融入百姓的日常生活和价值体系中。在这种多元激荡的思想格局中，各种思潮相互取长补短，并行不悖，打破了僵化的官方儒学对社会成员的思想钳制，对于创造文化生活的繁荣，无疑起到了有益的促进作用。

二、明清的政权更迭与陆王心学的消亡

无论晚明社会思潮呈现多么繁荣兴盛的局面，从终极层次上看，它们都无法触及封建的君主专制这一根本政治制度，因此，大明王朝的运行轨迹不可避免地走向了衰亡。在明神宗万历皇帝即位之初的十年，国家政务依靠精明干练的权相张居正的主持，保持了财力充裕、政治稳定

的局势。张居正死后，万历皇帝亲政，仅仅过了三四年时间，他就厌倦了日理万机的执政生活，转而变成一个懒惰、怠政的昏君。他多年不上早朝，不见大臣，甚至不祭太庙，整天躲在后宫中和嫔妃鬼混；大臣送来的奏章，他很少及时批复，总是以"留中"的名义让它们在宫中睡大觉；六部九卿的职位出现空缺，他也懒得递补，官曹空虚导致各地解来的粮食和税银没有人负责验收和分发，中央机构几乎处于半瘫痪状态。更为荒唐的是，万历皇帝对一件事却颇为积极，他不满足于户部对皇宫正常的财政供给，自己派出大批矿监税使，到全国各地去直接征取矿税或商税，以满足整个宫廷挥霍无度的需要。这些矿监税使到了民间，百般敲诈，任意搜刮，引得民怨沸腾不已，朝廷失尽人心，同时，还使得经济凋敝，官府正常的税收受到严重影响，导致戍边军队经常欠饷，战斗力大受挫折。

万历怠政三十余年，其恶果终究是要显现的。1619年（万历四十七年），占有绝对优势的明朝军队在萨尔浒战役中被努尔哈赤率领的后金军打得大败。此后，明朝被迫将大量的财力和人力放在防守辽东上，国力大为衰落。万历死后，继任的明熹宗（年号天启）在位不过十年，除了喜欢做木匠活、嬉戏于后宫以外，所有政务都交给宦官魏忠贤掌管。魏忠贤掌权之后，凭借皇帝赋予的专制权力，对代表清流和民意的东林党人残酷迫害，摧残殆尽，明王朝的大厦基石被阉党一伙腐蚀得到了崩塌的边缘。明思宗（年号崇祯）即位之后，虽然怀有励精图治的愿望，然而明朝气数将尽，积重难返。于是，明末农民大起义的风暴骤然刮起之后，便强劲得无可阻挡。1644年（崇祯十七年），李自成率领农民军攻入北京，崇祯帝悲愤地自缢于煤山之上。对于明王朝的结局，后代史学家大多认为："明非亡于崇祯，实亡于万历。"这一观点是符合历史事实的。如果再从历史哲学的层面加以提炼，可以说：一姓专制、代代相传的君主皇权制度才是明王朝灭亡的真正原因。对此，明清之际的黄宗羲倒是有清醒的认识，他一针见血地指出："为天下之大害者，君而已矣。"①从学术渊源上讲，黄宗羲可以算是阳明后学，对王阳明亦推崇备至。心学宗祖王阳明虽然提出了"致良知"的学术宗旨，但这只是一个开端。黄宗羲在政治学领域能够提出"为天下之大害者，君而已矣"的观点，堪称"致良知"宗旨的灵活应用和具体表现。

随着明朝的覆亡，滚滚而来的满清铁骑很快席卷了整个中国。清王朝入主中原之后，由于游牧（猎）民族原有的文化水平相对落后，为巩固江山社稷，施行了一系列残酷的政治、经济和文化方面的统治策略。有的为时较短，但足以显示出爱新觉罗氏的残暴本性，如薙（同"剃"）发令。清王朝强迫汉族百姓改变自己的生活习俗，甚至对回护旧习的地方官员都明令"杀无赦"，②以至于民间形成"留发不留头，留头不留发"的传说。有的专制措施则为时甚长，如文字狱。清王朝以少数民族身份入主中原，深恐内地百姓怀有亡明之思，或者鄙视自己的出身，因此，在号称"康乾盛世"的一百余年间，迭兴大狱，目标所指竟然都是一些手无缚鸡之力的汉族文人。例如，康熙年间兴起"庄廷 明史稿案""戴名世《南山集案》"。由于触及清朝统治者的敏感神经，每案均株连数以百计的无辜者，他们不是被处死，就是被流放充军。雍正年间发生"吕留良、曾静"一案。雍正帝下令，将已死的儒生吕留良发棺戮尸，全部家人问斩，并销毁吕氏著作的刻版。乾隆时期，尽管清朝的江山已经稳固，对于发泄不满的"疑似影响之词"，仍然严加查处。诗人沈德潜做诗《咏黑牡丹》，因内有"夺朱非正色，异种也称王"之句，其亲属同样受到像吕氏家人一样的严惩。大体而言，清朝前期所兴起的文字狱，其时间之长、惩罚之严，远甚于朱明王朝。在大兴文字狱的同时，清王朝还利用编纂《四库全书》的机会，对某些蕴含了反清复明思想或者反封建民主思想的文化典籍进行了空前规模的清剿，许多有独立思想的书籍被视为

---

① 黄宗羲原著，李伟译注：《明夷待访录译注》，第6页。

② 参见蒋良骐：《东华录·顺治四》，上海古籍出版社2008年版，第240页。按，这是顺治二年六月的诏书中对各地官员的训令，原文中有"不随本朝制度者，杀无赦"的明文规定。

异端邪说而加以查禁或销毁。

更为重要的统治方略是，清王朝入主中原后，直接承袭了程朱理学作为官方意识形态，并沿用明朝的科举制度作为选拔人才的主要途径。与之相应的措施则表现为：在尊崇圣学、振兴文教的旗号下，加强对全国各地书院的控制，导致了书院的官学化。清王朝屡次以法令的形式规定：由各省督抚、学政严格按照朝廷的要求选拔书院的山长，以"膏火银"等名目的经费支持来引诱儒生做死读书、赴科举的应声虫。在诸项措施的综合作用下，各级书院逐步演变成仅是"广学校之不足"的官学附庸。在书院之中，很少有独立精神支配下的思想理论问世，举凡教师所教，学生所学，都不过是八股制艺之文，目标也仅仅是为了科举登第而已。由此，各级书院多被纳入官学轨道，与宋明时代倡导道德修养和自由学风的书院相比，完全是有名而无实。至于明代盛行的讲会活动，更是消失得无影无踪，社会思想呈现出一片"万马齐喑"的单调格局。在这种思想界蒙受高压统治的局面下，一些知识分子只好钻到故纸堆中，做起比当年朱熹等人还要深挖广掘的训诂考据工作。于是，乾嘉之学（又称"汉学""朴学"）一枝独秀地意外兴起，许多儒者成天埋头于浩如烟海的经史文献中，校正字音、训诂字意、考证其言，成为"盛世鸿业"的点缀者。尽管至今有些学者还在为乾嘉之学的产生原因进行辩护，事实上，它主要是清代知识分子在文化高压政策下寻找到的一所"防空洞"而已。在这所"防空洞"中，知识分子不必关心时事国运，把知识学问当成了孤芳自赏的"娱乐品"，凭此聊度一生。虽然不可否认乾嘉之学在整理经典文献方面的贡献，但究其实质，是以学问代替思想，以摹古取消创新，使得中国文化彻底陷入保守僵化的意识形态"泥淖"之中。此外，更值得注意的是，在乾嘉时期，读书人群体中那些幸运地考中进士做了官的人也并不真的信奉程朱理学的道德戒律，官场上真正通行的不过是"多磕头，少说话"的潜规则，以及"三年清知府，十万雪花银"的公开秘密。

可以想见，在这样的时代背景下，从清代初期直到乾嘉时期，一贯坚持独立思考和良知自主的陆王心学，绝无生存和发展的可能性，因此，除了清初还有孙奇逢、李颙等极少数人保持心学的流风余韵之外，在很快的时间里，陆王心学就销声匿迹了。在康乾时期，仅有江西临川人李绂（1673—1750 年）等极个别儒者偶尔讲一讲陆王心学，但丝毫不成气候。整个社会所尊奉的实际上是一套保守僵化、闭关锁国的价值观念，适应的是君主专制和小农经济这样的社会环境。直至鸦片战争爆发，国门被迫打开，这种僵化保守的局面才得以缓慢改变。在洋务运动时期，代表人物曾国藩等人的价值观根柢仍然是程朱理学，因此，洋务运动在思想理论上就已先天不足，最终以破产而告终。与之相比，在东瀛小国日本，有一批人真诚信奉阳明心学，更早地摆脱了封建礼教的束缚，带领日本进行全面的改革，创造了明治维新的奇迹。其中广为人知的，是 20 世纪初期的海军大将东乡平八郎，自称"一生俯首拜阳明"，竟然打败了强大的沙俄太平洋舰队，可见阳明心学在日本近代化变革中的重要指导意义。

所幸的是，近代中国在经历了多种磨难之后，凭着传统文化中固有的自强不息的精神，一步步地走出困境。到了 21 世纪初期，我们已经成为屹立在世界民族之林中、无人敢于小觑的东方大国。不过，我们面对的现实问题依然很多，特别是如何发展文化和教育事业，为中华民族的崛起和复兴提供强劲而可持续的"软实力"保障，这是一个亟待解决的问题。众所周知，经济发展和文化教育的发展并不一定是同步的，教育理念的落后、教育改革的停滞将会严重制约国家综合实力的增长。当前，应试教育体制的弊端、"教育产业化运动"带来的后遗症，使得整个教育事业日趋工具化、功利化，许多有识之士对此提出了强烈的质疑和改革的呼吁。客观地讲，在当前的教育体制所包含的诸种弊病中，人文精神的缺失是一个无形存在而又影响甚巨的问题。没有人文精神的支撑，整个教育不过是一条规模宏大而冰冷无情的"生产流水线"而已，根本谈不上"以人为本"的价值关怀，也培养不出素质全面、结构合理的人才后备军。因此，尽管当今的教育改革包含了多项内容，加强人文精神的熏陶和培养仍然是一项必不可少的任务。当然，人文精神的培养不是凭空产生的，它必须建立在对本国优秀传统文化的批判继承的基础上，再进行与时俱进的综合创新，因此，如何从优秀的传统文化中汲取有益的思想营养，也就成为当代教育工作者和研究者不可忽视的一项重要任务。从这个意义上讲，我们对于陆王心学中的教育哲学的研究，正是在完成一项"古为今用、综合创新"的时代使命。与程朱理学所规定的诸种封建伦理教条相比，陆王心学中蕴藏的主要是以"致良知"为宗旨的人文主义内涵，更容易与当代教育理论相接轨，弥补当代教育理论研究中的种种不足，然后从思想转化为实践，为当代教育事业的健康发展提供充沛不竭的精神动力。或许，这也是陆王心学在现代社会得以重生和振兴的最佳合理途径。

第二节　陆王教育哲学的思想特色和历史贡献

我们在考察了陆王心学的发展历程及其代表人物的教育哲学之后，有必要再来全面反思一下陆王心学一系教育哲学的基本特色、历史价值和客观不足。这种整体性的理论总结，有助于宏观地把握陆王心学的精神实质。唯其如此，才能真正做到汲取精华、摒弃糟粕，达到古为今用、综合创新的目的。

一、重视伦理建设和道德修养

中国古代长期延续的是一种以农耕自然经济为基础、以宗法制度为架构的社会形态。在这种社会背景下，与商品经济相适应的价值观念并不突出，而成为社会主流意识形态的，是高度重视个人道德修养和群体伦理建设的价值体系。陆王心学一系的教育哲学正好适应了这种社会形态的内在需要。

首先必须确认，陆王心学不是一个停留在纸上思辨的理论体系，而是一个注重躬行践履的价值系统。以陆九渊为例，他从小生活在一个人数逾百口的乡村家族共同体中，单其父陆贺一人就有6个儿子。陆九渊3岁时，他的亲生母亲饶氏就去世了，抚养、管教他们的是继母邓氏。24岁时，其父陆贺又去世。此后，"先生事继母，与诸兄曲尽孝道"①，直至他39岁时继母邓氏离世为止。对此，宋孝宗曾称赞说："陆九渊满门孝悌者也。"②陆氏家族一直保持着和睦相处的家风，直至1242年，宋理宗还下旨表彰说："青田陆氏，……聚食逾千指，合爨二百年，一门熙然，十世仁让。惟尔能睦族之道，副朕理国之怀，宜特褒异，敕旌尔门，光于闾里，以劝风化。"③

又如：泰州学派的创始人王艮，虽出身于贫苦的盐丁家庭，从小备尝生活之艰辛，但是事父至孝，无怨无悔。王艮26岁时，冬十一月，其父王（号守庵）"以户役早起，赴官家，方急取冷水盥面"④。王艮见状，内心十分歉疚，觉得没有尽到做儿子的义务，"深以不得服劳为痛，遂请以身代役"⑤。此后，王艮对于父亲的侍奉更加周到。在他35岁时，"适守庵公患痔，痛剧。先生彷徨侍侧，见血肿，以口吮之。"这一举动，连守庵公也十分惊讶，说："吾儿何至此？"孰料，就是这一举动，竟使得王艮父亲的痔疮很快痊愈，周围的乡邻感到十分意外，"人以为孝悌所致"⑥。王艮50岁之后，基本不再出门游学，对父亲的照料更是无微不至，因此，守庵公的晚年过得非常安恬。平时，王艮"侍养周旋，曲当公意，每暇日，辄令瞽者弹说古今兴废事，以怡朝夕。公亦竟日喜听无倦，至寒夜则伏枕侧寝，未尝少问。"有王艮这样的孝子服侍，守庵公十分惬意，他对人说："吾有子克孝，获延岁月至此。"⑦

① 《陆九渊集》卷36《年谱》，第491页。
② 《陆九渊集》卷36《年谱》，第491页。
③ 《陆九渊集》卷36《年谱》，第527页。
④ 《王心斋全集》卷3《年谱》，第68页。
⑤ 《王心斋全集》卷3《年谱》，第68页。
⑥ 《王心斋全集》卷3《年谱》，第69页。
⑦ 以上引文皆引自《王心斋全集》卷3《年谱》，第74页。

在"人生七十古来稀"的古代，守庵公竟然健康地活到了93岁，无疾而终。可以想见，如果没有王艮这样的至诚孝子，一个出身贫苦的普通劳动者根本无法活到如此高龄的岁数。王艮不仅事父至孝，而且治理家事有理有节。由于他年轻时经商致富，兄弟又未分家，因此，诸弟媳偶尔会为各自小家庭的财产多寡而起争议。史载：王艮34岁时，"诸弟并毕婚，诸妇妆奁有厚薄者，门内哗然"①。针对这一情况，王艮"一日坐堂上，焚香座前，召诸昆弟诫曰：'家人离，起于财物不均。'令各出所有，置庭中，错综归之。"这样均分妆奁的结果是"家众贴然"。事实上，王艮之所以能够以"错综归之"的方法使诸弟媳服气，是因为他命妻子吴氏让出了较多的原属自己的金银细物而已。因为王家致富主要是靠王艮经商所致，即使王艮多留一些财物给自己，也不算过分之举，但是，为了家族和睦，亲情怡然，王艮情愿出让一些金银细软之物。王艮身为长子，坚持以儒家孝悌之道治家，因此，门庭肃然，井井有条，"子弟于宾客，不整容不敢见"②。

再如：出生在富庶之家的罗汝芳，从小感受到家庭亲情的滋润，这对于他一生思想性格的形成有着至关重要的影响。他回顾说：

> 芳至不才，然幸生儒家。方就口食，先姚即自授《孝经》、小学、《论》、《孟》诸书。后同先君遇有端绪，便将目前孝友和平，反覆开导，故寻常于父祖伯叔之前，嬉游于兄弟姊妹之间，更无人不相爱厚。③

又说：

> 幸自幼蒙父母怜爱过甚，而自心于父母及弟妹，亦互相怜爱，真比

---

① 《王心斋全集》卷3《年谱》，第68页。
② 以上引文皆引自《王心斋全集》卷3《年谱》，第68页。
③ 方祖猷等编校：《罗汝芳集》，第231页。

> 世人十分切至，因此每读《论》《孟》孝悌之言，则必感动，或长要涕
> 泪……却翻然悟得：只此就是做好人的路径。①

罗汝芳出生在一个儒者家庭，父亲罗崇綱是一位躬行实践圣贤之道的民间儒者，母亲宁氏也是一位颇有文化及道德修养的妇人。在温暖、和睦的家庭环境中，罗汝芳从小受到父母亲言传身教的熏陶，因此，自然而然地接受了儒家的伦理观念，后来还以此作为自己讲学传道的重要内容。

类似的事例还有很多，兹不赘述。由此足以看出，陆王心学一系的教育哲学高度重视个人的道德修养和群体的伦理建设。所谓群体的伦理建设，是指小到一个家族，大到整个国家，都需要在一定的道德观念和规范的指导下，进行利益调整和风气更化，从而走向和谐有序的理想状态。陆王心学一系的思想家，无论其哲学思想多么丰富而深邃，始终不曾脱离这样一个基本的价值目标。用王阳明的诗词来说，这便是："只从孝悌为尧舜，莫把文章学柳韩。"② 用罗汝芳的语言来讲，这便是："（孝、悌、慈）此三件事从造化中流出，从母胎中带来，遍天遍地、亘古亘今……天下原有此三件大道理，而古先帝王原有此三件大学术也。"③ 为了实现这样一个理想的价值目标，注重和加强个人的道德修养也就成为顺理成章的事情，因为这是社会健康发展的内在需要；同理，把道德修养和伦理建设作为讲学传道的主要内容之一，也是陆王心学一系教育哲学的题中应有之义。由此亦可见，陆王心学一贯坚持儒学的思想本位，任何把陆王心学视为禅学变种而屏之于儒门之外的观点都是站不住脚的。

---

① 方祖猷等编校：《罗汝芳集》，第 52 页。

② 吴光等编校：《王阳明全集》卷 20《示诸生三首》（第三），第 790 页。

③ 方祖猷等编校：《罗汝芳集》，第 108 页。

二、培养圣贤人格与求道之志

孔子曾说："朝闻道，夕死可矣。"[1]这种立志求道的精神，激励和鼓舞了后代的无数儒者，陆王心学就是其中具有鲜明的求道之志的一脉。在中国古代，"道"的人格化便是圣人，因此，求道之志又可以转化为以培养圣者人格为目标，退而求其次，才称为圣贤人格。在陆王心学的发展历程中，培养圣贤人格与求道之志是其从不放弃的教育目标。

在历史上，官方儒学曾经将圣人人格神化，使其成为不可企及的境界。到了阳明心学问世后，第一次将圣人人格的内涵明晰化，王阳明说：

> 心之良知是谓圣。圣人之学，惟是致此良知而已。自然而致之者，圣人也；勉然而致之者，贤人也；自蔽自昧而不肯致之者，愚不肖者也。虽其蔽昧之极，良知又未尝不存也。苟能致之，即与圣人无异矣。此良知所以为圣愚之同具，而人皆可以为尧舜者，以此也。[2]

在中国思想史上，王阳明首次指出了圣人的精神实质——"心之良知是谓圣"。同时他还澄清了人们认为圣人无所不能的认识误区，明确指出："圣人之所以为圣，只是其心纯乎天理而无人欲之杂；犹精金之所以为金，但以其成色足而无铜铅之杂也。"[3]根据这一判断，同样是圣人，才力可以有大小之别，但是"才力不同而纯乎天理则同，皆可谓之圣人；犹分两虽不同而足色则同，皆可谓之精金"[4]。既然阐明了圣人的精神实质，王阳明接下来要做的，就是不遗余力地传播"致良知"之教了，因为这是"学为圣

---

① 《论语·里仁》。
② 吴光等编校：《王阳明全集》卷 8《书魏师孟卷》，第 280 页。
③ 吴光等编校：《王阳明全集》卷 1《语录一》，第 27 页。
④ 吴光等编校：《王阳明全集》卷 1《语录一》，第 27 页。

人"①的必由之路。当然，我们不可忘记，王阳明 17 岁时，是民间大儒娄谅首先告诉他"圣人必可学而至"②的道理，从此，王阳明将此教诲牢记在心，初步形成"学为圣人"的理念。

客观地讲，在陆九渊那里，还只是提倡"学为人"的目标和"发明本心"的工夫，到了王阳明这里，则明确地提倡"立必为圣人之志"③，并告诉门人说："立志者，为学之心也；为学者，立志之事也。"④显然，这是陆王心学教育宗旨的进一步明晰化。在王阳明之后，无论是王门何派，都强调立必为圣人之志，王龙溪、罗汝芳等人皆然。例如，罗汝芳曾说：

> 诸友为学，须要立个必为圣人之志，时时刻刻用工，后日方有成就。若只茫茫荡荡度日，岂不惜哉！⑤

更耐人寻味的是，到了罗汝芳的弟子周汝登那里，便强调当下体认自己与圣人在精神本体上的一致性。《明儒学案》记有这样一段对话：

> 先生教人贵于直下功夫承当，尝忽然谓门人刘塙曰："信得当下否？"塙曰："信得。"先生曰："然则汝是圣人否？"塙曰："也是圣人。"先生喝之曰："圣人便是圣人，（何故）又多一也字？"⑥

可见，王阳明关于"立必为圣人之志"的理念，到了周汝登这里，已经发挥得淋漓尽致。无论是陆九渊的"学为人"，还是王阳明的"学为圣人"，

---

① 吴光等编校：《王阳明全集》卷 8《书朱守谐卷》，第 276 页。
② 吴光等编校：《王阳明全集》卷 33《年谱一》，第 1223 页。
③ 吴光等编校：《王阳明全集》卷 33《年谱一》，第 1226 页。
④ 吴光等编校：《王阳明全集》卷 8《书朱守谐卷》，第 276 页。
⑤ 方祖猷等编校：《罗汝芳集》，《盱坛直诠》，第 395 页。
⑥ 黄宗羲：《明儒学案》卷 36《泰州学案五》，第 854 页。

在思想上具有一脉相承的特性，都是将修道为学的根本目标人格化，从而使得学者先确立一个明晰的方向，然后坚定地向此目标迈进。从客观事实的层面讲，陆王心学这种弘扬求道之志、养成圣贤人格的教育理念，的确培养出相当数量的圣贤人物。他们在所处的历史环境中，履行了应尽的职责，完成了人生的使命，生前成为"民族的脊梁"，死后则化作历史夜空中的灿烂星辉。

三、传承中国文化的基本精神

陆王心学一系的历代大儒，无论入仕或在野，都终生不渝地坚持传道明德的教育事业。在今天看来，他们所宣讲和传播的思想，本质上就是中国传统文化的基本精神。正是这种讲学活动，使得中国文化的基本精神深入民众、融入人心，成为民族文化的集体无意识，支撑着中华民族走过风风雨雨的数百年历史，特别是挺住并走出了艰苦卓绝的近现代民族危机。

对于中国传统文化的基本精神，不同的学人可以有不同的概括。在此，笔者仅仅将它提炼为五个方面：（一）天人合一、以人为本；（二）知行合一、躬行实践；（三）自强不息、奋发有为；（四）胸怀仁爱、忧国忧民；（五）宏阔包容、贵和尚中。由于"天人合一、以人为本"涉及的是哲学本体论问题，本著不拟详细探讨；而"知行合一、躬行实践"本身就是陆王心学的突出标志，亦不必赘述。下面仅就另外三点精神的表现再作一些综合阐述。

如果我们回顾一下陆王心学一系的历代大儒的人生历程，就会发现：绝大多数人都有遭受权贵、奸臣打击迫害、贬官流放的经历；在逆境面前，在严酷的现实环境中，陆王心学一系的大儒总是能以良知本心为思想依皈，在强权面前丝毫没有屈服。他们这种不畏强权、乐观处世的态度，其实正是中国传统文化中"自强不息、奋发有为"精神的体现；同样，胸怀仁爱、忧国忧民的思想情怀也在他们的人生历程中得到充分的体现。他们通过身教先于言教的方式而不懈地奋斗，向广大士人百姓展现出了一种自立自强的高尚人格，赢得了民众的衷心佩服，于是民众才乐于接受和信仰他们所传播的心学理论。

在此，我们不妨回顾一下象山后学中的代表人物杨简的仕宦生涯。1195年，陆九渊的第一高足杨简，在韩侂胄掀起"庆元党禁"之际，仅仅是一名国子监博士，却毅然挺身而出，上书为赵汝愚等辩护，结果被列入"伪学逆党籍"之中，受到落职奉祠、回乡闲住的处分，赋闲时间长达14年。在此期间，他原本有机会重新出仕。1204年，他奉诏回到临安，但是，忧虑于韩侂胄欲通过伐金抬高个人声望的企图，再次上书反对仓猝北伐，于是，照旧被遣返回乡，继续赋闲。待到1208年再次被召回临安授以新职时，杨简已经68岁了。杨简在14年的奉祠生活中，从来没有怨天尤人。相反，他从乡村生活中体味到了一种"真乐"之趣，例如，他在《登石鱼楼》诗中写道：

> 楼栏倚碧空，绿树正摇风。我独来从容，笑歌于其中。微风吹我衣，碧袂纱玲珑。诗成自长吟，宛转音和融。此意无人会，只许清风同。①

不过，杨简并不是打算做像陶渊明一样的田园诗人，他即使赋闲在乡，仍然要勉力做好明道淑人的教育事业。史载：

> 其归自胄监也，家食者十四载。筑室德润湖上，更名慈湖。馆四方学子于熙光咏春之间而启迪之。②

---

① 杨简：《登石鱼楼》，《慈湖遗书》卷6，载纪昀等编纂：《四库全书》第1156册，第669页。此处是节录。

② 钱时：《宝谟阁学士正奉大夫慈湖先生行状》，载杨简：《慈湖遗书》附录，《四库全书》第1156册，第931页。

1214 年，73 岁的杨简因得罪权相史弥远，再次回到故里。趁着身体硬朗，他继续从事讲学和著述的生活。史载：

> 其领玉局而归也，门人益亲，遐方僻峤、妇人孺子，亦知有所谓慈湖先生。岿然天地间，为斯文宗主；泰山乔岳，秋月独明也。[①]

杨简屡次遭受当朝权相（韩侂胄、史弥远）的打击和排挤，从不因此郁郁寡欢、愤世嫉俗。相反，他既能以坚定的信仰维护自己的节操，又善以洒脱的态度调节自己的心境，更能以生动活泼的讲学来明道淑人、化民成俗，充实自己的晚年生活。因此，其门人对杨简的评价是：

> 先生自幼志圣人之学，久而融贯，益久而纯。平生践履无一瑕玷……年登耄耋，兢兢敬谨，未尝须臾放逸，此先生之实学也。[②]

又如：明代心学宗祖王阳明，一生更是波折萦回、千难万险。他出身于仕宦之家，从小没有受过什么艰苦生活的历练，可是，当打击和挫折降临时，他总是能够以乐观洒脱的心态应对，同时绝不放弃自己的价值信仰。1506 年，王阳明上书言事，得罪宦官刘瑾，被廷杖四十，流放至贵州修文县龙场驿。第二年，王阳明来到偏僻遥远的龙场，"万山丛棘中，蛇虺魍魉，蛊毒瘴疠，与居夷人 舌难语，可通语者，皆中土亡命"[③]。王阳明到达龙场后，连住的地方都没有，只好带着几个仆人住在附近的山洞里。在这种情况下，一般人连生存问题都难以保证，王阳明的仆人也都因水土不服、思乡心

---

① 钱时：《宝谟阁学士正奉大夫慈湖先生行状》，载杨简：《慈湖遗书》附录，《四库全书》第 1156 册，第 942 页。

② 袁甫：《乐平县慈湖先生书阁记》，《蒙斋集》卷 14，载《四库全书》第 1175 册，第 499 页。

③ 吴光等编校：《王阳明全集》卷 33《年谱一》，第 1228 页。

切而生病，然而，王阳明丝毫没有因身处逆境而气馁，他自己劈柴、做饭、熬药，先后把几个仆人的病治好，还为他们吟唱家乡的越调，抚慰他们的思乡之情。即使在这种流放生涯中，王阳明也没有忘记深入思考"格物致知"等学术问题，终于，一年之后，"忽中夜大悟格物致知之旨"，在深夜山洞之中，他"不觉呼跃，从者皆惊"[1]，竟然造就了一段思想史上的佳话——龙场悟道。龙场悟道之后，王阳明更加放开手脚，在当地土著居民的帮助下，他构建起简陋的龙冈书院，开始向黔中一带的读书人传授心学思想。过了没多久，连湘西的读书人知道此事，纷纷跑来向他求教，贵州提学官席书也把他礼聘到省城的贵阳书院公开讲学。于是，一段本来是栖惶、忧郁的流放生活倒演变成为王阳明悟道与传道的最佳时机。

三年后，王阳明获得平反回到内地，此后经历了更多更大的波澜，但是，依靠着良知本心的指引和启示，他一一将各种危机化解，创造出一段段惊世骇俗的事功伟业。这包括：剿灭赣、粤、闽三边土匪，平定宁王叛乱，招抚广西壮族部落，剿平八寨、断藤峡山瑶，等等。值得称道的是，王阳明每到一地，在政局稳定之后，接下来做的，就是恢复生产、振济民生、兴办文教、化民成俗。这些都是儒者经世济民的事业，都体现着儒者胸怀仁爱、忧国忧民的真诚情结。有一则事例颇能说明问题：王阳明的门人钱德洪于嘉靖二十七年（1548 年）来到江西万安县，看见此地"民居井落，邑屋华丽"，[2]不觉赞叹。可是，同门好友、当地人朱衡[3]告诉他："是城四十年前犹为赤土耳。"[4]钱德洪惊讶地询问缘故，朱衡说："南赣峒贼，流劫无常，妻女相率而泣曰：'贼来曷避，惟一死可恃耳。'（阳明）师来，荡平诸峒，百姓始得筑

---

① 吴光等编校：《王阳明全集》卷 33《年谱一》，第 1228 页。

② 吴光等编校：《王阳明全集》卷 36《年谱附录一》，第 1336 页。

③ 朱衡，字士南，万安人。嘉靖十一年进士，仕至工部尚书，"性强直，遇事不挠"。《明史》卷 223 有传。

④ 吴光等编校：《王阳明全集》卷 36《年谱附录一》，第 1336 页。

城生聚，乃有今日，皆师之赐也。"① 这段回忆，讲的正是王阳明当年在赣南一带剿灭土匪的往事。事实上，在王阳明生前，由于迅速剿灭了为害多年的猖獗土匪，赣南一带的百姓出于感激和敬佩之情，已经为他"立生祠，又家肖其像，而岁时祭祷"②。还值得一提的是，王阳明在剿匪期间，屡次拒绝朝廷欲发重兵剿匪的动议，坚持以当地百姓和土兵为依靠，仅以小股部队就完成了艰难的剿匪任务，其原因在于：他唯恐官军大部队的到来，给民间带来更多的负担和搅扰。如果不是心中装着苍生百姓的真儒，一般人哪里会想到如此深度，无故谢绝上级给自己的援助呢？

晚年居越期间，无数读书人闻名前来求教，景象蔚为大观。除了王阳明的心学思想与官方哲学迥然不同外，王阳明半生的传奇经历显然也是打动他们的重要因素。在王阳明这里，读书人学到的不仅仅是一般的知识理论，更重要的是，他们真切地感受到一种圣者人格的熏陶，领略了以"致良知"为宗旨、以"知行合一"为方法的圣人之学的真谛。具体说起来，这当然包括：自强不息、奋发有为；胸怀仁爱、忧国忧民；宏阔包容、贵和尚中，等等。这些思想既是阳明心学的价值取向，也是中国文化基本精神的具体内涵。

众所周知，中国传统文化除了儒家思想外，还有释、道、医、武等诸子百家的思想。对此，陆王心学采取了以儒家思想为本位、包容释道诸子的博大胸襟，因而具有广阔的视野和深邃的见地。陆九渊及其门人、王阳明及其后学都是如此。王阳明和门人的一段对话最能说明问题：

> 张元冲在舟中问："二氏与圣人之学所差毫厘，谓其皆有得于性命也。……不知亦须兼取否？"先生曰："说兼取，便不是。圣人尽性至命，何物不具，何待兼取？二氏之用，皆我之用：即吾尽性至命中完养此身

---

① 吴光等编校：《王阳明全集》卷36《年谱附录一》，第1337页。

② 黄绾原著，张宏敏编校：《黄绾集》卷24《阳明先生行状》，上海古籍出版社2014年版，第467页。

谓之仙；即吾尽性至命中不染世累谓之佛。但后世儒者不见圣学之全，故与二氏成二见耳。譬之厅堂三间共为一厅，儒者不知皆吾所用，见佛氏，则割左边一间与之；见老氏，则割右边一间与之；而己则自处中间，皆举一而废百也。圣人与天地民物同体，儒、佛、老、庄皆吾之用，是之谓大道。二氏自私其身，是之谓小道。"[①]

在此，王阳明以宏阔的胸襟，发出了"二氏之用，皆我之用"的响亮口号。诚然，在唐宋之后，释道二教同样繁盛，如果一个儒者不能对释道之学兼容并包，必然趋向故步自封、狭隘保守，也就不配称得上"大儒"二字。事实上，陆王心学一系的各位大儒，对于释、道理论的优点和瑕疵都十分清楚，对于他们的具体修行法门也深得三昧。无论是陆九渊，还是王阳明，其静坐禅定功夫不亚于同时代任何一位高僧名道。更有甚者，王龙溪和罗汝芳二人的临终表现，即使是同时代的释道中人也都深为折服，承认他们达到了超越生死、来去自由的神妙境界。类似的事例还有很多，兹不赘述。一言以蔽之：在生命哲学上，陆王心学堪称与释、道二教异曲同工，在经世之学上，则远非释、道二教可比拟，因此，陆王心学拥有对释道二教高屋建瓴的理论优势。他们把这种理论优势融入到教育实践中，成就了陆王心学博大精深的气象和风采。

四、在官学之外保持儒者的独立人格和思想本色

儒学的发展史，是一个与统治阶级分分合合的演变历程。在先秦时期，以孔孟为代表的原始儒家，本是具有独立人格、自主思想的民间学派。尽管孔子和孟子都非常期待某个诸侯国君能够任用自己为政，但是，他们与苏秦、张仪之流的纵横家有着本质的不同，那就是：君臣之间道合则留，道不

[①] 吴光等编校：《王阳明全集》卷 35《年谱三》，第 1289 页。

合则去，绝不为了谋取高官厚禄而出卖自己的灵魂和价值主张。从这个角度讲，尽管孔孟并非成功的政治家，但是，留给后世的却是一个伟岸的背影。

到了西汉中期，大儒董仲舒向统治阶级呈献出"王道之三纲，可求于天"①的基本理念，为汉武帝建立君主专制和中央集权的封建王朝提供了完整的理论设计。为此，汉武帝也以"罢黜百家，独尊儒术"作为回报，使得儒家一枝独秀，摆脱与诸子百家并列的地位，登上了官方意识形态的舞台。不过，形式上的"独尊儒术"是有代价的，那就是：儒者必须承认"君为臣纲"这一最根本的封建伦理规范。从表面上看，董仲舒也为专制君主设定了一个更高的主宰者——"天"，它以阴阳灾异和谴告方式警示人间君主要勤政爱民。然而，虚幻无形的"主宰之天"根本不足以管辖独揽朝纲的人间君主，因此，封建帝王获得了绝对性的专制权力。而且，"君为臣纲"的伦理规范同样对儒者集团适用，这样一来，儒者集团就不得不甘愿拜服在封建帝王的脚下，从此失去了整体性的独立人格。从形式上讲，专制帝王对于在朝为官的饱学鸿儒是尊重的，然而事实上，儒者集团作为一个整体，已经沦落为封建专制王朝的附庸阶层。有鉴于此，后代学人习惯于将汉代董仲舒之后的儒学称之为"异化的儒学"。

不过，在儒者团体内部，仍然有一批坚持独立人格和自主思想的人物，他们始终把"道统"置于"政统"之上，把苍生百姓看得比君主一人更为重要，坚持传承和弘扬先秦儒家固有的人文主义和道德理性的精神。正是因为坚持独立人格和自主思想，这批儒者和最高统治集团之间不可避免地会产生矛盾斗争的情况，由此形成了儒者团体与统治集团分合不定的现象。例如：自汉朝之后，封建王朝的官学体系逐渐完善，原本不需要民间书院这样的教育机构存在；可是，由于封建官学更多的是灌输封建伦理教条，强调为君主专制制度服务，不可避免地出现功利化、工具化等弊端，所以，一些儒者便

---

① 袁长江主编：《董仲舒集》，《春秋繁露·基义第五十三》，学苑出版社 2003 年版，第 278 页。

在官学之外设立私学，最后发展成为书院，作为独立传播儒家之学的基地。显然，宋明时代的书院教育，其教风、学风绝非封建官学可比。它们不仅是对官学教育的有益补充，更有价值的是成为儒家坚持独立人格、自主思想的重要载体，只有在书院中，儒者才能自由地宣讲先圣所传下来的人文精神和道德理想。此外，在唐代，称得上有独立人格和自主思想的大儒并不算多，仅韩愈、李翱、柳宗元等人而已。到了宋明时代，怀有这一价值观念的儒家群体的人数明显增加，其原因就在于宋明理学的兴起，造就了相当一批自愿传承先秦儒家人文主义精神的儒者。不过，随着程朱理学的官学化，真正承担起这一历史使命的儒家群体，则是陆王心学一系的众多儒者。虽然他们在政治舞台上一般很难与君主专制制度相抗衡，但是，在文化教育领域，他们坚持不渝地弘扬先秦儒家的人文精神和道德理想，表现出儒者的独立人格和精神本色，从而与程朱理学拉开了巨大的思想距离。

从表面上看，程朱理学与陆王心学共宗孔孟，属于一家；而实际上，两者却有着重要的本质差别。程朱理学看似理论体系庞大，但在现实层面上，无非是将董仲舒的"王道之三纲，可求于天"更换成"王道之三纲，可求于理"而已。与之相比，王阳明则明确指出："吾平生讲学，只是致良知三字。"[1] 显然，"致良知"与"尊三纲"有着本质的区别。如前所述，王阳明平生不讲"三纲"，在《全集》中出现"三纲"一词的地方仅有一处，还是废稿！由是可见，"三纲"教条在王阳明的思想体系中并没有绝对性的指导意义。在他心目中，"致吾心之良知于事事物物，则事事物物皆得其理矣"[2] 才是儒者的真正使命所在。又如：当朱熹提出"存天理，灭人欲"的伦理规范时，陆九渊提出的不过是"发明本心"的修养工夫论。"存理灭欲"的命题固然有其提出的理由，但是紧张了天理、人欲之间的关系，而"发明本心"的主张则

---

① 吴光等编校：《王阳明全集》卷26《寄正宪男手墨二卷》，第990页。
② 吴光等编校：《王阳明全集》卷2《答顾东桥书》，第45页。

是直探心源的建设性命题，两个命题由于侧重点不同，导致朱陆二人修养工夫论的迥异。随着程朱理学的官学化，"存理灭欲"的思想为统治阶级所用，成为封建道德的基本训条之一。可是，"人欲"一词内涵的界定始终无法讲清楚，到了后来，统治阶级有时把人的一切正常生理欲望和精神需求都当成"人欲"加以扼制；而且，此项道德戒律往往是对人而不对己，因此，"存天理，灭人欲"的道德训诫不可避免地带上了浓重的强迫性和虚伪性，成为封建统治阶级维护等级制度和自身特权的理论武器。王阳明在中年时期还偶尔讲一讲"存理灭欲"的话题，后来发现这项道德戒律实在问题太多，索性弃而不论，直接讲述"致良知"的学术宗旨。如果将"发明本心"与"致良知"的修养论并列在一起，我们不难发现：二者具有高度的一致性，因为良知即是人的先天本心，"发明本心"实际上不过是"致良知"的初级要求而已。正是因为没有盲目遵从程朱理学"尊三纲""存理灭欲"等道德教条，陆王心学才赢得了广大士子学人的衷心热爱。在陆王心学的教育哲学中，人的道德主体性得到了充分的尊重和自由的彰显，人们可以自觉自愿、灵活通达地践履先圣的道德教诲，走向修道明德、作圣成贤的人生正轨。此外，从传播途径来讲，如果在各级官学中公开讲述心学理论，必然受到种种限制和打击，而在书院和讲会中宣讲，则更加方便、适宜，因此，明代中后期的书院和讲会非常兴盛，这也是那个时代"立书院，联讲会，相望于远近"[①]的重要原因所在。

由是可见，由于各自宣讲的儒学思想内涵迥然不同，陆王心学保持了儒者的独立人格和思想本色，没有沦为封建统治阶级的附庸，而程朱理学则愈发变得保守僵化，逐渐变成封建礼教的代言人。儒学内部的这种分化和不同命运引起了后人的反思：获得统治阶级的扶植，固然有助于儒学的兴盛，但是，很可能导致本学派的异化。如何在赢得统治阶级的许可和尊重的前提

---

① 张廷玉等：《明史》卷231，第6053页。

下，保持学派自身的独立性和思想本色，这是一个需要权衡利弊轻重的重要问题。

以上所论，是陆王心学一系教育哲学的思想特色和历史贡献。从促进社会发展的角度来讲，陆王心学非常重视伦理建设和道德修养，旨在建成一个文明有序、淳朴和谐的理想社会，这是其教育哲学不可或缺的内容之一。从完善生命构成、追求理想人格的角度讲，陆王心学一贯注重树立求道之志、培养圣贤人格，这是对先秦儒家"内圣外王"学术宗旨的重新阐释，也是儒者"明体达用"之学的前提和基础。从中华民族文化慧命的传承角度讲，陆王心学的教育实践，实际上就是在传播、弘扬中国文化的基本精神，这包括：知行合一、躬行实践；自强不息、奋发有为；胸怀仁爱、忧国忧民；等等。正是这些民族文化的基本精神，维系着中华民族的团结和稳定，化为战胜各种艰难困苦的内在动力，在近代社会中的作用表现得尤为突出，因而堪称中华民族的精神慧命。与走向官学化的程朱理学相比，陆王心学始终保持了儒者的独立人格和思想本色。这一点尤为难得，它避免了整个宋明理学都沦落为统治阶级的附庸学说，有效防止了儒学的全面异化，在中国文化和教育史上表现出傲然屹立的精神风貌。这种坚持独立人格和思想本色的学术风骨，尤其值得今人效法和借鉴。

第三节　陆王教育哲学的思想和功能之缺憾

陆王心学一系的教育哲学，固然有许多极为珍贵的思想闪光点，但是，这不等于它们在理论构建、社会功能上没有一定的缺陷和疏漏。虽然古代圣贤的某些思想卓见确实可以超越具体的时代和地域，但是，他们总是难免受到所处社会环境的种种限制，其思想理论也烙上了鲜明的时代印记。因此，我们有必要来客观地审察一番陆王教育哲学在思想和功能上的缺憾。

一、重道轻器、重人伦轻物理

中国是四大文明古国中唯一的文明血脉没有中断过的国度。中国古代的科学技术长期领先于世界各国，直到明朝中叶（即王阳明在世之时），这一领先优势仍然保持未失。仅举一例可知：15世纪初，郑和率领规模庞大的船队下西洋，其人数之多（27000千人），吨位之重（可容纳千余人）[①]，航海设备之先进，都是当时世界各国绝无仅有的。即使15世纪晚期开始的哥伦布、达伽马等发现新大陆的跨洋远航，其规模也远不能与郑和下西洋相比。然而，中国古代的科学技术成就毕竟是建立在农耕自然经济和宗法社会基础之上的，这种科学技术模式有着很大的局限性，例如重视经验积累而忽视纯理论的探讨，重视宏观、定性的描述而缺乏定量和实验分析，因此，在中国古代的社会环境中，数千年的经验积累始终没有酝酿出近代科技革命这样的飞跃性成果。究其原因，固然有很多，但是，从价值观念和思维方式角度讲，重道轻器、重人伦轻物理是其中不可忽视的一项重要因素。这种价值观念和思维方式，一直浸润在中国古代的教育思想和实践中，陆王心学也不例外，尽管它不是唯一持此理念的学派。这种认识论缺陷，也是导致后来王学末流空疏无实的重要缘由之一。

王阳明在世之时发现，在官学教育的主导之下，许多士人忽视了圣人之学的本旨，一味追外逐末，造成了许多社会弊端。他说：

> 记诵之广，适以长其傲也；知识之多，适以行其恶也；闻见之博，适以肆其辨也；辞章之富，适以饰其伪也。……其称名僭号，未尝不曰吾欲以共成天下之务；而其诚心实意之所在，以为不如是则无以济其私

---

① 《明史·郑和传》记载：宝船"修四十四丈，广十（应为"于"）八丈"，是当时世界上最大的船只。参见《明史》卷304《郑和传》，第7767页。

> 而满其欲也。①

在王阳明的心目中，圣人之学的本来面目是："无有闻见之杂，记诵之烦，辞章之靡滥，功利之驰逐，而但使之孝其亲，弟其长，信其朋友，以复其心体之同然。"②对于个人而言，为学的目标应该是明道成圣，而不是通过学习更多的知识技能以求得更多的现实功利。他说：

> 此圣人之学所以至易至简、易知易从、学易能而才易成者，正以大端惟在复心体之同然，而知识技能非所与论也。③

王阳明的这段话，本意是强调圣人之学与世俗之学的不同，但是，他否定了知识技能的重要性，无意中开启了晚明心学一脉空疏蒙昧的不良学风。明亡之际，许多士大夫缺乏经世济民的真才实学，只知道"无事袖手谈心性，临危一死报君王"④，面对家国危机束手无策，成为历史的笑柄。反观其思想产生的缘由：王阳明本人天赋过人，才智超群，事功卓著，并不觉得自己的知识才能有多么突出和重要，他看到士子学人中追逐知识和功利的偏颇学风，对此深恶痛绝，因此，转而强调重德、重行，没有看到知识技能和人文素质需要平衡发展的辩证关系，于是，无意之中导向了另外一种片面化的学风。

王阳明这种对知识技能不予重视的观点，并非一人独见，实际上，它是中国古代儒家一贯具有的价值取向。本来，在《尚书·大禹谟》中，大禹提出："德惟善政，政在养民。水火金木土谷惟修，正德、利用、厚生惟和。"

---

① 吴光等编校：《王阳明全集》卷2《答顾东桥书》，第56页。
② 吴光等编校：《王阳明全集》卷2《答顾东桥书》，第54页。
③ 吴光等编校：《王阳明全集》卷2《答顾东桥书》，第55页。
④ 《颜元集》，第51页。

在此，正德、利用和厚生三项治国方略是并列的。不过，到了战国时期，为了告诫统治阶级不要沉溺于奇器淫巧之中，儒家先哲突出地把"正德"放在了第一位，而把"利用"的价值一贬再贬，逐渐形成了重德性修养而轻知识技能的观念。例如，即使崇尚理性而不泥古圣的荀子，也表达了这样的主张：

> 《传》曰：万物之怪，书不说。无用之辩，不急之察，弃而不治。若夫君臣之义、父子之亲，夫妇之别，则日切磋而不舍也。[①]

秦汉之际形成的《礼记》一书，更是突出表达了对有悖于儒家伦理思想的奇器淫巧的深恶痛绝。其《王制》曰：

> 析言破律，乱名改作，执左道以乱政，杀；作淫声异服、奇技、奇器以疑众，杀；……此四诛者，不以听。凡执禁以齐众，不赦过。[②]

在《礼记》的作者看来，某些喜好科学技术的人，如果发明出"奇技、奇器以疑众"，就属于"不赦过"的四种必杀罪名之一。由此可见，某些儒家学人对奇器淫巧的鲜明排斥态度。然而，历史上许多重要的发明创造，最初就是以奇技、奇器的形式而问世的。在农耕自然经济时代，社会对于新知识、新技术的需求本来就不强烈，随着儒家思想成为官方意识形态，这种重德性修养而轻知识技能的观念，逐渐变成社会上带有普遍性的观念，直到宋明时期，任何一个理学派别都没有把对自然之物的研究当成首要的任务。

在宋明理学的体系内，朱熹曾经诠释"格物致知"的内涵，虽然口头上

---

① 荀子原著，王先谦集释：《天论第十七》，《荀子集释》，中华书局 2013 年版，第 373 页。

② 郑玄注，孔颖达疏：《礼记正义》卷 3《王制》，载阮元校刻：《十三经注疏》（三），中华书局 2009 年版，第 2909 页。

他说："所谓致知在格物者，言欲致吾之知，在即物而穷其理也。"① 然而，他自己又做了注释："物，犹事也。"② 如果朱熹真正把"格物"之"物"指向了自然之物，那么，对于中国古代科学技术的发展将会有莫大的益处。可是，朱熹所讲的格物，是以人伦日用为主要内涵，把自然之物基本排斥在外；至于在具体方法上，就是去读古代儒家经典，特别是他注释的《四书集注》。他说：

> 为学之道，莫先于穷理，穷理之道，必在于读书。……此不易之理也③

又说：

> 古之圣人，作为六经，以教后世。……其于义理之精微，古今之得失，所以该贯发挥，究竟穷极，可谓盛矣。④

又说：

> 如《大学》《中庸》《语》《孟》诸书，道理粲然，人只是不去看。若理会得此四书，何书不可读？何理不可究？何事不可处？⑤

在朱熹看来，能把先圣传下来的四书五经读熟，就足以做好格物之功了。到了王阳明问世之后，他年轻时从事过"格竹"七日的实践，结果一无

---

① 朱熹：《四书章句集注》，第 6 页。
② 朱熹：《四书章句集注》，第 4 页。
③ 朱熹：《行宫便殿奏札二》，《晦庵集》卷 14，载《四库全书》第 1143 册，第 236 页。
④ 朱熹：《建宁府建阳县学藏书记》，《晦庵集》卷 78，载《四库全书》第 1145 册，第 627 页。
⑤ 黎靖德编：《朱子语类》卷 14，第 222 页。

所获，反而病倒，于是对朱子的格物说产生了强烈的怀疑，最终，他得出了自己的结论："天下之物，本无可格者，其格物之功，只在身心上做。"[1] 王阳明的这一观点，对于培养圣贤人格固然有着积极的指导意义，但是，他也将自然之物排斥在关注对象之外，无形中将自然科学和技术的重要性忽略了。鉴于王阳明的心学宗祖地位，随后的心学大儒，无论是王龙溪、罗汝芳，还是邹守益、欧阳德，虽然才智超凡、博闻多识，都倾向于"重人伦、轻物理"的治学模式。即使是提出"百姓日用即道"的王心斋，由于囿于古代社会手工业生产模式的局限性，也没有对研究自然物、发展科学技术的问题引起特别的重视。在明代，尽管也出现过一些杰出的科学技术成果，如李时珍的《本草纲目》、宋应星的《天工开物》，但都没有引起社会的重大反响。究其原因，中国古代儒家的"重道轻器、重人伦轻物理"传统观念的确起到了相当重要的阻滞作用。由于陆王心学承袭了古代儒家"重道轻器、重人伦轻物理"的传统观念，所以，它的教育哲学中也不可避免地带有了这种倾向性，这不能不说是陆王心学的一项缺憾。

二、对封建主义教育理念的摆脱不够彻底

陆王心学因为高扬人的主体性精神，而对封建专制主义的伦理教条产生了很大的冲击，客观上起到了解放思想的历史作用。这一点，单从王阳明的某些惊世言论就可以得到鲜明的印象，他说：

> 夫学贵得之心，求之于心而非也，虽其言之出于孔子，不敢以为是也，而况其未及孔子者乎？求之于心而是也，虽其言之出于庸常，不敢以为非也，而况其出于孔子者乎？[2]

---

[1]　吴光等编校：《王阳明全集》卷3《语录三》，第120页。
[2]　吴光等编校：《王阳明全集》卷1《答罗整庵少宰书》，第76页。

又说:

> 夫君子之论学,要在得之于心。众皆以为是,苟求之心而未会焉,未敢以为是也;众皆以为非,苟求之心而有契焉,未敢以为非也。①

这些言论,既消解了人们对权威的盲目崇拜,也破除了一种庸俗的从众心理,直至今天,都有很强的思想启发意义。然而,陆王心学毕竟是从传统儒学的思想体系中脱胎而出的,与传统儒学的基本价值理念完全一致。既然传统儒学早已成为封建主义教育体系的主要形态,那么陆王心学就不可能做到对于封建主义教育理念的彻底反思和全面背叛。在陆王心学一系的教育哲学中,明显存在着许多对封建主义教育理念摆脱不够彻底的思想和行为,最为突出的便是没有彻底摆脱封建主义的伦理观念,仍然恪守某些并不人道的伦理教条。

古代儒家提倡"五伦十教"。这些伦理规范对于构建文明有序、礼让和谐的理想社会固然有益,但是,即使是某些著名的心学大儒,为了表明自己衷心服膺儒家先圣之道,在遵循和应用"五伦十教"的具体做法上,也有着明显过当之处,从现代文明的角度看,存留着愚忠愚孝的浓重痕迹。

例如:王阳明的父亲王华(1446—1522年),以南京吏部尚书致仕。王华本人出身寒微,"性至孝",致仕返乡时,其母岑太夫人尚健,王华专心侍奉老母,"色爱之养,无所不至"②。另有记载说:"比致仕,岑太夫人年近百岁,公寿逾七十,犹朝夕为童子嬉戏以悦亲;左右扶掖,不忍斯须去侧。"③后来,岑太夫人享寿至百岁而终。应该说,王华践行孝道堪为世间楷模了,但是,王华为了安葬其母,殚精竭虑,结果导致自己患病,史载:

---

① 吴光等编校:《王阳明全集》卷21《答徐成之》(二),第809页。
② 陆深:《海日先生行状》,载吴光等编校:《王阳明全集》卷38,第1397页。
③ 杨一清:《海日先生墓志铭》,载吴光等编校:《王阳明全集》卷36,第1389页。

　　（1519 年夏）太夫人卒，（海日翁）块苫擗踊，过毁致疾。及葬，徒跣数十里，疾益甚，竟以是不起。①

又载：

　　及太夫人之殁，寝苫蔬食，哀毁逾节，因以得疾。逮葬，跣足随号，行数十里，于是疾势愈增。病卧逾年，始渐瘳，然自是气益衰。②

王华（海日翁）为办好母亲的丧礼，过于悲痛而导致患病。特别是送葬之日，他按照古礼，光着脚走了几十里路，导致疾病加重，最后竟然卧床不起，长达一年之久。1521 年 8 月，王阳明返回故里，与久别的父亲王华相见，然而，此时的王华身体已衰老不堪，次年二月，王华就病故了，享年 77 岁。王华事母至孝，人天可鉴，但是，对于享寿百岁的老人的离世，他大可不必哀伤过度，导致自己患病不起，这种孝心在今人看来，未免有些不值得。

　　王华的纯孝之心似乎遗传到了王阳明身上。当其父亡故时，正好有朝廷使者前来行封赏之礼，王阳明“戒家人勿哭，加新冕服拖绅，饬内外含诸具，始举哀”。没想到，王阳明“一哭顿绝，病不能胜”③，只好由“门人子弟纪丧，因才任使”。他这一病，几乎卧床半年之久，当时“四方同志日至”，纷纷前来求教，王阳明只好挂一张揭贴，诚恳地告诉各地学者，自己处在“忧病奄奄中”，无法授教，“各请归而求诸孔孟之训可矣”④。根据《礼记》所载：“斩衰之哭，若往而不返。”⑤ 意思是说服斩衰之人哭丧，应该声嘶

---

①　杨一清：《海日先生墓志铭》，载吴光等编校：《王阳明全集》卷 36，第 1389 页。

②　陆深：《海日先生行状》，载吴光等编校：《王阳明全集》卷 38，第 1397 页。

③　以上引文皆引自吴光等编校：《王阳明全集》卷 35《年谱三》，第 1284 页。

④　以上引文皆引自吴光等编校：《王阳明全集》卷 35《年谱三》，第 1285 页。

⑤　《礼记正义》卷 57，《间传第三十七》，第 3603 页。

力竭，气绝以至于接续不上。这一点，王阳明真的做到了。问题在于：王阳明对其父的真挚感情固然可以理解，但是，他不可能不知道"人生七十古来稀"，况且王华状元及第，仕至南京吏部尚书，荣华享尽，77岁离世，不算短寿福薄，而王阳明居丧尽礼，过度哀毁，不把自己的身体搞坏才怪呢！

又如：前文已述泰州学派的创始人王艮，事父至孝，堪为世人典范。他的父亲王珫享寿93岁，无疾而终，这一年，王艮本人已有54岁。在纪丧期间，"先生擗踊哀号，不食者三日，毁瘠几不支，戒子弟执丧礼甚肃……葬公日，天大寒，先生冒寒筑营地埒，由是构寒疾。"① 随后几年，王艮日渐多病，57岁时，在答复门人徐樾的信中承认："我今得此沉疴之疾，我命虽在天，造命却由我。"② 第二年（1541年），王艮溘然长逝，年仅58岁。王艮晚年，声名日隆，"时四方就学者日益众，先生虽多病，而据榻讲论，不少厌倦"③。如果上天假以寿数，不知可以造就多少圣贤人物。可惜的是，他的纯孝之心施用过当，导致自己身患重病，盛年而逝，实在令人扼腕叹息。

事实上，阳明心学阵营的诸位大儒一般都能兼通释、道理论，然而，他们中的大多数人（除了王龙溪等极个别外），不仅以儒家伦理思想为本位，而且恪守至严，不善变通，因此，在生活中难免有愚忠愚孝的行为存在（有的门人甚至以此矜尚于世人）。事实上，他们不可能没有读过先秦道家的那段著名寓言——"庄子妻死，庄子鼓盆而歌"④ 的故事。《庄子·至东》载：当惠施前来吊唁时，发现庄子竟然席地而坐，鼓盆而歌，十分不悦。庄子告诉他说："是其始死也，我独何能无慨！"但是，他忽然想通了：人的生死是一种自然现象，"是相与为春秋冬夏四时之行也"；反之，对此"嗷嗷然随而哭之"，这其实是"不通乎命"的表现。因此，庄子妻死，他先哭而后止，

---

① 《王心斋全集》卷3《年谱》，第74页。

② 《王心斋全集》卷2《与徐子直》（二），第53页。

③ ［日］荒木见悟、冈田武彦主编：《王心斋全集》卷1《年谱》，第36页。

④ 《庄子·至乐》。

席地而坐，鼓盆而歌。对于庄子的这种居丧表现，儒家中人可以不赞同，但是，居丧期间过分悲哀、劳累，以至于伤害了自己的健康，这绝不是一件明智的事情。其实，在《礼记》一书中，也表达了"毁不灭性（身体），不以死伤生"①的人道主义关怀。但是，先秦儒家的许多理论存在着自相矛盾之处，他们对于居丧期间种种繁琐礼仪的规定，如果一一执行，必然使得守丧者非常疲劳，甚至搞垮了身体。例如：在《礼记·丧服四制》中，提出孝子丧礼要"三日不食，三月而沐，期而练"。试想：如果真的"三日不食"，那么孝子贤孙谁还有力气来处理居丧之事呢？于是，在《问丧》篇中，作者把它更释为"水浆不入口，三日不举火，故邻里为之糜粥以饮食之"②，这样方才勉强说得通。至于"三月而沐"，在干燥的北方或许尚可忍受，在潮湿炎热的南方地区，又怎么可能行得通呢？虽然陆王心学的许多大儒在处理政务、应对世变上颇能通权达变，但是，在居丧守制问题上，往往是恪守封建礼制，即使搞得自己心力交瘁，甚至患病卧床、数月不起，也不敢有丝毫的怨言，可见他们对于封建伦理观念的摆脱远不彻底。他们以这样的思想理论去教诲门人，实际上是将封建主义的伦理观念不自觉地延续下来。

三、缺乏对新型教育模式的制度化设计

陆王心学一系的教育哲学的存在，实际上是看到了官学化的封建教育的种种弊端，意欲恢复儒家先圣的人文主义精神本旨，对官学教育体系进行纠偏补正式的改革。这一动机固然是好的，然而，陆王心学一系的思想家，大多数对于封建专制主义制度的本质认识不够清楚，因此，既没有完全摆脱对封建专制君主的幻想，又缺乏对新型教育模式的制度化设计。

以泰州学派的创始人王艮为例，他对儒学教育在化民成俗方面的社会

---

① 《礼记正义》卷63《丧服四制第四十九》，第3681页。
② 《礼记正义》卷56《问丧第三十五》，第3594页。

功能非常自信，曾说："学既明，天下有不治者哉？"① 自己坚持在民间从事觉民行道的教育实践，培养出林春、徐樾等一批出色的人才。不过，在王艮内心，仍然希望成为帝王之师，他说过："（大丈夫）出则必为帝者师，处则必为天下万世师。出不为帝者师，失其本矣；处不为天下万世师，遗其末矣。"② 可是，王艮成名之后，统治天下的是嘉靖皇帝这位刚愎自用、昏庸无德的君主，他内心期望的由圣君前来礼聘自己出山的愿景始终不曾实现。嘉靖初年，由于"大礼议"兴起，嘉靖皇帝似乎留给世人一种非常孝顺生身父母的印象。远在泰州的王艮听说后，便写信给在陪都南京为官的王学同门说：

> 今闻主上有纯孝之心，斯有纯孝之行，何不陈一言为尽孝道而安天下之心，使人人君子，比屋可封？……不取天下之孝者立乎高位、治其事，是未能尽其术也；取之在位，所以劝天下以孝也。③

信中又说：

> 此道人人可知可能，上合天心，下合人心，幽合鬼神，古合圣人，时合当今，其机不可失矣。④

面对王艮的这封长信，在南京为官的王学同门皆无可若何，因为他们非常清楚嘉靖帝张扬孝道以自矜自饰的真实动机。若干年后，此信遗稿被张居正看到，对人说："世多称王心斋，此书数千言，单言孝弟，何迂阔

---

① 《王心斋全集》卷 2《答邹东廓先生》，第 46 页。
② 《王心斋全集》卷 1.《语录》，第 13 页。
③ 《王心斋全集》卷 2《与南都诸友》，第 50 页。
④ 《王心斋全集》卷 2《与南都诸友》，第 52 页。

也!"① 这句话，道出了最高统治集团的真实想法。于是，王艮讲学一生，始终停留在民间，无法上达朝堂，成为辅佑贤君、润泽天下的帝王师。他寄予厚望的弟子林春、徐樾，或者中年早逝，或者死于国难，也都无法完成他的愿望。

无得有偶，同时代的王龙溪，对儒学教育的政治功能也充分肯定。他说："夫学术与事功相表里，君子之学所以经世。学术既正，趋向必端，事功必显，其视于民必亲，此探本之论也"。② 比王艮更加现实一点的是，王龙溪并不奢望成为帝王师。他认为：真正能够潜移默化地影响帝王的人，不是外廷的辅弼大臣，而是内廷的宦官侍女等人。于是，他精心撰写了《中鉴录》一书，记载了历代宦官的忠奸善恶之举，希望以史为鉴，使得内廷太监能够明白善恶祸福之因果，忠心侍奉君主，促使其励精图治，福惠天下苍生。此书撰成于万历初年，适逢王龙溪的高足张元忭（隆庆五年状元及第）主教内书堂，于是，这套《中鉴录》派上了用场。张元忭也认为："寺人在天子左右，其贤不肖为国治乱所系。"③ 因此，他以《中鉴录》为教材，谆谆教诲内廷那些年少的宦官。遗憾的是，不过三年左右时间，张元忭奉诏离开内书堂，改任为皇帝撰写起居注的官员。对此，王龙溪不免有些惆怅和担忧，他在信中对张元忭说：

> 既膺起居之命，内馆主教，势不得兼。所云《中鉴录》，未敢为不朽之传，区区两三年纳约苦心，庶几自尽。内馆之设，事机若微，于圣躬得养与否，所系匪轻。不知相继主教者，悉能领此意，不作寻常套数挨过否？④

① 黄宗羲:《明儒学案》卷2《泰州学案一》，第728页。
② 吴震编校:《王畿集》卷17《绍兴府名宦祠记》，第487页。
③ 黄宗羲:《明儒学案》卷15《浙中王门学案五》，第324页。
④ 吴震编校:《王畿集》卷11《答张阳和》，第285—286页。

然而，这个问题连张元忭本人也无法解答。在封建时代，身为人臣，宦海飘零，这是很正常的事情。万历十年（1582 年），由于皇嗣诞生，张元忭"赍诏至楚，（寻）丁内艰"①，又离开了官场数年。等到万历十五年（1587 年），他回到朝廷担任左春坊左谕德一职时，他的授业恩师王龙溪已经辞违人世四年之久了。就在第二年，年仅 51 岁的张元忭也因病离世。此时，万历皇帝已进入怠政时期，不理朝政，不见大臣，成天躲在深宫之中，荒淫无度，醉生梦死。结果，中央各级机构日渐废弛、瘫痪，连日常的朝廷政务尚且无人负责处理，更不用说内书堂的教学事务，完全被忘在九霄云外去了。

阳明心学的另一位后劲翘楚罗汝芳，一生以讲学传道为事业，他内心也很希望成为能够直接进言于皇帝的股肱大臣，或者成为教诲内书堂的教师。1565 年，罗汝芳进京入觐，他对在京为官的友人王时槐说："诸君讲学，只三五巷谈，不足风世，得君相同心学道，寰宇受其福矣。"与此同时，他还积极向内阁首辅徐阶建议，"当劝主上以务学为急"，并设法使皇帝身边的"诸大阉向学"②。这一建议合情合理，在一定程度上被徐阶采纳。然而，由于他生性忠直耿介，连他的老师（座主）徐阶最终都没有把他提拔到中央朝廷来，于是，罗汝芳一生只能担任地方州府长官，无缘成为经常面见皇帝的重臣或帝师，这份遗憾，罗汝芳一直藏于心中。到了万历五年（1577 年），罗汝芳因受张居正打压，被迫致仕。在致仕之前，他意外地遇见前来听自己讲学的新科进士杨起元③。杨起元闻罗汝芳南归之后，"叹曰：'吾师且老，今若不尽其传，终身之恨也。'因访从姑山房而卒业焉"④，从此，他成为罗汝芳十分器重的入室弟子。因为杨起元身居朝廷清要之位（中进士后授翰林院

---

① 黄宗羲:《明儒学案》卷 15《浙中王门学案五》，第 324 页。
② 以上引文皆引自方祖猷等编校:《罗汝芳集》，第 857 页。
③ 杨起元（1547—1599 年），字贞复，号复所，万历丁丑进士，此年恰逢罗汝芳进京入贺，旋即致仕。
④ 黄宗羲:《明儒学案》卷 34，第 806 页。

编修，后任国子监祭酒等职），罗汝芳便把经筵进讲的希望寄托在了杨起元身上。他曾对门人说：

> 予自壮及老，尝梦经筵进讲，后得杨贞复，而梦不复矣。[①]

遗憾的是，罗汝芳的这一期望还是落空了。杨起元后来确实被召为"吏部侍郎兼侍读学士"，有了接近皇帝的机会，但是他"未上（任）而卒"[②]，年仅53岁。其实，这种遗憾并非偶然，而是迟早都要到来的。众所周知，杨起元所侍奉的万历皇帝在张居正去世后便没了管束，为所欲为，其荒淫程度超过正德和嘉靖二帝。即使杨起元多活几年，昏庸、懒惰的万历皇帝哪里会听得进他的忠言直谏和谆谆教诲？说不定还会招致杀头的厄运。从这个意义上讲，罗汝芳"经筵进讲"的梦想，注定是要"不免叹口气"[③] 的。

如上所述，王艮和弟子林春、徐樾未能实现成为帝王师的愿望，王龙溪和他的高足张元忭也未能实现这一愿望，罗汝芳和弟子杨起元同样未能实现这一愿望。事实上，这并不是因为林春、张元忭、杨起元等人寿数不长之故，也不是因为罗汝芳个性太过耿介之故。即使是位极人臣的王学再传弟子徐阶，半生忍辱负重，甚至学得圆滑世故，终于爬到了内阁首辅的位置，然而，在皇权绝对化的君主专制体制内，他的作为也是十分有限的。徐阶在嘉靖帝面前一直小心翼翼，不敢越雷池一步。直至嘉靖四十五年，明世宗驾崩，徐阶才显示出自己的真实意愿，拟诏废除了嘉靖时期的许多弊政，"诏下，朝野号恸感激"[④]，时人称为贤相。隆庆帝（明穆宗）即位后，徐阶出于

---

① 方祖猷等编校：《罗汝芳集》，第 391 页。

② 黄宗羲：《明儒学案》卷 34《泰州学案三》，第 806 页。

③ 方祖猷等编校：《罗汝芳集》，第 294 页。原文是："吾则以为真正仲尼，临终不免叹口气也。"

④ 张廷玉等：《明史》卷 213《徐阶传》，第 5636 页。

辅弼大臣之责任感，对于"宫禁事"多所谏诤，引得"中官多侧目"①。隆庆皇帝同样喜好游玩挥霍，对于徐阶苦口婆心地劝谏根本听不进去。由于受到皇帝和内廷中官的共同排斥，隆庆二年，徐阶只好自请致仕，从此退出政坛。对皇帝委婉劝谏的徐阶的政治命运如此，那么，强势的首辅张居正的命运又如何呢？众所周知，张居正由于善于结交内廷司礼监秉笔太监冯保，又赢得万历皇帝生母李太后的信任，不仅担任了内阁首辅，而且手握重权，他在万历一朝的前十年间大刀阔斧地进行了一系列改革，成效也颇为显著。然而，万历十年，张居正病逝，年方 20 岁的万历皇帝为发泄张居正生前凌驾于自己头上的怨气，第二年，他下令褫夺张居正的封爵、谥号，查抄其家产，逼死张家十余口（包括张居正的长子张敬修），其余亲属大多流放至烟瘴地域戍边。万历皇帝之所以对张居正进行身后的残酷报复，不仅仅是为了出一出当年受张管束的窝囊气，更重要的是告诫后来的内阁大臣，绝对不许皇权专制受到侵犯的现象再度发生。果然，后来的历任首辅都充分吸取了张居正的教训，变成对万历皇帝唯唯诺诺的奴才。

　　徐阶、张居正两位颇有作为的内阁首辅的政治命运尚如此，其他才智平庸的辅弼大臣的遭遇就可想而知了。由是可见，在皇权专制的封建时代，任何人期望通过成为"帝王之师"而以师道引领君道的政治理想都不可能实现。这是早在汉武帝"罢黜百家，独尊儒术"之时就已经给儒家设定的宿命。因此，儒家的历代贤哲，尽管在觉民行道、化民成俗的教育实践中颇有建树，但是，要想上升到得君行道、更治天下的层面，终究是一场幻想。从教育社会学的角度讲，任何教育都是一定时代的社会政治体制（广义）的组成部分。陆王心学一系的教育家，对封建专制制度的本质认识不够清楚，没有完全摆脱对专制君主一厢情愿的幻想，因此，他们的教育哲学仍然停留在封建主义的政治架构内，注定不可能达到他们所期望的"为万世开太平"的理想

---

① 张廷玉等：《明史》卷 213《徐阶传》，第 5637 页。

目标。

所幸的是，这种思想状况至明清之际发生了一些微妙的变化。心学后裔黄宗羲（1610—1695 年），亲眼目睹了晚明君主专制制度下的腐朽政局，又经历了明朝两度亡国的巨大痛苦，因此，他秉承心学宗祖王阳明"致良知"的精神，开始对封建的君主专制制度本身发出了质疑。在其晚年名著《明夷待访录》（1663 年成书）中，他阐述了自己的政治观和教育观，大胆突破了以往"君为臣纲"的伦理范畴，至今仍有振聋发聩的警醒作用。

首先，黄宗羲根据自己对上古时期君主权力生成来源的考察，对专制皇权的至上性、合理性提出了质疑。他说：

> 古者以天下为主而君为客，凡君之所毕世而经营者，为天下也；今也以君为主而天下为客，凡天下之无地而得安宁者，为君也。①

由于熟知历代王朝兴衰成败的往事，又亲眼目睹晚明腐朽不堪的政局，黄宗羲毅然地得出一个结论："为天下之大害者，君而已矣。"② 这一观点的提出，在中国思想史上是破天荒的。他无情地揭露了一个事实：所谓专制皇权，原本来自为天下人谋福祉的公共需要，只不过后来发生了异化，形成绝对化的专制权力，因此，所谓"君为臣纲"的封建理念，本身也不过是人为制造出来的伦理教条而已。既然搞清了君权的来源和性质，黄宗羲面对历代封建王朝的更替命运，又得出了一个中肯的看法，他说：

> 天下之治乱，不在一姓之兴亡，而在万民之忧乐。③

---

① 黄宗羲原著，李伟译注：《明夷待访录译注》卷 1《原君》，第 6 页。
② 黄宗羲原著，李伟译注：《明夷待访录译注》卷 1《原君》，第 6 页。
③ 黄宗羲原著，李伟译注：《明夷待访录译注》卷 2《原臣》，第 14 页。

这一结论，从根本上颠覆了几千年来人们对于世袭君主制度的盲目崇拜，肯定了天下万民在社会政治中的主体地位，是对封建专制主义政治理念的挑战。因此，有人把《明夷待访录》与法国启蒙思想家卢梭的《民约论》相提并论，比作"17世纪中国的民权宣言"，确实有一定的道理。

其次，在如何治理国家和社会的问题上，黄宗羲提出了"学校议政"的主张，这在思想史上也具有"开风气之先"的创新意义。黄宗羲认为："天下不能一人而治"①，凡重大事务，必须经过公议认可，才能变成政令加以推行。而所谓公议，是指具有较高文化知识修养、具备参政议政能力的广大士人的公共评议，其基本载体则是专门养士的学校。他说：

> 学校，所以养士也。然古之圣王，其意不仅此也，必使治天下之具皆出于学校，而后设学校之意始备。②

黄宗羲之所以主张发挥学校的议政功能，实际上就是为了制衡君主的专制权力，使国家政权恢复公共权力的性质。他说：

> 天子之所是未必是，天子之所非未必非，天子亦遂不敢自为非是，而公其非是于学校。是故养士为学校之一事，而学校不仅为养士而设也。③

在具体的操作途径上，黄宗羲也做了一些设想。例如：任何学校都需要主管官员，但是，学官的性质不同于一般行政官员，不能来自皇帝或上级的随意任免，应该来自公议，延请德才兼备的名儒担任。他说：

---

① 黄宗羲原著，李伟译注：《明夷待访录译注》卷5《置相》，第28页。
② 黄宗羲原著，李伟译注：《明夷待访录译注》卷6《学校》，第38页。
③ 黄宗羲原著，李伟译注：《明夷待访录译注》卷6《学校》，第39页。

郡县学官，毋得出自选除。郡县公议，请名儒主之。自布衣以至宰相之谢事者，皆可当其任，不拘已仕未仕也。①

又说：

太学祭酒，推择当世大儒，其重与宰相等，或宰相退处为之。②

在具体的议事程序上，黄宗羲认为，太学祭酒和郡县学官应该兼具"议长"和教师的双重功能。他说：

每朔日，天子临幸太学，宰相、六卿、谏议皆从之。祭酒南面讲学，天子亦就弟子列。政有缺失，祭酒直言无讳。③

又说：

天子之子年十五，则与大臣之子就学于太学，使知民之情伪，且使之稍习劳苦，毋得闲置宫中，其所闻见不出宦官宫妾之外，妄自崇大也。④

这样一来，太学就真正具备了指导皇帝和太子的教育功能，而且能够对朝政的缺失"直言不讳"，使得皇权专制的弊端得到缓解。

除此以外，黄宗羲还主张在地方政务上充分发挥学校的议政功能，他说：

---

① 黄宗羲原著，李伟译注：《明夷待访录译注》卷6《学校》，第42页。
② 黄宗羲原著，李伟译注：《明夷待访录译注》卷6《学校》，第43页。
③ 黄宗羲原著，李伟译注：《明夷待访录译注》卷6《学校》，第43—44页。
④ 黄宗羲原著，李伟译注：《明夷待访录译注》卷6《学校》，第44页。

> 郡县朔望，大会一邑之缙绅士子。学官讲学，郡县官就弟子列，北面再拜，师弟子各以疑义相质难。其以簿书期会，不至者罚之。郡县官政事缺失，小则纠绳，大则伐鼓号于众。[①]

黄宗羲所设想的地方学校，具有定期开会、讨论政事的程序，这和近现代的议会模式十分接近。"学官讲学，郡县官就弟子列"一语，表明了地方行政长官对学校官员的尊重态度，而且，"郡县官政事缺失，小则纠绳，大则伐鼓号于众"，达到了政务的公开化、透明化。如果地方政务能够得到大多数缙绅士子的认可，那么，这和近代民主政治也就没有多大区别了。

黄宗羲的《明夷待访录》一书，是对阳明心学诸前贤的思想超越，因为他从政治和教育的双重角度设计了一种新型的教育模式。在儒学的思想体系中，教育与政治总是密不可分的。在宋明理学的发展史上，朱熹以"天理"本体论为根据，为封建伦理纲常的永恒合理性做了一番论证，得出的结论是："纲常千万年，磨灭不得。"[②] 到了王阳明这里，他以"致良知"为学术宗旨，在讲学中从不谈及"三纲"话题，已表现出对封建伦理纲常的永恒性、至上性的怀疑和疏离。不过，一直到了黄宗羲这里，才对君权至上的观念发出了明确的挑战，而且，他以"学校议政"的制度设计，阐明了学校的政治和教育的双重性功能。这在中国思想史上是一个创举，也是他超越于心学前贤的贡献所在。然而，殊为遗憾的是，黄宗羲所处的社会背景，已是明代心学大潮的尾声，随之而来的不仅是明清两朝的更替，而且是最为严酷的文字狱政策的统治。黄宗羲的《明夷待访录》，以其思想的尖锐性，无疑处在满清统治集团的查禁对象中，因此，此书撰成之后只能在极小的范围内流传，

---

① 黄宗羲原著，李伟译注：《明夷待访录译注》卷6《学校》，第44页。
② 黎靖德编：《朱子语类》卷24，第538页。

无法在那个时代产生什么强烈反响，没能像晚明心学思潮一样发挥积极的启蒙作用。据清代全祖望评述：

> 原（书）本不止于此，以多嫌讳，弗尽出，今并已刻之板亦毁于火。[1]

《明夷待访录》一书，在乾隆时期被明令列入禁书范畴。直至晚清光绪时期，由梁起超等维新人士私印数万本，借以鼓吹变法主张，在救亡图存、呼唤变革的时代大潮中，《明夷待访录》才得以广泛传播开来。

从王阳明 1521 年正式提出"致良知"的学术宗旨，开始背离程朱理学的"三纲"教条算起，到黄宗羲 1663 年提出"学校议政"的制度设计，经历了约一百四十年的时间，这是一段为构建合理的价值信念和社会制度进行艰难而漫长的理论探索的过程。无疑，如果没有王阳明"致良知"的理念率先打破士大夫头脑中的禁锢，黄宗羲等后辈就不可能提出如此大胆的制度设计，王阳明发轫之功实不可没。然而，综合整个中晚明心学思潮发展的历程来看，虽然堪称圣贤的大儒不断涌现，但是，绝大多数人并没有摆脱传统的封建政治和教育理念的束缚，尽管胸怀对未来社会的美好憧憬，不满官学教育的诸种弊端，却因为长期缺乏构建新型教育模式和政治架构的制度化设计，依然停留在"致君尧舜上，再使风俗淳"的幻想中。这不能不说是陆王心学一系教育哲学的一大缺憾。

俗语说：金无足赤，人无完人。一个学派的思想探索和理论成果也是如此。陆王心学一系的教育哲学，在中晚明时期已经发展成熟，但是，依然含有某些理论和功能上的缺陷，这些缺陷包括：重道轻器、重人伦轻物理；对封建主义教育理念的摆脱不够彻底；缺乏对新型教育模式的制度化设计；等等。这表明，陆王心学仍然受到所处时代和社会环境的束缚，尤其是几千年

---

[1] 全祖望：《〈明夷待访录〉跋》，载黄宗羲原著，李伟译注：《明夷待访录译注》，第196页。

小农经济和宗法社会的固有习俗，使得人们难以超越旧有的政治和教育理念。但是，瑕不掩瑜，陆王心学一系的教育哲学，明显突破了官学化的程朱理学的诸多教条限制，继承了先秦儒家的古典人文主义和道德理性，弘扬了人的主体性精神，气象生动活泼，并且萌发出微弱的近代民主启蒙思想的光芒，其理论成就和历史贡献是不容忽视的。即使在今天，面对当代教育事业的成就与缺失，陆王心学一系的教育哲学仍然具有重要的思想启发价值，因此，非常值得今人研究和借鉴。

第四节　陆王心学一系教育哲学的现代启示

"滚滚长江东逝水，浪花淘尽英雄。"当人类文明的脚步迈进 21 世纪时，我们反观历史，不禁感慨万千。陆王心学流衍了数百年，英才汇聚、群星灿烂，这种圣贤迭出的历史现象，恐怕再也无法复制。那么，作为传统文化的一种表现形态，陆王心学一系的教育哲学对于现代社会和教育事业而言，具有哪些重要的思想启示呢？概而言之，主要有以下三个方面。

一、人文精神与素质的培养是现代教育的一项重要任务

本著第一章就已阐明：知识技能的传授和人文素质的培养是现代教育的两个组成部分，而且缺一不可。如果只注重其中某一个方面，那么，这种教育体制培养出来的人才必然是"瘸腿跛脚"的残次品。遗憾的是，在当今的教育体制下，我们的大、中、小学都明显存在着重视知识技能教育而忽视人文精神培养的偏颇状况。其中，中学教育由于完全纳入应试教育的轨道，一切唯分数是论，学生的思想道德和心理问题不受重视，培养出许多心智出偏、高分低能的毕业生，客观地讲，这种偏颇性目前已经近乎极致。小学阶段所塑造的关乎人文素质的薄弱基础，到了中学阶段则基本趋于瓦解、消散，而到了大学阶段，由于专业教育的主导模式，人文精神与素质的培养同

样被忽略和冷落。即使存在着《思想道德修养与法律基础》这样的"两课"教育，事实上也一直流于形式，从来没有起到显著的作用。尤其是 21 世纪初期高等学校大幅度扩招之后，每个大学的学生普遍从数千人激增到数万人。在这种情况下，无论是大学生的专业水平，还是综合性的人文素质，都较以往的大学生群体发生明显的下滑。规模庞大的大学生群体中，道德意识薄弱、心理素质低下的人数占有一个惊人的比例，由此导致大学生的心理疾病、自杀现象、甚至违法犯罪现象层出不穷。只要稍作回顾，我们就不难联想起一些轰动一时的大学生犯罪案件，如：马加爵案件（云南大学生化学院大四学生，案发于 2004 年 2 月）、药家鑫案件（西安音乐学院大三学生，案发于 2010 年 10 月）、林森浩案件（复旦大学上海医学院研究生，案发于 2013 年 4 月）。除了这些手段残忍、令人发指的极端恶性案件以外，还有许多程度较轻的各类违法犯罪事件，简直不胜枚举。凡是在大学工作的教师或员工，如果某个学期没有听说过本校发生什么伤及人命的事件，都会觉得耳根变清静了，甚至有些不可思议。诚然，极少数的心理疾病、自杀行为、违法犯罪现象不足以代表本世纪中国大学生群体的整体素质和形象，但是，所存在问题的普遍性和严重性，则是不容回避和掩饰的。如果要寻找发生这些不幸事件背后的心理和思想等原因，那么，一言以蔽之：我们的大学非常缺乏人文精神与素质的培养，导致大学生基本人文素质的下滑乃至严重缺失。这是一个不容忽视的时代问题。

人文素质是一个外延很广的范畴，可以包括公共道德意识、法制观念、爱国主义精神、家庭伦理观念、环境保护意识、健康人格和心理等许多方面。综合而言，它是一种符合现代社会需要的优良的公民素质，本质上是一种促进国家和社会健康发展的"软实力"。如果没有人文素质的正确培养，再好的硬件设备也只能造就一些灵魂扭曲或沦丧的偏才，不符合社会健康发展的需要，更不利于国家和民族的未来。从形式上讲，目前的大学体制中本已包含人文素质的教育内容。"两课"模式就是当前人文素质教育的一种现实形态，辅导员的思想政治工作也是其内容之一。然而，在事实层面上，相当比例的公共课和思想工作都形同走过场，并没有产生应有的效应。不过，有一个现象很耐人寻味，那就是一些怀有上进心、希望学有所成的学生，总是通过各种手段和渠道，希望找到能够正确启发自己的心灵、指引自己走好大学之路以及未来生活之路的思想理论和指导教师。以笔者亲身的经历为证——本人在大学执教超过二十年，上过学位基础课、专业必修课、公共选修课等许多课程，都属于中国哲学和传统文化的范畴，对于传道明德的教育事业，一直是满怀热情。几乎每个学期，笔者都发现一个有趣的现象：总有一些外系的学生跑来旁听中国哲学和传统文化的课程，不是为修满学分，仅仅是出于兴趣和需要。有时候，这些旁听生的专心程度甚至比本专业的学生还要投入，当然，他（她）们由此学到的中国哲学的智慧与美德也比只为考试过关的学生要多得多。在该门课程结束后，这些学生大多会在逢年过节时给笔者发来短信，表达自己对老师和这门课程的真诚感谢，因为在中国哲学与传统文化的课程上他们学到了很多有益的东西，而且浸润人心、开启正见，对于如何走好以后的人生道路非常有帮助。笔者曾经和一些从事中国哲学研究的前辈学者探讨过类似的话题。即使是专职研究员之类的同行，他们中有些也在高校开设一两门中国哲学与传统文化类的课程，上完这些课程的客观效果和主观心得，与笔者的经历非常接近。因此，笔者确信，用中国哲学和传统文化的思想理论去教育和启发学生，对培养和提高当代大学生的人文精神与综合素质有着显著的益处。

如果说学生在大学阶段的积极反馈还只是短期效应的话，那么，一些学生在毕业十多年后，事业和家庭均已成形，仍然不能忘怀当初选修或旁听中国哲学与传统文化类课程的收获，就更能说明问题了。在大学校园中，毕业10周年之类的聚会是一项非常热闹的活动，而在这种活动上，诸多事业有成、风华正茂的往届学生，他们聚在一起讨论起什么课程、什么老师最令人难忘时，凡是认真上好中国哲学与传统文化类课程的老师，总是引得往届学生的真诚赞叹。有些亲身经历，笔者至今难忘。例如：一个毕业10年、已在企业担任高层管理工作的学生说："老师，当初您讲过'少想多做'一句话，这也是我现在用来告诫下属经常说的一句话。"笔者听了不免惊讶，因为这的确是自己从前在一门公选课上，把王阳明的"知行合一"理念进一步通俗化，针对某些学生疏于实践的情况而说的，没有想到这个学生竟然一直铭记在心。于是，笔者笑着回答："你能够用当年从课堂上学到的东西去指导下属，这也是学以致用的表现啊！"类似的事例还有许多。凡此种种，都证明了只要教师善教，中国哲学与传统文化的思想智慧完全可以古为今用、综合创新，产生现实的社会效益——积极促进当代大学生的人文精神与素质的培养，造就更多德才兼备的出色人才。

目前，有的高等教育研究者从信息技术空前发展的趋势出发，认为远程网络教育的普及，将会逐渐消解大学存在的必要性。这一观点究竟是否正确？诚然，如果大学教育只是传授专业的知识技能而已，那么，这一预言完全可能变成现实。然而，任何真正的大学教育，都应该包括知识技能培养和人文素质培养两个方面的内容。这两个方面内容，如车之两轮、鸟之双翼，缺一不可。更为重要的是，大学阶段的人文素质培养，只能通过广大师生亲历其境的校园生活才能实现，根本无法通过远程化网络教学来达到目标；因为，人文精神和素质的培养是一个耳濡目染、躬行实践的长期过程，它不等同于一般的课堂知识传播，而是需要一个真实的环境背景。设想：大学校园中幽静的林荫道、开阔的绿草坪、喧闹的田径场、静谧的图书馆，这些设施难道是虚拟的网络世界可以相比的吗？只有在真实的大学校园中，才会有师生之间的思想交流、同学之间的真挚友谊、图书馆的浩瀚藏书、丰富多彩的文体活动。至于有些历史悠久的名校，随意看一眼它的某处景观，都能感受到深厚的历史与文化的积淀，驻足在那里，仿佛能够聆听到几个世纪前某位著名学者演讲论道的回声。由是可见，只要中国的大学能够保持着这一最起码的人文氛围，它就不可能被从事单纯知识技能传播的网络教育所取代。

从现实层面上讲，当前的中国大学教育并非没有人文精神与素质的培养，只是这种培养显得非常薄弱而已。在人文精神与素质培养的教育实践中，对优秀传统文化的汲取和借鉴，是一个非常必要而迫切的任务。唯其如此，才能使得某些人文范畴类的课程变得内涵丰富、积淀深厚，真正发挥提高素质、锻造灵魂的教育功能。当然，笔者无意否定现行大学教育体制中"两课"和辅导员模式的存在价值，只是认为，如果在大学教学中更多地引入中国哲学与传统文化的相关内容，将会明显地促进大学生的人文精神与素质的培养和提高优秀传统文化教育的形式可以是多样的，如选修课、讲座、读书会等等，都可以成为教学模式的组成部分。事实上，有的学校和教师已经在这么做了，只是教育管理阶层的重视程度和支持力度还远远不够。其次，值得注意的是，传统文化体系内涵非常丰富，精华与糟粕并存。对于当代教育事业有着积极启发意义的，只能是富含人文精神的学派及其理论，而那些包含着封建思想和迷信观念的理论，应该理智地扬弃。与其他学派乃至教派相比较，陆王心学的教育哲学既怀有儒家固有的积极入世精神，又摒弃了程朱理学的封建教条，其中蕴藏的人文精神的"含金量"最为丰富，况且，"传道明德，化民成俗"本来就是古今教育家的共同目标所在，因此，陆王心学的诸多思想理论，包括可操作性的修养方法，都非常值得在当代大学人文素质的培养中得到更多的借鉴和应用。例如：当代人在脱离了宗教信仰束缚的时代，一时间没有了自己的精神支柱，在这种情况下，王阳明的"致良知"之教便可以为人们找到为人处世的价值依据和行动指南。如果一个教师能够让更多的学生领悟并实践"让良知做主"①的道理，那么，他的教育生涯便没有白过。又如：在现实生活中，不

---

① 参见李丕洋：《让良知做主——略论阳明心学对现代人自主性问题的思想启示》，《生命教育研究》（台湾大学）2013 年 12 月（第五卷·第二期）。

乏怨天尤人的"愤青"，如果使他们了解到明代心学家罗汝芳的人生信念和行为风格，尤其是他的重在建设性而非批判性的价值观念与思维方式，使之懂得踏实做事、积极奉献，而不是一味愤世嫉俗，那么，他们的人生轨迹或许将发生转折。一旦养成了重在建设性而非批判性的思维方式，本身就意味着他们人文素质的提高。这无疑是为个人和社会输入了"正能量"。

概而言之，人文精神与素质的培养是现代教育的一项重要任务，而陆王心学一系的教育哲学以其丰富深邃的思想内涵，简洁灵活的修养方法，为这种人文素质的培养事业提供了无穷无尽的"源头活水"。

二、生命哲学与生命教育的现实社会需要

无可否认，改革开放以来，中国的社会经济获得了令世界惊讶的飞跃式发展，到"十二五"计划完成之时，中国已稳居世界第二大经济体的地位。可是，在经济快速增长的同时，一些新型"社会病症"的出现不能不引起人们的警觉。例如：拜金主义观念的横行，急功近利、心浮气躁风气的泛滥，纵欲无度等生活方式的肆虐，的确是为数不少的先富起来的人们的精神现状，而且，这些观念打着各种时髦的旗帜和口号，正在越来越明显地熏染年轻一代的头脑，其影响范围之广、程度之深，使得一些当代学者对于国家和民族的未来产生了忧虑。如果从精神的终极层面究其原因，一言以蔽之：价值信仰的混乱或缺失，对于生命本质和意义的茫然，正是导致种种上述问题的思想根源。针对这种情况，充分利用中国哲学和传统文化的积极因素，对年轻一代进行生命教育，帮助他们构建正确的生命哲学的基本理念和价值体系，是一项刻不容缓的课题。从广义上讲，这也属于人文素质的培养内容。不过，比起其他人文素质培养的内容来，开展生命教育，构建生命哲学，是一项特别重要的任务，因而需要单列出来。而在这一问题上，陆王心学一系的教育哲学尤其具有思想启发意义。

在古代儒家哲学中，"道"是学者所追求的最高目标，孔子鼓励门人说：

"朝闻道，夕死可矣。"① 按照古人的思维习惯，"道"的人格化便是圣人，二程曾说："体道，少能体则贤，尽能体则圣。"② 于是，通过后天的学习和修养，成就圣者人格，也成为儒家教育的终极目标。由于"道"范畴的使用太久，所以其释义日趋含混。儒家所谓的"道"，其内涵究竟是指什么？不同的学派有不同的解答。陆王心学兴起后，给予了明确的揭示：所谓"道"的实体，就是人的良知本心，正如王阳明所说："良知者，心之本体"③。"良知即是道"④。同时，他用一段话概括了儒家心性之学的内涵：

> 心之良知是谓圣。圣人之学，惟是致此良知而已。……苟能致之，即与圣人无异矣。此良知所以为圣愚之同具，而人皆可以为尧舜者，以此也。⑤

从逻辑上讲，觉悟良知乃是儒家学者求为"内圣"的功夫，属于"明体"的范畴。在此基础上，应用良知、推广良知，使得能力所及范围内的人和物，都能各安其位、各遂其生，达到一种和谐有序的状态，这便是"外王"的事业，属于"达用"的范畴，由近及远，便是"齐家、治国、平天下"。因此，一个真正的儒者，不管处在什么领域，都应该随其力之所及，经世济民，造福苍生。无论其功业大小，在这种"造命"过程中，都足以体现出儒者"与天地参"的生命价值。陆王心学并非一种单纯的思辨性理论，它从来都以躬行实践为第一要求，因此，心学一脉的诸多圣贤，以他们毕生的所作所为，向世人昭示出一种有境界、有意义且有普适性的生命哲学；同时，他

---

① 《论语·里仁》。
② 程颢、程颐：《二程集》，第145页。
③ 吴光等编校：《王阳明全集》卷2《答陆原静》（二），第62页。
④ 吴光等编校：《王阳明全集》卷2《答陆原静》（二），第69页。
⑤ 吴光等编校：《王阳明全集》卷8《书魏师孟卷》，第280页。

们也通过谆谆不懈的言传，向后人展现出一种颇有特色和成效的生命教育模式。

仅以罗汝芳的生命哲学为例，他以先秦儒家元典《周易》为依据，兼纳释、道之说而展开，以解释生命的构成。他说：

> 吾人之生，原属阴阳两端，合体而成。其一则父母精气，妙凝有质，所谓"精气为物"者也；其一则宿世灵魂，知识变化，所谓"游魂为变"者也。精气之质，涵灵魂而能运动，是则吾人之身也，显现易见而属之于阳；游魂之灵，依精气而归知识，是则吾人之心也，晦藏难见而属之于阴。交媾之时，一齐俱到，胎完十月，出生世间。[①]

诚然，这种阴阳和合的生命观具有浓重的唯心主义色彩，然而，对于解释生命的来源和构成，却不无思想启发。更重要的是，在此生命本体论基础上，罗汝芳得出了人的生命应该如何度过的基本观点，他说：

> 人能以吾之形体而妙用其心知，简淡而详明，流动而中适，则接应在（乎）现前，感通得诸当下。生也而可望以入圣，殁也而可望以还虚，其人将与造化为徒焉已矣。[②]

简而言之，"生则入圣，死则还虚"，这便是罗汝芳关于生命追求的豪迈结论，而他的一生也恰恰是这样度过的。本著第七章曾经介绍过，罗汝芳年少时便立志"须寻不叹气事为之"[③]，此后，他无论在仕在野，都按照自己内心的"道"的标准去做好自己的事业，直至74岁临终之际。而罗汝芳的临

---

① 方祖猷等编校：《罗汝芳集》，第287页。
② 方祖猷等编校：《罗汝芳集》，第287页。
③ 方祖猷等编校：《罗汝芳集》，第294页。

终表现，更是充分体现出他的道行功夫的深邃笃实。史载：

> （万历十六年）九月初一日，师自梳洗，端坐堂中，命诸孙次第进
> 酒，各各微饮。随拱手别诸生曰："我行矣，珍重、珍重！"
> 适远来新到二生，并诸生哭留。师愉色许曰："为诸君，我再盘桓
> 一日。"乃复入室。初二日午刻，罗子命诸孙曰："扶我出堂，整冠更
> 衣。"坐而逝。从午至申，坐不少偏，越日乃殓，颜色红活，手足绵软
> 如生。①

对一般人来讲，能够没有太多的痛苦，平静地离开人世，就已经算是"善终"
了。相比之下，罗汝芳竟然能够像拨动天平秤上的游码一样，对自己的死亡
时间予以"微调"，足见其生死智慧的真实不虚。

无独有偶，与罗汝芳同时期的另一位心学大儒王龙溪，其心性功夫和
生死智慧同样达到了超越生死的境界，他的临终表现在当时也被传为美谈。
史载：

> （龙溪）先生革于万历十一年六月初七未时。先生无大痛疾，未尝
> 一日不衣冠，不饮食，不游坐，但革前四五日，微疾，食粥不饵饭。至
> 革之日，早晨盥栉，冠唐巾，食粥从容，出寝室，端坐于琴堂之卧榻
> 而逝。②

王龙溪去世之时，已享寿86岁，"端坐于琴堂之卧榻而逝"，这种坐化功夫，
即使佛道高人也不能不为之折服。如果从生命终极关怀的角度讲，这就是一

---

① 方祖猷等编校：《罗汝芳集》，第299页。
② 吴震编校：《王畿集》，第847—848页。

种超越生死的智慧和功夫，其蕴奥如王龙溪所说：

> 若夫超生死一关，生知来处，死知去处，宇宙在手，延促自由，出三界、外五行，非缘数所能拘限，与太虚同体，亦与太虚同寿，非思想言说所能凑泊，惟在默契而已。①

无论是王龙溪，还是罗汝芳，他们的生命哲学不仅达到了生脱死的境界，而且，始终坚持积极入世的价值取向——这也是心学一脉与佛道二教本质不同的地方。显然，这种人文情怀更加值得在当代社会中继承与弘扬。

罗汝芳的生命教育思想，走的是尽人道以达天道的理路，因此，他真诚提倡孝、悌、慈"三原德"，强调在人伦日用中尊重生命、爱护生命，进而体悟到"天地万物一体之仁"的生命奥秘。在此，不妨回顾一些他说过的话：

> 究竟其明明德于天下，原非他物，只是孝、弟、慈三者，感孚联属，浑融乎千万人为一人，贯通乎千万世而为一世已尔。②
> 若泛然只讲个德字，而不本于孝、弟、慈，则恐于民身不切。③

孝、悌、慈"三原德"的发掘和践履，在罗汝芳的生命教育思想中有着重要的地位，它既是道德哲学的范畴，又是生命哲学的表征。如果把罗汝芳的生命哲学比喻为树根，而把道德哲学比喻为树干，那么，孝、悌、慈"三原德"就好比从根部一直向上流动、直至树干和枝叶的水分。如果失去了水分的滋养，整个生命之树从枝叶、树干最终到根部，都要枯萎掉。罗汝芳始终坚信孝、悌、慈"三原德"的普适价值，认为这是"天下原有的三

---

① 吴震编校：《王畿集》卷12《与殷秋溟》，第308页。
② 方祖猷等编校：《罗汝芳集》，第216页。
③ 方祖猷等编校：《罗汝芳集》，第152页。

件大道理，古先帝王的三件大学术"，①只要人人都能按照孝、悌、慈的要求去尽伦尽性、推广应用，那么，天下便可由此达到真正太平的世界。正如他自己所说：

> 此个孝弟慈，原人人不虑而自知、人人不学而自能，亦天下万世人人不约而自同者也。……则其为父子兄弟足法而人自法之，便叫做"明明德于天下"，又叫做"人人亲其亲、长其长而天下平也"。②

从这个意义上讲，发掘和践履孝、悌、慈，不只是一种道德修养，也是"理会性命"的工夫所在。它可以使学者明白自身心性的先天内涵，自觉地践行人伦之道，从而达到上同"天道"的目的。这也是罗汝芳倡导的"生则入圣，死则还虚"的生命哲学的一个重要组成部分。罗汝芳的生命哲学，既提醒世人不要迷失生命的方向，又注重当下的现实生活，他告诫门人："噫！爱惜身命，珍重机缘，千生万生，总在今日。"③如果善于扬弃其中的唯心主义成分，这样的生命教育思想，在今天依然有着积极的思想启发作用。

除了罗汝芳的生命哲学外，陆王心学一系的其他思想家，在生命哲学和生命教育方面的思想闪光点也颇为可观，无须赘述。总而言之，他们都在教诲世人：**看清生命的实相，明白生命的因果，把握生命的方向，提升生命的境界，走好自己的人生之路，这是任何时候的人们都不可忽略的问题。** 有时候，当某些现代人在那里时髦地呼喊"寻找自我""实现自我"的时候，可曾想过真正的"自我"究竟是什么？不妨虚心学习一下陆王心学中的生命哲学，或许能够醍醐灌顶，真切地感受到一种柳暗花明般的希望

---

① 方祖猷等编校：《罗汝芳集》，第 109 页。
② 方祖猷等编校：《罗汝芳集》，第 108 页。其中的两句经典文句分别出自《大学》和《孟子·离娄上》。
③ 方祖猷等编校：《罗汝芳集》，第 283 页。

和光明。

三、对孕育现代"大学精神"的启示

进入 21 世纪后，与社会经济的迅速发展基本同步，中国的高等教育也呈现出膨胀式的扩张，各个大学纷纷修建新校区，成倍地扩招学生。到 2013 年年底，中国的全日制高等学校（含高职院校、民办院校）的数量已达到 2491 所[1]，学生人数也超过 2600 万[2]。高等院校能够拥有如此庞大的规模，倒退 20 年，几乎没有人敢于如此想象。然而，严峻的事实是：大学的校园面积之大和学生人数之多并不能等同于高等教育的办学质量得到了同步提高；扩招之后，在校大学生的专业水平和人文素质呈现出一个明显的下滑趋势，至今尚未扼制住。与之同步的是，高校的管理阶层贪腐案件频发，腐败程度令人吃惊。仅仅根据官方公布出来的各种信息，便可知道近 10 年来有为数甚多的大学校长、书记因为腐败问题身陷囹圄（此处就无须一一列举了），其腐败案件主要集中在基建、后勤、招生、财务等问题上。除此以外，某些掌握各种学术资源的"大腕"贪污或巧取科研经费的案件也屡屡曝光，至于学术造假、论文剽窃等不端行为更是蔓延到了一般的教师群体中。如此等等的歪风邪气，一度甚嚣尘上，有时真的让人疑惑：这还是从事教书育人、科学研究的大学吗？

客观地讲，近几年来，政府主管部门对于高校官风、学风的整治渐有力度，而且初见成效，但是，距离建成官风清正、学风严谨的现代大学的要求还有很长的路程。针对当前高校存在的种种问题，除了加强党纪约束和法制建设以外，我们有必要从精神层面反思一下：新世纪的高校究竟缺失了什

---

① 参见教育部发展规划司编：《中国教育统计年鉴（2013）》，人民教育出版社 2014 年版，第 20 页。

② 确切数字为：研究生（含博士生）17939532 人，普通本专科学生 24680726 人。参见教育部发展规划司编：《中国教育统计年鉴（2013）》，第 23 页。

么，才会导致各种触目惊心的腐败问题产生？即使抛开腐败问题不谈，仅仅就一般的治校理念而言，目前，某些高等学校已经沦为产业化的职业技术培训所，缺乏起码的人文关怀，没有足够的理论高度和学术视野。这固然是近些年"教育产业化运动"带来的遗毒，同时也反映出某些教育管理者曲解教育功能的狭隘见解。综合上述病症，我们可以得出一个简单的结论：**现代高校缺失的是一种真正的"大学精神"，这是我们在未来的高等教育事业中亟待弥补的问题**。大学精神的缺失固然不像办学经费的多少那样可以量化评估，但是，它的存在与否的确是衡量一个大学是否有长远生命力的重要标准之一。一个大学没有自己的"大学精神"，就好比一个人没有灵魂一样，要么变成浑浑噩噩的庸人，要么变成唯利是图、心浮气躁的市侩。这样的高等院校发展下去，即使校园再大、学生再多，也不过是重走历史上的官学模式的老路而已，无法培养出大批符合新世纪需要的德才兼备、勇于创新的人才，更毋庸说造就什么大师了。

诚然，现代的大学精神并不是凭空而生的，它必须将本国的优秀文化传统与现代社会的发展趋势相结合，才能做到古为今用、综合创新。在这方面，中国古代有着丰富的教育实践的思想积淀，陆王心学一系的教育哲学便是其中特别突出的一个组成部分，甚至可以说，它是中国传统教育思想的精华。就陆王心学的整体风貌而言，它强调以知行合一的原则，去做"发明本心"和"致良知"的功夫，进而达到治国、平天下的目的。这样的教育理念，无疑为每个学者树立了明确的生命指南。就个体而言，它可以是一种人生座右铭；从整体来讲，它对每个书院都称得上是一种"大学精神"。如果将这种精神继续弘扬于当代大学，那么，每个学校的精神面貌都会出现焕然一新的变化。

在历史上，凡是能够较好地将传统文化与现代文明相结合的大学，都是办得非常成功的正面典型。例如：抗战时期的国立西南联合大学（1937—1946年），以"刚毅坚卓"为校训，完全符合抗战时期民族精神的时代需求。

西南联大存在的 8 年 11 个月里，生活艰苦，条件简陋，可是，校园中始终洋溢着一种积极向上的风气。他们位于昆明的校舍，长期是茅草顶盖的土坯屋，然而，就是在这样一栋栋破旧的屋檐下，云集了当时国内数百位学术造诣一流的教授，还有一大批发愤读书、立志报国的学生。联大校长梅贻琦有一句流传颇广的名言："大学者，非有大楼之谓也，乃有大师之谓也。"用这句话来形容西南联大的教师队伍，真是再贴切不过了。仅仅列举其文学院的部分教授名单，便可窥其端倪。中国文学系：朱自清、闻一多、王力、罗常培、唐兰、游国恩、陈梦家。哲学心理学系：汤用彤、冯友兰、金岳霖、贺麟、沈有鼎。历史学系：陈寅恪、傅斯年、钱穆、雷海宗、吴晗。以上诸人，均是在各自专业学科领域的领军人物，冠以"大师"头衔毫不过分。更值得称道的是，有的教授以自己一生的高风亮节，充分体现出人文学者的独立人格和民族气节。以陈寅恪为例，太平洋战争爆发时，他正寓居香港。日军侵占香港后，为粉饰其侵略行径，曾派人劝说其归顺日本，并许以高官厚禄。陈寅恪不为所动，始终坚拒。在双方的消耗对峙中，陈寅恪错过了治疗眼病的最佳时机，导致后来双目完全失明，然而，他最终逃出香港，来到大后方的西南联大任教，宁愿甘受清贫，也绝不向日寇屈服。世人惯以"教授中的教授"来形容陈寅恪的学术造诣，这当然是不错的，其实，他在危难时所秉持的民族气节更应为后人景仰。在如此艰难困苦的环境中，西南联大创造出国内一流甚至世界前列的教学和科研水平，既令世人津津乐道，又足以使当今的教育管理者赧颜。下面根据笔者前往昆明西南联大校史馆（今云南师范大学校园内）参观的耳闻目睹（拍摄照片或作笔录），略作叙述：

西南联大一共培养了八千余名学生（由于考试严格，毕业生只有3343人），其中，在自然科学方面的贡献尤其令人瞩目。例如：1999 年，有 23 位科学家荣获"两弹一星"功勋奖章。其中，王希季、邓稼先、朱光亚、杨嘉墀、陈芳允、赵九章、郭永怀、屠守锷 8 位科学家出自西南联大。又如：从 2000 年开始，"国家最高科学技术奖"颁发给在科学技术领域有着重大贡献的科学家，黄昆（2001年）、刘东生（2003年）、叶笃正（2005年）、吴征镒（2007年）、郑哲敏（2012年）等联大毕业生先后获此殊荣。此外，还有世人皆知的物理学家杨振宁、李政道，于1957年获得诺贝尔物理学奖，这是华裔科学家在世界上首次获得该奖项。耐人寻味的是：获得"两弹一星"功勋奖的8位科学家，都有在国外留学的经历，甚至年轻之时已在国际相关科学领域崭露头角，但他们大多在20世纪50年代毅然返回国内参加新中国的建设。回国之后，有的长期隐姓埋名，深入大漠基地，潜心从事"两弹一星"的研制工作。如果没有真挚而深厚的爱国情怀（这是人文精神的重要表现之一），根本无法想象他们会甘心从事这种有心血可献、无名利可图的科研工作，直到晚年才获得国家的"正名"！

西南联大在各个领域的贡献都很突出，兹不赘述。综合而言，这所学校拥有的最可宝贵的财富乃是一种真正的"大学精神"，这种精神浸润在绝大多数师生的头脑和行为之中。与之相比，当代中国高校大多拥有宏大气魄的图书馆、办公楼、实验室，更拥有过去人们不敢想象的数以亿计的办学经费，但是，从实际效能来讲，充溢于表的是官本位气息，缺乏的恰是活泼泼的"大学精神"。按照运筹学的"木桶定理"，这或许正是中国高等教育的"短板"所在。客观地讲，国民教育是一项复杂的系统工程，更是整个社会政治结构的有机组成部分之一，有什么样的政治结构和运作体制，就会产生与之相应的教育体制和实践模式，因此，人们不可能指望中国的高等教育（以及中小学阶段的教育）在短期内出现什么重大的改革与调整。但是，现行体制虽然有各种弊端和局限，不等于教育工作者可以毫无作为。至少，在理论上探究和阐明构建现代大学的各种"软硬件"要素，为将来的教育改革者提供思想指南和理论依据，乃是我们当下可以做到的有益工作。因此，探讨和揭示包括陆王心学在内的传统教育哲学的优劣长短，发掘其中的积极思想因素，以期古为今用、综合创新，这是教育研究者一项义不容辞的任务。

在中国古代，关于教育的目的和宗旨，很早就有了明确的表述。《大学》

一书开篇说："大学之道，在明明德，在亲民，在止于至善。"从此，中国教育史上有了"大学之道"的重要概念。由于古今汉语在表述方式上的转换，我们现在更多的使用"大学精神"一词。然而，不管语言表述方式如何变化，教育的目的和功能是始终如一的。国家和社会投入那么多经费办大学，究竟要达到什么目标？培养出什么样的人才？同样，无数的父母花了那么多血汗钱，把自己的孩子送到大学来接受高等教育，希望孩子学到什么？成为一个什么样的人？这是一个不能不认真思考的问题。这样一来，我们又回到了本节的起点，一个对事业负有责任心的教育工作者必须明白：知识技能的传授和人文素质的培养是现代教育的两个组成部分，如车之两轮、鸟之双翼，缺一不可。就本著的研究对象陆王心学而言，在跨越数百年的时间内，陆王心学一系的诸多思想家、教育家，他们倾注毕生心力而从事的，正是一种"明道淑人、化民成俗"的人文主义教育事业。必须承认，陆王心学拥有深邃的教育理念和开阔的学术视野，他们崇尚"明体达用"，力求"内圣外王"，以"明道"为终极目标，以"成圣"为人格理想，以知行合一、躬行实践为基本的方法论，具体的落脚点体现为"致良知"或"发明本心"的修养工夫，进而扩展为经世济民、安邦定国的宏大事业，而且，他们提倡以洒脱的心态去做入世的事功，体现出一种"内在超越"的生命智慧。通过这样的教育实践，陆王心学一系培养出为数甚多的志存高远、心地诚明的圣贤人物，在历史长河中蔚为大观。他们代代传承、弘扬的人文精神和道德理性，在中国文化发展史上始终发挥着"正能量"的作用，至今仍是培养现代"大学精神"值得汲取和借鉴的宝贵思想资源。或许，这正是陆王心学对于孕育现代"大学精神"的重要启示，也正是它的亘古长青的价值所在。

参考文献

一、古籍

（汉）司马迁：《史记》，中华书局 1959 年版。

（汉）董仲舒撰，袁长江主编：《董仲舒集》，学苑出版社 2003 年版。

旧题（汉）孔鲋：《孔丛子》，上海古籍出版社 1990 年版。

（唐）魏征等：《隋书》，中华书局 1973 年版。

（唐）吴兢原著，叶光大等译注：《贞观政要全译》，贵州人民出版社 1991 年版。

（后晋）刘昫等：《旧唐书》，中华书局 1975 年版。

（宋）周敦颐：《周敦颐集》，中华书局 2009 年版。

（宋）周敦颐：《周子通书》，徐洪兴导读，上海古籍出版社 2000 年版。

（宋）张载：《张载集》，中华书局 1978 年版。

（宋）张载：《张子正蒙》，汤勤福导读，上海古籍出版社 2000 年版。

（宋）司马光编著：《资治通鉴》，中华书局 2013 年版。

（宋）程颢、程颐：《二程集》，中华书局 2004 年版。

（宋）程颢、程颐：《二程遗书》，潘富恩导读，上海古籍出版社 2000 年版。

（宋）朱熹：《晦庵集》，《四库全书》本，上海古籍出版社 1989 年版。

（宋）朱熹：《四书章句集注》，中华书局 2012 年版。

（宋）黎靖德编：《朱子语类》，岳麓书社 1997 年版。

（宋）陆九渊：《陆九渊集》，钟哲点校，中华书局 1980 年版。

（宋）杨简：《慈湖遗书》，《四库全书》本，上海古籍出版社 1989 年版。

（宋）杨简：《慈湖遗书》，《四明丛书》本，广陵书社 2006 年版。

（宋）杨简：《杨氏易传》，《四库全书》本，上海古籍出版社 1989 年版。

（宋）杨简：《慈湖诗传》，《四库全书》本，上海古籍出版社 1989 年版。

（宋）杨简：《先圣大训》，《四库全书》本，上海古籍出版社 1989 年版。

（宋）沈焕：《定川遗书》，《四明丛书》本，广陵书社 2006 年版。

（宋）舒璘：《舒文靖集》，《四库全书》本，上海古籍出版社 1989 年版。

（宋）袁燮：《絜斋集》，《四库全书》本，上海古籍出版社 1989 年版。

（宋）袁甫：《蒙斋集》，《四库全书》本，上海古籍出版社 1989 年版。

（宋）陈淳：《北溪大全集》，《四库全书》本，上海古籍出版社 1989 年版。

（宋）真德秀：《西山文集》，《四库全书》本，上海古籍出版社 1989 年版。

（宋）黄震：《黄氏日抄》，《四库全书》本，上海古籍出版社 1989 年版。

（元）吴澄：《吴文正集》，《四库全书》本，上海古籍出版社 1989 年版。

（元）脱脱等：《宋史》，中华书局 1977 年版。

（明）宋濂等：《元史》，中华书局 1976 年版。

（明）湛若水：《甘泉文集》，《四库全书存目丛书》本，齐鲁书社 1997 年版。

（明）王守仁撰，吴光等编校：《王阳明全集》，上海古籍出版社 1992 年版。

（明）黄绾撰，张宏敏编校：《黄绾集》，上海古籍出版社 2014 年版。

（明）王艮撰，陈祝生主编：《王心斋全集》，江苏教育出版社 2001 年版。

（明）王艮撰，[日]冈田武彦、荒木见悟主编：《王心斋全集》（和刻近世汉籍影印丛刊），京都：中文出版社 1972 年版。

（明）徐爱等撰，钱明编校：《徐爱钱德洪董沄集》，凤凰出版社 2007 年版。

（明）王畿撰，吴震编校：《王畿集》，凤凰出版社 2007 年版。

（明）王畿撰，[日]冈田武彦、荒木见悟主编：《龙溪王先生全集》（和刻近世汉籍影印丛刊），京都：中文出版社 1972 年版。

（明）颜钧撰，黄宣民整理：《颜钧集》，中国社会科学出版社 1996 年版。

（明）王襞：《新镌东厓王先生遗集二卷》，《四库全书存目丛书》本，齐鲁书社 1997

年版。

（明）罗汝芳撰，方祖猷等编校：《罗汝芳集》，凤凰出版社 2007 年版。

（明）徐渭：《徐渭集》，中华书局 1983 年版。

（明）李贽撰，张建业主编：《李贽文集》，社会科学文献出版社 2000 年版。

（清）黄宗羲原著，（清）全祖望补修：《宋元学案》，中华书局 1986 年版。

（清）黄宗羲：《明儒学案》，中华书局 1985 年版。

（清）黄宗羲原著，李伟译注：《明夷待访录译注》，岳麓书社 2008 年版。

（清）顾炎武原著，（清）黄汝成集释：《日知录集释》，上海古籍出版社 2006 年版。

（清）李颙：《二曲集》，中华书局 1996 年版。

（清）颜元：《颜元集》，中华书局 1987 年版。

（清）张廷玉等：《明史》，中华书局 1974 年版。

（清）袁枚：《随园随笔》，《续修四库全书》本，上海古籍出版社 2003 年版。

（清）阮元校刻：《十三经注疏》，中华书局 2009 年版。

（清）陈鼎：《东林列传》，《四库全书》本，上海古籍出版社 1989 年版。

（清）冯可镛、叶意深编：《慈湖先生年谱》，载张寿镛辑：《四明丛书》，广陵书社 2006 年版。

（清）王先谦：《荀子集解》，中华书局 2013 年版。

（清）郭庆藩：《庄子集释》，中华书局 2012 年版。

徐元诰：《国语集解》，中华书局 2002 年版。

朱谦之：《老子校释》，中华书局 1984 年版。

黄寿祺、张善文：《周易译注》，上海古籍出版社 1989 年版。

二、今著

陈来：《有无之境——王阳明哲学的精神》，人民出版社 1991 年版。

陈来：《朱子哲学研究》，华东师范大学出版社 2000 年版。

杨国荣：《王学通论》，华东师范大学出版社 2003 年版。

杨国荣：《心学之思——王阳明哲学的阐释》，三联书店 1997 年版。

钱明：《阳明学的形成与发展》，江苏古籍出版社 2002 年版。

徐梵澄：《陆王学述：一系精神哲学》，上海远东出版社 1994 年版。

[日] 冈田武彦：《王阳明与明末儒学》，吴光等译，上海古籍出版社 2000 年版。

张祥浩：《王守仁评传》，南京大学出版社 1997 年版。

蔡仁厚：《王学流衍》，人民出版社 2006 年版。

邓志峰：《王学与晚明师道复兴运动》，社会科学文献出版社 2004 年版。

刘宗贤：《陆王心学研究》，山东人民出版社 1997 年版。

林继平：《王学探微十讲》，台北：兰台出版社 2001 年版。

林继平：《宋学探微》，台北：兰台出版社 2002 年版。

张学智：《明代哲学史》，北京大学出版社 2000 年版。

潘富恩、徐洪兴主编：《中国理学》（1—4 册），东方出版中心 2002 年版。

蒙培元：《心灵超越与境界》，人民出版社 1998 年版。

张立文：《宋明理学研究》，中国人民大学出版社 1985 年版。

冯天瑜等：《中华文化史》，上海人民出版社 1990 年版。

张岱年、方克立主编：《中国文化概论》，北京师范大学出版社 2004 年版。

金一鸣：《教育原理》，高等教育出版社 2002 年版。

黄济、王策三主编：《现代教育论》，人民教育出版社 2004 年版。

黄济：《教育哲学通论》，山西教育出版社 2006 年版。

胡青：《书院的社会功能及其文化特色》，湖北教育出版社 1996 年版。

陈复：《心灵的学校——书院精神与中华文化》，台北：洪叶文化有限公司 2005 年版。

邓洪波：《中国书院史》（增订版），武汉大学出版社 2012 年版。

邓洪波：《中国书院楹联》，湖南大学出版社 2004 年版。

王炳照：《中国古代书院》，中国国际广播出版社 2009 年版。

樊克政：《书院史话》，社会科学文献出版 2012 年版。

唐亚阳、吴增礼：《中国书院德育研究》人民出版社 2014 年版。

三、论文

邓洪波：《以讲为会、以会为学——明代书院讲会的新特点》，《湖南大学学报》（社会科学版）2008 年第 5 期。

邓洪波：《随地举会，归之书院——明代讲会发展之趋势》，《湖南大学学报》（社会科学版）2010 年第 2 期。

邵燕楠：《哲学化还是实践化——教育哲学研究的两难》，《教育研究》2009 年第 5 期。

邵燕楠：《教育哲学之思》，《教育理论与研究》2006 年第 2 期。

金生鈜：《教育哲学是实践哲学》，《教育研究》1995 年第 1 期。

金生鈜：《教育哲学的内在精神》，《教育研究与实验》2010 年第 4 期。

金生鈜：《教育哲学如何关怀生活》，《复旦教育论坛》2011 年第 2 期。

王坤庆：《教师专业发展的境界——形成教师个人的教育哲学》，《高等教育研究》2011 年第 5 期。

陈建华：《学校应该有自己的教育哲学追求》，《教育科学研究》2007 年第 1 期。

刘旭东：《论教育哲学的时代转向》，《教育理论与实践》2008 年第 12 期。

刘文霞：《教育哲学应有的功用》，《教育理论与实践》2012 年第 1 期。

李仙飞：《再论高等教育哲学以何为本》，《高教探索》2008 年第 2 期。

马凤歧：《什么是教育哲学》，《教育理论与实践》2008 年第 4 期。

石丽娟：《中国古代教育哲学中的理想人格探析》，《河北师范大学学报》（教育科学版）2010 年第 3 期。

黄坤庆：《教师专业发展的境界——形成教师个人的教育哲学》，《高等教育研究》2011 年第 5 期。

湛卫清：《教育哲学：教育实践的本质基础》，《教育理论与实践》2011 年第 7 期。

刘铁芳：《为什么需要教育哲学：试论教育哲学的三重指向》，《教育研究》2010 年第 6 期。

张楚廷：《有关高等教育哲学的几个问题》，《高等教育研究》2012 年第 1 期。

冯建军：《在争论中发展的教育哲学》，《南方职业教育学刊》2011 年第 1 期。

刘文霞：《教育哲学应有的功用》，《教育理论与实践》2012 年第 1 期。

张贤裕：《生活哲学：高等教育哲学新视野》，《现代教育科学》2012 年第 6 期。

母小勇、韦剑剑：《论高等教育哲学的人学基础》，《教育研究》2012 年第 12 期。

李红惠：《实践哲学视域中教育哲学的困境与出路》，《湖南师范大学教育科学学报》2012 年第 7 期。

孔令新：《质疑与回应：教育哲学的一次申辩》，《教育理论与实践》2013 年第 13 期。

金维才:《高等教育的生活哲学新探》,《现代大学教育》2014 年第 4 期。

刘林:《走向交往实践的高等教育哲学》,《江苏高教》2014 年第 4 期。

黄英杰:《何谓实践教育哲学》,《教育学术月刊》2015 年第 1 期。

李长伟:《从善恶论到价值论:教育哲学的古今之变》,《苏州大学学报》(教育科学版)2015 年第 3 期。

周兴国:《教育哲学的人论基础及其嬗变》,《苏州大学学报》(教育科学版)2015 年第 3 期。

索 引

后 记

　　我的专业是中国哲学而非教育学，不谦虚地说，二十多年的大学执教经历使得自己对教育学的内容并不陌生，反观大学时所修的《教育学原理》等课程，内心真的感到它们十分肤浅。因为从事教师工作甚久之故，我也亲眼目睹了多年来大学校园中的人情百态，坦率地说，有些教师，包括管理者在内，实在不适合行走在校园之中。20世纪90年代以来，比起外部的社会环境，大学校园虽然显得相对宁静、单纯，但是，光怪陆离的事情也层出不穷，导致相当一部分教师已经迷失了自己的身份意识——或者仅仅将教师工作当成养家糊口的粗糙工具，或者将它变成追名逐利的精致手段，至于"使命"二字，完全忘在了脑后。人们似乎越来越淡忘历史上的教育家曾经达到的思想高度、取得的卓越成就。目睹现状，我渐渐有了一个朦胧的想法——试图独立探索中国古代教育史上的人物和思想，即使只研究揭示其中一小部分，也可以古今对照，励志自勉。如果能够引起当代学人的一些反响，那么，就已经超出我的期望了。

　　熟悉中国思想史的人都知道，古代儒家从孔子开始，除了政治追求外，一直从事着传道、授业的教育实践。即使存在很深的误解，人们可以尽情嘲笑孔子从政生涯的失败，但是，没有人敢于否认孔子在教育事业上的显著成功。到了汉代"罢黜百家，独尊儒术"之后，儒学成为官方哲学，自身也开始走向异化，汉唐时期如此，宋明时期也是如此。然而，在官方儒学之外，始终活跃着一批具有独立人格和自主思想的士人儒学，陆王心学就是宋明时代士人儒学的思想高峰。如果换一个角度看，陆王心学一系的诸多大儒，既是道行深邃的思想家，又是诲人不倦的教育家，无论是在朝或在野，他们从来不废讲学传道一事，总是以"明道淑人、化民成俗"作为自己的人生使命。在历史长河中，陆九渊、杨简、袁燮、吴澄、王阳明、王龙溪、王心斋、罗汝芳……一连串的名字仿佛昭示着后人：曾经有这样一批优秀甚至杰出的教师，以一种不求回报的奉献精神，为培养圣贤人格和化民成俗的教育事业挥洒汗水、耗尽心血。他们通过孜孜不倦的讲学传道活动，将古典人文主义的精神浸润到受教育者的血液之中，并且代代传承，构成了炎黄子孙的文化潜意识，或者说是中华民族的民族精神。对于这样的文化和教育贡献，今人怎能不以一种崇敬的心态仰视？

本著中屡次提到，教育的完整内容应该包括知识技能的传授和人文素质的培养，如车之双轮、鸟之两翼，缺一不可。然而，在目前的教育领域，应试教育独霸天下，人文素质教育明显滞后，至迟从中学阶段开始，到大学阶段结束，这种左右失衡的情况一直普遍存在着。诚然，教育体制是整个社会政治体制的组成部分，不敢奢望现行教育体制在短期内就得到根本的改观，不过，任何改革都是需要思想理念为先导的，甚至需要一个很长时间的启蒙过程，因此，本著研究陆王心学一系的教育哲学，目的就是要鉴古知今，使人们看到自己在教育思想和成就上与先哲相差的悬殊距离，进而反思教育的本质和目的，检讨当今教育工作的成就和缺失。近年来我们经常提及"可持续发展"一词，试想，如果没有了素质全面的人才支撑，将来谈何"可持续发展"？如果不懂得知识技能和人文素质的平衡施教，又怎么能培养出素质全面的出色人才？实事求是地说，除了掌握先进的设备和技术以外，今人在教育理念和方法上有很多地方远不如古代的教育家，如果仔细阅读本著，相信很多教育工作者会感到惊讶和汗颜。当然，笔者并非复古主义者，撰写此书只是为了达到"古为今用，综合创新"的目的，倘若今人能够虚心借鉴古人的教育理念和实践方法，我们同样可以培养出大批德能兼备的优秀人才，为21世纪的中国崛起提供充分的后备力量。

在学术研究中，感性的激情张扬与理性的分析求证也如同鸟之双翼、车之两轮一样，缺一不可。在本著的撰写过程中，笔者查阅了大量的古今文献，凡书中所引，没有一样是简单抄自他人著作或论文中的第二手材料，有时候，为了避免某些电子版文献的疏漏，笔者在图书馆里一泡就是一个上午，不到管理员下"逐客令"绝不离开，这样一来，凡是笔者自己所查阅的古代文献资料都非常有把握，保证了本著的学术严谨性。当书稿初成进行文献核对和文字校订的时候，我每每无心地读到陆王心学一系诸圣贤的语录，仍然不时涌起"心有戚戚焉"的感觉，我想，表面上是我在撰写此书，实际上我和读者朋友一样，同样是在学习先辈圣贤的思想精神，只不过我属于"温故而知新"罢了。

其次，笔者还利用身在江西的地利之便，前往鹅湖书院、象山精舍（今存遗址）、豫章书院（今南昌第十八中）、白鹿洞书院等历史古迹探访。虽然路途辛苦、颇费周折，但是，能够获得一种超越时空的现场感，这种体会是整天坐在书斋里无法获得的。因此，笔者以为这种实地寻访古迹的做法，对于纯文本的研究模式来讲，绝对是一种有益的补充。记得2016年元旦刚过，我和两位研究生前往贵溪的应天山（当地人的习惯叫法）寻访象山精舍的遗址。在一位五十多岁的杨姓向导的带领下，我们艰难地跋涉在过去打柴人和采药者行走的山间小径上，最终到达了象山精舍的遗址。所谓遗址，只是一些用石头修筑的山墙遗迹而已，四周连一块空旷的草地都没有，唯有茂密的竹林和枯藤老树在山风中轻轻摇曳。然而，这样的山墙遗址竟然有好几处之多，可见，就是这么一块荒凉不堪的山间僻壤，历史上曾经屋宇错落、灯火相映，是众多读书人慕名而来、求学问道的地方。出身本地的杨向导说：

"听老人们相传,当年象山书院兴旺之时,每天有 30 个人专门负责挑水,每天光炒菜就要吃掉半条猪"。随后,他又指出遗址边的一棵老桂花树说:"我从小就在山里玩,那时就看见这棵树,现在还是这个样子,真不知它有多少岁了。"两位研究生在山墙遗址旁又发现散落着许多一尺长左右的瓦片,颜色深褐,分量沉重,不知道什么年月的,我选了两块进行拍照,然后说:"也许这就是当年象山精舍的瓦片,不过,我们还是让它留在原地吧。"眼见天色已晚,我们才依依不舍地离开了象山精舍,缓缓地走下了山。

本著属于江西省教育科学"十二五"规划 2013 年度重点课题(二类,编号:13ZD2L011)的主要成果形式。在此,首先要感谢江西省教育科学规划办公室的武杰主任。到目前为止,笔者和他都未曾谋面,走在大街上也互不认识,笔者听说武杰先生讲过:"我们的课题经费就是要给那些认真做学问的人用。"于是,本人的课题申报幸运地获准了,才有后来长达三年的潜心研究和此项成果。其次,要感谢人民出版社的编辑段海宝先生,他以热情、认真而高效率的态度,负责了本著出版过程中的各种具体事务,实在是功不可没。最后需要指出,过去,我只写过某些思想家的单独论著,这一次则写了一系列的人物及其思想,这种新的尝试究竟效果如何,只能等待读者朋友的评鉴。由于笔者学力有限,书中不免存在一些舛误之处,希望各位同行和读者见谅,如有机缘,当面向我指出为荷。是为后记。

李丕洋

2016 年 4 月 16 日

责任编辑：段海宝

图书在版编目（CIP）数据

明道淑人、化民成俗：陆王心学中的教育哲学研究 / 李丕洋 著 . — 北京：人民
　出版社，2016.8
ISBN 978 - 7 - 01 - 016282 - 9

I.①明…　II.①李…　III.①陆九渊（1139-1193）- 心学 - 教育哲学 - 研究②王守仁
　（1472-1528）- 心学 - 教育哲学 - 研究　IV.① B244.85 ② B248.25 ③ G40-02

中国版本图书馆 CIP 数据核字（2016）第 120121 号

明道淑人、化民成俗

MINGDAOSHUREN HUAMINCHENSU

——陆王心学中的教育哲学研究

李丕洋 著

人民出版社 出版发行
（100706　北京市东城区隆福寺街 99 号）

北京中科印刷有限公司印刷　新华书店经销

2016 年 8 月第 1 版　2016 年 8 月北京第 1 次印刷
开本：710 毫米 ×1000 毫米 1/16　印张：36.25
字数：490 千字

ISBN 978 - 7 - 01 - 016282 - 9　定价：95.00 元

邮购地址 100706　北京市东城区隆福寺街 99 号
人民东方图书销售中心　电话：（010）65250042　65289539

版权所有·侵权必究
凡购买本社图书，如有印制质量问题，我社负责调换。
服务电话：（010）65250042